刑法论丛

2019年第2卷

第58卷

CRIMINAL LAW REVIEW VOL. 58

高铭暄／学术顾问

赵秉志／主　编

阴建峰／副主编

苏明月　彭新林　张　磊／专业编辑

中文社会科学引文索引（CSSCI）来源集刊

法律出版社
LAW PRESS CHINA

目录

〔外国刑法〕

CONTENTS

〔量刑专栏〕

量刑基准与规范化量刑方法研究*

徐宗胜**

目　　次

一、问题的提出

根据责任主义原理，应当在责任刑幅度内考虑预防犯罪的需要，不能基于人身危险性的考虑而突破责任（刑）上限确定刑罚。德日量刑基准论将量刑分为递进式的三个步骤：（根据犯罪构成事实与影响责任刑的情节）确定责任刑的量→（根据影响再犯可能性的情节）确定预防刑的量→（在责任刑幅度内综合折衷）得出宣告刑。即宣告刑是通过预防刑对责任刑的削减或缓和而得出的，宣告刑的量小于或等于责

* 本文系国家社会科学基金项目“刑法解释原理之系统归正研究”（项目编号：17BFX075）的阶段性成果。

** 西南政法大学法学院博士研究生，西南政法大学特殊群体权利保护与犯罪预防研究中心研究人员。

任刑的量。这种方法以责任主义为依托,避免了刑罚的量超越责任的限度,保障行为人不受额外的处罚。我国司法实践并不区分责任刑与预防刑,而是将两者混杂在一起通过估堆或加减的方式确定最终的刑罚量。以最高人民法院《关于常见犯罪的量刑指导意见》(以下简称《意见》)为例,规范化量刑步骤是:(根据抽象个罪的基本犯罪构成事实)确立量刑起点→(再以加重的犯罪构成事实为资料)确立基准刑→(经过量刑情节的调节)得出宣告刑。这种做法就是在未区分责任刑与预防刑的前提下,仅通过量刑情节对基准刑的加减来确定宣告刑。由于该方法缺少像“并合刑论”“行为责任”“责任主义”等罪刑思想(或原则)的指引和约束,因而最终的宣告刑很容易突破“责任”的限度,被告人可能因此而承担犯行之外的额外刑罚。

《意见》规定,具有单个量刑情节的,根据量刑情节的调节比例直接调节基准刑。具有多个量刑情节的,应当采用同向相加、逆向相减法,并且要按照先适用从宽情节再适用从严情节的顺序进行。这种方法的弊端非常明显:第一,累犯、再犯、惯犯、前科劣迹(受过行政处罚)、动机卑鄙、一贯表现不良等表明再犯可能性的从严预防刑情节,由于是在基准刑的基础上加刑,最终刑罚量很可能会超越责任的界限。第二,当从严预防情节的调节比例高于从宽情节时,量刑结果也可能违背责任主义。为直观展示,以两个案例说明。例一:甲犯故意伤害罪,基准刑为10年有期徒刑,只有坦白(减10%)和累犯(加20%)情节,根据直接加减法得出的结果是:$10\times(1-10\%+20\%)=11$。但事实上甲的责任刑仅为10年,多出的1年超出了责任的限度。例二:乙犯抢劫罪,基准刑为10年,只有未遂(减30%)和累犯(加20%)情节。根据先后调节法,计算结果是:$10\times(1-30\%)\times(1+20\%)=8.4$。乙的责任刑本来是7年,正是由于累犯情节的存在,乙还须承担额外的1.4年刑罚,违背了责任主义。本文以此问题为切入点,针对量刑基准理论以及规范化量刑方法进行探究,以期为问题的解决提供路径。

二、国内量刑基准理论与量刑方法之反思

法律的生命在于经验,但绝非仅仅是经验,还有逻辑和程式。没有适用标准的法律就是笼子之外的猛兽,可以肆意妄为,终将无可避免地伤人,法治也会沦落为人治。量刑亦是如此,必须要有一定的客观标准为依据,否则自由裁量权的泛滥定会演绎出同案不同判、同罪不同罚的荒谬和不公。

(一)国内量刑基准理论

在量刑阶段要落实责任主义,实现量刑规范化,就有赖于量刑基准的确立。这是准确、合理适用量刑情节的前提,也是确保量刑公正的必然路径。

1.“量刑基准”的概念与内涵

目前,我国刑法学界对“量刑基准”的概念以及在何种意义上使用存在很大争议,对该问题颇有研究的代表性学者是陈兴良、周光权、王利荣和张明楷四位教授。陈教授的观点是,“量刑原则,又称为量刑的基准,它主要解决在量刑的时候,什么样的事项应作为考虑的对象,应根据何种原则来进行刑罚的量定等问题”。[①] 周教授认为,“量刑基准是指对已经确定适用一定幅度法定刑的抽象个罪,在不考虑任何量刑情节的情况下仅依其构成事实所应当判处的刑罚量”。[②] 王教授的观点是,“量刑基准是指,对已确定适用法定刑幅度的个罪,对应于既遂状态下反映该罪特点或犯罪实害程度的事实所预定的刑量。特殊情况下,量刑基准是指个罪法定刑等级间上一幅度的下限。”[③]张教授认为,

① 参见陈兴良:《刑法适用总论》(下卷),法律出版社 1999 年版,第 282 页。

② 参见周光权:《量刑基准研究》,载《中国法学》1999 年第 5 期。

③ 参见王利荣:《对常见犯罪量刑基准的经验分析》,载《法学研究》2009 年第 2 期。

“刑法理论必须从处理报应与预防的关系亦即责任刑与预防刑的关系的意义上,探讨真正的或者另一种意义更为重要的量刑基准,从而使责任主义在量刑中得到贯彻”。①

陈兴良教授在宏观意义上使用量刑基准概念,将其与量刑原则等同,指出了量刑时应当以特定要素为对象、以某种原则为准绳,量定刑罚要有客观标准。这一理解本来也无可厚非,只是作为量刑方法实在过于抽象,不能具体指导司法实践。目前,我国刑法理论界所探讨的量刑基准,是指暂不考虑量刑情节,仅针对犯罪构成事实量定刑罚。周光权教授将量刑基准理解为,对已然之罪的全部犯罪构成事实(定罪情节)所应评价的刑罚量,即量刑基准只能由裸的犯罪构成事实决定,其中,这里的犯罪构成事实既包括基本的犯罪事实,又包括使法定刑升、降格的犯罪事实。王利荣教授将量刑基准解释为,根据既遂状态下的具体个罪的全部犯罪构成事实所初步确定的刑罚量,这个量可以达到法定刑幅度的上限。两位教授对量刑基准的理解基本是相同的,即在排除量刑情节的情况下,根据犯罪事实所应确定的刑罚量(或点)。不同之处是,前者以抽象个罪为对象,后者以具体个罪为对象,前者会得出所有适用同一档次法定刑的同种罪的量刑基准是相同的结论,后者会得出即使是适用同一档次法定刑的相同的罪名,不同具体个罪的量刑基准也可能不同的结论。周光权教授显然更强调量刑基准的唯一性和普遍适用性,王利荣教授则更加注重量刑基准的个案差异性和特殊性。两种不同的理解也从一定程度上反映出了两位教授对待法官自由裁量权、应该是经验还是逻辑主导量刑以及如何规范法官量刑的态度。张明楷教授理解的量刑基准与德国、日本刑法理论上的量刑基准概念是相同的,即只是在处理责任刑与预防刑关系的意义上使用。

2. 中德(日)量刑基准之比较

《意见》并未使用“量刑基准”一词,而是使用了“基准刑”这个概念,并且将量刑分为三个步骤:首先,根据基本犯罪构成事实在相应的

---

① 张明楷:《刑法学》(第4版),法律出版社2011年版,第497页。

法定刑幅度内确定量刑起点；其次，根据其他影响犯罪构成的犯罪数额、犯罪次数、犯罪后果等犯罪事实，在量刑起点的基础上增加刑罚量确定基准刑；最后，根据量刑情节调节基准刑，并综合考虑全案情况，依法确定宣告刑。需要特别说明的是，这里的“基准刑”虽然与周光权教授所主张的量刑基准是在相同意义上使用（在暂时不考虑量刑情节的情况下，对全部犯罪构成事实分配刑罚量）①，但在内容上却不完全相同。周、王二位教授所指的“量刑基准”，是在已然确定适用某个法定刑档次的条件下对犯罪构成事实分配刑量，其内容当然涵盖加重构成和减轻构成。“基准刑”不包含减轻犯罪构成的情形，法定刑降格需在基准刑确定后再考虑。

国内“基准刑”“量刑基准”概念与德国、日本刑罚理论上的量刑基准的含义和内容有所不同：其一，后者是作为处理责任刑与预防刑之间关系或比重的体系性的量刑方法，前者只是用来确定犯罪构成事实的刑罚量的阶段性方法。其二，后者所指的责任刑是对犯罪构成事实与影响不法和责任程度的量刑情节所评价的结果，而前者仅以犯罪构成事实为对象，尚没有评价影响责任刑的量刑情节，因而此时确定的刑罚量只是责任刑的一部分。其三，后者以责任主义原则为指导，根本目的在于以责任刑来制约法官量刑过程中的恣意，②避免超过责任限度的刑罚和不符合公正报应观念的刑罚出现。前者并不涉及预防刑的裁量，也缺少像责任主义这种保障自由与权利的罪刑原则的约束。其四，后者是以刑罚目的（并合主义）为依据的理论设计，并始终围绕如何调和报应与预防的关系而展开。这一理论创设的初衷是值得肯定的，但效果却差强人意，仍需要借助“正义感觉”这种模糊的、无法量定的纯粹观念上或心理上的个人感受来解决“刑罚目的二律背反问题”和确定宣告刑。前者不受刑罚目的观念影响，只作为对犯罪构成事实定性和定量的客观方法。

---

① 参见周光权：《法定刑研究》，中国方正出版社 2000 年版，第 326 页。

② 参见[德]克劳斯·罗克辛：《德国刑法学总论》（第 1 卷），王世洲译，法律出版社 2005 年版，第 86 页。

3. 我国量刑基准理论之价值与不足

相比德日等国家的量刑基准论,我国的量刑基准理论独具特色,它是以犯罪构成事实(定罪情节)为核心,紧紧围绕四要件犯罪构成体系,遵循立法和司法“定性+定量”的模式所建构的理论。以犯罪构成事实为主线建构量刑的基础或参照,既是对四要件犯罪构成体系的坚持,又符合司法机关量刑的传统。构成要件齐备是犯罪成立的条件,司法机关只能依据犯罪构成事实判断犯罪成立与否,此时只有“质”的评价;在量刑阶段,犯罪构成事实是选择法定刑的依据,此时是“量”的评价。在我国,定罪与量刑是法院审判工作的两大组成部分,而且多年来的司法传统也是沿着“先定罪,后量刑”“定罪与量刑合并审理”的模式进行的。这与立法和司法所采用的“定性+定量”的构造契合。因此,我国的量刑基准理论容易被司法机关接纳,操作起来也更得心应手。《意见》中的量刑方法(尤其是确定基准刑的方法)就是在量刑基准理论的基础上发展起来的具体的、具有较强可操作性的主要用以处理量刑情节适用问题的手段。

量刑基准理论对量刑方法的影响主要体现在:其一,它兼具观念和技术操作层面上的区分犯罪构成事实与量刑情节的功能,避免在量刑时重复评价。其二,先根据犯罪构成事实确立基准刑,再在此基础上对量刑情节定性、定量,这种分层次的量刑方法对规范法官自由裁量权、合理选择刑种和刑度提供了明确的标准,摆脱了将犯罪事实与量刑情节糅合在一起完全依靠法官经验综合估量宣告刑的主观随意性,为实现符合罪刑均衡的公正量刑目标提供了技术上的保障。其三,先评价客观的犯罪行为及结果,再考虑其他社会危害性情节和预防犯罪的情节,体现了刑罚报应为主、预防为辅的倾向。即以报应限制预防,我们应当追求公正的功利。① 该量刑方法显然是受到了罪刑均衡思想的影响,已然具有大陆法系量刑基准论的烙印,类似于“点的理论”。基准刑的确立为量刑情节的适用奠定了基石,符合量刑规范化改革所要求的量刑公开。量刑公开的应然之义就是每个量刑环节都必须有明确、

① 参见陈兴良:《刑罚目的新论》,载《华东政法学院学报》2001年第3期。

统一的实体适用标准和程序操作范式,将量化引入量刑机制,最终实现量刑公正的目的。但遗憾的是,我国的量刑基准理论并不涉及责任刑与预防刑关系的协调问题,理论根基的缺失导致由该母体孕育出的量刑方法在处理犯罪事实与量刑情节上存在先天不足,超越责任上限量刑结果的出现似乎也在所难免。

(二)《意见》规定的量刑方法

对犯罪人裁量刑罚,我国司法实践通常采用传统的经验量刑法,或称为估堆式量刑法。即根据案件的具体情况,进行全面考察、综合分析,参照司法实践经验,估量出对犯罪人应判处的刑罚。这一方法虽简便易行,但过度依赖法官经验,在缺少科学的量刑标准保障的情况下,难免会出现量刑不合理的现象。近年来,在中央司法改革的推动下,最高人民法院陆续颁布了几项量刑指导性文件,用以统一量刑方法和步骤、统一量刑情节适用标准,进一步规范量刑活动。本文仅以最高人民法院发布的《意见》为蓝本进行解读。

1. 基准刑的确定

《意见》规定,应当在量刑起点的基础上,根据加重的犯罪构成事实(犯罪数额、犯罪次数、犯罪后果等)增加刑罚量确定基准刑。基准刑确立的前提,首先必须是厘清定罪情节与量刑情节的界限,如此才不会产生重复评价和未充分评价的问题。区分标准问题,是沟通犯罪论与刑罚论的桥梁,作用是实现整个刑法理论的一惯性和适用上的妥当性。

罪量要素中的情节与量刑情节是什么关系?两者的界限在哪?许多学者认为,定罪情节属于量刑情节,或者至少与量刑情节之间存在交叉关系。也有学者严格区分犯罪构成要件中的情节与刑罚裁量过程中的情节,认为“能够影响刑事责任程度的所有事实,只要不属于犯罪构成要件,都属于量刑情节的范围”。[①] 笔者认为,形成以上不同见解的

① 高铭暄、马克昌主编:《刑法学》,中国法制出版社 1999 年版,第 471 页。

根本原因,在于观察问题的角度不同,确切地说,是选取的参照系不同。如果认为犯罪构成的意义只是判断犯罪成立与否,所有要件的刑量都要在量刑阶段予以综合评价的话,的确定罪情节就是量刑情节,或者两者存在交叉。如果认为(基本)犯罪构成要件本身应当作为一个整体被独立地评价为一个刑罚量度,剩余的影响社会危害性和人身危险性的情节再被各个或综合评价的话,那么就要严格区分定罪情节与量刑情节,否则会产生重复评价或不充分评价的问题。前者的参照系是"估堆式"经验量刑法,后者的参照系是量刑基准理论。具体来说,经验量刑法所评价的情节,是所有的影响刑事责任轻重的情节,包括罪前、罪中和罪后情节,综合估量出这些情节所能转化成的刑罚量,不再单独挑选属于犯罪构成要件的情节。量刑基准理论所评价的情节,是充足基本犯罪构成要件事实(定罪情节)以外的影响刑事责任轻重的(量刑)情节。两种不同参照系的选择,影响了定罪情节与量刑情节划分的标准。

事实上,即使依托量刑基准理论区分定罪与量刑情节,也仍然存在内容或数量上交叉的情形。众所周知,犯罪构成事实是选择法定刑的依据,通常情况下,只能在量刑时评价一次。但也存在对犯罪事实评价过剩或透支评价的情况,即犯罪事实的一部分转化成了责任刑情节,需要再次评价。比如,间接故意这一主观罪过要素,就要在决定基本犯罪构成事实(定罪情节)的刑罚量与作为责任刑情节时一体两用,但这并非是重复评价。因为基本犯罪构成中的故意,往往是指作为犯罪故意常态的直接故意,在基准刑确定阶段以直接故意为要素,已经超出了间接故意的罪过程度(透支评价),因此需要再次作为减少刑罚量的责任刑情节予以评价。同样,作为罪过要素的非法占有目的也存在量上的区别。比如,基于盗窃巨大数额财物目的的罪过程度大于盗窃较大数额财物的目的。这就是评价过剩,需要再次评价的情形。

量刑规范化改革摒弃了以往的经验量刑法,改用由量刑基准理论发展而来的规范量刑法,即先根据基本犯罪构成事实确立基准刑,再结合量刑情节的调节比例对基准刑进行加减,最后综合考虑确定宣告刑。

可以说，依据量刑基准界定定罪情节与量刑情节的做法，是司法改革倒逼刑法理论革新的结果。这一做法虽不能覆盖某些少数交叉情节，但这种观念是值得维护的，它至少为刑法理论研究提供了一个相对科学、明确的标准，有重要的方法论意义。

我国刑法理论通说认为，犯罪构成分为普通的犯罪构成与加重、减轻的犯罪构成三种。[①] 与此相对应，犯罪构成事实也被分为基本犯罪构成事实与加重、减轻犯罪构成事实。《意见》规定，应当在量刑起点的基础上，根据加重的犯罪构成事实增加刑罚量，确定基准刑。显然，《意见》在基准刑的确立阶段并未涉及减轻的犯罪构成事实，或者是将其作为量刑情节考虑了。将使法定刑降格的犯罪事实当作量刑情节，这种做法尽管可能不会导致不合理的量刑结果的出现，但却会抬高基准刑的量，从而影响法定刑的选择。还可能造成在无法将该事实转化成量刑情节情况下的评价遗漏或转化成的量刑情节的调节比例不当而无法达到减轻处罚的效果。因此，《意见》应当将"基准刑的确定"修改为：根据加重、减轻的犯罪构成事实，在基本犯罪构成事实的基础上加、减刑罚量确定基准刑。

此外，《意见》对基准刑的确定还存在几点不足：其一，由于基本犯罪构成事实与基准刑之间没有内在的必然联系，所以它不是确定基准刑的依据。[②] 量刑起点作为量刑情节的参照系只有在不存在法定刑升格的条件下才有意义，此时定罪过剩的犯罪数额、犯罪后果等转化成了量刑情节，不再具备犯罪构成事实的功能。其二，基准刑是在某一法定刑档次内选定的一个刑罚点，至于按照什么规则、理念来把握这个点，《意见》并未明确说明。其三，加重犯罪构成事实是最低限度的充足加重犯罪构成要件的事实，除此之外的部分只能作为量刑情节考虑。这会涉及定罪过剩的部分事实转化成量刑情节的问题。比如犯罪数额、犯罪后果等虽然是法定刑升格的条件，但它们在发挥此功能之后可能

---

① 参见陈兴良：《规范刑法学》（上册），中国人民大学出版社 2008 年版，第 109 页；参见马克昌：《刑法学》，高等教育出版社 2003 年版，第 43 页。

② 参见赵廷光：《中国量刑改革之路》，武汉大学出版社 2014 年版，第 183 页。

仍有剩余,剩余的部分就不应当再作为增加刑罚量、确立基准刑的依据(或资料),只能作为量刑情节评价。《意见》规定的基准刑内涵模糊,应当进一步将"犯罪事实"释明。

2. 先后调节法与加减法

对于如何具体适用量刑情节调节基准刑,《意见》采用了同向相加、逆向相减的方法,并且是按照先适用从宽情节再适用从严情节的顺序进行的。《意见》规定:具有未成年人犯罪、老年人犯罪、限制行为能力的精神病人犯罪、又聋又哑的人或者盲人犯罪,防卫过当、避险过当、犯罪预备、犯罪未遂、犯罪中止,从犯、胁从犯和教唆犯等量刑情节的,先适用该量刑情节对基准刑进行调节,在此基础上,再适用其他量刑情节进行调节。这一规定并不明确:首先,这里的"等"的外延到底在哪,是指全部的法定从宽情节,还是仅指部分?是否也包括酌定从宽情节?其次,《意见》所列举的这些量刑情节只限于刑法总则中的法定从宽情节,并未涉及分则中的量刑情节。我们无从得知分则情节如何适用,是先后调节还是直接加减?最后,先适用法定从宽情节再适用从严情节的确对被告更有利。但是,一方面,酌定从宽情节是否也应该优先适用?另一方面,酌定从宽情节与法定从重情节以及酌定从严情节并存时应当如何安排?如果通过加减的方式抵消,那么依据何在?事实上,先适用法定与酌定从宽情节后适用法定与酌定从严情节("先宽后严法")更有利于被告。举例来说,比如甲犯抢劫罪,基准刑为 10 年,有自首情节(减 30%)、累犯情节(加 10%)。先后调节的结果是:$10 \times (1-30\%) \times (1+10\%) = 7.7$。逆向相减的结果是:$10 \times (1-30\% + 10\%) = 8$。显然,前者更有利于被告人。在有酌定量刑情节的场合,也是"先宽后严法"对被告更有利。比如,甲犯罪后又有积极退赃情节(减 20%),先宽后严的结果是:$10 \times (1-30\%-20\%) \times (1+10\%) = 5.5$。逆向相减法的结果是:$10 \times (1-30\%-20\%+10\%) = 6$。先适用法定从宽情节,再将酌定从宽与法定从严情节直接加减的结果是:$10 \times (1-30\%) \times (1-20\%+10\%) = 6.3$。通过以上分析可以看出,从符合刑罚轻缓化与有利于被告的人道主义精神角度出发,"先宽后严法"无疑是比较合适的选择。

根据德日量刑基准论,量刑应当分为递进式的三个步骤:首先,根据犯罪构成事实与影响责任刑的情节确定责任刑;其次,根据影响人身危险性的情节确定预防刑;最后,在责任刑幅度内综合折衷责任刑与预防刑得出宣告刑。这种方法以责任主义为根据,防止刑罚总量超越责任限度,保障行为人在罪责范围内承担责任。《意见》并未区分责任刑(情节)与预防刑(情节),而是在基准刑的基础上通过量刑情节的加减来确定宣告刑的,难保最终的宣告刑不会突破"责任"的度,被告人不会承担犯行之外的额外刑罚。尤其是在从严预防情节的调节比例大于法定(或酌定)从宽情节的场合。这也是本文不惜笔墨要研究改造量刑方法的最直接原因。

笔者认为,造成以上不合理量刑局面的原因除了未区分责任刑与预防刑之外,还有就是我国与德日等国家刑事责任概念在内涵和外延上的差异。在我国,关于什么是刑事责任,多数学者主张"刑事负担说",即"具有刑事责任能力的人由于实施了犯罪行为而引起的,其程度与犯罪的社会危害性和犯罪人的人身危险性程度相适应的,具有应受刑事惩罚性的一种负担"。[①] 而大陆法系量刑责任中的"责任"是指"有责的不法",是"违法性大小和有责性大小(狭义的责任)相乘而得到的后果——即犯罪本身的轻重(广义的责任)"。[②] 我国刑事责任转化成法律后果,实际上已经涵摄了社会危害性和人身危险性的要素。刑事责任大小不完全由犯罪的严重程度决定,也受行为人再犯可能性因素左右(或者说是两者的加权值)。这里的社会危害性(犯罪的严重程度)基本等同于德国等大陆法系国家的责任(转化成刑罚量就是责任刑),而由刑事责任所决定的宣告刑却大于或约等于这些国家量刑规则所决定的宣告刑。

3. 确定宣告刑的方法

《意见》规定,独任审判员或合议庭在综合考虑全案情况后,可以

---

① 参见王晨:《刑事责任的一般理论》,武汉大学出版社 1998 年版,第 58 页。

② 参见[日]曾根威彦:《量刑基准》,载[日]西原春夫主编:《日本刑事法的形成与特色》,李海东等译,法律出版社、成文堂联合出版 1997 年版,第 147 页。

在20%的幅度内对量刑结果进行调整,确定宣告刑。调节后的结果仍不符合罪责刑相适应原则的,应提交审判委员会讨论,依法确定宣告刑。笔者认为,这一规定值得商榷。首先,既然法官在确定量刑起点、基准刑以及适用量刑情节调节基准刑阶段已经按照既定的步骤对犯罪事实、量刑情节定性和定量,那么就不应当在宣告刑确定阶段再自我质疑、否定。而且在先前计算出的量刑结果的20%幅度内再调整也没有任何量刑资料为据,法官完全是凭借个人感觉加减刑罚。其次,如果将量刑纳入法庭审理程序,每一量刑环节的结果都公开,定会有很多被告人针对自己被增加的10%或20%的刑罚量不服,从而质问法官"凭什么对我加刑?"法官最终也只能以罪责刑相适应原则这一"玄之又玄""只可意会不可言传"的东西为理由尴尬地回答被告人。这会激化被告人与司法机关的敌对矛盾,削弱公众、被告人对法律的信仰,给法治的进步带来阻力。最后,我国的刑罚总体上比国外更为严厉。在刑罚轻缓化世界潮流的引领下,是时候在司法裁判中有所作为了。不能再攀比过去同类案件的量刑结果,更不应该将其作为衡量当下和未来罪责刑相适应的标准。事实上,当刑罚裁量结果普遍轻缓之后,罪责刑相适应原则就会被赋予新的含义,重新获得公众的认同。在20%的幅度内对量刑结果作减法则充分体现了以人为本、以宽为本的人道主义宗旨,为刑罚向轻缓化方向发展提供了助力,值得提倡。

4.《意见》的可取之处

《意见》对量刑起点、基准刑、量刑情节的调节比例等的规定一改以往估堆式经验量刑法,体现了客观说理、量刑遵循程式(标准)的思路,与"点的理论"高度契合,但又比它更为精细。①《意见》所规定的幅度(如3~4年,10%~30%),实际上是在承认"幅的理论"的基础上进一步将幅度限缩,这种灵活、有弹性的做法既规范了自由裁量权,又

① 点的理论只是要求确定责任刑与宣告刑的点,至于预防刑的量、量刑情节的调节比例、如何折中责任刑与预防刑等则语焉不详,仍是靠法官自由裁量。《意见》中的量刑起点、基准刑、量刑情节调节比例、宣告刑,都是要求法官以具体的数量(点)的形式确定下来,因此更为精细化。

能更好地应对现实案件的多变性。先定性后定量,使量刑过程的每一个环节都公开透明、以具体数量的方式呈现,让量刑活动在"阳光"下进行,把模糊的"自由心证"明确起来,是实现社会公平正义的保障。有学者提出,量刑不应该是逻辑推演的过程,而应该是经验使然。① 但是,一方面,如同马克思所说:"一种科学只有在成功地运用数学时,才算达到了真正完善的地步。"另一方面,量刑规范化改革也绝非是完全将量刑数学化、公式化,而是将自然科学的方法(数学模型的构建)与经验(法官的正义直观)相糅合,实现有估量又有程式、有经验又有逻辑、有抽象又有具体的结合,目的是规范自由裁量权,增强量刑过程的公开性和透明度,实现量刑公正和罪刑均衡。《意见》中的量刑方法是采用"定性 + 定量"的方式将刑罚量逐步层次性地确定下来,科学地回答了被告人对法官的发问:"你是怎么计算出这一量刑结果的?"这一问题不容回避,否则会引发被告人与社会公众对裁判的公正性产生质疑,导致被告人不服本来公正的判决,社会也不满意,甚至引起舆论的哗然,影响司法的公信力和权威性。②

如果在相同的法定刑配置下,将德日的量刑方法与我国的作比较,我们就会发现,先宽后严法得出的刑罚裁量结果更有利于被告,至少不比折中法重。因为先后调节是乘法,也相当于把责任刑与预防刑相折衷,而且先适用从宽情节是在基准刑(或量刑起点)的基础上减去一部分刑罚量,基数变小后再适用从严情节,量刑结果当然会更轻。

综上所述,《意见》在量刑起点与基准刑的确立阶段有混淆加重犯罪构成事实(定罪情节)与量刑情节之嫌,因此,需要重新阐明两者的涵义:量刑起点是指,在具体个罪不存在法定刑升格的条件下,由基本犯罪构成事实所决定的刑罚量。基准刑是指,在具体个罪存在法定刑

① 国内不少学者有类似的见解。参见冉巨火:《经验而非逻辑:责任主义量刑原则如何实现》,载《政治与法律》2015 年第 6 期;另参见王利荣:《对常见犯罪量刑基准的经验分析》,载《法学研究》2009 年第 2 期。

② 参见高憬宏、黄应生:《积极稳妥推进量刑规范化改革》,载《法律适用》2009 年第 8 期。

升降格的情况下,由加重或减轻的犯罪构成事实所决定的刑罚量,即上一档或下一档法定刑内的某一点。先后调节法并未真正明确具体哪些情节应该优先适用,从刑罚应当朝向轻缓化方向发展和有利于被告的立场出发,先宽后严法是最佳的选择。《意见》将量刑方法分梯次构建,以"定性+定量"的方法确定每一环节的刑罚"点",不仅合乎"无规矩不成方圆"的道理,而且是以"看得见的正义"的方式实现量刑结果与公众的公平正义观的吻合。从严预防刑情节调节基准刑,可能会突破责任的上限,导致被告人承担犯行之外的额外刑罚,侵犯人权,对此亟须进行改造。

三、德日量刑基准论之检讨与启示

当报应和预防之间出现冲突或不一致时,比如罪行严重但预防的必要性小或者没有预防的必要性,或罪行轻但预防的必要性大,即存在"刑罚目的二律背反"的场合,就需要借助某种方法来解决这一问题。作为大陆法系国家的德国最先使用了"量刑基准"一词,量刑基准主要是用来处理责任刑与预防刑之间关系的刑罚理论,属于观念上的抽象量刑方法,也可谓量刑原则。在量刑基准论内部,关于如何具体协调责任刑与预防刑,产生了幅的理论(Spielraumtheorie)与点的理论(Punktstrafetheorie)之争。幅的理论认为,与责任相适应的刑罚是一个幅度,在确定了责任刑的幅度后,法官只能在此幅度内考虑预防刑,最终确定宣告刑。点的理论认为,与责任相适应的刑罚只能是某个特定的刑罚点,而不是幅度,在确定了责任刑点之后,只能在点之下或点周围考虑预防刑。①

(一)幅的理论

幅的理论是德国刑法理论的通说,也是德国联邦法院以及判例的

① 参见张明楷:《责任刑与预防刑》,北京大学出版社2015年版,第138页。

立场。幅的理论针对责任刑量的性质,以认识困难说和事物本质说为理由展开了有力的论述。认识困难说认为,何种刑罚与责任相当,不可能准确地确定,人们很难认识到某一精确的刑罚点。取而代之的是,与责任相当的刑罚存在一个有界限的幅度,在此范围内的刑罚(无论是下限的刑罚还是上限的刑罚)都与责任相适应,法官通过自由裁量来最终决定判处什么样的刑罚。事物本质说认为,以事物的本质而论,责任刑只能以幅度的形式体现。因为刑罚是对犯罪人施加的一种可感觉的痛苦,即使刑罚的量有所增减,也仍然是正义的报应。而且,于法官与公众看来,正义感不可能精确到唯一的点,只能感觉到一定的幅度。①

主张幅的理论的学者面临着如下争议:其一,可否以预防的必要性不大为由突破幅的下限确定宣告刑?其二,可否基于预防的必要性大而超出幅的上限确定宣告刑?针对第一个争论,不少学者持否定态度,其理由是:"突破幅的下限会使得刑罚与正义感相矛盾,也会丧失其社会目的。"②多数学者则持肯定态度,即量刑时,如果预防必要性小则可以突破幅的下限。其理由是:刑罚原则上以预防为目的,且罪责思想只是被作为有限的标准而得到承认。因此,可以在罪责相适应的刑度以下科处刑罚。③ 以 Roxin 教授为代表的德国部分刑法学者主张综合预防论,即积极的一般预防与再社会化意义上的特殊预防相统一。④ 在他们看来,报应刑论是应当被完全否定的,因此预防刑当然可以不受幅的下限的约束。针对第二个争论,主张幅的理论的绝大多数德国刑法学者坚持责任主义,即无论预防的必要性有多大都不能超出责任的限度,否认超过幅的上限确定宣告刑是正义的。笔者认为,基于预防的考

---

① 参见张明楷:《责任刑与预防刑》,北京大学出版社 2015 年版,第 139 ~ 140 页。

② H. Jescheck/T. Weigend, *Lehrbuch des Strafrechts. Allgemeiner Teil*, 5. Aufl., Duncker & Humblot 1996, p. 880.

③ 参见[德]汉斯·海因里希·耶塞克:《德国刑法教科书》(下),徐久生译,中国法制出版社 2017 年版,第 1179 页。

④ Vgl., Clause Roxin, *Strafrechts Allgemeiner Teil*, Band 4. Aufl., C. H. Beck 2003, S. 85f.

量而突破幅的下限只是与过去的静态的报应相矛盾,而不是与现在的动态的正义感冲突。换言之,“未来”的预防只是抵触了“过去”的报应正义感,而与并合主义所体现出的“现在”的正义恰好相符。或者说,突破幅的下限考虑预防实则是正义使然。此外,刑罚要与责任相适应,绝不允许在责任之外添加额外的刑罚,这是责任主义与罪刑均衡原则的最基本要求,也是最低限度的尊重人权的表现。超出幅的上限确定宣告刑,无异于公然践踏国民的人格尊严和自由。

幅的理论有诸多不当之处:(1)法定刑本身就有一定的幅度,在法定刑幅度内再划分幅度无疑是将幅度压缩。通过压缩确定的量刑基准仍然是一个幅度,这就使量刑基准丧失了实际意义。因为,幅的理论也要求确定幅的上下点,既然如此就不应该否认与责任相对应的那个确定的点的存在。(2)正义确实存在一定的幅度,比如,不管是对被告人判处 4 年徒刑还是 5 年徒刑,公众可能认为都是正义的。但这并不意味着幅度内的刑罚都是等价的制裁,正如自由裁量的结果合法但不一定合理一样。而且如果认为责任刑是一个幅度,那么宣告刑的“点”是如何确定的呢?(3)“按照幅的理论的逻辑,在责任刑的幅度内考虑特殊预防刑,仍然是在幅度内考虑一个幅度,只能得出不定期刑的结论。然而,不定期刑侵犯了国民的预测可能性,违反了罪刑法定原则。”①

(二)点的理论

德国、日本有不少学者支持点的理论,以张明楷教授为代表的我国部分刑法学者也是该理论的忠实拥护者。点的理论认为,与不法和责任相对应的刑罚都有特定的内容、确定的点,这个点是唯一的。即使法官或公众不能准确地把握这个点,但也不能否定这个点的存在(不能将认识论的问题与存在论的问题混淆)。在将责任评价为具体的刑罚

① 参见张明楷:《责任主义与量刑原理——以点的理论为中心》,载《法学研究》2010 年第 5 期。

(点)后,应当在这个点周围或点之下考量预防刑。[1] 点的理论有两种类型:一是“点周围论”,即在确定了责任刑的点之后,只能在该点的周围附加预防刑的量,得出的宣告刑不能明显偏离责任刑的点。比如我们将某罪的责任刑确定为10年有期徒刑,那么宣告刑就只能在9年(-1)至11年(+1)左右,而不可能明显高于或低于10年。也就是说,“点周围论”限制了预防刑对责任刑的加减程度,责任刑在宣告刑中占有绝对的比例,而预防刑只能起辅助调节的作用。二是“点之下论”,即在确定了责任刑的点之后,只能在点之下附加预防刑量,宣告刑不能超越责任刑的点。比如,某罪的责任刑是10年,无论被告人的预防必要性有多大,都不能在10年之上确定宣告刑,而只能在10年以下从重。

“点周围论”存在缺陷:(1)“点周围论”主张可以在点之上或之下考虑预防,但对“周围”却没有明确界定,这是“点周围论”的致命缺陷。(2)“周围”也是一个幅度,尽管这个幅度的范围已经缩小,但仍然没有走出幅的理论的窘境。换言之,“点周围论”与幅的理论没有实质性的差别,它同样兼具后者的缺点。(3)“点周围论”违背了作为大陆法系国家刑法基本原则的责任主义,即不能在责任以外附加刑罚,超越责任上限考虑预防是不被允许的。(4)“点周围论”的应有之义是有罪必罚,与康德的绝对报应近似,这就使减轻与免除处罚丧失了存在的空间。换句话说,“点周围论”只适用于从轻与从重处罚两种情况。过度注重报应主义的后果是,功利主义的价值几乎荡然无存。

“点之下论”在日本刑法理论中盛行,也得到了以张明楷教授为代表的我国部分学者的支持,但它也存在弊端:

1.“点之下论”未能解决没有预防刑情节时的宣告刑确定问题。按照“点之下论”,其应然逻辑是:在没有预防刑情节的情况下,责任刑即是宣告刑;如果只存在影响预防刑的趋轻情节,应该对责任刑进行削减;如果只存在影响预防刑的从重情节,那么也只能在点之下从重或者顶多将责任刑确定为宣告刑。不难看出,“点之下论”自身存

[1] 参见张明楷:《责任刑与预防刑》,北京大学出版社2015年版,第154页。

在矛盾,即有从重预防刑情节时的宣告刑比没有任何预防刑情节时的宣告刑轻,或者顶多两者的宣告刑一样。这岂不是说从重情节反而使量刑更轻了吗?难道有和没有从重情节是一样的?这恐怕难以被人接受。

2. "点之下论"没有说明责任刑与预防刑的比重关系,仍然没有解决量刑基准问题。"点之下论"虽然主张报应对预防的限制,并且认为只要特殊预防必要性不大或无,就可以在责任刑之下从轻、减轻甚至免除处罚。① 但是,一方面,由于责任刑是实质的正义报应,因而预防刑不能摧毁这种正义,只能在正义允许的限度内存在。正义的尺度虽然很难掌控,但也只能是以公众基于理性所支配的普遍正义观为标准,我们不可能说免除处罚与判处刑罚都是正义的。换句话说,减轻或免除处罚必须同时具备两个条件:其一,预防的必要性不大或无;其二,量刑结果仍然是正义的。另一方面,由于预防刑主要是由体现人身危险性的量刑情节决定,而人身危险性也只是一种主观推测,并没有被科学证实。因此,基于不确定的主观臆测而对被告人削减或添加预防刑量,也可能是错误或非正义的。笔者认为,应当尽量将预防刑情节控制在相对较小的公认的范围内,禁止滥用人身危险性,更不能为了预防而违背公众的法正义感情。"点之下论"虽然要求在点之下考虑预防,但却没有考量正义之精细,也没有限制预防刑的比重,不仅没能解决量刑中的二律背反问题,反而又回到了问题的原点——报应与预防在刑罚目的中的地位。

3. 既然点的理论要求明确区分责任刑与预防刑,那么就要首先确定责任刑与预防刑的量,而不应在后面的量刑基准中讨论。量刑基准的作用只是协调责任刑与预防刑的关系,最终确定宣告刑。按照德国学者 Jescheck 的观点,并合主义并不是报应与预防的简单相加,而是辩证的结合。② 其意思是,量刑中既要考虑报应也要考虑预防,宣告刑并

---

① 参见张明楷:《刑法学》(第 4 版),法律出版社 2011 年版,第 499 页。

② H. Jescheck/T. Weigend, *Lehrbuch des Strafrechts. Allgemeiner Teil*, 5. Aufl., Duncker & Humblot 1996, S. 85ff.

不等于责任刑加预防刑，而是两者的折中(两者各占一定的比例)。问题是，折中之前首先应该确定两者的量，否则便无法折中，而点的理论却将预防刑量的确定以及协调责任刑与预防刑的关系糅合在一起讨论，这岂不是将问题复杂化、模糊化处理了吗？而且至于如何折中我们也不得而知，点的理论也没有将此疑问予以明确解释。

如上文所述，德日量刑基准存在缺陷。幅的理论提供的标准过于模糊，尤其是将预防刑量的裁定与责任刑量的确定纠缠在一起，两者界限不明。不仅公众难以知晓具体犯罪的责任刑、预防刑是多少，甚至连法官自己也不清楚，至于两者在宣告刑中所占的比例也不得而知，这实际上仍然是以经验为主的估堆式量刑方法。我国量刑规范化改革是在传统的经验量刑法导致量刑失衡、同案不同判、缺少明确统一的量刑标准的背景下提出的，目的是“规范自由裁量权，把量刑纳入法庭审理程序”。经验估量法显然与中央司法改革的要求不符，不再适应时代的发展趋势。幅的理论并没有走出传统经验量刑法的窠臼，不宜被我国引入。“点之下论”较之幅的理论更为明确、具体，但“点之下论”却没能解决没有预防刑情节时的宣告刑确定问题。即存在从严预防刑情节时的宣告刑比没有任何预防刑情节时的宣告刑轻，或者顶多两者的宣告刑一样的情形，这是“点的理论”的最大缺陷。有学者主张调和点、幅理论，①笔者认为，该观点并未实质性地克服点、幅理论的缺陷，只是在计较量刑的不同阶段刑罚量应该是以粗略的幅度的形式还是以精细化的点的形式呈现。事实上，点、幅理论之争并非是真正意义上的量刑方法之争，而是针对法官自由裁量权大小、是否必须要明确责任刑与预防刑的量之争。换言之，两种理论并非是经验与逻辑的对立，也不是立论根基的迥异，而是表述方法的不同。在缺乏经验科学基础和实证研究数据支撑的条件下，很难说哪种理论得出的量刑结果更合理。此外，

---

① 该文作者主张应当调和上述两种理论，以“幅的理论”为起点，以“点的理论”为终点，将责任刑的幅度理解为各个点的近似值的集合，相对意义上的责任刑的点可以理解为一个浓缩的幅度。参见李冠煜：《量刑规范化改革视野下的量刑基准研究》，载《比较法研究》2015年第6期。

德日量刑基准也涉及报应刑与预防刑如何折中、特殊预防与一般预防的关系、量刑情节的调节比例等问题,而且至今为止也未找到解决“刑罚目的二律背反问题”行之有效的方法。在笔者看来,二律背反无法克服的根本原因就是:如此多的自变量堆积在一起不可能达到唯一的函数对应关系,“正义感觉”因人而异,无法达至统一。

综上所述,尽管德日量刑基准论存在诸多问题,但是其遵循责任主义原则、区分责任刑与预防刑以及坚持在责任刑“点”之下考虑预防犯罪需要的做法是值得借鉴的,对我们立足于本土刑法理论和司法实践,革新和完善现有量刑基准理论与量刑方法有重要的参考价值。

四、改造量刑方法的构想

《意见》中的量刑方法存在诸多问题,从量刑结果是否会违背责任主义这一点来看,主要的问题还是聚焦在适用从严预防情节调节基准刑上。因此,笔者于下文将主要围绕改造量刑方法的理由和如何改造进行论证,即着重回答“为什么”和“怎样做”的问题。

(一)理由之一:对从严预防情节效果的质疑

作为评价再犯可能性大小的资料——预防刑情节,有些已经被类型化为法定情节,比如自首、立功、累犯等。有些则未被类型化,属于酌定情节。人身危险性只是一种推测,虽然人格刑法学、犯罪心理学等学科在不断发展,许多学者也主张将人格测量引入定罪与量刑环节。但是,一方面,由于该方法并不成熟,目前尚达不到准确预测的程度,难以在司法实践中推广;另一方面,针对每个犯罪人都进行人格测评,不仅难度极大,而且会造成大量司法资源的消耗,最终还可能起不到预防犯罪的效果,得不偿失;再一方面,刑法过多地关注人格,介入个人精神世界、内心活动等私生活领域,尤其是以人格卑劣、品行不端等道德性评价为标签对被告人从严、从重量刑,着实有侵犯人权之嫌。“在未确立人身危险性或反社会人格的具体测量标准下,追究行为人的刑事责任,必然陷入定罪量刑上的主观臆断,甚至刑及无辜,这已有惨痛的教训。"①因此,在当前缺乏科学的人格测量依据的情况下,不宜将某些从严预防情节类型化为从重处罚的资料。

一直以来,我国学界与司法实务界均笃信对累犯从严能减少犯罪、防卫社会,对累犯情节适用的有效性深信不疑。由于缺乏实证研究数据的检验,累犯效果如何我们不得而知。人们也不免会产生质疑:增加刑期就会减少再犯率吗?就算会在一定程度上减少,那么这种一般的概率能否成为预测特殊个体的犯罪人再犯可能性的依据呢?近年来,有学者针对累犯情况展开了实证调研,在收集大量客观、真实的数据的基础上进行了科学、系统的分析,最终证实"我国普通累犯制度的隔离机制低效,威慑机制无效,其在减少犯罪、防卫社会方面的综合实际效果远远低于预期。学界笃信的累犯从严有效论神话就此破灭。"②因此,我们不能再沉浸在过去自我设定的幻想之中不为所动、故步自封,而应当以科学、务实的态度积极去求证自我的假设,还累犯一个真实的效果,并适时采取更合理的应对方案。

犯罪是相当复杂的社会现象,是多种因素共同作用的结果,不深层次地探究犯罪原因和综合防控犯罪的社会对策,只寄希望于借助刑罚的威慑来抑制犯罪,是没有成效的。正如马克思所说,"利用刑罚来感化和恫吓世界就从来没有成功过"。③ 鉴于此,笔者认为,且不论人身危险性不能被准确预测,单就适用从严预防刑情节增加刑罚量预防犯罪而言,不一定能威慑和感化犯罪人,至少对于确信犯、职业犯、激情犯等来说是如此。此外,上述学者的实证研究结果也显示,刑期的长短与再犯率没有必然的联系,试图通过增加刑期减少、控制犯罪收效甚微。这就说明刑罚的作用是很有限的,单纯依靠刑罚"严打"累犯、再犯,死守"重刑主义""刑罚万能论"观念的做法是行不通的。而且长期以来,我国

① 刘艳红、梁云宝:《犯罪行为与犯罪人格的关系:或联说之提倡》,载《法学评论》2010 年第 6 期。

② 劳佳琦:《我国累犯从严实效之实证研究》,载《中外法学》2014 年第 6 期。

③ 参见《马克思恩格斯全集》(第 8 卷),人民出版社 2006 年版,第 579 页。

的累犯率、再犯率居高不下,恰恰也表明了行刑机构的努力不足、矫正乏力。因此,我们不妨另辟新径,尝试减少刑期矫正方法的比例,增加思想教育、开放式处遇等方法的使用,或许比目前的效果要好。

(二)理由之二:符合刑罚轻缓化、刑法谦抑性的要求

刑罚轻缓化作为历史发展的潮流,是在世界各国积极倡导人权保障、人道主义精神逐渐深入人心的背景下提出的。当前,刑罚轻缓化作为刑事政策已成为绝大多数国家刑法立法的指导思想和刑事司法的指向。刑罚轻缓化的思想源于一句古老的法谚"刑罚与其严厉不如缓和"。[①] "所谓刑罚轻缓化,是指在刑事立法上,如果能够规定较轻的刑罚(缓和)即可,那么就没有必要规定较重的刑罚(严酷);在刑事司法中,对于已经确定为犯罪的行为,如果能够适用较轻的刑罚(缓和)即可,那么就没有必要适用较重的刑罚(严酷)。"[②]刑罚轻缓化与刑法谦抑性的精神不谋而合,都强调非犯罪化、非刑罚化和非监禁化的刑事理念。早在20 世纪 70 年代,日本学者平野龙一就提出了"刑法谦抑性"的概念。黎宏教授在其翻译的《日本刑法精义》一书中对此进行了诠释,刑法谦抑性有三层内涵:即刑法具有补充性、不完整性和宽容性的特征。[③] 补充性,即刑法作为防卫社会的最后手段,只有在其他非刑罚救济方式不足以保护法益时,才能发动。不完整性,即刑法只调整比较重大、复杂的社会关系,刑法并非无遗漏地处罚所有违法且有责的行为,只调整值得处罚的、被刑法规定为犯罪的行为。宽容性,即刑法的制定和适用要尽可能地体现人性关怀,在不违背人性的前提下尽量宽缓,应当立足于人类的良知而维护、追求、弘扬、增进人类的善良、仁慈和博爱。[④] 可以说,

① 参见[法]孟德斯鸠:《论法的精神》(上册),张雁深译,商务印书馆 1961 年版,第 82 页。

② 张明楷:《刑法格言的展开》,法律出版社 1999 年版,第 289 页。

③ 参见黎宏:《日本刑法精义》,法律出版社 2008 年版,第 36 页。

④ 参见陈正云:《刑法的精神》,中国方正出版社 1999 年版,第 200 页。

将刑法谦抑性这一理论概念提升到刑事政策的高度,就演变成了刑罚轻缓化。

刑罚轻缓化思想相比重刑主义,其价值蕴含主要体现在:

1. 有利于刑法人权保障机能的发挥。随着社会的发展,人类的刑罚观念也在不断地发生改变,人们逐渐认识到严刑苛责不仅不能减少或消除犯罪,甚至侵犯人权。近两个世纪以来,整个世界范围内掀起了一次又一次反对残酷重刑、倡导人权保障的刑法改革运动,刑罚轻缓化不断被提上议程。在国家本位思想遭受到个人本位思想的巨大冲击之后,国家也不得不重新审视重刑主义的功效,再次在防卫社会和人权保障之间作出合理的协调。轻缓化的刑罚正是整个社会的价值天平向犯罪人人权保障倾斜的结果,正如陈兴良教授所言:"在现代法治社会,人权保障成为一种终极价值,打击犯罪也要受到人权保障的限制。因此,重刑主义是应当绝对禁止的。"①也就是说,刑罚虽然是国家治理犯罪的一种必要的"恶",体现实质的报应正义,但刑罚不可过度。尤其不能把重刑当成治理犯罪的"万灵丹",人权保障的价值理念更是不允许重刑主义思想的存在。

2. 有利于合理配置司法资源、提高司法效益。刑罚作为控制犯罪的社会资源,其本身是有限的。从法经济学的角度看,我们在追求司法公正的基础上,应当以最低的司法资源消耗、最小的刑罚运行成本支出换取最大的社会收益。社会收益,既包括犯罪得以有效控制和减少、再犯率降低,也包括司法效率的提高、未来司法投入总量的减少,还包括行刑资源得到合理配置进而促成行刑成本和行刑难度的下降。刑罚的适用和执行离不开人力、物力、财力的支撑。据统计,我国对服刑 3 年的犯人的资金投入至少 5 万元,国家每年须投入 200 多亿元来维持监狱的运转,这还不包括对监狱的建设。② 如此看来,国家对重刑犯人的投入会更加惊人。然而,刑罚发展的历史表明,重刑并不能有效遏制犯罪,反而造成司法资源的大量浪费。因此,我们不能再不计成本地盲目

① 陈兴良:《宽严相济刑事政策研究》,载《法学杂志》2006 年第 1 期。

② 参见孙林:《法律经济学》,中国政法大学出版社 1993 年版,第 153 页。

推崇重刑主义,而应当另寻能节约司法资源、获取最大刑罚效益的方法,刑罚轻缓化就符合这一要求。如同邱兴隆教授所言:“宽容和节俭用刑是社会最明智的选择”。①

3. 有利于提升犯人改造的质量、减少再犯率。根据司法部预防犯罪研究的一项调查,在监狱,被判处3年以下自由刑的短刑犯,占整个在押服刑人员的25%左右,但刑满释放后其在重新犯罪人员中却占70%以上。② 近年来,由于社区矫正、假释等非监禁措施的适用,再犯率极大的下降。据司法部统计,自2012年以来全国社区矫正人员重新犯罪率低于0.2%。有些省份甚至更低,比如河南省是0.05%、山东省是0.1%、四川省是0.16%等。③ 这些数据足以证明非监禁化在提升犯人改造质量、减少再犯率方面的成效。从心理学上讲,惩罚过于严厉或持久会让犯罪人萌生仇恨国家和社会的心理,对刑罚不再感到震慑,相反会更加木讷,这肯定不利于犯罪人的改造。此外,从罪犯获释重新回归社会的角度看,长期的关押会使得罪犯难以适应社会,甚至丧失再社会化的能力,与国家预期的矫正效果相去甚远。如同有关学者说的那样,“将一个人数年之久关押在高度警戒的监狱里,告诉他每天睡觉、起床的时间和每日每分钟应做的事,然后再将其抛向街头并指望他成为一名模范公民,这是不可思议的!”④

(三)改造方案:遵循责任主义、检验量刑结果

《意见》中的量刑方法类似于德日等国家作为抽象量刑原则或方

---

① 邱兴隆:《刑罚理性导论——刑罚的正当性原论》,中国政法大学出版社1998年版,第3页。

② 参见狄小华:《论行刑社会化——兼谈我国的重新犯罪预防》,载《南京大学学报》(哲学·人文科学·社会科学)2003年第4期。

③ 参见王利荣:《行刑一体化视野下的矫正体制架构——写在〈社区矫正法〉征求意见之际》,载《当代法学》2017年第6期。

④ 美国学者克莱门斯·巴特勒斯语。转引自谢望原、翟中东:《对我国行刑社会化的思考》,载《法学评论》2000年第1期。

法的点的理论,都强调刑罚量的具体化(或唯一性)。笔者所提出的改造我国量刑方法的构想,也正是建立在遵循责任主义、借鉴“点的理论”的基础上,但又不完全照搬,而是将其部分优点引入现有量刑方法之中。具体改造思路如下:

第一步,先确定责任刑的量。根据责任主义原理,责任刑的量只能以不法和有责程度为依据,即影响责任轻重的因素只能是犯罪过程中体现犯罪危害程度的主客观事实。转至中国语境下,责任刑应当由犯罪构成事实与体现犯罪社会危害性的量刑情节决定。值得注意的是,并非所有影响社会危害性的情节都属于责任刑情节,比如某些罪前和罪后情节(销赃、隐匿赃物、事后不可罚情况等),它们无法改变既定的由犯罪所造成的社会危害状态,因此不能作为增减刑罚的依据。当然,某些罪前和罪后情节还可能会影响人身危险性,这要另当别论。

基准刑是对犯罪构成事实评价的结果,属于责任刑的一部分;影响犯罪社会危害性的情节(责任刑情节)也是责任刑的评价对象,转换成刑罚量与基准刑量相加就得出了责任刑的量(或点)。先确定责任刑,不仅在观念层面上贯彻了责任主义,也为后续量刑步骤的顺利进行创造了前提条件:事先计算责任刑情节,减轻了调节基准刑阶段(第二步)的繁杂工作量;为检验拟判刑罚是否逾越责任上限(第三步)提供了参数。

第二步,采用“先宽后严法”调节基准刑。先宽后严法比《意见》中的先后调节法和同向相加、逆向相减法得出的量刑结果更轻,这一结论已经在本文第三章得出。采用先宽后严法,符合刑罚轻缓化的刑事理念和人道主义精神,对于缓解我国刑罚偏重的局面大有裨益。先宽,是指先适用法定与酌定趋轻情节调节责任刑,这里的情节仅指预防刑情节。后严,是指在适用趋轻情节调节责任刑后,再适用趋重情节对减小后的基数进行调节。需要特别说明的是,有不少人质疑利用量刑情节调节基准刑可能会得出负数。笔者认为,如果采用“先宽后严法”,这一论断是不成立的。因为,按照先定性后定量的模式,若干从轻情节相加不应当达到减轻处罚的程度,若干从重情节相加不能嬗变为加重处罚,减轻情节相加不能免除处罚,否则就违反了罪

violate the criminal law view of responsibility, but also conforms to the trend of the development of punishment in the direction of mitigation.

Keywords: Responsibility; Sentencing benchmark; Sentencing method; Liability punishment section; Prevention penalty section

我国“从重处罚”的规定及其适用

桂亚胜*

目　　次

在我国《刑法》条文中有40多处涉及“从重处罚”的规定。这些从重处罚的规定是罪责刑相适应原则的必然要求，也是宽严相济刑事政策中依法从“严”的体现。“从重处罚”看似一简单的量刑问题，然而在理论和实践中都有深入研究的必要。

一、我国刑法“从重处罚”规定的基本特点

从重处罚是与从轻处罚相对应的概念，正因如此，对于二者的适用标准，我国《刑法》第62条一并作了规定。[①] 在具体适用时，不管是从

---

* 上海对外经贸大学法学院副教授，法学博士，硕士生导师。

① 《刑法》第62条规定：犯罪分子具有本法规定的从重处罚、从轻处罚情节的，应当在法定刑的限度以内判处刑罚。

重处罚还是从轻处罚,都必须依赖一定的量刑情节。可以认为我国刑法"从重处罚"的规定实际上就是关于从重处罚情节的规定。尽管刑法所规定的从重处罚情节与刑法所规定的从轻处罚情节均属于法定情节的范畴,都具有法定性的特点,但较之于后者,从重处罚情节在我国刑法中仍呈现一些不同的特点:

第一,我国刑法中从重处罚的规定主要分布在刑法分则中,而从轻处罚的规定主要集中在刑法总则中。换句话说,刑法总则和刑法分则对于轻重情节的规定在侧重点上有所不同。在我国现行刑法总则中,从重处罚情节只有两个:一是第29条第1款中教唆不满18周岁的未成年人犯罪的,应当从重处罚;二是第65条第1款中对于累犯应当从重处罚。除此以外其他从重处罚的规定均出现在刑法分则中。① 与此

---

① 具体是:第104条第2款策动、胁迫、勾引、收买国家机关工作人员、武装部队人员、人民警察、民兵进行武装叛乱或者武装暴乱的,依照前款的规定从重处罚;第106条与境外机构、组织、个人相勾结,实施本章第103条、第104条、第105条规定之罪的,依照各该条的规定从重处罚;第109条第2款掌握国家秘密的国家工作人员叛逃境外或者在境外叛逃的,依照前款的规定从重处罚;第157条武装掩护走私的,依照本法第151条第1款的规定从重处罚;第168条第3款国有公司、企业、事业单位的工作人员,徇私舞弊,犯前两款罪的,依照第1款的规定从重处罚;第171条第3款伪造货币并出售或者运输伪造的货币的,依照本法第170条的规定定罪从重处罚;第177条之一第3款银行或者其他金融机构的工作人员利用职务上的便利,犯第2款罪的,从重处罚;第186条第2款银行或者其他金融机构的工作人员违反国家规定,向关系人发放贷款的,依照前款的规定从重处罚;第236条第2款奸淫不满十四周岁的幼女的,以强奸论,从重处罚;第237条第3款猥亵儿童的,依照前两款的规定从重处罚;第238条第1款、第4款(非法拘禁)具有殴打、侮辱情节的,从重处罚;国家机关工作人员利用职权犯前三款罪的,依照前三款的规定从重处罚;第243条第2款国家机关工作人员犯前款罪的,从重处罚;第245条第2款司法工作人员滥用职权,犯前款罪的,从重处罚;第247条(刑讯逼供暴力取证)致人伤残、死亡的,依照本法第232条、第234条的规定定罪从重处罚;第248条第1款(虐待被监管人)致人伤残、死亡的,依照本法第234条、第232条的规定定罪从重处罚;第253条第2款犯前款罪而窃取财物的,依照本法第264条的规定定罪从重处罚;第253条之一第2款违反国家有关规定,将在履行职责或者提供服务过程中获得的公民个人信息,出售或者提供给他人的,依照前款的规定从重处罚;第277条第5款暴力袭击正在依法执行职务的人民警察的,依照第1款的规定从重处罚;第279条第2款冒充人民警察招摇撞骗的,依照前款的规定从重处罚;第301条第2款引诱未成年人参加聚众淫乱活动的,

形成鲜明对比的是,在刑法总则中规定的从轻处罚情节有十余条,而在刑法分则中只有五条。这样的立法设计,可以看出立法者对于从重处罚的慎重态度。毕竟刑法分则所规定的各种量刑情节只能针对个罪适用,而不具有普遍适用的效果。总则中从重处罚的规定少意味着能普遍适用的从重处罚情节相对有限,如果要从重处罚只能在个罪的规定中找寻依据。

第二,我国从重处罚情节均为应当型量刑情节,也即在量刑时必须要考虑从重。而从轻处罚情节在我国刑法中有的是应当型量刑情节,有的是可以型量刑情节。对于可以型的从轻处罚情节,在量刑时可以考虑从轻也可以考虑不从轻。

第三,我国从重处罚情节均为单一功能情节,而从轻处罚情节一般属于多功能情节。所谓多功能情节是指同一情节可以有数个量刑效果,司法人员可以选择适用。在我国刑法中,能够从轻处罚的情节,往往意味着这一情节也可以作为减轻处罚情节运用(比如犯罪未遂),甚

依照前款的规定从重处罚;第307条第3款司法工作人员犯前两款罪的,从重处罚;第307条之一第3款、第4款有第1款行为,非法占有他人财产或者逃避合法债务,又构成其他犯罪的,依照处罚较重的规定定罪从重处罚;司法工作人员利用职权,与他人共同实施前三款行为的,从重处罚;同时构成其他犯罪的,依照处罚较重的规定定罪从重处罚;第345条第4款盗伐、滥伐国家级自然保护区内的森林或者其他林木的,从重处罚;第347条第6款利用、教唆未成年人走私、贩卖、运输、制造毒品,或者向未成年人出售毒品的,从重处罚;第349条第2款缉毒人员或者其他国家机关工作人员掩护、包庇走私、贩卖、运输、制造毒品的犯罪分子的,依照前款的规定从重处罚;第353条第3款引诱、教唆、欺骗或者强迫未成年人吸食、注射毒品的,从重处罚;第356条因走私、贩卖、运输、制造、非法持有毒品罪被判过刑,又犯本节规定之罪的,从重处罚;第358条第2款组织、强迫未成年人卖淫的,依照前款的规定从重处罚;第361条第2款前款所列单位的主要负责人,犯前款罪的,从重处罚;第364条第3款、第4款制作、复制淫秽的电影、录像等音像制品组织播放的,依照第2款的规定从重处罚;向不满十八周岁的未成年人传播淫秽物品的,从重处罚;第369条第3款战时犯前两款罪的,从重处罚;第384条第2款挪用用于救灾、抢险、防汛、优抚、扶贫、移民、救济款物归个人使用的,从重处罚;第386条索贿的从重处罚;第408条之一第2款徇私舞弊犯前款罪的,从重处罚;第426条(阻碍执行军事职务)战时从重处罚。此外,在《关于惩治骗购外汇、逃汇和非法买卖外汇犯罪的决定》还有两处从重处罚的规定。

至还可以作为免除处罚情节运用(比如犯罪预备)。对此,法官需要结合案情,合理取舍,择一适用。而由于我国现行刑法中并不存在加重处罚的规定,所以对于有“重”情节的,只能成为从重处罚的依据,而不可能有其他的适用效果。

第四,我国刑法中从重处罚的规定有不断增加的趋势,而从轻处罚的规定基本维持不变。1997年刑法典生效后,立法机关陆续颁布了十个刑法修正案和一个单行刑法(《关于惩治骗购外汇、逃汇和非法买卖外汇犯罪的决定》)。由于刑法的修订主要针对的是刑法分则,而刑法总则原有从轻处罚的规定已相对完善,所以总体上看,从轻处罚的规定基本没有太大的变化。[①] 与此相反,随着刑法分则不断被修订,有关个罪的从重处罚的规定也相应增加。据统计,在历次刑法修正案和单行刑法中新增了十余条从重处罚的规定。不仅如此,对于一些新增罪名,立法机关尤其注意从重处罚的适用。最为典型的是《刑法修正案(九)》中的虚假诉讼罪,仅此一个罪名,就有三处从重处罚的规定。[②] 可以想见,随着今后刑法的进一步修订,新罪名会不断出现,针对这些罪名的“从重处罚”规定还会持续增加。

二、“从重处罚”的根据

“从重处罚”的根据,指的是“从重处罚”正当性的问题。也即在何

---

① 当然,这并不是说从轻处罚的规定一直保持不变。实际上,在刑法修订时,也增加了一些新的从轻处罚的内容,比如《刑法修正案(八)》中就新增了对坦白和年满75岁以上的人犯罪的予以从轻处罚的规定。

② 该条规定:以捏造的事实提起民事诉讼,妨害司法秩序或者严重侵害他人合法权益的,处三年以下有期徒刑、拘役或者管制,并处或者单处罚金;情节严重的,处三年以上七年以下有期徒刑,并处罚金。单位犯前款罪的,对单位判处罚金,并对其直接负责的主管人员和其他直接责任人员,依照前款的规定处罚。有第一款行为,非法占有他人财产或者逃避合法债务,又构成其他犯罪的,依照处罚较重的规定定罪从重处罚。司法工作人员利用职权,与他人共同实施前三款行为的,从重处罚;同时构成其他犯罪的,依照处罚较重的规定定罪从重处罚。

种场合或者具备何种情形,对犯罪人处以更重的刑罚是正当的。回答这一问题实际上是要从刑罚的根据中寻求答案。换句话说,明确了刑罚的根据,当然也就确定了"从重处罚"的根据。

对于刑罚的根据,即刑罚的正当性根据,在学说上向来有报应刑论和目的刑论的观点之争。在报应刑论看来,犯罪是一种恶行,刑法是对这种恶行还报的一种恶害。刑罚的科处应绝对以犯罪为其法律上的原因,此外绝不应追求其他目的,故报应刑论又被称为绝对主义。① 应该承认,报应刑满足了人类社会朴素的正义观念,有着较强的伦理基础,同时也能较协调地处理犯罪和刑罚的关系。一方面,报应要求将刑罚惩罚的对象限于犯罪人,而不能适用于没有犯罪的人,即所谓有罪必罚,无罪不罚。因而,报应限制了刑罚的适用范围,这是报应刑的质的要求。另一方面,报应还要求将刑罚惩罚的程度与犯罪人所犯罪行的轻重相均衡。对犯罪人的刑罚惩罚不得超过犯罪的严重性程度,即重罪重罚、轻罪轻罚。因而,报应限制了刑罚的适用程度,这是报应刑的量的要求。②

与之对应的目的刑论则站在功利主义的立场,认为刑罚并非是对犯罪的报应,而是预防将来的犯罪。换言之,刑罚对犯罪人科处,不是以已然之罪为绝对原因,而是另有目的——预防未然之罪,保护社会利益,因而又被称为相对主义。③ 目的刑论看重刑罚防卫社会的效果,并将一般预防与特殊预防相结合,有其合理的内涵。

尽管报应刑论和目的刑论各有可取之处,但都存在自身的缺点:比如报应刑论突出刑罚是犯罪的报应,则有可能导致同态复仇的窘境或者导致刑罚与犯罪不相当;而目的刑论则因片面追求防卫社会的效果,忽视量刑的客观标准,导致出现量刑上的随意性。正因两种学说各有不足,折中的并合主义得到了普遍的支持。并合主义以已然之罪为基础,以此作为确定刑罚(报应刑)的依据,同时并合主义也关注未然

① 参见马克昌主编:《刑罚通论》,武汉大学出版社1999年版,第28页。
② 陈兴良:《刑罚目的新论》,载《华东政法学院学报》2001年第3期。
③ 参见马克昌主编:《刑罚通论》,武汉大学出版社1999年版,第30页。

之罪,从预防犯罪的角度来考量刑罚(预防刑)。张明楷教授进一步明确道:报应刑是指责任报应,报应刑就是责任刑,所以既要坚持责任主义原则,又要以预防犯罪为目的。一方面,量刑时不能处于一般预防而使刑罚超出责任刑的程度。另一方面,只能在责任刑的限度内考虑特殊预防的目的。[①] 总之,并合主义兼顾了个人利益和社会利益,较好地协调了罪刑均衡原则和刑罚个别化原则,较为准确地揭示了刑罚的根据。

既然在刑罚的根据这一问题上采取的是并合主义,那么"从重处罚"的根据也必然采取的是并合主义的立场。详言之,"从重处罚"的根据在于犯罪人责任的增加或者预防再犯的必要性增大。责任的增加,意味着刑罚上对其报应相应增加(责任刑或报应刑增加);而预防必要性增大,则意味着需要适当提升预防刑。在我国刑法中,各种从重处罚的情节实际上就是责任刑或者预防刑增加的具体体现。换句话说,从重处罚情节要么是影响责任刑的情节,要么是影响预防刑的情节。对此,笔者作如下梳理:

(一)反映责任刑增加的从重处罚情节

根据责任主义的观点,影响责任刑的量刑情节,包括两个方面的内容,一是不法事实,二是表明责任程度的事实。[②] 所以当这些事实中的某些情节具有一定的特殊性,从而使其危害性和非难可能性增加时,依据罪刑均衡的要求,就有必要在刑法中作出"从重处罚"的规定。在我国刑法中,这些特殊的情节包括:第一,特殊主体。比如国家机关工作人员犯诬告陷害罪的,从重处罚;司法工作人员滥用职权犯非法搜查罪的,从重处罚。第二,特殊对象。比如强迫未成年人吸食、注射毒品的,从重处罚;挪用用于救灾、抢险等特定款物归个人使用的,从重处罚。第三,特殊手段。比如在走私罪中,武装掩护走私的,从重处罚;在受贿

---

① 张明楷:《责任刑与预防刑》,北京大学出版社 2015 年版,第 3 页。

② 同上书,第 275 页。

罪中，索贿的从重处罚。第四，特殊时间。比如犯阻碍执行军事职务罪的，战时从重处罚。第五，对数罪的特殊处理。比如伪造货币并出售或者运输伪造的货币的，依照伪造货币罪从重处罚；私自开拆、隐匿、毁弃邮件、电报而窃取财物的，依照盗窃罪从重处罚；虚假诉讼非法占有他人财产或者逃避合法债务，又构成其他犯罪的，依照处罚较重的规定定罪从重处罚。这种基于牵连、结合等关系而在刑法中以一罪从重论处的，实际上是考虑了被牵连或被结合之罪的责任，将其作为最终增加责任刑的依据。

需要讨论的是“徇私舞弊”的性质。我国《刑法》第 168 条国有公司、企业、事业单位人员失职罪，国有公司、企业、事业单位人员滥用职权罪和《刑法》第 408 条之一食品监管渎职罪中，都有“徇私舞弊，从重处罚”的规定。那么，这里的“徇私舞弊”是责任刑情节还是预防刑情节？在理论上，对于渎职罪中“徇私舞弊”的争议一般聚焦在“徇私”的理解上，有的认为“徇私”是客观方面的内容，[①]有的认为是主观方面的内容，[②]还有的认为“徇私”既是主观要素，又是客观要素，[③]也有学者分别讨论了“徇私”和“舞弊”，认为“徇私”是主观要素，“舞弊”是客观要素。[④] 对这些观点，笔者无意展开详述。在笔者看来，在《刑法》第 168 条、第 408 条之一所规定的“徇私舞弊”中，“舞弊”并没有特别的意义，实际上就是条文中失职、滥用职权、玩忽职守等词的同语反复，其本身不能成为从重处罚的依据。真正影响量刑的是“徇私”这一情节。笔者同意“徇私”是犯罪主观方面的内容，具体而言，“徇私”属于犯罪动机，表明行为人实施犯罪行为的内心起因。一般认为，这种徇私情、徇私利的动机具有更大的非难可能性，从而有必要从重处罚。概言之，

---

① 参见李文生：《关于渎职罪徇私问题的探讨》，载《中国刑事法杂志》2002 年第 4 期。

② 参见苏彩霞：《徇私舞弊犯罪共性问题研究》，载《云南大学学报》（法学版）2004 年第 2 期。

③ 参见王福生：《浅谈徇私枉法罪客观方面的认定》，载《人民检察》2001 年第 3 期。

④ 参见张明楷：《渎职罪中“徇私”“舞弊”的性质与认定》，载《人民检察》2015 年第 12 期。

上述条文中的“徇私舞弊”应属增加责任刑的情节。①

(二)反映预防刑增加的从重处罚情节

预防刑增加的情节主要指的是累犯和再犯(毒品再犯)。但是对于累犯(再犯)应否成为从重处罚的情节,在理论上存在很大的争议。有观点(观点一)质疑累犯从重的规定,认为累犯对于其以前所犯的罪行,已经接受刑罚处罚,其后来再犯罪的,根据罪刑均衡的原则,给予相应处罚即可。仅仅因其以前有犯罪的事实,就对后罪给予重罚,等于是把已受过刑事处罚的事实,在对后罪进行处理时又重新评价一次,成为对后罪从重处罚的理由,其正当性在法理上未必讲得通。② 还有观点(观点二)主张累犯导致责任的增加,从而应当从重。其原因在于犯罪行为人先前的犯罪所引起的特定义务,即要求犯过罪的人在一定时间之内必须严格地遵守法律,否则,法律就要对其进行更严厉的谴责。这是以法定责任原则为前提的特殊行为责任原则。③ 这实际上是把累犯等作为责任刑的情节之一。

笔者认为,上述两种观点均不能成立。观点二所说的犯过罪的人具有严格遵守法律的特定义务,这一表述似是而非。实际上所有人都有遵守法律的义务,在这一点上,犯过罪的人并不比一般人有更特殊的遵守义务。而将已受过处罚的前罪作为后罪从重处罚的依据也很难说是责

---

① 值得一提的是,张明楷教授曾担心:如果将目的与动机确定为责任刑的情节,那么,在目的非法、动机卑鄙的情况下,就会导致责任刑的上限提高,因而导致刑罚较重;反之,如果将目的与动机确定为特殊预防刑的情节,那么,即使目的非法、动机卑鄙,也不会导致责任刑的上限提高,因而导致刑罚较为缓和。从这一点考虑,将主观的构成要件要素之外的目的与动机作为特殊预防刑的情节来把握是合适的。不过他后来又修正了自己的观点,认为上述结论没有考虑减少责任刑的目的与动机,因而不当。应该将目的与动机作为影响责任刑的情节。详见张明楷:《责任刑与预防刑》,北京大学出版社 2015 年版,第 282 页。

② 参见周光权:《论量刑上的禁止不利评价原则》,载《政治与法律》2013 年第 1 期。

③ 参见张智辉:《刑事责任通论》,警官教育出版社 1995 年版,第 355 页。

任原则的体现,所以将累犯视为责任刑的情节并不妥当。观点一认为,累犯从重处罚违反了罪刑均衡原则,从责任刑的角度看确实如此。但正如上文所言,从重处罚的根据既包括责任刑的增加,也包括预防刑的增加,而在预防刑中并不要求罪刑均衡。事实上,对累犯从重处罚并不是对以前的犯罪再次处罚,而是因为累犯在经受刑罚体验之后仍然无视刑罚的体验而再次犯罪,表明其再犯罪的危险性大,特殊预防的必要性大。所以,累犯不是增加责任刑的情节,而是增加预防刑的情节。① 这样看来,累犯从重处罚的规定并无不妥。不过需要明确的是,既然是预防刑的情节,那么对累犯就应该限定在责任刑之内而不是责任刑之上从重处罚。

三、我国"从重处罚"规定存在的问题

尽管刑法所规定的各种从重处罚情节不乏正当性,将其作为从重处罚的依据并无太大异议。但如何在立法条文中作出具体而明确的规定,从而使其符合立法的目的和要求,仍然是一个值得研究的课题。总体上看,我国刑法中有关"从重处罚"的规定在文字表述和适用效果上基本令人满意,但也不能回避其中还存在的一定问题有进一步完善的必要。这些问题主要表现为:

(一)立法有疏漏

立法疏漏是指立法有漏洞,不严谨,这往往直接影响法律的适用效果。在我国刑法中,有关"从重处罚"的规定也存在这样的立法疏漏。以武装掩护走私的规定为例:我国《刑法》第 157 条第 1 款规定:武装掩护走私的,依照本法第 151 条第 1 款的规定从重处罚。② 应该承认,武

---

① 参见张明楷:《责任刑与预防刑》,北京大学出版社 2015 年版,第 340 页。

② 《刑法》第 151 条第 1 款规定:走私武器、弹药、核材料或者伪造的货币的,处七年以上有期徒刑,并处罚金或者没收财产;情节特别严重的,处无期徒刑,并处没收财产;情节较轻的,处三年以上七年以下有期徒刑,并处罚金。

装掩护走私比一般的走私行为具有更大的法益侵害性,对其从重处罚具有正当性。但由于立法有疏漏,导致在司法实践中决定如何"从重处罚"并非易事,因其需要解决一个两难问题:即如何确定"从重处罚"触犯的罪名以及如何确定"从重处罚"的量刑幅度。对此学界有不同的观点,但都难以自圆其说。

第一种意见认为,凡武装掩护走私的,无论走私的是什么货物,也不论走私行为是否构成走私罪,应一律按走私武器、弹药、核材料罪或者伪造货币罪从重处罚。① 这一观点排除了武装掩护走私在刑罚适用上的障碍,但其适用的罪名让人难以接受。明明走私的物品不是武器、弹药、核材料、假币,仅仅因为有武装掩护的情节就将罪名改变为走私武器、弹药、核材料、假币罪,逻辑上说不通。这种规定罪名的方式在理论上属于何种性质也无法解释,它只能属于一种新型的转化形态——罪名转化犯。这样的解释在理论上显然是荒谬的,难以成立的。② 即便认为武装掩护走私需要携带武器,但携带武器也不能等同于走私武器。

第二种意见认为,武装掩护走私的,应当根据走私的货物、物品的性质确定罪名,但在量刑时根据走私武器、弹药、核材料罪或者伪造货币罪量刑幅度从重处罚。这样,刑法所规定的各走私罪实际上有两套定罪量刑标准,没有武装掩护情形的依各自罪状和法定刑定罪量刑,有武装掩护情形的应按武装掩护的标准来定罪量刑,而不管根据各走私罪具体规定该行为是否构成犯罪。③ 这种观点的合理性在于,武装掩护走私不能决定走私犯罪的具体罪名,走私犯罪的具体罪名还是根据走私物品的性质来认定,这保证了罪名适用的统一性。但是其最大的问题在于,在很多情况下难以根据从重处罚的规定选择适当的量刑幅

① 参见胡康生、李福成主编:《中华人民共和国刑法释义》,法律出版社1997年版,第485页。

② 参见甘伟宏、余辉胜:《走私犯罪若干疑难问题之探析——兼评〈关于办理走私刑事案件适用法律有关问题的意见〉》,载《国家检察官学院学报》2003年第5期。

③ 参见杨向华:《武装掩护走私若干问题探讨》,载《湖南公安高等专科学学报》2002年第1期。

度。以走私普通货物、物品罪为例,本罪有三档法定刑幅度(以下的法定刑仅考虑主刑),分别是三年以下有期徒刑或者拘役、三年以上十年以下有期徒刑和十年以上有期徒刑或者无期徒刑。如果有武装掩护情节,则走私普通货物、物品的,应当按照《刑法》第151条第1款从重处罚,而该款规定的三档量刑幅度分别是三年以上七年以下、七年以上有期徒刑和无期徒刑。显然,其整体的量刑幅度已经高于走私普通货物、物品罪。适用该款的量刑规定已经体现了从重处罚的精神,如果再在此基础上"从重处罚",无异于对武装掩护情节重复评价,甚不合理。再比如走私废物罪,本罪只有两档法定量刑幅度,分别是五年以下有期徒刑和五年以上有期徒刑。如果武装掩护走私废物的,则无法对应《刑法》第151条第1款所规定的三档法定刑,更不要说"从重处罚"了。

第三种意见认为,应当将武装掩护走私罪作为一独立罪名。尽管司法解释始终没确定武装掩护罪的罪名,但学界一直有将武装掩护走私独立成罪的主张。"武装掩护走私在性质上虽不属于走私对象之列,但由于其走私手段的特殊性而被刑法以专门条款加以规定,它本身有独特性,理应将其视为一个独立罪名"。[①] 独立成罪,看似可以解决武装掩护走私的罪名选择和刑罚适用上的背反,但这种观点同样存在问题。比如从刑法条文结构上看,刑法关于走私犯罪的规定有7个条文,前4条(第151~154条)根据对象性质的不同,分别规定了走私犯罪具体罪名的罪状与法定刑,后3条(第155~157条)实际上规定的是走私犯罪的具体形态。如果立法者有意将武装掩护走私作为独立的罪名,应该将其位置提前,而不会放在最后。再比如,如果认为武装掩护走私是独立的罪名,那么就应该与其他走私犯罪的罪状表述一致,对情节的轻重分别做出规定,而不会做一个简单地概括性规定。即便认为是独立罪名,现有的规定也会因为没有区别情节的轻重,导致无法确认其在第151条第1款所对应的量刑幅度,由此也无法准确适用"从重处罚"的规定。

---

① 甘伟宏、余辉胜:《走私犯罪若干疑难问题之探析——兼评〈关于办理走私刑事案件适用法律有关问题的意见〉》,载《国家检察官学院学报》2003年第5期。

从以上的分析可以看出，现有观点都不能很好地解决武装掩护走私从重处罚的问题。究其原因，是因为《刑法》第 157 条第 1 款的规定有缺陷，具体而言是因为“立法之疏漏才导致对某些行为配置了法定刑，但是却无法找到合理罪名与之相对应。”①笔者认为，在我国刑法以走私对象作为确定具体走私犯罪罪名的模式下，武装掩护走私的确没有必要独立成罪，将其定位为量刑情节，符合刑法的体系解释。同时这一量刑情节并不仅适用于《刑法》第 151 条第 1 款所涉及的三个罪名，而是所有走私犯罪共同的从重处罚情节。这样，对其从重就不应该限定在这三个罪名的量刑幅度中，而是应该分别依照各具体罪名的量刑幅度从重处罚。在笔者看来，《刑法》第 157 条第 1 款的规定可以考虑修改为：武装掩护，实施本章第 151 条、第 152 条、第 153 条、第 154 条规定之罪的，依照各该条的规定从重处罚。这样修改，既解决了武装掩护走私行为的罪名选择问题，也明确了对应的量刑幅度，同时也更具操作性。实际上，类似这种概括的从重处罚规定，刑法中也有实例。《刑法》第 106 条就规定：与境外机构、组织、个人相勾结，实施本章第 103 条、第 104 条、第 105 条规定之罪的，依照各该条的规定从重处罚。这样的立法技术值得借鉴。

(二)立法不明确

法律必须具有明确性，这是立法的基本要求。对于刑事立法而言，尤为如此。“刑法规范必须清晰明了，不只是因为刑事诉讼所涉及的‘赌注’很高，还是因为——而且主要是因为——在所有的部门法中，刑法最明显而且最直接地涉及塑造和约束人们的行为”。② “从重处罚”意味着给予行为人更重的处罚，其明确性的要求应更高。但在这方面，我国刑法“从重处罚”的规定也有所不足。比如《刑法》第 364 条

---

① 胡平、王彦：《走私犯罪罪刑设置的立法疏漏及其完善》，载《上海海关学院学报》2008 年第 2 期。

② ［美］富勒：《法律的道德性》，郑戈译，商务印书馆 2005 年版，第 71 页。

第3款规定：制作、复制淫秽的电影、录像等音像制品的，依照第2款（组织播放淫秽音像制品罪）的规定从重处罚。对此规定，理论和实务上都有不同的观点：一种理解认为，这是指按照《刑法》第364条第2款定罪量刑，即按组织播放淫秽音像制品罪定罪量刑，只不过在量刑时从重；另一种理解认为，这仅指依其刑但不定其罪，即在处罚上依照第364条第2款的法定刑，但在罪名上并不按其规定的组织播放淫秽音像制品罪定罪，而是另外定罪。[①] 可见，两种观点在罪名适用上针锋相对。结合法条的上下文，应该认为第一种理解是正确的。《刑法》第364条第2款和第3款都是关于组织播放淫秽音像制品罪的规定，其中第3款是在第2款的基础上，将制作、复制行为作为该罪从重处罚的情节加以规定。所以制作、复制淫秽音像制品又组织播放的，当然以组织播放淫秽音像制品罪定罪，并从重处罚。第二种理解主张根据另外的罪名从重处罚，实际是认为第3款另设了新的罪名，即将制作、复制行为与组织播放行为结合为另一新罪。这种观点尽管不能说完全不能成立，但随意增设罪名的做法实不可取。如果基于量刑情节发生变化就另设罪名，则刑法中的罪名恐怕会过于琐碎庞杂。同时，根据这一主张还会造成在组织播放淫秽音像制品行为不构成犯罪的前提下，由于另有制作、复制行为而仍然成罪，并从重处罚的情况。在笔者看来，上述争议的产生还是因为立法不明确。如果将第364条第3款的规定明确为“制作、复制淫秽的电影、录像犯前款罪的，依照前款的规定从重处罚”，就可以避免这种不必要的争论。

（三）立法缺乏一致性

刑法中有关从重处罚的规定之间缺乏一致性主要表现在三个方面：一是相同情况的处断原则不一致。比如对于牵连犯，我国刑法并没有统一的处理原则。正如前文所述，有的规定是从一重从重处罚。除

---

① 参见苏彩霞：《刑法第364条第3款的法律适用问题》，载《法律适用》2001年第4期。

此之外,有规定从一重处罚的,有规定独立法定刑的,也有规定实行数罪并罚的。[①] 但是从理论上说,基于一定的牵连关系而只按一重罪处断时,必须考虑另一轻罪的责任,从而应该对牵连犯统一适用从一重从重处罚的原则。还比如渎职罪中关于"徇私舞弊"的规定。同样是徇私舞弊情节,在食品监管渎职罪中,该情节是"从重处罚"情节,不影响定罪,但影响量刑;在徇私舞弊不征、少征税款罪中,该情节是入罪情节,没有该情节则不构成犯罪;而在玩忽职守罪、滥用职权罪中,该情节既不是入罪情节,也不是从重处罚情节,而是法定刑升格的情节。这不能不说立法缺乏一致性。

二是对相同内容的表述不一致。比如,针对未成年人犯罪而从重处罚的,对于该特殊对象的表述在传播淫秽物品罪中是"不满18周岁的未成年人",而在组织卖淫罪、强迫卖淫罪以及毒品犯罪中,则简单表述为"未成年人"。再比如,同样是针对司法工作人员从重处罚的,在非法搜查罪、非法侵入住宅罪中规定的是"司法工作人员滥用职权……"而在虚假诉讼罪中规定的是"司法工作人员利用职权……"这样的规定给人的感觉是在虚假诉讼中,司法人员是在合法地利用职权。但既然是故意犯罪,这种职权的利用一定不具有正当性,从而也应表述为"滥用职权"。值得讨论的是,《刑法》第243条第2款国家机关工作人员犯诬告陷害罪"从重处罚"的规定。在该规定中并未有"利用职权"或是"滥用职权"的要求,似乎表明只要是具有国家机关工作人员的身份,犯本罪的就从重处罚。但这样理解恐非妥当:国家机关工作人员的身份本身并不会导致诬告陷害罪的法益侵害程度的加重,也没有理由认为这一身份导致行为人再犯可能性增大,所以从责任刑和预防刑的角度都不能看出从重处罚的必要。或许会有人认为,此时的从重处罚是为了警示其他国家机关工作人员带头遵纪守法,防止其走上犯罪道路。但这实际上意味着行为人不是因为自己的犯罪,而是为了预防他人不犯罪而受到更重处罚,更不合理。所以在笔者看来,如果国家

---

① 参见高铭暄、马克昌:《刑法学》(第8版),北京大学出版社、高等教育出版社2017年版,第196页。

机关工作人员犯诬告陷害罪要“从重处罚”的，应该将其限制在与职务利用（滥用）有关的场合，而不能仅凭这种特殊身份就从重处罚。

三是相同的表述处理的结果不一致。在从重处罚的众多规定中，典型的表述为“……依照前款规定从重处罚”。一般认为，这样的表述表明同时适用前款的罪名和法定刑，并从重。“既然只是前款规定的从重情节，这就说明该款仍适用前款的罪名，只是由于具备了从重情节，才从重处罚。”①不可否认，这样的理解在多数情况下是能够成立的。比如《刑法》第 186 条第 2 款：银行或者其他金融机构的工作人员违反国家规定，向关系人发放贷款的，依照前款的规定从重处罚。其结果就是依第 1 款的违法发放贷款罪定罪并从重量刑。再比如《刑法》第 277 条：暴力袭击正在依法执行职务的人民警察的，依照第 1 款规定从重处罚，也是表明以第 1 款妨害公务罪定罪。但是这样的处理方式并不绝对。比如《刑法》第 301 条第 2 款：引诱未成年人参加聚众淫乱活动的，依照前款的规定从重处罚。对于该款的量刑适用的是第 1 款的聚众淫乱罪的量刑，但并没有以聚众淫乱罪定罪，而是另定引诱未成年人聚众淫乱罪。可见，在这一点上，有关规定并不一致。

（四）司法解释与立法规定不协调

司法解释是对法律条文的进一步阐明，应当做到与立法规定相协调，否则就有可能僭越或背离立法的规定，最终使司法陷入困境。遗憾的是，在“从重处罚”的适用上就有这种司法解释与立法规定不协调的情况。

以强迫幼女卖淫为例。《刑法》第 358 条第 2 款规定，“组织、强迫未成年人卖淫的，依照前款的规定从重处罚”。2017 年，最高人民法院、最高人民检察院出台的《关于办理组织、强迫、引诱、容留、介绍卖淫刑事案件适用法律若干问题的解释》（以下简称《卖淫案件解释》）第 6 条进一步明确到，具有下列情形之一的，属于第 358 条第 1

① 苏彩霞：《刑法第 364 条第 3 款的法律适用问题》，载《法律适用》2001 年第 4 期。

款规定的情节严重:“(一)卖淫人员累计达五人以上的;(二)卖淫人员中未成年人、孕妇、智障人员、患有严重性病的人累计达三人以上的;(三)强迫不满十四周岁的幼女卖淫的……”可见,根据该解释的规定,只要是强迫幼女卖淫,不需要人数的限定,即属于强迫卖淫罪的“情节严重”,当处十年以上有期徒刑或者无期徒刑,并处罚金或者没收财产。由此产生的问题是:在强迫一名幼女的情况下,是否还要适用刑法从重处罚的规定。表面上看,答案是显而易见的,幼女属于未成年人,所以强迫幼女卖淫当然“从重处罚”。但是根据《卖淫案件解释》的规定,只要是强迫一名幼女卖淫的,即属于强迫卖淫罪的“情节严重”。这就表明,《卖淫案件解释》实际上已将强迫“幼女”这一情节直接作为加重处罚的情节。具体而言,“幼女”这一情节在《卖淫案件解释》中已经导致法定刑升格,此时如果再适用《刑法》第358条第2款“从重处罚”的规定,则“幼女”的身份既是提升法定刑幅度的依据,又要作为在法定刑幅度内从重处罚的依据,有违反禁止重复评价原则的嫌疑。

再比如,2016年最高人民法院、最高人民检察院的《关于办理贪污贿赂刑事案件适用法律若干问题的解释》(以下简称《贪污贿赂案件解释》)。其中在挪用公款罪中区别对待了挪用特定款物与一般挪用公款,也即在挪用特定款物的场合,其“情节严重”所要求的数额较之一般的挪用公款罪要低。① 同样的,这一司法解释忽视了《刑法》第384条第2款的规定:挪用用于救灾、抢险、防汛、优抚、扶贫、移民、救济款物归个人使用的,从重处罚。也即对于挪用特定款物的,刑法已经作了特别安排。如果再按这一解释的规定处理,同样会面临两难的局面:当根据这一解释将某一挪用特定款物行为认定为“情节严重”,从而提升其量刑幅度时,是否还要再根据《刑法》第384条第2款的规定对其

---

① 比如根据该解释,挪用公款归个人使用,进行非法活动的,挪用公款数额在100万以上的,属于“情节严重”;而如果挪用救灾、抢险、防汛、优抚、扶贫、移民、救济特定款物,数额在50万元不满100万元的,即属于“情节严重”。类似规定也出现在挪用公款进行营利活动的场合。

“从重处罚”呢？如果不适用“从重处罚”，显然违反了刑法的明文规定；而如果适用，则挪用特定款物，即作为加重处罚情节，又作为从重处罚情节，这样的做法并不合理。①

概言之，既然立法机关在立法时已经将某一情节明文规定为从重处罚情节，司法解释就不应该在某种程度上将其改造成为一个变相的加重处罚情节。而这种将原本属于从重处罚的量刑情节作为法定刑升格条件，从而加重处罚的情形，有可能导致罪刑关系失衡，造成对被告人不利的后果。因为一个情节只能证明一个量刑事实，只能提供一个刑罚适用理由。从结局上看，显然不能根据一个从重量刑情节就得出加重处罚的结论。② 这一点，当引起司法解释者的注意。

当然，考虑到司法解释在我国刑事司法中的地位，司法解释的权威应当得到尊重。即便与刑法规定不完全协调，也不能当然否定该司法解释的效力。应考虑通过建立科学的适用规则，合理解决有关情节的适用问题。对此，下文予以详述。

四、“从重处罚”的适用方法与规则

刑法中的“从重处罚”只是一个原则性的规定，体现的是立法者对一定情形的犯罪从严惩处的态度。但是如何具体适用这一原则，还需要进一步研究。对此，早先有所谓的“中间线论”，即认为从重处罚就是在法定刑平均刑期以上考虑应判处刑罚。但该学说在理论和实践中均被否定，因为刑法中并没有以法定刑的“中间线”为标准区分从重处罚与从轻处罚，而且绝大多数法定刑也不存在清晰的“中间线”。③ 通说认为从重处罚，是指在法定刑之内选择较重的刑种或者较长的刑期。在法定刑只有一个量刑幅度的情况下，从重处罚就是在该量刑幅度内

---

① 参见桂亚胜：《贪污贿赂司法解释中关于数额规定的几点质疑》，载《江西警察学院学报》2017 年第 2 期。

② 参见周光权：《论量刑上的禁止不利评价原则》，载《政治与法律》2013 年第 1 期。

③ 参见张明楷：《刑法学》（上）（第 5 版），法律出版社 2016 年版，第 578 页。

选择较重的刑种和较长的刑期。在有几个量刑幅度的情况下,从重处罚则是在与具体犯罪情况相对应的量刑幅度内选择较重的刑种和较长的刑期。① 但是这一观点也欠妥当,因为其缺乏对应的参照对象,而使"较重的刑种""较长的刑期"难以确定。在笔者看来,从重处罚对应的是不从重处罚,其实质是有从重处罚情节和没有从重处罚情节之间在刑罚上的比较。所以应当认为,从重处罚是指在法定刑幅度内选择比没有这个情节的类似犯罪相对重一点的刑种或刑期。② 任何"从重"都要以"不从重"作为参照。据此,从重处罚时首先应当确定没有该从重情节时所应适用的刑罚,并以此为基准考虑"从重"。为了准确地适用从重处罚的规定,有必要明确以下适用规则:

规则一:"从重处罚"以犯罪成立为前提。

从重处罚属于刑罚裁量的范畴,必须建立在犯罪成立的基础之上。换句话说。从重处罚情节只有在犯罪成立时才有意义。但有时对同一条文,也会有不同的理解。比如对于《刑法》第157条第1款"武装掩护走私从重处罚"的规定,有观点就认为这里的走私不需要到达具体走私犯罪的数量要求,只要具有武装掩护的情节,一律构成犯罪。③ 笔者不同意这样的观点,正如前文所言,武装掩护走私并不是一个独立的罪名,从文义表述上看,武装掩护走私只是一个量刑情节,在相关走私行为不构成犯罪的情况下,武装掩护"从重处罚"的作用无从谈起。

同样,《刑法》第364条第3款所规定的"制作、复制淫秽的电影、录像等音像制品的"从重处罚,也必须以组织播放淫秽音像制品罪成立为前提。具体而言,制作、复制淫秽电影、录像等音像制品的行为在本规定中只是量刑情节,对定罪不发生作用,不能因为有该行为,而将本不构成组织播放淫秽音像制品罪的一般违法行为认定为犯罪,更不能在此基础上从重处罚。同样也应当明确,当行为人组织播放淫秽音

① 参见高铭暄、马克昌:《刑法学》(第8版),北京大学出版社、高等教育出版社2017年版,第257页。

② 参见陈兴良主编:《刑法总论精释》(下),人民法院出版社2016年版,第801页。

③ 参见周蓝蓝:《武装掩护走私争点探微》,载《上海海关学院学报》2005年第2期。

像制品行为构成其他犯罪的，即便行为人还有制作、复制行为，也不能适用该款“从重处罚”的规定。比如行为人制作、复制淫秽音像制品又以牟利为目的组织播放，应直接以传播淫秽物品牟利罪论处。

规则二：“入罪情节”优于“从重处罚情节”。

同一情节，由于立法的规定会出现既是入罪情节，又是从重处罚情节的情况，此时只能择一适用，首先满足入罪的要求。以《刑法》第236条第2款奸淫幼女“以强奸论，从重处罚”为例，在该款中，被害人的幼女身份看似是一个量刑情节，起到从重处罚的作用。实践中，多数情况也确实如此。比如以暴力方式奸淫幼女，构成强奸罪的，应当参照以暴力方式强奸妇女（满14周岁女性），并在此基础上从重处罚。但是，幼女的身份也完全可能成为入罪情节。比如行为人明知被害人是幼女，没有采取暴力胁迫等方式，而是在幼女“自愿”的情况下与其发生性关系，构成奸淫幼女型的强奸罪。此时，幼女的身份直接决定了犯罪的成立。既然该情节在定罪环节上已经被评价了一次，就不能在量刑环节中再次评价，更不宜据此从重处罚。退一步说，即便在此场合要适用从重处罚的规定，也会因没有合适的参照对象而无法体现“从重”的精神。毕竟与妇女自愿发生性关系的并不构成犯罪，不存在在此基础上从重处罚的问题。确切地说，普通型强奸与奸淫幼女型强奸的基本面差别太大，两者基本上不具备可比性，这使“从重”被悬在半空，落不到实处。①

司法解释也有将法定的从重处罚情节规定为入罪情节的情况。比如《刑法》第386条明确规定“索贿”属于受贿罪的从重处罚情节。而根据《贪污贿赂案件解释》的规定，一般受贿罪的起刑点为3万元以上，但如果“多次索贿的”，则该受贿罪的起刑点为1万元以上。也即在此情形下，索贿（多次索贿）情节实际上是入罪情节，直接决定了受贿罪能否成立。故当行为人多次索贿1万元以上不满3万元，依该解释构成犯罪，不能再适用刑法“索贿的，从重处罚”的规定。或许有人质疑这一做法有违反刑法的明文规定的嫌疑，但笔者的观点是，既然不

---

① 参见郑伟：《论刑法存设嫖宿幼女罪的合理性》，载《法学》2014年第4期。

能否定司法解释的法律效力,司法解释的这一规定必须遵照执行,那么,为了避免重复评价,可以认为司法解释将从重处罚情节升格为入罪情节。这一做法实际上已体现了“从重处罚”的精神,故无须再适用刑法“从重处罚”的规定。

规则三:“法定刑升格情节”优于“从重处罚情节”。

这种情况主要发生的司法解释中,也即刑法明文规定的从重处罚情节在一些司法解释中被列为法定刑升格的情节。此时由于法定刑升格,不能再适用刑法“从重处罚”的规定。比如上文提到的强迫一名幼女卖淫的问题,根据《卖淫案件解释》,强迫一名幼女卖淫即导致法定刑的升格,此时“幼女”这一情节即为法定刑升格的情节。既然已做升格处理,则不能再根据第 358 条第 2 款的规定以强迫未成年人卖淫从重处罚。

规则四:“分则从重处罚情节”优于“总则从重处罚情节”。

刑法总则所规定的从重处罚情节有两处,一是累犯,二是教唆未成年人犯罪。在刑法分则中,有些罪名对这两个情节都有特别规定,对此应当适用分则的从重处罚规定,而不再适用总则的规定。比如《刑法》第 301 条第 2 款就规定引诱未成年人参加聚众淫乱活动的“从重处罚”,而该款行为也会同时触犯《刑法》第 29 条第 1 款“教唆不满 18 周岁的人犯罪,应当从重处罚”的规定,对此只能择一适用从重处罚的规定,即应当将分则条文作为特别法条优先适用。

值得讨论的是《刑法》第 356 条毒品再犯“从重处罚”与《刑法》第 65 条第 1 款累犯“从重处罚”的适用问题。对于毒品再犯同时又构成累犯的,如何适用条文从重处罚,在理论上众说纷纭:有观点认为,在毒品再犯与毒品累犯竞合时,应根据特别法优先原则,直接适用《刑法》第 356 条规定的毒品再犯条款,而不再援引《刑法》第 65 条规定的累犯条款。① 另有观点则认为,毒品再犯的规定只是从重处罚的规定,而总则对累犯的规定则不仅要从重处罚,而且还有不得缓刑和假释的规定,

① 参见高秀东、孟庆华:《再犯与毒品再犯的刑事责任问题探讨》,载《南都学刊》2007 年第 2 期。

故后者属于重法。所以在一般累犯和毒品再犯竞合时,从立法目的和法条竞合的处理原则看,应适用重法条优于轻法条的规定,即依照累犯的规定进行处罚。① 还有观点认为,在多个行为并存时,可以分别适用累犯的从重处罚规定和毒品再犯的从重处罚规定。② 相关司法解释在此问题上也存在反复。比如2000年《全国部分法院审理毒品犯罪案件工作会议纪要》中就规定:对同时构成累犯和毒品再犯的被告人,应同时引用刑法关于累犯和毒品再犯的条款从重处罚。但是这一规定可能导致双重从重处罚,有违禁止重复评价原则。而在2015年《全国法院毒品犯罪审判工作座谈会纪要》中则修改为:对于因同一毒品犯罪前科同时构成累犯和毒品再犯的被告人,在裁判文书中应当同时引用刑法关于累犯和毒品再犯的条款,但在量刑时不得重复予以从重处罚。

笔者认为,在毒品再犯和累犯竞合时,应该根据特别法条优于一般法条的原则,适用《刑法》第356条的"从重处罚",而不再适用《刑法》第65条第1款的"从重处罚"。需要注意的是,这解决的只是"从重处罚"的依据问题,并不涉及缓刑、假释的适用。所以,对毒品再犯不适用累犯从重处罚的规定,并不意味着也排除了对累犯不得缓刑、假释的规定。对于构成累犯和毒品再犯竞合的行为人,正确的处理方式应该是:根据毒品再犯对其从重处罚,并根据累犯的规定,对其宣告不得缓刑、假释。这既符合法条竞合的处理原则,也满足了从严惩处毒品犯罪的要求,同时还体现了2015年纪要所规定"同时引用刑法关于累犯和毒品再犯的条款,但在量刑时不得重复予以从重处罚"的真实用意。

规则五:合理利用溢出的从重处罚情节。

如果从重处罚情节和其他情节都能导致入罪或法定刑升格,则应当由其他情节作为入罪情节或法定刑升格情节,而将从重处罚情节作为溢出情节予以保留,并最终在量刑时适用从重处罚的规定。以受贿

---

① 参见李岚林:《我国毒品再犯制度之反思与重构》,载《河南财经政法大学学报》2014年第2期。

② 参见沈解平、朱铁军:《多个"从重处罚"量刑情节该如何适用》,载《刑事法判解》2005年第1期。

罪为例,行为人收受贿赂2万元,又多次索贿2万元。此场合不宜将索贿作为入罪的情节,应当意识到行为人受贿总数额有4万元,即便不考虑索贿情节,其行为也已达到入罪标准,故索贿在定罪环节上属于溢出情节,应予保留。这样在量刑环节中,就可以将索贿作为从重处罚的情节予以适用,从而保证对案件的充分评价。再比如,强迫五人卖淫,其中有一名是幼女,尽管强迫一名幼女卖淫就会导致法定刑的升格,但强迫五人卖淫同样会导致法定刑的升格,对此就应当将幼女这一情节作为法定刑升格的溢出情节,即在法定刑升格时对该情节予以保留。之后,在确定了法定刑升格的基础上,再将该情节作为从重处罚的依据。

五、余论——一个不该被删除的"从重处罚"规定

正如上文所言,我国现行刑法总则中所规定的"从重处罚"的量刑情节只有两个,一是教唆未成年人犯罪,二是累犯。实际上,在1979年刑法中还存在一个对主犯从重处罚的规定。该法第23条第2款规定:对于主犯,除本法分则已有的规定以外,应当从重处罚。在1997年刑法修订时,这一从重处罚的规定被删除,取而代之的是用两款具体的规定来确定主犯的刑事责任,即"对组织、领导犯罪集团的首要分子,按照集团所犯的全部罪行处罚",对其他主犯"应当按照其所参与的或者组织、指挥的全部犯罪处罚。"应该说,在共同犯罪中对于主犯从重处罚,是我国刑事司法的一贯做法,也为刑法基本原理所确认。那么现行刑法的规定是否体现了"主犯从重"的原则呢?肯定者认为:刑法对主犯没有明文规定要从重处罚,不等于对其处罚与对单个人犯罪的处罚幅度持平。根据现有条文,首要分子、其他主犯要对不是其本人实施的行为负刑事责任,这实际上已经加重了对主犯的处罚。因此,对主犯的处罚原则仍然是从重的,只不过修订前的刑法是显性从重,而修订后的刑法是隐性从重。① 而否定者则认为:修订后的刑法关于主犯处罚原则的规定,混淆了定罪与量刑的界限,以定罪原则代替了量刑原则。

① 参见游伟、陆建红:《论刑法上的"从重处罚"》,载《法律科学》2000年第6期。

“按照集团所犯全部罪行处罚”“按照其所参与的或者组织、指挥的全部犯罪处罚”都是对主犯定罪的原则,不能取代对主犯从重的量刑原则。由于刑法作了这样的修订,主犯从重处罚不再是法定情节,而只是酌定情节。[①] 甚至有观点进一步指出,根据现有的规定,对主犯的量刑与单个人犯罪的量刑就应当是相同的,而不能从重处罚。[②] 笔者认为,修订后的刑法明确取消了对主犯从重处罚的规定是不争的事实,而现有的规定也不能认为是对主犯从重处罚的“隐性规定”。理由在于:一则,如上文所言,现行刑法对主犯的规定只是解决了主犯承当刑事责任的范围和根据,并没有解决刑事责任程度的问题;二则,对于一般主犯按照其所参与或者组织、指挥的全部犯罪处罚,本身就是罪责自负的当然要求,与从重处罚没有必然的联系。而且对自己的行为负责,不仅适用于主犯,也适用于从犯、胁从犯、教唆犯;三则,首要分子既然是犯罪集团的组织者、领导者,对集团所犯之罪都具有原因力,当然要对集团全部罪行承担刑事责任。“按照集团所犯全部罪行处罚”表述中也难读出有“从重处罚”的意思。退一步说,即便存在首要分子要对不是其本人实施的行为负刑事责任的情况,看似是加重了对他的处罚,但这种“加重”也仅仅适用于犯罪集团的首要分子,而没有适用所有共同犯罪的主犯。

由此可见,我国刑法现有的规定并没有体现出对主犯应当从重处罚的立场,换句话说,在现行刑法中,主犯的确已不再是法定的从重处罚情节。对于这样的做法,笔者认为并不妥当。一方面,在我国刑法中,主犯是在共同犯罪中起主要作用的人,既然作用大,当然责任要重。从主观方面看,主犯往往是犯意的发动者,是共同犯罪的关键人物,具有较重的主观恶性;从客观方面看,主犯在共同犯罪中其支配和主导作用,具有较重的客观危害。对其从重处罚符合罪责刑相适应的基本原则。另一方面,对于主犯从重处罚是我国一直遵循的区别对待,惩治首

---

① 参见陈兴良:《历史的误读与逻辑的误导》,载陈兴良主编:《刑法评论》(第2卷),中国政法大学出版社 1998 年版,第 305 ~ 311 页。

② 参见张明楷:《责任刑与预防刑》,北京大学出版社 2015 年版,第 381 页。

恶刑事政策的具体体现,也是贯彻宽严相济刑事政策的必然要求,同时还是长期以来我国应对共同犯罪实践经验的总结。在笔者看来,现行刑法有关主犯刑事责任的规定是有问题的,理应恢复 1979 年刑法的规定,即对于主犯,除刑法分则已有规定的以外,应当从重处罚。

The "Heavier Punishment" Provisions in China and Its Application

Gui Yasheng

[**内容摘要**]我国刑法中有不少"从重处罚"的规定,这些规定主要集中在刑法分则中,均属于应当型的量刑情节,且有不断增长的趋势。"从重处罚"的根据在于犯罪人责任的增加和预防再犯的必要增大,刑法规定"从重处罚"有其合理性。但我国"从重处罚"的规定存在一定的缺陷,表现为立法有疏漏、立法不明确、立法不统一以及司法解释和立法规定不协调。从重处罚需要建立一套科学的适用规则。其适用以犯罪成立为前提,应当明确入罪情节优于从重处罚情节,法定刑升格情节优于从重处罚情节,分则从重处罚情节优于总则从重处罚情节等原则,同时也要合理利用溢出的从重处罚情节。此外,笔者认为,对主犯从重处罚的规定应当恢复。

[**关键词**]从重处罚;责任刑;目的刑 ;立法缺陷; 适用规则

Abstract: There are many "Heavier Punishment" in criminal law. These provisions are mainly stipulated in the Specific Provisions of Criminal Law and all belong to legally prescribed circumstances of sentencing which must be considered. It is reasonable to heavier punishment because of the increase of the offender responsibility and the need to prevent the reoffending. There are some defects in "Heavier Punishment" Provisions embodied in omission, ambiguity, disunion in legislation and inconsistent between the judicial interpretation and legislation. A set of reasonable applicable rules are required. Heavier punishment is based on the establishment of a crime. The circumstances for conviction or promotion of sentence are superior to heavier punishment, specific provision is superior to general provision. At the same time, exceeded heavier punishment should be reasonable applied. The provision of heavier punishment for principal offenders shall be restored.

Keywords: Heavier punishment; Punishment based on responsibility; Punishment based on prevention of crime; Legislation defect; Rule of application

科研贪腐犯罪量刑机制的实证检视*

——以科研贪腐案中量刑裁判考量因素的解析为切入点

徐 暾**

目 次

近年来,随着社会经济与科学技术的飞速发展,国家对科技研究的投入与日俱增。据统计,我国2016年研发经费投入总量为15,676.7亿元,比上年增加1506.9亿元,增长10.6%,增速较上年提高1.7个百分点,研发经费投入强度达到2.11%,已经超过欧盟15国2.08%的平

* 本文系作者参与的2017年江苏省社会科学基金重点项目"高校科研经费使用管理腐败问题研究"(批准号:17FXA002);2018年"江苏省研究生科研与实践创新计划项目"(批准号:KYCX18_0006)的阶段性成果。

** 南京大学法学院刑事诉讼法学博士研究生。

均水平。[①] 2017 年研发经费更是达到 17,500 亿元,又比上年增长 11.6%,增速也较上年提高 1 个百分点。[②] 随着国家财政对科研经费的投入持续增加,与科研经费相关的腐败犯罪态势也呈递进式增长。关于科研人员套取科研经费的违法犯罪行为频频见诸各大网络媒体,[③]引起了社会各界特别是学界的关注与震动。在查办的套取科研经费犯罪案件中,大多案件都以贪污罪定罪处理,这也引起了理论界和实务界的争论和探讨。笔者以套取科研经费、科研腐败、科研犯罪等主题或关键词在中国知网上进行检索,我国较早关注科研领域犯罪的学术论文是《科研人员不当套取国家科研经费不应认定为贪污罪》。文章作者认为,科研人员采取不正当方式侵占科研经费的行为,是具可谴责性的,但不能定性为贪污罪。[④] 随后,国内学者纷纷围绕该主题进行探讨与争论,持反对观点的学者认为,在目前的科研经费管理体制下,科研人员非法套取并占用科研经费,可以为现行刑法中的贪污罪所评价。[⑤] 在这些研究中,相关观点都只是围绕科研人员套取科研经费的"定罪问题"展开争议和探讨,却没有论著对科研人员套取科研经费贪腐案件的"量刑问题"展开深入研究与考察。[⑥] 从被关押近 4 年的原浙

① 参见关晓静:《国家统计局社科文司高级统计师关晓静解读 2016 年全国科技经费投入统计公报》,载国家统计局门户网:http://www.stats.gov.cn/tjsj/sjjd/201710/t20171009_1540394.html,最后访问日期:2018 年 7 月 20 日。

② 参见孙博洋:《统计局:2017 年我国研发经费投入 17,500 亿元,比上年增长 11.6%》,载新浪网:http://news.sina.com.cn/c/2018-02-13/doc-ifyrkzqr2928056.shtml,最后访问日期:2018 年 7 月 20 日。

③ 参见汪晓东:《科研单位频发贪腐,科技经费投入方式引关注》,载科学网:http://news.sciencenet.cn/htmlnews/2016/1/335547.shtm,最后访问日期:2018 年 7 月 1 日。

④ 参见肖中华:《科研人员不当套取国家科研经费不应认定为贪污罪》,载《法治研究》2014 年第 9 期。

⑤ 参见孙国祥:《套取并占有科研经费的刑法性质研究》,载《法学论坛》2016 年第 2 期;张如:《科研经费违规使用的法律责任》,载《学术界》2016 年第 5 期。

⑥ 定罪和量刑的权力都由司法机关掌控,定罪属于羁束性行为,司法机关一般没有自由裁量的余地;但量刑却不然,由于刑法对刑罚的规定留有一定的幅度空间,允许司法机关在法定的幅度内进行自由裁量。具体参见张建伟:《刑事司法:多元价值与制度配置》,人民法院出版社 2003 年版,第 229 页。

江大学副校长褚健于法院宣判两天后刑满出狱,[①]到清华大学付林教授涉嫌科研贪污犯罪被提起公诉16个月后撤诉,[②]再到羁押4年仍未宣判的院士李宁科研贪腐案,[③]为什么会出现案件"久拖难决"甚至是"重罪轻判"的现象?在司法实践中,科研贪腐人员的总体罪名和量刑分布情况如何?法官对科研贪腐类案件的量刑是否做到了同案同判,罪刑是否均衡?关于数额与情节要素的考量是否规范?现有的量刑机制是否合理?针对这些问题,笔者以公开检索到的39份裁判文书为全样本进行案例分析,以"个案—规范"的分析范式勾勒明示出科研贪腐案在当下中国司法实践中的真实图景,提炼科研贪腐案件中现有量刑机制的实践经验与偏误,进而提出科研贪腐案量刑裁判的完善路径。

一、科研贪腐犯罪的裁判实践:基于刑事司法案例全样本的数据统计

关于科研腐败案件,笔者在中国裁判文书网共检索到72条记录,其中有33条记录与套取科研经费犯罪无关联,通过剔除无关联数据和重复数据,在检索范围内甄别有效样本39份(被告人数48人)。这些样本基本上可穷尽已公开获知的案件信息,本文将以此作为分析的基础样本,具体详见表1。

---

① 《原浙江大学副校长褚健贪污1.3亿,只坐4年牢,案件背后引人沉思》,载搜狐网:http://www.sohu.com/a/232671397_99988005.shtml,最后访问日期:2018年9月20日。

② 参见韩声江:《清华大学教授付林贪污案检方撤诉,抗霾技术曾获国家级大奖》,载新浪财经网:http://finance.sina.com.cn/roll/2018-09-21/doc-ihkhfqnt4608857.shtml,最后访问日期:2018年9月21日。

③ 参见张从志:《被羁押四年仍未宣判,院士李宁的案件何时能了结》,载《三联生活周刊》2018年第34期。

表 1　科研贪腐案件统计[①]

姓名	职务	罪名	判决结果	姓名	职务	罪名	判决结果
洪某燮	研究院院长	贪污罪	13 年	谢　某	研究所所长助理	贪污罪	3 年 6 个月
陈某旭	高校学院院长	贪污罪	10 年	薛某甲	国企普通科员	贪污罪	（缓刑）1 年
刘某平	高校实验动物中心主任	贪污罪	13 年	吴某义	高校学院院长	贪污罪	3 年 6 个月
张某光	高校行政管理部主管	贪污罪	6 年	罗某刚	县委农村工作领导小组办公室主任	贪污罪	8 个月
尹某圣	高校实验师	贪污罪	2 年	马某军	林科院木材所副所长	贪污罪	3 年 6 个月
宋某强	高校学院院长	贪污罪	10 年 6 个月	张某军	林科院研究所所长	贪污罪	3 年 6 个月
王某甲	国企农研所所长	贪污罪	免予刑事处罚	杨某甲	高校教师	贪污罪	7 年
赵某甲	国企副总农艺师	贪污罪	免予刑事处罚	张某甲	高校教师	贪污罪	4 年 6 个月
张某新	高校国家重点实验室副主任	贪污罪	11 年	杨某勇	高校财务处人员	贪污罪	（缓刑）2 年
丁某宝	特检院院长	贪污罪	11 年 6 个月	张某兰	高校规划与学科建设处副处长	贪污罪	3 年
韩某甲	国企科研人员	贪污罪	（缓刑）3 年	高某甲	高校教师	贪污罪	1 年 6 个月
梁某甲	国企某处主任	贪污罪	免予刑事处罚	孙某甲	某医院副主任医师	贪污罪	（缓刑）2 年
李某涛	高校学院党委书记	贪污罪	11 年	张某甲	某医院主任医师	贪污罪	1 年 3 个月

续表

姓名	职务	罪名	判决结果	姓名	职务	罪名	判决结果
王　某	高校博士生	贪污罪	11 年	邱某甲	某医院副主任医师	贪污罪	（缓刑）3 年
王某月	高校教研室主任	贪污罪	5 年	刘　某	学校党委副书记、纪委书记	贪污罪	3 年
赵某至	国企某处主任	贪污罪	6 年	钱某甲	规划与信息所所长	贪污罪	（缓刑）3 年
高某甲	国企科室秘书	贪污罪	3 年	李某甲	研究所所长	贪污罪	免予刑事处罚
庞　某	国企科室主任	贪污罪	免予刑事处罚	张某甲	研究所副所长	贪污罪	免予刑事处罚
肖某森	高校学院院长	贪污罪	免予刑事处罚	陈某甲	高校研究生院副院长	贪污罪	2 年 6 个月
姜　某	高校某处副处长	贪污罪	4 年	王某甲	高校某系副主任	贪污罪	（缓刑）1 年
康某某	国企某中心主任	贪污罪	1 年 2 个月	黄某甲	高校教师	贪污罪	（缓刑）1 年
卢某甲	国企研究室主任	贪污罪	1 年 2 个月	耿某甲	高校实验师	贪污罪	（缓刑）2 年
何某斌	高校党委常委兼校长助理	贪污罪	有期徒刑 4 年	田某甲	高校科技处、人事处处长	贪污罪	免予刑事处罚
潭某明	研究所副所长	贪污罪	（缓刑）1 年 6 个月	徐某甲	高校教师	贪污罪	3 年

① 在统计过程中笔者发现，在公布的科研贪污案件信息中，有些被告人除贪污科研经费外，还涉及了其他罪行，由于主题所需，本文只梳理与套取科研经费犯罪有关的定罪与量刑信息。此外，在有些案件中，裁判文书未列出被告人具体姓名，在此以姓氏 + 某甲来代替。对于具体个案的案情，可以直接通过网络查找。

结合表1和样本判决文书中的信息,我们可以发现,基本上所有套取科研经费的被告人都以贪污罪定罪处理,其裁判逻辑可以归结为:涉案的科研人员均为国家工作人员,符合贪污罪的主体身份;科研人员存在着套取科研经费的职务便利,主观方面为故意;科研人员客观上以编造虚假合同、开具虚假发票和编制虚假账目等手段套取科研经费并非法占为己有,符合贪污罪的客观要件;套取科研经费使国有资产受到了重大损失。

从量刑分布的情况来看,在统计的48名科研贪腐人员中,只有8名科研贪腐人员免予刑事处罚,其余40名科研贪腐人员都被判处有期徒刑。其中10名科研贪腐人员被判处缓刑,11名科研贪腐人员被判处3年以下(含3年)有期徒刑,11名科研贪腐人员被判处3年以上10年以下(含10年)有期徒刑,8名科研贪腐人员被判处10年以上有期徒刑。从裁判结果来看,科研贪腐犯罪的量刑整体偏轻,占比60%的科研贪腐人员位于贪污罪的最低档刑罚,①其中有39%的科研贪腐人员被免予刑事处罚或判处缓刑。相较于高官贪腐人员,②科研贪腐人员有期徒刑刑期普遍较短,最高刑期为13年,无判处无期徒刑和死刑的人员。

二、科研贪腐案中数额要件的适用与检视

科研贪腐犯罪是科研领域内的贪利性犯罪,因此贪污数额是决定行为社会危害性的基本要素。立法上,我国1997年《刑法》对贪污罪规定了四档法定刑,其法定刑的主要依据是贪污的数额。《刑法修正案(九)》出台之后,对贪污罪则是采用了数额要件与情节要件并重的量刑模式。与此同时,最高人民法院、最高人民检察院《关于办理贪污贿赂刑事案件适用法律若干问题的解释》(以下简称《解释》)对数额要

① 根据《中华人民共和国刑法》第383条的规定,贪污罪的法定自由刑有三档刑罚,其中最低档刑罚为处三年以下有期徒刑或者拘役,并处罚金。

② 参见孙超然:《论贪污罪、受贿罪中的"情节"——以高官贪腐案中裁判考量因素的实证分析为切入点》,载《政治与法律》2015年第10期。

件与情节要件等标准予以了量化规定。应该说,《刑法修正案(九)》前后的立体精神均体现了对贪污罪处罚的"计赃量刑"模式,只不过是在量刑规定上由"数额中心论"转变为"数额与情节并重论"。实践中,有学者以贪污案件判决书的实证分析为基础,考察我国法院对贪污罪量刑的实然状况,发现在司法实践中,法官在裁量贪污罪的基准刑时表现出明显的唯数额论倾向。① 由此可见,我国立法上以犯罪数额来确定法定刑幅度,司法中也都是以犯罪数额为基准来决定罪和刑。② 那么,数额要件在科研贪腐案的裁判中,会是一种什么样的状况?法官在审理此类案件时如何考量数额要素的量刑功能呢?带着这一疑问,本文对 48 名科研贪腐人员的涉案数额和刑期进行了分析,表 2 提供了一个概貌。

从表 2 可以看出,相对于官员贪腐案来说,科研贪腐案中涉案金额相对偏低,涉案最高数额为陈某旭案 945.50 万元,涉案最低数额为 1.69 万元。③ 从科研贪腐案的涉案数额和判决结果来看,似乎犯罪数额与刑期之间不存在显著的关联关系。一般来说,对相同或相似犯罪数额判处类似的刑期是同案同判、保持刑罚公正性的必然要求。当然,在贪腐类犯罪中,犯罪数额并不是法官在刑罚裁量时唯一的考量因素,情节要素也是量刑的重要依据。亦即,受犯罪情节的影响,相同的数额判处不一样的刑罚结果也未必违反刑罚的公正性。因此,只有综合考虑犯罪数额、情节要素与刑期之间的关联程度,才能作出公正的判决结果,从而避免罪刑失衡问题。典型的罪刑失衡主要表现为:一是对数额相差较大、情节相似的案件判处类似的刑罚;二是对数额类似、情节类似的案件判处不同的刑罚。其中第一种情形的典型案例,如浙江省陈某旭案与北京市宋某强案。从时间上看,两案皆是《刑法修正案(九)》颁布之前的案例。在陈某旭案中,其贪污科研经费 945.5 万元,具退赃

① 参见王刚:《我国贪污受贿罪量刑存在的问题和完善建议——以 200 份贪污受贿案件判决书的实证分析为基础》,载《湖北社会科学》2016 年第 11 期。

② 参见李炜:《贪污贿赂犯罪死刑制度争议问题研究》,载《河北法学》2012 年第 6 期。

③ 参见孙超然:《论贪污罪、受贿罪中的"情节"——以高官贪腐案中裁判考量因素的实证分析为切入点》,载《政治与法律》2015 年第 10 期。

表2　科研贪腐案中犯罪数额与裁判结果的统计概况

姓名	涉案数额（万元）	判决结果	判决日期	姓名	涉案数额（万元）	判决结果	判决日期
洪某燮	62.39	13年	2011年10月	谢　某	56.94	3年6个月	2016年9月
陈某旭	945.50	10年	2014年1月	薛某甲	32.50	（缓刑）1年	2016年9月
刘某平	341.80	13年	2014年3月	吴某义	39.14	3年6个月	2016年10月
张某光	168.95	6年	2014年3月	罗某刚	6	8个月	2016年11月
尹某圣	47.55	2年	2014年3月	马某军	52	3年6个月	2016年12月
宋某强	68	10年6个月	2014年5月	张某军	45.30	3年6个月	2016年12月
王某甲	1.69	免予刑事处罚	2014年6月	杨某甲	330	7年	2016年12月
赵某甲	2.80	免予刑事处罚	2014年9月	张某甲	120	4年6个月	2016年12月
张某新	70.5	11年	2014年9月	杨某勇	8.07	（缓刑）2年	2016年12月
丁某宝	84.70	11年6个月	2014年12月	张某兰	50	3年	2017年3月
韩某甲	9.67	（缓刑）3年	2014年12月	高某甲	18.64	1年6个月	2017年5月
梁某甲	3.03	免予刑事处罚	2014年12月	孙某甲	17.17	（缓刑）2年	2017年5月

续表

姓名	涉案数额（万元）	判决结果	判决日期	姓名	涉案数额（万元）	判决结果	判决日期
李某涛	75.76	11年	2015年3月	张某甲	19.43	1年3个月	2017年5月
王　某	75.76	11年	2015年3月	邱某甲	30.82	缓刑3年	2017年5月
王某月	75.76	5年	2015年3月	刘　某	20	3年	2017年8月
赵某至	61.37	6年	2015年5月	钱某甲	30	（缓刑）3年	2017年12月
高某甲	61.37	3年	2015年5月	李某甲	17.44	免予刑事处罚	2017年12月
庞　某	2.54	免予刑事处罚	2015年6月	张某甲	16.50	免予刑事处罚	2017年12月
肖某森	8.24	免予刑事处罚	2015年12月	陈某甲	50	2年6个月	2018年1月
姜　某	45.86	4年	2016年5月	王某甲	50	（缓刑）1年	2018年1月
康某某	9.08	1年2个月	2016年5月	黄某甲	50	（缓刑）1年	2018年1月
卢某甲	8	1年2个月	2016年6月	耿某甲	50	（缓刑）2年	2018年1月
何某斌	128.78	4年	2016年6月	田某甲	11.27	免予刑事处罚	2018年2月
潭某明	4.33	（缓刑）1年6个月	2016年7月	徐某甲	30	3年	2018年3月

情节，法院判处有期徒刑10年；[①]在宋某强案中，其贪污科研经费68万元，具退赃情节，法院判处有期徒刑10年6个月。[②] 第二种情形的典型案例如山东省张某甲案与河北省李某甲案。从时间上看，两案皆是《刑法修正案（九）》颁布之后的案例。在张某甲案中，其贪污科研经费19.43万元，具立功和退赃情节，被判处有期徒刑1年3个月；[③]在李某甲案中，其贪污科研经费17.44万元，具自首和退赃情节，被免予刑事处罚。[④] 从上述案例的判决结果来看，在类似的情节基础之上，判决的轻重程度似乎与涉案数额之间并无必然的联系，犯罪数额决定裁量基准刑的基础作用并没有发挥出来，导致此类案件的判决出现罪刑失衡问题，违背了罪责刑相适应原则和刑法的基本精神。[⑤]

当然，诸多原因皆有可能导致科研贪腐案件的罪刑失衡问题，如贪污罪立法层面和司法层面上的问题，以及套取科研经费数额难以认定问题等都有可能导致法官的量刑失当。具体来说：首先，从法律规范的方面考察，贪污罪的罪刑结构设置不合理。《刑法修正案（九）》出台之后，将贪污犯罪的处罚标准由单纯的数额模式修改为数额与情节并重模式，突出了犯罪情节在法官量刑裁判时的作用，但是，也存在一系列问题。正如有的学者所言："完全脱离数额的其他情节之严重程度往往难以量化和准确把握，若仅根据其他情节决定刑罚裁量可能会出现数额较小而判刑过重的罪刑失衡现象，也容易给量刑的随意性留下空间。"[⑥]其次，从科研贪腐案量刑的司法实践来考察，影响科研贪腐犯罪

---

① 参见（2013）浙杭刑初字第36号刑事判决书。

② 参见（2014）一中刑终字第1160号刑事判决书。

③ 参见（2016）鲁0102刑初769号刑事判决书。

④ 参见（2017）冀1026刑初383号刑事判决书。

⑤ 相对来说，完全以犯罪数额来定罪量刑不具有合理性，也不是本文所支持的观点。本文强调以犯罪数额为基准刑并不是支持"计赃量刑"观念，而是要求法官在对科研贪腐类案件量刑时，应以数额标准为依据确定刑罚区间，统一量刑标准，避免罪刑失衡现象。

⑥ 赵秉志：《略谈最新司法解释中贪污受贿犯罪的定罪量刑标准》，载《人民法院报》2016年4月19日。

量刑结果的考量因素很多,有案内因素也有案外因素,案内因素有科研人员的声誉、职务、科研贡献以及套取科研经费的恶劣程度、套取经费的持续时间、帮助套取科研经费的人数以及套取科研经费所造成的恶劣影响等,案外因素有审理法官是否有外部的压力、是否有多人联名求情、网络舆论导向等因素的影响,加之现行规范量刑方法的缺失赋予了法官更宽泛的自由裁量权,更容易导致量刑失衡。最后,科研贪腐案中套取科研经费的数额认定难也是导致罪刑失衡的重要原因。科研活动往往具有探索性、创造性和或然性的特点,在科研活动过程之中经常会出现很多预料之外的突发事件,导致经费预算与课题开支出现不相符的情况。为了使预算与支出在形式上一致,此时科研人员不得不使用假发票以弥补科研支出的漏洞,那么在司法认定中,通过假发票报销的实际支出数额能否认定为贪污数额就是一个难题。此外,很多科研项目都不是一次性完结的,需要后期的维护和跟进,但是科研经费投入方式是一次性的,这就导致有些科研人员截留部分科研经费以备在科研结项后使用,那么有真实用途的截留资金能否认定为贪污数额也是司法难题。客观上来讲,现阶段的科研经费管理和使用存在着一些不合理现象,使法官在科研人员贪污科研经费数额的司法认定上存在一定困难,导致科研贪腐案中数额要素与刑期无法建立起严格的"对价表"关系。

三、影响科研贪腐案量刑的情节要件审视

情节要件,指由刑事法规定的定罪量刑事实以外的,体现行为人社会危害性及人身危险性大小并据以定罪量刑时所考量的各种事实情况。2010年最高人民法院出台的《量刑指导意见》对情节要件进行了列举式规定,包括犯罪嫌疑人的身份地位、认罪态度、自首、坦白、立功等情节。[①] 考虑到科研贪腐案件的特殊性,并且样本案例中关于身份

① 参见卢建平、朱贺:《酌定量刑情节法定化的路径选择及评析》,载《政治与法律》2016年第3期。

特征与认罪态度的情节功能规范性较差,本文重点对这两种情节要件进行分析与评价。至于其他影响科研贪腐案件量刑的情节要素,因与其他贪腐类犯罪的情节功能无异,文章对此不再赘述。

(一)身份特征对量刑结果产生影响的分析

在我国,犯罪人身份特征的差异是影响其量刑结果的一个重要因素。通常来说,犯罪人由于身份地位的不同,会遭受有差异的刑罚裁量结果。① 对此,学者们从两个方面进行了论证与探讨,一是用不同身份特征(如户口、地域、年龄等因素)的刑罚裁量数据来验证不同身份特征对量刑差异的影响;②二是用不同行政级别的刑罚裁量数据来验证社会经济地位对量刑差异的影响。③ 结果发现,被告人量刑的轻重与其曾经的行政级别和身份性质存在一定的关联关系。具体到科研贪腐案件来说,学者们普遍认为,套取科研经费行为不应一律入罪,应区别情况分别对待。有学者提出具有一定行政级别的科研人员一般具有违法性认识错误的可避免性,可以为刑法中的贪污罪所评价,而一般科研人员一般不具有违法性认识错误可避免性,因而阻却责任,不构成犯罪。④ 那么,司法实践中,科研贪腐犯罪量刑的轻重是否真的与其身份特征相关?是否真的如有些学者所言,一般科研人员应不予入罪或免予刑事处罚呢?

---

① 据媒体报道,原铁道部长刘志军因受贿 6460 万余元而被判处死刑缓期执行,而原国家药监局原局长郑筱萸因受贿 649 万余元被判处死刑立即执行。判决一出,就有民众发声认为贪腐成本与官阶成反比,即官位越高,贪腐的成本越低。参见姚树洁:《贪腐成本与官阶成反比》,载新浪博客:http://blog. sina. com. cn/s/blog_66ccfca60101e73q. html? tj =2,最后访问日期:2018 年 8 月 20 日。

② 参见张训:《论量刑歧视》,载《浙江社会科学》2011 年第 2 期;陈磊、石磊:《身份差异与量刑歧视:流动人口犯罪缓刑适用问题研究》,载《法律适用》2013 年第 1 期。

③ 参见王剑波:《行政级别、身份性质与我国受贿罪的量刑差异》,载《政法论坛》2018 年第 1 期。

④ 参见刘科:《套取国家财政拨款科研经费行为定罪中的疑难问题研究》,载《法学杂志》2017 年第 7 期。

表1显示,在48名涉案的科研贪腐人员中,具有一定职务的科研人员有35人,占比72.9%,而普通科研人员只有13人,占比27.1%。从量刑结果上来看,一般科研人员与担任一定职务的科研人员在量刑上并无显著性的差异。如济南市徐某科研经费贪污案中,被告人徐某为大学普通教师,利用负责国家课题的职务便利套取科研经费30万余元,具退赃情节,被判处有期徒刑3年;①同样在该市陈某科研经费贪污案中,被告人陈某为某大学研究生院副院长,其贪污科研经费50万余元,具退赃情节,被法院判处有期徒刑2年6个月。② 从以上案例可以看出,犯罪人曾经的身份特征或行政级别的差异对最终量刑结果并无显著性的影响,甚至从某种意义上来说,法官对有身份地位的被告人在量刑时更倾向于从轻处罚。如表1所示,一般科研人员都被判处有期徒刑刑罚,其中8名免予刑事处罚的科研人员基本上都有一定的行政级别。

笔者认为,在科研贪腐案的司法实践中,法院并没有因为被告人的身份差异而在量刑上有所体现,存在不妥之处。首先,我国刑事立法上,职务身份是某些危害行为的加重类型,或单独将其设为重罪,或将其作为普通犯罪的加重情节。③ 具有一定行政级别的科研人员犯罪,在立法上应属于从重评价的对象,如若在司法实践中与一般科研人员同等评价或更加从宽处理,这显然违背了刑法中的罪责刑相适应原则,是不公正的。其次,具有行政级别的科研人员相对于一般科研人员在避免违法性认识错误的现实可能性方面要大得多,相应地,责任阻却的力度就小得多。④ 最后,综合考察套取动机、用途、行为等情况,一般科研人员避免违法性认识错误的可能性较小,其罪行较轻,具体来说:其一,就一般科研人员的套取动机而言,由于一般科研人员平时主要从事

① 参见(2017)鲁01刑终361号刑事判决书。

② 参见(2017)鲁01刑终14号刑事判决书。

③ 参见单民:《职务身份对量刑公正的消极影响与制度化解》,载《人民检察》2014年第3期。

④ 参见刘科:《套取国家财政拨款科研经费行为定罪中的疑难问题研究》,载《法学杂志》2017年第7期。

教学工作和活动,其接触的圈子较小,尤其是从事理工科和医科的科研人员平时很少接触法律知识,①科研人员普遍认为套取本应属于自己的课题经费是正常行为,不属于违法乃至犯罪行为。其二,由于科研贪腐行为不同于官员贪腐行为,现实中官员贪腐行为的违法性人人皆知,是常识,但套取科研经费行为被评价为贪污罪往往需要相应的前置性法律规范,而一般科研人员往往只钻研于自己的学术领域,不可能了解深奥的法律知识及法律规范问题。其三,一般科研人员都是将与科研活动没有关系或者关系不大的费用作为科研费用予以报销,由于科研活动的不确定性及科研预算的不合理性,到底哪些费用与科研活动相关以及如何报销费用很难作出准确的判断。因此,综合考量立法精神、违法性及社会危害性等情况,对一般科研贪腐人员在量刑上应予以减轻处罚,甚至是免予刑事处罚。立法上,应当通过司法解释突出科研贪腐刑法治理的身份特征,尽快出台专门指导科研领域的量刑指导意见,使身份特征真正成为包含科研贪腐案的量刑事实。

(二)认罪态度对量刑结果产生影响的分析

认罪态度是被告人对自己犯罪行为的看法在其言行中的表现。通过对样本案例的梳理发现,占比68.8%的判决案例中提及"被告人或其辩护人提出被告人认罪态度好,有悔罪表现,请求对其从轻、减轻的辩护意见,本院已予考虑"等表述。司法实践中,认罪态度情节是司法人员在量刑时优先的考量因素。相关的理论研究也表明,认罪态度情节在量刑影响因素中所占比重最大。② 有学者曾经对我国不同地区的刑事法官进行调研,结果表明有57%的刑事法官认为被告人的认罪态

① 工医项目是科研贪腐的高发领域,从涉案项目的学科分布情况来看,工科的数量占比43.75%,医科的数量占比35.42%,工医项目合计占比79.17%。

② 参见陈瑞华:《刑事证据法学》(第2版),北京大学出版社2014年版,第59页。

度会影响其判决结果。① 究其根源,我国法官偏好评价认罪态度的背后实质是“坦白从宽、抗拒从严”的刑事政策,在这种政策的指导下,刑事办案人员会更加重视被告人的认罪态度,对供认犯罪事实的被告人具有明显的激励作用,而对于保持沉默或拒绝认罪等“认罪态度不好”的被告人,会产生从重处理的惩罚效果。虽然说认罪态度这一酌定情节具有一定程度上的合理性,但却否定了被告人作无罪辩护的权利。②

司法实践中,“认罪态度不好”主要表现为两个方面:一是指被告人否认自己所犯罪行,或者对据以定罪量刑的证据提出疑问;二是被告人承认所指控的事实,但不承认这些行为事实构成犯罪。③ 对于涉嫌贪污科研经费的被告人而言,由于大部分科研人员都普遍存在一种认识,即课题项目经费在自己手上,只要能按期完成符合要求的研究成果,课题经费想怎么支配是自己的事情,并不认为套取课题经费是违法犯罪行为。样本文书显示,45.2%的被告人认为自己没有非法占有的故意,其套取科研经费的行为不构成犯罪。那么,对于不具有违法性认识错误的被告人,一边坦白自己有套取科研经费的行为,一边又拒不承认自己有贪污罪行,必然会影响法官对被告人关于认罪态度的抽象评价与认定,并对裁判的结果产生不利影响,有可能还会出现“同案不同判”的量刑结果。④

综上,笔者认为,由于科研贪腐案件的特殊性,法官在审理此类案件时,只要被告人承认检察官所指控的事实,就应当认定被告人认罪态

① 参见李荣:《影响刑事法官判决因素的实证考察》,载《法学杂志》2007 年第 6 期。

② 参见封安波:《“拒不认罪、从重处罚”的证据裁判主义审视》,载《法律科学》2017 年第 4 期。

③ 参见贺小军:《认罪态度对量刑的影响实证研究——以 A 省 B 市为例》,载《政治与法律》2015 年第 12 期。

④ 在司法实践中,只要是被告人自愿认罪的刑事案件,司法机关通常都以被告人“认罪态度较好”为由,对其作出从轻量刑的判决。具体参见陈瑞华:《刑事诉讼的前沿问题》(第 5 版),中国人民大学出版社 2016 年版,第 439 页。

度较好;至于被告人拒不承认自己的罪行,坚持要求法官判其无罪的做法乃是被告人行使自身的辩护权利,不应影响对其认罪态度的评价。具体而言:首先,在科研贪腐案中,大部分被告人套取科研经费实乃迫于无奈之举。由于科研活动是一个不断尝试与探索的过程,具有很大的偶然性和不确定性,随着科研项目的开展,科研经费的实施方案、技术路线等会做出调整,其执行也会有相应变化,但大部分允许报销的项目规定的都非常详细,报销时必须凭借正式发票,因此就导致了他们通过编造合同、账目及开具虚假发票等形式套取科研经费的行为。对于此类可能具有违法性认识错误的被告人,他们承认自己有套取科研经费的行为,但同时拒不认罪,不承认检察官指控的罪名,是情理之中的事情,如果法官在裁判时认为其"拒不认罪",从而影响其量刑结果,显然违背无罪推定原则。其次,趋利避害是人的本性,犯罪后企图逃避惩罚是一种常态心理,而且行为人完全可能没有期待可能性,如犯罪嫌疑人在审讯期间一直保持沉默或者不交代自身的罪行等行为,只是意味着他想减轻他的刑事责任而已,并不意味着他的人身危险性很大。[①]因此,犯罪后只要不是采取毁灭、伪造证据等进一步增加破案难度的方式,而只是对检察官指控的事实不予承认或是认为自己的行为不构成检察官指控的罪名等情形,不应当作为"拒不认罪"的依据。最后,我国《宪法》第130条规定:"人民法院审理案件,除法律规定的特别情况外,一律公开进行。被告人有权获得辩护。"在宪法确立被告人辩护权利的基础上,《刑事诉讼法》进一步规定了刑事辩护权利的内容,并在第11条规定:"被告人有权获得辩护,人民法院有义务保证被告人获得辩护"。[②] 据此,被告人对自己不成立犯罪或者罪轻的事实进行辩解,是一项基本权利,司法机关负有义务保障被告人的辩护权,法院更不应该以此认定被告人认罪态度不好,从而构成了对被告人辩护权的不当限制,违背立法的本意和精神。

---

① 参见张明楷:《论犯罪后的态度对量刑的影响》,载《法学杂志》2015年第2期。

② 参见郭海清:《"拒不认罪"不应成为"从重处罚的理由"》,载《法学》2011年第12期。

四、科研贪腐犯罪量刑机制的完善路径

通过上述科研贪腐案例全样本的分析,我们发现,实务中此类案件在量刑裁判上存在着数额与刑期脱钩导致量刑失衡、量刑时未考虑到科研人员的身份特征及对被告人"认罪态度"的认定存在偏误等问题。因此,为纠正科研贪腐犯罪量刑的应然预期与实然结果之偏误,有必要适时调整此类案件的量刑机制,不断完善科研贪腐案量刑的规范化水平。

(一)量刑模式的转变:由政策模式转向法理模式

在量刑模式上,理论界存在政策模式与法理模式之界分。政策模式立足于刑事政策的需要,在量刑时虽然以刑法条文为前提条件,但必须从行为的结果来考察与判断量刑之社会效果,这就需要将刑事政策和社会伦理、习俗、文化等价值评价要素一并纳入量刑事实范围内,以达到符合刑事政策目的的量刑结果。① 法理模式则立足于法理,认为法律的实质是规则意识,法官裁判是一种以教义法学为理论基底、规则意识为导向的司法逻辑过程。通俗来讲,该模式是以刑法的明文规定作为法律依据,结合对既有事实的判定,综合作出量刑裁判结果的逻辑演算过程。② 不难看出,量刑的政策模式强调功利性,以功利价值观作为量刑的衡量尺度,从而使同性质的具体案件由于不同的社会结构,导致不公正的量刑结果。而法理模式基于责任原则,量刑时强调同罪同罚,将定罪与量刑过程视为精密的司法逻辑思维过程,每个案件的定罪

---

① 参见苏青:《我国刑法中社会危害性概念之界定》,载《中国刑事法杂志》2012 年第 7 期;姜涛:《贪污受贿犯罪的法定刑应当区分》,载《政治与法律》2016 年第 10 期。

② 参见周永坤:《规则权威与政治道德权衡——药家鑫案量刑评与思》,载《甘肃社会科学》2012 年第 3 期;汪明亮:《论定罪量刑的社会学模式》,载《现代法学》2009 年第 5 期。

与量刑都视为是对刑法条文的合理运用,由合乎的逻辑决定合理的结果。对于科研贪腐案的量刑而言,政策模式虽具有一定的灵活性,并兼顾了案件各方的社会特征,但容易导致同罪不同罚的"不公"现象,不符合国家惩治科研领域腐败现象的需要,也不利于规范科研领域的正常秩序。为此,针对科研贪腐人员的量刑模式应实现由政策模式向法理模式的转变。关于这一主张的进一步理由如下:一是法理模式有利于实现惩治科研贪腐犯罪的刑罚目的。政策模式强调一般预防,强调报应原则,对犯罪人施加刑罚是为了满足社会的报应情感,只强调刑罚的功利性特征;而法理模式强调刑罚的目的是特殊预防与报应的统一,同时强调刑罚的公正性与功利性。针对科研贪腐犯罪而言,其犯罪的社会危害性可以通过贪污数额直观反映出来,因此对其采取刑罚应以套取科研经费数额为基准,并综合考虑科研完成程度、科研贡献、身份特征、退赃退赔、自首、立功、坦白等情节因素,否则极易导致罪刑失衡问题。二是法理模式有利于规范科研贪腐犯罪量刑情节的适用。政策模式将案件的社会特征纳入量刑事实范围之内,认为法官裁判规则是可变化的,由于案件各方的社会特征不同,那么案件的量刑结果也是不同的,即案件的社会结构不同会导致不公正的定罪与量刑结果。而法理模式强调责任主义原则,量刑时以责任为基础,在量刑时保持着责任内容、责任程度与刑罚量的适当比例或均衡关系,这有利于限缩科研贪腐案量刑情节适用的随意性,并规范各种量刑情节的适用,最终实现科研贪腐量刑的均衡与规范,确保司法公正与正义的实现。

(二)量刑规则的统一:以犯罪数额架设罪刑阶梯

"两高"《解释》在全国范围内对贪污罪定罪量刑的数额标准进行了规范与统一,既增强了司法的可操作性,也维护了司法的统一与公平,有效防止了量刑裁判中的偏误问题。[①] 如前所述,科研贪腐案的量

---

① 参见赵秉志:《略谈最新司法解释中贪污受贿犯罪的定罪量刑标准》,载《人民法院报》2016 年 4 月 19 日,第 3 版。

刑裁判因忽略了数额要素的危险性评价,缺乏明确统一的刑罚幅度标准,导致法官自由裁量权过大,使我国不同地域的科研贪腐案量刑陷入差异过大的困局。

为此,欲平衡和统一科研贪腐类案件的量刑标准,首要之义就是以犯罪数额为基准刑架设罪刑阶梯,其进一步理由是:第一,满足惩治科研贪腐的需要。众所周知,贪腐犯罪受社会公众的关注度高,借学术之名圈钱的科研贪腐现象更令民众深恶痛绝,因此,从严惩治贪腐犯罪是我国刑事政策的应然选择。然而,有效惩治贪腐的首要前提是需明晰此类案件量刑上的阶层标准,亦即,确保同类案件能得到类似的处罚结果。倘若"同案不能同判",则违反了刑法的罪责刑相适应原则,不利于科研秩序的规范与正常运转。如上述提及的浙江省陈某旭案和北京市宋某强案,在犯罪情节类似的前提下,前者犯罪数额是后者的 13 倍之多,但前者比后者的刑期更短;又如表 2 所示的北京市张某新案与辽宁省赵某至案,①两者贪污科研经费的数额差不多,但后者刑期却是前者的一半左右。虽然赵案有自首等量刑情节,但仍不足以达到同案同判的程度。为此,主张数额作为基准刑,有利于避免法官夸大情节因素的作用,从而作出不公正的量刑判决,确保定罪量刑活动符合刑法的罪责刑相适应原则。第二,与其他贪腐犯罪的惩治保持协调。与其他犯罪相比,数额因素对贪腐类犯罪的定罪量刑影响较大,因为贪腐类犯罪是利用职务上的便利实施的,从某种意义上说属于较为单纯的财产性犯罪。② 从"两高"《解释》规定也可以看出,我国贪污受贿类犯罪主要采用"数额为主、情节为辅"的量刑模式,情节功能只是发挥补强数额的作用,升格法定刑等功能。③ 司法实践中,关于贪腐类犯罪基本上也

---

① 参见(2014)一中刑终字第 3611 号刑事裁定书;(2015)大刑二终字第 298 号刑事裁定书。

② 参见陈兴良:《贪污贿赂犯罪司法解释:刑法教义学的阐释》,载《法学》2016 年第 5 期。

③ 参见王刚:《贪污受贿罪量刑新标准的司法适用研究》,载《河北法学》2018 年第 9 期。

都是根据犯罪数额来确定刑罚区间及裁量基准刑的。[①] 因此,科研贪腐案的量刑裁判中也应体现出数额与刑期之间的关联性,以达到贪腐犯罪量刑的规范性与统一性。最后,有利于实现量刑的公正。公正的刑罚,必然符合罪当其罚、宽严相济的原则,必然是罪刑阶梯公正合理的刑罚;反之,不公正的刑罚,则很有可能产生法官恣意使用自由裁量权,进而选择性适用数额与情节功能,致使法官滥用刑罚权力的风险。为此,针对科研贪腐案的量刑模式,亟须在数额要素与情节要素之间寻求一个平衡点,其中数额因素是量刑的基准参照点,情节因素调节量刑功能,决定着具体个罪刑罚量的合理性,这是科研贪腐案之量刑标准的未来规划。

那么,如何实现以数额要件架设罪刑阶梯并实现量刑上的公正呢？笔者认为,科研人员套取科研经费构成贪污罪的,可参照我国《刑法》第 383 条及"两高"《解释》的规定,根据不同的犯罪数额及其他情形在相应的幅度内确定量刑基准;同时,在情节要素的考量上加入数额要素的限制,既实现了数额要素的基准刑功能,又能充分发挥情节要素的量刑作用,从而避免了法官量刑上的恣意性,从整体上来看更有利于科研贪腐案量刑的均衡与统一。关于此类案件具体的量刑步骤是:根据犯罪数额确定量刑起点,在量刑起点的基础上,根据被告人的身份特征、人格品行等体现人身危险性程度的因素增加或降低刑罚量,确定基准刑;在确定基准刑的基础上,根据自首、坦白、立功、认罪态度等量刑情节,调节基准刑;最后,综合考虑全案情况,依法确定宣告刑。当然,在准确把握和发挥犯罪数额确定量刑起点的情况下,应同时注意避免"唯数额论"的量刑模式:一方面,应全面查清案件事实,综合考量数额要件与情节要件的基础事实,积极发挥数额要件的基准刑功能,以促进量刑公正与量刑均衡;另一方面,要警惕完全以数额为标准的"计赃论刑"量刑模式,"计赃论刑"也同样难以全面反映个罪的人身危险性及社会危害性,完全以数额为标准,

---

① 参见王刚:《我国贪污受贿罪量刑存在的问题和完善建议——以 200 份贪污受贿案件判决书的实证分析为基础》,载《湖北社会科学》2016 年第 11 期。

难以做到兼顾个案正义,会导致新的量刑不公。①

(三)量刑理念的更新:完善犯罪情节的功能配置

与其他贪污类犯罪一样,单纯以数额为标准对科研贪腐类案件进行定罪量刑难以完全实现有效的惩治目的。如上文所述,科研贪腐犯罪是特殊的贪利型犯罪,无论是从贪污行为的社会危害性还是从贪腐人员的人身危险性来讲,都要低于其他贪腐类犯罪案件。因此,在科研贪腐犯罪的量刑裁判上,法官应更新量刑理念,在以具体数额为基准刑的基础上,依法加大各个量刑情节的从轻处罚功能及其调节基准刑的具体比例,以达到从轻惩处科研贪腐犯罪的刑事政策目的。为此,"两高"可通过相关的司法解释等进一步丰富科研贪腐案从轻处罚情节的类型,在量刑上规范并增加情节功能调节基准刑的比例。由于身份特征和认罪态度是样本案例中规范性最差的量刑情节,文章就此两者的情节功能完善问题提出看法,囿于篇幅限制,其他情节功能不再赘述。

就身份特征而言,样本案例中被告人"行政级别越高刑期越轻"的量刑偏误问题,严重背离了我国刑法的罪责刑相适应原则。为此,需要法官在此类案件的量刑上,不仅要关注已然之罪的责任刑要素,更要关注科研被告人的人身危险性、主观恶性等情况,加大预防刑要素的考量程度,即对于一般科研人员贪污课题经费的犯罪行为,应贯彻从轻惩处的刑罚理念。② 根据"犯罪场"理论,科研人员贪污科研经费的根源在于科研经费管理体制的弱化。③ 由于科研活动自身的特殊性及管理体制的缺陷,一般科研人员在套取课题经费时也不具有违法性认识错误的可避免性,因而可阻却责任,相较于具有行政级别的被告人来

① 参见傅建跃、刘婷:《贪污受贿犯罪入罪数额标准的设定——对最新贪污贿赂犯罪司法解释规定的质疑》,载《法治研究》2016年第6期。

② 参见汪恭政:《网络交易平台诈骗犯罪量刑机制的实证研究》,载《中国刑事法杂志》2018年第2期。

③ 参见卢建平、王晓雪:《论科研腐败的惩治与预防》,载《刑法论丛》2015年第4卷。

说，其人身危险性显然要低得多。所以，在科研贪腐案的量刑问题上，应严格区分不同身份特征的科研人员，针对一般科研人员套取科研经费的行为，只要没有徇私舞弊、中饱私囊，或者没有造成严重后果，不应作为犯罪处理。退一步来说，即使作为犯罪处理，也应减轻处罚或免予刑事处罚。

对于认罪态度的情节功能而言，在审判实践中，法官应具体化“认罪态度”的认定标准。有学者曾经提出过一个关于量刑的结构方程模型。① 参照此模型，我们可以筛选出认罪态度的各个影响因子，并加以整合且分层量化，然后根据其对认罪态度产生的贡献度赋予一定的域值区间，从而构建认罪态度的结构方程模型。具体到科研贪腐案件来说，可以根据结构方程的输出结果，分别赋予被告人如实供述、悔罪态度、积极退赃、积极赔偿、缴纳罚金、协助破案、投案过程等要素一定的比例，然后根据比例确定被告人的认罪态度程度。这样做既可以合理规避法官根据感性的认识来判定被告人的认罪态度，又能避免被告人因为行使无罪辩护权而将其认定为“拒不认罪”的不利法律后果。

五、结　　语

本文并不是批判《刑法修正案(九)》有关贪污受贿犯罪中数额与情节并重之量刑标准的调整，更不是支持“计赃量刑”的量刑机制，而是在科研贪腐犯罪罪刑失衡的问题导向下，主张在“数额 + 情节”之量刑标准的基础上，以犯罪数额架设罪刑阶梯，规范科研贪腐犯罪的量刑机制。同时，科研贪腐犯罪属于科研领域内的“特殊”贪利性行为，其犯罪的深层次根源是科研经费管理体制的弱化。因而，科研贪腐案中犯罪人的人身危险性及其罪行的社会危害性皆要低于其他贪腐类案件。于此，在科研贪腐犯罪的量刑上，应加大各量刑情节的从轻处罚功能及调节基准刑的比例，贯彻从宽惩处的刑罚理念。此外，对于科研贪腐犯罪的刑事制裁也应区分情况区别对待，亦即，相较于具有一定行政

① 参见李安：《刑事裁判思维模式研究》，中国法制出版社 2007 年版，第 262 页。

级别的科研人员来说,普通教师或一般科研人员由于具有违法性认识错误,对于他们套取科研经费的犯罪行为,应进一步加大从宽处罚的幅度,从而使科研贪腐犯罪与其他贪腐犯罪的量刑标准走向“有差别的统一”。

Empirical Examination on the Sentencing Mechanism of Corruption in Scientific Research

—An Empirical Study and Analysis Based on A Full Sample of Criminal Justice Cases

Xu Tun

[**内容摘要**]通过对科研贪腐犯罪刑事司法案例的实证考察与分析,结果发现:当前我国科研贪腐犯罪基本上可以为现行刑法中的贪污罪所评价,但在量刑上存在着数额与刑期脱钩导致罪刑失衡、量刑时未考虑到科研人员的身份特征以及对被告人“认罪态度”的评价不合理等问题。因此,为完善科研贪腐犯罪量刑的应然预期与实然结果之偏差,法官在量刑时应以法理模式为指导;以犯罪数额架设罪刑阶梯,构建统一化的量刑规则;此外,还需更新量刑理念,完善犯罪情节的功能配置。

[**关键词**]科研经费;贪腐犯罪;犯罪数额;犯罪情节;量刑裁判

Abstract:Based on the investigation and analysis of the full sample of criminal judicial cases of scientific research corruption crime, the result is that current scientific research corruption crime in China can basically be evaluated as a crime of corruption in the current criminal law, but there is an imbalance in sentencing due to the decoupling of the amount of sentencing and the term of sentencing, and the status of scientific research personnel is not taken into account in sentencing, errors in the determination of the defendant's “pleading guilty attitude”. Therefore, in order to correct the errors between the expected and actual results of sentencing in scientific research corruption crimes, judges should take the legal model as the guidance in sentencing; set up the crime and punishment ladder with the amount of crime, and construct a unified sentencing rules; in addition, we need to update the concept of sentencing, and improve the functional allocation of the crime plot.

Keywords: Research funds; Corruption crimes; The amount of crimes; The plot of crimes; Sentencing referee

〔中国刑法〕

当代中国刑事法治事件研究之提倡*

商浩文**

目　　次

一、前　　言

近年来,社会上时常出现一些具有较大社会影响的刑事大案要案,这些大案要案中都蕴含着重大的法律问题,有些甚至是重大的社会问题,从而引发了社会的广泛关注。然而,长期以来,学者对于这些案件

---

* 本课题得到"中央高校基本科研业务费专项资金资助"(The Fundamental Research Funds for the Central Universities)。本文也系作者主持的2016年度司法部国家法治与法学理论研究项目"当代中国贪污贿赂犯罪死刑司法适用研究"(16SFB3016)的阶段性研究成果。

** 北京师范大学刑事法律科学研究院讲师暨G20反腐败追逃追赃研究中心研究员,副教授,法学博士、博士后。

的研究局限于就案论案,并没有将案件置于当前我国的法治环境中进行立体式的整体研究,这在一定程度上阻碍了研究的深度和广度。本文中,笔者将影响中国刑事法治发展的事件界定为"刑事法治事件"。这些事件"既凝结了党和国家决策领导层的政治智慧,也凝聚了民众、学者参与的力量;既体现了我国民主法制建设的发展步伐,也反映了我国公民权利意识的日益觉醒和人权保障观念的不断加强。"①法律是实现社会不同系统之间整合的转换器,而刑事法治事件则是体现其整合效果的试金石。刑事法治事件的理性处理,在一定程度上可以提升公众的法意识、检验法律的运行效果、促进法制统一、实现法律创新,甚至可以对立法、司法、行政行为起到改善、促进作用。

刑事法治事件是刑事法治在现实社会生活中的范本,刑事法治事件对于刑事法治的发展而言具有其特殊的功能;同时,刑事法治事件的研究也具有独立的方法论意义,因而需要引起学界的关注和进一步研究。本文希望通过对我国现阶段刑事法治事件的考察,抽象出刑事法治事件的基本概念和特征,从而在理论上确立刑事法治事件的基本内涵。

二、刑事法治事件之界定

研究刑事法治事件必须界定刑事法治事件的概念,概念界定是理论研究的逻辑起点。通过定义可以界定叙述的语境,表明选择的视角,提供交流的平台。所以,从何种角度来界定刑事法治事件,取决于研究的目的。本文意在阐述刑事法治事件对于刑事法治发展的重大作用,并试图将刑事法治事件置于更大范围的社会控制系统之中,探求社会交往中法律的生存状况以及社会生活主体之间重要的法律交往。探讨刑事法治事件必须以刑事法治作为研究的前提,因为刑事法治事件是对刑事法治产生重大影响的系列事件,因而本文首先需考察刑事法治的基本内涵。

---

① 赵秉志:《当代中国重大刑事法治事件评析》,载《刑法论丛》2010 年第 3 卷。

(一)刑事法治概述

追根溯源,“刑事法治”是由中国学者在依据法治的相关本质和特征并结合中国刑事法运行状态基础上提出来的,在中国刑事法研究领域已被广泛接受和适用的概念。据学者研究,①在中国的刑事法理论研究中,就正式出版的学术刊物来看,赵秉志教授是学界较早提出“刑事法治”这个术语的学者之一。② 卢建平教授从法治国家的角度,立足于刑事处罚权的来源及其基本范畴对“刑事法治”的基本内容提出了明确的理论主张。③ 陈兴良教授在《刑事法治的理念构建》一文中揭示了刑事法治的内涵,提出了将“刑事法治”界定为刑事领域中的法治,是刑事法的价值内容,并对一国刑事法治建构中应当奉行的基本理念进行了分析。④ 储槐植教授在《刑法机制》一书中则对刑事法治的外延进行了详细的阐述。储槐植教授依据其刑事一体化的思想认为,“刑事法治”包括对犯罪反应的法治、刑法法治、刑事程序法治、证据适用领域的法治、行刑法治、刑事政策的法治化等几个分支领域。这些领域相互制约而又融会贯通,共同构成了刑事法治的整体框架。⑤

---

① 参见魏昌东:《刑事法治的建构与中国刑事立法更新》,北京师范大学刑事法律科学研究院 2011 年博士后出站研究报告。

② 参见赵秉志、赫兴旺:《完善经济刑事法律分则规范的研讨》,载《政法学刊》1992 年第 2 期;赵秉志:《略论罪刑法定原则立法化的价值》,载《法学》1995 年第 3 期。

③ 参见卢建平:《论法治国家与刑事法治》,载《法学》1998 年第 9 期。卢建平教授认为:刑事法治主要涉及处置犯罪问题的刑事处置权的来源和性质、刑事处置权的功能和目的、刑事处置权的归属与运用以及刑事处置的手段、对象等问题;并明确提出刑事法治的六大基本内容:刑事处罚权的法定性、刑事处置权并非国家专有、不能以刑事不法对付犯罪、刑事处罚权须依法行使、刑事处置权的合理性、国家(机关)也不能免除刑事处置。

④ 参见陈兴良:《刑事法治的理念构建》,载陈兴良主编:《刑事法评论》(第 6 卷),中国政法大学出版社 2000 年版,第 1 页。

⑤ 参见储槐植、宗建文等:《刑法机制》,法律出版社 2000 年版,第 237 ~238 页。

储槐植教授所确定的刑事法治范围十分宽广，对刑事法治建设提出了更高要求。在笔者看来，确立刑事法治的基本内涵，揭示法治在刑事法领域的内在精神，是构建刑事法治理论的首要问题。在刑事法治理论看来，刑事法治是基于法治的现实需要而从法治命题的实体内容中引申出来的一个下位概念，刑事法治是法治文明在刑事领域中的具体体现，因而界定其内涵需要结合法治文明来阐释。

文明既是社会发展规律，也是人类的共同理想。文明是一个相对的概念，其外延无边无际，无法进行精确的界定，但是现代文明应当包括现代生产力、现代科学技术与教育、现代民主形式、现代法治以及现代精神文明，等等。① 法治已经成为世界性的普适命题，虽然法治具有特定的生成语境并表现出"地方性知识"特征，但法治作为一种制度和文明，具有跨越地域的普适意义。法治，包括刑事法治，不能拒绝普适性，而应当具有超越意识形态、超越地域、超越种族肤色的共同意义与普适话语。② 从构成上看，现代文明包括精神文明、现代制度文明和现代物质文明，刑事法治文明是法治文明的重要组成部分，刑事法治无疑应当属于包括法治文明在内的现代文明的有机组成部分。但是法治文明既不是单纯的制度文明，也不是纯粹的精神文明或物质文明，而应该是精神文明、物质文明和制度文明的有机统一体。从历史的角度来看，法治是人类文化或者文明在法律领域中的具体表现和沉淀，根植于整个社会文化之中；从静态的角度来看，它是社会具体的法律制度；从动态的角度来看，它是法律的实现过程。③ 所以在笔者看来，刑事法治文明也应当包括上述三个方面，即刑事法律制度、刑事司法运作和刑事法律观念。

---

① 参见田宏杰：《中国刑法现代化研究》，中国方正出版社 2000 年版，第 59 页。

② 参见蔡道通：《刑事法治的基本立场》，北京大学出版社 2008 年版，第 6 ~ 8 页。

③ 参见公丕祥主编：《中国法制现代化的进程》，中国人民公安大学出版社 1991 年版，第 56 页。

(二)刑事法治事件概念界定

界定刑事法治事件,我们有必要对"刑事法治"作出界定,在前文中我们已经对"刑事法治"的基本内涵进行了阐释,下面结合本文研究之目的,对"刑事法治事件"作一界定。

1. 事件之界定

关于"事件"的界定,众说纷纭。通常说来,大体有以下几种说法:(1)最广义的说法是指事情;(2)广义指历史上或社会上已经发生的大事情,如九一八事件;(3)狭义的是指案件;(4)最狭义的是指引发断裂、产生转型、后果重大的事情。《在巴士底狱创造革命》中,休厄尔将"事件"定义为引发断裂、产生转型、后果重大的事情。《辞源》解释为"今用以称历史上或现实生活中发生的不平常的事情。"①与《现代汉语词典》②的解释大致相同。③

"事件"不同于"事情"。"事情"泛指自然界和人类社会生活中的一切现象或活动,有个人日常生活的事情,也有公共的事情。后者所指的是某种社会现象、事物可以观察到的新发展或者变化,因而常常成为公共生活的议题,这类事情接近于事件。在《现代汉语词典》中,"事件"是指历史上或者社会上发生的不平常的大事情。与"事情"相比,"事件"的外延更小,具有相对的完整性和独立性,具备时间、地点、人物、起因、过程和结果等要素。一些史学家也认为,事件是指短促时间内发生的大事情,具有一定的社会公众影响力。④

术语的适用需要符合大众的一般感觉认知,同时需要考虑研究的

---

① 参见《辞源》(一),商务印书馆1982年版,第121页。

② 参见《现代汉语词典》,商务印书馆2012年版,第1187页。事件:历史上或者社会上发生的不平常的大事情。

③ William H. Sewell, Jr., "*Historical Event as Transformations of Structures: Inventing Revolution at the Bastille*", Theory and Society, Vol. 25, No. 6. (Dec., 1996), pp. 841 – 881.

④ 参见郑智斌:《众妙之门:中国互联网事件研究》,中国传媒大学出版社2012年版,第2页。

目的。在笔者看来,“事情”之解释过于宽泛,“案件”之解释太过狭窄,“事情”和“案件”之解释不符合大众的用语习惯。“历史上或社会上已经发生的大事情”和“引发断裂、产生转型、后果重大的事情”的解释较为深刻解释了事件的本质特征:即影响重大。但是,“引发断裂、产生转型、后果重大的事情”解释又太过于极端,因而我们认为,对“事件”采用广义之“历史上或社会上已经发生的大事情”解释较为妥当。

2. 刑事法治事件之概念

讨论“刑事法治事件”的定义,需结合“刑事法治”和“事件”的界定。如上所述,“事件”是指历史上或社会上已经发生的大事情,但是对于“刑事法治”学界并未有准确和明确的定义,更多认为其表现的是一种状态。如上所述,本文意在将刑事法治事件置于更大范围的社会控制系统之中,探讨刑事法治事件重大的社会作用,探求我国刑事法治的现状,探讨刑事法治事件在促进刑事法治进步和社会变革中的作用,因而对于刑事法治事件的界定,必须考虑研究的目的。

在笔者看来,所谓“刑事法治事件”,是指能够引起国家机关、民众、媒体以及专家学者等的普遍关注,能够在刑事立法、刑事司法以及民众刑事法治意识等方面,对刑事法治产生重大影响的法治事件。这里的“刑事”是指广义上的刑事,既包括刑事实体领域,也涉及刑事程序、刑事执行等领域。判断是否属于刑事领域,可以从行为标准和结果标准来进行判断,即如果某种事件的发生涉及刑事领域或者是该种事件对刑事法治产生重大影响,这样的事件均应纳入刑事法治事件。刑事法治事件对于刑事法治产生的重大影响,既可以是积极的作用,也可以是消极的作用。但是,即使是以消极负面影响展示出来的事件,如“河南赵作海冤案”,①通过相关方面的努力,也可以引导其良性发展,

① 2010 年 5 月 9 日,“杀害”同村人在监狱已服刑多年的河南商丘村民赵作海,因“被害人”赵振裳的突然回家,被宣告无罪释放,河南省有关方面同时启动责任追究机制。2010 年 5 月 9 日上午,河南高级人民法院召开新闻发布会,向社会通报赵作海案件的再审情况,认定赵作海故意杀人案系一起错案。参见《近年典型冤错案盘点:河南赵作海故意杀人冤案》,载《法制日报》2018 年 7 月 10 日,第 9 版。

引发我们对有关制度的反思与改进,从而产生积极的作用,也即消极事件展现出来的积极作用。

在现实中最为常见的是刑事案件演变产生的刑事法治事件。需要注意的是,事件不同于案件。事件是一个更为宽泛的概念,不仅仅包括案例,还包括其他事件。刑事法治事件的范围并不局限于案件,它还包括了国家决策、立法举措、司法行动等。刑事法治事件与一般案件的区别体现在:首先,刑事法治事件通常是能够对刑事法治产生重大影响的公共性、标志性、影响性事件。这些事件常常涉及自由、平等等基本权利或者引发民众关注的敏感心理和社会现象,经媒体报道后引发全社会关注,进而上升为社会公共事件;①其次,刑事法治事件并不仅仅包括刑事案件,它还包括了国家决策、立法举措、司法行动等;②再次,刑事法治事件中参与主体的多元化,不仅仅包括国家机关,还包括学者、民众等,其社会影响广泛;最后,从产生的效果来看,刑事法治事件,无论是对刑事法治产生积极作用的刑事法治事件,还是以消极形式展示出来的刑事法治事件,都有可能推进刑事立法、司法改革乃至整个社会管理方式的转变。故而理性处理刑事法治事件,一方面有利于具体事件的正确解决,另一方面对于我国相关的立法、司法、执法的发展进步也会产生重大的推动作用。

(三)刑事法治事件特征阐释

正如上所述,所谓"刑事法治事件",是指能够引起国家机关、民众、媒体以及专家学者等的普遍关注,能够在刑事立法、刑事司法以及民众刑事法治意识等方面,对刑事法治产生重大影响的法治事件。刑事法治事件具有以下三个特征:

---

① 参见赵秉志:《当代中国重大刑事法治事件评析》,载《刑法论丛》2010 年第 3 卷。

② 同上。

1. 公共性

刑事法治事件通常都是具有重大社会影响的公共事件。刑事法治事件作为一种法治实践活动，带动了社会中各种力量间的相互交往、连接，体现了它们之间的冲突、对立、谈判、妥协，形成了构成其影响的外在层面。刑事法治事件一般涉及一些公共主题，这些主题反映的是最受人关注的社会矛盾和社会热点问题，如“湖北邓玉娇故意伤害案”所反映出来的官民矛盾，“宁夏王斌余故意杀人案”所反映出来的社会民生矛盾，“河南赵作海冤案”反映出来的司法专横，“陕西药家鑫故意杀人案”和“云南李昌奎故意杀人案”反映出来的死刑限制，等等。① 立法机关、司法机关、行政机关以及专家学者、律师、公民等群体在刑事法治事件中产生了交涉、谈判、对立、同意等交往，从而在多方面、多方位引发社会各种力量互动，在短时间内就特定问题而形生大量的社会交往的聚集，因而具有公共性。刑事法治事件的公共性可以从以下几个方面来判断：一是媒体比较关注。事件发生后，一些中立且影响力比较大的媒体在一段时间内进行了持续和深入的报道。媒体作为社会信息传播的媒介，通过报道能够让民众了解相关的信息，从而有助于引导社会对相关事件进行深入探讨；二是学界和立法机关、司法机关较为关注，能够进行重点讨论的话题。某一事件若能引起法律理论界和实务界的关注，表明该事件具有重大法治意义，反映出的相关问题能够对理论和实践产生重大影响；三是这类事件反映出当前刑事法治亟待解决或者是需要认真面对的问题。刑事法治事件是能够对刑事法治产生重大影响的事件，因而所反映出的问题必须具有一定的刑事法治意义，这样才有可能对刑事法治产生影响。

① 参见叶青时、明清：《公案的司法公正评判维度及其法治价值》，载《社会科学》2012 年第 1 期。

如劳教制度改革过程中,“唐慧劳动教养案”[①]等个案可以说对劳教制度的改革产生了重大影响。根据人民网2013年7月16日的今日舆情专栏统计,截至当天11时,“唐慧诉湖南永州劳教委案终审胜诉”话题位居当日舆情热点排行第二位,有至少93万名网友参与讨论和超过8.7万条网友评论。[②] 众多的专家学者也针对“唐慧劳动教养案”发表了诸多评论。该案在社会上产生了广泛的影响,引发了全社会对劳动教养制度的关注和反思。2013年党的十八届三中全会报告从国家决策层面明确提出废除劳动教养制度,可以说,劳动教养制度的个案对劳教制度的改革起到了一定的推动作用,为制度改革的推进树立了一个路标。[③]

2.标志性

刑事法治事件必须是对促进法律完善、政策调整会产生重要影响的事件。由于媒体追求的是“眼球经济”,一些事件因为具有某种特别受关注的因素(特定身份、特别手段、特殊对象等),因而广受媒体“追捧”,但对于中国的刑事法治并不能产生多大影响。这样的事件很快被人熟悉,也很快被人忘记,只是过眼云烟而已。从应有的效果来看,刑事法治事件可以对刑事立法、司法改革乃至整个社会管理方式的转

---

① 2006年湖南永州发生了“11岁幼女被逼卖淫案”,受害者母亲唐慧因对法院的判决不满进行了多年上访。2012年8月2日,永州市劳教委以唐慧闹访、缠访严重扰乱单位秩序和社会秩序,决定对其劳动教养。2012年8月10日,湖南省劳教委决定撤销永州市劳教委对唐慧的劳教决定。2013年1月22日,唐慧向永州市中级人民法院起诉永州市劳教委。2013年4月12日,永州市中级人民法院一审判唐慧败诉。2013年4月30日,唐慧向湖南省高级人民法院提出上诉,请求撤销永州市中级人民法院的一审判决。2013年5月,湖南省高院受理了唐慧的上诉。2013年7月15日上午,湖南省高级人民法院对“上访妈妈”唐慧诉永州劳教委案进行二审公开宣判,唐慧胜诉。参见《舆情综述:从唐慧案反思劳教制度》,载人民网:http://society.people.com.cn/n/2012/0815/c1008-18750116.html,最后访问日期:2018年6月10日。

② 参见《唐慧胜诉助推劳教制度改革》,载人民网:http://yuqing.people.com.cn/n/2013/0716/c212785-22217567.html,最后访问日期:2018年5月15日。

③ 参见《“上访妈妈”唐慧告诉本刊“我是以命抗争”》,载《环球人物》2013年第20期。

变产生重大影响。刑事法治事件涉及多数人的观念、利益和价值,由此激起的反响是检讨法律或者某种机制的缺失、完善法律及相关制度的良好契机。故而理性处理刑事法治事件,一方面不仅有利于个案的解决,另一方面对于我国相关的立法、司法、执法的发展也会产生重大的推动作用。而以此作为研究视角,可以全面、充分研究事件体现出来的法律制度的得失以及社会变革的趋势,作为反思和改进法律以及相关社会制度的起点。这不仅是在知识系统上进行研究,更是在行动系统上进行的研究,如此可以更好地检验法律适用效果,从而促进法治的完善。

如"薄熙来受贿、贪污、滥用职权案"。薄熙来案件的审判受到国内外的高度关注,产生了深远的社会影响,具有弘扬现代法治、彰显反腐决心、贯彻人人平等以及法治教育标本等重大的法治意义。[①] 特别是济南市中级人民法院用官方微博直播薄熙来案审判,是我国现代审判中的一个标志性事件,对于司法公开与维护庭审秩序之间的合理平衡具有重大意义。薄熙来案件审判中对辩护权的保障、证人出庭作证以及诉讼程序等问题也具有重大的法治研究意义,对于我国刑事法治的发展必将产生积极的影响。

3. 影响性

所谓影响性,指影响的广度,也即刑事法治事件的广泛参与性。刑事法治事件具有的公共性主题牵动了社会各个阶层,他们带着各自不同的目的以媒体为媒介对于事件的处理发出自己的声音;也指影响的深度,从产生的效果来看,刑事法治事件可以对刑事立法、司法改革乃至整个社会管理方式转变产生重大影响。通过刑事法治事件的影响,又有助于提高民众的刑事法治意识。

刑事法的发展历史表明,只有物质的、制度的"硬件"系统而缺乏相应的精神意识、观念和情感等"软件" 系统支持的所谓"法治",不是

① 参见赵秉志:《薄熙来案件审理具有多种法治意义》,载《法制日报》2013 年 9 月 2 日,第 7 版。

真正的法治。[1] 公民的刑事法治意识是刑事法治的精神支柱和价值指南。只有公民形成普遍的刑事法治信仰,才会推动刑事法治的发展。因而在现代刑事法治的建设中必须树立公民的刑事法治信仰,提高公民的刑事法治意识。而刑事法治事件正为公民刑事法治意识的提升提供了契机。由于刑事法治事件往往都产生了广泛的社会影响,在多方面、多方位引发社会各种力量互动,民众、媒体、专家学者以及国家机关等社会主体就相关事件作出反应。但是,一般说来,公众舆论由于是诉诸一般公民的情感和常识,具有浓重的道德色彩,激愤的情绪往往湮没了理性的思考,道德的判断往往代替了理性的分析,惩罚的愿望往往压倒了正当程序的要求。[2] 通过刑事法治事件中各方主体的互动,特别是媒体、专家学者和国家机构的合理引导,有助于普及法律知识,提高群众的法律意识,进而起到树立刑事法治意识的作用,促进刑事法治的发展。

三、当下中国刑事法治事件功能分析

刑事法治事件之所以具有独立的研究意义,重要原因之一在于其对刑事法治的发展进步具有一定的功能。刑事法治事件是法治在社会生活中活生生的范本,刑事法治事件具有完善立法、促进司法公正、影响公民刑事法治意识、促进社会管理制度改善的功能。

(一) 完善刑事立法

刑事法治的建设,首先是刑事立法的完善。每个法律变化都有其独特的历史。社会力量、历史和文化不断地对法律制度起作用,遽然塑

① 参见姚建宗:《信仰:法治的精神意蕴》,载《吉林大学社会科学学报》1997年第2期。

② 参见赵秉志、张心向:《刑事裁判不确定性现象解读》,载赵秉志主编:《许霆案件的法理争鸣》,北京大学出版社2008年版,第334页。

造或是缓和改变法律规则。每个法律变化有其本身的生命史，即法律变化倾向于遵循的道路。① 刑事法治事件可以折射出法律或者某种制度的缺失，充分研究事件体现出来的法律制度的得失以及社会变革的趋势，作为理解和改进法律以及相关社会制度的起点，可以更好地检验法律适用效果，从而促进法治的完善。刑事法治事件的此种功能主要是指推动法律立、改、废，这种形式是推动刑事法治发展的重要形式。刑事法治的发展需要有回应社会需要的良好的法律规范。刑事法治事件促进立法的形成，从而在一定程度上满足了法律规范供给的需要；刑事法治事件促进法律的修改和废除，则是促进法律走向良法，使整个社会走向良法之治的不可或缺的一环。

如构成刑事法治事件的刑事个案，由于个案反映了我国法治的整体概况，从侧面暴露出我国现行法律制度中存在的问题，值得我们深思。通过研究法律个案，可以促进完善现行的法律制度。任何一个成熟的法治国家的形成，都不可能纯粹来自事先的理性设计，而主要脱胎于一个民族、一个社会点点滴滴的经验累积，仰赖一个又一个鲜活的、具有里程碑意义的个案。正是在具体的个案中，我们得以发现现存法律中的盲点以及与实践不相适应之处。中国的法律需要从个案中得出启示，需要以个案为载体承载人们对法律的期望，需要用个案的点滴进步推动中国的法治进程。理论的研究如果没有个案作依托只能是一种空谈，很难得到民众的呼应，更不要说得到共鸣和互动。近年来，由于醉酒等危险驾驶所造成的重大交通事故频频发生，如“广州黎景全以危险方法危害公共安全案”“杭州胡斌交通肇事案”“成都孙伟铭以危险方法危害公共安全案”等案件时，严重威胁着公众的人身以及财产安全。在面对系列醉酒驾车案件时，现有的刑事法律制度暴露出了一定的滞后性。② 为了有效打击危险驾驶犯罪，保护社会公众安全以及司法实践的需要，《刑法修正案（八）》将醉酒驾驶规定为犯罪，这对于

---

① ［美］劳伦斯·弗里德曼：《法律制度——从社会科学角度观察》，李琼英、林欣译，中国政法大学出版社2004年版，第340页。

② 参见赵秉志、赵远：《危险驾驶罪研析与思考》，载《政治与法律》2011年第8期。

从刑事立法上防控醉酒驾驶犯罪具有积极的意义。

而刑事法治事件对于立法完善的影响,主要是通过相关事件引发社会公众和相关国家机关的关注,进而通过民意等社会舆论的压力或者相关国家机关基于刑事法治发展之需要,主动对现行的法律规范的缺陷和弊端进行检讨,从而回应社会舆论,促使国家为了进一步完善立法的需要而借此契机对相关的法律制度进行制定和修改。

(二)促进刑事司法

科学而完善的刑事法治,既包括健全合理的刑事立法,也包括公平正义的刑事司法。刑事法治需要一套规范刑事法治活动的规则,但是,刑事立法还需通过刑事司法活动去完成刑事立法的任务,其效果还必须经由刑事司法活动予以检验和完善。法律的终极任务是实现公平正义,而公平正义的实现主要依靠法律在现实中的运作,也即刑事司法。没有刑事司法就没有刑事法治,缺乏刑事司法保障的刑法现代化充其量只能是镜花水月。

刑事司法中的个案暴露出的问题使我们更加理性的对现行司法进行反思,有助于创新执法理念,促进执法方式的完善。例如,“河南赵作海冤案”中,由于被害人的出现使案情逐渐大白于天下,河南省高级人民法院认定“赵作海案”为错案,一时间引起了民间、学界关于该案的热烈讨论。虽然讨论的视角不同,但是“赵作海案”反映出的我国司法中存在的重大问题也引起了国家有关部门的重视。在此背景下,最高人民法院、最高人民检察院、公安部、国家安全部和司法部于 2010 年 5 月 30 日联合发布了《关于办理死刑案件审查判断证据若干问题的规定》和《关于办理刑事案件严格排除非法证据若干问题的规定》,要求各级政法机关严格执行相关法律,依法惩治犯罪,保障人权,确保办理的每一起案件都经得起历史的检验。① 特别是最近发生的一系列冤假

① 参见廖腾琼、林世雄:《论检察机关刑事审判监督的有效性——以赵作海案为视角》,载《学术论坛》2012 年第 6 期。

错案更是引起了国家有关机关以及专家学者的高度关注，针对司法实践中存在的造成冤假错案的突出问题，从中央到地方纷纷采取有效措施：中央政法委出台首个防止冤假错案指导意见（2013年8月）、最高人民法院印发《关于建立健全防范刑事冤假错案工作机制的意见》的通知（2013年11月）、公安部颁布《关于进一步加强和改进刑事执法办案工作切实防止发生冤假错案》的通知（2013年6月）、最高人民检察院制定《关于切实履行检察职能防止和纠正冤假错案的若干意见》（2013年9月）等，要求对司法人员的执法素质进行教育培训，对执法、司法行为进行有效监督，同时建立相应的检查和反馈制度，为严格执法、公正执法创造了良好的条件；一些地方也纷纷出台相关的规定，进一步规范执法行为，以尽可能地减少冤假错案的发生，如浙江省高级人民法院、浙江省人民检察院在总结冤假错案的基础上，针对执法理念、执法行为等方面的突出问题，提出了具体机制措施严防冤假错案发生，内蒙古自治区人民检察院出台了关于严防冤假错案发生的23项措施的有关规定。这些相关举措对于刑事司法的改善无疑将会产生重大作用。

（三）提升法治意识

人的观念与意识产生于所处的客观环境，也同时影响人的主观愿望和行为。有了健全和发达的法治意识，才有社会的法治化；只有公民树立起对法律的信仰，才可能自觉地接受、服从法律的治理。公民的刑事法治意识是刑事法治的精神支柱和价值指南，只有公民形成普遍的刑事法治信仰，才会推动刑事法治的发展。因而在现代刑事法治的建设中，必须树立公民的刑事法治信仰，提高公民的刑事法治意识。由于刑事法治事件往往都产生了广泛的社会影响，在短时间内产生大量的社会聚集，在媒体、专家学者和国家机关的合理引导下，能够普及法律知识，进而提高民众的法治意识。

重大刑事法治事件引发社会公众的关注，公众更为关注的是与其生存及生活状态直接相关的那一部分活动。以刑事个案为例，司法审判活动所关涉的通常是与社会公众日常生活息息相关的内容。司法活动是国家与公众之间的连接点,是政治活动与社会生活相互交织的空间。因此,在社会公众不再热衷于对轰轰烈烈的“广场政治”的参与,同时对缺少直接感验的宏大叙事式的政治话语亦丧失兴趣的情况下,对具体的司法个案的讨论则成为他们参与政治、参与社会管理的一种实惠且简捷的方式。[①] 在这种讨论中表达他们的社会愿望与要求,表达他们对于社会秩序、社会利益分配的期冀与理想。刑事法治事件的进程或者结果影响同时代人的法律观念,引发人们反思陈旧、落后的观念和讨论、接受、普及新的、先进的法律观念,增进对法律价值的认识,提高社会中个体权利意识,从而起到启迪民智的作用。[②]

总之,建构刑事法治大厦,刑事立法是前提,刑事司法是关键,刑事法治信仰是保障。没有刑事法治信仰,刑事法治终将是海市蜃楼。一般说来,刑事法治事件具有影响公民刑事法治意识之功效。每一事件中,通过公民的广泛讨论,国家的合理引导,专家的理性评判,公民都会接受到法治教育。在此意义上而言,刑事法治事件就是鲜活的普法教育标本。

(四)改善社会管理

社会管理主要是政府和社会组织为促进社会系统协调运转,对社会系统的组成部分、社会生活的不同领域以及社会发展的各个环节进行组织、协调、指导、规范、监督和纠正社会失灵的过程。广义上的社会管理是指由社会成员组成专门机构对社会的经济、政治和文化事务进行的统筹管理;狭义上的社会管理是指在特定条件下,由权力部门授权对不能划归已有经济、政治和文化部门管理的公共事务进行的专门管理。[③]

---

① 参见顾培东:《公众判意的法理解析——对许霆案的延伸思考》,载《中国法学》2008 年第 4 期。

② 参见吴革主编:《中国影响性诉讼》(2005 年卷),中国检察出版社 2006 年版,第 14 页。

③ 参见陈向阳:《社会管理创新建设不是画饼》,载人民网:http://finance.people.com.cn/stock/GB/222942/17813741.html,最后访问日期:2018 年 4 月 20 日。

刑事法治事件促进了社会管理的改善，是指刑事法治事件促进了社会中某一具体制度的改良。这类事件的特征是涉及公共利益以及执法政策问题，超越了当事人纠纷解决的范畴，对于社会有更广泛的影响。我国近年来对于社会管理的改善起到巨大推进作用的刑事法治事件亦有很多，如"孙志刚事件"超越案件本身，社会影响极大，一度成为公共事件。2003 年 3 月 17 日，大学毕业的孙志刚因为在街上行走没有携带任何证件，被警察转送到收容人员救治站，受到工作人员、其他收容人员的轮番殴打，3 月 20 日去世。许多媒体(《南方都市报》《人民日报》《工人日报》等)详细报道了此一事件。由于受害者孙志刚大学生的特殊身份，因而引起了社会的极大关注，并引发了对收容遣送制度的反思。中央和地方领导人先后作出批示，要求依法彻查、严惩凶手。随后 3 位法学博士(俞江、腾彪、许志永)依据《立法法》的规定向全国人大常委会递交审查《城市流浪乞讨人员收容遣送办法》的建议书，认为收容遣送办法与中国宪法和有关法律相抵触，应予以改变或撤销。之后，5 位著名法律学者(贺卫方、盛洪、沈岿、萧瀚、何海波)联合上书全国人大常委会，提请全国人大常委会就"孙志刚案"及收容遣送制度启动特别调查程序。① 2003 年 6 月 22 日国家正式公布《城市生活无着的流浪乞讨人员救助管理办法》，同时废止了《城市流浪乞讨人员收容遣送办法》。

在孙志刚一案中，广大学者和民众的参与给案件的结果带来实质的影响，也使案件取得了阶段性的成果。和废止的《收容遣送办法》进行比对，《城市生活无着的流浪乞讨人员救助管理办法》中把流浪乞讨人员看作是有权请求保护和救助的法律关系主体，这是质的飞跃。孙志刚案带给我们巨大的胜利，它为我国法律制度的变迁提供了新的思维方式，即法律制度的变迁要结合多方的努力，这种结合不仅包括自上而下和自下而上，也包括官方与民间学者的结合，这是引导性、渐进性、经验性和理性多种元素组合而成的结果，这给我国的法治建设开辟了

---

① 参见《孙志刚事件：一个人的遭遇与一部法律的废止》，载南方网：http://law.southcn.com/c/2009-09/21/content_5845418.htm，最后访问日期：2018 年 5 月 10 日。

新的路径。

四、当下中国刑事法治事件研究之方法论意义

一切事件都具有其自身的意义,既有事件本身作为一种社会存在映射社会结构的意义,也有对社会公众乃至对历史发展的实际作用或者影响,还有研究者从事件的阐释中得到的意义。一个个事件的动态过程相互作用共同构成相对稳定和静止的社会结构。[①] 研究刑事法治事件既能昭示出刑事法治发展的历史过程,也可以寻觅刑事法治事件与社会关系、社会经济状况、社会制度以及社会思想观念等现实社会深层结构的关联性,从而反映出刑事法治的动态途经。通过一个个的刑事法治事件,在知识系统和行动系统上进行研究,可以全面、充分研究事件体现出来的法律制度的得失以及社会变革的趋势,作为理解和改进法律以及相关社会制度的起点。

(一)知识生产

在我国的法治传统中,存在着轻视个案、偏重立法以及社会改革的倾向。但是从交往行动理论来看,法律作为一种行动系统属于社会的一个成分,只能与文化和人格一起通过交往行动之流动而得到再生产,而法律行动构成一个媒介,法律建构、主体间分享的法律传统、解释和遵守法律规则的能力,都是通过这个媒体而再生产的。因此,要掌握现实中的法律现象,仅从知识论的角度进行研究是远远不够的,我们要重视社会交往中法律的生存状况。而刑事法治事件是社会生活中主体之间重要的法律交往行为,我们应通过刑事法治事件中主体间的交往,探求我国刑事法治的现状,探讨主体之间如何更好地通过相互的行为来促进刑事法治。在实践意义上,刑事法治事件在我国社会生活中已经

① 参见李里峰:《从“事件史”到“事件路径”的历史——兼论〈历史研究〉两组义和团研究论文》,载《历史研究》2003 年第 4 期。

出现,并且有的还在法律进步和社会变迁中起着日渐重要的作用,其本身已经具有丰富的内涵。实际上,有的学者已经在尝试研究这些法治事件,不过一些人还没有意识到刑事法治事件研究的独立理论和实践意义,仍然在传统法学研究范式的范畴内,以案例分析或者大案、要案等概念来解析。但是,事件是一个更为宽泛的概念,它不仅仅包括案件,还包括其他事件,因而以案件代替事件的做法不免有失偏颇。

在刑事法学界对刑事法治事件还未展开研究时,在史学等领域已有成熟的专门的事件史研究。事件研究并不认为某个事件为封闭、孤立的事件,也不视其为独立、自足而毫无外部关涉的研究对象,而是将其看作一种开放、包容、透视历史的有效途径。事件研究可以沟通宏观与微观、结构与事件。事件本质上是社会结构的一种动态反映,事件的背后必定蕴含着当时的社会结构及其变迁。① 研究事件的发生和发展过程,可以探求事件之外的社会制度、社会关系等社会结构对事件发展的影响深度和广度。事件一般依存于一定的社会存在,这就是社会结构,是一个社会中长期存在的稳定性因素,这些因素支配历史的进程。事件的研究既是研究对象、研究实体,也是一种特别的历史研究路径或者范式。深入挖掘具有标志性意义的事件,并从事件的社会结构出发给予某种事件以诠释与意义,这就是事件研究的意义之所在。

在我国传统的刑法研究中,偏重于刑法规范的研究,但是立足于社会生活中的刑事法治事件能够全面、充分体现出法律制度的得失以及社会变革的趋势,可以作为理解和改进法律以及相关社会制度的起点,从而促进刑事法治的完善,这对于知识的生产无疑具有重大作用。

(二)方法转型

对于中国的刑事法律研究而言,规范刑法学的研究是基础,也是必需的,这对于刑事立法和刑事司法无疑具有重大意义。没有规范刑法

① 参见李里峰:《从“事件史”到“事件路径”的历史——兼论〈历史研究〉两组义和团研究论文》,载《历史研究》2003 年第 4 期。

学的研究,就没有刑法学研究水平的总体提高。但是,规范刑法学的研究不等同于简单的刑事法律注释学,单纯的注释刑法学对司法适用中的具体刑法问题,特别是一些疑难问题往往无能为力,纯粹的注释刑法学必须转向具有深厚理论功底的规范刑事法律研究。[①] 有学者就中国刑法学的研究现状指出,应用刑法学多年来在低水平徘徊,大量著作雷同,内容肤浅,读者难以有所收获,重复性研究太多,缺乏创新。[②] 笔者认为,刑法学研究不仅需要从刑法之内进行研究,还要从刑法之外进行探索。一方面,刑法之内的研究并不仅仅是纯粹的注释刑法学的研究,必须进行刑事法律自身的整合研究。在某种程度上而言,刑事一体化对于刑法学研究具有重大的指导意义,也是刑事一体化理念的方法论体现。刑事一体化主要体现为观念和方法的刑事一体化。观念上的刑事一体化,是指需要协调刑法与刑法内外的运作;方法论意义上的刑事一体化,需要我们深度融合其他学科知识,至少是与有关刑事学科知识相结合,打破学科限制,关注边缘现象,推动刑法学向纵深开拓。[③] 另一方面,刑事法律的研究还应当超越刑事法律范围,不能总是"习惯于把自己限定在纯粹的法律评价的范围内",[④]需要超越法律学科的界限。笔者赞同突破学科界限,在刑事法领域整合其他学科,特别是哲学、社会学等社会科学的知识,借鉴相关学科的研究方法和研究视角,以"立体"的研究方法、"立体"的研究视角,[⑤]在刑事法之外研究刑事法,拓宽刑事法的研究领域和研究深度。如刑事法律哲学以应然性、规范批判与价值追问为研究重点;刑事法律社会学并不是将法律视为静态的规则,而是在整个社会结构的视野下探求刑事法律运行的实际状

---

① 参见蔡道通:《刑事法治的基本立场》,北京大学出版社2008年版,第11页。

② 参见王作富、田宏杰:《中国刑法学研究应当注意的几个基本问题》,载《法商研究》2003年第3期。

③ 参见储槐植:《再说刑事一体化》,载《法学》2004年第3期。

④ [德]拉德布鲁赫:《法律的不法与超法律的法》,舒国滢译,载郑永流主编:《法哲学与法社会学论丛》(4),中国政法大学出版社2001年版,第433页。

⑤ 参见蔡道通:《刑事法治的基本立场——一种基本理念与研究方法的阐释》,载《江苏社会科学》2004年第1期。

态,从而探求静的刑事法律在社会生活中真实的运行样态。①

将已经发生的刑事法治事件作为研究的素材,关注一系列的立法实践、司法活动和司法改革问题,将刑事法治事件这些经验素材进行概括总结,提炼出相关的理论,走刑法学研究的"中国化道路",这无疑对于完善我国的刑法学研究方法具有重大意义,提炼出的理论对于以后相关事件的处理也具有良好的借鉴作用。刑事法治事件的研究是对于法律的实际运作状况和实际效果的观察和关注,取代了对法律纯然的价值思考,关注特定事件,但不局限于就事论事,在特定的法秩序和法背景之下运用多种视角的观察,力图探寻特定事件对社会法治发展的趋势以及样态的影响。既从法律内部,也从法律外部考察法律的运行;既注重法学方法的运用,又借鉴法社会学、历史学的分析方法,拓展刑法学的论域,提高刑法学研究的深度,眼光来回巡视于特定事件、法律制度、法治发展三者之间。

五、结　　语

中国刑事法治事件的研究置身于中国社会转型期的大环境之下,当下中国改革发展攻坚期和社会变革机遇期并存,特别是经济体制改革和市场经济的迅猛发展,政治体制改革的逐步推进,使社会利益主体日益多元化,社会矛盾复杂化。在这种背景之下的刑事法治事件也带有时代的发展烙印,随着中国特色社会主义法律体系的基本建成,如何让中国步入法治社会之轨道,更是我们孜孜以求的目标和使命。刑事法治事件虽是法治沧海之一粟,但是通过对当下中国刑事法治事件的研究,我们打开了看当下中国的一个"窗口"。特别是作为中国刑事法制乃至法治的标本,刑事法治事件为我们了解中国的刑事法治现状并促进中国的刑事法治完善提供了契机。刑事法治事件有其独特功能,对于中国的刑事法治的发展意义重大。刑事法治事件的研究是知识系

① 参见蔡道通:《刑事法治的基本立场——一种基本理念与研究方法的阐释》,载《江苏社会科学》2004 年第 1 期。

统和行动系统上进行的研究,体现法律制度的得失以及社会变革趋势,是理解和改进法律以及相关社会制度的起点;同时将已经发生的刑事法治事件作为研究的素材,关注一系列的立法实践、司法活动和司法改革问题,将刑事法治事件这些经验素材进行概括总结,提炼出相关的理论,对于以后相关事件的处理具有良好的借鉴作用,对于完善我国的刑法研究方法也具有重大意义。

A Dvocation for the Study to the Incident of the Rule for Criminal Law in Contemporary China

Shang Haowen

[**内容摘要**]刑事法治事件是指引起社会各方面普遍关注,能够在刑事立法、刑事司法以及民众刑事法治意识等方面,对刑事法治产生重大影响的法治事件。刑事法治事件具备公共性、标志性、影响性等特征,具有完善刑事立法、促进刑事司法、提升法治意识、改善社会管理的功能。刑事法治事件是刑事法治在现实社会生活中的范本,不仅对于刑事法治的发展而言具有其特殊的功能,同时,刑事法治事件的研究也具有独立的方法论意义。研究刑事法治事件既能昭示出刑事法治发展的动态过程,也可以探寻刑事法治事件中现实社会深层结构的关联性,从而反映出刑事法治的动态途经,体现法律制度得失以及社会变革趋势,是理解和改进法律以及相关社会制度的起点,是在知识系统和行动系统上进行的研究,有助于知识生产和研究方法转型。

[**关键词**]刑事法治事件;知识生产;方法转型

Abstract: The incident of the rule for criminal law refers to the incident that has caused widespread concern in all aspects of society and can have a major impact on criminal legislation, criminal justice and the awareness of the people. The incident has the characteristics of publicity, symbolism and influence. It has the functions of perfecting criminal legislation, promoting criminal justice, raising awareness of the rule of law and improving social management. The incident of the rule for criminal law is a model in real social life. It not only has its special function for the development of rule of criminal law, but also the study of the events has independent methodological significance. Studying the incident can not only show the dynamic process of the development for the rule of criminal law, but also explore the relevance of the deep structure of the real society, thus reflecting the dynamic path of criminal rule of law, reflecting the loss of the legal system and the trend of social change. The starting point for understanding and improving the law and related social systems is the research carried out on knowledge systems and action systems, which contribute to the transformation of knowledge production and research methods.

Keywords: The incident of the rule for criminal law; Knowledge production; Method transformation

变迁与危机:论刑法立法的预防转向[*]

李国权[**]

目　　次

1997 年到 2017 年,我国共颁布了 10 个刑法修正案及数个单行刑法。在这不断修正的背后,显示了一种刑法立法的预防转向。① 与古典学派对刑事不法的评价根据主要为法益侵害结果不同,刑法立法的预防转向将规制起点前推至对法益侵害的危险阶段,所要实现的目标,

---

* 本文系国家社科基金重点项目"预防性反恐刑法问题研究"(17AFX017)的阶段性成果。

** 西南政法大学 2017 级刑法学博士研究生。

① 有学者称之为"预防刑法",即"相对于建立在启蒙思想之上的传统古典刑法而言,它不再严格强调以既成的法益侵害结果作为追究刑事责任的基础,而是着眼于未来,基于对安全的关注,着重于防范潜在的法益侵害危险,从而实现有效的社会控制"。参见何荣功:《预防刑法的扩张及其限度》,载《法学研究》2017 年第 4 期。也有学者称之为"预防主义的刑法和特征",即"现代刑事法中,刑法介入的时间的、空间的扩大,且有机地结合而浑然一体,给现代刑事立法赋予新的特征,如果概括起来的话,可以说就是预防主义的刑法和特征。那么,它的具体表现就是'处罚预备行为的原则化''抽象的危险犯类型的多用''管理、统制类刑事立法的多用'。"参见[日]关哲夫:《现代社会中法益论的课题》,王充译,载赵秉志主编:《刑法论丛》(第 12 卷),法律出版社 2007 年版,第 345 页。

则是风险的最小化与安全的最大化,以有力回应转型时期的社会风险与安全危机。这种预防转向在我国刑法的历次修正中呈现了怎样的变迁图景,以及对这样一种变迁可能产生的危机如何进行调控,都是亟须厘清并予以解决的问题。

一、变迁图景:预防政策导向下的刑法立法

刑法立法的预防转向在规范结构上的反映,主要体现为共犯行为正犯化、预备行为实行化以及抽象危险犯的增设这三种类型。在理论上,描述、分析、建构具有不可分割的连续性,要使相应的分析、建构有价值,前提是所依据的描述是符合事物发展真实情况的。因此,本文这一部分将对刑法分则条文进行数据上的统计,以明了事实上是否正在发生这种转变。

(一)关于罪名统计的技术理性

根据1997年最高人民法院《关于执行〈中华人民共和国刑法〉确定罪名的规定》可知,1997年《刑法》规定了413个罪名。值得注意的是,有些条款虽然仅仅规定了一个罪名,却同时包含了具体危险犯与抽象危险犯,或同时包括了实害犯与抽象危险犯。比如,《刑法》第127条第2款规定了抢劫枪支、弹药、爆炸物、危险物质罪,其中的抢劫危险物质罪是具体危险犯,而抢劫枪支、弹药、爆炸物罪则是抽象危险犯;再如《刑法》第128条规定了非法出租、出借枪支罪,其中依法配备公务用枪的人员非法出租、出借枪支的,构成的犯罪是抽象危险犯,而依法配置枪支的人员非法出租、出借枪支的,则要造成严重后果才构成犯罪,是实害犯。鉴于数据统计对象的合理性与科学性,将对这种情况作为两个罪名进行计算。如此,1997年《刑法》共有414个罪名,其中涉及抽象危险犯、预备行为实行化以及共犯行为正犯化的罪名,共有90个;而从1999年《刑法修正案》起至2017年《刑法修正案(十)》止,涉及抽象危险犯、预备行为实行化以及共犯行为正犯化的修改罪名与新

增罪名如表 1 所示,共有 25 个。[①]

表 1 刑法修正案的相关修改及新增罪名统计

修正案	无
修正案(二)	无
修正案(三)	第 120 条之一(资助恐怖活动罪);第 125 条(非法制造、买卖、运输、邮寄、储存危险物质罪)
修正案(四)	无
修正案(五)	第 177 条之一(妨害信用卡管理罪第 3 项、第 4 项,窃取、收买或者非法提供他人信用卡信息)
修正案(六)	第 262 条之一(组织残疾人、儿童乞讨罪)
修正案(七)	第 224 条之一(组织、领导传销活动罪);第 262 条之二(组织未成年人进行违反治安管理活动罪);第 285 条(非法侵入计算机信息系统罪)
修正案(八)	第 109 条(叛逃罪);第 133 条之一(危险驾驶罪);第 141 条(生产、销售假药罪);第 234 条之一(组织出卖人体器官罪);第 244 条[②](强迫劳动罪);第 358 条(组织卖淫罪)

① 有些罪名既属于抽象危险犯的范畴也可属于共犯行为之正犯化,如帮助恐怖活动罪,本文在统计数据时将其只计算为属于共犯正犯化一种情况,不再另算为抽象危险犯。

② 1997 年《刑法》第 244 条规定了强迫职工劳动罪,而《刑法修正案(八)》第 38 条除了将该罪犯罪主体由“用人单位”修改为一般主体之外,还将犯罪对象由“职工”修改为“他人”,且完善了犯罪客观行为的规定,即将为强迫劳动的单位和个人招募、运送人员或者以其他手段协助强迫劳动的行为规定为犯罪。可以认为,这也是一种共犯行为正犯化的表现形式,因而本文也将该条囊括进统计中。

续表

修正案(九)	第120条之二(准备实施恐怖活动罪);第120条之三(宣扬恐怖主义、极端主义、煽动实施恐怖活动罪);第120条之四(利用极端主义破坏法律实施罪);第120条之五(强制穿戴宣扬恐怖主义、极端主义服饰、标志罪);第133条之一(超员超速驾驶);第284条之一(组织考试作弊罪、非法出售、提供试题、答案罪);第287条之一(非法利用信息网络罪);第287条之二(帮助信息网络犯罪活动罪);第290条(组织、资助非法聚集罪)
修正案(十)	无

如表1所示,关涉我国刑法立法预防转向的修改、新增罪名共有25个,但要证明我国刑法立法已然出现了预防转向,仅仅只是统计出修改、新增了多少罪名是不充分的,还必须考察经过每一次的刑法修正后,相关罪名的总数在刑法分则全部罪名中所占的具体比例,才能得出我国刑法立法预防转向的真实状态(见图1)。

注:一至十代表《刑法修正案(一)》至《刑法修正案(十)》

图1　相关罪名所占比例

从图1所示可以发现,在《刑法修正案(五)》颁布后,共犯行为正犯化、预备行为实行化以及抽象危险犯所占罪名的比例总体呈上升趋势,尤其是《刑法修正案(七)》至《刑法修正案(十)》间呈现大幅上升态势,最高点是《刑法修正案(九)》的23.750%,其相关罪名所占的比例相较《刑法修正案(五)》增加了2.711%,相比1997年刑法增加了

2.011%,这展示了新近以来我国刑法立法修正的预防转向。

(二)关于罪名统计的理性分析

自贝克提出“风险社会”理论来描述当代社会的现状与问题后,在考察领域上已由原来的核能技术、生物化学扩大到了金融系统、恐怖主义活动等方面。与传统社会相比,现代社会中的非正式控制手段随着社会的发展而弱化了,各种维系日常生活秩序的非正式规范在明显地减少,而这种减少使以往日常生活可以期待的提供安全感的规范呈结构性的衰退。① 并且,面对一些源自新型科技领域发展的风险,传统的非正式控制手段本来就不存在。与此同时,事后以监禁为主的制裁并不能遏制与预防犯罪,改造的效果也不明显。如图 2 所示,就刑事犯罪率而言,1997 年全国每十万人中只有 130.5 起公安机关立案的刑事案件,到了 2016 年则有 464.8 起,2016 年是 1997 年的 3.56 倍,相比 1997 年增长了 256.17%;从监禁人口率来看,2002 年我国每十万人中约有 4.289 人被判处监禁刑,2015 年则为 6.062 人,相比 2002 年增长了 41.34%,数量及速度都可谓是大幅增长。

观察图 2 还可以直观地发现,我国的犯罪率与监禁率呈正相关关系,而通过 SPSS 软件计算可得的两者相关系数也印证了同样的结论。如表 2 所示,两者的相关系数为 0.906($P<0.01$),呈显著正相关,也就是监禁率上升,犯罪率也随之上升。②

---

① 在传统中国的多数时期,存在着一种家国同构的宗法一体化结构,即国家与个人之间存在着宗法的家族家庭这样一个强大而稳固的中间层次,这样一种基于家庭的错综复杂的关系网有效地维持了社会的稳定与和谐。参见[澳]迈克尔·R. 达顿:《中国的规制与惩罚——从父权本位到民权本位》,郝方昉、崔洁译,清华大学出版社 2009 年版,第 4 页;金观涛、刘青峰:《兴盛与危机:论中国社会超稳定结构》,法律出版社 2010 年版,第 50~56 页。

② 如果监禁改造效能良好,那么监禁率越高,犯罪率就应越低,即监禁率与犯罪率呈现的应是负相关关系。假若两者呈现的是正相关关系,即监禁率越高,而犯罪率却没有降低甚或是上升,则表明监禁并没有发挥改造效能。

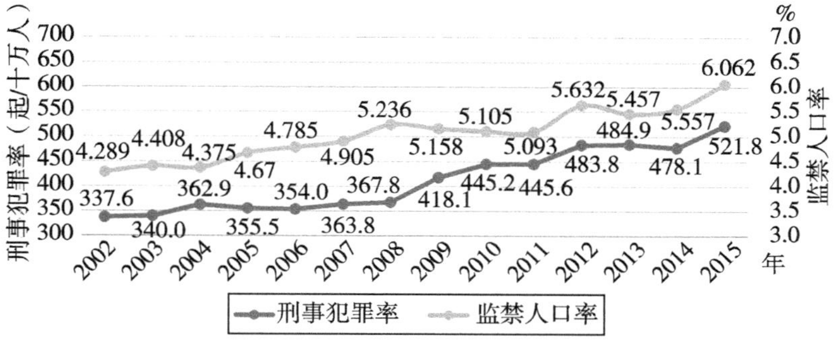

图2　2002~2015年我国监禁率与犯罪率关系趋势①

表2　监禁率与犯罪率相关系数分析

相关系数表			
		监禁人口率	刑事犯罪率
监禁人口率	皮尔逊相关系数	1	0.906**
	显著性双侧检验		0.000
	N	14	14

① 最能直观反映监禁改造效能与预防犯罪效果的是重新犯罪率,但由于我国自1992年发布《中国改造罪犯状况》白皮书后,便再无官方正式数据公布,因而本文并不进行重新犯罪数据的统计。也有一些学者对某些省市或监狱重新犯罪情况进行调查,如2003年年底北京市监狱管理局共有在押犯15,423名,其中重新犯罪的罪犯为3426名,占总数的20.1%(同期全国在押犯中重新犯罪的罪犯所占比重为12.86%),参见北京市监狱管理局"重新犯罪"课题组:《北京市在押犯重新犯罪情况的调查分析》,载《中国司法》2005年第6期;天津市2002年重新犯罪率为13.1%、2005年则为24.3%,参见丛梅:《刑释人员重新犯罪心理初探》,载《中国人民公安大学学报》(社会科学版)2008年第4期;浙江省S监狱2002年新入监罪犯重新犯罪人员的比例为22.2%,到了2011年则上升为29.3%,参见周根扬、姜水文、张爽:《近三年重新犯罪原因的实证研究》,载《犯罪与改造研究》2013年第4期;"1996年后全国重新呈增长状态",参见翟中东:《矫正的变迁》,中国人民公安大学出版社2013年版,第346页。

续表

相关系数表			
		监禁人口率	刑事犯罪率
刑事犯罪率	皮尔逊相关系数	0.906 ** 1	
	显著性双侧检验	0.000	
	N	14	14
** 相关系数在0.01水平显著(双侧检验)			

这种传统社会规范的侵蚀、现代社会样貌呈现风险特性以及事后制裁效能不佳,使公众产生了一种降低风险恐惧的社会心理需求以及一种以安全为导向的社会集体意识。公众要求国家通过扩张自己的保护范围、调整法律的规范结构以显示出一种积极应对风险的姿态,作为社会正式控制手段的法律就必须对现代社会发挥其确实有效的控制功能,以补充规范的漏洞、解决社会的纷争、管控潜在的风险,公众的呼声由"为了防止国家侵害的保护"转变为"由国家保护以免受到侵害"。① 这样一种认识的改变及社会公众安全需求的增强,使刑事政策的目标设定、制度安排、相关理论的阐述,都转而以大数据的统计技术作为风险评估与衡量的工具,②强调风险的预防与安全的管控。就研究犯罪控制的刑事法学而言,当代社会已从强调改造犯罪人的"规训社会"③逐渐转变为犯罪与被害风险管控的"预防社会","国家纯粹基于风险

---

① 参见[美]David Garland:《控制的文化——当代社会的犯罪与社会秩序》,周盈成译,巨流图书有限公司2006年版,第15~16页。

② 统计意义上的风险成为分析犯罪问题的主要框架,个别犯罪人的特性并不重要,重要的是通过统计辨别出什么是高危险的犯罪人与被害人类型、什么是会制造犯罪机会的风险行为、何时是常发犯罪的时间,何地是常发犯罪的地点。风险语境下犯罪控制的重点就是通过对这些统计上的高风险类型、行为、时间、地点进行监控、干预,在刑事立法上便要求对这些高风险类型的行为提前规制,使风险降低或将风险重新分配,以期通过这些管控风险的预防措施,增进社会公众的安全感。

③ 规训社会的说法来自法国思想家米歇尔·福柯,参见[法]米歇尔·福柯:《规训与惩罚:监狱的诞生》,刘北成、杨远婴译,生活·读书·新知三联书店2012年版。

管控的效率性、降低社会外部成本等立场,也就不得不将风险管理纳入现代立法的主要政策依据”。[①] 在这样的一个时代背景下,一种新的制裁思维产生了,犯罪及犯罪人变成了控制的对象,控制的目的则转变为防止“一般人”受害及使社会免于恐慌,自然而然,刑事制裁的思维就只能转向风险预防与安全确保。

二、方案检讨:预防刑法危机调控的现实反思

传统社会规范的侵蚀、现代社会的风险特性以及事后制裁效能的不佳不意味着必须将仅仅导致公众产生“不安感”的越轨行为予以犯罪化,也并不意味着可以为了防止一般人受害而以刑法惩罚没有侵害法益的行为,其仅仅意味着需要通过刑法惩罚的新型法益侵害行为增多,继而需要共犯行为正犯化、预备行为实行化以及抽象危险犯的增设。这三种类型化技术手段具有一定合理性,但现有刑法立法中上述技术手段的运用并不尽然合理。“社会生活态样的转变,以及风险管理的需求,必然会导致刑事立法的政治化与肥大化,不仅过度顺应这种变化的态度是不正确的,连坚守过去的传统的做法,也无法带来合理的解决方案”。[②] 即使当代社会从福柯所称的以灵魂改造为核心的“规训社会”已经转变为以风险管控为重心的“预防社会”,原来刑事司法运作当中关于矫正、改造犯罪人的措施也并非全然消失了,也并非意味着这种预防性的刑法立法趋向没有遭受过学界的批判。当然,有些批判可能是无的放矢,有些批判则是刑法立法的预防转向所需要关注的必要限制。

(一)无的放矢——对安全优于自由批判的回应

“立法者在制定旨在维护安全的法律法规时也必须避免犯

① 古承宗:《刑法的象征化与规制理性》,台北,元照出版有限公司2017年版,第52页。
② 李茂生:《风险社会与规范论的世界》,载《月旦法学杂志》第173期。

下——尽管是出于最良善的目的——导致对法治国的损害更甚于从维护安全中所获之益处的错误”。[①] 这样一种预防导向下的刑法立法“存在极强的侵略性的另一面,它很容易使刑法快速地走向扩张而转变为社会性的控制工具,从而与法治国的基本要求背道而驰”。[②] 如上论者在表达这样一种担忧,即预防导向下的刑法立法,安全会凌驾于自由之上。换言之,因刑法的扩张而受到威胁的公民基本权利及自由遭到了忽视。但是,将自由与安全对立,然后来追问二者孰轻孰重,是一种误导社会公众的表达,因为答案毫无疑问是二者并重。与其抽象、泛泛而谈安全与自由何者为重,倒不如就具体的立法具体分析,从而指出到底是什么样的自由被安全限制了,又是什么样的安全被自由牺牲了。

共犯行为正犯化、预备行为实行化与抽象危险犯的设置,在恐怖活动犯罪的刑法立法中表现得最为突出。[③] 如前所述,刑事制裁的焦点不再是威慑(对“视死如归、在所不辞”的恐怖分子而言,威慑的影响无足轻重),也不是对罪犯的改造(对“视死如归、在所不辞”的恐怖分子而言,改造的效果微乎其微),预防导向下恐怖活动犯罪立法的政策期望是能够杜绝将恐怖分子送上审判席。“人们期望通过对单纯预备行为以及参与恐怖组织行为作出犯罪化处理,从而尽量避免恐怖袭击,哪怕会以犯罪发生前就对(潜在的)行为人限制其人身自由为代价”。[④] 上述做法可能会受到这样的一种质疑:“那些想限制公民自由的政治

① [德]乌尔里希·齐白:《全球风险社会与信息社会中的刑法——二十一世纪刑法模式的转换》,周遵友、江溯等译,中国法制出版社2012年版,第198页。

② 劳东燕:《风险社会与功能主义的刑法立法观》,载《法学评论》2017年第6期。

③ 在1999年《刑法修正案》至2017年《刑法修正案(十)》,关涉抽象危险犯、预备行为实行化与共犯行为正犯化的25个修改罪名与新增罪名中,与恐怖活动犯罪直接相关的占了5个,即第120条之一的帮助恐怖活动罪,第120条之二的准备实施恐怖活动罪,第120条之三的宣扬恐怖主义、极端主义、煽动实施恐怖活动罪,第120条之四的利用极端主义破坏法律实施罪,第120条之五的强制穿戴宣扬恐怖主义、极端主义服饰、标志罪。

④ [意]弗朗西斯科·维加诺:《意大利反恐斗争与预备行为实行化——一个批判性反思》,吴沈括译,载《法学评论》2015年第5期。

家有义务说明,他们所建议的措施事实上是否能够增进安全。"①即我们如此地进行预防性犯罪化,可能只是将恐怖袭击发生的概率从0.1%降到0.09%,却限制了公民不少的自由。但这样的质疑是无的放矢。危险行为的核心意义指的是其行为模式对于未来的危险,即如果将来重复相同的行为模式,那么可能就会出现法益侵害。我们不能等到确定采取某种措施能确保恐怖袭击不会发生时才采取该措施,也不能由于无法确定某种措施是否能确实增强公共安全,从而不采取该措施,因为我们并不能确定恐怖袭击发生的概率只有0.1%,它也有可能是1%、10%甚或是100%。对公民自由威胁最大的危险来自再次发生的恐怖主义袭击,如"7·5"事件或较之更小(或更大)规模的恐怖主义袭击事件。

同时,还有学者认为:"古典刑法思想仍然应当和对相关行为予以犯罪化的原理紧密联系在一起,即使刑法需要打击具有极高风险的犯罪(比如有组织犯罪)的时候,也应当如此。"②这样一种说法可能是源于对国家安全紧迫性的怀疑,也可能是对我们以往是一个集权式压迫型国家一种历史恐惧性的条件反射。在国家能力、法治与民主的关系当中,人们往往过于强调前者对后两者的伤害,却忽视了国家能力的构建同时也是建设法治与民主的前提。"政治自由——社会自我统治的能力——不但要看社会能否动员起来,以对抗中央集权,并将宪法约束强加于国家;还要看国家是否足够强大,能在必要时采取行动"。③ 对转型中的国家来说,国家治理能力的薄弱往往令民主化过程成为一个令人失望的失序化过程。恐怖主义分子不是普通罪犯,因为他们"视死如归",要与我们"同归于尽"。如果在与恐怖分子作战时,我们仍然固守那些安全的威胁主要是来自普通罪犯时代规

① [德]埃里克·希尔根多夫:《德国刑法学:从传统到现代》,江溯、黄笑岩等译,北京大学出版社2015年版,第44页。

② [芬]基墨:《安全、风险与刑法》,江溯译,载梁根林主编:《当代刑法思潮论坛:刑事政策与刑法变迁》(第3卷),北京大学出版社2016年版,第296页。

③ [美]弗朗西斯·福山:《政治秩序的起源:从前人类时代到法国大革命》,毛俊杰译,广西师范大学出版社2014年版,第389页。

定的自由理念,那么要从那样的时代所规定的自由理念中消除来自恐怖主义分子的安全威胁就会有致命的掣肘,甚或可以说是“痴人说梦”。我们不应当让一个几个世纪前的所谓“古典刑法”来指引如何应对现如今的恐怖活动犯罪,这是荒谬的,是对历史的“奴颜婢膝”。①“如果把犯罪限定为已完成的恐怖主义行为,刑法就比现在更不足以回应恐怖主义了”。②

(二)循环论证——对谦抑原则谦抑作用的质疑

“法律系统在风险沟通中,不仅意识到若不做出选择,将难以发挥其在社会中的功能,这对它而言是一种风险;而且也意识到,若做出选择,则会对其他函数系统产生风险”。③ 随着刑法立法预防转向中预备行为的实行化、共犯行为的正犯化与抽象危险犯的增设,法益概念越发朝着普遍化、稀薄化、抽象化的方向发展,④因为“从刑法预防犯罪目的的角度,为使刑法更好地承担起保护社会的任务,便要尽可能地扩张法益概念的外延,其内涵也是越模糊、越抽象便越合乎预防的需要”。⑤

---

① 如果没有恐怖袭击的发生或这些袭击在有关预防性犯罪化立法之前就被挫败,这些立法或许就不会被制定;正是由于恐怖活动犯罪预防性立法之前无法有效挫败恐怖袭击,这些预防性立法才被制定。同时,在所谓古典刑法的那个时代,并没有所谓大规模的杀伤性武器的恐怖袭击,而未来则完全可能存在这种袭击。

② [美]理查德·波斯纳:《并非自杀契约:国家紧急状态时期的宪法》,苏力译,北京大学出版社2010年版,第45页。

③ 黄钲堤:《卢曼的风险社会学与政策制定》,载《政治科学论丛》第28期。

④ 如表1所示,与刑事立法预防转向相关的25个新增、修改罪名中有24个分布在社会、国家法益上,只有2个是关涉生命、身体、财产等个人法益。但在这两个罪名的立法理由中其实也有国家、社会法益的保护需求,如组织出卖人体器官罪的立法理由中,就有“这些行为严重侵害了公民生命、健康权利,违反了社会伦理道德底线,扰乱了社会管理秩序”与国家、社会法益相关的表述。参见全国人大常委会法制工作委员会刑法室编:《中华人民共和国刑法修正案(八)条文说明、立法理由及相关规定》,北京大学出版社2011年版,第135页。

⑤ 劳东燕:《风险社会中的刑法:社会转型与刑法理论的变迁》,北京大学出版社2015年版,第39页。

如果说在古典刑法的架构中,是以侵害犯或结果犯为原则,以预备犯或未遂犯为例外,那么,抽象危险犯的增设意味着法益概念质量空间的扩大,预备行为实行化、共犯行为正犯化则昭示着法益概念防护时间的提前。对这种空间扩大与时间提前的变化,代表性的批判意见有(1)"新刑法工具主义",[①]背离了法益保护与保障人权的刑法功能性目的;(2)"象征性立法",[②]违背了刑法谦抑原则;(3)"违法相对性理论崩溃",[③]导致了形式犯的滋生与罪状空洞化、罪名黑洞化;模糊了刑法与民法、行政法等前置法的界限;(4)"刑事政策的非理性化",[④]违背了比例原则、刑法谦抑原则,有极端工具化之虞。

的确,在刑法立法的预防转向下,法益概念在刑法中的功能不再是限制刑罚权,[⑤]而是转变为积极证成刑罚权的扩张,其体系外在批判机能丧失,沦为了现状肯认说,甚或是"有侵害即有刑罚"。法益侵害及其危险的概念也脱离原先以个人法益为核心所赋予的意涵而弥散化、抽象化,以保护更多的法益;在时间节点上也更提前,导致刑法从原本只是处罚不法且有责的法益侵害行为的最后手段转变为一种优先使用的风险管控工具。毋庸置疑的是,预防性刑法立法的这一趋向,并不意味着法治国的自由刑法必然被抛弃,也不是说自由刑法与安全刑法存在着根本的对立,因为自由是不会与安全冲突的,但会与假借安全之名而肆意扩张的政府滥权冲突。"在治安刑法中性化的现在,还是要提防以保护市民安全为名而滥用治安刑法的行为"。[⑥] 如前所述种种批

---

① 魏昌东:《新刑法工具主义批判与矫正》,载《法学》2016 年第 2 期。

② 刘艳红:《象征性立法对刑法功能的损害——二十年来中国刑事立法总评》,载《政治与法律》2017 年第 3 期。

③ 孙万怀:《违法相对性理论的崩溃——对刑法前置化立法倾向的一种批评》,载《政治与法律》2016 年第 3 期。

④ 高铭暄、孙道萃:《预防性刑法观及其教义学思考》,载《中国法学》2018 年第 1 期。

⑤ 古典时期作为刑事立法指导原理的法益论强调的是什么样的行为方式由于欠缺法益侵害而不应被处罚,而不是指什么样的法益侵害应以刑法为手段制裁。

⑥ [日]平野龙一:《刑法的基础》,黎宏译,中国政法大学出版社 2016 年版,第 94 页。

判的核心依据即指刑法立法的预防转向违背了刑法谦抑原则,“对于刑法立法而言,关键在于确立法益侵害危险的规范构造,坚持刑法的谦抑性”。[①] 但是,坚持刑法的谦抑性并不能够调控这种预防导向下的刑法立法非理性扩张,以防止国家肆意滥权,成为时刻监控着公民行动的巨型控制法。

所谓刑法谦抑原则,是指刑法在解决社会冲突关系的各种法律治理方式中,居于补充的顺位,是防卫社会的最后手段,相对于民法、行政法等前置法而言是“二次法”“保障法”。且不论谦抑原则并非是指其他法律手段无计可施时,才动用刑法,因为往往其他法律手段无计可施时,刑法也爱莫能助,“在刑法观念逐步转向功能主义,刑法与政策考虑紧密关联的今天,刑法的谦抑性并不反对及时增设一定数量的新罪”。[②] 在对刑法立法预防转向的批判与调控中,依谦抑原则所进行的论证存在以下两个问题。

第一,刑法谦抑原则要求在对不法行为进行规制时,如果用较为轻微的制裁手段就能够达到规制效果,则不能运用较为严厉的制裁手段,作为最严厉制裁手段的刑法应当被最后适用。换言之,立法者必须在所有对目的实现同等有效的手段中,选取对公民的基本权利侵害最小的一种。这里所涉及的问题主要有两个:一是是否存在较为轻微的手段;二是采取较为轻微的手段是否如已经存在的较为严厉手段同等有效。关于第一个问题,主要是一个比较的问题。通常而言,如果可以证明采用行政制裁手段能够更有效地实现目的,就不应也不必采用刑事制裁。但是,这只是一般价值观念上的观点,在对具体行为进行规制时,行政制裁未必就是较轻的,如责令停产停业、吊销许可证也许对行为人而言比罚金刑要更严厉。关于第二个问题,在能够实现某一立法目的的种种手段中,也许存在比刑事制裁较为轻微的手段。然而事实上人们无法证明,所谓较为轻微的替代手段比已存在的较为严厉的刑事制裁手段同等有效或更为有效,因为

① 何荣功:《预防刑法的扩张及其限度》,载《法学研究》2017年第4期。

② 周光权:《积极刑法立法观在中国的确立》,载《法学研究》2016年第4期。

根本就没有办法能对一个不存在、假设性的替代手段进行有充分说服力的有效测试。

第二,从本质而言,立法论上的刑法谦抑原则是指犯罪圈划定界限在何处、某一行为应不应当以刑法规制的问题。是否违背谦抑原则就是争议问题的本身,对某一行为是否应该入罪的论证依据并不能从问题本身即是否违背了谦抑原则上去寻找,这是将“基础命题的结论再次被拿来当作自己的理由使用”。[①] 因此,主张某一行为的除罪化坚持了刑法谦抑原则,或批判某一行为的入罪化违背了刑法谦抑原则,仅仅是一种循环论证。认为某一抽象危险犯的增设、预备行为的实行化、共犯行为的正犯化违背了刑法谦抑原则,这是一种相当抽象的说法,并不具有逻辑上的说服力。其充其量只是一种极为宏观的口号宣扬,仅仅具有提醒立法者在设置抽象危险犯、预备行为实行化以及共犯行为正犯化时,停一停、想一想,是否一定要用刑法来规制,是否用民法、行政法来规制已经足够甚至具有更好的理念作用。谦抑性导向的适用固然是正确的方向,但刑法谦抑原则除了告诉人们应该限缩处罚之外,并没有告诉人们为什么要限缩,以及应该限缩到何处。

三、解决路径:预防刑法风险防范的类型建构

为了能够有效地管控风险,刑事制裁发动的重心从过去以“法益侵害”为重心的规范模式转变为了以“法益侵害的威胁”为核心的规范模式,以进行事前的预防。由于这种治理范式的转变,在国家治理的架构中,刑法存在着对公民行为的规制甚或是操控会逐渐渗入日常生活细小领域的危机,对于刑法立法的预防转向也有必要进行“预防”。但是,对其负面影响的限制并不能仅仅依靠高喊重归刑法谦抑原则而实现,以往对于预防转向的限制基本上也并未做出具体的类型化分析,似

① [德]英格博格·普珀:《法学思维小课堂》,蔡圣伟译,北京大学出版社 2011 年版,第 142 页。

有“批判有余、建构不足”[①]的问题。共犯行为正犯化、预备行为实行化以及抽象危险犯的增设虽然都是服务于预防,但这三者之间又具有不同的确立机理。[②] 宜运用法益概念的立法批判机能,构建刑法立法预防转向的类型化限制体系,[③]结合每种类型的具体特点以及归属于该类型的刑法个罪进行审慎分析。

(一)共犯行为正犯化:坚持限制从属性原理

不依赖正犯即可单独处罚共犯行为,这在以往的犯罪参与二元区

① 如魏昌东教授在对于刑法立法进行“新刑法工具主义”批判后,提出构建多元化的社会保障体系与纠纷解决机制,提升国家治理能力;合理定位刑罚积极预防功能的作用域,实现罪刑关系的理性化;明确刑法法益边界,协调与前置法之间的比例关系。参见魏昌东:《新刑法工具主义批判与矫正》,载《法学》2016 年第 2 期。再如高铭暄教授与孙道萃博士认为,应正视刑法工具属性的客观性与刑法功能主义的发展性,以比例原则控制极端工具化的异变。应体认社会变迁引发犯罪形态结构变化的基本规律,联动犯罪学与规范刑法学,以刑事政策的理性化推动刑法参与社会治理的科学性。应重新认识刑法谦抑精神,倡导刑罚有效的必要制裁功能观,松绑刑法保障法和释放刑罚有效性的预防潜质。参见高铭暄、孙道萃:《预防性刑法观及其教义学思考》,载《中国法学》2018 年第 1 期。二者的总体思路是一种刑事政策的理性化,即以刑事政策的理性化解析刑法立法的不足与合理之处,但具体工具仍旧主要是刑法谦抑原则,似乎建构不足。

② 共犯行为的正犯化是将某种帮助行为或教唆行为独立为正犯行为,其间主要夹杂着共犯从属性立场的考量;预备行为实行化是将某种预备行为独立为实行行为,其间主要渗透着预备犯可罚性的考量;抽象危险犯的设置是将属于依赖于具体危险或法益实害而可罚的行为,转变为一种仅仅依赖于推定的危险而可罚的行为。

③ 类型对于法律体系建构不可或缺,类型通过对于社会生活事实的提炼与归纳,为法律原则的建构提供相对精确的素材,从而使法律原则的建构成为可能。一般而言,概念的功能在于描述具体法律素材,而原则的功能在于建构体系的意义关联,类型在连接生活事实与价值判断间起着无比重要的功能。同时,只有通过类型,人们才能够更合理地把握具体事实差异及更合理地掌握价值判断差异。从逻辑层次上而言,类型属于一种相对中等抽象程度的范畴,类型比原则更具体而生动,比具体个案事实更凝练而恒久,其处于抽象原则与具体个案之间,恰好可以起到连接二者的功能。参见杜宇:《刑法规范的形成机理——以“类型”建构为视角》,载《法商研究》2010 年第 1 期;周光权:《类型思考与中国法学研究》,载《中国社会科学评价》2015 年第 4 期。

分体系下几无可能,但立法强行扭转了这一体系,即可以仅仅凭借共犯行为而处罚共犯本人。然而,并不是所有的共犯行为都应当被正犯化,没有侵害法益的共犯行为不应当被正犯化。

第一,共犯行为的可罚性在于共犯行为通过正犯行为惹起了法益实害或危险结果,如果正犯并未着手实施法益侵害行为,则正犯并不构成犯罪,此时的共犯也不应当具有可罚性。在帮助信息网络犯罪活动罪的罪刑设置条件中,网络服务提供者的客观不法行为是指为他人提供互联网接入、服务器托管、网络存储、通讯传输、广告推广、支付结算等服务,并达到"情节严重"。不仅"情节严重"的标准较为模糊,[①]且本罪存在将正当的帮助行为做正犯化处理的可能。互联网接入服务的中立性要求"互联网接入服务商在提供互联网接入服务时,应当平等对待所有互联网流量,无论收发信息方、所接入或分发的内容、使用或提供的应用或服务为何,均不得实施歧视、限制、干涉"。[②]《德国电信服务法》也规定,提供空间储存服务的提供商只有对资讯属于违法的行为明知且在科技上可能与可被合理期待之情形下,才需要为他人的使用负责,除此之外,其不承担控制义务;单纯提供登入服务的提供者亦不需要为他人的使用负责(无论是否知晓使用者的违法内容)。[③] 国内外刑法学界一般认为,网络接入服务商不应对他人利用互联网接入所实施的犯罪承担刑事责任。[④] 我国立法却违背这一通行理论,存在将正当化的帮助行为做正犯化处理的情况,似有不当。若互联网接入服务提供者违反了业务操作规范,帮助了正犯着手实施犯罪行为,制造

① 这可能会导致司法实践认定显得较为不规范化与随意化,如有刑事判决直接认定,根据本案的社会危害性,被告人冷某某的行为认定为情节严重。参见浙江省绍兴市上虞区人民法院(2016)浙0604刑初1032号刑事判决书。

② 腾讯研究院:《互联网+时代的立法与公共政策》,法律出版社2016年版,第422页。

③ 参见萧宏宜:《数位时代著作权刑法的挑战与因应》,东吴大学2008年博士学位论文,第158页。

④ 参见王华伟:《网络服务提供者的刑法责任比较研究》,载《环球法律评论》2016年第4期。

了不被允许的危险,则可能承担刑事责任。[①]

第二,不宜让网络服务提供者承担过多的作为义务,也不宜使不同类型的网络服务提供者承担相同的作为义务。从权利外观理论而言,网络服务提供者的行为形式复杂多样,必须区分不同的类型,才能更好地解决其作为义务问题。网络服务提供者大致具有两种类型,一是以专门从事网络犯罪为目的;二是不以专门从事网络犯罪为目的。针对前者而言,其客观上的行为已然不是纯粹的"中立帮助行为",而是犯罪故意支配下的帮助行为,应当使其承担"较为严格的作为义务";针对后者而言,其客观上的行为仍旧属于"中立帮助行为",一个具备社会相当性或容许风险的合法前行为,不会产生保证人义务。"除非行为人违反违禁品管制等相关规定,否则应认为其中立帮助行为并没有制造不被法所容许的危险,不具有帮助行为性,不成立帮助犯"。[②] 即使认为此罪的保护法益是网络安全,也不应以不当限制特定法主体自由的方式优先保护网络安全法益。网络服务提供商作为某一特定法主体,其依旧应当被以人的方式对待,不应当将其基于自由意志而行使的自由权利不当限制甚至剥夺。"未经'全面性考察'就认定网络服务提供者中立帮助行为构成帮助犯,显然将不当地扩大网络中立帮助行为的可罚性"。[③]

(二)预备行为实行化:恪守实质预备犯立场

预备行为实行化是法益保护提前化的一种表现,若要使其正当化,必须结合法益的重大性与法益侵害可能性两个主要因素进行合理判断,即保护越提前,保护的法益应越重要,法益侵害的可能性应越高。

---

① 如司法实践中就有判决认定行为人主动利用虚假的身份证明,为诈骗分子申请、安装和维护虚假宽带,致使犯罪分子利用虚假宽带诈骗成功,应当承担诈骗罪(共犯)刑事责任。参见广西壮族自治区宾阳县人民法院(2016)桂0126刑初149号刑事判决书。

② 陈洪兵:《论中立帮助行为的处罚边界》,载《中国法学》2017年第1期。

③ 刘艳红:《网络中立帮助行为可罚性的流变及批判——以德日的理论和实务为比较基准》,载《法学评论》2016年第5期。

即使确需拟制为独立的实行行为,也应当在刑法分则中做出明确的类型化规定。但是,我国刑法修正所进行的预备行为实行化并非全然遵守了这一原则。

第一,奠基于着手的刑事可罚性一般原则与有限度地承认预备行为可罚性例外原则存在着一定程度上的紧张关系,这个例外的正当标准如何界定是一个很难厘清的问题。① 面对预备行为的这种处罚困境,有学者认为仅仅应当处罚重罪的预备行为,即"参考分则中法定刑配置的状况及学界、实务界的通识,将十年有期徒刑作为重罪与轻罪的界分标准,对重罪的预备行为原则上考虑可罚性"。② 但是,从刑事司法实践上来看,法定刑在十年以下有期徒刑的预备行为也受到了刑法处罚,③这似乎更添标准界定的困惑。一般而言,法益的重大与否,一般需结合生命、身体健康、财产、自由、名誉等法益类型进行比较判断;法益侵害实现的可能性高低与否,一般需结合行为人是否在认真地实施对自己有拘束性的预备行为、是否有明确的被害人、距离被害人的距离远近、犯罪计划是否周全可行等因素进行比较判断。

《刑法》第287条之一所规定的非法利用信息网络罪仅仅是从各

① 关于这个正当标准的界定,学界是从法益侵害的危险角度来证立的。有人言,"刑法分则对极个别预备犯实行既遂化,就是因为该预备行为的法益侵害危险十分严重,值得作为既遂犯处理"。参见张明楷:《论〈刑法修正案(九)〉关于恐怖犯罪的规定》,载《现代法学》2016年第1期;有人称,"只能根据预备行为的具体性质、特点以及预备实施的犯罪可能侵犯的法益的重要性,在刑法分则规范中特别明文规定"。参见梁根林:《预备犯普遍处罚原则的困境与突围——〈刑法〉第22条的解读与重构》,载《中国法学》2011年第2期。但是,相关的讨论似乎并未能够提供一个相对明确具体的标准。

② 郑延谱:《预备犯处罚界限论》,载《中国法学》2014年第4期。

③ 有学者基于实证调研方法对近10年的刑事案件中涉及犯罪预备的刑事判决进行统计、分析后发现,虽然适用刑法总则之规定处罚犯罪预备的刑事案件在整个刑事案件中占比不到3‰,但其涉及的犯罪类型遍布刑法分则第二章"危害公共安全罪"到第七章"妨害社会管理秩序罪",所涉及之法益类型众多,最高法定刑相差悬殊,从抢劫罪到寻衅滋事罪,甚至最高法定刑只有7年的倒卖有价票证罪,均可看到可罚的预备犯的身影,刑事裁决的标准完全无规律可循,司法裁量的恣意性暴露无遗。参见蔡仙:《论我国预备犯处罚范围之限制——以犯罪类型的限制为落脚点》,载陈兴良主编:《刑事法评论》(第34卷),北京大学出版社2014年版,第416页。

种“准备工具、制造条件”中挑出设立网站(通讯群组)和发布网络信息这两种预备行为,但这是否合理值得商榷。在步入网络时代后,“设立网站、发布网络信息”的行为本身是公民网络生活中的日常行为,也是商业人士从事网络经济活动以及普通网民进行网络生活的必要行为,其行为本身并未创设法所不容许的风险,法益侵害的可罚危险难以确证。① 刑法总则明确规定“为了犯罪”是犯罪预备行为的构成要件,非法利用信息网络罪的立法设置违背了刑法总则的一般规定。本罪的罪状内容包括了一般的违法行为,此种规定不但使得出入罪边界难以界定,且使得人们顿生困惑之感:“以往实践中基本上连犯罪行为的预备都不罚,为什么现在针对一般的违法行为的预备反而要处罚,而且是作为实行犯处罚?”②

第二,应当摒弃形式预备犯的普遍处罚模式,建立实质预备犯的例外处罚模式。域外原则上只在行为人着手实行构成要件行为以后才进行处罚,对单纯的准备工具、制造条件等犯罪预备行为一般不施以刑罚的理论根据在于,“此时行为人仍然需要克服最后的犯罪障碍,而且只有当犯罪行为着手时才能导致对行为对象或者法益的危险”。③ 但是,立法者为了保护诸如国家安全、生命、身体健康等重大法益,又例外地处罚犯罪着手行为之前的准备行为。与域外的主流立法模式不同,我

① 如黄某设立名为“穆斯林礼拜”“梁堡道堂文化学习”的微信群,通过这两个群语音教授群成员“做礼拜”、学习《古兰经》里有关古尔邦节牲宰的目的。刑事判决书认定其构成非法利用信息网络罪的实质理由为:(1)微信群里人数众多(均为一百多人);(2)微信群不是从事宗教活动的合法场所;(3)讲经、教经等非法宗教活动扰乱了正常的宗教活动管理秩序;(4)行为情节严重、社会危害性大。参见新疆维吾尔自治区高级人民法院伊犁哈萨克自治州分院(2017)新 40 刑终 78 号。本文认为此判决将为了实施“非法讲经、教经行为”(不构成聚众扰乱社会秩序罪)而实施之设立微信群行为划入犯罪圈,不仅与法益的相对具体化原理相悖,且在网络普及的时代,以微信群作为讲经、教经的便宜场所,本属时代进步之举,难以简单以其“具有严重的社会危害性”为由进行处罚。

② 车浩:《刑事立法的法教义学反思——基于〈刑法修正案九〉的分析》,载《法学》2015 年第 10 期。

③ [德]乌尔里希・齐白:《全球风险社会与信息社会中的刑法——二十一世纪刑法模式的转换》,周遵友、江溯等译,中国法制出版社 2012 年版,第 212 ~ 213 页。

国刑法在总则中确立了预备行为的普遍处罚模式,即形式预备犯处罚模式,这殊为不当。其一,“形式预备犯欠缺立法上的正当性”,①不仅“预备行为起点的界定,根本就是一个无解的难题”,②而且日常生活中的众多中性行为,如卖菜刀行为与犯罪预备行为之间,也存在近乎无解的区别困境与证明难题。同时,相较实质预备犯而言,形式预备犯欠缺相对清晰的处罚边界,不具有类型性和限定性,容易将连最基本的可罚危险都不具备的行为划入犯罪圈。其二,即使应当处罚某些预备行为,也只能以类型化的形式在刑法分则中做出定型化规定,以满足罪刑法定原则蕴含之明确性要求。即以实质预备犯处罚模式处罚已经制造无可控制的危险,特别是针对不确定范围的公共危险的行为。实质预备犯的例外处罚模式并非仅仅具有形式要件,其考量了犯罪目标之重大法益侵害性及行为方式之较大法益侵害实现可能性,若考量适当,通常具备实质要件。

就《刑法》第120条之二所规定的准备实施恐怖活动罪而言,这个罪名设置本身有一定合理性,可以有效预防诸如“独狼式”等暴恐行为,③但此罪设置仍存有可商榷之处。其一,此罪包含的兜底条款即(为实施恐怖活动)“进行其他准备”仅仅是犯罪预备具体概念的语义重复,这实质上是一种形式预备犯的立法方式,其具有上述形式预备犯的所有非理性之处。其二,此罪隐含的形式预备犯的立法方式将“冲击”甚至“瓦解”《刑法》第22条关于犯罪预备规定的合理性,造成刑法总、分则不协调之态势。既然《刑法》第22条已然设置了形式预备犯的处罚模式,立法在此罪中又设置形式预备犯的规定方式,重复的意义何在?更为严重的是,这是否完全否定了刑法总则规定的其他犯罪的形式预备犯的可罚性?

---

① 黄荣坚:《基础刑法学》(下),中国人民大学出版社2009年版,第310页。

② 梁根林:《预备犯普遍处罚原则的困境与突围——〈刑法〉第22条的解读与重构》,载《中国法学》2011年第2期。

③ 如有刑事判决认定熊某某为实施恐怖活动,研究炸弹制作方法,并购买硫黄粉等化学品进行实验及刀具等工具,其行为构成准备实施恐怖活动罪。参见安徽省合肥市中级人民法院(2017)皖01刑初54号刑事判决书。

诚然,法益侵害的重大性与法益侵害实现的可能性是一个相对的概念,难以有固定不变的具体标准,但在刑法立法中至少要坚持,即使是侵犯了重大法益的犯罪及法益侵害实现的可能性较大,也依然应当反复斟酌决定,是否确需将本身已经显现对重大法益抽象侵害危险的实质预备行为例外地拟制为实行行为。因为,不仅将预备行为做出实行化处理始终面临自由主义与客观主义的严重质疑,而且,从技术手段上而言,如果将预备行为做出实行化处理,则必然面临新的问题:原先的预备行为的预备行为成为了新的实行犯的预备行为,是否应当继续处罚这一新的预备行为?如果继续处罚,则继而又面临循环性的问题。"更为严重的是,在犯罪化和重刑化这种带有背水一战的冒险性质的犯罪对策之后,如果其抑制犯罪效果仍不明显的话,下一步还能有什么样的犯罪对策呢?人们自然会有这种疑问和担心"。①

(三)抽象危险犯增设:运用危险定型化机理

当代刑法对行为的理解、对犯罪的评价重心都已与过去不同,增设抽象危险犯来处理新形态风险所衍生的问题很有必要。然而,即使必要,也有限度,问题的关键在于如何限制,限制的具体标准如何界定,也在于如何理解刑事不法的实质内涵,因为当我们在探讨"是否应当将某一行为规定为犯罪以刑罚来制裁时",首先要解决的前提就是"什么是犯罪"。只有先明了"什么是犯罪"才能够去探讨是否应当将某一行为规定为犯罪。

关于什么是犯罪,形式的犯罪概念认为,凡是被现行法律宣告为犯罪的,就是犯罪,但从这样的定义当中我们无法得知刑法是否应当规制某一行为。与之相对,实质的犯罪概念则摆脱形式的犯罪概念,探讨值得动用刑法来规制的行为应当具有什么样的特质,而不管是坚持结果无价值的立场,还是主张行为无价值的观点,就实质违法性的判断而

① 黎宏:《日本近年来的刑事实体立法动向及其评价》,载《中国刑事法杂志》2006年第6期。

言，没有法益侵害就不具有违法性这个原则是共同的。在以往大陆法系的古典刑法架构下，“只有对社会契约所保护的自由加以侵害，始得视为犯罪行为。法益系作为正当入罪化的消极标准而取得一个体系性的地位：无具体清楚的法益侵害，则无犯罪行为”。① 英美刑法中的伤害原则也同样强调一项行为只有伤害到他人，才能以刑罚手段进行规制，不能处罚单纯的自我伤害或只是单纯违反道德的行为，“如果行为人的可谴责行为并没有导致特定的危害结果，那么行为就不应当被规定为犯罪”。②

但是，强调“只有实质上侵害或者威胁了法益的行为，才能被刑法规定为犯罪”③的论述，也只是表明法益概念是刑事立法正当性的判断标准。但什么又可以作为法益概念正当性的判断标准，尤其是对集体法益的适格性判断，这才是问题症结所在。

第一，刑法立法应当防止将不适格的行为设置为抽象危险犯。这个不适格的行为是指行为本身不具有被拟制或推定为具有抽象危险的合理性。抽象危险犯与具体危险犯的设置都不需要实害结果的现实发生，都是对于特定行为的规范描述，“不同的是具体危险犯还需要达到具体危险的情状”。④ 反言之，抽象危险的认定判断仅依靠一般的社会生活经验而非司法的具体判断，其是一种立法基于社会生活经验所推定的危险。《刑法》第120条之五所增设的强制穿戴宣扬恐怖主义、极端主义服饰、标志罪中以暴力、胁迫等方式强迫他人穿着含有宣扬恐怖主义、极端主义的旗帜、徽记、标语、图形等符号的服饰或者佩戴含有宣扬恐怖主义、极端主义的首饰、假发等标志的行为并不具有一般化的危险，不是一种适格的推定危险。其一，从客观方面来看，人们仅仅看到宣扬恐怖主义、极端主义的服饰、标志时，自身的身

① [德]Winfried Hassemer：《现代刑法的特征与危机》，陈俊伟译，载《月旦法学杂志》第207期。

② [英]威廉姆·威尔逊：《刑法理论的核心问题》，谢望原、罗灿等译，中国人民大学出版社2015年版，第31页。

③ 张明楷：《法益保护与比例原则》，载《中国社会科学》2017年第7期。

④ 单丽玟：《抽象危险犯的必要性审查》，载《月旦法学杂志》第238期。

体健康或生命安全并不会受到实际的伤害,甚至连伤害的危险都不会实际产生。其二,从主观方面来看,人们的心理不可能脆弱到仅仅看到宣扬恐怖主义、极端主义的服饰、标志,就要求以刑法的手段处罚这种行为。此罪的增设在很大程度上仅仅显示了立法者想象的强制他人穿戴宣扬恐怖主义、极端主义服饰、标志的行为具有普遍的抽象危险,其并不尽然合理。截至2018年12月4日,笔者以“强制穿戴宣扬恐怖主义、极端主义服饰、标志罪”为标题在中国裁判文书网进行全文检索,发现尚无一例刑事判决书发布,这个罪名难免给人以“象征性立法”之感,“继续运作一个很大程度上建立于诉诸恐惧感的刑罚体系既不公平也不经济”。①

第二,刑法修正应当摒弃法益的过度抽象化与精神化的立法取向。关于《刑法》第120条之五所规定的强制穿戴宣扬恐怖主义、极端主义服饰、标志罪的立法正当性而言,存在的一种说法可能是为了保护公众心理上的安全感。安全感本身是一种人的心理层面上的主观感受,即一种对于外界事物的内在情绪,这种情绪的产生及增强受到个人经验影响甚大,其因人而异、随意多变、不可捉摸,将安全感作为法益难言科学,“法益观点并不允许纯粹保护感受”。② 同时,安全感难以由外在的诸如生命、身体、自由、财产等实体基础予以显现,难言相对具体化,不具有“形式的具体可能性”,③“我们不能将单纯的情感伤害(只要其并不威胁生命安全)直接评价为法益侵害”。④

将抽象的“安全感”设想为一个被保护的法益,但这种被当作法益

---

① [美]谢尔登·格卢克:《理性刑法的原则》,王桂萍、刘仁文译,载[美]格卢克等:《哈佛法律评论·刑法学精粹》,刘仁文等译,法律出版社2005年版,第14页。

② [德]Claus Roxin:《法益讨论的新发展》,许丝捷译,载《月旦法学杂志》第211期。

③ 当刑法所要保护的利益范围至少可以通过外显的实体基础加以具体化掌握,该法益本身才具有形式的具体可能性。参见古承宗:《刑法的象征化与规制理性》,台北,元照出版有限公司2017年版,第38页。

④ [德]克劳斯·罗克信:《德国〈基本法〉60周年——从刑法角度看60年〈基本法〉》,陈晰译,载赵秉志、宋英辉主编:《当代德国刑事法研究》,法律出版社2016年版,第135页。

来保护的“安全感”,其反面是否就是损害则存在疑问。如果一种动用刑法来保护的“安全感”,其反面并非就是损害,那么又如何能够让公众切身地感受到这种刑事制裁的意义从而产生法信赖与法忠诚感?若要使抽象危险犯的立法设置发挥形成社会公众的法信赖与法忠诚感的作用,其前提是要先让社会公众充分了解具体罪名蕴含的刑事不法的概念与界限是什么。要想达到这种充分了解的程度,至少需要使社会公众在现实世界中能直接或间接地具体感受到,而人们只会对与其本人日常生活密切相关的生命、财产、名誉等个人法益的相关情形的侵害样态具有切身可感性,难以对诸如“安全感”等过于抽象化和精神化的法益具有切身可感性。何况无法精确辨别“由行为人的行为所引起的具体损害,与经由其他社会事实因素或存于潜在被害人自身的主观情状所引起的损害,导致行为人可能必须对非自己行为所引起的部分不安情绪负责”。[①] 这显然违背以责任自负原则为核心的责任主义。即使某项罪名的确具有消除公众“不安感”的效果,但这仅仅是正确地以刑法保护法益的附带效果,而并不意味着刑法所保护的法益是一种“安全感”。

过于抽象化与精神化的法益概念往往与集体法益有着千丝万缕的关联性,法益概念中的利益是指在一定的社会形式中满足社会成员生存、发展需要的客体对象。就集体法益保护的立法批判而言,以往的个人法益学说认为,法益是需要刑法保护的人类利益,“社会法益与国家法益只有可以从个人法益的角度推导出来,也就是其目的在于服务个人的时候,其刑法上的保护才具有正当性,如果基于保护某种集体法益而将某种行为犯罪化,但是这种集体法益不能显现出至少是对个人保护的间接关联性,那么这样的刑法规定就不是以个人为目的”。[②] 问题的关键在于,个人的利益范围包罗万象,“任何一个事态只要进入人的

① 周漾沂:《论煽惑他人犯罪或违背法令之处罚理由》,载《台大法学论丛》2008 年第 4 期。

② 这主要是德国 Marx 教授所持的个人法益学说观点。转引自周漾沂:《从实质法概念重新定义法益:以法主体性论述为基础》,载《台大法学论丛》2012 年第 3 期。

感官接收范围,都可以通过人从某个角度所建立的评价观点被表述为利益或不利益,即使意识形态、道德、宗教或社会禁忌等都可能反映出特定个人或团体的利益状态”。[①] 必须对于个人利益的刑法保护范围有所限制,这种关联的具体标准必须依托于法主体性理论,即人应当被以人的方式来对待,不应当将人基于自由意志而行使的自由权利不当限制甚至剥夺。必须坚持法益的相对具体化原理,对于个人的主观感受、宗教禁忌、专横意志等不应当纳入法益范畴。抽象危险犯增设的合理限制要点在于,必须说明社会现实中的所谓危险如何具有定型化的一般危险之机理,其规范的典型危险行为,并不能只是人想象中具有侵害可能性的行为。

抽象危险犯的增设、预备行为的实行化以及共犯行为的正犯化是当代中国特殊语境下犯罪控制与社会治理实践的客观需要,是当代中国面临着共时性多重(传统与现代)安全威胁的反映,也是刑法回应多元化价值(安全与自由)诉求的必然表现。刑法立法预防转向的议题摆荡在保障人权与打击犯罪之间,学界真正的分歧其实不在于刑法规范本身能否发挥预防的功能,而是在于刑法规范是否适合被用来当作风险管控的一种手段甚至是优先适用的手段,即是坚持“谦抑之法”以维持刑法固有的以犯罪的事后处理为中心的典范,还是转向“必要之法”以风险的事前防范为中心的范式。毋庸置疑,即使必要,也有限度,只是这个限度并不能从高喊重归谦抑原则而获得,也不能仅仅依靠强调自由优于安全而实现,宜运用法益概念的批判机能,杜绝法益的过于抽象化与精神化,以类型化思维限制刑法立法预防转向的不当之处,形成以牺牲最小的自由而取得最大的安全的效果。

---

① 周漾沂:《从实质法概念重新定义法益:以法主体性论述为基础》,载《台大法学论丛》2012年第3期。

Change and Crisis: On the Prevention Transition of Criminal Legislation

Li Guoquan

[**内容摘要**]我国刑法立法存在着一种预防转向的变迁图景,即从以犯罪的事后处理为中心的"谦抑之法"典范,转向了以风险的事前防范为中心的"必要之法"范式。这种立法趋向调控不当存在着导致作为保障法的刑法转变为时刻监控公民行动的巨型控制法的危机。对这种危机的调控,以往的方案强调自由优于安全是无的放矢,高喊重归谦抑原则也只是一种循环论证,存在着"批判有余、建构不足"的问题。可行的方案是以类型化思维进行限制体系的建构。具体而言,共犯行为的正犯化要坚持限制从属性原理;预备行为的实行化要恪守实质预备犯的立场;抽象危险犯增设要运用危险定型化机理,从而形成以限制最小的自由而取得最大的安全的效果。

[**关键词**]预防刑法;共犯行为正犯化;抽象危险犯;预备行为实行化

Abstract: There is a tendency to prevention change in China's criminal legislation. The landscape of its change has shifted from the example of "modesty principle" centering on the afterwards treatment of crimes to the paradigm of "necessary principle" focusing on risk prevention. Inappropriate adjustment over this legislative trend has lurched into an existential crisis which may cause the transition of criminal law to a mammoth controlling law characterized in civil conduct surveillance at all times. For risk regulation like this, putting more emphasis on freedom superior to security is pointless, while advocating the return to "modesty principle" is only a vicious circle, "critical redundancy, inadequate construction", should be constructed with a type of thinking to limit the system. Specifically, the sinful behavior of the accomplice must adhere to the principle of limiting the attribute. The practice of preparatory behavior must abide by the position of the substantive preparatory offender. The construction of abstract dangerous criminals should use the dangerous stereotype mechanism. This is used to achieve maximum safety by limiting the minimum freedom.

Keywords: Preventive criminal law; Accomplice changed to offender; Abstract potential damage offense; Implementation of prepare behavior

科技刑法技术性立法方法的缺失与技术归化[*]

熊　波[**]

目　　次

新兴技术产业的蓬勃生机助益社会结构的加速转型,新时代中国社会形态升级更多依靠科技发展的新驱动力。在这一过程中,"科技发展导致社会变革,从而为人从社会力量的束缚下获得解放和自由提供了条件"。① 立足目前科技发展的形态来看,从基因工程的生物技术,再到信息网络的科学技术,最后到人工智能的算法技术,科技革新

---

* 本文系作者主持的2019年重庆市研究生科研创新博士项目"前置程序型刑法规范的实践面向研究"(批准号:CYB19126)、西南政法大学2019年学生科研创新博士生项目"行政犯类型的区分及其实践运用研究"(批准号:2019XZXS－010)的阶段性成果。

** 西南政法大学法学院刑法学博士研究生,西南政法大学青少年犯罪研究中心助理研究员。

① 何士青、徐勋:《科技异化及其法律治理——基于人为本的视角》,中国社会科学出版社2010年版,第28页。

总在不断创设多种社会新构架,因而科技社会的发展历程必然充盈着技术性多元价值。正是技术性多元价值,促使人类在享受科技发展的先进驱动的同时,也在借助新兴技术前沿悄然地诱发多重技术犯罪行为的放任和滥用之乱象。在技术理念日益更新的科技时代,庞德曾指出:“在一个发达社会中法就是社会控制的最终有效的工具”。[①] 因而,毫无疑问,科技异化社会的刑法控制便成为新时代科技强国塑形的后盾保障,以及网络综合治理体系建设、清朗网络空间营造的强有力进路。与此同时,科技刑法的立法技艺应当是融合科技发展的强技术化背景而塑形的,在此过程中最终形成科学完善的刑事立法制度。

在科技异化社会的治理过程中,制度规则的构建应当立足科技发展的客观实际,这是亘古不变的准则。“近代法律秩序的合理化在某种意义上也是从科学实验的程序中推导出来的”,[②]然而,反思目前我国刑事立法,存在着以法益类型为导向的定罪量刑模式设置,贯通刑法过度类型化理念,导致科技犯罪手段的技术性显著差异在罪状设置中难以表露出来。[③] 就其本质而言,根本症结点在于:目前我国刑事立法仍采取的是现象型立法,仅关注科技犯罪行为的表向,陷入现象型科技风险的白描和叙述之窠臼,致使技术性立法方法论难以在科技刑法立法进程中寻求一席之地。[④] 具体而言:其一,行为概念层面的技术性缺失,致使人工智能、生命科技、信息网络领域的科技犯罪形态混为一谈;其二,行为运用层面的技术性匮乏,加之生命科技犯罪的长期漠化和人工智能犯罪的探讨起步,致使刑事立法仅关注信息网络刑法的专门性设置,而且网络刑法体系要素之间亦存在着关联性弱化等诸多实践难

---

① [美]庞德:《法律的任务》,童世忠译,商务印书馆1984年版,第89页。

② 季卫东:《法治秩序的建构》(增补版),商务印书馆2014年版,第145页。

③ 在法益类型导向的具体罪名设置的模式下,企图借助法益类型的巨大包容性来涵盖所有的科技犯罪类型,便是一种过度类型化的思想,也不便于科技刑法技术性立法理念的具体展开和体系构建。

④ 对此,Gottschalk教授认为网络犯罪的现象型立法较为普遍的原因就在于技术性行为理解的不够透彻。See Petter Gottschalk, *Policing Cyber Crime*, Petter Gottschalk & Ventus Publishing ApS, 2010, p. 186.

题。其实,在潜在的科技风险社会情境中,我国刑事立法修订大可不必因部分信息网络犯罪激增便如此频繁、"高效率"地开展声势浩大的立法工作。关键之处仍在于立足犯罪行为技术性特点对症下药,分门别类地研析科技犯罪行为之间的技术差异,塑造技术性立法理念,并将其具体融入科技刑法立法规则之中,以增加刑事立法的时代适应性和感召力。

一、行为概念层面的技术性缺失:科技刑法立法的形态混淆

刑法立法方法研究作为一项庞大的法律工程建设,"只有全面地考虑了法律工程所涉及的所有因素,在思想和观念上所建构起来的法律工程模型才不仅具有思想和观念意义上的合理性而且也才可能最大限度地具有实际的操作性与可行性"。① 在中国社会结构呈现的十大阶层中,②参与我国刑事立法实践的公民群体,较为活跃的是专家、学者以及影响力大的政治人物。③ 刑事立法过程中的公民参与都相对集中在某一阶层,缺乏普遍性,有违公民参与立法的旨趣和民主。反映在科技刑法立法过程中,行为的认定模式虽可谓具体而微,但由于刑法学者等部分群体在刑事立法过程中拥有最终决定的话语权和集中探讨的机遇,技术性导向的专业人员难以充分加入刑事立法的整个过程中。

---

① 姚建宗:《法学研究及其思维方式的思想变革》,载《中国社会科学》2012 年第 1 期。

② 根据学者研究,这十大阶层以及各自在整个社会阶层结构中所占比例分别是:国家与社会管理者阶层,占 2.3%;私营企业主阶层,占 1.3%;经理人员阶层,占 2.6%;专业技术人员阶层,占 6.3%;办事人员阶层,占 7.0%;个体工商户阶层,占 9.5%;商业服务业从业人员阶层,占 10.1%;产业工人阶层,占 14.7%;农业劳动者阶层,占 40.3%;无业失业半失业人员阶层,占 5.9%。参见陆学艺:《当代中国社会结构》,社会科学文献出版社 2010 年版,第 394 页。而根据文中学者所言的较为活跃刑事立法参与者为专家学者可知,当前刑事立法指导理念并未融合或依据科技犯罪的技术性差异。

③ 参见阴建峰等:《刑事立法过程中公民参与问题研究》,人民邮电出版社 2017 年版,第 149 页。

科技刑法的罪名体系,在面对诸多新类型的科技犯罪手段、技巧而衍生的严重社会危害性之时,也就显得捉襟见肘。

科技刑法立法实际运用方面的困境集中表现在行为概念层面的技术性缺失,导致科技犯罪立法形态的错综复杂,难以清楚界分科技犯罪行为模式之间的具体区别。现阶段,科技运用范围主要包含信息网络领域、人工智能领域、生命科技领域这三个方面,因而我们可以从信息网络犯罪、人工智能犯罪、生命科技犯罪三种形态类型困境入手,逐一进行评析。

(一)未识别网络犯罪的"技术共享性",导致"三网融合"背景下科技行为类型的错乱

结合科技犯罪行为的操作环境去思忖当前科技刑事立法模式,可以发现刑事立法虽趋向类型化的特点,但其始终未能契合科技犯罪行为的技术性背景。在很大程度上,科技刑法立法还是基于传统犯罪模式中的行为手段运用,来设置具体的评价标准。[①] 这一缺陷表现尤为明显的是在科技刑法体系的罪名设置方面。

目前,我国刑事立法设置的网络技术犯罪和医疗技术犯罪,甚至是业已存在的部分弱人工智能技术犯罪,都是从科技犯罪行为侵犯的法益类型上进行总体评价的。[②] 诸如《刑法修正案(九)》(以下简称《刑修九》)新增的几种网络犯罪类型,总体上是依据侵犯网络公共秩序法益的时代发展进行设置,而并未考虑到部分罪名的行为表现与计算机系统犯罪存在的同质性,进而有学者认为:"《刑法修正案(九)》专门规定了拒不履行信息网络安全管理义务罪、非法利用信息网络罪、帮助信

---

① See Soloviova A. ,"*Some Aspects of the Criminal Responsibility for Crimes against Property Committed with the Use of Computer Technology by the Legislation of Ukraine and Some Foreign Countries*",Juridical Science,Vol. 2016,No. 9 (2016),p. 63.

② 例如,比较常见的人工智能犯罪类型就包括利用人工智能机器人进行的伤害、杀人、盗窃行为所构成的故意伤害罪、故意杀人罪、盗窃罪等。

息网络犯罪活动罪和编造、故意传播虚假信息罪等四个纯正网络犯罪的构成要件与法定刑。这既反映了信息网络技术从2.0时代到3.0时代的代际变迁对于传统犯罪网络化的技术主导,也标志着我国刑法的一个专门领域即网络刑法的真正诞生。”①言下之意,该种观点认为计算机信息系统犯罪属于网络技术2.0犯罪,其并非纯正的网络犯罪类型,而应将其定性为传统犯罪手段技术化的一种类型表现。出现此类观点虽是基于计算机信息系统犯罪的设备攻击性到网络空间危害的扩散性等一系列的背景发展区别的考虑,但其实单独依据侵犯法益类型的时代发展,来区分计算机信息系统犯罪与纯正的网络犯罪意义并不明显;又或是按照多数学者和实务界所谓的将网络犯罪划分为“对象型、工具型、空间型”网络犯罪类型②的立法效果并不突出,面临着网络刑事立法类型化思维运用的本质考究。③

将计算机信息系统犯罪与纯正网络犯罪进行明确划分是一种网络技术性立法缺失的典型表现,在计算机系统犯罪与网络犯罪的技术概念区分上,西方国家和我国均历经了曲折的发展历程,以美国和欧盟为代表的西方国家主要倾向于将网络犯罪等同于计算机系统犯罪和计算机数据犯罪。④ 而从我国网络犯罪概念发展上来看,刑事立法回避了此类关键性技术问题,将其交予司法解释或者相关附属性立法解释进行界定。从立法解释的“网络犯罪等同于计算机系统及通讯网络犯罪”,到司法解释的“网络犯罪等同于计算机信息系统犯罪或者计算机系统犯罪”“网络犯罪是一种‘三网融合’的

---

① 梁根林:《传统犯罪网络化:归责障碍、刑法应对与教义限缩》,载《法学》2017年第2期。

② 参见最高人民法院刑事审判第三庭:《网络犯罪司法实务研究及相关司法解释理解与适用》,人民法院出版社2014年版,第3页。

③ 现如今学理界和实务界普遍将网络犯罪划分为“对象型、工具型、空间型”三种网络犯罪类型,其实是一种过度刑法类型化的表现,将信息网络犯罪技术共享性“同质分立”,仅是一种事实性的现象白描,对刑法立法的罪量区分意义并不大。参见王志远:《论我国刑法各罪设定上的“过度类型化”》,载《法学评论》2018年第2期。

④ 参见《美国网络安全法》,陈斌等译,中国民主法制出版社2017年版,第4页。

平台犯罪”,[①]再到《网络安全法》立法规定的“网络犯罪是针对计算机或者其他信息终端及相关设备系统进行的一系列犯罪行为”等规定,至此可知,我国相关附属性立法和司法解释整体上均呈现的是“从网络犯罪等同于计算机系统犯罪,最后到信息网络犯罪”的发展趋势(详情可见表 1)。

表 1　网络犯罪的概念来源和特性

依据来源	具体认定	网络犯罪特性
2001 年 11 月 23 日欧洲理事会出台的《网络犯罪公约》	1.“计算机系统”指任何执行程序、进行数据自动化处理的设备或相连设备。 2.“计算机数据”指任何适合计算机处理的信息或观念的表现形式,包括引发计算机系统执行功能的程序	表明网络犯罪主要保护计算机系统和计算机数据(功能)
2015 年 12 月 18 日《美国网络安全法》的第 1 编第 2 条	“网络安全威胁”是指不受美国宪法第一修正案保护的行为,该行为针对或通过某一信息系统,并由此可能导致某种未经授权的活动,从而对信息系统或信息系统中存储、处理或传输之信息的安全性、可用性、机密性或完整性产生不利影响	表明网络安全犯罪主要是针对信息系统安全的严重不利影响

① “三网融合”的技术背景在 2012 年被引入刑法理论界,于志刚教授认为:“三网融合,通常是指以电话网为代表的电信网、以有线电视为代表的广播电视网和以互联网为代表的计算机通信网三大网络,通过技术改造,使其技术功能趋于一致、业务范围趋于相同,网络互联互通、资源共享,能为用户提供语音、数据、图像等综合性的多媒体业务”。由此可见,“三网融合”的技术背景也是通过技术改造,以实现信息的互通互联、资源的共享之目的而产生的。参见于志刚:《三网融合视野下刑事立法的调整方向》,载《法学论坛》2012 年第 4 期。

续表

依据来源	具体认定	网络犯罪特性
2000年12月28日第九届全国人民代表大会常务委员会通过的《关于维护互联网安全的决定》第1条第2项、第3项	故意制作、传播计算机病毒等破坏性程序,攻击计算机系统及通信网络,致使计算机系统及通信网络遭受损害,以及违反国家规定,擅自中断计算机网络或者通信网络,造成计算机网络或者通信网络不能正常运行的,依照刑法有关规定追究刑事责任	表明网络犯罪在于攻击计算机系统及通信网络,致使计算机网络或者通信网络不能正常运行的一系列危害行为
2011年《关于办理危害计算机信息系统安全刑事案件应用法律若干问题的解释》(法释〔2011〕19号)第11条	"计算机信息系统"和"计算机系统",是指具备自动化处理数据功能的系统,包括计算机、网络设备、通信设备、自动化控制设备等	表明网络犯罪等同于计算机信息系统犯罪或者计算机系统犯罪
2013年9月6日最高人民法院、最高人民检察院《关于办理利用信息网络实施诽谤等刑事案件适用法律若干问题的解释》(法释〔2013〕21号)第10条	信息网络,包括以计算机、电视机、固定电话机、移动电话机等电子设备为终端的计算机互联网、广播电视网、固定通信网、移动通信网等信息网络,以及向公众开放的局域网络	表明:1. 网络犯罪行为对象针对于电子设备终端。如计算机、电视机、固定电话机、移动电话机。2. 行为危害存留于信息网络平台。诸如,计算机互联网、广播电视网、固定通信网、移动通信网

续表

依据来源	具体认定	网络犯罪特性
2017 年 6 月 1 日实施的《中华人民共和国网络安全法》第七章附则的第 76 条	网络,是指由计算机或者其他信息终端及相关设备组成的按照一定的规则和程序对信息进行收集、存储、传输、交换、处理的系统。 网络安全,是指通过采取必要措施,防范对网络的攻击、侵入、干扰、破坏和非法使用以及意外事故,使网络处于稳定可靠运行的状态,以及保障网络数据的完整性、保密性、可用性的能力	表明:1. 网络犯罪是针对计算机或者其他信息终端及相关设备系统进行的一系列犯罪行为。2. 该种设备构建在按照一定的规则和程序对信息进行收集、存储、传输、交换、处理的系统基础之上

基于立法概念的技术交融性,其实从《网络安全法》的信息终端和相关设备系统是按照一定的规则和程序对信息进行收集、存储、传输、交换、处理等一系列技术基础之上构建并运作的,我们可以明显察觉到:我国刑事立法解释和司法实践中均承认网络犯罪包涵计算机信息系统犯罪。但是在"三网融合"的信息网络背景下,计算机信息系统犯罪在刑事立法规范层面上,却未对网络信息的技术区分进行释义,亦即计算机信息系统未能包含除计算机互联网以外的广播电视网、固定通信网、移动通信网等信息网络的破坏行为,以至于与现实主导事实相违背。诸如江苏省首例手机"恶意扣费"案,检察院决定不予批捕的部分原因便在于:对智能手机能否认定为计算机系统产生较大分析。① 这在某种程度上反映了刑事立法的信息网络技术性概念的背景欠缺,未能立足信息网络平台的整体保护进行刑事立法。除此之外,网络犯罪从规范教义的视角阐释,应当准确地界定为"信息

① 参见孙道萃:《移动智能终端网络安全的刑法应对——从个案样本切入》,载《政治与法律》2015 年第 11 期。

网络犯罪”,[①]而目前信息网络犯罪的整体概念并未确立,导致与后续的利用智能网络进行的人工智能犯罪、生命科技犯罪混为一谈。如有学者就将网络犯罪界定为是“行为人通过计算机、通信等技术手段,或者利用其所处的特殊位置(如ISP),在网络环境中实施的,侵害或威胁法律所保护的利益的行为”。[②]

从刑事立法规范上来看,信息网络犯罪侵犯的是信息网络公共秩序法益,网络技术性手段的严重社会危害性在于行为人利用信息网络的信息互动性、互通性、瞬时性,达至扰乱信息网络公共秩序的目的,而上述现象均可整体概括为一种“技术共享性”之征表。因而纵使是计算机系统犯罪,其非法侵入、控制、破坏计算机信息系统的行为入罪标准也应当是指向公共秩序的量化评价,而并非如同司法解释中所言的以违法所得或是经济损失为计算机信息系统犯罪的“情节严重”的入罪依据。[③] 在信息互动的网络技术行为过程中,“网络犯罪异常偏爱无线移动计算和远程访问、复杂Web技术(如Java、Active X)的新操作信息系统等,网络技术及其技术标准化是网络犯罪的核心要素,这对犯罪而言是如此的弥足珍贵”。[④] 由此可见,在信息网络犯罪典型的技术共享性过程中,无线移动、远程访问等信息技术发挥着举足轻重的作用,而科技刑事立法却自始至终也未能从技术归化的概念层面积极予以正面回应,来表明信息网络犯罪内部要素的异同。

---

① 《刑修九》专门规定的拒不履行信息网络安全管理义务罪、非法利用信息网络罪、帮助信息网络犯罪活动罪和编造、故意传播虚假信息罪几类罪名的行为平台均为信息网络,而并非所有的网络平台,如人工智能技术操作平台、专用于生命科技嫁接技术平台等。

② 孙景仙、安永勇:《网络犯罪研究》,知识产权出版社2008年版,第13页。

③ 诸如,2011年8月1日最高人民法院、最高人民检察院《关于办理危害计算机信息系统安全刑事案件应用法律若干问题的解释》(法释〔2011〕19号)第1条就规定,非法获取计算机信息系统数据或者非法控制计算机信息系统“情节严重”的具体情形包括违法所得或者经济损失。

④ Debra Littlejohn Shinder, *Scene of the Cybercrime: Computer Forensics Handbook*, Syngress Publishing, 2002, p. 63

(二)未捕捉人工智能犯罪的"人机交互性",导致智能科技刑法立法探索出现极端化

"'闷头憋软件'的时代已经成为历史。移动互联网时代已经结束,人工智能时代已经来临"。① 相较于信息网络犯罪对于科学技术的纯粹化、平面化的工作处理,人工智能犯罪对于科学技术的运用显得更为超越、灵活、多维。人工智能的基本技术处理是建立在提取问题数据的特征和形成的统计数据基础之上的,且机器学习采取网络平台技术运行的独特方法来实现这一目标,以解决预测任务的难题。② 而由于刑法总论并未从立法上区分网络技术运用于现实空间的技术差异化,导致网络犯罪能够包容一切科技犯罪,甚至包括人工智能犯罪。

人工智能的显著特性在于"人机交互性",人机交互性旨在表明:不同于信息网络犯罪的技术共享性所致的扩散性、瞬时性危害结果,人工智能犯罪的现实危害在于行为人能够在算法歧视数据③的形成和输入、危害行为操作以及法益侵害结果的发展过程中形成人机一体化模式。而在这一模式中,由于人机交互阶段中行为操作的远程脱离性和危害结果发展的渐进性,现实结果的产生并非如同信息网

---

① 余来文等:《智能革命:人工智能、万物互联与数据应用》,经济管理出版社 2017 年版,第 1 页。

② See Rosendo Abellera, Lakshman Bulusu, *Oracle Business Intelligence with Machine Learning*, Apress, 2018, p. 4.

③ 算法歧视数据是数据的一种类型。"算法歧视数据"指的是行为人是通过人工智能技术代码的提列组合方式,可以在计算机终端获取高效性的、自动化的个人生活信息的数据分析、评估和预测,并根据不同信息的类别和指数,将数据分析情况进行分类,最终得到的不同数据类型。(参见陶盈:《机器学习的法律审视》,载《法学杂志》2018 年第 9 期。)而在此基础上,行为人便可通过不同类别的算法歧视数据,出售、提供、窃取各类形式的公民个人信息。

络犯罪一样，具备结果发生的瞬时性和可视性。譬如，在人工智能技术研发阶段，初始算法系统的功能漏洞并非能够及时被技术监管人员发现。后续人工智能产品销售、使用阶段的现实危害结果，也并未能立马显现。而在传统刑法长期关注现实结果的评价理念体系中，滥用智能科技行为这一抽象危害根本无法得到刑事法的准确认定。出现诸如此类的现象，最主要的原因仍在于传统刑法立法方法的技术障碍。

而在人工智能犯罪的新态势中，目前对于人工智能刑事归责的立法体系，“涉人工智能体刑事责任独立化”①与“人工智能刑事归责既定化”②已然形成两派针锋相对的观点。简言之，人工智能时代的刑法立法调整要么过于激进，将主观臆造的人工智能刑事风险引入我国刑法立体体系，在其中承认人工智能机器可以单独作为刑事责任主体，并单独专门性设置一套刑罚制度；③要么则墨守成规，固执于现有的刑事立法的传统方法，在人工智能犯罪侵害的关联法益中进行罪责评价。④

---

① 如部分学者认为：“发展到一定阶段的智能机器人可能超越程序的设计和编制范围，按照自主的意识和意志实施犯罪行为，因而完全可能成为行为主体而承担刑事责任。”参见刘宪权、胡荷佳：《论人工智能时代智能机器人的刑事责任能力》，载《法学》2018 年第 1 期。类似论述还可见刘宪权：《人工智能时代的“内忧”“外患”与刑事责任》，载《东方法学》2018 年第 1 期。

② 持有该种观点的学者认为，考虑到人工智能的行为危害与人类自由意志行为密切相关，且对其施加刑罚不具备可行性，进而认为“人工智能独立承担刑事责任不具有理论自洽性”。而对于人工智能可能产生的威胁所做的刑法对策，“应当根源于刑法的基本理论。从伦理的角度高瞻远瞩，尽早确立严格的 AI 研发、生产技术伦理规则和法律标准，保障 AI 技术和产品的人类可控性”。由此可知，该观点虽然认清人工智能刑事风险可根源于现有的刑法基本理论，但与此同时，其认为并非需要更改现有的刑法立法，仅从人工智能的伦理规则和技术标准进行人类的支配和控制。参见储陈城：《人工智能可否成为刑事责任主体》，载《检察日报》2018 年 4 月 19 日，第 3 版。

③ 参见刘宪权：《人工智能时代我国刑罚体系重构的法理基础》，载《法律科学》(西北政法大学学报)2018 年第 4 期。

④ 如果单纯借助现有的刑事立法评价人类的智能技术滥用行为，更多的可能仅是针对现实危害结果进行评价，在人工智能犯罪“人机交互性”的显著特性下，科技滥用行为便无法予以刑事归责。

但其实两者均忽视人工智能犯罪显著的技术性特质"人机交互性","涉人工智能体刑事责任独立化"过分夸大机器独立行为的自主意志,而仅从现象型表层的人工智能风险来考虑机器人实施的危害行为,进而想当然地认为机器人应当为自身实施的犯罪行为承担刑事责任。该观点实质上忽视了刑罚制裁的现实性意义。"对一个人类的观察者而言,对机器人的物理损坏或者损害可能看起来像是肉体惩罚甚或死刑;但是,它对机器人并不具有类似的影响,至少它不具有(身体健康地)活下去的意愿"。① 且最为重要的是,人工智能犯罪"人机交互性"体现的不光是行为的交互性,还在于算法系统中的意识交互性,人类始终可以操控着机器的自主行为,促使其忠贞不渝地为人类服务,这一目的在技术研发、使用过程中均可得到实现。人工智能机器本身无论是立足科技发展层面的现实境况,还是国家政策层面的前瞻性指引,其始终是被定位为一种服务并满足于人类社会生活、工作等方面的综合化需求之工具。②

而在"人工智能刑事归责既定化"观点中,其所认为的智能技术还仅是传统网络刑法体系中一种利用电脑操作的软件程序的观点,③完

---

① [瑞士]萨宾娜·格莱斯、[德]艾米丽·西尔弗曼、[德]托马斯·魏根特:《若机器人致害,谁将担责?》,陈世伟译,载陈兴良主编:《刑事法评论》(第40卷),北京大学出版社2018年版,第340页。

② 人工智能刑事风险衍生的原因便在于公共利益的集中最大化。在国家政策层面,人工智能机器作为一种工具为人类所利用的定位显著。国务院颁布的《新一代人工智能发展规划》以及工业和信息化部印发的《促进新一代人工智能产业发展三年行动计划(2018－2020年)》等相关国家文件都指出:人工智能在教育、医疗、养老、环境保护、城市运行、司法服务等领域广泛应用,将极大提高公共服务精准化水平,全面提升人民生活品质。由此可知,人工智能的刑事风险很大程度上是便宜人类现代社会的快捷、高效生活节奏而产生的,其具有两面性。

③ 该观点学者认为:人工智能机器的深度学习是基于电脑技术的长足进步、提升的最终结果,其完全远超乎我们人类的想象。因而,其所引发的智能技术问题和法律挑战问题的化解,都应当建立在网络计算机技术背景的研究基础之上。See Ariel Ezrachi, Maurice E. Stucke, "*Artificial Intelligence & Collusion: When Computers Inhibit Competition*", University of Illinois Law Review, Vol. 2017, No. 5 (2017), p.1775.

全摆脱了"人机交互性"的技术背景约束。"机器学习是一个众所周知的概念,而不是使用有特定预编程序任务的计算机系统,不同于计算机系统的是您可以允许机器以一个有根据的猜测,实现一个人想要什么而不要求明确告知的义务"。① 因而,利用既有的传统刑法罪名或者关联网络刑法罪名予以化解人工智能刑事风险问题,有完全忽视"人机交互性"中人机脱离性的智能技术理念之嫌。正是出现诸多刑事立法的现象性描述,直接导致的后果便是:人工智能犯罪的立法规制根本无法深入触及、窥测和洞悉隐藏在犯罪现象背后的本质性的技术概念。

(三)忽视生命科技犯罪的"技术移接性",导致部分科技刑法立法的依附性较为明显

生命科技的技术性利用行为在法律制度评价体系中偏居一隅,导致生命科技犯罪立法较少步入国民视野之中,也较少为理论学者所关注。2018 年 11 月 26 日,"基因编辑婴儿事件"在社会上迅速激起轩然大波,引发刑法学界对生命科技犯罪领域的大讨论。但遗憾的是,该讨论仅将生命科技犯罪局限于危害公共安全罪、非法行医罪或医疗事故罪等非针对性的传统罪名领域。② 生命科技犯罪是指非法利用生物技术嫁接手段,以实现法秩序所不能容忍的扰乱生物正常生长、发展规律的目的行为,其具体包括器官移植、植物嫁接、生物克隆、人体实验等行为模式。生命科技犯罪的"技术嫁接性"作为其典型特质,来自细胞和植物组织的移植、克隆、复制、编辑等犯罪行为模式,意在通过技术嫁接实现某种生物体的同类、同质的复制过程,因而"应该说,近现代社会

---

① Andrew Arruda, "*An Ethical Obligation to Use Artificial Intelligence: An Examination of the Use of Artificial Intelligence in Law and the Model Rules of Professional Responsibility*", American Journal of Trial Advocacy, Vol. 40, No. 3 (2017), p. 445.

② 参见田昊:《"基因编辑婴儿"被明令禁止,律师:或涉嫌危害公共安全罪》,载 http://news.jcrb.com/jxsw/201811/t20181128_1934026.html,最后访问日期:2019 年 1 月 23 日。

生命科技的产生与自然科学技术领域的重大发展和突破是紧密相连的”。[①] 同理,生命科技犯罪因为与自然技术关联性较大,其涉及的行为主体主要为特殊主体,并大部分是从事特殊生物培育和医疗卫生等业务领域方面的工作人员。因而,种种原因的综合导致生命科技犯罪的行为危害较少为立法者所关注。

生命科技犯罪作为一种技术集合性犯罪行为,存留于我国刑法立法中的相关联的罪名有故意伤害罪,故意杀人罪,医疗事故罪,非法进行节育手术罪,非法行医罪,生产、销售不符合安全标准的食品罪,生产、销售有毒、有害食品罪等。由此可知,我国现行刑法立法并未对生命科技犯罪的“技术嫁接性”这一显著的技术性手段引起足够重视,对于生命科技犯罪的立法规制也未形成体系化和专门化。利用非典型性、非专门性的关联罪名予以规制,常常无法契合此类犯罪所侵犯的法益包容性。诸如“基因编辑婴儿事件”所进行的基因编辑技术,行为人未经过严格审查和批准,其实施的扰乱生命科技研发、监管,破坏公共秩序的行为,如何进行精准定性?此时,由于刑法立法仅依据犯罪行为侵犯的法益类型进行立法,而缺乏专门评价嫁接技术滥用行为模式的技术性要素,最终导致生命科技犯罪治理体系出现纰漏。[②]

除此之外,在生物学概念中,从单个物种的鉴定,发展到生物群落谱系树的建立,其间所有的细胞运动都是由一系列DNA条形码技术组合而成的,因而植物、动物的生物群已经形成整体性、一体化模式。[③] 人作为生态环境要素之一,应当尊重和保护其他类生物的生长规律和生活作息。但是,国家一直倡导的人与自然和谐相处的生态伦理理念,其实并未很好地融入刑事立法之中。就以环境刑法为例,我国环境刑

---

① 徐明:《生命科技问题的法律规制研究》,武汉大学出版社2016年版,第29页。

② 为此,《法国刑法典》专门针对生命科技犯罪行为在第三章“置人于危险罪”中单独设置了人体试验罪、非法中断妊娠罪以及在第六章“侵犯人格罪”中单独设置了因遗传特征研究或基因样本鉴别侵害人身罪等。参见《最新法国刑法典》,朱琳译,法律出版社2016年版,第108、109、138页。

③ 参见马克平:《DNA条形码:从物种到生物群区》,载《生物多样性》2015年第3期。

法立法仍以人类中心主义刑法法益观来设置环境污染犯罪的罪状，未对生态环境空间的植物生态进行单独化、整体化保护，而仅仅是以环境污染严重损害人类赖以生存的环境或者威胁到特殊重点保护动植物群体之际，才考虑予以入罪适用。① 因而，提倡人类——生态刑法法益能够在侧面反映出：在生命科技犯罪立法规制中，除人类以外的其他生物，都应值得刑法予以同等技术性立法保护。②

具体而言，以日常可见的转基因技术为例，生命科技刑法的技术性立法理念缺乏，导致转基因技术危害无从予以评价。转基因技术危害更多的是来自对"天生基因完整性"的损害，对生物肉体和精神的完整性损害，其并非是在短期内对人体有明显性伤害。因而相较于转基因技术对人类能量来源的补给，生物肉体和精神完整性伤害显得微不足道。因为在伦理学家看来，虽然转基因技术在生物技术学角度上而言存在着潜在"基因编辑错乱"的威胁，但是"除非人类的生存受到威胁并且通过转基因技术能够摆脱这种威胁，否则，在伦理上应该拒斥。"③ 显而易见，法益认定的伦理根基本质上仍在于维系人类的良好发展。植物嫁接技术是转基因技术在植物学上的一种具体运用，其具体是通过对植物组织的细胞、基因进行编辑，从而促使两类异质组织交叉融合，衍生出一种新品种。

但由于现阶段"基因编辑技术"操作的流程还未成体系，转基因编辑过程中极易出现"脱靶效应"的风险，而现有技术未能制定有效降低

---

① 如我国刑法典设置的罪名有非法捕捞水产品罪、非法狩猎、杀害珍贵、濒危野生动物罪、非法占用农用地罪等。而在意大利刑法典中，动物本身就是利益，是一种刑法保护的法益类型。诸如在最新《意大利刑法典》第544条2、3的侵犯动物的感情罪中，将处于残忍或者在无必要的情况下杀死一只动物或者虐待动物的行为认定成犯罪。参见最新《意大利刑法典》，黄风译，法律出版社2007年版，第184页。相关罪名还可见《美国模范刑法典及其评注》，刘任文、王祎译，法律出版社2005年版，第212页。

② 参见陈伟、熊波：《人类——生态刑法法益的提倡与现实运用》，载《内蒙古社会科学》(汉文版)2018年第3期。

③ 肖显静：《转基因技术的伦理分析——基于生物完整性的视角》，载《中国社会科学》2016年第6期。

"脱靶效应"的方法,[①]故"脱靶效应"引发的生物肉体和精神的完整性的损害,外源基因的转入打破原有物种的正常繁衍和生存规律,人为地强迫生物在外界环境的感应下进行异性生殖,在某程度上而言,都是对"基因完整性"的损害。中国、美国等国际食品法典委员会和世界卫生组织及联合国粮食和农业组织内部的大多数国家,均对转基因生物或作物来源食品的技术安全性进行强制管理。[②] 唯独由于刑法学研究的单一化和专业性绝对化,致使刑法学与其他学科之间的对话沟壑越来越大,刑法学与其他学科的关系愈发疏远,[③]致使现如今刑法立法在面对复杂的生命科技运用危害亦无动于衷,任由转基因、基因编辑等技术风险无限扩大。

综上所述,行为概念层面的技术性缺失,科技刑法立法的罪名混淆,最终会将网络犯罪作为一种"大杂烩式"的立法体系,以便涵盖所有科技犯罪行为,并最终将演变为一种恶劣趋势:将人工智能犯罪作为网络犯罪的子形态,生命科技犯罪仅为医疗刑法的一种科技犯罪的排他类型。

二、行为运用层面的技术性匮乏:信息网络刑法要素的技术区分弱化

宏观层面的罪名体系的技术立法方法论之缺乏,不仅是引发"大杂烩式"的科技犯罪罪名设置现象的主要来源,而且是进一步导致微观层面的罪名内部要素的零散化,以及由此延伸出的犯罪行为要素之间的技术区分弱化的本质事由。由于人工智能时代热点话题的刺激作用,人工智能刑法个罪立法理论探讨渐趋增多,但由于理论研究未形成

---

① See V. Marx, "*Gene: How to Stay On-target with CRISPR*", Nature Methods, Vol. 11, No. 10(2014), pp. 1021 – 1026.

② 参见[美]Richard E. Goodman etc.:《生物安全:美国转基因作物的评价与管理》,载《华中农业大学学报》2014 年第 6 期。

③ 参见周维明、赵晓光:《分化、耦合与联结:立体刑法学的运作问题研究》,载《政法论坛》2018 年第 3 期。

体系化和其冲击刑事立法的时间较为短暂，致使人工智能刑事风险规制未能被提上立法议程。而生命科技犯罪研究却呈现另一派景象，由于刑法立法缺乏对技术性理念融入立法的重要性认识，因而此类学术研究成为冷门区域，①最终专门性、集中性的个罪设置在人工智能犯罪和生命科技犯罪立法规制体系中基本呈现“空白区”。对此，科技刑法体系中具体行为立法规范技术性方法论的匮乏这一困境，在信息网络刑法体系中尤为突出，本文亦将结合典型司法案件予以针对性、集中性探讨。

（一）个罪行为中技术作用力的区分效应并不突出

方某华非法利用信息网络案。江苏省南通市港闸区人民检察院指控：2016 年 11 月至 12 月，被告人方某华在明知“傻狗”“天猫”等人向其租赁网络服务器用于建立网站窃取他人银行卡账户信息的情况下，仍租赁网络服务器后转租给“傻狗”“天猫”等人，后“天猫”等人将该服务器制作成钓鱼网站，窃取他人银行账户信息共计 55 组。公诉机关认为被告人方某华为他人窃取银行卡数据信息提供网络服务器，情节严重，应当以非法获取计算机信息系统数据罪追究其刑事责任；而法院认为，被告人方某华明知他人利用信息网络实施犯罪，仍然为其犯罪提供技术支持，应当以帮助信息网络犯罪活动罪追究被告人方某华的刑事责任。②

在上述案件中，公诉机关指控的罪名之所以与法院最终认定的罪名存在显著差异，就在于部分科技刑事立法罪名涵射的个罪行为

① 据笔者在知网等相关学术文献平台上的统计，2004 年至目前为止（2018 年 6 月 1 日）与生命科技犯罪相关的专门性学术研究仅有 15 篇，且 15 篇中发表在 CLSCI 学术期刊为 0 篇，因而，生命科技犯罪并未引起新刑法学界的足够重视。而与之相对应的同为科技刑法中的一部分犯罪形态，因为计算机信息系统犯罪的存在和《刑修九》新增加的几类信息网络犯罪，信息网络刑法学研究显然在学界探讨得更为热门，仅 2017 年至目前为止就有 1457 篇。

② 参见南通市港闸区人民法院（2018）苏 0611 刑初 2 号刑事判决书。

技术作用力的区分效果并不明显。技术作用力会因为行为包含的技术含量,致使行为的社会危害性发展趋势和最终呈现的程度存在天壤之别。譬如,同是非法利用信息网络技术的犯罪行为,自己在网上搭建VPN服务器,为他人提供会员账号和登录软件的技术犯罪行为,①显然较自己设置信号干扰器,阻断对方信号承载的信息接收行为,或者按照自己设计或编辑的内容,利用集合信号重新生成并广泛发送的行为更为轻微。但在同类侵害网络公共秩序的法益类型区分作用下,信息网络的非法利用行为与帮助行为的两者区分,在立法条文中表现得并非那么明显。"法益日趋精神化与抽象化,在提升概念本身的包摄能力的同时,也使得法益被期望履行的批判功能趋于崩塌"。② 借助同类法益评价,根本无法发挥网络刑法不同类型行为作用力区分的机制效果。案件中被告人方某华为他人实施窃取银行卡信息数据的信息网络犯罪行为提供网络服务器,对于该行为的定性问题,有关罪名有侵犯公民个人信息罪,提供侵入计算机信息系统的程序、工具罪,非法利用信息网络罪以及帮助信息网络犯罪活动罪。

由于"公民个人信息"与其他计算机系统信息数据同为犯罪对象的重要程度和敏感程度存在差异,两者不可同日而语。一般情况下,在不同犯罪对象类型之下,信息网络的其他犯罪行为和信息网络犯罪的帮助正犯化行为的作用力并无明显区分,但该种情形仅限于该犯罪对象属一般对象物。③ 如此情况,则仅需依据行为的帮助作用力,认定为帮助信息网络犯罪活动罪即可。诸如,行为人明知他人仿冒国家机关网站违法套取住房公积金牟利,按照其要求制作网站,并

① 我国技术业内一直以来存在利用虚拟私人网络(VPN)来"翻墙"来创造网络空间行为监管的灰色地带。国内不少网民都已掌握一些"翻墙"技能,绕过相应的IP封锁、内容过滤、域名劫持、流量限制等,实现对网络内容的访问,并利用设计、研发的技术软件登录,实现浏览境外的各类型网站。

② 劳东燕:《风险社会中的刑法:社会转型与刑法理论的变迁》,北京大学出版社2015年版,第43页。

③ 信息网络犯罪针对的金钱便属于一般对象物,而储存于信息网络平台的个人信息资源便属于特定属性物,后者具备独一无二性和特定性。

提供后台管理等技术支持。由此,司法机关认为两者行为对象并无特殊性,而仅依据网络技术行为认定其已构成帮助信息网络犯罪活动罪。[①] 但是,即使是为犯罪行为提供同等技术支持的情况下,技术作用力的大小也会因为行为对象的属性差异而发生本质差别。诸如,个人信息对象的敏感性差异。因此,在同时触犯侵犯公民个人信息罪与其他类的信息网络犯罪之际,采取同一档入罪标准法定刑并不符合技术作用力差异的情理考量。

因而,在技术性立法理念缺失的情况下,即使是技术作用力的大小不同,部分学者亦认为《刑修九》新增的网络犯罪消解了立法前部分从犯定罪量刑的依附性现象,现可利用新型网络犯罪罪名,单独取代部分传统罪名。[②] 但殊不知,在同等轻罪的第一档法定刑情节下,不加以技术性行为作用力的区分,划清非法利用信息网络罪、帮助信息网络犯罪活动罪和侵犯公民个人信息罪的技术行为界限,统一适用新信息网络犯罪罪名,[③]则会使上述案件中部分罪名均可适用的现象有增无减。

(二)部分技术用语的标准界分并不明显

谢某星非法利用信息网络案。2016 年 3 月以来,被告人谢某星从"蓝天"取得"钓鱼网站"平台的管理权限,向网络犯罪人员出租"钓鱼网站"后台账号,并出售设立"钓鱼网站"所需要的域名。被告

---

① 参见成都市双流区人民法院(2017)川 0116 刑初 581 号刑事判决书;与此类似的案例还有余干县人民法院(2017)赣 1127 刑初 283 号刑事判决书。

② 参见欧阳本祺、王倩:《〈刑法修正案(九)〉新增网络犯罪的法律适用》,载《江苏行政学院学报》2016 年第 4 期。

③ 有学者可能认为新设的网络犯罪中的特殊条款包含了"有前两款行为,同时构成其他犯罪的,依照处罚较重的规定定罪处罚"的规定,因而,并不会存在罪名适用的量刑不公。但一旦依据"从其规定"的话,"从其规定的罪名"则可以适用总则条款中"应当从轻、减轻处罚或者免除处罚",最终有可能导致"轻者重,重者轻"的量刑失衡现象存在,这有违信息网络犯罪活动的技术帮助行为独立规制的立法初衷。

人谢某星从其管理的“钓鱼网站”中,按照出租、出售后台账号、域名的天数、周期获得价格不等的提成。通过“钓鱼网站”后台可以直接获取他人输入的身份证、银行卡密码等信息。2016年7月23日,被告人谢某星伙同被告人谢某辉一同管理并出租“钓鱼网站”后台账号,均通过用户名为黄某的银行账户收取租赁后台的违法所得。最终法院据此认定被告人谢某星出租其管理的“钓鱼网站”账号的行为构成非法利用信息网络罪,判处有期徒刑1年6个月,并处罚金人民币8万元。①

本案中,争议焦点在于出售、提供“钓鱼网站”的账号能否构成非法利用信息网络罪中的“设立用于实施违法犯罪活动的网站、通讯群组”?从网络技术层面上看,网站是指在互联网上根据一定的规则,行为人可以使用HTML(标准通用标记语言下的一个应用)等工具制作的用于展示特定内容的相关网页的集合。概言之,网站属于一种信息平台域,是可以承载相关特性内容的页面或区域。网站组成代码属于计算机系统数据,不同的网站代码形成不同区域的网络空间;而通讯群组是由特定信息代码源组合而成的平台,其形成的网络空间不同于网站,前者具备开放性,通信群组具有特定性,仅限特定人才可进入。② 而网站账号仅是一串数字代码,其并非属于网络空间的一个平面形成,因而严格意义上讲,以数字信息形成的网络账号具备移动性,并不如同网站、通信群组具备空间固定性。因而,也有部分法院整体认为构架钓鱼网站,通过对该钓鱼网站的技术维护、添加跳转代码等工作,实现盗取腾讯QQ账户及密码的行为仅构成非法获取计算机信息系统数据罪,③而忽视为他人构架钓鱼网站,提供登录钓鱼网站账号行为的“设立”行为评价。由此可知,刑事立法未从技术运行方法上区分网站、数据以及通信群组等技术用语的差别,非法利用

① 参见龙岩市新罗区人民法院(2017)闽0802刑初422号刑事判决书。

② See Debarati Halder, K. Jaishankar, *Cyber Crime and the Victimization of Women: Laws, Rights and Regulations*, Information Science Reference, 2012, p.48.

③ 参见扬州经济技术开发区人民法院(2015)扬开刑初字第00013号刑事判决书。

信息网络罪中的设立对象的界定方式之特定性，导致信息网络利用手段涵射的局限性。① 如此一来，则会出现对于行为人在中介平台直接参与网络账号的销售等交易行为，并不为法律所禁止的司法裁决现象。②

而此类技术用语的刑事立法技术性欠缺之窘境，同样体现在帮助信息网络犯罪活动罪、破坏计算机信息系统罪等罪名之中。

唐某龙帮助信息网络犯罪活动案。被告人唐某龙伙同李某于2016年9月4日，为上游网络犯罪分子提供自己设立的非法网络支付平台“川菜馆烤鱼(中山北路店)”，由上游网络犯罪分子以刷单赚钱为由，采用虚构事实、QQ远程控制等手段骗取被害人沈某的支付宝密码及手机验证码，将其的65,000元支付到唐某龙的“川菜馆烤鱼(中山北路店)”，唐某龙从中分得20%的好处费。检察院起诉认为被告人唐某龙的行为涉嫌构成诈骗罪，而法院则认为，被告人唐某龙明知是犯罪所得仍以其他方法予以掩饰、隐瞒，其行为已构成掩饰、隐瞒犯罪所得罪，公诉机关指控罪名不当。③

虽然帮助信息网络犯罪活动罪中的“互联网接入、服务器托管、网络储存、通讯传输”等技术支持，已经表明网络空间的双层社会已经初步显露技术性立法理念之端倪，但从该案中仍可得知：由于信息网络帮助技术性立法理念未能完美融入刑事立法之中，导致司法实践中难以明确将帮助信息网络犯罪活动罪的“技术支持”以及广告推广、支付结

① 此外，出于好奇、戏谑或报复设置恶意程序和软件的个人，或者故意制造、传输计算机网络有害垃圾的行为如何评价？刑事立法由于缺乏技术性设置理念，导致上述技术行为出现刑事法规制的“空白区”。但有学者却通过实证调研分析认为：目前犯罪手段包括删除、修改信息数据，制作、传播破坏性程序，利用僵尸网络进行DDOS流量攻击、信息窃取、发送垃圾邮件、监听流量等恶意网络技术行为。参见游涛、杨茜：《网络犯罪实证分析——基于北京市海淀区人民法院2007～2016年审结网络犯罪案件情况的调研》，载《法律适用》2017年第17期。

② 参见绍兴市越城区人民法院(2017)浙0602刑初293号刑事判决书。

③ 参见杭州市江干区人民法院(2017)浙0104刑初411号刑事判决书。与此类似的案件还可参见龙岩市新罗区人民法院(2017)闽0802刑初650号刑事判决书、湛江市赤坎区人民法院(2017)粤0802刑初246号刑事判决书。

算作非技术支持,与传统非技术犯罪的帮助行为实现准确界分。[①] 在信息网络犯罪中,一般而言,技术性支持起到主导作用。就单从信息网络犯罪的帮助行为而言,“从网络空间中帮助行为人所起的作用来看,网络空间中任何行为都无法脱离技术支持”。[②] 因而,在信息网络犯罪活动罪中,对于隐秘性较强、共同故意犯罪的意思联结难以查清的情况,应当在帮助信息网络犯罪活动罪中,对技术性支持和非技术性支持的行为进行明确的立法区分(如量刑或者概念上的区分),否则将弱化帮助信息网络犯罪活动罪的司法适用频率,导致帮助信息网络犯罪活动罪的立法虚置。

闫某破坏计算机信息系统案。在闫某破坏计算机信息系统罪一案中,法院审理查明,闫某联系到作为《天堂》的游戏玩家并从事游戏币、装备等交易的被告人邓某甲、邓某乙等人销售“天宝”软件。“天堂”等相关外挂工具通过修改计算机程序代码的方式,绕开游戏的安全模块及安全检测,从而辅助实现外挂功能,对游戏运营的平衡产生极大的威胁,危害了计算机信息系统安全。法院据此认为虽然上述行为对其公司没有造成直接经济损失,但相关程序破坏了游戏的公平性,破坏了正常游戏用户的体验,可能导致公司用户的流失,以致给公司的名誉和经济造成损失。因而被告人闫某犯提供侵入、非法控制计算机信息系统的程序、工具罪,判处有期徒刑11个月。[③] 但被告人闫某的辩护人对

① 在“谢某伙电信网络诈骗案”中,谢某伙虽明知是他人电信网络诈骗犯罪所得,仍多次使用非本人身份证明开设的银行卡帮助他人转账、洗钱、取现共计566,995元,情节严重。并且明知他人利用公民个人信息实施电信网络诈骗犯罪,仍帮助他人出售公民个人信息,据此法院认为其行为已分别构成掩饰、隐瞒犯罪所得罪,侵犯公民个人信息罪。此案中谢某伙的信息网络帮助行为并非依托技术性手段实现转账、洗钱和转账行为,但此种行为同时又可以视为信息网络犯罪活动罪的支付结算的非技术性帮助行为,但法院却并未将其认定为一种帮助信息网络犯罪的正犯行为,而仅判定为掩饰、隐瞒犯罪所得罪的实行行为,侵犯公民个人信息罪的帮助犯的从犯行为。参见龙岩市新罗区人民法院(2017)闽0802刑初851号刑事判决书。

② 于志刚:《网络空间中犯罪帮助行为的制裁体系与完善思路》,载《中国法学》2016年第2期。

③ 深圳市南山区人民法院(2013)深南法刑初字第1222号刑事判决书。

起诉书指控的罪名有异议，并提出辩护意见称：被告人闫某主观上没有破坏计算机信息系统的故意，客观上也没有破坏腾讯公司计算机信息系统，没有影响该公司信息系统的运行，应认定为侵犯著作权罪。

通过窥探“闫某破坏计算机信息系统案”的基本案情、法院裁判意见和辩护人辩护意见中的罪名适用分歧，笔者总结出以下四个争议点：

其一，非法侵入计算机信息系统罪所要求的特定计算机信息系统，是否存在技术性运用的界分？由于计算机信息系统属于个人的私密空间，个人计算机设备中存在着用户的大量文件、资料等信息，因而，一台计算机系统设备加之各种技术性手段的集合，其重要程度并不亚于现实生活中的住宅场所。如果他人擅自非法侵入计算机信息系统，并不需要特定的计算机系统设备或者获取了计算机信息系统中储存、处理或者传输的数据，亦可将其评价为一种技术侵入行为。因为非法侵入计算机信息系统的行为本身就相当于侵入私密住宅的行为，同样具备刑事可罚性。① 因而，即使本案中未曾获取任何系统数据或者侵入特定国家事务、国防建设、尖端科学技术领域的计算机信息系统，但造成严重后果的，也应当对非法技术侵入行为进行刑事可罚性评价。

其二，破坏用户体验或者造成公司经济损失，是否一定要通过破坏计算机信息系统行为得以实现？笔者认为，非法获取系统数据、控制计算机系统设备以及侵入计算机信息系统必须以“不破坏计算机信息系统”为前提要件。如果在破坏计算机系统情况之下，使对方无法实时支配计算机信息系统功能或者致使计算机不能正常运行的，应当将获取、控制计算机信息系统和数据的行为统一评价为一种破坏计算机信息系统行为，这一点不仅需要在量刑幅度上得以体现，亦应当通过技术性立法理念得以彰显。因而，案件中利用相关外挂工具修改计算机程

① 但这并不是说非技术性的侵入行为亦应当值得刑事可罚性评价，否则极易将未经他人允许而私自开启他人电脑视为一种犯罪行为。本文所主张的技术性立法理念关注的是技术性犯罪手段、行为，因为技术侵入难以被人发觉，技术侵入后经常伴随着系统漏洞的产生。See Kevin O' Shea etc., Cyber Crime Investigations: Bridging the Gaps Between Security Professionals, Law Enforcement, and Prosecutors, Syngress Publishing, 2007, p. 210.

序代码，以绕开游戏的安全模块及安全检测的方式，对游戏运营的平衡产生了极大的威胁，应当作为一种破坏计算机信息系统罪的行为要件，而并非如法院裁判所认为的是一种提供侵入、非法控制计算机信息系统的程序、工具的行为，更不能利用侵犯著作权罪等传统的非技术性罪名来规制此类技术性行为(当然前提是在同等法定刑幅度中，可实现罪刑均衡的情况下)。[①]

其三，系统数据与个人信息，以及数据、应用程序与系统功能的技术性用语之间如何界分？首先立足技术性行为层面，应当明确系统数据可以包含公民个人信息数据；但是从技术性网络刑法立法角度考量，由于侵犯公民个人信息罪的多维法定刑幅度设置足以彰显量刑公正之需求，并且破坏计算机信息系统罪在于保护计算机信息的正常运行秩序，因而《刑法》第286条第2款并未如同第1款，要求将计算机信息系统中的数据和应用程序的破坏限定于“致使计算机信息系统不能正常运行”。但与此同时，此类系统数据未从立法规范中排除对计算机信息系统正常运行毫无破坏作用的公民个人信息数据，[②]也会导致侵犯公民个人信息罪的“公民个人信息”与破坏计算机信息系统罪中的“系统数据”等部分技术性用语难以明确区分的问题产生。

---

① 在“董某非法经营二审案”中，二审法院认为：董某“外挂”违法行为属于非法经营互联网活动。且“外挂”程序系未获得许可和授权，通过破坏他人合法出版并享有著作权的互联网游戏作品的技术保护措施、修改作品数据，从而在游戏中获取不正当利益的作弊程序。案件详情可参见《中华人民共和国最高人民法院公报》2012年第2期(总第184期)。

② 比如，对于用户浏览网页和登录网站自动形成的缓存、IP地址，是否可以作为计算机系统功能的数据目前学界还未形成统一共识。笔者认为缓存、IP地址的清除，目前尚未达至计算机信息系统出现无法正常运行的情况，因而，此类计算机信息数据并非是技术性刑事立法理念的保护对象，而缓存、IP地址是否属于个人数据(或公民个人信息)，亦并非可以简单地得出结论，这取决于数据被使用的情况。如缓存、IP地址能够体现特定公民个人的家庭住址等个人信息的应当属于侵犯公民个人信息罪的保护对象，而对于淘宝记录、浏览网页爱好等非直接特定个人性的信息则并非“公民个人信息”的基本范畴。同种观点亦可参见[德]克里斯托弗·库勒：《欧洲数据保护法——公司遵守与管制》，旷野、杨会永等译，法律出版社2008年版，第102页。

其四,计算机系统数据和系统功能两个技术性用语之间的破坏行为如何具体划分?《刑法》第 286 条将对计算机信息系统功能的破坏行为界定为"删除、修改、增加、干扰";而将对计算机信息系统数据和应用程序的破坏行为界定为"删除、修改、增加"。这便表明"干扰"系统数据和应用程序储存、运作的行为,并非属于破坏计算机信息系统罪的行为要件。但立足国际视野,欧洲理事会颁布的《网络犯罪公约》第 4 条将数据干扰行为界定为五种:"破坏、删除、毁损、变造或抑制。"① 立法权威专家则认为:"'干扰'是指用删除、修改、增加以外的其他方法,破坏计算机信息系统功能,使其不能正常运行。'不能正常运行',是指计算机信息系统失去功能,不能运行或者计算机信息系统不能按原来设计的要求运行"。②

前述谈及该条的系统数据应当与侵犯公民个人信息的基本范畴相区分,表明破坏计算机信息系统罪的数据是指关联计算机系统正常运行的数据。在依靠数据集合方式登录网站、通信群组的情形下,如果将阻止数据集合的"干扰"数据行为排除在《刑法》第 286 条的破坏计算机信息系统罪外,那么则意味着登录网站、浏览网页、查看信息功能缺失的计算机信息系统,并非是不能正常运行的系统,这完全违背信息技术共享性的信息网络犯罪的特质。计算机信息系统的破坏行为本身会因为技术掺杂的复杂性和技术发展的多维性而形态万千,③就目前而言,在并未能够准确实现界分系统数据和系统功能等技术性用语的情况下,排除干扰数据和应用程序正常组合的行为或者采取等量列举的方式来界定破坏行为,并非是理性之举。因为系统破坏行为之间并非

---

① 而在《美国网络安全法》"信息共享架构和流程"章节里,其将网络安全风险定义为"由于未获授权的访问、使用、披露、劣化、侵扰、修改、破坏信息或信息系统而导致或给其带来的威胁、漏洞及其相关后果"。参见《美国网络安全法》,陈斌等译,中国民主法制出版社 2017 年版,第 38 页。

② 全国人民代表大会常务委员会:《中华人民共和国刑法释义》,法律出版社 2015 年版,第 494 页。

③ See Bennett Capers, "*Crime, Legitimacy, Our Criminal Network, and the Wire*", Ohio State Journal of Criminal Law, Vol. 8, No. 2 (Spring 2011), p. 465.

绝对的并列关系,计算机信息系统功能与数据和应用程序都是关系到计算机系统正常运行的紧密连接体。① 借此,缺乏技术性刑法立法理念,则很难归纳出含有复杂技术原理和内容的法律事实,并将两者予以清晰界分。

(三)技术行为的认定依据过窄,限制技术入罪标准

科技犯罪作为一种行政犯,其行为的认定除了要契合罪状的行为模式之外,还应当考虑罪名适用的基本前提:是否违背基础性行政规范要求。诸如,非法利用信息网络罪涵射的设置、发布行为的利用对象类型就包括违法犯罪行为,由此可知,如何衔接适用行为认定的基本前提显得尤为关键。②《刑修九》新增的四种信息网络犯罪并未专门设置诸如"违反国家有关规定"等基本性前提规定,但反思计算机信息系统犯罪,包括扰乱无线电通信管理秩序罪,均将基本前提限定为"违反国家规定"。在计算机信息系统犯罪立法前端,正是基于刑事立法的技术性理念缺失之考虑,1998 年 11 月 25 日公安部在其颁布的《关于对破坏未联网的微型计算机信息系统是否适用〈刑法〉第二百八十六条的请示的批复》(公复字〔1998〕7 号)中规定:"《刑法》第二百八十六条中的'违反国家规定'是指包括《中华人民共和国计算机信息系统安全保护条例》在内的有关行政法规、部门规章的规定。"而 2011 年 4 月 8 日最高人民法院对《刑法》第 96 条"违反国家规定"的含义却进行了进一步限制区分,指出《刑法》中的"国家规定"是指全国人民代表大会及其常务委员会制定的法律和决定,国务院制定的行政法规、规定的行政措施、发布的决定和命令。对于违反地方性法规和部门规章的行为,不得

---

① 参见孙道萃:《移动智能终端网络安全的刑法应对——从个案样本切入》,载《政治与法律》2015 年第 11 期。

② 参见胡江:《侵犯公民个人信息罪中"违反国家有关规定"的限缩解释——兼对侵犯个人信息刑事案件法律适用司法解释第 2 条之质疑》,载《政治与法律》2017 年第 11 期。

认定为“违反国家规定”。

由于社会治理技术性理念的缺乏和科技时代的迅猛发展，法律制度规范的整体形势中，存在着普遍化的技术性立法理念的缺失现象，导致科技违法行为难以全部被涵盖其中。如此一来，能够被刑事法所涵盖的科技犯罪行为类型便更为限缩。《关于办理危害计算机信息系统安全刑事案件应用法律若干问题的解释》(〔2011〕19 号)第 10 条就认为：“‘国家事物、国防建设、尖端科学技术领域的计算机信息系统’‘专门用于侵入、非法控制计算机信息系统的程序、工具’‘计算机病毒等破坏性程序’难以确定的，应当委托省级以上负责计算机信息系统安全保护管理工作的部门检测。”这便意味着对于部分技术性犯罪行为和对象的认定，必须依据地方性法规中的鉴定程序和方法进行。再如，网络服务提供者的类型化标准包含着纷繁复杂的技术功能、特征，①而拒不履行网络安全管理义务罪中仅仅规定了四种结果类型，这显然不能契合网络服务提供者本身的特征。网络技术的特点以及由此决定的网络犯罪的特殊性，使信息网络犯罪的认定成为刑法理论与实务难以逾越的一道鸿沟。② 传统行为主义逻辑在基本前提适用的局限下备受挑战，促使网络行为认定在数量、性质、后果、预期方面也具有了巨大的特殊性。③ 因而，如何化解技术行为的认定依据过窄问题，设置技术行为入罪基本前提，便成为科技犯罪技术性立法理念必须面对的一大难题。

三、技术归化的实现路径：科技刑法技术性立法理念塑造与制度重构

面对科技刑法的技术性立法理念缺失所导致的行为概念层面的科

---

① 参见王华伟：《网络服务提供者的刑法责任比较研究》，载《环球法律评论》2016 年第 4 期。

② 参见梁根林：《传统犯罪网络化：归责障碍、刑法应对与教义限缩》，载《法学》2017 年第 2 期。

③ 参见郑智航：《网络社会法律治理与技术治理的二元共治》，载《中国法学》2018 年第 2 期。

技刑法立法的犯罪形态混淆,以及行为运用层面的信息网络刑法要素的技术区分弱化,科技刑法技术性理念的提倡和现实运用则显得尤为重要。即将到来的全面网络化、智能化和科技化的社会新形势,要求我们必须对现有的计算机刑法或网络刑法进行全新的省思。① 不同于传统犯罪行为的现实化和单一化,科技刑法的思考出发点应当更多地侧重从科技犯罪行为的技术性本质中进行挖掘。因而,在探讨如何将技术性立法理念具体运用于制度调整之前,我们必须解决科技刑法技术性立法理念到底是什么的基础问题。

(一)范式塑造:科技刑法技术性立法理念的提倡与设计

科技刑法技术性立法理念的创设实质上是一种社会规则的设置,"当然,在某一时刻接受一个社会的规则并不能保证它的继续存在"。② 因而,要确保规则设计的时代性和适宜性,必须为理念运行提供一个完整而充实的体系。科技刑法技术性立法理念并不是一种抽象、空洞的纯粹技术理念,其是在对科技犯罪的固有形态认定与科技犯罪行为立法运用这一双重困境的充分论证基础上,形成的一种指导性理念。在这一技术性立法理念之下,必然应当还存在着以理念为基础衍生而来的具体性范式表达。

在塑造科技刑法技术性立法理念之前,我们首先必须明确:科技刑法规范除了作为一种法律规则运用,存在着"法律规则是预先以一般性语言规定的,无法对可能发生的事情作出预期或解释"等此类困境外,③还存在着因疏忽犯罪行为本身的特殊性,或者将诸多犯罪行为类型加以整体化、类型化对待,而导致的立法者主观思维之内的缺漏等问

① 参见[德]埃里克·希尔根多夫:《德国刑法学:从传统到现代》,江溯、黄笑岩译,北京大学出版社2017年版,第377页。

② H. L. A. Hart, *The Concept of Law*, Oxford University Press, 1994, p. 59.

③ [美]布赖恩·Z. 塔玛纳哈:《法律工具主义:对法治的危害》,陈虎、杨洁译,北京大学出版社2016年版,第323页。

题。前者是立法技术本身无法克服的客观现实,本质上其实是语义固有的制度特性;而后者则是立法者主观上忽视特殊犯罪行为的属性所导致的可化解的立法困境。① 因而,本文对科技刑法技术性立法理念的具体设计,实质是建立在对立法运行过程中出现的困境进行探讨的基础上,以表明技术性立法理念提倡和运用的现实意义和可行性价值。

1. 制度框架:刑法立法需立足技术发展阶段的全局性

不同于传统犯罪行为的罪状设置,科技刑法技术性立法理念用于指导科技刑法制度框架的构筑,其创设根基并不在于规范体例本身的语义价值,而在于隐藏在行为规范语义背后的技术发展。技术发展指引着科技社会形态的变更,致使社会科技犯罪行为转型,历经从传统的计算机信息系统犯罪,到现如今的“三网融合”的多维信息网络犯罪,再到生命科技犯罪、人工智能犯罪的多阶段过程。在此过程中,“电脑网络空间是计算机网络技术发展的结果”,也正是网络科技的数字化、智能化、大容量化以及开放性,促使区域多媒体信息传输、接收和处理的便捷化形成。② 与此同时,犯罪行为产生的社会危害也便具备了整体性和贯穿性。采取刑法类型化的“同质而立”,将计算机信息系统犯罪与《刑修九》新增的信息网络犯罪割裂开来,分立而治,看似制度构建的整体框架整齐划一,但其实与技术事实层面上的概念界定和行为运用相差甚远。因而,为消解徒有其表的科技刑法制度的内部形态和技术运用的混杂现状,笔者所倡导的塑造科技刑法技术性立法理念,首先需要明确的便是:刑法规范应当立足技术发展阶段的全局性,从技术发展的整体阶段来考察科技刑法的犯罪形态和技术运用的差异化。

技术性立法理念的全局性观念在于:对科技犯罪行为技术支持背景的探究应当瞻前顾后。譬如,技术行为运用的具体领域包含网络科技、智能科技、生命科技,而能为刑事法所评价的技术风险包括网络空

① 参见[英]科林·斯科特:《规制、治理与法律:前沿问题研究》,安永康译,清华大学出版社 2018 年版,第 47 页。

② 参见丁春燕:《网络社会法律规制论》,中国政法大学出版社 2016 年版,第 260 ~ 261 页。

间的现实危害,智能科技的人为可支配性危害以及生命科技的纯粹生态系统危害。① 因而,先立足技术整体运作的全局观,将科技刑法的涵射范围框定准确,做到形态类型的不遗漏是科技刑法应当承担的首要任务。除此之外,便是将科技刑法包含的犯罪形态类型的问题厘清。立足科技刑法立法理念的整体观和全局观,摒弃技术发展的阶段化历程,防止科技刑法定位为一种网络技术刑法,从而预防再次出现刑法立法修订将视角全部聚焦于信息网络犯罪之上等问题。

概言之,如果仅将科技刑法的立法思路定位为某种阶段类型化表达,那么出现部分学者所认为的从"互联网1.0"时代到"互联网2.0"时代,从犯罪对象的网络化到犯罪工具的网络化阶段,使网络犯罪的危害结果可以存留于"现实社会+网络空间"双层空间,犯罪行为可以实现线上与线下的互动、现实空间与网络空间的过渡等诸如此类的现象,便不足为奇。② 其实这种阶段化的历程表面上看是遵循了技术变革,但就科技刑法体系的类型塑造而言收效甚微。就以双层空间为例,信息网络犯罪的危害结果发生在网络空间,又何尝不是一种现实危害结果,因为网络社会公共秩序本身就是一种现实社会秩序,一种客观社会存在。③

2. 现实主导:行为界分需立足互联网空间的技术特性

科技刑法立法的技术性背景的全局化考察为后续科技犯罪的形态界分奠定了制度框架,但是毕竟要体现技术性立法理念的制度融合,核心之处仍在于区分不同科技犯罪形态类型之间的技术性差异。换言之,深化科技刑法的体系子要素不再依据同质法益进行划分,而应当立足不同犯罪形态的技术归化,来理解技术支撑

---

① 此处的生态系统危害对象应当依据人类·生态刑法法益来认定,包括人、动物、植物等具体可能会影响生态系统平衡运行的纯粹生态系统因素。相关论点著述可参见焦艳鹏:《刑法生态法益论》,中国政法大学出版社2012年版,第78页。

② 参见于志刚:《网络思维的演变与网络犯罪的制裁思路》,载《中外法学》2014年第4期。

③ 参见徐汉明、张新平:《网络社会治理的法治模式》,载《中国社会科学》2018年第2期。

犯罪行为发展的特质性。而将犯罪行为发展的技术特性作为界分的理由便在于：任何一项制度的调整和形态的划分必须立足现实社会基础依次进行，既要杜绝主观臆造的虚无科技风险，也要积极寻求治理网络科技社会发展视域下制度滞后所致的规范风险的技术性方案，这便是从社会结构学的角度为网络科技犯罪的现实运行提供现实基础。①

科技刑法立法的现实背景在于研究互联网空间或平台中各类犯罪行为的技术特性，以在充分考虑技术变动性的固有属性的基础之上，再深度挖掘科技刑法体系子要素的既有存在及其本质特性。因而，立足科技犯罪行为规制的长远目标，探寻一套以不变应万变、持久而又可预期的制度规定，②是互联网空间的异质犯罪行为技术特性的现实主导需求。从现阶段技术发展的社会类型来看，科技刑法大体上能够为规制新型的网络科技犯罪提供指导方向。譬如，网络公共秩序的现实侵害、利用计算机信息系统犯罪的虚拟财产犯罪以及借助人工智能科技、生命科技实现人类个体之间的伤害等新型科技行为，均可在传统的侵犯公民人身、财产权利犯罪、扰乱社会公共秩序犯罪中寻求一席之地。但是立法效果的动态评估，却是随着时间的渐趋发展而同步进行的，"社会形势是发展变化的，同样的违法犯罪，在不同时间的社会危害程度不同"。③ 因而，科技刑法的立法效果评估本身就存在着查缺补漏的优势，不仅在于评估同质侵害行为，还在于侵犯行为的量化评估，以促进科技刑法规制手段的创新。

虽然利用传统的分则个罪可以实现科技犯罪现实结果的基础性评价过程，但是风险社会的科技风险的考量要求刑事立法必须适度引入预防型风险防控理念，其目的在于通过事先确定的行为，来预防特定科

---

① See K. Jaishankar, *Cyber Criminology: Exploring Internet Crimes and Criminal Behavior*, CRC Press, 2011, xxvii.

② 参见[德]乌尔里希·齐白：《全球风险社会与信息社会中的刑法》，周遵友、江溯等译，中国法制出版社2012年版，第289页。

③ 朱景文：《论法治评估的类型化》，载《中国社会科学》2015年第7期。

技犯罪类型所致的伤害。[①] 因而,科技犯罪的形态必然应当包括人工智能技术、生命科技以及网络信息科技的滥用行为。但是立足现有的刑事立法规模来看,技术性立法理念融合于预防型刑事立法的路径,并未完全舒展开来,其仅可在《刑修九》设置的网络服务提供者和非法利用信息网络者的刑事法规制中得到体现。以此为基础,预防性理念的技术性立法疏通主要还要从技术运用角度出发,诸如人工智能犯罪的技术性立法规制必须首先厘清信息网络的技术运用与人工智能深度学习之间的关系,以及生命科技的技术嫁接与信息网络技术运用之间的关系。就此,笔者认为,信息网络技术仅是人工智能犯罪和生命科技犯罪的一种工具性、手段性评价,并非可以仅据此全盘否定人工智能犯罪、生命科技犯罪以及信息网络犯罪之间的技术性特质差异。具体而言:

其一,人工智能犯罪已然突破信息网络犯罪的时空性。人工智能机器在现实主导的网络科技利用环境之中,仅是服务于人类生产、生活、工作的系列工具,"人工智能虽然在事实层面上,程序的设定允许人工智能能够故意地作出一些决定或实施某些行为,但这些都是仅限于预设的功能之内。在这一模式下,人工智能不会试图去伤害人类,也不会带着能够达到法律所要求的伤害人类的意图标准去实施行为"。[②] 既然后续的智能技术的研发、使用风险漏洞可以归属为人为支配和主观预见到的刑事风险,那么人工智能科技犯罪果真如同信息网络犯罪一样,通过鼠标点击和语音输入等网络技术行为,亦能实现"点对点"的瞬时性犯罪结果?

实则不尽然,人工智能犯罪创设的刑事风险的技术独特性之所以在于"人机交互性",主要基于智能技术的现实和理论逻辑层面的双重考量,旨在揭示人工智能犯罪在算法歧视数据的形成和输入、危害行为

---

① Sse Andrew Cornford, "*Preventive Criminalization*", New Criminal Law Review, Vol. 18, No. 1 (Winter 2015), p. 1.

② [美]John Frank Weaver:《机器人也是人:人工智能时代的法律》,郑志峰译,台北,元照出版有限公司 2018 年版,第 30 页。

操作以及法益侵害结果的发展过程中形成的人机一体化模式。① 人工智能犯罪行为的发生与结果发展的进程具有隐蔽性、间隔性，结果的形态固定也并非如同网络犯罪一样具备瞬时性。概言之，人机交互性的人工智能犯罪行为操作下，危害行为的发生与危害结果的时空突破性，甚至多维平面性，将突破传统因果关系的认定依据。

其二，生命科技犯罪已然超越了信息网络犯罪的人类利益中心性。信息网络犯罪的打击力度的加强是出于“网络犯罪本身的崛起，就在于互联网和病毒威胁和网络间谍，身份盗窃，垃圾邮件，僵尸网络还有‘网络信息战’促使引起人类惴惴不安的问题频发”，②由此可知，信息网络犯罪本质上还是在于技术滥用侵犯人类生产、生活的正常秩序和利益。而不同于信息网络犯罪，技术性立法理念的刑法体系灌输，则要求生命科技犯罪的技术性立法设计，应当将除人类主体以为的其他生物体所特有的“天生基因完整性”考虑于立法例之中。

网络技术的运用并非生命科技犯罪的“技术嫁接性”的本质目的，而是实现多样态生物群的工具、手段。在网络技术背景下，生物基因技术嫁接的网络技术运用，当然为人类解决资源短缺等现实问题提供了多元渠道。因而，强调生命科技犯罪的技术性立法，要求透视技术嫁接行为对生物正常生长周期、规律和样态的破坏。值得强调的是，技术性刑法立法理念也并非排斥正常嫁接技术和克隆行为，因为，就目前来看，技术嫁接行为并非完全违背植物的生长规律，在某种程度上开发基因组合的新渠道反而为其继续繁衍提供机会。因而，生命科技刑法对人类生态法益的保障，关键在于规制基因变异所导致的生物生长轨道偏离、基因脱轨的行为。譬如，嫁接生物病毒、跨种杂交、肢体拼接等反人类、生态生存系统的行为存在。③

---

① 参见陈伟、熊波：《人工智能刑事风险的治理逻辑与刑法转向——基于人工智能犯罪与网络犯罪的类型差异》，载《学术界》2018 年第 9 期。

② Scutt, Jocelynne A., “*Cybercrime-The Psychology of Online Offenders*”, Denning Law Journal, Vol. 26, No. 2(2014), pp. 301 - 304.

③ 参见刘长秋：《生命科技犯罪及现代刑事责任理论与制度研究》，上海世纪出版集团 2011 年版，第 41 页。

3. 理论逻辑:刑法评价需关注技术危害的“质变”与“量变”

科技犯罪作为一种专业技术性犯罪,将科技犯罪的类型划分为生命科技犯罪、人工智能犯罪以及信息网络犯罪,是在制度框架的全局性涵盖层面以及现实主导的技术危害特性基础之上进行的。在理论逻辑层面上,网络科技的类型划分,乃至技术用语概念、技术行为作用力的区分以及技术行为的依据认定,都并非是一种纯粹的理论创新,而无任何实际意义。本文主张刑法评价需正确区分技术作用力的引导,除了契合制度框架的运行标准(能够满足既有刑法理论规制的一般需求)、现实社会实践运行的基本概况,还能为科技犯罪行为的精准定罪量刑,厘清科技犯罪行为危害的层级性提供技术支撑。

“从信息科技的联动效应上看,互联网是一套由硬件、软件和传输协议构成的信息传输系统,从公共决策的角度可以大致分为内容层、应用层、代码层和物理层”。① 单纯从网络技术性的创设、发展、运用阶段来看,信息资源的内容层、技术交互的代码和运用层,乃至线路和硬件的物理层面都是网络技术学所关注的重点内容。对于以“严重社会危害性”为基点的科技犯罪行为,刑法更多侧重网络技术的运用阶段,即内容层和代码层。因而,在刑事立法体系中疏通技术性立法理念,并未削减刑法关注的法益侵犯抑或是社会危害性的基础事实。相反,在网络技术的内容层面和应用层面进行深究,为基础事实的理清以及准确的定罪量刑提供了技术支撑。② 纵使有学者认为互联网犯罪仅是社会关系实践的一种类型,而并非是一种技术性的特殊犯罪手段,③但仅将互联网犯罪视为一种社会关系错乱的危害行为,并未揭示技术危害手段的作用力差异。如果只是在入罪标准上承认互联网犯罪亦是犯罪行为的一种类型,并无法实现量刑规范层面的层级

① 胡凌:《网络法的政治经济起源》,上海财经大学出版社2016年版,第167～168页。

② See David Lawrence,etc.,“*It's the Cyber Crime and Its Sponsors* (*Not My Cyber-Security*)”,Journal of Law & Cyber Warfare,Vol. 5,No. 2 (Winter 2017),p. 51.

③ See Majid Yar,*Cyber Crime and Society*,SAGE Publications Inc,2006,p. 6.

性事实。就本文而言，科技犯罪的层级性事实应当注重从科技犯罪活动的具体类型和行为危害演变的最新动向中挖掘，继而使我国刑事立法更加关注科技发展的现实新问题。①

而笔者认为这一要求应当体现在如下几个方面：其一，明确生命科技犯罪“技术嫁接性”的反人类、反生态系统的社会危害，人工智能犯罪“人机交互性”的行为结果脱离以及信息网络犯罪“信息交互性”的直接现实危害，其在法益侵害程度的“量变”区分上应当是呈现逐渐递减的趋势。② 其二，技术性用语的概念界定、技术性科技行为的作用力划分以及科技犯罪行为模式的认定依据，都应当首先从技术作用力的“质变”区分层面去寻求理论逻辑的帮助，进而将技术性立法理念具体运用于立法明定之中。

（二）制度重构：科技刑法技术性立法的模式确立

在明晰科技刑法技术性立法理念的基本主张之后，随之而来，需要化解的便是该种理念如何具体运用的问题。“研究、讨论科技犯罪行为主义者如何使用特定技术来实现他们的目标，法律框架和法律适用对这些手段和目的的评价起着至关重要的作用。”③因而，科技刑法技术性立法理念的创设价值在于充分发挥理念对网络科技、生命科技、智能科技犯罪的法律框架和具体立法适用的指导机能。

1. 现实回应：“三位一体”科技犯罪体系的技术面向

在科技犯罪的多重形态中，信息系统的“技术共享性”这一特

---

① 对此，于志刚教授认为：“在网络犯罪领域，忽视网络犯罪的技术演变背景、犯罪活动的具体类型和犯罪演变的最新动向，单凭一本刑法典寻求解决实践性问题的方法，几乎是走不通的。”（参见于志刚：《网络思维的演变与网络犯罪的制裁思路》，载《中外法学》2014 年第 4 期。）但就目前来看，学界对此并未投之以充分的关注度。

② 而《刑修九》对信息网络犯罪倾向于轻罪量刑幅度的设置，也暗含着对人工智能犯罪能够设置多档法定刑期，以此，在罪量层面上对两者进行区分。

③ George O'Malley, "*Hacktivism: Cyber Activism or Cyber Crime*", Trinity College Law Review, Vol. 16, No. 1 (2013), p. 142.

质为科技信息交流的便捷、高效与普及奠定了良好的技术基础。从信息系统技术的语音数据共享,再到图画语音同步共享,最后到程序代码的传输共享,信息网络社会中,危害行为的发生环境和平台依靠也发生了相应的技术性变革。① 这一犯罪行为的空间变化主要体现在:由于"三网融合"业务发展,数字化革命在电信网、广播电视网以及计算机互联网的相关技术和业务渗透和融合的过程中逐渐形成。"三网融合"的技术背景促使同种应用和信息内容,可通过不同环境和空间的网络终端加以传输,最终实现技术、资源共享的过程,这一愈发强烈的趋势也被称为"数字融合"的技术共享。而这一技术共享、资源共享也是信息网络犯罪滋生的本质根源。技术共享作为"三网融合"的根基和源泉,②就技术层面的多种空间融合现象而言,传统的电信网络业务商将固话通信业务扩展到可移动随机化的无线通信业务,最后在宽频视角方面深入拓展其业务范围,便成为现如今成型的信息网络系统平台。三网融合的技术共享性作为信息资源的沟通和衔接的背景支撑,为信息网络空间的"一对一"到"一对多""多对多"的犯罪行为发生提供了可操作的现实基础。因而,这也成为科技异化社会环境中信息网络犯罪立法的关注重点。在信息网络技术性变革的客观现实下,目前刑法立法应当立足信息网络技术层面,严谨区分信息网络、计算机系统、无线电通信系统之间的差异,相应地也衔接三者之间内部的显著联系,以此形成信息网络犯罪的整体形态。

随着信息网络技术形态的流变,人类不再满足计算机系统平台的行为操作的人机实时支配,因此人工智能时代逐渐孕育而生。人工智能技术研发的进一步深入和开拓,机器自主学习的"人机交互性"成为人工智能时代的显著特质,人机交互性的形成和呈现是基于机器算法

① 参见中国信息通信研究院等:《网络空间法治化的全球视野与中国实践》,法律出版社2016年版,第372页。

② 参见朱宏文:《三网融合的管制与法制对策》,载王健主编:《网络法的域外经验与中国路径》,中国法制出版社2014年版,第296页。

系统的技术性数据集合、分析而得出的。① 在人类前期的基础信息数据和技术代码的研发、制造、使用和输入过程中,深度学习的神经网络具备人类仿生性,概率模型能够实现精准预测和感应识别。② 譬如,人工智能机器现在能够瞬时实现流畅的语音、文字翻译和正常的书面会话过程,并且能准确捕捉、识别图景和人脸,在工作学习中充当个人助理。

"但是,尽管它们可以胜任这些任务,甚至可以做得比人类更好,但是科技仍然无法接近人类所具备的思维复杂度"。③ 因而,普适智能还很遥远。犯罪行为是对多种法益类型侵害的外在表现,刑罚苛责的最终宿命仍在于对行为人不法的行为情感进行针对性矫正,以实现后期的特殊预防效果。换言之,刑罚种类的设置和执行方式的操作"应当以抑制犯罪和促进犯罪人的改善为目的"。④ 针对强人工智能机器在超越编制和设计程序内的意识支配范围而发生的自主危害行为,部分学者认为:"在人工智能时代,智能机器人有可能具有辨认能力和控制能力,智能机器人在设计和编制的程序范围外实施了严重危害社会的行为,理应受到刑罚处罚"。⑤ 诸如此类的观点其实是人机交互性技术理念缺失的典型表现,人机交互性旨在表明人类对人工智能自主算法系统的深度学习功能的支配作用,人工智能应当是"人工之下"的智能化操作。如此,方可固守刑事归责理论体系和立法适用依据的范围,防止刑法国民基本认同感的整体塌陷。

---

① See Meg Leta Jones, "*The Ironies of Automation Law: Tying Policy Knots with Fair Automation Practices Principles*", Vanderbilt Journal of Entertainment & Technology Law, Vol. 18, No. 1(2015), p. 104.

② See Rosendo Abellera, *Lakshman Bulusu*, *Oracle Business Intelligence with Machine Learning*, Apress, 2018, p. 23.

③ [美]Kalman Toth:《人工智能时代》,赵俐译,人民邮电出版社 2018 年版,第 295 页。

④ 冯军:《刑事责任论》,社会科学文献出版社 2017 年版,第 273 页。

⑤ 刘宪权:《人工智能时代我国刑罚体系重构的法理基础》,载《法律科学》(西北政法大学学报)2018 年第 4 期。

而当人工智能犯罪立法和信息网络犯罪立法的相关研讨还在如火如荼地进行时,生命科技犯罪作为生命科技的应用,亦应当提上立法议程。“生命科技作为现代社会科学技术高度发展的产物,究其实质主要是近现代社会以来的医学、生物学、化学等自然学科及这些学科交融合的重大发展和突破,它使人们对生命活动现象及其本质规律的认识越来越深入”。[①] 纵使如此,生命科技创新过程也可能被不法分子所利用,借助技术的交叉融合,在生物学的多样进化过程中实现不法目的,进而妨害正常的生物科技发明创造秩序。生命科技犯罪行为的发生利用了其显著的属性:“技术移接性”。行为人滥用生物技术的细胞激活性和异质体的组织自洽性,以实现不同本体组织构造的一体化,继而剥夺其他生物正常生长、运作的规律。基因工程技术、植物嫁接技术、人体实验技术等都是生命科技运用的典型,对接到刑事立法,现有的生命科技犯罪应当针对嫁接技术滥用出台相关罪名进行针对性评价,将生命科技犯罪的技术性理念涵盖其中。

综上所述,塑造“生命科技犯罪——信息网络犯罪——人工智能犯罪”“三位一体”的技术性犯罪形态(见表2),是对当前科技刑法立法呈现出网络犯罪“一边倒”的立法技术特性的纠偏,以便体现现实主导的良法善治之举。在众多科技刑法理念探讨中,倾向于将网络犯罪等同于科技犯罪来进行相应的立法探讨,则是一种典型的技术性立法理念缺失的表现。[②] 深入研析科技运用的诸多形态种类,我们便可发觉信息网络犯罪仅为科技发展的资源共享性特质的一种表现形式。因而,在后续的刑事立法之中,应当权衡三类科技犯罪形态的行为危害性,以此架构具体罪名的量刑搭配,在立法类型中体现出科技犯罪三种形态内部技术属性之间的差异(见图1)。

---

① 徐明:《生命科技问题的法律规制研究》,武汉大学出版社2016年版,第31页。

② 诸如,有学者立足科技发展的现实表现和由此带来的技术性挑战,认为科技挑战促使刑法变革产生,而刑法变革需基于网络犯罪对刑事立法、执法以及治理等诸多领域的挑战,进行相应考量。参见叶良芳:《科技发展、治理挑战与刑法变革》,载《法律科学》(西北政法大学学报)2018年第1期。

表 2 科技犯罪的形态类型及要素

科技犯罪形态	犯罪特性	行为模式
生命科技犯罪	技术移接性	器官移植、植物嫁接、生物克隆、人体实验
信息网络犯罪	技术共享性	1. 计算机信息系统非法侵入、控制、获取数据、破坏； 2. 拒不履行信息网络安全管理义务，非法利用信息网络，帮助信息网络犯罪活动，编造、传播虚假信息，网络赌博、诈骗、制造传播贩卖淫秽物品、网络恐怖主义活动等行为
人工智能犯罪	人机交互性	非法滥用人工智能技术、产品，人工智能技术监管失职，生产、销售不符合安全标准的人工智能产品，利用人工智能技术进行其他犯罪行为

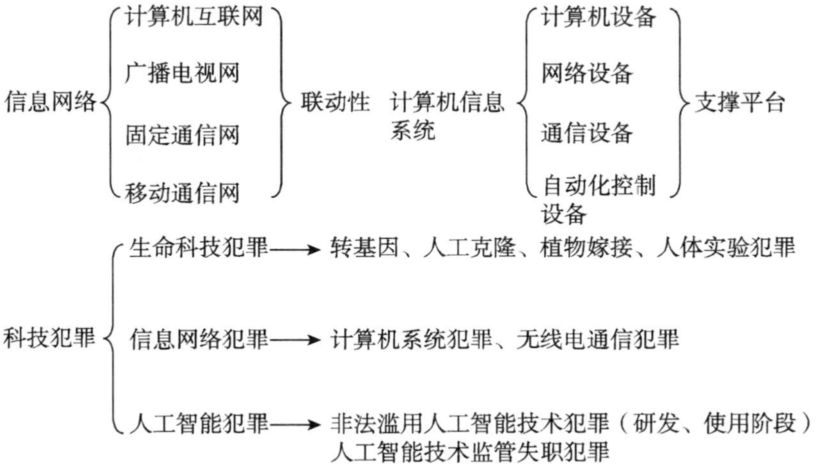

图 1 信息网络犯罪的对象、特性与科技犯罪的类型划分

2. 技术区分:科技刑法立法对行为的技术明确

立足微观视域,在信息网络刑法立法的进程中,网络技术运用的相关行为界定和概念解释都应当可以体现技术性立法理念。互联网科技作为先进水平的代表,创制的网络社会是一种典型的具有技术工具性、技术手段性的特殊形态。因此,在此种特定技术背景下,"决定了技术归化是网络社会治理的必然要求和核心内容"。① 但是从目前科技犯罪治理模式来看,技术性立法理念的缺失和漠视,导致技术归化路径难以融合于科技社会治理模式之中。而化解微观视域中具体规范对接于刑法立法体系的困境,便是考量如何将技术性立法理念运用于信息网络刑法个罪的行为作用力界分、技术用语的规范界定以及科技犯罪行为认定依据如何厘清等诸多阶段之中。

技术区分事实能否作为刑事立法事实,关键在于全面归纳的技术性事实是否可以被定罪量刑进程所容纳。诸如技术软件的代码组合形式,抑或是技术程序的登录、记录数据等技术区分事实,在刑事立法中对罪量评价毫无意义,因而并不能将其纳为刑事立法规范事实。毋庸置疑的是,科技犯罪的潜在危害就在于行为模式的技术性,②至少在本文所提倡的技术性立法理念之中,行为作用力的区分、技术用语的规范界定以及科技犯罪行为认定依据这三类基本的技术性事实,应当融入刑事技术性立法事实的体系。诸如技术帮助行为与非法利用技术行为的准确界分,会影响具体个罪的司法认定过程;系统数据以及系统功能,会影响具体个罪内部量刑幅度的刑期抉择过程;因而,"网络犯罪中新型的软件、程序、技术手段一般都是比较专业的技术性概念",③具体解析技术手段助推的法益侵害的作用力大小,应当重点关注对科技刑法的罪与非罪,此罪与彼罪,具体个罪量刑幅度起着关键性

---

① 徐汉明、张新平:《网络社会治理的法治模式》,载《中国社会科学》2018 年第 2 期。

② Pramod Kr. Singh, *Laws on Cyber Crimes: Alongwith IT Act and Relevant Rules*, Book Enclave Press, 2007, p. 56.

③ 游涛、杨茜:《网络犯罪实证分析——基于北京市海淀区人民法院 2007 - 2016 年审结网络犯罪案件情况的调研》,载《法律适用》2017 年第 17 期。

作用的事实。

具体而言，其一，技术作用力区分，应当明确技术手段对信息网络犯罪"技术交互性"广度与深度的具体影响。对游离于非法利用信息网络罪、帮助信息网络犯罪活动罪以及拒不履行安全管理义务罪中的交叉行为界分，必须结合技术犯罪行为的最为切合的环境以及行为对象进行操作。进而，我们亦可得知：预备行为正犯化或者帮助行为正犯化的行为，并不排斥其他罪名的适用，甚至是在同等基本量刑的情况下，也应当选择最为贴切技术犯罪事实的罪名。[①] 其二，技术用语概念的界限，应当明确并非所有的技术性基础事实都是刑事法应当涵盖的规范事实。对此，笔者认为可以从如下四个方面予以展开：

（1）非法侵入计算机信息系统的技术行为区分并不要求区分对象事实。因而，计算机信息系统并不应当限定在侵入特定计算机信息系统。（2）破坏计算机信息系统罪的破坏行为必须仅限于是针对计算机内外部程序、软件、页面运行功能的损害。因而，用户体验的干扰或者造成公司经济损失并不需要通过技术手段破坏设备系统才能进行，其亦并非量刑评价的规范事实。（3）系统数据应当仅限于承担计算机运行功能的功能数据，如应用程序与系统功能的代码组合。进而，计算机系统数据应当指的是关联系统功能的设备数据。（4）科技行为的类型依据应当依据各行各业的相关技术标准进行确立。无须限定"违反国家规定"的行为才属于科技犯罪行为，否则诸多同质的技术犯罪行为难以为刑事法所涵盖。

四、结　　语

刑法立法的稳定性要求必然会和智能科技、生命科技、信息网络科技迅猛发展的新时代技术形势产生一定的隔阂和矛盾，但是融入技术性立法理念并非旨在彻底消解和祛除这种冲突和困境，其本质目的在

① 参见陈伟、熊波：《利用信息网络犯罪行为二元形态的教义解读》，载《上海财经大学学报》2018 年第 2 期。

于缓解特定时期内新技术产生对定罪量刑的公正失允所造成的国民基本认同感的下降,并时刻警示刑事立法者和理论学者刑法立法过程并非情绪化的主观感知表达,抑或是刑法专业知识的精通运用即可。①疏通刑法学科对相关学科知识的汲取和运用路径,防止"刑法学的'碎片化'割裂刑法学与其他部门法研究之间的联系"②是科技刑法立法的独特体系应当秉持的基础理念。借此,笔者认为或许只有技术性立法理念的提倡与设计,才能为刑法立法的普适性和时代性发展提供一套基本进路,使科技刑法立法更具技术性、包容性和开放性。

Lack of Technical Legislative Method of Criminal Law of Science and Technology and Technical Naturalization

Xiong Bo

[**内容摘要**]科技刑法立法应当是有别于传统刑法立法手段的一种技术表达性、技术运用较强的融合过程。反思目前我国科技刑法体系,技术性立法方法论的运用缺失较为明显。一方面,在宏观视域的行为类型表达上,科技刑法立法的形态混淆是行为概念层面技术性缺失的典型体现;另一方面,在微观层级的行为运用环节中,信息网络刑法要素的技术区分弱化是行为运用层面的技术性匮乏之征表。科技刑法技术性立法理念的塑造在于提倡刑法规范需立足技术发展阶段的全局性,紧密关注互联网空间技术发展的特质性,促使科技犯罪行为的质变与量变过程能够在科技犯罪的类型划分和量刑评价机制中得以体现。进而,科技刑法立法机制应当构建"信息网络犯罪——生命科技犯罪——人工智能犯罪""三位一体"的科技刑法体系的技术面向,并将

① 对此,台湾地区学者古承宗教授认为,其实这是一种象征化刑法立法的显现,"其背后所代表的。有可能只是立法者基于特定政治目的,所形成的价值偏好,或者单纯反映出某个时空背景下社会的集体心理情绪"。参见古承宗:《刑法的象征化与规制理性》,台北,元照出版有限公司 2017 年版,第 165 页。

② 周维明、赵晓光:《分化、耦合与联结:立体刑法学的运作问题研究》,载《政法论坛》2018 年第 3 期。

技术区分充分运用于技术作用力、技术用语概念的界分以及技术犯罪行为认定的依据之中,以此契合科技犯罪的技术归化本位。

[**关键词**]科技刑法;技术性立法;人工智能犯罪;信息网络犯罪;生命科技犯罪

Abstract: The legislation of scientific and technological criminal law should be a process of integration of technical expression and technical application, which is different from the traditional legislative means of criminal law. Reflecting on the current criminal law system of science and technology in China, it is obvious that the application of technical legislative methodology is lacking. On the one hand, in the macro-view of the expression of behavior types, the confusion of the form of criminal law legislation of science and technology is a typical manifestation of the lack of technology at the level of behavior concepts; on the other hand, in the micro-level of behavior application, the weakening of the technical distinction of criminal law elements of information network is a symbol of the lack of technology at the level of behavior application. The shaping of the technical legislative concept of scientific and technological criminal law lies in advocating that the criminal law norms should be based on the overall situation of the technological development stage, pay close attention to the characteristics of the development of Internet space technology, promote the qualitative and quantitative process of scientific and technological crimes, and be reflected in the classification of scientific and technological crimes and the sentencing evaluation mechanism. Furthermore, the legislative mechanism of criminal law of science and technology should construct the technical orientation of "information network crime-Life Science and technology crime-artificial intelligence crime" and "trinity" criminal law system of science and technology, and fully apply the technical distinction to the technical force, the definition of technical terms and the basis of the identification of technical crimes, so as to conform to the technical naturalization standard of scientific and technological crimes.

Keywords: Criminal law of science and technology; Technical legislation; Artificial intelligence crime; Information network crime; Life science and technology crime

刑法空间效力基础问题研究
——以刑事管辖原则为切入

夏 凉*

目 次

一、引 言

刑法空间效力即是刑法对地域和对主体的适用效力,其直接关系到刑事管辖权的适用范围。可以说这是一个古老的话题,最早可以追溯到古希腊城邦制以及罗马帝国时代。彼时的法律空间效力是一种基于对自然法的普世价值观的思考发展而来的,及至后来逐渐发展成为国际法上的一个研究方向。著名的荷兰法学家格老秀斯就对此有过重要论述。

但是综观我国学术界对刑法空间效力问题的研究与思考,笔者认

---

* 中南财经政法大学法治发展与司法改革研究中心研究人员,博士研究生;宁波市奉化区人民检察院员额检察官。

为,还是显得较为薄弱。也就是说,对这一问题的研究一直处于我国刑法理论的非热点状态,甚至还处于理论研究的边缘。检索中国知网关于这一篇名的学术论文(截至2018年10月),共计14篇,而质量较高的也就10篇,且不少还是20世纪八九十年代的作品。① 其中有3篇论文是论述澳门特别行政区、我国台湾地区区际刑法的空间效力问题,另4篇则是关于网络犯罪的刑法空间效力的适用原则问题。与此主题相关的以刑事管辖权为篇名的论文共计336篇,其中包括博士学位论文3篇,硕士学位论文72篇(其中关于网络犯罪刑事管辖权的硕士学位论文有15篇)。并且这336篇论文中涉及区际刑事管辖权的有28篇,网络犯罪刑事管辖权的有50篇,但不少论文对相关问题的论述不够深入、具体。鉴于我国学界对刑法空间效力研究的这一现状,笔者以刑事管辖原则为切入,试对这一课题作一综览、检视与分析。

二、刑事管辖原则

有人指出,刑事管辖权应当再划分出刑事立法管辖权和刑事司法管辖权。而刑法空间效力范围是与刑事立法管辖权相同的概念,属于刑事管辖权的下位概念。② 对此,笔者不予认同。在笔者看来,刑法空间效力包含了立法与司法两个层面,而刑事管辖权则主要是指刑事司法管辖所及的空间效力,因此刑事管辖权当是刑法空间效力的下位概念。从现有的论文研究情况来看,学者们对刑法空间效力的研究方法多从刑事管辖原则入手,继而对刑法空间效力的诸问题作出一番论述。也就是说对刑法空间效力这一问题的研究重点、热点几乎均落脚于属地管辖原则、属人管辖原则、保护原则、普遍管辖原则和折衷管辖原则这五个方面。截至2018年10月,在中国知网上以"属地管辖"为篇名

① 其中20世纪80年代1篇、90年代4篇(包括1997年以前1篇,1997年刑法即将颁布之际1篇,1997年刑法颁布后2篇)。

② 参见邵维国:《刑事管辖权含义辨析》,载《广州大学学报》(社科版)2007年第11期。

检索出刑事法学类论文有9篇,其中有2篇系20世纪90年代作品;“属人管辖”有7篇,其中1篇系90年代作品;以“保护管辖”为篇名的有2篇,其中以“保护原则”为篇名的仅有陈忠林教授发表于《现代法学》2004年第2期的《我国刑法中保护原则的理解、适用与立法完善——〈刑法〉第8条的法理解释》一文(非精确统计);[①]“普遍管辖”有96篇,其中20世纪90年代有7篇,80年代有3篇。

(一)属地管辖原则

所谓“属地管辖原则”是指:一个国家对其领域内的人,不问其国籍,都有进行规制以维护本国法秩序的权力。[②] 在属地管辖原则方面,多数学者均将视野集中在驻外使领馆、航空器与舰船的管辖原则及其理论基础、犯罪地确定方法及域外因素等方面。

对驻外使领馆、航空器与舰船的管辖是否适用属地管辖原则,对此学界有不同的观点。通说持扩张解释的观点,其认为将属地管辖原则适用于驻外使领馆、航空器与舰船属于该原则的扩张解释,但仍在文义射程范围之内,并未超出文意的有效范围。所以作为一国代表机构的驻外使领馆、悬挂本国国旗的船舶或有本国国家归属标志和识别标志的航空器可依国际惯例推定为本国领土,称为“浮动领土”或“拟制领土”,对之应适用本国刑法。[③] 但也有部分学者持反对意见。他们认为,船舶、航空器并非一国领土,而仅属于旗籍国刑法空间效力所及范围之内。因为领土具有排他性,当船舶、航空器位于他国领土之上时,不可能认为存在“领土中的领土”。[④] 而将驻外使领馆视为我国领域,

① 由于“保护原则”并非刑事管辖领域的专有名词,含义较广,涉及刑事法益保护、生态环境保护及信赖利益保护等方面,故以该术语作篇名检索出大量刑法其他领域、行政法领域及大量私法领域的有关学术论文,共计1835条检索结果,精确统计较为困难。

② 参见张明楷:《刑法学》(第4版),法律出版社2011年版,第73页。

③ 参见齐文远、刘代华:《完善我国刑法空间效力立法的思考》,载《法商研究》2005年第1期。

④ 同上。

适用我国刑法则缺乏国内法和国际法的根据。虽然不少人认为驻外使领馆及外交人员具有治外法权,但是无论是理论上还是实践中,对“治外法权”均持批判与否定态度。① 李海东博士认为,对飞机、舰船应适用“国旗主义”,而驻外使节则享有治外法权。② 更有人提出应将机籍国和船旗国管辖划归国籍管辖原则,地域管辖原则有损于所在国的领土主权,有悖于国际法学的发展趋势。③ 在我国台湾地区,是否将属地管辖适用于私用的航空器或船舰,有肯定说和限制说之分,且限制说正成为一种有力的学说。④ 另有部分学者提到不应将民族自治地方制定变通或补充的规定以及特别刑法视为属地管辖原则的例外情况。⑤

在犯罪地确定标准方面,有犯罪行为发生地说、犯罪结果发生地说、中间地说和折衷说(也称“遍在地原则”)。犯罪行为发生地说认为只要犯罪行为的全部或一部发生在本国或本地区内,该国即享有刑事管辖权;在遇到不作为犯时则以行为人应作出行为之地,亦即行为人阻却犯罪的义务来源地作为其犯罪行为地。犯罪结果发生地说认为只要犯罪结果之一部分或全部发生在本国或本地区内,该国对此即享有刑事管辖权,并且对未遂犯和危险犯还有犯罪结果应发地和犯罪结果危险地之说。折衷说认为,只要犯罪行为或犯罪结果发生于本国或本地区内,该国或该地区即对其享有刑事管辖权。⑥ 这一学说又分为二说:

① 参见于齐生:《关于我国刑法空间效力的几个问题》,载《中国法学》1994 年第 3 期。

② 参见李海东:《外国刑法中的空间效力范围问题》,载《法律学习与研究》1986 年第 6 期。

③ 参见李恩慈:《论我国刑法空间效力的立法完善》,载《中央检察官管理学院学报》1997 年第 1 期。

④ 参见赵秉志、王秀梅:《海峡两岸刑法空间效力范围适用原则之比较研究》,载公丕祥主编:《法制现代化研究》(第 4 卷),南京师范大学出版社 1998 年版,第 445 ~ 446 页。陈忠林教授认为,无论从实践层面、国际法基本原则还是我国参加的条约来看,都不应将我国的船舶、航空器解释为我国领土,其实这是专属管辖权的体现;而我国驻外使领馆也不是我国领域,否则将与国际公约和我国法律相悖。参见陈忠林:《关于我国刑法属地原则的理解、适用及立法完善》,载《现代法学》1998 年第 5 期。

⑤ 参见于齐生:《关于我国刑法空间效力的几个问题》,载《中国法学》1994 年第 3 期。

⑥ 参见赵国强:《澳门刑法的空间效力原则》,载《法学评论》1997 年第 4 期。

主—客观的遍在地原则认为,实际或设想的行为实施地、实际或预设的结果发生地均可视为犯罪地,持这一学说的代表国家有德国、丹麦和挪威;而客观的遍在地原则认为,行为实际实施地、结果实际发生地才是犯罪地,持这一学说的代表国家有意大利、比利时、荷兰和奥地利。[①] 中间地说在目前看来已经失势。主—客观的遍在地原则有扩张刑法适用空间的倾向,但能较为灵活的应对预备犯、未遂犯、中止犯等未完成形态的犯罪;而客观的遍在地原则对刑法的空间效力范围持一种审慎、克制的态度,具有欧陆传统古典刑法的保守色彩。

在犯罪地的确定方法上,有主观领土说和客观领土说之分。主观领土说认为只要犯罪构成要件的要素行为在本国发生,即可将本国视为犯罪地,并可对之适用本国刑法,行使本国刑事管辖权,持这一学说的代表国家为法国和美国。客观领土说认为,本国可对始于别国领土而完成或呈现于本国领土的犯罪或对本国秩序造成了有害后果的犯罪行使刑事管辖权。我国大陆、台湾地区兼采此二学说,这一点可以从我国《刑法》第 6 条、台湾地区"刑法"第 4 条得知。[②]

此外,部分学者还论述了准地域,如大陆架、毗连区以及专属经济区的管辖;特殊领域,如极地、公海以及太空的专属管辖原则。我国刑法界对此主张一定的主权权力,并在一定范围内行使刑事管辖权,然而其范围边界尚未得到明确界定;台湾地区则有人提出不得将邻接区(亦即毗邻区)视为领海,对此并无刑法适用之空间,但对大陆礁层(大陆架)和经济领域(专属经济区)享有主权。[③] 由此看来,在刑法学界对地域管辖的研究范围得到了进一步拓展,主张地域管辖的法网应趋于严密化与精细化。

---

① 参见齐文远、刘代华:《完善我国刑法空间效力立法的思考》,载《法商研究》2005 年第 1 期。

② 参见赵秉志、王秀梅:《海峡两岸刑法空间效力范围适用原则之比较研究》,载公丕祥主编:《法制现代化研究》(第 4 卷),南京师范大学出版社 1998 年版,第 441 ~ 442 页。

③ 同上书,第 448 ~ 450 页。

(二)属人管辖原则

一般所说的属人管辖原则,是指积极的属人管辖原则,即本国公民在国外犯罪的,也适用本国刑法。① 如果将积极的属人管辖原则称为“狭义的属人管辖原则”的话,那么在广义的属人管辖原则方面,国际法理论则将其细化为二原则,即被告人国籍原则和受害人国籍原则。被告人国籍原则也称“主动属人原则”,该原则依罪犯国籍确定对其刑事管辖,其理论渊源有国际协同理论和国家主义理论。并且这一原则又可分为绝对主动属人原则(如苏联、印度)、有限主动属人原则和混合主动属人原则(我国即是,但在对一般公民适用有限主动属人原则管辖时却未采取双重犯罪原则)②。受害人国籍原则又称“被动/消极属人原则”,该原则重在对国家利益和公民利益的保护,故与保护原则存在一定范围、内容上的交叉与重叠。对此有学者主张实行诉讼移管制度。③ 另外,受害人国籍原则与犯罪结果地管辖存在一定冲突之处(前提是存在受害人的情况下)。

在我国大陆,一般认为国籍原则即属人管辖原则,但也有人认为国籍原则的内涵和外延大于属人管辖原则,其包括属人管辖以及机籍国、船旗国管辖。④ 还有人认为国籍原则包括属人原则和属人管辖:属人原则包括被告人国籍管辖和受害人国籍管辖,并且受害人国籍管辖采双重犯罪原则;而属人管辖则包括机籍国和船旗国管辖。⑤ 另外,从我

---

① 参见张明楷:《刑法学》(第 4 版),法律出版社 2011 年版,第 76 页。

② 显然这一做法对我国公民而言显得过于严苛,毕竟我国公民在国外犯罪有时并未侵犯我国国家利益和公民法益。

③ 参见齐文远、刘代华:《完善我国刑法空间效力立法的思考》,载《法商研究》2005 年第 1 期。

④ 参见赵秉志、王秀梅:《海峡两岸刑法空间效力范围适用原则之比较研究》,载公丕祥主编:《法制现代化研究》(第 4 卷),南京师范大学出版社 1998 年版,第 456 ~ 457 页。

⑤ 参见李恩慈:《论我国刑法空间效力的立法完善》,载《中央检察官管理学院学报》1997 年第 1 期。

国刑法和台湾地区“刑法”来看，对一般公民在国外犯罪均采限制的属人管辖原则，而对公务员等特定人员的犯罪则采绝对属人管辖原则。如我国现行《刑法》第7条第1款规定，对在域外犯本法规定之罪但按本法最高刑为三年以下有期徒刑的我国公民，可以不予追究；该条第2款规定，我国国家工作人员和军人在域外犯本法规定之罪的，适用本法。台湾地区“刑法”第6条、第7条规定公务员犯某些罪必究；一般公民犯“刑法”第5～6条以外之罪的，最轻本刑为三年以上者适用本“刑法”，但依犯罪地之法律不罚者，不在此限。[①] 由此可以看出，台湾地区“刑法”属人管辖原则中对普通公民采双重管辖原则，而对公务员犯罪之刑事管辖采列举罪名的立法方式。这一“立法例”显得较为具体、公平，且相对人性化，值得我国刑法借鉴。当然台湾地区“刑法”中特定人员在国外犯罪必究之条文中未包括军人，这恐怕亦是其“立法”上之疏漏吧。

关于属人管辖原则的例外方面，很多国家刑法规定对国家元首的普通罪行无刑事管辖权，国会议员在执行职务期间的犯罪行为亦不受普通刑事管辖。属人管辖原则在适用中一般会遇到在国外犯罪的本国公民不在本国境内的情形，不少国家则通过引渡、缺席审判、[②]不予追诉（不等于放弃追诉）等方式来解决这一问题。[③]

（三）保护原则

保护原则也称“安全原则”“自卫原则”，据意大利刑法学家

① 参见赵秉志、王秀梅：《海峡两岸刑法空间效力范围适用原则之比较研究》，载公丕祥主编：《法制现代化研究》（第4卷），南京师范大学出版社1998年版，第454页。

② 缺席审判本属于民事审判方式，笔者认为不能将这种仅具有形式意义的诉讼方式引入刑事管辖之中，其有损于作为公法的刑事法的严肃性、实质性与有效性，且是一种司法资源的浪费。但是2018年10月26日颁布的新修订的《刑事诉讼法》有限地引入了缺席审判程序，特别对贪污贿赂、严重危害国家安全和恐怖活动三类犯罪，若行为人在境外但符合刑诉法规定的缺席审判程序条件，人民法院应当依法进行缺席审判。

③ 参见李海东：《外国刑法中的空间效力范围问题》，载《法律学习与研究》1986年第6期。

Ferrano Mantovani 考证,"国家保护原则"源于19世纪德国刑法学家为维护本国的安全和尊严之提议与倡导。① 其基本含义是:不论本国人还是外国人,其在国外的犯罪行为,只要侵犯了本国利益或本国公民的法益,就适用本国刑法。② 如我国《刑法》第8条规定,外国人在我国领域外对我国或我国公民犯罪,按本法规定的最低刑为三年以上有期徒刑的,可以适用本法,但按犯罪地法律不受处罚的除外。诚如有的学者所指出的,我国刑法对保护原则的规定还存在有待完善之处。如从上述刑法条文可知,我国在保护原则中采双重犯罪原则。但当犯罪地不属于任何国家或地区的领域,例如犯罪行为发生于公海时,立法却未明确规定直接适用我国刑法。③

此外,保护原则中国家利益的内涵需要明确界定,对侵犯国家利益的罪名,如一些国事罪等需要在立法上予以列明。笔者认为还有一个问题值得思考,即当行为人是诸如恐怖分子、一国的国家元首、使节、军人等特定人员时,那么对其犯罪是否仍采双重犯罪原则?这是立法上需要明确的一个地方。

澳门回归前适用的刑法规定了严重危害本地区经济秩序和社会制度的犯罪,如对货币犯罪、恐怖主义犯罪适用澳门地区刑法。④ 台湾地区"刑法"第5条第1~5款、第6条和第8条均以列举罪名的方式分别规定了该原则的适用范围。如其规定,外国人在台湾地区领域之外,对于台湾地区人民犯第5条及第6条以外之罪,其最轻刑为三年以上有期徒刑且依犯罪地法律处罚其行为者,亦有本"刑法"之适用。⑤ 另从台湾地区对保护原则的规定中可以看出,其对本地区公务行为及其指

① 参见陈忠林:《我国刑法中保护原则的理解、适用与立法完善——〈刑法〉第8条的法理解释》,载《现代法学》2004年第2期。

② 参见张明楷:《刑法学》(第4版),法律出版社2011年版,第77页。

③ 参见齐文远、刘代华:《完善我国刑法空间效力立法的思考》,载《法商研究》2005年第1期。

④ 参见赵国强:《澳门刑法的空间效力原则》,载《法学评论》1997年第4期。

⑤ 参见赵秉志、王秀梅:《海峡两岸刑法空间效力范围适用原则之比较研究》,载公丕祥主编:《法制现代化研究》(第4卷),南京师范大学出版社1998年版,第472页。

向内容之纯洁性之保护是极为严密的。

在保护原则中,一般而言可将其分为对国家利益的保护和对国民利益的保护,但是被动属人原则与保护国民原则之间究竟有什么区别?是否诚如有些人所认为的被动属人原则属于保护原则的范畴,而国民保护原则又是属地管辖原则的补充?[①] 这是需要深入分析和研究的。另外,诚如我国有学者所主张的,在保护管辖中应当对针对中国单位的犯罪作出规定。[②]

(四)普遍管辖原则

随着世界经济全球化、一体化进程的加快,非传统安全问题及社会风险进一步凸显,人类社会的生存与发展面临新的挑战,这来自包括一系列"共同敌人",如海盗的威胁与侵害,普遍管辖原则也随之应运而生并迅速发展起来。该原则认为:凡是国际条约所规定的侵犯各国共同利益的犯罪,不管犯罪人的国籍与犯罪地的属性如何,缔约国或参加国发现罪犯在其领域之内时便可行使刑事管辖权。[③] 这一原则由此被称为"世界主义",其源自国际法学之父格老秀斯"对违反自然法之行为共享处罚权"的论断。随着犯罪国际化趋势的不断加强,人们认为对一些犯罪,如海盗、贩卖奴隶、毒品犯罪、买卖妇女儿童、货币犯罪、战争、劫机及劫持人质等有必要联合各国予以刑事法上的严厉打击,于是普遍管辖原则逐渐被各国刑法理论所吸收,继而出现在各国刑法典之中。我国学界对普遍管辖原则的研究成果相对丰富,其中也有学者明确指出,普遍管辖权是指根据国际法或国内刑法中的代理条款,国家对外国人在本国领土以外并非针对本国国家或国民的犯罪进行管辖的权力。其进而根据不同法源,将普遍管辖权分为:基于习惯国际法、基于

---

① 参见郑泽善:《网络犯罪与刑法的空间效力原则》,载《法学研究》2006 年第 5 期。

② 参见陈志军:《中国刑法适用范围立法之完善研究》,载《中国人民公安大学学报》(社科版)2011 年第 1 期。

③ 参见张明楷:《刑法学》(第 4 版),法律出版社 2011 年版,第 78 页。

国际条约和基于国内法的三种普遍管辖权类型。①

澳门回归前适用的“刑法典”曾规定:非澳门居民在澳门以外犯严重危害人身权利及国际社会秩序之罪(国际罪行)的,行为人在澳门被捕且不可移交第三方时即可对其适用澳门“刑法”。② 我国台湾地区则采用列举的方式更为明确、具体地规定了普遍管辖原则适用的几个罪名——鸦片罪、妨害自由罪和海盗罪。根据我国现行刑法第9条之规定,学界通说认为我国刑事管辖原则中也兼采普遍管辖原则,只是需要予以明确其具体内容。但也有人否定我国在一定范围内兼采普遍管辖原则,认为我国只是单纯地承担了国际法、国际条约上的义务而对某些国际罪行行使刑事管辖权,其理论根据是“共同利益说”,而非普遍管辖原则应有的理论基础——“犯罪世界性说”。③ 鉴此,有学者提出应根据我国刑法条文厘清这一概念,将普遍管辖原则叙述为“条约义务原则”更为合适。④

(五)折衷管辖原则

至于折衷管辖原则,实际上是糅合了上述四大刑事管辖原则并将其进行主次效力等级的编排、划定而形成的准则性规范。目前世界上多数国家并没有绝对采用某一原则,而是选择折衷主义路线兼采上述四大管辖原则。如多数学者认为我国大陆和台湾地区均采取了折衷原则,即以属地管辖为基础,以属人管辖和保护原则为补充,同时兼采普遍管辖。⑤

---

① 参见马呈元:《论普遍管辖权的意义》,载《中国政法大学学报》2013年第3期。

② 参见赵国强:《澳门刑法的空间效力原则》,载《法学评论》1997年第4期。

③ 参见于齐生:《关于我国刑法空间效力的几个问题》,载《中国法学》1994年第3期。

④ 参见齐文远、刘代华:《完善我国刑法空间效力立法的思考》,载《法商研究》2005年第1期。

⑤ 参见赵秉志、王秀梅:《海峡两岸刑法空间效力范围适用原则之比较研究》,载公丕祥主编:《法制现代化研究》(第4卷),南京师范大学出版社1998年版,第440页。

另外,在上述五大刑事管辖原则的基础上又有学者提出了永久居所或营业地管辖原则[①]和代理原则(包括刑事代理审判原则和代理处罚原则)。[②]

三、刑法空间效力疑难问题整理

(一)问题的梳理

从上文对刑法空间效力的文献综述可知,学界对刑事管辖原则的争鸣主要集中在以下几个方面:第一,对驻外使领馆、船舰和航空器究竟应该适用何种管辖原则?其理论依据何在?第二,民族自治地方制定变通或补充规定以及特别刑法是否为属地管辖原则的例外情况?第三,关于犯罪地确定标准的遍在地原则其究竟该采主—客观的遍在地原则还是客观的遍在地原则?第四,属人管辖和国籍管辖之间究竟存在何种关系?第五,在保护原则适用时如果遇到犯罪嫌疑人涉嫌恐怖主义活动等特定犯罪,那么对其是否仍采双重犯罪原则?第六,被动属人原则是否属于保护原则的范畴?而国民保护原则是否系属地管辖原则的补充?第七,我国现行刑法是否兼采普遍管辖原则?这一称法是否需要修正?普遍管辖权是否有存在的必要?第八,是否需要在现有五大刑事管辖原则的基础上再增加新的管辖原则?笔者认为有必要对上述八个问题作出着重分析与明确回答。

(二)问题的厘清

第一,笔者坚持通说的观点,即认为应将驻外使领馆、船舰及航空

① 主要营业地管辖原则是指当罪行发生在租来时不带机组的航空器内时,承租人的主要营业地所在国对本案有权进行管辖。参见李海东:《试论我国的刑事管辖权》,载《法律学习与研究》1988年第2期。

② 参见杨彩霞:《我国刑法空间效力原则的立法完善——以代理原则为视角》,载《山西财经大学学报》2009年第1期。

器视为一国领域的延伸,并且这是一种拟制领土或想象领域,所以应该适用该国刑法。首先,驻外使领馆作为一国派驻海外的代表机构,具有很强的国家主权标识性,既然一般属人管辖中对国家工作人员采取绝对属人管辖的原则,而驻外使领馆中绝大多数工作人员均为一国的国家工作人员,如此一来倒不如将使领馆这一整体视作该国领土,对其空间内发生的犯罪统一适用其本国刑法。其次,可将船舰与航空器视为一国的“浮动领土”,既然是浮动领土,则其船舱或机舱内的空间就属于旗国领土。而发生于船舰、航空器舱体外的(包括发生在其外壳上的)行为触犯所在地国的刑律时则以其所在地国的刑法管辖优先,仅以《联合国海洋法公约》第 94 条中的“船旗国义务”就认定一国船舶享有豁免权,进而得出旗国管辖原则或国籍管辖原则的结论,[①]这显然缺乏充分的法理依据。同理,将航空器依此比照船舶划归登记国刑事管辖权范围则更欠缺合理依据。此外,我国现行刑法对犯罪地的规定也包含了经一国登记的船舶或航空器,而一些学者却将船舶和航空器排除出我国领域范围,[②]这一观点使我国现行《刑法》第 6 条第 3 款出现了一个人为的“漏洞”,反而增加了立法、修法或释法的复杂性,故实不足取。最后,笔者认为,随着国际司法合作的深入和国内立法的发展,我国台湾地区对于航空器和船舰的学说理论和“立法”模式值得我国借鉴、参考。即对公用的航空器和船舰采绝对属地管辖原则,因为其国家主权标识性很强,这与对公务员采绝对属人管辖原则有点类似;而对私用/民用的航空器和船舰采限制属地管辖原则,因为其国家主权代表性、象征性较弱,所以对发生于私用/民用航空器和船舰内的特定之罪,应以该船舰、航空器所在地国的刑事管辖优先。

第二,我国现行《刑法》第 6 条第 1 款规定,凡在我国领域内犯罪的,除法律有特别规定外,都适用本法。有学者认为该条款所谓的“特别规定”仅指对享有外交特权和豁免权的外国人的刑事责任的规定,

① 参见齐文远、刘代华:《完善我国刑法空间效力立法的思考》,载《法商研究》2005 年第 1 期。

② 同上。

而不应包括民族自治地方制定变通或补充的以及特别刑法的规定，因为后二者均属“本法”，即我国刑法的范畴之内。[①] 对此，笔者不予赞同。首先，笔者认为将该条款中的“本法”理解为我国广义的刑法规范的观点是不正确的，其仅指我国现行刑法典。民族自治地方制定变通或补充的规定虽然仍属我国刑法的范畴，但其在适用中并不能完全遵照我国现行刑法典中的条文规定，而是需要予以变通、补充，所以确实可以将之视为适用之例外情形。其次，特别刑法虽然是对我国现行刑法典的补充修改，但却是针对不断变化发展的新的社会形势所作出的法律规定，根据特别法优于一般法的原则，应优先考虑适用特别法，所以特别刑法还是有别于一般刑法典的。也正是基于此点认识，特别刑法理所当然地可以被视为“特别规定”。当然，此处的“特别规定”还包括我国港澳台地区的区际法律。

第三，笔者赞同德国等国家在确定犯罪地时采遍在地原则中主—客观的遍在地原则而非客观的遍在地原则这一做法。因为当今社会危机四伏，可以说一个非传统性和非典型性的风险社会已经来临，各种危害极大、后果极为严重的新型犯罪时有涌现。鉴此，学界不少观点主张刑法需要提前介入风险领域，对某些重大犯罪进行提前规制。由此，抽象危险犯理论也再度被提起并受到重视。而主—客观的遍在地原则除了认定实际行为实施地和结果发生地为犯罪地之外还将预设的行为实施地和结果发生地也视为犯罪地，由此进一步扩大了犯罪地的管辖范围，也进一步拓展了属地管辖原则的适用空间，为抽象危险犯理论的发展、完善和应用提供了现实的平台，且更有利于较为灵活地应对各类社会风险。较之于只注重实际行为实施地与结果发生地的客观遍在地原则其理论与实践的优势不言自明，故值得我国立法与司法借鉴。

第四，笔者坚持属人管辖原则即国籍管辖原则。机籍国、船旗国管辖之所以不属于属人管辖原则乃是因为我们对飞机或船舶的管辖实际上是对其舱内（舱体空间内）发生的犯罪行为的管辖，是对其舱内的犯

---

① 参见于齐生：《关于我国刑法空间效力的几个问题》，载《中国法学》1994年第3期。

罪嫌疑人行使刑事管辖权。也就是刑法的效力及于整个机舱或船舱的空间,而不是说将飞机、船舶视为经过一国登记注册的有“国籍”的法律拟制的“人”而对之进行管辖。

第五,面对风险社会中对国家安全、秩序及市民社会产生威胁和侵害的社会风险,作为以安全、防卫为宗旨的保护原则应有所作为。鉴此,笔者认为,如果是诸如恐怖主义犯罪等危害后果极其严重的某些特定犯罪,不必对其采双重犯罪原则。这也是考虑到各国经济、政治、文化等发展不平衡,且存在很大差异性,其所属法系也可能不同,其刑法典规定罪状、罪名之差异性更大等诸多客观因素的缘故,所以在保护原则中一律采双重犯罪原则或有可能会放纵犯罪,尤其是一些带有明显政治、宗教意图或倾向的犯罪,如对国家元首、使节、参加国际组织的一国代表以及一国军队的犯罪。另外,对犯罪地不属于任何国家或地区的领域,如在公海上犯罪时,则可舍弃双重犯罪原则而直接适用受害国之刑法。

第六,笔者认为,虽然被动属人原则在适用范围上与保护原则存在一定交叉、重叠,但是不能就此认为被动属人原则应归属于保护原则的范畴,其实二者在应用方面各有侧重:被动属人原则重在对一国受害人法益的保护与救济,及对一国国民利益的维护;而保护原则则侧重于对一国国家利益,如国家安全、秩序等的维护。另外,根据犯罪学研究中将犯罪人与被害人作为犯罪现象的一体两面加以研究的方法,作为多数犯罪人的对向性的存在/所指,被害人国籍原则也应作为属人管辖原则的另一面加以研究和运用,故将被动属人原则归入属人管辖原则的范畴显然更为合理。当然,在没有被害人以及国家利益和国民法益同时受到威胁或侵害的犯罪发生的情况下,应考虑优先适用保护原则。鉴于国民保护原则是建立在被动属人原则和保护原则基础之上的,故可以认为是属地原则的补充。

第七,笔者认为,我国刑法明显采用了普遍管辖原则,至于部分学者所提出的“我国并不具有普遍管辖原则的理论基础,而只是基于共同利益对国际犯罪行使管辖权”①的观点其实并不恰切。因为任何事

---

① 于齐生:《关于我国刑法空间效力的几个问题》,载《中国法学》1994年第3期。

物都有其多面性,至少是正反两面,普遍管辖原则的理论基础——"犯罪世界性说"其背后蕴含的另一层观念即是国际法对国际犯罪行使刑事管辖权的理论根据——"共同利益说"。随着现代社会非典型性风险不断更新升级,如全球恐怖主义活动、网络空间犯罪等各种国际罪行层出不穷,各国基于自身利益的考虑,加快密切合作的步伐,以此来共同应对世界性犯罪,普遍管辖原则也正因此有了更为广阔的实践舞台。在此,笔者认为,应及时将我国参加或认可的国际条约/公约内涉及相关刑事条款的内容转化为我国刑法条文,同时尽可能做到缔约国国家利益、司法理论与实践上的多方位对接,以此发挥国际法与普遍管辖原则的最大效用。对于目前犯罪国际化的趋势,笔者建议将海盗、战争、劫机、劫持人质、贩卖奴隶、贩卖妇女儿童、贩卖人体器官、制造交易毒品及制造交易假币等犯罪作为普遍管辖原则的适用对象。由于部分恐怖主义犯罪具有明显疆界性而不具有全球性,对其适用普遍管辖原则不具有现实性,所以可以通过国与国之间缔结条约、进而转化成国内法的方式来进行刑事管辖与打击。同时应充分发挥国际刑事法院的功效,对国际犯罪进行有效管辖乃至审判与处罚。① 基于上述认识,普遍管辖原则当是今后世界各国行使刑事管辖权的一种新的发展趋势与方向,该称谓应是科学准确且较为形象的,故不必对之进行修正或替换,部分学者将之理解为"条约义务原则"可谓多此一举。

---

① 李斯特认为,"普遍性原则"或"世界司法制度"是在科学上站不住脚,在实践中无法实施的。该观点忽略了"即使在相邻的国家,其刑法规定也可能是完全不同的;且低估了缺乏直接取证的刑事诉讼程序的艰难性"这一事实,且其不能为本国提供更有力的保护。详见[德]李斯特:《德国刑法教科书》,徐久生译,法律出版社 2006 年版,第 142 页。但是笔者认为国际刑事司法发展到今天这个程度,已经具备了解决困扰李斯特提出的这些问题的能力。对此,笔者设想了以下三种途径来应对普遍管辖原则实践中的困境:第一,发现犯罪的发现地国可将案件递交至国际刑事法院,由国际刑事法院搜集相关证据并发布全球通缉令;第二,发现犯罪嫌疑人的发现地国可将嫌犯抓获后交于国际刑事法院,由国际刑事法院对其提起诉讼、审判与处罚;第三,发现犯罪嫌疑人的发现地国可将嫌犯抓获后交于犯罪地国或应犯罪地国的请求予以交付之。不容否认的是,普遍管辖的权限较小,效力亦较弱,一般只具有采取拘留、逮捕等刑事强制措施的权力,而无起诉、审判的权力,其实这也是比较科学合理的一种限制和约束。

第八,虽然有些学者提出了一些新的管辖原则,如永久居所或营业地管辖原则、代理原则(包括代理审判原则和代理处罚原则),德国著名刑法学家李斯特也认为,现代立法拒绝仅仅适用由理论所确立的某一种原则,而排除其他原则适用的可能性。① 但是就目前来看,五大刑事管辖原则基本可以解决理论上和司法实践中遇到的各种刑法空间效力的问题,且通过不断补充、修正与完善这五大原则以及建立各种方式的国际合作还可解决一些遇到的新问题和新情况,因此笔者并不认可增加新原则的观点。何况原则是比较宏观、抽象的规范准则,其需要一定的稳定性。而将刑事代理审判原则设立于刑法中其合理性也值得怀疑,这一问题似乎在刑事诉讼法中解决更为恰当。此外,也有人提出代理处罚原则应慎用。② 因为这关涉国内法普遍管辖的适用范围与边界等问题。所以从目前的形势来看,在没有经过充分论证和长期实践的情况下,不便贸然提出新的管辖原则。

需要进一步说明的是,对于"借鉴欧洲诸国的司法理论与实践在我国增设代理原则"的观点,③笔者认为,虽然该项制度在刑事管辖权相互让渡的基础上有益于对跨国犯罪与国际犯罪的全球治理,但是也会对一国的司法资源造成一定程度上的浪费。这项制度之所以在欧洲诸国行得通,是因为欧洲各国的经济、政治、文化有其共通性,他们有着在思想观念、文化渊源、政治基础等方面的千丝万缕的联系,其一体化进程的推进速度可以说是相当之快的,更何况有欧盟这样的经济政治实体组织的存在,欧洲刑法实际上业已包含了欧洲国家共同的刑法原则,"欧洲法院也不再被视为外国法院了",④故在欧洲各国推行代理原则没有太大的障碍。而若在我国贸然实行这一制度,其效果未必会尽如人意。笔者设想可以撷取一些世界各国普遍认同的轻微的自然犯作

---

① 参见[德]李斯特:《德国刑法教科书》,徐久生译,法律出版社2006年版,第142页。

② 参见郑泽善:《网络犯罪与刑法的空间效力原则》,载《法学研究》2006年第5期。

③ 杨彩霞:《我国刑法空间效力原则的立法完善——以代理原则为视角》,载《山西财经大学学报》2009年第1期。

④ [德]耶赛克·魏根特:《德国刑法教科书》,徐久生译,中国法制出版社2001年版,第217~225页。

为适用代理原则的试点,等到这一制度运作成熟后再渐次扩展其适用范围或许更为可行。

四、余　　论

当然,在刑法空间效力各种问题的研究中也有个别学者另辟蹊径,将研究重点或注意力集中于刑事管辖原则之外的其他方面,如有论文讨论了刑法空间效力的法律性质,同时也论述了效力冲突的协调。[①]该文引述、批判了大量的国内外学说,并注重借鉴国际私法的有关理论来塑造刑事管辖原则的适用标准,进而来指引刑事法规范的适用。其论述视角的选择比较新颖,但是如此直接地将私法上的准据法或冲突规范的理论嫁接于公法之中,难道公私法之间的界限不再分明?而且另一方面也可能给行为人预留出更多的规避处罚和规避重罚的空间。此外,该文提到的轻法原则中"以外国轻法所规定的刑罚上限来自我约束"的观点缺乏合理依据,即为何要采外国轻法之刑罚上限来约束我国刑法之适用?其科学性与合理性难道仅仅是对国外犯的人权保障吗?这一点文中没有阐明。何况各国刑法之间差异明显,而不同法系之间的法律差异性更显著,要对中外刑法中相对应罪名及其法定刑作出比较这本身就是一件工程量极其浩大的工作,客观上也会给人造成一种类推适用刑法条文的感觉。且管辖权冲突之解决不仅仅是单纯的法律问题,很大程度上还有赖于政治因素之考量。[②] 故笔者认为其中的部分问题还有待于进一步论证或商榷。

还有文章研究了类罪现象与刑法空间效力原则的适用问题,[③]该文选题具有现实意义,并具有较强的针对性,直击问题的要害所在,如

① 杨彩霞:《我国刑法空间效力原则的立法完善——以代理原则为视角》,载《山西财经大学学报》2009 年第 1 期。

② 参见于志刚、李怀胜:《关于刑事管辖权冲突及其解决模式的思考——全球化时代中国刑事管辖权的应然立场》,载《法学论坛》2017 年第 6 期。

③ 参见郑泽善:《网络犯罪与刑法的空间效力原则》,载《法学研究》2006 年第 5 期。

网络空间地域界限模糊、适用刑法空间效力原则的基础不明等。随后，该文比较、分析、论证了国内外几种针对网络犯罪的刑法空间效力问题的理论学说,最后提出对网络犯罪予以立法化的必要性及其基本原则。但遗憾的是,该文几乎没有明确地给出一个切实可行的对策或建议,而其后半部分的论述也显得较为松散、宽泛。另一篇关于刑法网络空间效力的文章则认为,我国在网络主权问题上特别强调网络设施的物理属性和网络空间的领土依附性,基于此,主张一般性地解释属地原则中的结果概念。即结果越接近实害,管辖地位就越高,反之,结果越滑向抽象危险,管辖地位就越低,同时考察结果与行为的关联度。① 对于网络犯罪立法的基本原则方面,笔者认为需要对特定的几个网络犯罪,如利用网络进行危害国家安全、危害公共安全、危害国防利益的犯罪首先进行国际立法,再由国际立法推动国内立法,进而发展与完善普遍管辖原则,如此一来亦能较好地贯彻双重犯罪原则。对于后一篇文章,其实际上是坚持属地管辖原则中的犯罪联系点的实质性影响判断标准,但这一判断标准对于风险防控与犯罪预防而言并不见得有利,并对属地管辖中的犯罪行为地原则造成一定程度上的冲击与弱化。

综上所述,对于刑法空间效力问题的研究可谓历史悠久,然而其研究的现状却又是不尽如人意的。不少学者将研究重心多集中于刑事管辖原则方面,但又不够全面或深入,故其研究视域仍有待拓展,其理论视界尚可进一步扩张,即使是刑事管辖权方面的五大原则,亦有继续深入探索之余地。笔者对刑法空间效力所作的文献综述,其间概括的八个争鸣点亦可成为今后这方面问题继续深入、全面探索和批判的方向与着力点。学术的生命在于研究探索中对问题的争鸣及其各种观点的激烈碰撞与交锋,而由此所产生的思想火花或可成为学术史上一笔宝贵的财富！相信在当今世界发展与风险、稳定与动荡交错纵横、隐现变幻之际,刑法空间效力的理论研究与司法实践在不久的将来亦将产生出一系列新的思想火花、焕发出新的学术生命的光彩！

---

①　参见刘艳红:《论刑法的网络空间效力》,载《中国法学》2018年第3期。

Research on Basic Issues of the Spatial Validity of Criminal Law

—Taking the Principle of Criminal Jurisdiction as the Entry Point

Xia Liang

[**内容摘要**]刑法空间效力问题虽然研究多年,但其学术成果尚未达到丰厚的程度。以刑事管辖原则为切入点来看,尚有包括属地管辖原则的例外情况、消极属人管辖原则与保护原则之间的关系及普遍管辖原则的存废等若干基础问题需要予以进一步厘清或深入探讨。

[**关键词**]属地管辖;属人管辖;保护原则;普遍管辖

Abstract: The validity of criminal law has been studied for many years, however, its academic achievements have not reached a high level, yet. From the point of view of criminal jurisdiction principle, there are a number of basic issues still, such as exception to territorial jurisdiction principle, relationship with negative personal jurisdiction principle and protection principle, existence or abolition of universal jurisdiction principle, need to be clarified or discussed further.

Keywords: Territorial jurisdiction; Personal jurisdiction; Principle of protection; Universal jurisdiction

论防卫行为的“明显超过必要限度”*

胡东飞**

目　　次

一、问题现状

众所周知，正当防卫与防卫过当的不同之处在于防卫行为是否超出了法定的限度条件，二者在逻辑关系上可谓同一问题的不同侧面。根据《刑法》第20条第2款的规定，防卫行为“明显超过必要限度造成重大损害的”属于防卫过当。反过来说，正当防卫的限度条件就是没有明显超过必要限度造成重大损害。可见，准确阐释“明显超过必要限度造成重大损害”的应有含义，对于司法实践合理区分正当防卫和防卫过当具有十分重要的意义。

---

* 国家社科重点项目“宗教极端主义的防治对策研究”阶段性成果，项目号：17AFX007。

** 四川大学法学院副教授，法学博士。

一方面,可以肯定的是,《刑法》第20条第2款的"重大损害"是指防卫行为造成了不法侵害人的重伤或者死亡结果(以下简称伤亡结果)。得出该结论的理由至少有三:其一,法律由文字表述,文字的解释始于字义,而"字义或者是由一般的语言用法获得,或是由法律的特殊语法,或是由一般的法学语法中获得,无论如何,它在解释上一方面可以当作第一个方向指标,另一方面也可以——依当时或今日的语言理解——划定解释的界限"。[①] 从文义解释出发,在刑法上通常只有造成了人员的伤亡结果才能谓之"重大损害"。其二,规定特殊正当防卫的《刑法》第20条第3款明确指出,对正在进行的行凶、杀人、抢劫、强奸、绑架以及其他严重危及人身安全的暴力犯罪采取防卫行为,造成不法侵害人"伤亡"的,不属于防卫过当,不负刑事责任。根据体系解释,该条第2款的"重大损害"当然是指伤亡结果。其三,从立法沿革来看,旧刑法对正当防卫的限度条件规定得过于严苛,以至于造成不法侵害人轻伤的防卫行为,也被司法机关认定为防卫过当,这极大地束缚了正当防卫权利的行使。为了弘扬社会正气,鼓励人们积极运用正当防卫的法律武器同违法犯罪行为作斗争,1997年修订《刑法》时不仅增设了特殊正当防卫(无过当防卫),而且将正当防卫的限度条件由原来的"超过必要限度造成不应有的危害"修改为"明显超过必要限度造成重大损害"。[②] 这表明,将《刑法》第20条第2款的"重大损害"理解为伤亡结果具有历史解释的依据。

另一方面,虽然《刑法》并没有在"明显超过必要限度"与"造成重大损害"之间使用连接词,但毋庸置疑的是,如果对此进行补正解释,二者之间的连接词只能是"并且"而非"或者"。由此,根据法文逻辑,只有当防卫行为明显超过必要限度并且造成重大损害的,才是防卫过当。[③] 可见,造成不法侵害人的伤亡结果只是构成防卫过当的必要条

---

① [德]卡尔·拉伦茨:《法学方法论》,陈爱娥译,商务印书馆2003年版,第204页。

② 参见郎胜主编:《中华人民共和国刑法释义》(第6版),法律出版社2015年版,第22页。

③ 参见高铭暄、马克昌主编:《刑法学》(第6版),北京大学出版社、高等教育出版社2014年版,第133页。

件之一,即只有当防卫行为造成了不法侵害人伤亡的,才可能成立防卫过当;反之,倘若只是造成不法侵害人轻伤及以下结果,则没有防卫过当可言。①

问题在于,针对《刑法》第 20 条第 3 款“严重危及人身安全的暴力犯罪”之外的不法侵害进行防卫,在造成侵害人伤亡的前提下,是否依然可能成立正当防卫?从司法实践来看,这种情形普遍被认定为防卫过当进而以犯罪论处,只是在量刑上适当减轻或者免除处罚,认定为正当防卫的判例甚为罕见。

案例一　被告人邹某等人到歌城唱歌,碰见被害人安某乙过生日恰好也在该歌城的另一房间唱歌,便去到该房间与唐某、安某甲等人一起喝酒玩耍。期间,邹某为取乐而将蛋糕砸在安某甲头上引发纠纷,安某乙等人将邹某劝推至房间外的过道上。随后,安某甲、安某乙、王某某对邹某进行殴打,将邹某踢倒在地上,唐某用酒瓶砸邹某头部,致邹某的头部、手指受伤。邹某掏出随身携带的水果刀朝对方挥舞,在此过程中将安某甲刺成重伤。对于本案,法院经审理后认为,被告人邹某系在防卫过程中明显超过必要限度造成重大损害,属于防卫过当,依法构成故意伤害罪。②

案例二　某日 23 时 30 分许,被告人马某甲和马某乙等人在酒吧玩时,与邻桌的吴某某、张某某、夏某某等人因口角发生争吵,随后吴某某、张某某、夏某某等人便动手对马某乙实施殴打。被告人马某甲见状,用随身携带的一把折叠刀将吴某某的后背捅伤,经鉴定,吴某某所受损伤为重伤二级。对于本案,法院认为,被告人马某甲在马某乙遭人围殴的情况下,为了马某乙的人身权利免受正在进行的不法侵害,采取了制止不法侵害的行为,具有防卫的性质,但致被害人重伤的结果明显

---

① 参见张明楷:《刑法学》(第 5 版),法律出版社 2016 年版,第 212 页。需要说明的是,虽然刑法理论上对此并无争议,但在司法实践中,对于不法侵害人和防卫人均受轻伤的案件,司法机关往往会将二者的行为认定为相互伤害(或相互斗殴),从而将原本应当认定为正当防卫的案件认定为故意伤害罪。这显然是背离正当防卫制度宗旨的做法。

② 参见四川省南充市顺庆区人民法院(2014)顺庆刑初字第 141 号刑事判决书。

超过了必要的限度，属于防卫过当，应当负刑事责任，其行为构成故意伤害罪。①

对于针对严重危及人身安全的暴力犯罪之外的不法侵害进行防卫并且造成侵害人伤亡的案件，司法机关之所以通常会认定为防卫过当，无需讳言，“化解矛盾”“平衡利益”和“维稳压力”的现实需要以及长期的司法惯性是其不可忽视的有力促因，但同时必须看到，对正当防卫限度条件的误读亦属重要成因。具体而言，由于《刑法》第20条第3款规定，对正在进行的严重危及人身安全的暴力犯罪采取防卫行为，造成不法侵害人伤亡的，不属于防卫过当，于是不少人便认为，对于一般防卫，不允许造成侵害人的伤亡后果，否则便成立防卫过当。即针对并非严重危及人身安全的暴力犯罪之侵害，只要防卫行为造成了侵害人的伤亡，便属于“明显超过必要限度”。

从方法论上看，这种思路是对《刑法》第20条第3款进行了反对解释，但这是对反对解释的错误运用。作为解释方法之一种，反对解释是指根据法律条文的正面表述推导出其反面含义。“反对解释只有在以下两种情况下才能采用：一是法条所确定的条件为法律效果的全部条件；二是法律规定所确定的条件为法律效果的必要条件。否则其结论不可能正确（法定条件只是法律效果的充分条件时，不能进行反对解释）”。② 例如，《刑法》第18条第4款规定：“醉酒的人犯罪，应当负刑事责任。”由于醉酒并非负刑事责任的必要条件，故不得反过来说“未醉酒的人犯罪，不负刑事责任”。

根据《刑法》第20条第3款的规定，针对严重危及人身安全的暴力犯罪进行防卫，即使造成不法侵害人伤亡的，也属于正当防卫。显然，“严重危及人身安全的暴力犯罪”并非成立正当防卫的必要条件，否则便意味着对于一般的不法侵害不能进行正当防卫；同样，“造成不法侵害人伤亡”更不是成立正当防卫的必要条件，否则便会得出造成轻伤及以下结果的反而不属于正当防卫的荒谬结论。既然如此，针对严重

① 参见云南省玉溪市红塔区人民法院（2016）云0402刑初128号刑事判决书。

② 张明楷：《罪刑法定与刑法解释》，北京大学出版社2009年版，第143页。

危及人身安全的暴力犯罪之外的不法侵害进行防卫,即使造成侵害人伤亡的,也并不必然属于防卫过当。司法实务的做法实际上是将防卫过当的成立条件由法定的明显超过必要限度并且造成重大损害缩减为造成重大损害。果真如此,则意味着“明显超过必要限度”这一法定条件形同虚设。这是在刑法规定之外人为降低犯罪的成立条件,进而增加成立犯罪的可能性,不能不说是对罪刑法定原则的严重违反。

从刑法解释学的意义上说,既然《刑法》第 20 条第 2 款明确将“明显超过必要限度”和“造成重大损害”同时规定为防卫过当的成立条件,那么,在明确了“重大损害”是指防卫行为造成侵害人伤亡结果的前提下,接下来需要讨论以下三个问题:其一,刑法为什么将“明显超过必要限度”作为防卫过当成立条件的实质根据,即“明显超过必要限度”对于正当防卫的意义;其二,“明显超过必要限度”的具体内涵及其判断标准;其三,“明显超过必要限度”与“造成重大损害”的关系。

二、“明显超过必要限度”对于正当防卫的意义

《刑法》将“明显超过必要限度”作为防卫过当的成立条件之一,这是由正当防卫的性质所决定的。

基于“正不必向不正低头让步”这一正义观念的影响,正当防卫自古以来就被认为是人们当然享有的自然权利,“正当防卫无历史”的法律格言即表明正当防卫是历史悠久的违法阻却事由。事实上,“在法律秩序尚不发达的阶段,人们即采用自助的方式,通过拳头规则和族群械斗来使自己的权利免受违法者的侵害”。[①] 而且,依照社会契约论的解释,破坏法律秩序的人不得寻求法律的保护。所以在相当长的一段时期内,正当防卫的成立无须严格衡量通过防卫所要保护的法益与对不法侵害者的利益所造成的损害是否均衡,相反只要有必要就可以实施任何性质的防卫行为。但是,随着社会趋于平和,国家救济制度的不

① [德]莱因荷德·齐柏里乌斯:《法学导论》,金振豹译,中国政法大学出版社 2007 年版,第 22 页。

断完善，在权利遭受不法侵害时，国民通常可以获得公权力机关（警察）的保护；此外，倘若只要为了保护权利便可以实施任何性质的防卫，不仅必然导致法益的极度失衡，而且也会招致社会秩序的混乱。于是，"现在的正当防卫是对作为自然权的、无限制的自我防卫从社会功利主义的角度予以了限制，允许适用正当防卫的范围也逐渐狭窄。亦即，那种认为即便存在现实的不法攻击，只要存在可得到国家机关救济的制度，还是以不实施私力救济为善的观点影响越来越大。这称为'正当防卫权的社会化'"。[①] 尤其"在法治国家中，不应该允许私人行使实力来阻止或解决法益侵害或法益冲突，而应该以由国家机关根据法定程序来保护法益、解决法益冲突为原则。因为，允许私人依靠个人实力进行法益保护的话，反而导致法秩序的混乱。但是，在侵害法益的危险迫在眉睫、依靠国家机关来恢复或预防对法益的侵害显然是不可能或明显困难的紧急情况下，不允许私人行使实力，就不仅不能保护法益，而且也难以维持法律秩序，招致社会秩序的混乱。这样，刑法，作为国家机关救济的补充，为实现法的自己维护，就在设计严格的责任要件的基础上，将正当防卫……行为类型化，承认了私人的侵害法益的行为。"[②]

由此可见，法治国意义上的正当防卫，可谓国家垄断保护法益的权力在紧急状态下向个人的让渡。在现代法治国家，当权益遭遇不法侵害，原则上应当由公权力机关救济，只有例外的场合才允许个人行使私力救济。一方面，"只有当国家垄断使用暴力，一个司法制度才得以存在。当私人诉诸暴力，并决定谁有权享有'生命、财产和追求幸福'的权利，所谓'法治'也就徒有虚名"。[③] 人类社会的历史经验表明，私力救济的泛滥意味着暴力的盛行，而暴力是社会失序的表征，其对于意图安于生计的普通人来说是莫大的威胁，也是法律失去作用的表现。由

① [日]西田典之：《日本刑法总论》（第2版），王昭武、刘明祥译，法律出版社2013年版，第130页。

② [日]大谷实：《刑法讲义总论》（第2版），黎宏译，中国人民大学出版社2008年版，第253页。

③ [美]乔治·P. 弗莱切：《地铁里的枪声——正当防卫还是持枪杀人?》，陈绪刚等译，北京大学出版社2007年版，第23页。

国家垄断暴力,旨在通过法的手段和平解决冲突和争端。所以,“凡是法发展的地方,法就取代暴力的斗争,并用和平的解决办法取代暴力斗争的位置”。[①] 但另一方面,“国家将法律执行权从个人手中取走,以使法律和平不至于因为‘拳头法则’而受到破坏。但同时作为补偿,国家提供的法律保障措施应当可靠”。[②] 在突遭不法侵害,公权力机关又不能提供保护时,如果禁止个人行使制止侵害之权利,法益将会招致事后难以弥补的损害。换言之,“如果一个人马上要遭受侵犯威胁,而警察又不能保护他们,那么国家对使用暴力的垄断权就得让路。个人自保的权利得到重申”。[③] 由此可见,以公力救济为原则并不意味着对私力救济的否定,不仅如此,“受侵害者寻求国家帮助的可能性,并不会因此而限制他所享有的正当防卫权。正当防卫的前提条件从概念上就已保证,这种权利相对于国家执法而言,具有很强的补充性”。[④]

正当防卫的嬗变简史表明,与原初意义上的正当防卫相比,虽然法治时代基于维护社会和平秩序的需要而对正当防卫予以了诸多限制,但正当防卫迄今依然是国民享有的法定权利之一,是否行使防卫权仍然属于国民个人自主领域之事项。“法治国原则的核心在于经由法来保障人类的自主决定:个人自主领域的承认与界定、根据基本正义前提确保并界定彼此的个人自主领域,以及指引足以使理性呈现的权利厘清程序,所有这些都是法治国家的中心任务”。[⑤] 由此,正当防卫成为刑法中最重要的违法阻却事由;刑法明确正当防卫的成立条件正是对国民防卫权的最有力保障。

---

① ［德］H. 科殷:《法哲学》,林荣远译,华夏出版社 2003 年版,第 118 ~ 119 页。

② ［德］莱因荷德·齐柏里乌斯:《法学导论》,金振豹译,中国政法大学出版社 2007 年版,第 27 页。

③ ［美］乔治·P. 弗莱切:《地铁里的枪声——正当防卫还是持枪杀人?》,陈绪刚等译,北京大学出版社 2007 年版,第 23 页。

④ ［德］冈特·施特拉腾韦特、洛塔尔·库伦:《刑法总论 - Ⅰ - 犯罪论》,杨萌译,法律出版社 2006 年版,第 172 ~ 173 页。

⑤ ［德］施密特·阿斯曼:《秩序理念下的行政法体系建构》,林明锵等译,北京大学出版社 2012 年版,第 46 页。

诚然，从宣示法秩序的不可被破坏性及对其的恢复而言，司法机关依法对犯罪人追究刑事责任和防卫人对侵害人实施正当防卫均可谓实现了法的确证。但是，刑事责任的追究是司法机关代表国家并以强大的国家强制力为后盾对犯罪人事后施加的惩罚(刑事责任是惩罚责任)。与之不同，防卫是防卫人与侵害人之间的对抗，二者的力量在整体上相当。由此决定了，“自卫并非是一种惩罚性正义的行为，而是一种维持社会稳定秩序的必要手段”。① 亦即，就正当防卫来说，防卫人并非代替公权力机关对侵害者实施惩罚，防卫并非根据侵害人依法所应得到的惩罚来加害于他，其目的只是在于保护法益免受不法侵害。

正因如此，正当防卫必须遵循对侵害者的最大宽恕原则，防卫人在可供选择的多种防卫手段范围内，应当选择对侵害者造成损害最小、危险性最小的手段。但这并不意味着面临侵害时防卫人必须退缩或躲避，因为刑法设立正当防卫制度本来就是为了保障被侵害者对侵害行为进行防卫的权利，即防卫是以有力手段将侵害立即且最终排除，被侵害人没有义务将自己置于危险的防卫尝试的境地。② 换言之，“在国家机构缺席的场合，个体无需严格依照管辖相应事项的公职人员所适用的规则那样来保卫法益。因此，只要求防卫行为在原则上乃有效防卫所必要，就是理所当然的了”。③ 而且，不法侵害往往事发突然，防卫者通常是在心理惶恐、精神紧张的状态下实施防卫行为，其难以(更准确地说是不可能)像公权力机关那样从容不迫、沉着冷静地应对侵害，通常也难以精准把握对侵害者所可能造成的损害后果。所以，如果仅从结果上设定正当防卫的限度条件，即只要对侵害者的利益所造成的损害大于所要保护的法益便认定为防卫过当，结局无异于否定了国民的

---

① [美]乔治·P.弗莱切:《地铁里的枪声——正当防卫还是持枪杀人?》，陈绪刚等译，北京大学出版社2007年版，第24页。

② 参见[德]汉斯·海因里希·耶赛克、托马斯·魏根特:《德国刑法教科书》(上)，徐久生译，中国法制出版社2017年版，第461页。

③ [德]乌尔斯·金德霍伊泽尔:《刑法总论教科书》，蔡桂生译，北京大学出版社2015年版，第172页。

防卫权,进而否定了正当防卫制度本身。

案例三　甲某日晚在家中睡觉时,隐约发觉有人盗窃其养殖的家禽,于是起身查看。行窃者乙意识到被他人发现,于是立即向村外的水泥路逃跑。甲紧随其后追赶,在追赶了一段路程之后,甲伸手从乙身后抓住了其左手衣袖,乙用力往后甩意图挣脱,但由于当时雨天路滑,乙重心失衡随即侧身摔倒在水泥路面上,致颅脑损伤,经抢救无效死亡。

案例四　某日凌晨3时许,不法侵害人Y通过攀爬外墙的方式意图进入位于六楼的防卫人X家中行窃。当Y爬至X家卫生间的窗户时,适逢X起夜解便,开灯后见有一双手扒在窗台上,顿时惊恐万分,但马上意识到墙外之人可能是盗贼,于是立即上前将推拉窗关上,Y因抓握不住当场坠亡。

对于案例三,仅从结果上看,甲为了保护经济价值不大的财物,却造成了不法侵害人乙的死亡后果,就此而言,似乎属于防卫过当。但在遭遇盗窃时,对盗贼实施追击可谓再自然、正常不过的举动,本案中甲的追赶并无任何不当之处(追赶行为并没有以法律上的重要方式制造或增加对法益的危险)。若仅因意图保护的法益与对侵害者所造成的损害不均衡便认定为防卫过当,这对于不法侵害的承受者甲来说无疑是极度不公平的——要么因此而承担刑事责任(防卫过当),要么继续忍受不法侵害(禁止防卫)。事实上,本案的客观情况决定了只要实施防卫就有可能造成对方的伤亡,若因此而认定为防卫过当,其实质就是剥夺了甲的防卫权。与案例三类似,案例四中X为了保护财产法益和住宅权造成了侵害人Y的死亡,在结果的比较上也可谓显著失衡;而且本案中X的防卫行为造成Y死亡的危险性极高。可是无论从哪个角度看,在当时的紧急情形下,X采取关窗的方式对于制止不法侵害、保护法益都可以说是必要、合理的,甚至可以说关窗是当时唯一能够立即制止侵害的有效方法。如若因造成Y的死亡便认定为防卫过当,则意味着继续忍受Y的侵害便成为了X当时唯一的选择。显然,这种做法不仅违背人性,而且有转嫁责任风险的嫌疑。

综上可见，为了切实保障国民的防卫权，对于防卫行为是否过当的认定，不能只考虑防卫行为是否对不法侵害人造成了重大损害。单纯将结果的失衡理解为超越正当防卫限度条件的全部内涵，究其实质是极度法治国思想在正当防卫领域的“借尸还魂”，这与正当防卫的性质无疑是背道而驰的。刑法将“明显超过必要限度”作为防卫过当的必要条件，正是由正当防卫系防卫人通过一己之力制止侵害以保护法益的一种必要手段的性质所决定的，其目的就是确保国民的正当防卫权能够从纸面落到实处。

还需要指出的是，我国《宪法》第5条早已明确将“实行依法治国，建设社会主义法治国家”规定为基本治国方略，而法治国的核心价值之一便是尊重国民的自我决定权，保障国民的人身和财产等法益不受无故侵害。但是，就我国法治建设现状来看，“维护公民基本权利不受侵犯依然任重道远，个人消极自由的保障体系仍有待完善。在此情况下，法律保护的天平似乎应当保持向防卫人一方倾斜，国家的当务之急也应当是保障遭受侵害的公民能充分行使防卫权”。[①] 易言之，基于法治建设现状的考虑，需要刑法承担内化法治基本价值追求的功能。所以，如何充分保障国民的防卫权，是当前对《刑法》第20条正当防卫限度条件解释论的应有立场和基本依归。

三、是否“明显超过必要限度”的判断

既然正当防卫是制止不法侵害以保护法益的一种必要手段，那么，是否“明显超过必要限度”的基本判断标准便应当是，“着眼于所采取的防卫行为是否为保护个体合法的利益所必需。所谓的‘必需’，意指非此即不能有效制止不法侵害，或者虽可能制止不法侵害，但会给防卫人（或被侵害人）带来人身或财产安全方面的不合理风险。只要防卫行为构成为制止不法侵害所必需且合理的手段，便应径直得出没有

---

① 陈璇：《正当防卫与比例原则——刑法条文合宪性的解释》，载《环球法律评论》2016年第6期。

'明显超过必要限度'的结论。"①换言之,"凡属于一个有效的,可以让人期待最有可能将立即结束侵犯和最能够保证将彻底消除危险(endgültige Beseitigung der Gefahr)的,都是所要求(enforderlich)的防卫"。② 此外,就防卫行为是否明显超过必要限度的判断时点和基准而言,不能事后立基于司法机关的视角进行判断,相反,"是以当时视角的观察角度客观(objektiv)认定的。关键的,是以一个冷静的第三者设身处于被侵犯者的境地,对侵犯时刻存在的和可以客观认识的情况有可能是作出了如何的判断"。③ 这同样是由防卫行为的性质所决定的。

结合司法实践的情况来看,对于防卫行为是否明显超过必要限度的认定,即作为制止不法侵害保护法益的防卫行为是否必要、合理,应当着重考察如下几方面因素:

(一)防卫人所可能采取的防卫手段

如果某种防卫手段成为当时制止侵害的有效甚至是唯一手段,即使可能造成重大损害,原则上也应当肯定防卫行为没有明显超过必要限度。这是基于保障国民的防卫权的必然要求。

案例五 不法侵害人 B 系某建筑工地上的工人,防卫人 A 是该工地厨房打下手的女工(其工作职责是负责择菜和洗菜),B 曾多次向 A 表白,但均遭到 A 的拒绝。某日下午 3 时许,见 A 一人在厨房洗菜,B 悄悄溜进厨房从背后将 A 拦腰抱住并在其身上上下其手,A 使劲挣扎并大声呼救,B 非但未停手反而动作越来越大,A 一直未能挣脱。在挣扎过程中,A 无意间触摸到案板上的水果刀,为了尽快摆脱 B 的侵害,A 抓起该水果刀朝身后 B 的身体右侧刺去,当场将 B 的右肾脏刺穿,

① 劳东燕:《防卫过当的认定与结果无价值论的不足》,载《中外法学》2015 年第 5 期。

② [德]约翰内斯·韦塞尔斯:《德国刑法总论》,李昌珂译,法律出版社 2008 年版,第 185 页。

③ 同上书,第 186 页。

造成B的重伤结果。

案例六 甲男约网友乙女见面，来到酒吧包间后，见乙颇有姿色，甲先言语调戏乙，而后伴有肢体动作。乙怒斥甲并转身要离开，甲见状便强行将乙按倒在包间的沙发上欲行奸淫，乙虽然强烈反抗，但因甲力气大而无法挣脱。无奈之下，乙只好假装同意，待甲将舌头伸入乙的口内意欲亲吻之际，乙将甲的半截舌头咬下，造成甲的重伤后果。

就案例五来看，A在遭到B的暴力性侵害后，虽奋力挣扎并大声呼救，然不但未能制止侵害，反而招致B力度更大的侵害。在此前提下，A用水果刀刺伤B对于制止B的进一步侵害无疑是完全必要的，因为如果不这样，则根本不足以阻止B的不法侵害。甚至可以说，在当时的情形下，A采用刀刺的方法是唯一能够有效保护人身法益的方法；而且，在被B从背后拦腰抱住的情况下，A只能将刀往身后刺，尽管造成了B的右肾脏被刺穿的重伤后果，但并未明显超过必要限度。对于案例六，防卫人乙也是在遭遇暴力性侵害且反抗无效的前提下，不得不咬断甲的舌头以阻止其进一步的侵害。就当时的情形而言，只有采取这一防卫手段才能立即有效制止甲的侵害。故此，该防卫行为也未明显超过必要限度。同理，对于前文案例三和案例四，也应当认为没有明显超过必要限度。

（二）不法侵害人的人数

通常情况下，在遭遇多人不法侵害时，由于为制止侵害而需要投入的反击力量更大，所以，原则上应当允许防卫人借助杀伤力较大的工具进行防卫，而不能单纯地从防卫行为所造成的损害结果加以判断，尤其要摒弃那种“如果不采用该工具就不会造成严重后果”的简单、粗暴思维。否则，就是对国民的防卫权的无理限制乃至剥夺。

案例七 某日18时许，被告人陈某某与妻子孙某某等人在工地吃饭，周某甲、周某乙、容某甲、容某乙和纪某等人也在隔壁不远处吃饭、喝酒。陈某某和孙某某吃饭完后就去加班。22时许，周某甲、容某甲、容某乙和纪某在工地调戏孙某某，并辱骂站在其身边的丈夫陈某某,双方因此发生争执。周某甲冲上去要打陈某某,陈某某也冲上去要打周某甲,孙某某和从不远处跑过来的刘某站在中间,将双方架开。孙某某在劝架时被推倒在地,陈某某就上前去扶孙某某,周某甲、容某乙和纪某先后冲过来对陈某某拳打脚踢,陈某某也用拳脚与他们对打。接着,容某乙、纪某从旁边地上捡起钢管冲上去打陈某某,周某甲也从工地上拿起一把铁铲准备殴打陈某某。其中纪某被刘某抱着,但纪某一直挣扎着往前冲,当他和刘某挪动到陈某某身旁时,纪某将刘某甩开并持钢管朝陈某某的头部打去,因陈某某头戴安全帽,钢管顺势滑下打到陈某某的左上臂。周某甲持铁铲冲向陈某某,但被孙某某拦住,周某甲就把铁铲扔了,空手冲向陈某某。在此过程中,陈某某半蹲着用左手护住孙某某,右手持一把折叠式单刃小刀乱挥、乱捅。刘某闻讯拿着一把铲子和其他同事赶到现场,周某甲、容某乙和纪某看见后便逃离现场,逃跑时还拿石头、酒瓶等物品对着陈某某砸过来。容某乙被陈某某持小刀捅伤后跑到工地的地下室里倒在地上,后因失血过多死亡。周某甲被刺成轻伤,纪某为轻微伤,陈某某被对方打成轻微伤。

对于本案,一审法院认为,陈某某在防卫中孤身一人面对三名手持器械(钢管和铁铲)的侵害人,双方力量对比悬殊,而且被害人手持的器械足以让陈某某生命安全受到严重威胁,且这种威胁事实上已发生(纪某的钢管已打到其头部)。陈某某在生命安全受到现实、急迫及严重威胁的不法侵害后采取防卫,虽然造成一名侵害人的死亡、一名轻伤及一人轻微伤的后果,但无论从手段和强度均没有超出必要限度,其行为属于正当防卫,不负刑事责任。二审法院认为,本案中被害人容某乙等人酒后滋事,调戏陈某某的妻子,辱骂陈某某,不听劝阻,使用足以造成严重危及他人重大人身安全的凶器殴打陈某某。陈某某作为一个男人,一个丈夫,在自己的妻子被调戏,自己被辱骂并被围殴之时,用小刀刺、划正在围殴其的容某乙等人,符合特殊防卫的条件,虽致容某乙死亡,周某甲轻伤,纪某轻微伤,但依法不负刑事责任。①

① 参见海南省三亚市中级人民法院(2016)琼02刑终28号刑事附带民事裁定书。

应当认为,两级法院的判决均具有合理性。本案中,防卫人陈某某在遭遇容某乙等三人手持足以严重危及人身安全的凶器主动猛烈攻击的前提下,如果不采用小刀刺、划的方式,显然不足以阻止正在围殴自己的三名侵害者,无法有效保护自己和妻子的生命、身体安全。就此而言,其防卫行为无疑是必要且合理的,并没有明显超过必要限度。

(三)不法侵害人所使用的侵害工具

在不法侵害人使用刀具、钢管、斧头、铁锹甚至枪支等杀伤力强大的侵害工具进行攻击时,应当允许防卫人使用工具予以反击,而不能苛求防卫人赤手空拳进行防卫,尤其在防卫人的力量弱于不法侵害人的力量的场合更应如此。否则,不足以制止不法侵害,难以有效保护法益。

案例八 被告人周某某和被害人王某某(系周某某之夫)因家庭琐事在家中发生打斗,在打斗过程中,被害人王某某突然用凳子砸向被告人周某某,周某某顺手抄起桌上的匕首欲刺王某某的左手臂迫使其放掉凳子时,捅中了王某某的左胸口。被告人周某某见状,立即用王某某的手机拨打“120”急救电话,并出门喊邻居救人。后邻居魏某某拨打“110”报警电话,周某某在现场等候公安机关抓获,但被害人王某某因伤势过重而死亡(经鉴定,王某某系生前左胸部被刺伤,造成左肺和主动脉破裂,导致失血性休克而死亡)。对于该案,法院经审理后认为,被告人周某某在防卫过程中,明显超过必要限度,捅中被害人王某某胸口,导致被害人王某某死亡,系防卫过当。①

基于常人的立场,“在遇到不法侵害的紧急情况下,防卫人一般很难判断不法侵害人究竟意图或者可能会造成何种危害后果,因此,一般不应苛求行为人深思熟虑地选择某种防卫行为和追求某种防卫结果,应当给防卫人以较大的防卫空间”。② 就本案来看,仅因家庭纠纷,作

① 参见湖南省株洲市石峰区人民法院(2013)株石法刑初字第166号刑事判决书。

② 王作富主编:《刑法》(第6版),中国人民大学出版社2016年版,第98页。

为丈夫的王某某便突然用凳子砸向妻子周某某,意味着其实施的是足以严重危及人身安全的暴力行凶,而且王某某在身体力量方面本来就强于防卫人周某某。由于当时情势危急且不法攻击来势迅猛,对于处于弱势地位的周某某而言,显然难以期待其赤手空拳进行防卫,相反只能"顺手"就近选择匕首予以反击。况且,周某某在防卫时是有所节制的,即原本只是打算刺伤王某某的左手臂以迫使其放掉凳子,不料却刺中王某某胸口造成其死亡。可见,无论从选取的防卫工具抑或防卫行为的力度而言,该防卫行为对于制止侵害者(借助杀伤力强大的工具即凳子)的暴力攻击,保护自身的重大人身安全,无疑是完全必要、合理的。在此意义上说,仅仅因为造成不法侵害人的死亡,判决便认为该防卫行为"明显超过必要限度",这显然难言妥当。

(四)不法侵害持续的时间长短

司法实践中,虽然大多数不法侵害转瞬即逝,但也存在时间较长即持续性侵害。一方面,没有疑问的是,持续性侵害行为对他人法益所造成的危险一直存在,因此,在不法侵害未能彻底解除之前的任何时点,防卫人都可以进行防卫;另一方面,值得注意的是,随着时间的推移,一些持续性侵害的不法性和危险性可能会"累积升高",此时,应当充分考虑防卫人对未来处境(侵害人可能会采取更严重的法益侵害手段)的担忧,进而准确判断防卫行为对于制止该侵害是否必要、合理。①

案例九　被告人刘某系高一在读学生,期间和同学丁某在校外合租一间房屋。某日 12 时许,丁某的同学郝某饭后到二人租住的屋内闲转时,因郝某翻动桌上物品被刘某制止,二人为此发生争执。当日 14 时许刘某到校后,郝某纠集张某、许某、兰某等人在学校实验楼后侧拦住刘某,郝某持砖头砸中刘某的脖子,余者围殴刘某,后被该校某教师发现而中止。当日 18 时许放学后,郝某纠集张某、王某等人持械寻找

① 参见周光权:《论持续侵害与正当防卫的关系》,载《法学》2017 年第 4 期。

刘某未果，预谋下晚自习后再“教训”刘某。当晚22时许，郝某再次纠集王某、张某、许某等共十余人持械前往刘某租住屋附近的毛纺厂西区公厕旁，将刘某拦在其出租屋门口，意图带至公厕旁殴打。刘某要求回宿舍放书，郝某、王某跟随其来到宿舍，刘某乘放书之际携带单刃弹簧折叠刀后，被郝某、王某带至公厕旁。郝某、王某等人持钢管、砍刀殴打刘某，刘某持刀反击，刺伤王某、张某二人，后王某送医院经抢救无效死亡，张某为重伤。对于该案，法院经审理后认为，被告人刘某与被害人王某等均系在校学生。因琐事刘某与郝某发生争执后，郝某纠集多人对刘某进行殴打。当刘某回到宿舍后，郝某又纠集被害人等持械将刘某强行带出宿舍，郝某、王某首先持凶器钢管、砍刀殴打刘某。刘某甲情急之下掏出刀子反击，其行为本身具有防卫的属性。但防卫行为造成被害人一死一重伤的严重后果，明显超过了必要限度，应认定为防卫过当，构成故意伤害罪(致人死亡)。①

表面看来，本案中郝某等人三次不法侵害的时间和地点似乎具有明显的独立性，但因第一次侵害未能完全“如愿”，第二次侵害因故未遂，所以郝某第三次又纠集十余人持凶器殴打刘某。由此，可以认为郝某等人的三次行为系持续性的侵害；而且从侵害者的人数、所持凶器的杀伤力情况来看，该持续性侵害的力度可谓呈急遽上升之势。防卫人刘某在下午2时许遭受了郝某等人的第一次暴力侵害后，又于当晚10时许被郝某等十余人持械强行带至僻静处，此时，处于孤立无援的刘某对接下来可能遭遇的暴力侵害的恐惧和忧虑可想而知，因此，为以防不测，只能以假借回宿舍放书为由，趁机携带单刃弹簧折叠刀。从侵害者的侵害行为来看，郝某、王某等人持钢管、砍刀殴打刘某，面对多人手持杀伤力强大的凶器的暴力攻击，如果刘某不想让自己遭受更严重的人身伤害，就只能使用事先准备好的刀具予以反击。因此，不管从什么意义上说，刘某的防卫行为都没有明显超过必要限度。但法院的判决却以造成一死一重伤的严重后果为由，认定刘某的行为属于防卫过当，这恐怕难以令人接受。

---

① 参见甘肃省天水市中级人民法院(2014)天刑一初字第10号刑事判决书。

当然,现实总是比想象复杂,上文只是归纳了几种常见的情形。事实上,这几种情形完全可能并存于同一案例中;此外,还应当结合不法侵害发生的时间、地点以及侵害者与防卫人双方力量对比等因素,对防卫行为是否必要、合理做出准确判断。

四、"明显超过必要限度"与"造成重大损害"的关系

前文已述,刑法将"明显超过必要限度"作为正当防卫的限度条件之一,目的在于切实保障国民的防卫权。故此,是否"明显超过必要限度"对于防卫行为是否过当的认定,便具有独立的存在价值。司法实践中之所以很少见到正当防卫的判例,重要原因之一便是忽略了该条件的意义,而单纯从防卫行为所造成的损害是否严重来判断过当与否。

任何权利的行使都必然会有一定的成本代价,正当防卫当然亦不例外。要充分保障国民的防卫权,就必须在一定程度上舍弃侵害方的利益,即不能单纯通过比较保护的法益和损害的利益是否均衡来认定防卫行为是否过当。所以,比例原则基本不适用于正当防卫领域。换言之,"在紧急防卫的情形下,基本不需要受攻击的利益和保卫的利益二者之间符合比例原则。如果是出于必要的防卫,紧急防卫允许对攻击者的利益进行损害性的攻击。基于这个原因,倘若在攻击发生的时间点,如果没有能起到相应作用且又更缓和的手段的话,为抵御身体遭到的攻击和为保卫财产利益,也是可以采取危及生命的手段的"。①

基于此,在《刑法》第 20 条第 2 款明确将"明显超过必要限度"和"造成重大损害"同时规定为防卫过当的必要条件的立法背景下,对于防卫行为是否过当的认定,应当遵循的逻辑进路是:先判断防卫行为是否造成了不法侵害人的伤亡结果,如果仅造成轻伤及以下损害结果,则

---

① ［德］乌尔斯 · 金德霍伊泽尔:《刑法总论教科书》,蔡桂生译,北京大学出版社 2015 年版,第 167 页;另参见［德］克劳斯 · 罗克辛:《德国刑法学总论》(第 1 卷),王世洲译,法律出版社 2005 年版,第 440 页。

没有防卫过当可言,亦无必要作是否"明显超过必要限度"的判断,而应径直认定为正当防卫(以符合正当防卫的其他条件为前提)。不过,从司法实践的情况来看,人为不当限制作为正当防卫起因条件的不法侵害,进而将原本可能成立正当防卫的案件认定为犯罪的现象却屡见不鲜。

案例十 某日晚23时许,被告人李某某与其朋友杨某某在李某某家中时,被害人李某酒后进入其屋内,李某某要求李某离开,并以有人私闯民宅为由向公安机关报案。但李某未离开李某某家中,而后又与杨某某发生争执,期间李某某将李某摔倒致伤(轻伤二级)。对于该案,法院经审理后认为,被告人李某某与被害人李某曾相识,李某虽然闯入李某某的家中,但因其并未对李某某的人身及财产造成损害,故李某某的行为不是正当防卫,而应构成故意伤害罪。①

不难看出,根据该判决的思路,只有当李某的行为侵犯了李某某的人身或财产法益时,方可对其实施正当防卫,但这明显不当限制了不法侵害的范围。作为正当防卫起因条件的不法"侵害","是对他人的权利造成损害或危险的行为,是故意行为引起的还是过失行为引起的,在所不问,不作为行为引起的情况也是侵害。例如,对被要求退去而不退去者可以实施正当防卫。"②本案中,不法侵害人李某实施的正是不作为的滞留他人住宅的行为,该行为侵犯了他人的住宅权,在李某某要求其离开而拒绝离开时,李某某当然可以对其实施防卫;而且,由于只是造成不法侵害人李某的轻伤结果,故理当成立正当防卫。

当防卫行为造成了不法侵害人的伤亡结果时,则需要进一步分析是否"明显超过必要限度",如果没有明显超过必要限度,应直接认定为正当防卫。正因为如此,一方面,应当认为《刑法》第20条第3款的特殊正当防卫只是注意性规定,即使没有该款规定,根据《刑法》第20

① 参见青海省西宁市城北区人民法院(2015)北刑初字第223号刑事判决书。

② [日]大谷实:《刑法讲义总论》(第2版),黎宏译,中国人民大学出版社2008年版,第257页。

条第1款和第2款,也能推导出第3款的含义。具体地说,针对正在进行的行凶、杀人、抢劫、强奸、绑架以及其他严重危及人身安全的暴力犯罪,采取造成不法侵害人伤亡的防卫行为,并没有明显超过必要限度,不属于防卫过当。另一方面,"在防卫造成死伤,防卫后果粗看不符合利益衡量原理,但如果能够确认防卫行为并未明显超过必要限度的,也可以认定防卫的正当性,而不需要借助于刑法第20条第3款关于特殊防卫权的规定。在司法上,绝不能认为一旦防卫结果使不法侵害者死亡的,就只有《刑法》第20条第3款才是宣告防卫人无罪的唯一根据"。[①] 可见,防卫行为造成不法侵害人的伤亡,只是判断防卫行为是否过当的一个必要条件而已。原则上,"只要是为了排除侵害的必不可少的对抗行为(不是对侵害予以回避和退避,而是为了防卫的必要的最小限度的法益侵害行为)的话,无论是怎样的法益侵害行为都会得到允许,这就成了基本的思考方法。这是因为,如果不这样的话,就会要求通过退避来避免法益侵害,就会容忍违反'正义无须向不法让步'这一思想之事态的发生,那是不妥当的。故而,由所产生的侵害结果的重大性并不径直就否定'防卫行为的相当性'"。[②] 在此意义上说,对于前文所列举的十个案例,均应当认定为正当防卫。

当然,在造成侵害者伤亡的前提下,如果防卫行为"明显超过必要限度",即防卫行为逾越了有效制止侵害,保护法益的必要、合理范围,应当认定为防卫过当,防卫人需要对此承担刑事责任。

此外,还需要指出的是,"尽管自由平等原则是法治国的基石,但每个公民毕竟都与他人共处在一个社会共同体当中,而且随着现代社会分工的日益精细,人们的生存和发展越来越依赖于其他社会成员,故成员间的相互扶助、彼此忍让就成为社会得以存续的必备要件。因此,为了防止自由和个人主义的极端化对社会的存在基础造成侵蚀,有必要强调社会共同体的成员需要相互给予一定的照应,在必要时甚至适

① 周光权:《正当防卫的司法异化与纠偏思路》,载《法学评论》2017年第5期。

② [日]山口厚:《刑法总论》(第2版),付立庆译,中国人民大学出版社2011年版,第130页。

当地为他人牺牲自身利益、部分地放弃自己的自由，此即社会团结原则”。[①] 由于正当防卫是通过损害不法侵害人的利益以保护自己或第三人的法益，而侵害人与防卫人本系处于同一社会的共同体成员，所以，基于社会团结原则的考虑，“在为了维护轻微的法益而有必要做出显失均衡的法益侵害行为的场合，不允许通过正当防卫进行对抗，而应该委诸事后的民事上的救济。从这样的见地出发，这样的法益侵害行为由于不是防卫行为，就应该否定其成立正当防卫（从而，也不成立防卫过当）”。[②] 也就是说，即使造成侵害者重大损害的方法成为当时保护法益的必要甚至唯一有效的方法，但如果所保护的法益过于轻微，也应当否认该防卫行为的正当性。例如，当可能致人死亡的枪击成为保护一个西瓜等价值低廉财物的唯一有效手段时，应当禁止实施正当防卫，此时，根据社会团结原则，财产法益的主体具有容忍对方“侵害”的义务。否则，实施侵害轻微法益的人会因此而丧失社会共同体成员的资格，这显然与人类社会个体成员共存的必要前提相悖。

五、结　　语

由于司法实践极少认定正当防卫，所以，有学者称《刑法》第 20 条关于正当防卫的规定事实上已沦为了“僵尸条款”。[③] 造成刑法正当防卫条款“沉睡”的原因多种多样，这其中既有对正当防卫限度条件的不当理解，还与社会环境、利益结构和法文化等因素息息相关。

了解支撑法律制度和司法实践的文化背景，有助于更深刻地理解制度和实践本身。因为，“在一个稳定的社会中，制度和文化是一致的，它们共同维护着同样的社会价值选择。制度和法律通过公权力强

---

① 陈璇：《正当防卫与比例原则》，载《环球法律评论》2016 年第 6 期。

② ［日］山口厚：《刑法总论》（第 2 版），付立庆译，中国人民大学出版社 2011 年版，第 131 ~ 132 页。

③ 参见陈兴良：《正当防卫如何才能避免沦为僵尸条款》，载《法学家》2017 年第 5 期。

制实施着社会的基本价值规范,文化则潜移默化地使这些价值规范深入人心,并为与之相一致的制度提供正当性基础”。[①] 一方面,在社会治安形势不甚乐观,严重不法侵害时有发生,而公权力救济整体上不尽如人意——时常不力甚至缺位——的我国现阶段,适当扩大正当防卫的成立范围实乃必要之举。易言之,基于我国社会现实考虑,对于正当防卫的认定,“应从防卫者所处的具体情境以及实际上能够利用的防卫手段、防卫人的能力等方面加以考虑,并在保障防卫权的行使不被过度限缩的范围内予以广泛的承认”。[②] 另一方面,在当前复杂的社会利益和政治结构缝隙中穿梭的司法本已不易,因此,以坐而论道的姿态一味指责司法机关缺乏应有担当,这多少有“站着说话不腰疼”之嫌。在现有司法体制和法文化背景下,唤醒刑法中沉睡的正当防卫条款的最佳途径或许是由最高司法机关通过发布典型指导案例或者制定司法解释的方式,给下级司法机关和人员“减压”,从而渐次扭转正当防卫在实务中难有立锥之地的不正常局面。

值得注意的是,近日,在最高人民检察院发布的第十二批指导性案例中,对于“陈某正当防卫案”(检例第45号),明确指出其指导意义是:刑法规定的限度条件是“明显超过必要限度造成重大损害”,具体而言,行为人的防卫措施虽明显超过必要限度但防卫结果客观上并未造成重大损害,或者防卫结果虽客观上造成重大损害但防卫措施并未明显超过必要限度,均不能认定为防卫过当。本案中,陈某为了保护自己的人身安全而持刀反击,就所要保护的权利性质以及与侵害方的手段强度比较来看,不能认为防卫措施明显超过了必要限度,所以即使防卫结果在客观上造成了重大损害,也不属于防卫过当。[③] 这无疑是令人欣慰的,相信借此可以让“沉睡”的正当防卫条款焕发生机!

---

① 魏晓阳:《制度突破与文化变迁》,北京大学出版社2006年版,第4~5页。

② [日]松宫孝明:《刑法总论讲义》,钱叶六译,中国人民大学出版社2013年版,第108页。

③ 载http://www.spp.gov.cn/spp/jczdal/201812/t20181219_402920.shtml,最后访问日期:2018年12月20日。

Study on the "Obviously Exceeds the Limits of Necessity" of Defensive Act

Hu Dongfei

[**内容摘要**]正当防卫并不是由防卫人代替国家公权力对不法侵害人施加的惩罚,相反只是制止侵害以保护法益的一种必要手段。防卫人与侵害人的力量整体上相当,刑法将“明显超过必要限度”作为防卫过当的必要条件,是为了充分保障国民的防卫权。对于防卫行为是否过当的认定,不能只考虑是否对侵害人造成了重大损害,单纯将结果的失衡理解为超过防卫限度条件的全部内涵,是极度法治国思想的体现,并不可取。防卫是否明显超过必要限度,应以其对于制止侵害、保护法益是否必要为基本判断标准。原则上,只要防卫行为没有明显超过必要限度,即使造成重大损害,也不是防卫过当;例外的只有为保护轻微法益而造成重大损害的,根据社会团结原则应否定防卫行为的正当性。

[**关键词**]正当防卫;防卫过当;明显超过必要限度;重大损害

Abstract: The legal status of defenders and infringers is originally equal and the power of the two is generally equivalent. Therefore, defenders do not punish perpetrator behalf of the state for the sole purpose of stopping unlawful infringement and protecting them. Criminal law identified that "obviously exceeds the limits of necessity" as the necessary condition of unjustifiable self-defense, this is in order to fully guarantee the national defense right, based on this, the determination of whether the defensive behavior is excessive, should not only just think about whether it's causing serious damage to the perpetrator. It is an embodiment of the thought of the state of law that the unbalance of the result is simply understood to exceed the whole connotation of the defense limit condition. Whether the defensive behavior is obviously exceeds the limits of necessity should be judged by the necessity of stopping the infringement and protecting the legal interests. In principle, if only the defensive behavior does not obviously exceed the limits of necessity, even if the serious damage is caused, it is not the excessive defense but the Justifiable Defense. According to the principle of social solidarity, the legality of the defensive behavior should be denied only when the act to defend some minor legal interests cause serious damage to the infringer.

Keywords: Justifiable defense; Undue defense; Obviously exceeds the limits of necessity; Serious damage

以刑制罪的正当根据与司法适用*
——基于刑法处罚妥当化视角的分析

冯文杰**

目　　次

一、问题与方法

当前学界愈加重视对罪刑关系问题的反思性研究，不仅因为刑法学的两大主体部分是犯罪论与刑罚论，且因为揭开刑法学的神秘面纱的可靠之手就是罪刑关系论，还因为罪刑关系论的当前发展并不尽然合理。早在20世纪80年代，陈兴良教授与邱兴隆教授即指出："犯罪与刑罚的辩证关系的核心命题是已然的犯罪与刑罚之间决定与被决定

* 本文系国家社会科学基金重大项目"我国刑法修正的理论模型与制度实践研究"(16ZDA060)；教育部人文社会科学研究规划基金项目"刑法出罪机制问题研究"(15YJA820015)的阶段性成果。

** 东南大学法学院博士研究生。

的关系以及刑罚与未然的犯罪之间遏制与被遏制的关系;前一命题的内涵是刑从罪生(质)与刑当其罪(量),后一命题的内涵是刑须制罪(质)与刑足制罪(量),它们分别产生于社会报应观念和社会功利观念……两者是一个不可分割的整体……国家刑事法律活动应该遵循'刑从罪生与刑须制罪相结合'以及'刑当其罪与刑足制罪相结合'两条刑法基本原则。"①换言之,在单纯的报应刑立场中,潜伏着为求对个人的公正而无视社会防卫等功利的需要的可能,而在单纯的预防刑立场中,又暗藏着为求社会防卫的功利需求而牺牲对个人的公正的危险。量刑必须既不失之于对个人的公正又不失之于对社会的功利,必须以报应刑之优势克服预防刑之劣势,以预防刑之优势缓和报应刑之缺陷。同时,"刑从罪生"的观念一直在支配着我国刑法学界。虽然"由刑及罪"这一逆向思索罪刑关系之观念在我国刑法学界逐渐传播,"以刑定罪""以刑制罪""量刑反制定罪""以刑释罪""逆向定罪机制"等观点纷至沓来,②但无论是从支持者的数量还是从支持者的学界地位而言,这一观念都可谓是少数说,并且,对于逆向思索罪刑关系理念的正当根据与司法适用功能、规则及范围存在一定的分歧,③亟须合理辩驳。

① 陈兴良、邱兴隆:《罪刑关系论》,载《中国社会科学》1987 年第 4 期。

② 参见冯亚东:《罪刑关系的反思与重构——兼谈罚金刑在中国现阶段之适用》,载《中国社会科学》2006 年第 5 期;高艳东:《量刑与定罪互动论:为了量刑公正可变换罪名》,载《现代法学》2009 年第 5 期;任彦君:《论逆向定罪机制在刑事疑难案件审判中的适用》,载《法商研究》2013 年第 5 期;徐松林:《以刑释罪:一种可行的刑法实质解释方法——以对"组织卖淫罪"的解释为例》,载《法商研究》2014 年第 6 期;石经海、熊亚文:《何以"以刑制罪":罪、责、刑相适应原则的定罪意义》,载《社会科学战线》2015 年第 2 期;王华伟:《误读与纠偏:"以刑制罪"的合理存在空间》,载《环球法律评论》2015 年第 4 期;付立庆:《以刑制罪观念的展开、补充与回应——兼与叶良芳教授等否定论者商榷》,载《东南大学学报》(哲学社会科学版)2018 年第 4 期。

③ 比如,冯亚东教授认为,入罪、出罪难以抉择时,基于是否具有处罚必要性、处罚必要性的大小以及可能性效果而逆向性、互动性的考虑,这就是"以刑定罪"。参见冯亚东:《罪刑关系的反思与重构——兼谈罚金刑在中国现阶段之适用》,载《中国社会科学》2006 年第 5 期。裘霞教授等人所谓的"以刑定罪"是指,法定刑反向影响、制约构成要件的解释。参见裘霞、李佑喜:《以刑制罪:一种定罪的司法逻辑》,载《河南社会科学》2004 年

"支撑刑法思想的基础在于刑事政策的考量,尤其在于以实证方式调查的、法益保护导向的刑罚需求,以及对冲突利益的权衡。"在行为非价与结果非价理论的背后,存在着刑罚一般预防与应报理论的刑罚理论对立。但是,所有成立犯罪的行为人的行为都不仅具有行为无价值,且具有结果无价值。如果某种行为成立犯罪却不具有结果无价值或行为无价值,则不符合定罪的主客观相统一原理。同时,行为无价值与结果无价值的程度决定了刑罚量的大小。这再度印证了犯罪理论与刑罚理论必须被理解为一体的观点。①尽管当前学界对于逆向思索罪刑关系理念的称谓不一,但比外在称谓更重要的是理念本身的正当性与司法适用体系。同时,应当在一定程度上考虑学术研究本身的传承性,避免以语义上的怪异来制造不必要的重复。由此一来,本文以当前学界普遍使用的"以刑制罪"这一称谓来界定逆向研讨罪刑关系的观点。"以刑制罪是从刑罚角度考虑犯罪问题",②包括行为是否构成犯罪、构成此罪还是彼罪、构成轻罪还是重罪等问题。一种刑法理论的妥当性宣示虽不绝对依赖于多数人的赞同,但必须能够符合司法实践

第6期。劳东燕教授所谓的"以刑制罪"是指,刑罚的严厉程度反过来制约构成要件的解释,其只能作为适用于解释论层面的刑法解释的指导准则而存在。参见劳东燕:《刑事政策与刑法解释中的价值判断——兼论解释论上的"以刑制罪"现象》,载《政法论坛》2012年第4期。高艳东教授所谓的"量刑反制定罪"是指,为量刑公正可以变换罪名,其适用范围原则上应限于同类犯罪(同宗同源或具有法条竞合关系、危害后果或行为方式具有相似性),而对于行为方式与危害后果迥异的不同类犯罪,在变换罪名时应当极为谨慎,以免造成刑法基本观念的混乱。参见高艳东:《量刑与定罪互动论:为了量刑公正可变换罪名》,载《现代法学》2009年第5期。赵运峰教授所谓的"以刑制罪"是指,从量刑的妥当性的基点出发,反向思考定罪,其适用范围限于疑难案件(法律规范滞后、法律规范模糊、法律规范牵连)。参见赵运峰:《以刑制罪基本问题研究》,法律出版社2017年版,第220~223页。付立庆教授所谓的"以刑制罪"是指,一种在定罪或量刑过程中的司法逻辑和解释规则,也可谓"刑罚后果对构成要件解释的反向制约"。参见付立庆:《以刑制罪观念的展开、补充与回应——兼与叶良芳教授等否定论者商榷》,载《东南大学学报》(哲学社会科学版)2018年第4期。

① 参见[日]井田良:《刑法上行为非价与结果非价之未解争议》,薛智仁译,载《月旦法学杂志》2018年第277期。

② 赵运峰:《以刑制罪基本问题研究》,法律出版社2017年版,第196页。

的真实要求以及满足妥当化的刑法处罚的真切需求。由此一来,若要将属于少数说的以刑制罪论被当前学界所广泛接纳,则必须合理界定以刑制罪的正当根据、揭示司法实践对于以刑制罪的理论需求以及清晰展示以刑制罪的司法适用。故而,本文的研究方法是,一方面,在从"概念法学"到后果导向主义的理念嬗变、刑法处罚妥当化对于形式合理与实质合理的兼顾需求、目的解释理论的贯彻以及符号学视域下的"罪""刑"关系哲思等方面展示以刑制罪的正当根据;另一方面,从合理界定以刑制罪的司法适用规则、隐性的适用范围以及显性的适用范围的类型化等方面展现以刑制罪的司法适用。总之,应当利用各种有益于实现妥当化刑法处罚的方式去实现妥当化的刑法处罚,不能、且没有必要一概排斥以刑制罪理念。

二、以刑制罪的正当根据

(一)从"概念法学"到后果导向主义的理念嬗变

历史地看,后果导向主义(又被称为结果导向主义)是缘于批判"概念法学"而形成的一种裁判思维。"概念法学"滥觞于19世纪末至20世纪初,渊源于18世纪的理性自然法学说,以自然科学与法实证主义为根基,经由萨维尼、普赫塔、(早期)耶林等人发展而成。① "概念法学"的鼻祖沃尔夫教授认为:"从较高的公理一直到最小的细节,所有自然法的语句都应该依照无漏洞的演绎方式推论出来。"②若将"自然法的语句"替换为"实在法的语句",则"概念法学"即呼之欲出。"概念法学"认为:(1)实在法本身没有任何漏洞;(2)实在法整体形成了一个以形式逻辑联结的概念体系;(3)实在法可以经由逻辑演绎从上位

---

① 参见吴从周:《概念法学、利益法学与价值法学》,中国法制出版社2011年版,第35页。

② [德]弗朗茨·维亚克尔:《近代私法史:以德意志的发展为观察重点》,陈爱娥译,生活·读书·新知三联书店2006年版,第315页。

的法律概念中推导出来,而该上位的法律概念是通过归纳法发现的,又称为"逆向论法"。① 这种机械化的"自动售货机"式的裁判,难以解决变动不居的社会现实引发的裁判难题。此外,逻辑至上和规则导向的形式裁判导致了诸多违背国民认同的裁判结果。以利益法学、批判法学、社会法学等法学流派的勃兴为代表,强调后果考量、利益权衡、司法能动、社会现实需求等现实要素的现实主义法学茁生于学界,后果导向主义进入司法裁判之中。质言之,"在处理案件时,法官理应对摆在其面前的各种可供选择的裁判规则所可能造成的后果予以审慎考量,以权衡利弊"。②

刑法处罚的妥当化(量刑结果的妥当化)是一种需要为刑事司法裁判所考量的重要结果,若不妥当,则不仅会大幅度降低司法裁判之公信力,且难以保障个案中被告人的合法权利,殊为不当。尤其在当前越来越重视实质正义的网络时代,一个不公正的司法裁判结果往往会引起网民潮水般的批判,必须合理予以回应,应当重视法定刑轻重对犯罪构成要件认定的反制功能,依靠目的解释等方法实现罪名认定与刑罚惩罚的良好互动。在刑事裁判领域,后果导向思维既包括罪名确定层面的后果导向,也包括刑罚确定层面的后果导向。罪名确定层面上的后果导向表现为:当司法人员在接触案件之后,首先会在脑海中形成案件构成何种犯罪的基本认识,而后按照这种先前假设寻找案件中呈现的事实和证据,通过对事实和证据的剪接、重新架构来印证和证成自己的先前假设,从而实现逻辑上的自洽和说理。刑罚确定层面的后果导向表现为:司法人员对被告人的行为应当受到何种惩罚有一种先判,而后在罪名中寻找能够实现内心先判的刑罚的罪名,即"以刑制罪"。③

---

① 参见[德]汉斯·彼得-哈佛坎普:《概念法学》,纪海龙译,载《比较法研究》2007年第5期。

② [英]麦考密克:《法律推理与法律理论》,姜峰译,法律出版社2005年版,第125页。

③ 参见王强军:《论刑事裁判中的结果导向及其控制》,载《法学》2014年第12期。

反对“概念法学”不等于反对概念,概念本身就是用以阐述社会现实的,具有存在的合理性与必要性。相反,“概念法学”却认为,概念本身是先于社会现实而存在的理念,殊为不当。[①] 重视后果导向主义并不等于完全否定概念、规则以及逻辑的作用,而是意在寻求实现妥当性结果的整体方案,即一种与结果相关而不是仅仅遵循概念、规则以及逻辑的思维,由此考虑规范适用的各种可能性,择取最为妥当的规范适用的结果,实现不违背罪刑法定原则的实质正义。质言之,这是一种“向前看”的司法裁判思维,“‘向前看’就是关注裁判的后果,是后果取向的裁判态度”。[②] 此外,有人认为,“疑难案件的判决结果并不来自于法律内部,对不同判决方案预测其社会效果并权衡其利弊得失是隐含于法律解释中的思维过程,正是这个隐含的思维过程决定了疑难案件应当如何判决。”[③]这种观点似乎将后果导向主义裁判思维与“依法裁判”作一对立的理解,殊为不当。后果导向主义仅仅是一种寻求不突破“依法裁判”原则、却能实现最大限度的实质正义的裁判思维。无论案件裁判结果为何,都是对于法条本身的适用与解释的结果,“疑难案件的判决结果仍来自于法律内部”。在刑法领域,如果抛弃法律条文本身的限制,任意根据所谓实质正义的理念出入人罪,则法治本身的精神即被诋毁,殊为不当。

(二)刑法处罚妥当化对于形式合理与实质合理的兼顾需求

“法律的形式合理性侧重于形式化的、意义明确的法律条文的规定以及法律原则的体系的构成和概念逻辑的阐释,它讲究的是法律的可操作性;而实质合理性侧重于对法律的内在品质诸如正义、公平、善

---

① 参见朱庆育:《法律行为概念疏证》,载《中外法学》2008 年第 3 期。

② 桑本谦、李秀霞:《“向前看”:一种真正负责任的司法态度》,载《中国法律评论》2014 年第 3 期。

③ 桑本谦:《法律解释的困境》,载《法学研究》2004 年第 5 期。

良等价值观的追求,它本身恰恰是抽象的、并非明确无误的,并且缺乏可操作性。"[1]当然,任何理性地追求实质正义的刑法学者,都不会为了实质正义而将解释滑向不利于被告人的类推解释领域。"法律之所以可能达成现代意义上的那种特殊专门的、法学上的提升纯化,唯其因为其具有形式的性格。"[2]质言之,应在实现刑法的形式合理性的同时,实现刑法处罚的实质正义。

刑法处罚正义的实现不外乎立法论与解释论这两个路径。在刑法立法领域,应当通过将值得刑法处罚而尚未被犯罪化的行为进行犯罪化,以严密刑事法网;通过将不值得刑法处罚而已被犯罪化的行为进行出罪化,以实现刑罚处罚范围的妥当化;通过完善不均衡的罪刑规范的法定刑,以实现刑法立法意义上的罪刑均衡。质言之,刑法典通过自身体系的完善能容纳各种新型犯罪;法典化的修正案方式能快速应对犯罪形势的变化;刑法典保护范围的全面性能够满足犯罪治理的一体化要求;刑法典的统一性能够充分适应刑事政策的变化。[3] 在刑事司法领域,应在坚持形式合理性的前提下,通过实质化解释犯罪构成要件及其要素,实现刑罚处罚的妥当化。同时,对于每个罪名的犯罪构成要件及其要素的解释都是一种实质解释,因为"解释者不可能完全按照国民的语言习惯解释刑法分则概念,而应穿梭于普通用语与规范概念之间,在罪刑法定原则指导下,从生活事实中发现分则概念的真实含义"。[4] 此外,不宜人为地完全对立立法论与解释论的学术研究,正如前田雅英教授所言:"解释论与立法论在'什么是犯罪'这一实质判断上,具有连续性。"[5]无论是立法论还是解释论,都是为了将值得刑法处罚以及值得多重的刑法处罚的行为揭示出来,予以合理规制。总之,以

---

① 刘艳红:《实质刑法观》,中国人民大学出版社 2009 年版,第 42 页。

② [德]马克斯·韦伯:《法律社会学》,康乐、简惠美译,广西师范大学出版社 2005 年版,第 28 页。

③ 参见赵秉志:《当代中国刑法法典化研究》,载《法学研究》2014 年第 6 期。

④ 张明楷:《罪刑法定与刑法解释》,北京大学出版社 2009 年版,第 6 页。

⑤ [日]前田雅英:《刑法总论讲义》,曾文科译,北京大学出版社 2017 年版,第 4 页。

刑制罪从刑法处罚的妥当性方面寻求罪名认定的合理性,如果定罪结果造成了合法不合理的裁判结果,则应通过对于构成要件及其要素的实质解释,实现合法而合理的定罪量刑结果,从而兼顾形式合理性与实质合理性的双重需求。

以“王某军无证收购玉米案”为例,无罪判决在实质上已经运用了以刑制罪理念。从一审的有罪判决与二审的无罪判决以及民众的反映得知,民众认为此案量刑不公正的原因是定罪错误,即将一个不应当定罪的行为人认定为犯罪人。从实质上而言,王某军的行为并不具有法益侵害性(社会危害性),其行为有利于当下的粮食流通体制改革;从形式上而言,王某军的行为既在行政违法性上存疑,又因附属刑法条文的空心化而根本不具备刑事违法性,即不符合构成法定犯所必需的“二次违法性”;从责任上而言,通过引导、教育即可以达到规制王某军的行为的目的,并不需要科处刑罚。[①] 一言以蔽之,王某军的行为根本不需要以刑法进行处罚,这种行为不仅为普通老百姓所支持,且为社会发展本身所需。对于不需要以刑法进行处罚的行为,定罪更是无从谈起,这本身就是以刑制罪的内涵之一。因为既然刑罚的目的是预防犯罪,则没有预防必要性的行为不应当作为规范意义上的犯罪。

(三)目的解释理论的贯彻

“刑法解释在于使所发生的具体事实能够获得适当的、妥善的解决,以期达到刑法制定的目的。”[②]具体而言,刑法中的目的解释是一种以最适当的形式保护法益为目的的实质解释,解释者在采用各种解释理由、使用不同解释技巧之前,必须有一个目的预判,这种预判源于司法经验、法意识、正义感等。[③] 同时,刑事政策要对刑法解释产生影响,

① 参见宁利昂、邱兴隆:《“无证收购玉米”案被改判无罪的系统解读》,载《现代法学》2017年第4期。

② 郑泽善:《受贿罪的保护法益及贿赂之范围》,载《兰州学刊》2011年第12期。

③ 参见张明楷:《刑法学·上》(第5版),法律出版社2016年版,第39页。

必须以在方法论上实现从概念法学到利益法学及评价法学的转变为前提,借助目的解释进入刑法体系,通过作用于作为规范保护目的的法益的范畴,来影响与形塑刑法条文的解释。① 由此可见,刑事政策与刑法教义学(实质上也可谓是刑法解释学)之间的"鸿沟"属于机械解释法规范的不当结果,如果合理运用以刑制罪理念,则可以逐步弥合二者之间的裂痕。尽管罗克辛教授从未提出"以刑制罪"理念,但其目的理性犯罪论体系的构建的确运用了以刑制罪理念,因为,其将"刑罚应罚性和刑罚必要性合一,即法理和刑事政策合一,以刑事政策作为建立体系的指标,亦即体系的建立考虑刑罚的目的,亦可称为犯罪论与刑罚论的合一"。② 当然,应当赋予法官一定的自由裁量权,否则,目的解释必然难以渗透于司法实践之中。此外,"规则的内涵是在官方知识(刑法规范)与经验知识(法官个人的经验判断)不断融合的过程中逐渐确定下来的。从西方国家的实践看,对法官个人经验知识的尊重和认可既可以实现个案的公正,也有助于保持规则内涵的开放性,并进而保持法律的相对稳定。"③

刑法规范既是裁判规范,也是行为规范,④通过解读刑法条文,公众得以知晓何种行为处于刑法禁止的范围,从而合理安排自身的行为;通过清晰裁判结果,公众知晓触犯刑法的行为将得到一定的惩罚,从而在一定程度上确立不违反刑法的信条。不宜认定刑法仅仅是行为规范,而不是裁判规范,舶来于德国刑法的行为规范违反说并不完全适合于我国。"德国的法文化特点在于,将刑法规定理解为具有行为调控机能的行为规范。相对于此,另一个基本观点则认为法律

---

① 参见劳东燕:《功能主义刑法解释论的方法与立场》,载《政法论坛》2018 年第 2 期。

② 许玉秀:《主观与客观之间——主观理论与客观归责》,法律出版社 2008 年版,第 44 页。

③ 刘仁文:《刑事一体化下的经济分析》,中国人民公安大学出版社 2007 年版,第 191 页。

④ 参见周光权:《法治视野中的刑法客观主义》(第 2 版),法律出版社 2013 年版,第 230 页。

规定只是裁判时(nachträglich)用来判断行为法律效果的裁判规范(Entscheidungsnormen),后者源自英美法的思路。文化理论的差异性也使得在德国能够走向以行为规范为基础的人的不法论,不过,要将这种见解适用到日本社会,就会招来质疑,日本反而倾向以英美战后思潮为中心,发展出客观、结果法益导向的刑法释义学。”①此外,行为规范期待透过规范对象产生顺从规范的意志决定,从而直接调控个人行为,其的确有集体主义及家父长式的理论性格。由于行为规范从事前角度判断行为的合法性,可能引发不法范围的扩张,此种观点适用于民主或极权国家时,可能会引起完全不同的作用,甚至造成过度管制的恶果。此外,根本没有任何经验基础告诉人们,是否系争行为规范足以有效且合理地管制,亦即,规范违反与事实上的制裁是否能给予行为规范的未来遵从一定效用,从而认为行为规范具有管制效能,其实并不清楚。规范保护目的必然是法益保护,且唯有通过保护法益才能预防犯罪。不可否认,教育具有规范化训练人的一定作用,但那种认为仅仅通过教育即可以规训犯罪人,进而预防犯罪的观点,过于理想化,应理性运用教育刑。② 同时,唯有通过构建实质的犯罪论与解释论,才能够合理的保护法益。“实质的犯罪论认为,对某种行为成立犯罪的判断不可避免地含有实质的内容,应该从处罚必要性和合理性的角度甄别值得处罚的法益侵害行为,相应的,对刑罚法规和构成要件的解释也应该从这种角度进行。”③刑法规范一经制定与颁布,所谓的立法原意就已经不能作为指导构成要件及其要素的解释依据。质言之,当下的活人不能为以往的“逝者”所束缚。否则,必然走上“概念法学”的老路。解释者必须在文本的含义范围内实质化地解释文本内涵,细致界定将值得刑法处罚的行为惩罚到何种程度,以实现刑法处罚的妥当化。由此一来,目

---

① [日]井田良:《Hans Welzel 与日本刑法学》,许恒达译,载《月旦法学杂志》2015 年第 237 期。

② 参见苏明月:《犯罪学对少年司法制度具有促进与“解构”作用》,载《人民法治》2016 年第 2 期。

③ 刘艳红:《刑法的目的与犯罪论的实质化——“中国特色”罪刑法定原则的出罪机制》,载《环球法律评论》2008 年第 1 期。

的解释呼唤以刑制罪理念的适用。

以“孙伟铭以危险方法危害公共安全案”为例，孙伟铭在饮用大量白酒后醉酒驾驶，与一辆比亚迪轿车发生追尾后，继续驾车超速行驶，越过中心黄色双实线，先后与对面车道正常行驶的4辆轿车相撞，造成四死一伤。一审判处孙伟铭触犯以危险方法危害公共安全罪，判处死刑。孙某提出上诉，且孙伟铭赔偿被害人家属100多万元，取得了被害人及其家属的谅解，二审将死刑改判为无期徒刑。① 有人认为，通过主观罪责、立法目的、罪刑均衡等角度的分析，并结合刑事政策的反思可以发现，对于大部分的醉酒驾车连续冲撞致多人伤亡的行为应以交通肇事罪论处，为追求威慑效果而以以危险方法危害公共安全罪论处的做法并不妥当。“就孙伟铭案而言，法院的裁判理由是在醉酒驾车引发的犯罪呈多发、高发态势，特别是全国各地连续发生了多起重大醉酒驾车肇事事件，引发了社会舆论的广泛关注这一背景下作出的，实际上是政策性衡量多于规范性思考的产物。从教义刑法学的角度来看，孙伟铭案判决结果也难言妥当，是重刑思想的又一个鲜活例证，刑法再一次被发挥了打击高发犯罪的工具性作用。”②诚然，司法裁判不是民意裁判，“法官不可能采取民意调查的方法、按照少数服从多数的原则作出刑事判决”。③ 但司法裁判绝对不能、也不应该忽视民意，应尊重和重视民意，因为民意可能是社会一般观念对于某种行为应受多重的刑法惩罚的反映。如果无法合理认知行为本身的法益侵害程度与行为人的可非难性程度，则无法实现妥当的刑法处罚结果。在本文看来，“孙伟铭以危险方法危害公共安全案”恰恰是为实现刑法处罚的妥当化而适用以刑制罪理念的展示。从行为方式而言，该“危险行为”与刑法所明文规定的危险方法具有相当性。“本案中孙伟铭醉酒肇事后，在限速

---

① 参见徐光华：《公众舆论与以危险方法危害公共安全罪的扩张适用》，载《法学家》2014年第5期。

② 马寅翔：《醉酒驾车连续冲撞致多人伤亡行为之定性研究——基于孙伟铭案的判例式分析》，载《中国刑事法杂志》2010年第10期。

③ 张明楷：《许霆案的刑法学分析》，载《中外法学》2009年第1期。

为 60 公里/小时的闹市区,以 130 公里/小时的速度高速驾驶别克车在下班高峰期间(人流车流量相当大的路段)违章逆向行驶。此时的别克车已经不是简单的交通工具了,而成为杀伤力极大的杀人工具,给公共安全带来的危险不亚于放火、爆炸等危害行为。”①由此也可见,孙伟铭的行为使不特定人或多数人的生命、健康安全或重大公私财产处于危险状态。从主观罪过方面而言,二审法院认为:“无证、醉酒、高速驾车发生交通事故,造成重大损害结果的发生是必然的,其主观心理状态上的自信没有客观根据”。② 其实,无论重大损害结果的发生是否必然,在明知发生追尾事故后,被告人孙伟铭为逃避可能面临的严厉处罚,反而在闹市区高速驾车逃逸,此时其主观罪过系过于自信的过失难以成立。如此一来,以危险方法危害公共安全罪判处无期徒刑,对其定罪量刑并无不当。

(四)符号学视域下的“罪”“刑”关系哲思

符号学指出,一个完整的符号系统由能指与所指所构成,前者代表音响形象,后者则代表概念。同时,相同或相似的“所指”(被表示者)可以由不同的“能指”(表示者)来表达,且所指的含义在不同国家或地区存在一定的差异。比如,对于“男性”这一语言符号而言,中文中的“男人”、英文中的“man”、日文中的“男”、德文中的“Mann”,它们在各自的国度内都代表“男性”。对于“狼”等语言符号而言,在不同国家或民族具有不同的含义(由人们所赋予的价值内涵),中国文学作品中的狼是贪婪、凶残、不讲道义的象征,而英美文化中的狼则体现着野性、自由和非凡的力量。质言之,“语言符号连结的不是事物和名称,而是音响形象和概念。”③从本质上而言,符号是一种“社会信息的物质载体”,

① 赵开年、黄维智、叶锐:《浅析孙伟铭以危险方法危害公共安全罪案》,载《中国刑事法杂志》2010 年第 5 期。

② 四川省高级人民法院刑事判决书(2009)川刑终字第 690 号。

③ [瑞士]费尔迪南·德·索绪尔:《普通语言学教程》,高名凯译,商务印书馆 1980 年版,第 102 页。

符号构成具有三个必备特征:(1)符号必须是物质的;(2)符号必须传递一种本质上不同于载体本身的信息,代表其他东西;(3)符号必须传递一种社会信息,即社会习惯所约定的、而不是个人赋予的特殊意义。① 晚近以来,“符号学向各个学科的渗透进一步加强,符号学作为一门方法论已被应用于越来越多的领域和学科的具体研究中……在语言学、哲学、文学、文化、艺术、传播学、民俗学等各个领域已全面展开。”②同时,将符号学应用于法学的研究也逐渐盛行,突出表现在商标法的符号学分析、证据法的符号学分析以及犯罪构成的符号学分析等方面。③ 不得不说,将符号学应用于罪刑关系的分析,能够更为清晰“罪”与“刑”的真实含义,进而更为合理地看待罪刑关系的冲突与缓和之道。

大体而言,刑法学是研究犯罪与刑罚的学问。④ 犯罪与刑罚惩罚之间具有不可分割的联系,“(尽管)不是惩罚造成了犯罪,但犯罪只是由于惩罚才明显地暴露于我们的眼前。”⑤在符号学视域下,可以认为,“应受刑罚惩罚的行为”与“犯罪行为”可被相互指代,因为“应受刑罚惩罚性”是界定某一行为是否犯罪行为的符号性标志。“刑罚”与“应受刑罚惩罚的行为”之间存在一个连接二者的符号,即“罪名”。罪名体系是一种指代应受刑罚惩罚的行为的符号体系,即使没有罪名体系

---

① 参见王铭玉:《符号学与语言学》,载《外语研究》1999 年第 2 期。

② 王铭玉、宋尧:《中国符号学研究 20 年》,载《外国语》(上海外国语大学学报)2003 年第 1 期。

③ 参见徐爱国:《欧洲结构主义符号学法学的几个侧面》,载《中外法学》1998 年第 4 期;孟华:《符号学的三重证据法及其在证据法学中的应用》,载《证据科学》2008 年第 1 期;徐聪颖:《论商标的符号表彰功能》,西南政法大学 2011 年博士学位论文;孙英伟:《商标起源考——以中国古代标记符号为对象》,载《知识产权》2011 年第 3 期;郭威、邹谢华:《符号学方法与法学的契合及运用》,载《湖北社会科学》2012 年第 4 期;彭文华:《犯罪构成的符号学分析》,载赵秉志主编:《刑法论丛》(第 38 卷),法律出版社 2014 年版,第 1 页。

④ 参见林东茂:《刑法综览》,台北,一品文化出版社 2018 年版,第 20 页。

⑤ [法]E. 迪尔凯姆:《社会学方法的准则》,狄玉明译,商务印书馆 1995 年版,第 61 页。

的建构,也可通过个别认定应受刑罚惩罚的行为类型,实现应受刑罚惩罚的行为体系与刑罚之间的均衡性。比如,“罪”是人们对于某种应受刑罚惩罚的行为的外在指称,在一定意义上而言,可以以“张三杀人行为”指代某种“罪”。比如,张三在杀人故意的罪过心理支配下用斧头砍死了李四,对此,无疑张三的行为属于应受刑罚惩罚的行为。至于张三的行为应受多重的刑罚惩罚,虽在罪刑法定时代应当从刑法典中寻找答案,但人们在刑事立法之前已然有了一个朴素的结果,刑事立法仅仅是将社会一般观念所认定的结果书写下来而已。由此一来,以“张三杀人行为”指代人们已然认定的应受某种程度的刑罚惩罚的“罪”,亦未尝绝对不可。① 但是,为了实现司法适用上的便宜化与学术研究的专业化,人们逐步构建了相对精准与界限相对分明的罪名体系。同时,“具体罪名”的符号概念在不同国家往往有着不尽相同的内涵②,由此在客观上展现了罪名符号的相对任意化。对于罪与刑的关系而言,罪名相对于刑法处罚的妥当化而言代表了一种形式化的手段,体现了一种形式合理性;刑法处罚的妥当化相对于罪名而言是一种目的,体现了一种实质合理性。囿于罪刑法定原则的束缚,人们在享受这个便宜的同时,就必须在一定程度上受到其束缚。③ 质言之,在一定程度上,目的往往必须受到手段的限制,即实质合理性往往必须受到形式合理性的限制。故而,人们在追求刑罚处罚的妥当化时,必须依托于具体的罪名与案件事实间的相对应性。换言之,“法律解释只能从法律规范

① 参见李永升、冯文杰:《嫖宿幼女罪存废争鸣的反思与启示》,载赵秉志主编:《刑法论丛》(第44卷),法律出版社2015年版,第390页。

② 挪用公款在此国被称为非法侵占财产,而在他国则可能被称为盗窃。强奸罪和法定强奸罪是根本不同的两种侵害行为,但却因其有某种大致的相似性被法律归入一类。因为对行为本身的价值评价受到社会一般观念以及立法技术的制约,对于相同的行为给予不同的罪名认定,在世界刑法视域下而言,具有一定程度的普遍性。参见[美]马林诺夫斯基、塞林:《犯罪:社会与文化》,许章润、么志龙译,广西师范大学出版社2003年版,第112页。

③ 参见苏明月:《论规范刑法学中“犯罪”的价值因素——兼论刑法学与犯罪学在研究犯罪问题上的分野》,载《法学杂志》2010年第8期。

中得出立法者通过规范确定的价值判断,解释的对象应该是那些被立法者纳入其价值判断之中的事实构成和后果规定。"①但是,罪刑法定等原则基本都从绝对主义走向了相对主义,以契合刑法处罚妥当化的要求。同时,因为罪刑规范由具有局限性的语言所表达,且刑事立法具有抽象性与规范性,不可能完全包含案件事实的所有细枝末节,故而常常存在一些缺陷,比如罪刑规范的不均衡性。并且,传统的由罪及刑观在应对疑难案件时,往往显得"捉襟见肘",难以实现合法而合理的刑法处罚结果。由此可见,不宜将罪刑关系论局限于由罪及刑观,必须寻求新的、且能合理回应社会需求的思维模式,以刑制罪可以承担这一使命。

在一定意义上而言,如果传统由罪及刑观可以绝对实现刑法处罚的妥当化,则以刑制罪论不会兴起。事实上,正是因为前者的"力有不逮",才给了以刑制罪论兴起的机会。当然,按照传统由罪及刑观的理解,以刑制罪论不应存在。"按照传统的罪刑关系实现模型,刑罚裁量往往具有被动性和结果性,定罪的唯一性和必然性导致刑罚处罚妥当性与合理性的调整空间明显受限,更遑论事前对定罪的有效制约作用。根据犯罪构成确立的罪名具有形式的严肃性、慎重性,甚至唯一性,不容随意违背法定的逻辑流程加以更改和调整。这是单向性思维被长期固化后的产物,本质上根源于过分重视司法过程中罪名确定的形式判断及意义,忽视刑事责任的实质判断及意义所致。"②换言之,定罪的手段意义被过分重视,量刑结果的实质公正意义被过分忽视。诚然,定罪的准确性通常意味着量刑结果的合理性,但并不尽然,"如果一项罪行与对之设定的刑罚之间存在实质性的不一致,那么这也会违背一般人的正义感"。③ 由此可见,为了实现刑法处罚的妥当化,必须重视以刑制罪理念适用的功能与必要性。可以认为,在普通案件的裁判中,以刑

① 李翔:《刑法解释的利益平衡问题研究》,北京大学出版社 2015 年版,第 215 页。

② 孙道萃:《以刑制罪的知识巡思与教义延拓》,载《法学评论》2016 年第 2 期。

③ [美]E. 博登海默:《法理学:法律哲学与法律方法》(修订版),邓正来译,中国政法大学出版社 2004 年版,第 311 页。

制罪理念已然在被法官潜移默化地适用;应当认为,在疑难案件与罪刑规范具有模糊性、相似性、滞后性及失衡性等案件的裁判中,法官必须适用以刑制罪理念,才能够合理折取案件事实,进而择定合法的罪名合理量刑,实现刑法处罚的妥当化。何况,法官至少可以作有利于被告人方向的罪名调节。此外,即使在一般情形下,法定刑轻重也影响、制约对相应犯罪构成要件及其要素的解释。因为"法定刑首先反映出国家对犯罪行为的否定评价和对犯罪人的谴责态度……解释者必须善于联系法定刑的轻重解释犯罪的构成要件,将轻微行为排除在重法定刑的犯罪构成之外,使严重行为纳入重法定刑的犯罪构成之内",①以此实现刑罚处罚的妥当化。

总之,以刑制罪是对于传统由罪及刑观的补充与发展。质言之,以刑制罪并非意在否定传统由罪及刑观。当适用传统由罪及刑观无法满足量刑公正的实质要求时,应考虑适用以刑制罪理念,抽象化、规范化乃至正义化理解案件事实,实现刑法处罚的妥当化。比如,是否可以在一定情形下将抢劫行为评价为盗窃行为?甲犯盗窃罪时(窃取现金5000元),为抗拒抓捕而当场使用暴力,导致被害人重伤。甲的行为无疑符合《刑法》第269条的规定,成立事后抢劫;根据《刑法》第263条的规定,其适用的法定刑为"10年以上有期徒刑、无期徒刑或者死刑"。乙使用暴力抢劫他人现金5000元(暴力本身仅致人轻伤),为抗拒抓捕,而当场使用暴力,导致另一被害人重伤。如果认为,不能将乙先前的普通抢劫评价为盗窃,进而不能对乙适用《刑法》第269条,就意味着乙的行为成立普通抢劫和故意伤害两个罪,数罪并罚的结果是,对乙可能判处的刑罚为3年以上20年以下有期徒刑。但是,任何人都不会认为,乙的行为的法益侵害性与有责性轻于甲。如此一来,就不能使乙承担较甲更轻的刑事责任。只有将乙先前的普通抢劫行为解释为盗窃行为(抢劫中包含了盗窃),进而适用"10年以上有期徒刑、无期徒刑或者死刑"的法定刑,才能够实现刑法的公平正义。②

① 张明楷:《许霆案的刑法学分析》,载《中外法学》2009年第1期。

② 参见张明楷:《罪刑法定与刑法解释》,北京大学出版社2009年版,第143页。

由此可见,为了量刑结果的公正,应当合理判断罪名,不仅不违背罪刑法定原则和刑事法治原则,反而是对后两者的补充与发展。由此一来,以刑制罪任意解释犯罪构成要件及其要素而违背罪刑法定原则的批判论应当休矣。

三、以刑制罪的司法适用

(一)以刑制罪的适用范围:隐显两分

以刑制罪理念的适用范围在当前学界存在一定的争议,若不能合理界定,则难以取得当前学界的广泛认同。当前学界一般认为,"在案件事实清楚、刑法条文明确且不存在适用困难时,根据从犯罪到刑罚的思维逻辑,司法机关一般可以比较准确、公正地处理司法个案。但是,在一些疑难案件中,仅靠单向的罪刑制约模式裁决案件就会遇到困难,更有甚者,可能对犯罪行为不能做出准确的司法认定。"①这种观点虽不乏真知灼见,但并不尽然合理。因为,虽然不可否认,疑难案件的合理裁判需要适用以刑制罪理念,但难以由此将以刑制罪理念的适用范围仅仅局限于疑难案件之中。"不仅法律语词的经常性的模糊和歧义需要法官从事阐明大前提的工作,而且在疑难情况下要区分大小前提的作用是很困难的。寻找事实和寻找前提往往交织在一起;法官审理证据并决定事实,而且任何关于制定法律条文的范围和可适用性的疑问,都依据可能来自事实的看法来解决。"②换言之,"在法学三段论中,不管是在规范前提方面,还是在事实前提方面,都有可能出现法律适用的不确定性。"③质言之,即使是在普通案件的刑事裁判中,应当适用的罪刑规范与案件事实的折取都具有一定的复杂性。由此可见,不宜将

---

① 赵运峰:《以刑制罪基本问题研究》,法律出版社2017年版,第73页。

② 张继成:《从案件事实之"是"到当事人之"应当"——法律推理机制及其正当理由的逻辑研究》,载《法学研究》2003年第1期。

③ [德]齐佩利乌斯:《法学方法论》,金振豹译,法律出版社2009年版,第145页。

以刑制罪理念的适用范围局限于疑难案件之中。

有人也认为,不宜人为限定以刑制罪的适用范围。因为,以罪制刑和以刑制罪都以罪刑关系作为理论源头,从理想的罪刑关系理论范式及实践样态而言,报应主要设定以罪制刑的公正性标准;预防主要设定以刑制罪的功利性标准;这是罪刑关系内在的公正性标准与功利性标准的有机统一,服务于刑罚处罚的妥当性这一终极目标。基于此,从理论源头看,以罪制刑和以刑制罪作为罪刑关系的实践适用模式,应当同时具有适用范围的普遍性和功能上的互补性,以维持完整的罪刑关系及其实践模型。否则,以刑制罪的教义化将寸步难行,甚至导致罪刑关系研究范式与体系的内部结构缺乏完整性、对称性。[①] 诚然,以刑制罪的适用范围并不局限于疑难案件中,在一般案件中,以刑制罪理念的适用并不明显,公众也不易于察觉。但是,论者的理由显然值得商榷,报应主要设定以罪制刑的公正性标准,但并非预防主要设定以刑制罪的功利性标准,将二者进行统一并非以刑制罪的合理性与正当性根据。以刑制罪理念存在的合理性与正当性是因为,其本身能够服务于刑法处罚的妥当化,且不违背罪刑法定原则。

刑法解释学又称为狭义的刑法学,即将现行刑法(规定了刑罚的法律)适用于具体的案件,在必要的范围内进行合适的处罚,展现其中为求刑法处罚妥当化的学问。[②] 在一般案件(常规案件)的规范适用过程中,解释者的前理解或前见会造成解释者形成一定的预判,“法官有这些判断或理解,并不必对其责难,因为所有的理解都是从一个先前理解开始,只是我们必须把它——这是法官们所未作的——开放、反思、带进论证中,而且随时准备作修正。”[③]同时,所谓的前理解或前见在一定意义上是成见的翻版,但即使是对于成见而言,也不能一味指责。

---

① 参见孙道萃:《以刑制罪的知识巡思与教义延拓》,载《法学评论》2016 年第 2 期。

② 参见[日]前田雅英:《刑法总论讲义》,曾文科译,北京大学出版社 2017 年版,第 4 页。

③ [德]亚图·考夫曼:《法律哲学》,刘幸义等译,台北,五南图书出版有限公司 2000 年版,第 58 页。

"成见并非必然是不正确的或者错误的,并非不可避免地会歪曲真题。事实上,我们存在的历史性包括着从词义上说的成见,他为我们整个的经验能力构造了最初的方向性。成见就是我们对世界开放的倾向性。"①在裁判过程中,必须合理比较适用各种规范后的结果优劣,通过实质解释寻求合法而合理的裁判。实质解释论认为:"对构成要件的解释不能停留在法条的字面含义上,必须以保护法益为指导,使行为的违法性与有责性达到值得科处刑罚的程度;在遵循罪刑法定原则的前提下,可以做出扩大解释,以实现处罚的妥当性。在解释构成要件时,不能脱离案件事实;在遇到法律疑问时,不能将有利于被告人作为解释原则。"②在这一判断过程中,刑罚处罚的妥当化无疑将起到重要的作用。在普通案件(常规案件)中,只要认为必须运用实质解释方法,则必然会运用以刑制罪理念,只不过其适用较为隐蔽,不易被发觉,其功能通常只是一种对刑法处罚妥当化与否的审查。换言之,当罪刑规范较为均衡、案件事实简单清晰时,由罪及刑的认定一般也能实现刑法处罚的妥当化结果,以刑制罪理念的适用仅仅被作为一种隐秘的辅助手段。有人认为:"通常被认为仅存在于疑难案件定罪裁判中的'逆向型'定罪思维或逻辑即以刑定罪,事实上并非疑难案件刑事裁判中的'独门武器'或'专利方法'。它在常规案件的定罪裁判中也为刑事法官们所采纳和运用。只不过,相比于在疑难案件中其较高的占比(67%)而言,在常规案件中,相关数值要小 25 个百分点。"③无疑,当前我国刑事司法实践对于以刑制罪理念的需求是真实的与迫切的。至于以刑制罪理念的适用在刑事司法实践中是否是有选择性的,即适用范围占比全部案件的具体数值,仍然需要进一步观察。

本文认为,不管是在疑难案件中还是在常规案件中,以刑制罪理念

---

① [德]迦达默尔:《哲学解释学》,夏镇平译,上海译文出版社 2004 年版,第 9 页。

② 张明楷:《实质解释论的再提倡》,载《中国法学》2010 年第 4 期。

③ 周建达:《"以刑定罪"的实践样态及其分析——以 Y 市法院的实证考察为基础》,载《环球法律评论》2015 年第 1 期。

的适用都是必须的。区别在于,对于常规案件中的以刑制罪理念的适用,一般较为隐蔽,且量刑结果也较为公正;对于疑难案件中的以刑制罪理念的适用,一般较为明显,且量刑结果存在一定的争议。因为,刑法的解释本身就是一个在心中充满正义的前提下,目光不断地往返于刑法规范与生活事实之间的过程。① 每一个罪刑规范本身都是需要经过实质解释才能合理适用的,应当与实质解释一同进入裁判者视野的包含以刑制罪理念,或作为检验刑法处罚妥当与否的一个标准,或作为实现刑法处罚妥当化的一种方法。故而,本文主要分析以刑制罪理念在普通案件之外的案件中的规范适用问题,并进一步提炼适用规则,从而使得主题讨论更具有针对性与可适用性。

(二)以刑制罪显性适用范围的类型化——适用规则的进一步提炼

以刑制罪理念的司法适用问题主要就是以刑制罪理念的适用范围问题,若能合理界定其具体适用范围,则可以进一步展开其适用原理与具体规则,由此实现刑法处罚的妥当化结果。类型化思维注重经验的提炼与归纳,往往会提出对立范畴但拒绝对立思维,能够回应转型时期的社会发展需求,展示法学研究上原创性研究的价值。② 一般而言,概念的功能在于描述具体法律素材,而原则的功能在于建构体系的意义关联,类型在连接生活事实与价值判断间起着无比重要的功能;并且,唯有通过类型,人们才能够更合理地把握具体事实差异,才能够更合理的掌握价值判断差异。③ 从逻辑层次上而言,类型属于一种相对中等抽象程度的范畴,类型比原则更具体而生动,比具体个案事实更凝练而

① 参见张明楷:《网络时代的刑事立法》,载《法律科学》2017 年第 3 期。

② 参见周光权:《类型思考与中国法学研究》,载《中国社会科学评价》2015 年第 4 期。

③ 参见杜宇:《刑法规范的形成机理——以“类型”建构为视角》,载《法商研究》2010 年第 1 期。

恒久,处于抽象原则与具体个案之间,恰好可以起到连接二者的功能。① 总之,类型对于法律体系建构不可或缺,类型通过对于社会生活事实的提炼与归纳,为法律原则的建构提供相对精确的素材,从而使法律原则的建构成为可能。以下从类型化视角对以刑制罪的具体适用范围以及适用规则展开研究。

其一,罪刑规范明显失衡。以刑制罪理念要求实现刑法处罚的妥当化,契合罪刑法定原则的实质侧面要求——禁止不均衡的、残虐的刑罚。罪刑均衡原则"所要求的并不是某一犯罪和对这种犯罪的惩罚之间的那种完美适应的关系。而是对不同犯罪的惩罚应当在罚和罪的标度或标准上'相当'于相应的犯罪的恶或严重性。"②换言之,这是一种"对于应为相同评价的事物应作相同处理"原则的追寻。③ 同时,"严格意义上的'同案'并不存在,既然如此,'同判'也就不再那般庄严神圣。因而,对于认定的'同案',在'类似处理'意义上的'异判'并非全不合理"。④ 故而,在事实意义上而言,"法治也包括这样的准则,即对类似的案件用类似的方法处理"。⑤ 不得不说,不同罪名法定刑之间的均衡仅仅是一种刑法立法意义上的罪刑均衡。尽管责任刑与预防刑的辩证统一原则要求对于量刑结果的公正裁判,不能仅考虑刑法立法意义上的罪刑均衡,但法官在综合案件事实,并分析经过计算得出定罪后的量刑结果后,仍觉得量刑明显失衡时,则对于相关构成要件的解释必然更加严格,这就是适用以刑制罪理念的表现。若最后通过以刑制罪无法得出合理的量刑结果,则需求助于酌定减刑程序。对于罪刑规范具有明显失衡性而言,可以细分为以下两种情形,一是法定刑配置明显过重;二是法定刑配置明显过轻。以下对其展开具体分析。

---

① 参见杜宇:《基于类型思维的刑法解释的实践功能》,载《法商研究》2016 年第 5 期。

② [英]哈特:《惩罚与责任》,王勇等译,华夏出版社 1989 年版,第 155 页。

③ [德]卡尔·拉伦茨:《法学方法论》,陈爱娥译,商务印书馆 2003 年版,第 22 页。

④ 周少华:《同案同判:一个虚构的法治神话》,载《法学》2015 年第 11 期。

⑤ [美]约翰·罗尔斯:《正义论》,谢延光译,上海译文出版社 1991 年版,第 259 页。

第一,法定刑配置明显过重。法定刑配置明显过重往往源于刑法立法不当提高了某种行为的法益侵害程度,以致形成“刑罚过剩”,突出表现在某一幅度内的法定最低刑或法定最高刑过高。比如,对于非法组织卖血罪、强迫卖血罪与故意伤害罪的法定刑配置而言,《刑法》第 333 条规定,非法组织他人卖血的,处 5 年以下有期徒刑;以暴力、威胁方式强迫他人卖血的,处 5 年以上 10 年以下有期徒刑,并处罚金;有前款行为对他人造成伤害的,依照故意伤害罪定罪处罚。《刑法》第 234 条规定,故意伤害罪的基本法定刑为 3 年以下有期徒刑、拘役或管制;造成重伤结果的,处 3 年以上 10 年以下有期徒刑;致人死亡或者以特别残忍手段致人重伤造成严重残疾的,处 10 年以上有期徒刑、无期徒刑或者死刑。如此一来,目光在非法组织卖血罪、强迫卖血罪与故意伤害罪的罪刑规范之间循环往返,即可获寻依照由罪及刑方法下规范适用后的罪刑裁判的不当结果。比如,甲以暴力、威胁方式强迫乙卖血,没有造成伤害(重伤与轻伤)结果的,则对甲应定强迫卖血罪,处 5 年以上 10 年以下有期徒刑,并处罚金;如果甲造成乙重伤的,则对甲应定故意伤害罪,处 3 年以上 10 年以下有期徒刑;如果甲未造成乙重伤,仅仅造成乙轻伤的,则对甲应定故意伤害罪,处 3 年以下有期徒刑、拘役或管制。由此可见,依照由罪及刑的方法予以规范适用,以暴力、威胁方式强迫他人卖血的,未造成重伤结果的处罚程度反而重于造成重伤结果的处罚程度;造成轻伤结果的处罚程度反而轻于未造成轻伤结果的处罚程度。由此一来,罪刑均衡原则必将难以实现。在处理类似案件时,通过适用以刑制罪理念,从而判处合理的罪名,实现刑法处罚的妥当化,不失为一个值得尝试的路径。

第二,法定刑配置明显过轻。法定刑配置明显过轻往往源于刑法立法不当降低了某种行为的法益侵害程度,以致形成“刑罚不足”。比如,对于保险诈骗罪与诈骗罪而言,这两个罪名的规范设置都包含三个具体量刑情节,对应着三个不同的法定刑幅度,二者属于特别法条与一般法条的关系;在“数额较大”“数额巨大或者有其他严重情节”这两种情形下,前者的法定刑配置重于后者,但在“数额特别巨大或者有其他特别严重情节”的情形下,前者的法定最高刑明显低于后者;前者的法定最高刑为15年有期徒刑，后者为无期徒刑，与保险诈骗罪属同一章节的其他金融诈骗类犯罪的法定最高刑为无期徒刑，同时，合同诈骗罪的法定最高刑也为无期徒刑。由此可见，保险诈骗罪的法定最高刑在诈骗类犯罪中最低，并且与无期徒刑之间的差异相当大。① "性质、类别相同或相近的犯罪由于侵害客体基本相似、社会危害性程度大致相当，所以在刑罚配置的差异性上不应相去甚远，而从横向比较，保险诈骗罪法定最高刑的设置显然对此有所违背。"②还比如，一些过失犯罪之间的法定刑配置也明显失衡。过失致人死亡罪的法定最高刑为7年有期徒刑，过失以危险方法危害公共安全罪的法定最高刑也为7年有期徒刑。相比之下，过失致人死亡罪针对的是特定个人的生命安全，过失以危险方法危害公共安全罪危害的是不特定人或多数人的生命、身体、财产安全，完全存在后者的法益侵害结果重于前者的可能，但二者的法定最高刑相同，由此可见，既可能是过失以危险方法危害公共安全罪的法定刑配置明显偏轻，也可能是过失致人死亡罪的法定刑配置明显偏重。通过体系解释可知，前者的可能性更大。③ 在处理类似案件时，通过适用以刑制罪理念，从而判处合理的罪名，实现刑法处罚的妥当化，不失为一个值得尝试的路径。

此外，当前司法实践中不乏运用以刑制罪理念解决刑法处罚妥当化难题的案例。比如，在"刘某等以危险方法危害公共安全案"中，法官之所以选择本罪，主要原因在于"此案社会影响恶劣、社会危害性巨大，以非法经营罪定罪处罚太轻"。④ 又如，在"伍某正、伍某文以危险

---

① 参见阴建峰：《保险诈骗罪的共犯问题探究》，载《河南大学学报》（社会科学版）2013年第2期。

② 杨俊：《关于完善保险诈骗罪刑罚设置的几个问题》，载《云南大学学报》（法学版）2015年第4期。

③ 参见叶锋：《以危险方法危害公共安全罪司法适用的微观透视——以构建本罪统一的裁判规则为中心》，载《法律适用》2017年第3期。

④ 参见李勇：《反思以危险方法危害公共安全罪的口袋效应——以河南"瘦肉精"案为例》，载陈兴良主编：《刑事法判解》（第12卷），人民法院出版社2012年版，第127页。

方法危害公共安全案”中，该案所在法院刑二庭庭长认为：“若单纯按照盗窃罪追究，被告盗窃窨井盖量刑幅度仅在有期徒刑3年以下，打击力度比按照以危险方法危害公共安全罪要轻得多”。[①] 当然，也有人认为，上述以刑制罪理念的适用严重违反罪刑法定原则，属于重刑主义的不当运用，不当限制了公民自由权利。“以危险方法危害公共安全罪的触角已经越生越长，从道路交通秩序领域到市场经济秩序领域、公民个人权利领域、社会管理秩序领域。”[②]但是，如果仅仅以司法裁判说理能力的不足而质疑以刑制罪理念适用的正当性，则难以合理回应现实需求；如果一看到重刑裁判结果，就将这一裁判思维指责为重刑主义的滥觞，则不仅遮蔽了责任刑的裁量原则，还可能造成刑法解释学的“束手无策”。一言以蔽之，从真实的法益侵害程度以及行为人的主观非难性程度考量出发，对照刑法法条的具体规定，才能合理论证某种行为的定罪量刑是否合法合理。

其二，罪刑规范具有模糊性。从绝对意义上而言，没有任何国家的法律可以做到清晰明确，或多或少都具有一定的模糊性，毕竟法条难以完全由数字构成，且仅仅由数字构成的事物根本无法形成规范。“在人类生活中没有任何东西是静止不动的，这就注定不可能用什么高明的知识，打算颁布一项简单的法规去永远处理每一件事情。”[③]罪刑规范是以语言进行表述的，难免带有语言的局限性。语言具有空缺结构的特征，每一个字、词组和命题在其“核心范围”内具有明确无疑的意思，但随着由核心向边缘的扩展，语言会变得越来越不确定，在一些“边缘地带”，语言则根本是不确定的。[④] 由此可见，绝对精确的罪刑规范只能是一个难以企及的“理想国”，处处可见的是罪刑规范的模糊性。罪刑规范呈现模糊性的原因，一是刑法立法技术的局限性；二是刑

① 叶锋：《以危险方法危害公共安全罪司法适用的微观透视——以构建本罪统一的裁判规则为中心》，载《法律适用》2017年第3期。

② 孙万怀：《以危险方法危害公共安全罪何以成为口袋罪》，载《现代法学》2010年第5期。

③ 《西方法律思想史资料简编》，北京大学出版社1983年版，第16页。

④ 参见[英]哈特：《法律的概念》，许家馨、李冠宜译，法律出版社2011年版，第98页。

法立法调整范围的不合理性；三是刑法立法本身的不明确性；四是变动不居的社会现实反制出刑法条文本身的模糊性。[①] 同时，即使在立法与司法上及时细化模糊条款，也难以从根本上改变罪刑设置的模糊性特征，司法适用的难题持续存在。应尽量通过不断发展的刑法解释学增加刑法规范的有效供给，同时，不利于行为人的当然解释最终必须还原为扩大解释才能获得认可，必须坚决放弃不利于行为人的类推解释。此外，并非罪刑规范越精确就意味着其越合理，应当辩证地看待精确与模糊的价值。一个能够有助于实现法的正义的模糊性构成要件语言绝对比会推导出反正义结论的精确性用语更符合法治原则。[②] 反之，一个无助于实现法的正义的模糊性构成要件语言，应予修订。在某种意义上而言，没有模糊性，就没有精确性；反之，亦然。换言之，精确性的另一半是模糊性。[③] 为了实现刑法处罚的妥当化，以目的解释作为自身内核的以刑制罪应通过模糊的刑法规范，精确揭示出其价值内涵与规范含义，从而实现案件事实与刑法规范的对应，最终实现以合理的罪名施加合理的惩罚。

以“赵某华摆摊打气球案”为例，赵某华非法持有枪支案引发的罪与非罪争议，其实也就是赵某华持有 6 支能正常发射以压缩气体为动力的枪支，是否属于《刑法》第 128 条规定的“枪支、弹药”，这也是一个与刑法之明确性相关的问题，即能否以授权性立法（公安部 2010 年制定的《公安机关涉案枪支弹药性能鉴定工作规定》）予以明确的问题。[④] 依照《公安机关涉案枪支弹药性能鉴定工作规定》，赵某华持有的 6 支能正常发射以压缩气体为动力的工具的确属于枪支。但是，即使其符合授权性立法的标准要求，也不能将之作为刑法意义上的枪支。质言

① 参见黄维幸：《法律解释所为何事？——传统解释方法的批判》，载《月旦法学杂志》2016 年第 249 期。

② 参见刘艳红：《刑事立法技术与罪刑法定原则之实践——兼论罪刑法定原则实施中的观念误差》，载《法学》2003 年第 8 期。

③ 参见刘应明、任平：《模糊性——精确性的另一半》，清华大学出版社、暨南大学出版社 2000 年版，第 18 页。

④ 参见姜涛：《基于明确性原则的刑法解释研究》，载《政法论坛》2019 年第 3 期。

之,刑法条文的解释需要坚持相对独立性判断原则,参照而不是照搬其他法规范的具体标准。否则,在行政犯呈现明显扩张化的当前社会,在一定程度上,刑法有被“绑架”的危机,即动辄以行政法作为罪名认定的实质依据,违背“法无明文规定不为罪”的可预测性与公正化要求。“将之认定为刑法中的枪支,违背了人们对枪支是具有杀伤力的武器这一根本常识。同时,无论是玩具枪还是仿真枪,只要行为人不是以实施犯罪或违法行为为目的,自己的收藏或者使用或者打气球的行为,与刑法中所说的犯罪并无任何关系,如此上纲上线,是将生活行为一律纳入刑法规制,是对正常生活秩序的破坏而不是维护。”①由此可见,对于模糊性的刑法条文的解释必须以实现刑法处罚的妥当化为目标,行为的法益侵害性越小,则将案件事实涵摄入刑法规范的可能性越小。此外,赵某华的行为不具有任何法益侵害性,对其施加刑罚的惩罚,不仅与刑法所要求的处罚值得处罚的法益侵害行为(应受刑罚惩罚性)之犯罪界定标准相违背,也与罪刑法定原则实质侧面所要求的刑罚法规的妥当性之处罚合理标准相违背。该案显示了法条主义的困境与提倡刑法实质解释观的必要性,司法工作人员必须注重发挥刑法解释的功能,②合理适用以刑制罪理念,充分运用目的解释与体系解释的方法,努力将不值得刑罚惩罚的行为解释为不构成犯罪,尤其当法律精神与法律条文存在对立时,法官的目光必须多次在案件事实与法律规范之间往返,直到找到符合正义标准的平衡方案为止。总之,法官不是机械输出判决结果的自动售货机,应当在不违背罪刑法定原则的前提下,最大限度地实现刑罚处罚的妥当化。

其三,罪刑规范具有相似性。如果罪名之间具有相似性,则为以刑制罪理念的适用提供了契机。因为司法裁判者面对相似的罪名时,需要根据法益保护目的折取案件事实,实现定罪量刑的妥当化。同时,相

① 刘艳红:《“司法无良知”抑或“刑法无底线”——以“摆摊打气球案”入刑为视角的分析》,载《东南大学学报》(哲学社会科学版)2017 年第 1 期。

② 参见劳东燕:《法条主义与刑法解释中的实质判断——以赵春华持枪案为例的分析》,载《华东政法大学学报》2017 年第 6 期。

似罪名之间的抉择往往较为困难，司法裁判者需要考虑适用不同规范的结果优劣，从而合理抉择。尽管诸多学者提出，当罪名之间具有相似性时，可以适用以刑制罪理念。但是，遗憾的是，鲜见有对于具体判断规则的研讨。对于罪名之间是否具有相似性的判断标准而言，高艳东教授认为，罪名相似性包含三种情形：一是同宗同源或具有法条竞合关系的罪名，即行为方式和危害后果具有同质性。比如，集资诈骗罪、合同诈骗罪等罪名分立于传统的诈骗罪，基本构造相同，不需严格区分。二是危害后果具有相似性的罪名。比如，盗窃罪、侵占罪、诈骗罪等罪名本质上都是对财产所有（占有）权的侵犯，具有可比性，区分界限总有争议，没必要过于精确区分。三是行为方式具有相似性的罪名，即行为方式具有共同点、行为阶段具有一脉相承性。比如，非法拘禁罪和绑架罪，往往都采用了剥夺人身自由的方式，犯罪构成具有交叉、重合之处，可灵活评价。反之，若罪名间根本无相似性，危害后果和行为方式无可比性，就不能变换罪名。[①] 这种观点虽仍有一些值得斟酌之处，但无疑具有诸多值得借鉴之处。

事实上，当罪名之间具有法条竞合关系时，需要审慎适用以刑制罪理念，以不违反罪刑法定原则的明文规定为限。“法条竞合是指一个行为同时符合刑法分则的数个规定，在裁判上只能适用其中的某一罪名，从而排斥其他法条适用的情形。”[②]对于法条竞合的处理，需要分类型进行处理。虽然对于“本法另有规定的，依照规定”，仍然可以强硬解释为“择一重处罚”规则，但如果可以通过其他途径合理规避这一难点，似乎更为合适。质言之，对于未规定“本法另有规定的，依照规定”的，可以直接适用以刑制罪理念，以妥当化的刑法处罚为导向，从而“择一重处罚”。对于规定“本法另有规定的，依照规定”的，则需优先考量是否可以认定为想象竞合关系，从而“择一重处罚”，但并非一概

① 参见高艳东：《量刑与定罪互动论：为了量刑公正可变换罪名》，载《现代法学》2009 年第 5 期。

② 周光权：《法条竞合的特别关系研究——兼与张明楷教授商榷》，载《中国法学》2010 年第 3 期。

排斥法条竞合关系的认定,关键在于是否能够实现刑法处罚的妥当化。“在符合法益同一性标准的场合,只有当适应一个法条也能充分、全面评价行为的不法内容,且法条之间具有包容关系时,才应认定为法条竞合。”①同时,“如若行为人保险诈骗数额特别巨大,那么,此时保险诈骗罪与普通诈骗罪便是想象竞合……不能充分、全面评价对数额特别巨大财产的不法侵害内容,所以,必须认定为想象竞合,认定同时触犯两罪,并按重罪(普通诈骗)的法定刑处罚。”②其实,想象竞合的处理规则“从一重处罚”就是对以刑制罪理念的运用,因为认定想象竞合的目的在于“从一重处罚”,即追求刑法处罚的妥当化,其与以刑制罪从刑法处罚妥当化的角度反思罪名认定问题,具有实质的一致性。

当罪名之间的行为方式或危害后果具有相似性时,也需要考虑以刑制罪理念。比如,就抢劫罪与寻衅滋事罪的司法认定而言,从法益侵害方面而言,前者是侵犯公民财产权利的犯罪,后者是妨害社会管理秩序(内含着侵害财产权利的可能性)的犯罪;从罪过形式方面而言,两罪之间存在一定的相似性;从行为方式而言,两罪存在相似性,都属于强拿硬要型,区别在于,两罪对于“暴力”的要求存在一定程度的差异,前者要求达到足以压制被害人反抗的程度,后者无此要求,且基本上为轻微暴力。质言之,似乎难以明确区分两罪,尤其在案件事实模棱两可之时。换言之,“无论是通过法益的内容、行为的客观方面还是主观方面的限定,都只是对多数情况下两罪区别的一种描述,而无法形成明确的标准”。③ 比如,对“寇平案”而言,似乎难以明确界分寻衅滋事罪与抢劫罪的适用界限。在“寇平案”中,被告人寇某在火车上对被害人实施轻微暴力,抢得一包香烟和十几元钱。对此,一审法院认定为“在公共交通工具上抢劫”,判处被告人寇平10年有期徒刑;二审法院则以寻衅滋事

① 张明楷:《刑法学·上》(第5版),法律出版社2016年版,第486页。

② 张明楷:《刑法分则的解释原理·上》(第2版),中国人民大学出版社2011年版,第255页。

③ 付立庆:《论抢劫罪与强拿硬要型寻衅滋事罪之间的关系——以孙某寻衅滋事案为切入点》,载《法学》2015年第4期。

罪改判为1年有期徒刑。对此,陈洪兵教授认为:“因为暴力程度轻微而不足以压制被害人的反抗,原本就不成立抢劫罪,法院以寻衅滋事罪定罪处罚是正确的。这根本不是什么‘以刑制罪’,只不过是二审法院纠正了一审判决的错误而已。”①虽不乏真知灼见,但并不尽然合理。一方面,被告人寇平主观上具有非法占有财物目的,具有符合抢劫罪的犯罪构成的可能性;另一方面,被告人寇平客观上“实施轻微暴力”,结果是“抢得一包香烟和十几元钱”。诚然,抢劫罪的手段方式需要满足“足以压制被害人的反抗”这一条件,但难以绝对认为轻微暴力不能压制被害人的反抗;并且,从案件事实而言,可以认为其已经足以压制了被害人的反抗。由此可见,被告人寇平的行为已经构成了抢劫罪。此外,从寻衅滋事罪的犯罪构成而言,被告人寇平的行为也触犯了寻衅滋事罪。刑法规定的罪名之间具有重合性,不能绝对认为抢劫罪与寻衅滋事罪属于对立关系。若判定为抢劫罪,则其至少应被判处10年有期徒刑。从其法益侵害结果而言,10年有期徒刑的惩罚明显过重,不能实现刑法处罚的妥当化。若判定为寻衅滋事罪,则其至多应被判处5年有期徒刑,不仅能够实现刑法处罚的妥当化,且能够实现刑法裁判的公众认同。由此可见,二审法院以寻衅滋事罪改判为1年有期徒刑,明显运用了以刑制罪理念。

其四,罪刑规范具有滞后性。顾名思义,何为法律规范滞后,有人认为:“法律规范滞后,是指刑法规范落后于社会需要,立法主体没有及时做补充完善,直接适用该条款可能会殃及实质正义。”②有人主张,法律滞后不同于法律滞后性。法律滞后严格意义上讲是指立法滞后,即指一国(某方面)的立法不能满足社会发展需要的状态;法律滞后性是把滞后性作为法律的一个属性来论述的,就是指“昨日”法律与“今日”现实之间的时空差异性及由此引起的法律功能性损伤。③ 由此可

① 陈洪兵:《罪刑相适应原则在刑法解释中的适用研究》,载《交大法学》2016年第4期。

② 赵运峰:《以刑制罪基本问题研究》,法律出版社2017年版,第221页。

③ 参见殷冬水:《法律滞后三论》,载《行政与法》(吉林省行政学院学报)1998年第2期。

见,法律规范滞后的关键标准为是否落后于社会现实的规范需要。同时,刑法规范滞后可分为自始滞后和继后滞后,前者是指,刑法在制定颁布实行时,就落后于现实社会要求,不能满足实际需要而发生滞后;后者是指,刑法因现实生活的发展,而使自身的原先包含的内容因不能满足实际需要而发生滞后,也即由原先的适应需要变成滞后。[①] 法律规范具有滞后性的主要原因大致包括三个方面:一是法律的相对稳定性与社会的无限变动性间的冲突;二是法律预测能力的有限性;三是法律规范的设置派生于社会利益的调整。刑事司法裁判既应维护刑法条文的"不可嘲笑性",又需保证判决结果的可接受性。囿于罪刑规范的滞后性,如果某一行为原本属于犯罪行为,但是,当社会变迁导致这种行为不值得刑法处罚时,即惩罚这种行为的选择属于不公正的处罚,是继续形式化地解释罪刑规范予以入罪,还是合理考量以刑制罪理念,将不值得刑法处罚的行为出罪,成为亟待解决的问题。比如,1979 年《刑法》第 117 条至第 119 条规定了投机倒把罪,所谓的投机倒把行为在当前已成为有利于市场经济发展的合法行为。质言之,如果当前没有"投机倒把行为",则市场经济难以发展,公民利益无法得到保障。在废除了投机倒把罪的 1997 年《刑法》颁布之前的一段时期中,可以想象,投机倒把罪已然不适应市场经济发展的规范要求,一定的所谓投机倒把行为根本不具有法益侵害性,反而有益于市场经济的发展,不应被定罪处罚。由此可见,罪与非罪的评价应以实质的法益侵害性为导向,不能以滞后的刑法规范来予以评价。"只有实质上侵害或者威胁了法益的行为,才能被刑法规定为犯罪。"[②]但凡认定某一行为构成某一罪名,必须指出该行为侵犯了何种法益。"如果立法者将某种行为态样犯罪化,却又不能说出来这种行为伤害了什么利益时,那么这样的立法就是违宪的。"[③]

仍旧以"王某军无证收购玉米案"为例,从形式上而言,或许其触

---

① 参见陈正云:《刑法的缺陷及其解决》,载《法学研究》1996 年第 3 期。

② 张明楷:《法益保护与比例原则》,载《中国社会科学》2017 年第 7 期。

③ 蔡圣伟:《刑法问题研究(一)》,台北,元照出版有限公司 2008 年版,第 338 页。

犯了非法经营罪，但从实质上而言，王某军的行为不仅不具有法益侵害性，且反而有利于推进当下的粮食流通体制改革与便利公众的粮食转运事务，不应被定罪处罚。法院再审认为，王某军没有办理粮食收购许可证及工商营业执照买卖玉米的事实清楚，其行为违反了当时的国家粮食流通管理有关规定，但尚未达到严重扰乱市场秩序的危害程度，不具备与《刑法》第 225 条规定的非法经营罪相当的社会危害性和刑事处罚的必要性，不构成非法经营罪。① 质言之，法院认定王某军无罪的裁判结果明显运用了以刑制罪理念，以不具备“相当的社会危害性和刑事处罚的必要性”清晰解读了以刑制罪追求的刑法处罚的妥当性理念。此外，应当反思的是，王某军无证收购玉米的行为在我国农村地区是一个再普通不过的现象，不仅为普通农民所支持，且便利了粮食流通，应当为法规范所保护。不能以已然滞后的法律规范规制人们的行为，更不能以已然滞后的刑事规范限制人们的自由。“遇到问题即动用刑法，不但国家与政府管理社会的能力难以提高，刑罚也将因被过度使用而最终使国家、社会及公民三受其害。”②晚近以来，预备行为正犯化、共犯行为独立化以及抽象危险犯的迅速扩张化使刑法的调整范围越来越广，在刑事立法呈现预防性色彩浓厚的当下，更应当强调刑法的谦抑性。动辄将刑法推到社会关系规制的第一线，违背了刑法谦抑原则，刑法是所有部门法的保障法，只有在其他法律不足以惩治越轨行为时才能动用刑法。

四、结　　论

恰如“密涅瓦的猫头鹰黄昏的时候才起飞”，③经过学界的多维争

---

① 参见内蒙古自治区巴彦淖尔市中级人民法院刑事判决书（2017）内 08 刑再 1 号。

② 刘艳红：《当下中国刑事立法应当如何谦抑？——以恶意欠薪行为入罪为例之批判性分析》，载《环球法律评论》2012 年第 2 期。

③ ［德］黑格尔：《法哲学原理》，范扬、张企泰译，商务印书馆 1961 年版，第 55 页。

鸣后,再对问题进行反思,必将能有更多有价值的收获。以刑制罪是逆向从刑罚角度考虑犯罪问题的理念,以实现刑法处罚的妥当化为导向。从“概念法学”到后果导向主义的理念嬗变、刑法处罚妥当化对于形式合理与实质合理的兼顾需求、目的解释理论的贯彻以及符号学视域下的“罪”“刑”关系哲思确立了以刑制罪的正当根据。以刑制罪理念并非仅仅藏身于疑难案件之中,在隐显两分视角下,其隐性适用范围存在于所有刑事裁判领域,作为一个检验刑法处罚是否妥当的标准;其显性适用范围主要存在于罪刑设置具有明显失衡性、模糊性、相似性、滞后性这四个领域。没有必要一概排斥以刑制罪理念,在传统的由罪及刑观之外,尝试逆向从刑罚角度考虑罪名界定问题,不仅能够为刑法处罚的妥当化提供助益,且能够为罪刑关系论的持续发展提供有益视角。坚持以刑制罪理念并非意味着赞同社科法学的全部观点,也非意味着排斥教义法学的全部论断,而是主张以刑法处罚的妥当化为导向,在不违反罪刑法定原则的前提下,将案件事实涵摄于刑法规范,从而实现罪名认定与刑罚惩罚的良性互动。当前学界对于罗克辛的目的理性犯罪论体系在罪刑关系论领域的解读,尚不深刻。这一体系带给人们最大的启示是:应当将应罚性与需罚性结合起来认定犯罪。因为,既然刑罚的正当化根据是报应与预防的辩证统一,则没有罪责的行为不应当作为犯罪;既然刑罚的目的是预防犯罪,则为了彻底贯彻这一目的,应将没有预防必要性的行为不作为犯罪。但不能反过来认为,具有预防必要性的行为就是犯罪。所谓没有预防必要性是指不需要刑法处罚,在一定意义上而言,符合适用以刑制罪理念的具体要求。囿于本文论证主题与篇幅结构,此一问题需另文详解。

Justified Basis and Judicial Application of Crime Restricted by Punishment

—Analysis Based on the Perspective of Proper Punishment of Criminal Law

Feng Wenjie

[**内容摘要**]从“概念法学”到后果导向主义的理念嬗变、刑法处罚妥当化对于形式合理与实质合理的兼顾需求、目的解释理论的贯彻以及符号学视域下的“罪”“刑”关系哲思确立了以刑制罪的正当根据。其隐性适用范围存在于所有刑事裁判领域，作为一个检验刑法处罚是否妥当的标准；其显性适用范围主要存在于罪刑规范具有明显失衡性、模糊性、相似性以及滞后性这四个领域。没有必要一概排斥以刑制罪理念，在传统的由罪及刑观之外，尝试从刑罚角度考虑罪名界定问题，不仅能够为刑法处罚的妥当化提供助益，且能够为罪刑关系论的持续发展提供有益视角。坚持以刑制罪理念并非意味着赞同社科法学的全部观点，也非意味着排斥教义法学的全部论断，而是主张以刑法处罚妥当化为导向，在不违反罪刑法定原则的前提下，将案件事实涵摄于刑法规范，从而实现罪名认定与刑罚惩罚的良性互动。

[**关键词**]以刑制罪；罪刑关系；刑法处罚妥当化；正当根据；司法适用

Abstract: From the concept law to the change of the concept of consequence oriented and the proper punishment of criminal law, the philosophical relationship between the rational and substantive rational considerations, the implementation of the purpose interpretation theory and the “crime” and “criminal” relationship under the semiotics perspective has been established. The legitimate basis for the crime of criminal punishment. Its implicit application scope exists in all criminal judgment fields, as a standard to test whether criminal punishment is appropriate; its explicit application scope mainly exists in the four fields of obvious imbalance, ambiguity, similarity and lag. There is no need to exclude the concept of criminal punishment. In addition to the traditional crime and criminal concept, trying to consider the definition of crime from the perspective of punishment can not only help the proper punishment of criminal law, but also can continue the crime relationship theory. Development provides a useful perspective. Adhering to the concept of criminal punishment does not mean endorsing all the views of social science jurisprudence, nor does it mean rejecting all the assertions of doctrine jurisprudence, but advocating that it is guided by the appropriateness of criminal law punishment, without prejudice to the principle of legality of crimes and punishments. The facts of the case are confined to the criminal law, so as to achieve a benign interaction between the identification of the crime and the punishment of punishment.

Keywords: Crime restricted by punishment; Relationship of crime and penalty; Proper criminal law punishment; Justified basis; Judicial application

数字货币时代我国货币犯罪的前瞻性刑法思考

高铭暄[*] 王 红[**]

目 次

一、数字货币时代的兴起与影响

(一)从电子支付、电子货币到比特币、法定数字货币

插在早市那堆土豆上的二维码支付标识,是近十年来我国民众支付方式变革的缩影。互联网的全面普及以及电子商务的蓬勃发展重塑

* 北京师范大学刑事法律科学研究院名誉院长、特聘教授、博士生导师,北京师范大学"京师首席专家",中国刑法学研究会名誉会长、国际刑法学协会名誉副主席暨中国分会名誉主席。

** 北京师范大学刑事法律科学研究院刑法学博士研究生。

了民众的消费模式和支付习惯。尽管电子支付①的使用群体仍集中于中青年人群,但根据中国人民银行《支付体系运行总体情况》2018年统计的数据显示,我国电子支付的交易总规模持续快速增长。② 随着电子支付较现金支付越来越流行,作为支付媒介的电子货币也日益普及,除了传统上由银行业金融机构自身发行的银行卡类电子货币(包括借记卡、贷记卡、信用卡等),第三方支付平台推出的电子货币(如支付宝钱包、微信钱包、QQ钱包等)乘借电子商务之东风异军突起,尤其是近两年来手机移动终端支付在小额交易领域(指200元以下的交易)对现金支付的再一次攻城略地,更是拓展了电子货币的巨大发展空间。

在这场世界范围内的支付方式大变革的浪潮中,2009年日本的一位以"本田聪"为化名的程序设计员基于区块链技术发布了开源的第一版比特币客户端,将撬动世界经济的金融行业推向了数字化转型的发展轨道。比特币(Bitcoin)是一种基于网络、密码、算法等技术开发的点对点全球通用加密数字支付系统,由于此类"货币"的发行与交易既不依赖政府支持和传统金融机构服务,也不与特定商品挂钩,③许多国家认为,如果允许此类"货币"合法交易,可能会导致国内经济失控以及全球经济的分散化。④ 我国政府认为,比特币虽然被称为"货币",但由于其不是由货币当局发行,不具有法偿性与强制性等货币属性,并

---

① 中国人民银行公布的《电子支付指引(第一号)》第2条规定:"电子支付是指单位、个人直接或授权他人通过电子终端发出支付指令,实现货币支付与资金转移的行为。电子支付的类型按照电子支付指令发起方式分为网上支付、电话支付、移动支付、销售点终端交易、自动柜员机交易和其他电子支付。"

② 第一季度,全国共办理非现金支付业务455.85亿笔、金额930.60万亿元,同比分别增长36.60%、0.21%;第二季度,全国共办理非现金支付业务2533.58亿笔、金额951.72万亿元,同比分别增长44.61%、0.20%;第三季度,全国共办理非现金支付业务579.85亿笔、金额925.46万亿元,同比分别增长33.31%和0.18%。截至论文写作完成,第四季度的统计数据尚未在中国人民银行官网上公布。

③ 参见谢杰、张建:《"去中心化"数字支付时代经济刑法的选择——基于比特币的法律与经济分析》,载《法学》2014年第8期。

④ 参见张梅林:《保持谨慎态度,加强立法监管》,载《中国金融家》2018年第12期。

不是真正意义的货币。2013 年 12 月中国人民银行等五部委联合印发了《关于防范比特币风险的通知》,明确强调了比特币作为一种特定的虚拟商品的属性,不具有与法定货币等同的法律地位,不能且不应在市场上流通。

我们知道,比特币最显著的特征就是"去中心化",所谓"去中心化",即不存在一个专门的独立机构负责发行这种"货币",换言之,也就是由私人发行。由于没有国家主权信用背书,比特币存在币值不稳定、缺乏公信力等天然缺陷,未来数字货币的主流形态最有可能是由国家发行的法定数字货币。① 事实上,欧盟、美国、加拿大、瑞典、日本、新加坡等国家和地区的货币当局已经展开了对法定数字货币的研发设计。例如,欧洲中央银行和日本中央银行联合开展的 Stella 项目,加拿大中央银行的 Jasper 项目,新加坡金融管理局的 Ubin 项目等。② 中国人民银行也专门成立了数字货币研究所,并且,由中国人民银行推动的数字票据交易平台已经于 2017 年春节前夕测试成功,中国人民银行发布的法定数字货币已在该平台上试运行,我国央行成为在全球范围内首个发行数字货币并开展真实应用的中央银行,③正式揭开了我国法定数字货币时代的序幕。

(二)去现金、无现金是数字货币时代的大势所趋

电子支付的流行以及法定数字货币的发行,无疑对实物现金的使用和流通造成了巨大的冲击。在过去相当长的一段时期,现金是世界上每个国家几乎全部、最为主要的支付工具,民众也养成了使用现金的固定习惯。但是近年来,非现金支付方式发展迅猛,渐成主流。高达上百千万元的大宗交易,低至几元几分的商品零售,民众越

---

① 参见李冕:《无现金社会的演进、动因及展望》,载《武汉金融》2018 年第 4 期。

② 参见姚前:《法定数字货币的经济效应分析:理论与实证》,载《国际金融研究》2019 年第 1 期。

③ 参见王兆峰:《数字货币时代来临》,载《互联网经济》2017 年第 3 期。

来越依赖电子支付作为日常的支付手段。预计到 2020 年,全球数字支付交易量平均每年增长 10.9%,新兴经济体交易量增幅将达 19.6%,以中国和印度为首的亚洲新兴市场的非现金交易量更是预计将增长高达 30.9%。①

为了降低各国央行发行纸币的成本、提高市场主体之间的交易效率,特别是减少利用现金进行的违法犯罪,如贪污贿赂犯罪、恐怖活动犯罪、毒品犯罪、走私犯罪、洗钱犯罪、货币犯罪等,"去现金化"在全球兴起,多国政府纷纷出台措施表示支持:一是废除大面额纸币,2014 年新加坡废止 1000 新元的纸币,2016 年印度废止 500 卢比和 1000 卢比的纸币,2018 年欧洲央行停止发行 500 欧元的纸币;二是限制大额现金交易,法国、西班牙分别自 2015 年、2017 年起规定本国居民购物通过现金支付不得超过 1000 欧元;三是建立现金携带报告和申报制度,欧盟要求携带超过 10,000 欧元现金出入欧盟国家必须向海关申报。②瑞典原本是欧洲首个发行纸币的国家,但现在瑞典、丹麦已经在开始建设"无现金社会"。目前瑞典 1600 多家商业银行已有 900 多家表示不再提供现金服务,农村地区不再保留自动取款机,商业企业拒收现金已经合法化;2016 年瑞典的现金交易数量仅占所有支付的 20%,现金交易金额的占比仅为 2%,预计 2020 年这一比例将降至 0.5%。③ 丹麦中央银行更是于 2017 年 1 月宣布关闭境内全部印钞部门,以后不再印制丹麦克朗纸币。

放眼全球,民众正越来越适应和接受无现金的生活方式。据荷兰国际集团 2017 年的调查显示,34% 的美国受访者和 21% 的欧洲受访者表示生活中很少使用现金,超过 1/3 的受访者表示愿意接受无现金社会。④ 无独有偶,据益普索调研公司的一项问卷调查显示,26% 的中国

---

① 参见梁凡:《"轻现金社会"在"敲门"》,载《工人日报》2018 年 3 月 2 日,第 8 版。

② 参见陈立宏:《"去现金化"已成为世界性潮流》,载《中央财经报》2018 年 1 月 20 日,第 6 版。

③ 参见王信、郭冬生:《去现金化的现状及思考》,载《中国金融》2017 年第 8 期。

④ 参见李冕:《无现金社会的演进、动因及展望》,载《武汉金融》2018 年第 4 期。

受访者表示出门只带不超过100元人民币的现金，14%的受访者表示已不再携带任何现金。① 现金作为支付手段的基本职能大为下降，“去现金”已经成为世界各国的普遍共识，“无现金”更是法定数字货币时代的大势所趋，而纸币作为传统的货币形态终将走向历史的终结，正如我国经济学家郭夏所预言，“未来人类社会的主流货币将具有数字货币、电子货币、全球货币的特性”“未来的世界货币必将是全球一致的数字货币体系”。②

二、我国现行货币犯罪体系的构造与建基

我国《刑法》关于货币犯罪的规定集中在分则第三章第四节破坏金融管理秩序罪之首，主要包括第170条伪造货币罪，第171条出售、购买、运输假币罪，第172条持有、使用假币罪和第173条变造货币罪。这四个条文、七大罪名是我国现行货币犯罪体系的主体构造，基本形成了以伪造货币罪为基础、以出售、购买、运输假币罪和使用假币罪为补充、以持有假币罪为兜底、严格区分变造货币罪与伪造货币罪的格局形态。此外，分则第三章第二节走私罪中还游离了一个货币犯罪的罪名，即第151条走私假币罪。在整条货币犯罪链中，伪造货币罪和变造货币罪并列属于上游假币的非法制造，出售、购买、运输假币罪和走私假币罪位于中游，服务于假币的非法交易，持有、使用假币罪则是假币犯罪向下游惯性发展的必然结局。

（一）伪造货币罪

伪造货币罪位列货币犯罪体系之首，是妨害主权国家货币管理秩序最基本、最主要的行为方式，也是社会危害性最严重、法定刑设置最

① 参见梁凡：《“轻现金社会”在“敲门”》，载《工人日报》2018年3月2日，第8版。

② 郭夏：《解码经济——新生经济学导论》，经济科学出版社2010年版，第260页。

严厉[①]的犯罪类型。明确伪造货币罪所保护的法益,对理解整个货币犯罪体系具有基础性的意义。

我国刑法理论一般认为,伪造货币罪侵犯的客体是国家的货币管理秩序[②]。对此有学者指出,“犯罪客体应为具体的利益,所谓货币的管理制度过于抽象,不利于对本罪构成要件的理解”,[③]于是将国外(主要是德日)刑法理论中关于货币的公共信用和国家的货币发行权的讨论引入。伪造货币罪的保护法益是货币的公共信用这一社会法益的观点随着资本主义生产关系的成熟已经被普遍承认,但是除此之外,是否还包括刑法学说史上最先强调的对国家货币发行权的侵害?[④] 货币的公共信用一元论认为,伪造货币罪的保护法益仅限于货币的真正的公共信用[⑤]。理由是:货币的发行权专属于国家,以国家的信用作为担保才使得国家发行的法定货币具有公共信用,因此保护货币的发行权也是为了保护货币的公共信用,故仅将货币的公共信用作为本罪的保护法益即可。[⑥] 货币的公共信用与国家的货币发行权二元论认为,国家的货币发行权也是伪造货币罪的保护法益。理由是:本罪的罪质具有

① 在《刑法》第170条修正以前,伪造货币罪的最高法定刑为死刑,是整个货币犯罪体系中法定刑设置最严厉的罪名。即便《刑法修正案(九)》第11条取消了伪造货币罪的死刑,伪造货币罪的法定刑设置也是整个货币犯罪体系中最严厉的之一,与出售、购买、运输假币罪一样,最高法定刑为无期徒刑,并处罚金或者没收财产。

② 参见高铭暄、马克昌主编:《刑法学》(第8版),北京大学出版社、高等教育出版社2017年版,第397页。

③ 参见杜文俊:《货币犯罪的法律适用探析》,载《政治与法律》2011年第4期。

④ 伪造货币罪最早强调对国家货币发行权的侵害,这与封建主义的生产关系以及贵金属的货币形态有关。历史上货币形态经历了从一般等价物→金属货币→纸币的演进过程,金属货币其实是贝壳、龟壳、布帛等一般等价物的替代货币。我们知道,封建国家实现统一后基本上会统一境内的币制,规定由官方法定铸造金属货币,以维护封建阶级的经济、政治统治,但是民间力量也有能力获取金、银等贵金属私自铸币,只不过可能缺斤少两。因此,封建国家打击伪造货币罪的主要原因是侵害了国家的货币发行权,而伪造出来的缺斤少两的金属货币仍然可以作为替代货币进行流通,最多是替代的功能有所减损。

⑤ 参见张明楷:《外国刑法纲要》(第2版),清华大学出版社2007年版,第662页。

⑥ 参见张明楷:《刑法学》(第5版),法律出版社2016年版,第767页。

对社会法益的犯罪和对国家法益的犯罪的两面性，对于社会而言，伪造货币罪是通过保护货币的公共信用以保障交易安全和经济秩序，对于国家而言，伪造货币罪包含保障国家货币发行权乃至所谓的货币主权的意思。[①] 因此，除了货币的公共信用外，有必要把国家的货币发行权作为第二位的保护法益。

本文认为，我国目前的通说存在的问题并不在于所谓的货币管理制度过于抽象，而在于"货币管理"这个概念本身与一国法定货币的发行管理与流通保护并不在同一个层面上。"货币管理的历史由来已久，数量调整是早期货币管理的主要手段，在金本位的废除以及黄金非货币化之后，货币管理主要是国家或者中央银行通过货币数量控制与利率调节等市场操作方式使货币价值合理地保持稳定，从而使整个经济的物价维持在合意的水平。"[②]从货币管理的历史与逻辑可知，货币管理在本质上其实是国家的一种宏观经济管理，它所关注的是国家中央银行对货币发行的数量控制和信贷控制，而不是货币的发行者以及货币的流通信用。此外，我国在 1954 年以后就分别实现了现金管理、金银管理、外汇管理、信贷管理、各类资金管理以及结算管理，而不再统称为货币管理。对于我国法定货币人民币的设计、印制、发行、流通的管理，国务院制定了《中华人民共和国人民币管理条例》(2000 年 5 月 1 日起施行)[③]。据此，本文认为，将目前的通说"国家的货币管理秩序"修正为"国家对人民币的管理秩序"，可能更能体现伪造货币罪所保护法益的应有之义。

(二)变造货币罪

不同于国外大多数国家和地区，将伪造货币与变造货币的行为并

① 参见杨金彪:《伪造货币罪的保护法益》，载《中国刑事法杂志》2011 年第 3 期。

② 参见李秀辉、方钦、韦森:《货币管理的历史与逻辑——一个基于货币制度史与货币思想史的回顾与展望》，载《学术界》2018 年第 6 期。

③ 第 30 条规定，禁止伪造、变造人民币。禁止出售、购买伪造、变造的人民币。禁止走私、运输、持有、使用伪造、变造的人民币。

列规定为伪造货币罪一罪或者作为一个选择性罪名,设置相同的法定刑,例如,德国、意大利、日本、俄罗斯只规定了伪造货币罪,法国、韩国、我国台湾地区规定了伪造、变造货币罪,我国刑法考虑到变造货币的行为社会危害性相对较小,单独规定了变造货币罪的构成要件和远低于伪造货币罪的法定刑。① 伪造货币罪与变造货币罪作为货币犯罪链上游假币制造环节的两个基础罪名,二者在构成要件上可以说是大抵相同,②但在法定刑设置上却过于悬殊,这直接带来了一个十分棘手的问题,即如何明确伪造货币与变造货币的行为界限,以保障定罪量刑的公正。

伪造货币,是指仿照真货币的图案、形状、色彩等特征非法制造假币,冒充真币的行为;变造货币是指对真币采用剪贴、挖补、揭层、涂改、移位、重印等方法加工处理,改变真币的形态、价值的行为。从上述司法解释给出的标准来看,伪造货币较变造货币显得更简单、直接些,只要仿照真货币的式样进行1∶1的制作即可,而变造货币要求在真币的基础上进行细节的再加工。由此,区分伪造货币与变造货币的关键还在于明晰变造货币的具体行为方式。首先,变造货币必须是在真币的基础上进行再加工,这是变造行为区别于伪造行为最显著的特征,如果不存在真币,而是在伪造的货币、废止的货币上进行处理,仍是伪造而不是变造。其次,变造后的货币虽然改变了真币的形态,但必须与变造前的货币保持同一性,如果变造前后的货币不具有同一性,仍构成伪造货币罪。所谓货币的同一性,是说货币的性质不能发生根本性的改变。例如,对真币日元进行加工处理后变成了欧元,变造后的欧元就与变造前的真币日元失去了同一性。最后,变造货币并不要求必须使真币的价值增加,使票面价值减少的也是变造,但事实上司法实践中并未实际

① 伪造货币罪的最高法定刑现为无期徒刑,而变造货币罪的最高法定刑为十年有期徒刑;伪造货币罪的最低法定刑为三年以上十年以下有期徒刑,而变造货币罪的最低法定刑为三年以下有期徒刑或者拘役。

② 在国外,广义的伪造即包含了变造,伪造与变造在假币犯罪中是属于同一构成要件内的行为,严格区分二者没有太大的实际意义。即便是在下级判例中将伪造误认为是变造,上级法院也并不会因此而改判。

出现过这种情况，因此有的国家（如德国、意大利）索性就直接规定变造的结果必须是使真币的价值升高。

虽然司法解释和刑法理论对伪造货币和变造货币的行为界限作出了明确的区分标准，但是司法实践在辨析二者的行为表现上经常是力不未逮，加之变造货币罪的法定刑远低于伪造货币罪，导致在一段时期内变造货币罪的发案数量明显增多，不仅变造货币的数量和金额越来越大，变造货币的方式也越来越多样化、精细化。于是这种严格区分伪造货币罪和变造货币罪的二元化的立法体例招致了一些批判。有学者提出，应当将变造货币的行为纳入伪造货币罪的范畴，适用相同的刑罚幅度，以便更好地打击和惩治这类货币犯罪。[①] 理由是：首先，无论是“以假制假”的伪造行为还是“以真制假”的变造行为，结果都足以使一般人误以为是真货币，侵犯了货币的公共信用，二者犯罪本质相同；其次，《人民银行法》第 19 条、第 42 条明确规定了禁止伪造、变造人民币的行为，并对尚未构成犯罪的一般违法行为设置了统一的处罚幅度，并没有因为变造人民币的社会危害性较小而对其科处更轻的行政处罚。

（三）出售、购买、运输假币罪

出售、购买假币罪是一组反映交易双方有偿买（进）卖（出）伪币的对向犯，卖方一般以低于伪造的货币的票面额将伪造的货币卖出，以换取真币或者实物，买方则明知是伪造的货币仍以低于票面价值的价格买进。我们知道，行为人之所以购买假币，通常情况下是自己使用（伪造货币→出售假币→购买假币→使用假币），或者再次以高价出售（伪造货币→出售假币→购买假币→再次高价出售假币）。在此意义上，购买假币的行为不仅为伪造货币、出售假币提供了市场，而且成为使用假币、再次出售假币的强大推力。另外，一般的，在伪造→出售→购买

① 参见蒋毅：《变造货币罪应纳入伪造货币罪范畴》，载《重庆文理学院学报》（社会科学版）2011 年第 4 期。

假币的犯罪链中,有时还需要借助汽车、火车、轮船等交通工具将伪造的货币从一个地方运送至另一个地方,即伪造货币(→运输假币)→出售假币(→运输假币)→购买假币(→运输假币)(→再次高价出售假币→购买假币),运输假币的行为独立衔接了伪币的非法制造和非法交易。可以说,出售、购买、运输假币罪作为货币犯罪体系中游承上启下的罪名,不仅为上游假币的制造提供了市场和服务,而且在整条货币犯罪链之间架起了一座桥梁(伪造货币罪→出售、购买、运输假币罪→使用假币罪)。

此外,出售、购买、运输假币罪在犯罪对象中明确剔除了变造的货币,“本罪的犯罪对象仅指伪造的货币,不包括变造的货币”,[①]这无疑又给严格区分伪造货币罪和变造货币罪这种二元化的立法选择招致了新的批判。反对论者认为,我国刑法对作为上游犯罪的伪造、变造货币的行为都予以入罪化,但在其他假币犯罪中却又将变造的货币予以出罪化,这无疑暴露了刑法内部假币犯罪体系的不协调性和不完备性,[②]并提出应当将出售、购买、运输假币罪和持有、使用假币罪条文中规定的“伪造的货币”作扩大解释,即包括伪造、变造的货币。理由有:从立法论的角度,《中国人民银行假币收缴、鉴定管理办法》(2003年7月1日施行)第3条第2款规定:“本办法所称假币是指伪造、变造的货币。”将刑法其他假币犯罪的“假币”解释为“伪造、变造的货币”有利于保持国家整个立法体系的协调一致性。从司法论的角度,由于变造货币罪的法定刑远低于伪造货币罪,司法实践中变造货币的行为较伪造货币的行为多发,如果对出售、购买、运输大量变造货币的行为作无罪处理,不仅有放纵之嫌,而且与出售、购买、运输伪币的处理过于悬殊,只有认为刑法其他假币犯罪条文中的“伪造的货币”包括变造的货币,才不至于形成法网的疏漏和罪刑的不均。

---

① 参见高铭暄、马克昌主编:《刑法学》(第8版),北京大学出版社、高等教育出版社2017年版,第399页。

② 参见张光君:《持有假币罪若干问题研究》,载《中国刑事法杂志》2009年第4期。

(四)持有、使用假币罪

持有、使用假币罪作为货币犯罪体系下游的兜底罪名和终局罪名,不仅彼此之间存在重合、发展的关系,而且与处于上、中游的货币犯罪相承接、相关联。具体来说,首先,持有假币的行为既是伪造货币、购买假币的必然结果,又是出售、运输、使用假币的必要前提,几乎贯穿了整个货币犯罪过程的始终。但是,持有假币罪同刑法规范中其他持有型犯罪一样,是为了解决司法实务中有时难以查明所持物品的具体来源与用途,无法按照关联犯罪处理的情况下,为了严密法网,防止放纵犯罪,不得已就所查明的持有特定物品的事实追究刑事责任的一种补充性、堵截性构成要件。[①] 因此,只有在行为人明知是伪造的货币而大量持有,且又缺乏足够的证据证明行为人所持有的假币是其通过其他上游行为——包括其他货币犯罪行为(如伪造货币、出售、购买、运输假币、走私假币、使用假币)、其他财产犯罪行为(如盗窃、抢劫、诈骗)和其他合法途径(如赠送、误收)——获得的情况下,才能认定行为人构成持有假币罪,此乃持有假币罪作为兜底性罪名的立法旨意所在。

其次,使用假币的行为可以称得上是整条货币犯罪链的终局目的。虽然对于基础罪名即伪造货币罪的主观构成要件,我国刑法并未像德国、日本刑法明确规定了"以供流通或可能流通为目的"[②]或"以行使为目的",[③]

---

① 参见陈洪兵:《持有型犯罪的立法扩张与司法限缩——基于法益保护与人权保障的平衡》,载《北方法学》2017 年第 2 期。

② 《德国刑法典》第 146 条第 1 款规定:"实施下列行为之一的,处一年以下监禁:(1)以供流通或可能流通为目的而伪造货币,或以使票面价值增加为目的而变造货币;(2)以此种意图来获取伪造或变造的货币;(3)将在第 1 项或第 2 项条件下伪造、变造的货币或获取的伪造、变造货币作为真币使用。"参见《德国刑法典》,徐久生、庄敬华译,中国法制出版社 2000 年版,第 133 ~ 134 页。

③ 《日本刑法典》第 148 条第 1 项规定:"以行使为目的,伪造或者变造通用的货币、纸币或者银行券的,处无期或三年以上惩役。"参见[日]西田典之:《日本刑法各论》,刘明祥、王昭武译,中国人民大学出版社 2007 年版,第 253 页。

亦未对位于中游的出售、购买、运输假币罪和兜底的持有假币罪的主观构成要件“明知”的故意内容作出“意图使伪造的货币进入流通”的限制理解,但是根据一般生活经验,已经被制造出来的伪币,无论是被伪造货币的行为人自己直接使用出去(伪造货币→使用假币),还是经由出售、购买、运输、走私等中间环节被伪币的后来持有人使用出去(伪造货币→出售假币→运输、走私假币→购买假币→使用假币),伪币的最终结局都是被当作真币行使出去,置于流通领域。仅从对货币的公共信用的侵犯来说,伪造货币罪、出售、购买、运输假币罪、持有假币罪都只是危险犯,而将假币作为真币置于流通的使用假币罪才是对货币的公共信用的真正侵害,亦即由危险犯发展到侵害犯。从这个意义上说,使用假币罪是伪造货币、出售、购买、运输假币、持有假币惯性向下发展的必然结果。

回顾与审视上述整条货币犯罪链,从假币的非法制造到假币的非法交易再到假币的非法持有与使用,伪造货币罪当之无愧地成为我国整个货币犯罪体系的基础与核心罪名,不仅同属于上游假币制造环节的变造货币罪与之遥相呼应,其他位于中下游的假币犯罪,要么以伪造的货币为犯罪对象,如出售、购买、运输假币罪、走私假币罪,要么以伪币的存在为犯罪前提,如持有、使用假币罪。而我们知道,伪造货币罪又是以真实纸币的图案、形状、色彩等为仿照对象和制造基础的,因此,从这个意义上可以说,我国现行的货币犯罪体系实际上是在以纸币作为国家法定货币的货币形态背景之下建构起来的。国家发行的纸币法币和民众使用现金的习惯,一方面为行为人伪造货币、变造货币提供了犯罪的基础,另一方面还为出售、购买、运输假币罪和持有、使用假币罪滋生了犯罪的“温床”。

三、法定数字货币对现行货币犯罪体系的解构与前瞻

不同货币形式对应着不同的生产力水平和商品经济发展的不同阶段,历史上货币形式先后经历了一般等价物、金属货币、纸质货币的漫长演变过程。然而,在当代社会,货币形式在互联网经济、数字化金融、

区块链技术等的驱动下,可谓是发生了突变,电子货币、数字货币成为不可逆转的时代潮流和发展趋势。面对货币形式这场“脱实向虚”的大变革,我国现行的以纸币作为国家法定货币建构起来的货币犯罪体系即将面临一些冲击和挑战。

首先,虽然我国政府明确表示由私人发行的比特币等数字货币不具有货币地位,但从世界范围来看,纸币时代主权国家对货币发行权的垄断地位开始被打破,因此有必要在当前世界各国由传统纸币向法定数字货币转型的过渡时期,重新讨论伪造货币罪的优先保护法益。其次,伪造货币罪和变造货币罪作为货币犯罪体系上游假币制造环节的两个基础罪名,原本是要以真实的纸币为仿照对象和变造基础,面对基于密码学知识、区块链技术开发的法定数字货币,两罪的客观行为方式必将发生新的变化。再次,出售、购买、运输假币罪的犯罪对象是伪造的货币,而我们知道,伪造的货币一般情况下都是有形形态的实物纸币,法定数字货币的虚拟化、无形化无疑会动摇本罪继续存在的根基和依托。最后,法定数字货币的研发者对法定数字货币本身将不可被伪造的期待,可能导致法定数字货币在设计上缺乏真伪鉴定的标准和技术,从而给持有、使用假币罪在司法认定上带来新的困难。

(一)将国家的数字货币发行权作为数字货币犯罪的首要保护法益

“货币的公共信用一元说”以货币的发行权专属于国家作为论据,认为货币的发行权与货币的公共信用具有合一性,“货币的公共信用与国家的货币发行权二元说”将货币的公共信用作为首要的保护法益,将国家的货币发行权作为第二位的保护法益,这两种观点在现今私人发行比特币等数字货币进行违法犯罪活动日益猖獗、各国中央银行尚且还在积极探索如何发行法定数字货币的混沌时期,其不合理性和不适应性逐渐显现。

2013 年 8 月,德国宣布承认比特币的合法地位,并已将其纳入国家监管体系,德国成为世界上首个承认比特币合法地位的国家;同年

12月,加拿大也承认了比特币的货币地位,世界上首个比特币ATM在温哥华投入使用;2018年11月,德国也引入了首台受法律认可的比特币ATM。我们知道,以比特币为代表的虚拟货币实际上是由私人发行的数字货币,因此,至少在德国、加拿大等几个少数发达国家,数字货币的发行权就不再专属于国家,私人也被允许发行数字货币,货币的公共信用之产生不再唯一依赖于国家信用背书。事实上,国家信用是国家垄断货币发行权的基础,①国家的货币发行权与货币的公共信用并不是天然的具有合一性,必须借助强大的国家信用垄断货币的发行权。据此,本文认为,目前国外(主要是德日)的通说"货币的公共信用一元说"从货币的发行权专属于国家出发,推导出货币的公共信用是货币犯罪的唯一保护法益,至少目前在几个少数允许私人发行数字货币的国家、特别是在德国本国就开始存在不合理性。

对于"货币的公共信用与国家的货币发行权二元说",本文首先赞成将货币的公共信用和国家的货币发行权作为货币犯罪保护法益的两个子方面,但提出,在目前阶段有必要将国家的数字货币发行权作为首要的保护法益,这是由我国政府对数字货币所采取的双重态度决定的。一方面,我国政府对数字货币经历了从肯定比特币是特定的虚拟商品到严禁私人发行、交易比特币等数字货币的转变。2013年我国比特币交易进入了黄金时期,并一度垄断了全球90%以上的比特币交易,比特币价格飙升,最高达到1200美元(接近一盎司黄金的价格)。为了向投资者提示风险,中国人民银行等五部委联合发布了《关于防范比特币风险的通知》,明确强调比特币不具有与法定货币等同的法律地位,不能且不应在市场上流通。2017年比特币价格再次暴涨,以比特币等数字货币为幌子的诈骗、洗钱、非法集资等违法犯罪活动日益猖獗,严重扰乱了国内正常的金融秩序,于是9月央行宣布禁止ICO项目,关闭国内所有数字货币交易平台。然而另一方面,央行在否定比特币的货币属性、维护人民币的法币地位的

① 参见盛松成、翟春:《货币非国家化理念与比特币的乌托邦》,载《中国金融》2014年第7期。

同时,其自身一直对比特币的区块链技术有很强的好奇心,并开始着手探索研究法定数字货币。2014 年央行数字货币研究小组成立,2015 年完成法定数字货币原型的两轮验证,2016 年央行数字货币研讨会明确发行数字货币的战略目标,宣布将推出央行主导的数字货币,2017 年成功测试基于区块链的数字票据交易平台并试运行数字货币。由此可见,我国虽然严令禁止私人发行、交易数字货币,但对区块链技术和数字货币本身还是认可的,只是强调必须要由央行来主导数字货币的发行和交易,捍卫国家对数字货币的唯一发行权是当前我国政府鲜明而坚定的态度。因此,“货币的公共信用与国家的货币发行权二元说”仅将国家的货币发行权作为第二位的保护法益,逐渐显得不合时宜。

货币的发行权是关乎国家生存与发展的要津,①在当下私人发行、交易数字货币严重扰乱世界金融经济的正常秩序、国家发行法定数字货币时机尚未完全成熟的两难下,本文认为,应当明确将国家的数字货币发行权作为首要的保护法益,这不仅是国家当前捍卫自身货币发行权的迫切需要,还可以帮助打开国家对比特币等数字货币犯罪刑事治理的新思路,即可以直接从数字货币犯罪的角度,从源头上打击由私人发行、交易比特币等数字货币引发的金融乱象。数字货币的发行权专属于国家,如果私人机构,包括单位和个人,继续私自发行其他非法定的数字货币,则将直接侵犯国家的数字货币发行权,构成伪造数字货币罪。

(二)伪造数字货币罪新的行为方式以及与变造数字货币罪立法的统一

伪造货币罪和变造货币罪曾是货币犯罪体系中最为基础性的两个罪名,尤其是伪造货币罪,可以说是其他假币犯罪赖以存在的前

① 参见周陈曦、曹军新:《数字货币的历史逻辑与国家货币发行权的掌控——基于央行货币发行职能的视角》,载《经济社会体制比较》2017 年第 1 期。

提。过去刑法理论关于它们的讨论几乎都缠绕在如何区分伪造货币与变造货币的行为方式,以及是否有必要单独规定变造货币罪的构成要件和法定刑。伪造货币和变造货币的二元化不仅造成司法实践长期陷入鉴别二者的困境,而且在其他假币犯罪中形成对假币应作如何理解的纠葛。法定数字货币的具体形态将从实物纸币进化成虚拟的数字,不仅导致伪造货币罪原来仿照真实的纸币制作假币的行为方式将发生根本性的变化,而且变造数字货币在技术层面上与原来变造纸币的难度相比,越来越不具有可行性。如果说在纸币时代还有区分伪造货币与变造货币的一点必要,那么在数字货币替代纸币成为法定货币后,伪造数字货币与变造数字货币的行为界限将变得越来越模糊。

首先,与实物纸币相比,我国央行发行的法定数字货币最大的变化在于货币形态和发行技术的数字化。未来的数字经济一定是加密数字经济,法定数字货币在技术维度上就是一种加密货币,加密技术是法定数字货币实现技术安全和可信的关键要素,具体而言,在法定数字货币本身的设计上,需要运用密码学理论知识设计法定数字货币特定的表达形式;在法定数字货币的交易过程中,需要运用加密技术、分布式账本技术、可信云计算技术和安全芯片技术来保证端到端的安全。① 从上述我国央行对法定数字货币的初步设计来看,法定数字货币的不可伪造性将完全依赖各种加密算法来保障,然而我们知道,区块链技术还是尚未完全成熟的前沿性技术,并不是没有技术漏洞且不可攻破的,2018 年 1 月 25 日发生在日本的迄今为止全球最大的数字货币失窃案即是例证,黑客攻击了日本最大的比特币交易所 Coincheck,将客户价值 5.3 亿美元的数字货币转移至另一账户。区块链技术自身存在的不可避免的缺陷和漏洞不仅现在导致全球数字货币盗窃案频发,未来还有可能被行为人直接利用来伪造数字货币本身。然而,不同于过去的是,行为人伪造数字货币将完全依靠黑客技术而不再是纸质仿真技术,

① 参见姚前:《理解央行数字货币:一个系统性架构》,载《中国科学》2017 年第 11 期。

或许只需购置一台电脑作为犯罪工具即可。

其次,若想继续探索行为人将来伪造数字货币可能采取的行为方式,就必须要从法定数字货币的发行和管理模式入手。我国央行目前考虑在商业银行传统账户体系上,引入数字货币钱包属性,实现一个账户下既可以管理现有电子货币,也可以管理数字货币。[①] 银行将根据与用户的约定权限管理数字货币钱包,里面的数字货币必须要有用户和银行两把钥匙才能打开。然而,用户的私钥和银行的公钥这对专属的密钥只能用来确保数字货币交易的安全,却不能用来保证数字货币本身的真实性。其实,我们谈到数字货币的真实性,与其虚拟性的特点并不是完全不兼容的,难道虚拟、无形的数字货币就没有真假之分?数字货币的虚拟性是说,数字货币在表达方式上是加密的数字代码,而不像纸币是通过纸张、图案、颜色等来表达价值。数字货币的真实性关乎的是货币的品质,以前是对铸造金属货币、印制纸质货币的要求,现在则是对数字货币的设计开发要求。数字货币的真实性是说,加密数字代码本身必须是由国家运用各种特殊的加密技术设计开发出来的特定的表达形式。因此,如果有行为人窃取了国家在设计法定数字货币时所运用的特殊加密技术,然后仿照央行对法定数字货币本身的设计程序,开发与法定数字货币的特定表达方式一模一样的数字货币,这或将成为伪造数字货币罪新的行为方式。此外,运用相同的加密技术、仿照相同的设计程序、从无到有的伪造数字货币在技术上是行得通的,如果要在原有的真实的数字货币上进行变造,即改变它的表达方式使之与其他数字货币的表达方式一致,则有可能违背数字货币在技术层面上的不可逆性,与原来可以变造纸币的形状、图案、颜色、凹凸等技术手段相比,越来越不具有可行性。因此,本文认为,在法定数字货币全面发行后,是时候取消伪造货币罪和变造货币罪的严格区分,将变造行为纳入伪造的范畴,统一规定为伪造数字货币罪一罪,这样可以保持刑法规范面向未来的弹性。

---

① 参见姚前:《数字货币和银行账户》,载《清华金融评论》2017 年第 7 期。

(三)法定货币的数字化将使出售、购买、运输假币罪走向没落

出售、购买、运输假币罪和持有、使用假币罪原系《关于惩治破坏金融秩序犯罪的决定》对 1979 年刑法典补充规定的犯罪,后在 1997 年全面修订刑法典时,经反复修改和调整被写入其中。① 货币作为市场交易的重要媒介,是社会经济延存和运行的必要制度建构,可以说,将货币犯罪的犯罪圈扩大、延伸至中下游端,与改革开放后我国市场经济领域关于现金犯罪的大爆发不无关系。然而,随着互联网对市场经济的强渗透和全覆盖,数字货币即将替代现金纸币成为市场交易的新媒介。法定货币的数字化不仅将完全改变伪造货币罪的行为方式,还可能直接导致出售、购买、运输假币罪走向没落。

首当其冲的莫属运输假币罪,因为在直观上,本罪的运输对象必然是有形形态的伪造的纸币。即便理论上存在行为人将伪造的数字货币这一无形形态从一个账户运送至另一个账户的假设,也不宜再认定为运输假币罪,原因有二:其一,互联网的高速性决定了这一运输行为持续的时间将极短,与以往利用汽车、火车、轮船等传统交通工具将大量伪造的纸币从一个地点运送至另一个地点的时空概念不可等同视之;其二,这一历时极短的运输行为作为手段方法或者必经阶段,必将从属于伪造数字货币、持有、使用假数字货币等其他犯罪行为,而不再像以前,大量伪造的纸币需要运输的体积大、路程远,运输假币的行为在整个货币犯罪链中具有相对独立的作用,是伪造货币向出售、购买假币进而向使用假币发展的重要一环。法定货币的数字化将直接使运输假币的行为失去运载的对象和独立处罚的意义。因此,本文认为,运输假币罪在数字货币正式成为我国法定货币后,有被废除的可能性,即便有幸被保留下来,也将长期处于备而不用的"僵尸"状态。

---

① 参见高铭暄:《中华人民共和国刑法的孕育诞生和发展完善》,北京大学出版社 2015 年版,第 381 ~ 383 页。

出售、购买假币罪这组互为依存的对向犯,受行为人获利和避险选择的影响,也将失去处罚的基础和意义。首先,虽然出售假币和购买假币以对方行为的存在为必要,但从货币犯罪链的发展逻辑来看,出售假币的行为显得更为基础些,因为如果只是缺少购买者,行为人仍有兜售假币的空间,但如果缺少出售者,行为人即便是想购买假币也是无稽之谈。其次,行为人之所以选择出售假币,一方面,是因为可以给行为人带来利益,无论是以假币换真币,还是以假币换货物,抑或是以假币换假币(当然这种情况比较少见),都是出售人认为于他有价值的东西;另一方面,也是最重要的,行为人出售假币比自己使用假币的风险更低,毕竟假币的购买者是知假买假,而使用假币则是将假币冒充真币,存在被识破的风险。因此可以说,行为人出售假币是趋利和避险的双重结果。然而,我们知道,出售假币的获利空间显然是小于自己直接伪造货币并使用假币的,在过去或受技术的制约或受避险的需要,行为人才会选择单独出售假币。但是,未来能够伪造数字货币的行为人,必然是顶级黑客,他们在伪造数字货币后通常会选择将伪造的数字货币通过侵入并篡改个人账户的手段直接增发进自己的数字货币钱包,而不太会选择出售伪造的数字货币这一间接路径为自己带来利益。另外,出售伪造的数字货币将给行为人自身将带来更大的风险,而不是相反。因为无论是行为人窃取法定数字货币的加密技术、还是侵入银行账户的数字货币钱包系统,都将是秘密、匿名进行的,出售、购买行为可能会增加犯罪被发现、被追踪的风险。按照这样的逻辑推演下去,本文认为,出售、购买假币罪在数字货币正式成为我国法定货币后,可能也将失去处罚的基础和意义。

(四)法定数字货币的真伪鉴定与持有、使用假币罪司法认定上将出现的新问题

持有假币罪作为整个货币犯罪体系的兜底罪名,旨在缺乏充分证据能够证明行为人所持有的大量假币的真实来源的情况下,仍能对这种威胁货币公共信用的危险行为科以处罚。本罪的司法认定有两大关

键,其一,必须首先查获行为人持有大量有形形态的纸币;其二,这些被查获的纸币经法定鉴定机构鉴定为假币,人民币样币是鉴别人民币真伪的标准样本。然而,法定数字货币在货币形态和发行技术上的数字化,将使鉴定数字货币的真伪成为重大障碍。"在法定数字货币本身的设计上,需要运用密码学理论知识设计法定数字货币特定的表达形式,保障数字货币的不可伪造性"①"在法定数字货币交易过程中,需要运用加密技术、分布式账本技术、可信云计算技术和安全芯片技术来保证端到端的安全,防止被窃取、篡改、冒充"②"非对称加密的特点则在于,从私钥很容易推导出公钥,但想从公钥推出私钥,被认为是不可能的。即便用世界上最强大的计算器去破解它,也可能需要一两百年,这对于攻击者而言,时间成本和资源成本是不可承受的,相当于无法破解"。③ 如果诚如目前法定数字货币的研发者所言,法定数字货币将具有不可伪造性,那么刑法规范也就无须再对数字货币犯罪进行规制了,但是对于攻击者的破解能力我们还是不要轻易低估为好,毕竟现在全世界的黑客都在盯着数字货币。我们知道,纸币从诞生之日起就一直在与假币做斗争,世界各国钞票的防伪技术不断更新升级,如果法定数字货币的设计者在研发之初就如此自信的认为法定数字货币将不可被伪造,那么等到将来果真有行为人伪造了,这些数字货币的真伪将根本无从鉴定。从这个意义上说,持有假币罪能否继续发挥数字货币犯罪兜底罪名的作用,还将取决于我国央行对法定数字货币的最终设计、发行与管理方案,特别是鉴定法定数字货币真伪的标准。

在法定数字货币的真伪难以被鉴定的情况下,行为人如果使用数字货币钱包里伪造的数字货币进行交易,能否认定为使用假币罪,也将存在疑问。我们知道,使用假币罪原本就具有对社会法益的侵害和对

---

① 姚前:《理解央行数字货币:一个系统性架构》,载《中国科学》2017年第11期。

② 姚前、汤莹伟:《关于央行数字货币的若干思考》,载《金融研究》2017年第7期。

③ 姚前:《数字货币的前世与今生》,载《中国法律评论》2018年第6期。

个人法益的侵害的双重性，即行为人在对方不知情的前提下将假币冒充真币而置于流通领域，在宏观上侵害了货币的公共信用，在微观上还侵害了对方的财产权。因此，使用假币罪与侵犯财产的犯罪一直就存在需要妥当厘清的关系。在刑法理论与司法实务中我们曾讨论过“在ATM存假币取真币的行为”构成何罪的问题：一种观点认为，行为人通过ATM存入假币的行为构成使用假币罪，其后从ATM上取出真币的行为构成盗窃罪，应当数罪并罚。[①] 另一种观点认为，用假币到自动柜员机存款，其存入行为不是使用假币，而是利用假币使被告人账户内记载存款，这是一种秘密窃取，只要在账户上记载了存款，盗窃罪即告既遂，此后的取真币行为，也是一种不可罚的事后行为。[②] 还有一种观点认为，存假币行为本身，仅成立使用假币罪与盗窃罪的想象竞合，从一重处罚；存假币后取真币或者转账的，成立使用假币罪与盗窃罪，应当数罪并罚。[③] 行为人使用数字货币钱包里伪造的数字货币进行交易，与在ATM存假币取真币的行为还颇有些相似之处：其一，由于ATM故障未能识别出假钞导致在银行后台形成真假钞票混同的局面，这与行为人数字钱包里真假数字货币混同的情况相似，结果都使行为人非法获得了银行的债权；其二，行为人后来取真钞或者消费与行为人使用数字货币钱包里伪造的数字货币进行交易相似，都侵害了银行的财产权。二者的不同之处在于，在ATM存假币取真币的行为可以切分为存假币和取真币前后两个行为，学者们也主要是对于前行为即存假币的行为如何定性存在分歧，而对于后行为即取真币的行为，一致认为侵害了银行的财产权，应当构成盗窃罪。恰好，行为人使用数字货币钱包里伪造的数字货币进行交易，只存在转账支付一个行为，从这个意义上说，在数字货币的真伪难以被鉴定的情况下，行为人使用数

① 参见张明楷：《使用假币罪与相关犯罪的关系》，载《政治与法律》2012年第6期。

② 参见陈兴良：《在ATM机上存假币取真币的行为构成盗窃罪》，载《中国审判》2009年第6期。

③ 参见杜文俊：《论使用假币罪与相关犯罪的关系——兼与陈兴良、张明楷二位教授商榷》，载《法学》2015年第5期。

字货币钱包里伪造的数字货币进行交易的,在司法认定上可能会发生使用假币罪与盗窃罪的混同,即行为人使用伪造的数字货币进行交易显然是将假币置于流通领域,理应符合使用假币罪的构成要件,但由于数字货币的真伪难鉴,导致使用伪造的数字货币的行为实际上并未实质上侵害数字货币的公共信用,而只是侵害了银行的财产权,构成盗窃罪。

四、结语与讨论:比特币等数字货币犯罪刑事治理的新思路

本文基于未来必将迎来的法定数字货币时代背景,前瞻性的讨论了法定货币的数字化对我国现行以纸币为建构基础的货币犯罪体系的冲击和解构。法定数字货币是由央行发行的替代目前纸币的法定货币,在法律属性上不存在任何争议。由国家发行的法定数字货币与由私人发行的比特币等一般数字货币最大的不同仅在于发行者与发行模式,其货币形态与发行技术是同源的。因此,从一定程度上可以说,以比特币为代表的一般数字货币是目前由纸币向法定数字货币过渡的时代产物。

当前涉及比特币等一般数字货币的刑事犯罪虽然尚未触及我国经济金融的根基即货币制度,但暴露出的问题也是层出不穷,有直接以比特币为犯罪对象的盗窃行为,有要求以比特币作为犯罪支付的绑架、敲诈勒索行为,有利用比特币作为犯罪工具的洗钱、逃汇行为,还有利用区块链、比特币名义圈钱的非法集资、诈骗行为。以比特币为代表的一般数字货币在经济学意义上究竟是不是真正的货币,不仅直接关系法律对它们的定性,还将影响国家对比特币等数字货币犯罪的刑事治理策略。

马克思货币理论认为,“货币这个结晶,是商品交换的必然结果。……商品不能自己走到市场上去自己交换,必须寻找它的监护人,那就是商品所有者。……每一个商品所有者,都只愿意为那些有使用价值可以满足本人欲望的他种商品,换去自己的商品。……从一个商

品所有者的观点看,每一他种商品,对于自己所有的商品,都是特殊的等价,自己所有的商品,对于其他一切的商品,则是一般的等价。……他们必须以他们所有的商品,与别种当作一般等价物的商品发生对立的关系,然后他们的商品才能以等价物的资格,以商品的资格发生相互的关系。但一定的商品,必须经过社会的行为,才能成为一般等价物。把特定的商品搁在一边来表示商品全体的价值……它成了货币(Geld)。"①由此可见,货币是在商品交换的过程中从商品中分离出来被固定充当一般等价物的特殊商品,货币在本质上是商品,只不过履行着价值尺度、流通手段等特殊机能。从这个意义上说,比特币以其自身来表达其他商品的价值,并且可以用来支付以实现商品的流通,也算是承担了部分货币职能的特殊商品。"要了解货币是商品不难,但要了解这种商品如何、因何、有何变成货币,却是不容易的。"②"不过有一个发现,即货币是一种人人爱的商品。"③决定某种商品能否成为货币的关键还在于它的社会接受程度。金属货币时代,金银因具有质地均匀、体积小、价值大、便于分割、易于携带等自然属性而逐渐被人们普遍接受固定地充当了一般等价物。④ 信用货币时代,纸币因原材料丰富、数量不受限制、发行成本低,恰好地解决了黄金储备无法满足社会商品价值总量不断增长的供需矛盾。比特币之所以还不能成为货币,关键就在于此。虽然在小范围内,比特币可以履行货币的价值尺度和流通手段的基本职能,但是比特币去中心化的发行方式导致比特币的供应和价格极不稳定,这在很大程度上影响了人们将比特币等一般数字货币"固定地"充当一般等价物的普遍接受。因此,比特币等一般数字货币并未成长为经济学意义上真正的货币。

---

① [德]马克思:《资本论》,郭大力、王亚南译,上海三联书店出版社 2011 年版,第 39~41 页。

② 同上书,第 45 页。

③ 罗雪尔教授的贡献。参见[德]马克思:《资本论》,郭大力、王亚南译,上海三联书店出版社 2011 年版,第 45 页注释 1。

④ 参见盛松成、蒋一乐:《央行数字货币才是真正货币》,载《中国金融》2016 年第 14 期。

对于比特币等一般数字货币的法律属性,本文认为,无论是"货币论"还是"商品论",二者并不是完全不兼容的,因为货币在本质上就是一种承担特殊职能的商品,因此以比特币为代表的一般数字货币的法律属性应当具有双重性,即履行了部分货币职能的特殊商品,至于到底应当如何确切地定性比特币,还将取决于比特币在刑事犯罪过程中所扮演的角色。例如,在以比特币为犯罪对象的盗窃案中,由于在犯罪分子眼里,此时的比特币更多的是具有相当价值的物,因此将比特币定性为商品更为合适;再如,在要求支付比特币的绑架、敲诈勒索案中,比特币就相当于现金赎金,因此将比特币定性为货币更为合适。这也就要求我们在比特币等数字货币犯罪的刑事治理中,应当注意厘清数字货币在犯罪行为中所侧重扮演的商品角色和货币职能,并根据不同的法律定性来进行定罪量刑。

The Forward Thinking about Crime of Currency in Digital Currency Era

Gao Mingxuan & Wang Hong

[**内容摘要**]互联网的经济覆盖、金融业的数字转型以及区块链的技术驱动,推动着货币形态从传统纸币向电子货币、数字货币演进。去现金、无现金是数字货币时代的大势所趋。我国现行的货币犯罪体系是在纸币作为国家法币的货币形态背景下建构起来的,面对货币形式这场"脱实向虚"的大变革,即将面临一些冲击和挑战。明确将国家的数字货币发行权作为数字货币犯罪的首要保护法益,不仅是国家捍卫自身货币发行权的需要,还可以从数字货币犯罪的角度打开国家刑事治理比特币等数字货币犯罪的新思路。基于密码学知识和区块链技术设计的法定数字货币,不仅将完全改变伪造货币罪的行为方式,还可能导致出售、购买、运输假币罪失去处罚的基础和意义。法定数字货币的研发者在设计之初对法定数字货币不可被伪造的期待,可能造成法定数字货币的真伪难以鉴定,这不仅影响持有假币罪继续发挥兜底性罪名的作用,还可能导致使用假币罪在司法认定上与盗窃罪相混同。

[**关键词**]比特币;法定数字货币;无现金化;货币犯罪体系;刑法前瞻

Abstract: The economic coverage of the Internet, the digital transformation of the financial industry and the technological drive of blockchain drive the evolution of currency form from traditional paper money to electronic currency and digital currency. Go cash, cashless is the general trend of digital currency era. China's current monetary crime system is constructed under the background of paper money as the legal currency of the country. It is not only necessary for the country to defend its own currency issuance right, but also to open a new idea of national criminal governance of bitcoin and other digital currency crimes from the perspective of digital currency crimes. Legal digital currency designed based on cryptography knowledge and block chain technology will not only completely change the behavior mode of counterfeiting crime, but also may cause the crime of selling, buying and transporting counterfeit money to lose the basis and significance of punishment. At the beginning of the design, the developers of legal digital currency expected that legal digital currency could not be forged, which may make it difficult to identify the authenticity of legal digital currency. This not only affects the role of the crime of holding counterfeit currency to play a role as a justification, but also may lead to the confusion of the crime of using counterfeit currency with the crime of theft in the judicial determination.

Keywords: Bitcoin; Digital currency on law; no cash; Monetary crime system; Criminal law perspective

反恐抽象危险犯的立法正当性思考及司法适用纠偏*
——以宣扬恐怖主义罪为视角

刘雪丹**

目　次

新近刑事立法中出现抽象危险犯大幅扩张的现象，尤其《刑法修正案（九）》增设的大量反恐刑法规范，摒弃传统刑法分则“行为＋后果”或“行为＋情节”的罪刑设定模式，几乎都采用仅规定“行为”的抽象危险犯立法模式。反恐刑法立法将宣扬、持有等距实质恐怖主义实行行为较远的行为纳入刑法规制范围本就已使其在保障社会安全与保护公民自由之间难以平衡，抽象危险犯的立法方式更是加剧了这种矛盾，实践中相关规范如若得不到妥当适用，或将引发人们对既有法治国

* 本文系国家社科基金重大研究专项课题“后‘伊斯兰国’时代恐怖主义犯罪的防治对策研究”（18VFH015）、2018 年度博一学科交叉基金项目（BNUXKJC1816）的阶段性研究成果。

** 北京师范大学刑事法律科学研究院博士研究生。

理念的质疑。在我国,行为人成立犯罪需要同时具备主观不法与客观不法。抽象危险犯通常仅要求行为具备抽象危险,实践中行为人一般只要实施了刑法所禁止的行为,基本便符合客观不法。某些场合如果行为确实不具有抽象危险也能够否定行为人的客观不法,进而排除犯罪。① 但就宣扬恐怖主义行为而言,由于互联网传播范围广、速度快这一特性,使此类行为几乎无法逃脱客观不法的认定。就此而言,对于以抽象危险犯方式增设的宣扬恐怖主义罪,最终决定行为人是否成立该罪的关键在于,其主观上是否存在不法。然而,当前实务部门在宣扬恐怖主义案件的处理上却是,一旦行为人实施转发暴恐视频等宣扬行为满足了客观不法即被认定为犯罪,而未对其主观方面进行充分的考察,这直接导致的后果是:实践中宣扬恐怖主义罪的认定呈泛化现象。尽管部分学者已经注意到实务在宣扬恐怖主义罪的定罪量刑处理上欠妥。② 但遗憾的是,相关学者的论述并未触及到宣扬恐怖主义罪认定范围过宽的问题核心,因而也未能提出令人信服且可操作的建议,无法改善实践中这一境况。

国家站在保护整个社会的立场上,以抽象危险犯的方式增设宣扬恐怖主义罪等多个反恐刑法规范,目的是预防严重危害社会的犯罪发生,以确保社会的安全与稳定。但反恐抽象危险犯也确实存在着不当扩张其可罚范围、侵犯公民个人自由的风险。故此,本文首先探究以抽象危险犯方式增设反恐刑法规范的正当性;在此基础上,通过对目前实践中案发数量较多的宣扬恐怖主义案件进行考察,分析以抽象危险犯方式设立的宣扬恐怖主义罪认定泛化之原因,进而探究其限缩适用的路径,以对实务中的不当做法予以纠偏。

---

① 参见李川:《抽象危险犯自身谦抑机制研究——以醉驾案件具体危险犯化认定倾向为视角》,载《政治与法律》2013 年第 12 期。

② 参见梅传强、臧金磊:《网络宣扬恐怖主义、极端主义案件的制裁思路——基于对当前 20 个样本案例的考察》,载《重庆大学学报》(社会科学版)2018 年第 4 期。欧阳本祺、张林:《刑法视野下的恐怖主义网络宣扬行为》,载《河南财经政法大学学报》2018 年第 6 期。

一、反恐抽象危险犯的立法正当性基础

刑法理论中,根据行为的侵害强度可将犯罪划分为实害犯与危险犯,其中危险犯又有具体危险犯与抽象危险犯之分。实害犯与具体危险犯的法益侵害结果需要在个案中具体认定,一般情况下这两类犯罪不会引发违背法益侵害原则的争论。但由于抽象危险犯不要求危险的发生,实践中只要存在符合构成要件的行为,就很容易认定为犯罪。因此,抽象危险犯的立法方式因有违反法益侵害原则之嫌疑而被学者所诟病。[①] 但事实上,抽象危险犯之立法方式具有不可替代的价值,无论是从社会现实层面还是刑法理论层面都可以为其找到相应的立法依据。

(一)反恐抽象危险犯立法的社会现实基础

自“9·11”恐怖袭击之后,不断加剧与蔓延的恐怖主义威胁,令公众产生了更高的安全诉求。就社会现实层面而言,之所以采用抽象危险犯的方式增设反恐刑法规范,既是基于恐怖袭击危害后果的严重性及恐怖主义内在变化之考虑,也有外部环境变化之因素存在。

一般情况下,无论是就恐怖袭击所造成的实际人身财产损伤而言,还是就其在社会所引起的恐慌来说,普通刑事犯罪均是无可比拟的。恐怖活动虽由恐怖分子在自由意志下实施,但其几乎不会考虑发动恐怖袭击时个人的安全问题,而完全将目标集中于造成最大破坏上。恐怖分子最广泛运用的袭击战术为“无差别袭击”,平民被当作在错误时间出现在错误地点的对象,遭受攻击被视为理所当然。[②] 通过以往的

---

① 参见王霖、阎二鹏:《抽象危险犯认定路径检思与谦抑认定机制重构》,载《国家检察官学院学报》2017年第2期。

② 参见王震:《后“伊斯兰国”时代的全球反恐态势略论》,载《西亚非洲》2018年第1期。

媒体报道来看,恐怖袭击多选择人员密集的地方,一旦真正发动必定会造成伤亡惨重的后果。不仅个人与家庭难以承受,甚至对整个社会和国家而言都是灾难性质的。2019年发生的"4·21斯里兰卡恐怖袭击"事件即是证明。① 正是基于防范这种灾难性后果之考虑,有必要在恐怖袭击实际发动之前介入打击其他类型的涉恐行为。并且,因恐怖组织内部战略调整,其威胁也有所变化,这令各国不断强化打击恐怖主义的刑事手段。自2016年中东地区"伊斯兰国"恐怖组织遭遇溃败,其失去固定控制区与常规作战能力后,号召全球恐怖主义人员变换作战手段,采用更为隐蔽的方式行动。② 而网络本身所具有的开放性、隐蔽性、便捷性特征自然对恐怖分子存在极大的吸引力,继而网络空间也渐成为恐怖活动的第二战场。例如,通过网络方式宣扬恐怖主义、极端主义思想、煽动实施恐怖袭击,既能潜移默化地影响潜在的恐怖分子,又能保障自身行动的隐蔽性。如今,世界范围内的"独狼式"恐怖袭击不断增多,制造此类恐怖袭击的恐怖分子便多是通过网络接触恐怖主义宣传材料,产生恐怖主义、极端主义思想进而发动恐怖袭击。被抓获的犯罪嫌疑人审讯结果表明,涉案人员几乎无一例外观看或者收听过宣扬、煽动暴力恐怖的网络音视频。③ 网络空间成为恐怖组织及个人宣扬恐怖主义、极端主义的"重灾区"。尽管网络恐怖主义早已兴起,但这一时期的互联网技术更加成熟,无论是宣传途径还是融资渠道均更为多元和隐蔽。加之外部防范打击形势严峻,传统恐怖主义向网络空间转移的进程明显加快。可以说,网络空间延展是恐怖主义出于犯

① 2019年4月21日,斯里兰卡首都科伦坡等多地先后发生8次连环炸弹袭击,4月22日发生第9次爆炸,事件共造成253人死亡,400余人受伤。载 https://baike.baidu.com/item/4·21斯里兰卡恐怖袭击事件/23429989?fromtitle=%E6%96%AF%E9%87%8C%E5%85%B0%E5%8D%A1%E6%81%90%E6%80%96%E8%A2%AD%E5%87%BB&fromid=23430190&fr=aladdin,最后访问日期:2019年5月31日。

② 参见李捷、雍通:《外国恐怖主义战斗人员转移与回流对中亚和俄罗斯的威胁》,载《国家安全研究》2018年第1期。

③ 刘春花:《网络时代惩防暴恐犯罪的刑事政策之完善》,载《中国犯罪学学会年会论文集(2014)》。

罪行为成本、犯罪效果等因素以及基于长久和整体发展的考虑而做出的战略转变。[①] 这种变化使得恐怖主义行径更加隐蔽,各国不得不同时警惕和防范来自现实世界与网络空间双重的恐怖主义威胁。

而采用抽象危险犯的方式增设反恐刑法规范恰恰契合了全球加强防范恐怖主义威胁的反恐形势。早在 2005 年,联合国第 1624(2005)号决议即呼吁各国采取必要的措施禁止煽动实施恐怖行为。此后,许多国家把为进一步实施侵害性恐怖主义犯罪而进行的单纯预备行为规定为犯罪[②],如英国《反恐法案 2006》将煽动恐怖活动、准备恐怖活动以及接受恐怖主义培训等行为入罪,《意大利刑法典》将传播恐怖主义思想也纳入刑法规制范围,《德国刑法典》在 2009 年修订时也增设了具有预备性质的反恐规定。事实上,各国为打击恐怖主义预备行为而增设的相关条文便几乎均是以抽象危险犯的方式设立的。之所以选择这一立法形式,同抽象危险犯的性质以及恐怖主义行为自身的特点是分不开的。首先,抽象危险犯是具有预防性质的立法形式,基本能够满足提前打击恐怖主义的需求。恐怖分子的行径是对人类为实现每个人的自由与幸福而建立的理应被共同维护之社会秩序的公然破坏。而抽象危险犯的立法方式则是不待恐怖袭击实际发动,力图将其扼杀在准备阶段,甚至是萌芽阶段,有利于较为稳妥地保障社会安全。其次,几乎所有的涉恐行为均对公民个人权利构成实际或潜在的威胁。无论是帮助、准备行为抑或宣扬、煽动等行为,尽管难以确定恐怖袭击的实际发生是否有其助力,或其助力程度如何。但比较确定的是,这些辅助性质的涉恐行为,是对全体社会成员为共同利益而确立的、维护整体社会秩序之规则的破坏,即是对保障每个人自由与幸福实现之条件的破坏,进而威胁着每一个社会成员最基本的生存权利。针对这种具体侵害尚无法确定,但危险确实存在的恐怖主义行为进行规制,抽象危险犯的立法

---

① 参见舒洪水、王刚:《对我国网络恐怖主义犯罪的探讨》,载《山东警察学院学报》2016 年第 1 期。

② 参见[意]弗朗西斯科 · 维加诺:《意大利反恐斗争与预备行为犯罪化》,吴沈括译,载《法学评论》2015 年第 5 期。

方式无疑是最好的选择。就此而言,以抽象危险犯的方式增设反恐刑法规范事实上也是国家基于反恐刑事政策考量的结果。

(二)反恐抽象危险犯立法的刑法理论基础

刑法的任务在于保护法益,在认可此前提下,犯罪的本质便是法益侵害,无法益侵害便无犯罪。目前普遍认为,“侵害”既包括造成实害的侵害,也包括造成实害的危险。① 法益侵害危险虽非抽象危险犯的构成要件要素,但却决定着行为是否具有实质违法性,欠缺法益侵害危险的行为不属于抽象危险犯所规制的不法范畴。刑法中的不法是指符合构成要件且违法的情形。在不法领域,结果无价值与行为无价值之争由来已久,目前德国刑法理论中主张以结果无价值与行为无价值的二元不法论处于支配地位。② 而综合了主客观两方面不法的二元论显然也具有充分的合理性,行为无价值一定程度上可体现主体的主观不法,是行为人对国家所确认的法秩序持不容认态度的证明;结果无价值则是对法益的侵害或威胁,属于客观不法。行为无价值需以结果无价值为基础,即行为在客观上只有具有引起结果发生的现实可能性方可归责。以行为无价值与结果无价值建构起来的二元论,能够较好地维持刑法在保护社会安全与保障公民自由之间的平衡。无论是实害犯还是危险犯均当如此,有学者也专门就对危险犯中可罚的危险作二元的把握作出充分说明③。

---

① 参见张明楷:《法益保护与比例原则》,载《中国社会科学》2017 年第 7 期。

② 参见陈璇:《德国刑法学中结果无价值与行为无价值的流变、现状与趋势》,载《中外法学》2011 年第 2 期。

③ 参见李海东:《社会危害性与危险性:中、德、日刑法学的一个比较》,载陈兴良主编:《刑事法评论》(第 4 卷),中国政法大学出版社 1999 年版,第 55 页。作者认为,对于可罚的危险应当作二元的把握。行为的主观危险抑或行为人的法益侵害的意志(行为的无价值)若不存在,刑事政策就失去了对象,刑罚介入也就失去了目标和理由;如果行为的客观实害及其可能性(结果的无价值)不存在,那么,刑罚介入就既没有了限制,也没有了根据,而且对于大量犯罪,在量上的区别与限制也无法把握。

而抽象危险犯作为危险犯的类型之一也当然具有这一不法本质。具体而言,尽管实害结果和具体危险均非抽象危险犯的构成要件要素,但抽象危险犯行为不法的确定却是以对法益具有一般危险为依据。这一危险并非臆想而是以一般大众所能预见到的,行为具有引发实害结果的可能性为基础,其同所欲保护的法益具有充分的关联性。通常,刑法中以抽象危险犯方式增设刑法规范一般系出于保护社会整体利益之考虑,如待实害结果发生将是灾难性的。尤其是以社会公共安全为保护客体的抽象危险犯,危险的核心特征为“不可控制性”,即一旦开启因果流程,行为人再有意地对其操纵或控制都是极端不可能的。[①] 因此,在关乎重要的国民利益时,尽管危险现实化的可能性非常低,也仍有必要作危险犯处理。[②]《刑法修正案(九)》新增的宣扬恐怖主义、极端主义罪即是典型。行为主体一旦实施了宣扬恐怖主义、极端主义的行为,其对受众的心理影响及行动是不可控的,很容易激发社会危险分子的恐怖主义、极端主义思想,以及促使潜在的恐怖分子实施恐怖袭击等其他恐怖活动。

并且,以抽象危险犯方式保护的法益,还可弥补实害犯与具体危险犯无法周延保护法益的缺憾。[③] 刑法之所以能够增设抽象危险犯,主要是由于实害犯和具体危险犯的立法方式在某些情况下已难以有效实现刑法的社会治理目标。在实害犯中,犯罪成立需要出现实害结果。具体危险犯中的危险属于构成要件要素,必须在客观上予以科学的证明,不允许以一般人标准进行假定。但现实中某些犯罪的实害并非物理性质的,或者说,要证明这些实害的物理性,即使非不可能,也是极为困难而几乎不可能的。[④] 尤其是以保护个人利益为根本

---

① 参见[德]海因茨·科里亚特:《有关危险犯的争论》,张志钢译,载陈兴良主编:《刑事法评论》(第39卷),北京大学出版社2017年版,第367页。

② 参见[日]前田雅英:《刑法总论讲义》,曾文科译,北京大学出版社2017年版,第61页。

③ 参见李川:《抽象危险犯自身谦抑机制研究——以醉驾案件具体危险犯化认定倾向为视角》,载《政治与法律》2013年第12期。

④ 参见李海东:《社会危害性与危险性:中、德、日刑法学的一个比较》,载陈兴良主编:《刑事法评论》(第4卷),中国政法大学出版社1999年版,第65页。

出发点,将社会公共安全作为保护客体时,如公共危险犯罪类型,要证明行为造成实害或在科学上证明现实、紧迫危险之存在是相当有难度的。也正如学者所言,刑法需要保护较多抽象性的超个人法益,这些法益难以具体化,因而也就无法以具体的个人法益侵害后果形式来表达和涵盖。① 由此来看,实害犯与具体危险犯的立法方式在保护社会整体利益上确实存在疏漏。而在抽象危险犯中,危险并不属于构成要件要素,设立抽象危险犯仅是由于一定的举止方式普遍对受保护的客体形成危险,法官通常不必审查危险在个案中是否已经出现或者并未确实出现②,只要确定行为与所保护的法益具有充分的关联性即可。相较而言,在涉及对关乎社会整体安全的重大法益进行保护时,抽象危险犯无疑是具有一定优势的立法选择。当今,恐怖主义犯罪、极端主义犯罪已然成为一种难以预测的未知风险。③ 其如同梦魇一般日渐泛滥猖獗,困扰着整个国际社会,在全球化背景下几乎没有哪个国家或地区能够独善其身。④ 随着国际及地区反恐力量的增强,恐怖组织及其成员也在人员组织方面重新调整,通过跨国网络向全球扩散的外籍战士成为国际安全的重大隐患。这类恐怖分子除伺机直接发动恐怖袭击外,在意识形态方面,不断通过各种途径宣传其恐怖主义、极端主义思想、煽动潜在危险分子实施恐怖活动,向普通大众渗透其恐怖主义、极端主义思想,对整个社会构成极大的安全威胁。因此,采用抽象危险犯的立法方式规制这类恐怖主义行为具有一定的正当性。

此外,对某些显现出法益侵害危险的行为采用抽象危险犯方式进行规制也具有刑罚目的上的正当性。尽管现今对刑罚目的这一基础理

---

① 参见黄荣坚:《刑罚的极限》,台北,元照出版公司 2000 年版,第 223 页。

② 参见[德]约翰内斯·韦塞尔斯:《德国刑法总论》,李昌珂译,法律出版社 2008 年版,第 14 页。

③ 参见黎宏:《〈刑法修正案(九)〉中有关恐怖主义、极端主义犯罪的刑事立法》,载《苏州大学学报》(哲学社会科学版)2015 年第 6 期。

④ 参见阴建峰、侯日欣:《我国新时期反恐刑法立法宏观问题论要》,载《北京师范大学学报》(社会科学版)2015 年第 6 期。

论问题尚存争议①,但无论是将刑罚目的理解为报应还是预防,一般以抽象危险犯的方式进行立法都会兼顾考虑这两种目的。就报应目的而言,当行为人的行为已表现出对他人的侵害意图、威胁社会公共安全甚至是国家安全,采取刑罚措施无疑具有正当性。就预防目的而言,如果行为人所实施的行为已经征表其具有恐怖主义、极端主义思想,对于这类主体予以刑事规制,可以及时防止其进一步实施危害后果更为严重的恐怖活动,因而能够较为有效地实现刑罚的特殊预防目的。与此同时,对发动恐怖袭击前的行为进行打击,还能够告诫社会中其他潜在的危险分子。况且,有时民众对于法律的认知媒介并不是法律规定的本身,而是法律的执行。② 以宣扬恐怖主义、极端主义思想为例,目前实践中的涉恐案件以此类居多,借助网络转发暴恐音视频的宣扬行为易在人群中产生扩大化影响。因此,即便部分行为人是基于好奇、刺激等动机而大量下载观看并转发暴恐视频,也很容易造成恐怖主义、极端主义思想的大范围蔓延,这在客观上能够唤起潜在恐怖分子的热情,具有激发其实施恐怖活动的可能性,所造成的危害后果是不可控的。因此,及时对此进行规制,可以制止社会中的普通群众效仿此类行为,进而实现刑罚的一般预防目的。但对于预防理论,学界也有担心刑罚预防取向的考量会过度侵害基本人权。有学者对此提出反驳,认为这一说法显属过虑,是对于预防理论的误解,并指出"预防理论本来就是就刑罚意义的方向在表达其立场,而不是主张预防目的下的无限制刑罚",不应将预防理论同重刑主义思想画上等号。③ 我们对此表示赞同。刑法对某些行为进行规制并非随意为之,尤其在关乎人的生命健康权时,刑法是以保护人的生存这一基本权利为边界的。正如密尔在其《论自由》一书中所提出的著名"损害原则"(Harm Principle),即权力能够正

① 参见吴情树:《京特·雅科布斯的刑法思想介评》,载赵秉志主编:《刑法论丛》(第21卷),法律出版社2010年版,第475~476页。

② 参见黄荣坚:《基础刑法学》(第3版),中国人民大学出版社2009年版,第12页。

③ 同上书,第10~11页。

当地施与文明群体中任何成员的唯一目的是,防止对他人的伤害。①就宣扬恐怖主义、极端主义思想等涉恐行为来说,之所以将其纳入刑法的打击范围,是因为这类行为对他人具有潜在的巨大危害。就此而言,禁止这类行为并非恣意。

总而言之,以抽象危险犯方式设立反恐刑法规范具有一定的社会现实基础,这也是国家反恐刑事政策落实的重要方式。且从刑法理论层面考察,其也拥有充分的正当性基础。但与此同时,我们也应当警惕抽象危险犯本身对法治国观念所造成的冲击。事实上,以抽象危险犯方式增设反恐刑法规范更多是国家基于反恐现实的需要,是预防性的反恐政策使然。立法上虽意在提前介入防范恐怖主义威胁,但在个案实际适用这些规范时,也需要保持应有的克制,重视责任主义原则,谨防将公民作为打击恐怖主义的工具。

二、反恐抽象危险犯的实践考察与理论省思

恐怖主义威胁的加剧与蔓延,使针对涉恐行为以抽象危险犯的方式增设刑法规范具有一定的正当性。但法律是一项社会学科,对其关注不应仅限于规范的设立上,“更重要的是其可能带来什么样的实践后果”。② 在适用具有抽象危险犯性质的反恐刑法规范打击恐怖主义犯罪时,如若未能全面充分地考察行为主体的主、客观不法,将可能导致如学者曾所言的“恐怖主义和极端主义犯罪实践认定泛化”③之问题。当前实践中,《刑法修正案(九)》以抽象危险犯方式新增的反恐罪名以宣扬恐怖主义罪适用为多。本部分也将对此类案件进行考察,探究本罪在司法适用时所存在的主要问题,并进一步予以理论上的检视。

---

① 参见[英]约翰·密尔:《论自由》,商务印书馆 1982 年版,第 5 页。

② 参见苏力:《法治及其本土资源》(第 3 版),北京大学出版社 2015 年版,第 93 页。

③ 参见何荣功:《“预防性”反恐刑事立法思考》,载《中国法学》2016 年第 3 期。

(一)宣扬恐怖主义罪主观不法的认定实践与理论廓清

通常,在故意犯罪中,行为人的主观不法表现为预见到了该当于不法构成要件的事实,①并以此为基础指引自己实施行为,从而表现出其自身与法规范的敌对态度。通说观点认为,除了行为人必须对该当于构成要件的事实有所认知外,还必须对其有意义的认知。如果欠缺意义认知,行为人便将欠缺故意所应有的不法态度意识。② 德国实务界与学术界都要求,行为人具备故意至少必须认识到构成要件中规定的要素在社会生活中具有哪些特别的、法律据以作出评价的含义和作用。③ 日本学者前田雅英教授在论述故意的内容时,也认为对于犯罪事实的认识,要求一般人能够从中获得该罪的违法性的意识,以此来作为奠定故意的非难基础。④ 我国《刑法》第14条规定,成立故意犯罪需要行为人明知自己的行为会发生危害社会的结果。学界也基本认可,行为人对自己行为的认识,并不只是对外部行为的物理性质的认识,而是必须认识到行为的社会意义。⑤

1. 宣扬恐怖主义罪主观不法的认定实践

通过对宣扬恐怖主义案件判决整理分析发现,部分法院在考察行为人对自己行为之社会意义的主观认知时并不充分。

案例1:被告人李某在一微信群中看到一段暴力恐怖视频,视频内容为外国人在空地上枪毙多人的血腥、暴力现场,便将此段视频分别转发至"晋城市信鸽协会"等三个微信群。被告人吴某出租屋内收到李

① 参见黄荣坚:《基础刑法学》(第3版),中国人民大学出版社2009年版,第272页。

② 同上书,第278页。

③ 参见[德]冈特·施特拉腾韦特、洛塔尔·库伦:《刑法总论Ⅰ——犯罪论》,杨萌译,法律出版社2006年版,第115页。

④ [日]前田雅英:《刑法总论讲义》(第6版),曾文科译,北京大学出版社2017年版,第138页。

⑤ 参见张明楷:《刑法学》(第5版),法律出版社2016年版,第257页。

某发布在“晋城市信鸽协会”微信群中的此段视频，便将此视频分别转发至两个微信群。法院认为，“被告人李某、吴某忽视网络强大的传播力以及可能会造成的恶劣的社会影响，在收看微信内转发的暴力恐怖视频后，又将该视频转发至其他人数较多的微信群内，二被告人的行为构成宣扬恐怖主义罪，均应惩处”。①

案例2：被告人王某在微信上观看朋友发给其的一段时长为10秒的暴力视频后，将上述视频转发至“滴滴福利群”等9个微信群，以及“小磊”等8人的微信。法院认为，“被告人王某通过在网络上散发暴力恐怖宣传视频的方式宣扬恐怖主义，其行为已构成宣扬恐怖主义罪”。②

案例3：被告人程某在微信群中观看一则恐怖分子“斩首”的视频后，将该视频转发至“秀水河畔小桃园一群”等6个微信群。法院认为，“被告人程某故意传播恐怖主义音频视频资料，危害了公共安全，其行为构成宣扬恐怖主义罪”。③

类似上述情形的案件还有很多，基本行为方式表现为，行为人在社交软件中观看完涉案视频后，随手进行转发。法院对行为人主观方面的认定多表述为“明知涉案视频内容为暴力、恐怖、血腥内容”。即认为，只要行为人认识到涉案视频为暴力恐怖视频便认定其已了解自己行为的社会意义，符合宣扬恐怖主义罪所要求的主观不法。

总体而言，在宣扬恐怖主义案件中，法院认定行为人的主观不法时主要呈现两个特点：第一，未能充分考察行为人对其行为后果的认识，也即社会危害性认识。第二，直接忽视行为人不知行为违法的客观情况，即违法性认识④。但客观来讲，这两点均会影响行为人对其行为社会意义的认知，体现行为人的主观恶性程度，也因此对司法机关判断行

① 参见山西省晋城市城区人民法院(2018)晋0502刑初445号刑事判决书。

② 参见江苏省苏州市中级人民法院(2018)苏05刑初96号刑事判决书。

③ 参见山东省日照市东港区人民法院(2018)鲁1102刑初51号刑事判决书。

④ 违法性包括形式违法性和实质违法性，前者指违反法规范，违反法的禁止或命令；后者指危害社会的行为，与社会危害性具有同一性。本文所指的违法性认识是指形式违法性认识。

为人的主观不法具有实际意义。

2. 宣扬恐怖主义罪主观不法的理论廓清

在传统社会,通常情况下行为人只要认识到了构成要件事实,一般便也能意识到行为的社会危害性,进而以此推定其对行为违法有认知。也正缘于此,“不知法不免责”几乎曾是为世界各个法系所认可的法律事务处理原则。这主要是基于彼时所涉犯罪往往具有鲜明的反道德性,规范本身对这种特征也有充分的体现,普通民众几乎不太可能对行为的社会危害性以及违法性缺乏感知。[①] 有学者便曾提到,社会危害性属于基本的善恶内容,而违法性则属于更高层次的概念,并据此得出社会危害性较易被认知的结论。[②] 但随着现代法律逐渐趋向复杂化、法定犯增多以及刑法规制性色彩的增强[③],上述通过认识到构成要件事实推定行为人具有社会危害性认识,进而推定其知法的结果,同现实行为人真实的主观认知情况日益呈现出难以调和的矛盾。这显著体现在,即便行为人对于构成要件规定的事实要素有所认知,却也难以同时意识到实施相应行为对社会有害。当前时代所呈现的真实境遇则是,如果行为人不知某一行为已为法律所禁止,便也难以认识到该行为的社会危害性。尤其是,国家基于风险控制之缘由以法定犯形式杜绝的行为,普通民众在被进行普法宣传之前,或许并不能意识到国家如此做法之寓意。这就存在着国家与人民之间、司法人员与普通民众之间以及不同民众之间对风险感知之敏感程度的差异。并且,在价值多元的社会中,人们对同一行为也存在着不同的价值判断,对某一现象的认知也有所不同。对于某些法定犯,如果司法机关再同认定自然犯一样,一律以行为人认识到行为事实而直接推定其知法,便会在个案中造成明显的不公。非但不能令行为人信服地接受惩罚,也无法令社会上的普通民众感受到司法正义。

① 参见劳东燕:《风险社会中的刑法》,北京大学出版社2015年版,第405页。

② 参见刘艳红:《违法性认识的体系性地位——刑民交叉视野下违法性认识要素的规范分配》,载《扬州大学学报》(人文社会科学版)2015年第4期。

③ 参见劳东燕:《不知法不免责准则的历史考察》,载《政法论坛》2007年第4期。

由此可见,社会危害性认识与违法性认识之间存在着这样一种关系:通常情况下,行为人只要认识到了犯罪构成要件的事实,一般便能认识到行为的社会危害性,也自然能够具有违法性认识。但在某些情况下,行为人只有具备了违法性认识,才能意识到行为的社会危害性;违法性认识在某种程度上具有证明行为人是否具有社会危害性认识的功能。

如果否认这一点,便可能在实践中堵死转发暴恐视频行为之人的出罪道路。目前,多数法院在认定宣扬恐怖主义罪时正是将行为人认识到涉案视频为恐怖视频而直接推定行为人知晓转发、传播恐怖视频等行为违法。这显然是将对涉案视频具有暴力恐怖性质的判断等同于其价值有害的判断,将对构成要件事实要素的认识等同于对法律的认识,进而将行为的客观不法等同于应对行为人归责。也即,将行为客观上是否有害与行为人是否应当被归责两件事混为一谈。事实上,通过上述提到的案例可知,现实中即便行为人已经清楚地认识到了其所转发的视频具有暴力恐怖性质,在不知自己行为已被法律所禁止的情况下,存在着真实不知自己转发行为有害社会的情况。例如,多名被告人在供述时提到自己“没想过转发视频会对社会造成什么影响”“不懂法,并不知道转发此类视频违法”“如果知道是违法犯罪行为肯定不会转发”。而即便单凭被告人的供述尚不足以证明其不具有社会危害性认识,其客观表现亦能对此有所说明。如有相当一部分行为人是在微信群中观看完别人发布的涉恐视频后,直接转发至其他微信群或通讯录好友中,行为十分随意,所显示出的主观方面更多是因惊奇于视频所展示的内容而转发,而非意图宣扬恐怖主义思想。并且,还有部分行为人是直到办案人员找上门或被传唤到案后才知道自己因何违法。[1]

种种行为表现并不难说明行为人主观上的真实不知法,以及由此

① 参见湖北省武汉市中级人民法院(2018)鄂01刑初41号刑事判决书;新疆生产建设兵团第一师中级人民法院(2017)兵01刑终1号刑事裁定书;北京市第一中级人民法院(2017)京01刑初75号刑事判决书;山东省日照市东港区人民法院(2018)鲁1102刑初51号刑事判决书。

导致的不曾意识到的行为的社会危害性。然而,相当一部分这类行为人却被贴上"犯罪分子"的标签,甚至由于本罪的涉恐性质,还有可能被贴上"恐怖分子"的标签。这对于完全不具有恐怖主义动机、毫无主观恶性的行为人而言,无论如何也是难以接受的。姑且不考虑这些标签给行为人自身及其家庭将带来的负面影响,单就认定犯罪的正当性根据来说也是不能令人信服的。成立犯罪需要同时具备主观不法与客观不法。事实上,在认定宣扬恐怖主义犯罪的某些场合,不考虑行为人是否具有违法性认识,也就不能完全证明行为人主观上的不法,进而不能对案件作出彻底的评价。抽象危险犯历来因存在背离法益侵害原则、刑法谦抑原则以及突破罪责原则之缘由受到广泛批判。① 在反恐领域,立法将距离核心法益较远的宣扬、持有等行为纳入规制范围这一做法已被学者诟病为有"过度犯罪化"之嫌,②加之又以抽象危险犯的方式立法更是使刑法的适用主旨在反恐领域有转为"以镇压为主"③之虞,导致刑法工具主义的极端化发展,有违法治国的基本人权理念。而宣扬恐怖主义罪的认定中,在不能完全证明行为人具有主观不法的情况下即对其归责,则无疑正是刑法朝着镇压为主、工具极端化方向发展的显著表现。

(二)宣扬恐怖主义罪客观不法的认定考察与反思

采用抽象危险犯方式设立的宣扬恐怖主义罪,行为具备一定的抽象危险即符合构罪的客观不法。就网络空间中的宣扬恐怖主义行为而言,因互联网本身具有传播范围广、速度快这一特征,使通过网络转发

---

① 参见林东茂:《危险犯的法律性质》,载《台大法学论丛》第24卷第1期。刘涛:《法益 责任 危险——以抽象危险犯争议问题探究》,载《中国刑事法杂志》2012年第9期。王霖、阎二鹏:《抽象危险犯认定路径检思与谦抑认定机制重构》,载《国家检察官学院学报》2017年第2期。

② 参见刘仁文:《恐怖主义与刑法规范》,载《中国法律评论》2015年第2期。

③ 参见郭玮:《涉恐犯罪中抽象危险犯扩张适用之批判》,载《政法学刊》2017年第6期。

暴恐视频行为所造成的危险具有不可控性以及不可估量性。这导致行为人只要向多群、多人转发暴恐视频、散布宣扬恐怖主义的言论，基本即能肯定其行为的危险性。而通过对实践进行考察，法院在认定宣扬恐怖主义行为的客观不法时主要存在以下两方面的不足：

第一，欠缺对行为法益侵害危险的实质考察。通常，以抽象危险犯方式禁止的行为经由立法者筛选，行为本身具有一般的、典型的危险，宣扬恐怖主义罪的设立即是如此。但实际上并非只要行为人实施了形式上的宣扬恐怖主义行为即成立本罪，抽象危险犯并不等同于行为犯，而是需要实质考察行为是否具有法益侵害危险。如前所述，抽象危险犯所要求的危险核心特征为“不可控制性”。但实践中法院在审理宣扬恐怖主义案件时，所表现出的则恰恰是常将抽象危险犯直接等同于行为犯，只要行为人实施了转发暴恐音视频行为、发表了涉恐言论，而不论是否会对公共安全造成威胁，均被认定构成本罪。例如，课题组就恐怖主义案件办理情况赴云南省调研时了解到，一案件的被告人甲在观看完一则他人转发在微信群中的暴恐视频后，震惊于恐怖组织的残暴，将视频转发给其男友乙观看，乙观看完后也随手转发给部分微信好友，之后甲乙均被认定构成宣扬恐怖主义罪的情况。在这一案件中，乙由于向多人转发暴恐视频可能满足了本罪客观不法所要求的抽象危险，但甲仅将视频分享于乙，很难说其行为也符合本罪的客观不法。

第二，欠缺对行为情境的整体考察。通过对部分宣扬恐怖主义的案件判决进行分析发现，某些行为看似是在宣扬恐怖主义，但若缺少了对具体行为情境的考察，很难断定其会产生本罪所要求的抽象危险。例如，在“杨志祥宣扬恐怖主义、极端主义罪”[①]一案中，检察机关指控杨某在一微信群中发表“跟我信伊斯兰，加入 ISIS”的恐怖言论。之后法院据此判决杨某构成宣扬恐怖主义、极端主义罪，判处其有期徒刑 9 个月并处罚金。这一案件判决书显示，法院对行为人定罪处罚的依据仅为其“跟我信伊斯兰，加入 ISIS”的言论，而无任何行为人发布言论时的相关情境考察。事实上，仅凭借于此很难完整评价行为人这一言

① 参见北京市第一中级人民法院(2017)京 01 刑初 45 号刑事判决书。

论所造成的客观危险。情境语义学的理论表明,相同语言表达式在不同情境中能够表达不同的意义。① 即同一语言在不同情境下完全可能具有不同的含义,受众在不同情境也会产生不同的理解。就本案中行为人的上述言论而言,假设该案情境是,微信群中有人讨论ISIS是一个极端恐怖组织,但猜想其成员也有可能做一些正义之事,此时如果行为人发布这一言论,完全可能仅是出于玩笑之意,几乎不能在微信群中产生宣扬恐怖主义罪所要求的不可控制之危险,该言论也很难在实质意义上被定性为宣扬恐怖主义行为。

总而言之,对于以抽象危险犯方式设立的宣扬恐怖主义罪,在判断行为人是否成立本罪时,需要同时考察其主观不法与客观不法。在主观不法的认定中,违法性认识在很多场合影响着行为人的社会危害性认识,进而影响着其主观不法程度。就此而言,传统不知法不免责观念在现代社会治理中,尤其是反恐等以法定犯方式规制的领域已难以较全面地实现司法公正。而在认定客观不法时,将宣扬恐怖主义罪这类抽象危险犯直接等同于行为犯,也同样会造成刑法打击面过宽的不良后果。

三、反恐抽象危险犯的司法适用路径

行为人的主客观方面是判断其是否成立宣扬恐怖主义罪的重要考量因素。但也如前文所述,以抽象危险犯方式设立的宣扬恐怖主义罪,在实践中很容易因行为具有抽象危险而肯定其客观不法。因此,行为人最终是否成立犯罪,主要取决于其主观不法方面,也即行为人的主观恶性。对于故意犯罪来说,主观上需要行为人认识到不法事实。故意不可能因为认识一个中性事实而具有不法,故意就是对不法事实的认识,而该事实之所以具有不法特质,正是因为其受到规范的不法评价,

---

① 参见娄永强:《论情境语义学的语用视角》,载《重庆理工大学学报》(社会科学版)2012年第8期。

因此不法事实包含着事实和规范。[①] 如果行为人在认识到相关事实的同时也认识到了相关法规范，便能肯定其主观不法。此外，即使行为人不知法，如果其已经认识到了行为的社会危害性，也能凸显出其主观恶性，认定其主观不法同样具有合理性。而如果行为人既不具备违法性认识也不具备社会危害性认识，便应当否定其主观不法，进而排除犯罪。前述司法实践便多是因在判断行为人主观方面时存在偏颇，而造成不合理入罪的现象。因此，有必要进一步明确判断行为人主观不法的具体方式。

（一）主观不法的表现形式之一：违法性认识

尽管有时认定行为人的主观不法需要确定其具有违法性认识，但行为人具有违法性认识并非是指对相应的法条规定有所认识。因为在当前数量逐渐增多且日益复杂的规范面前，“这种知识只能期盼法律工作者才具备”。[②] 此处所要求的违法性认识应当是对违反道德与宗教观念之外的法律规范的认识。[③] 有学者认为，违法性认识不仅是对行为违反法律的认识，而且还应当是对违反刑事规范的认识。[④] 我们对此不予赞同。目前很多行为属于行政违法还是刑事违法只是在犯罪对象数量或犯罪情节上有所区别，且对这些情况进行具体考量是在案发后，属于司法人员的工作，普通人在行为之时一般很难确定自己行为的具体性质，而只是有一个粗略的估计。如果将违法性认识的内容限制在刑事违法层面，行为人大可以其仅意识到其行为可能违反民事规定而没有意识到具有刑事违法性进行抗辩，这便会造成放纵犯罪的结

① 参见许玉秀：《当代刑法思潮》，中国民主法制出版社2005年版，第46页。

② ［德］李斯特：《德国刑法教科书》（修订本），徐久生译，法律出版社2006年版，第289页。

③ 参见陈璇：《责任原则、预防政策与违法性认识》，载《清华法学》2018年第5期。

④ 参见童伟华、李希慧：《违法性认识在故意犯罪成立中的地位》，载《石油大学学报》（社会科学版）2003年第5期。陈兴良：《违法性认识研究》，载《中国法学》2005年第4期。

果。而事实上,违法性认识主要是用来说明行为人的主观恶性的,只要行为人认识到其行为属于违法行为而仍然实施,就足以反映其主观恶性。[①] 并且,尽管行为人仅认为其行为可能只构成民事违法或行政违法,但只要行为人有这种违法意识,在此情况下其就有义务确认自己行为的具体法律属性。因此,违法性认识并不仅限于刑事违法性,而是指一切法律规范。

此外,违法性认识也不限于行为人明确认识到其行为违法,也包括认识到其行为可能违法。在第二类违法性认识中,可能会发生行为人认识错误的情况。即行为人认识到了某一行为可能违法,但根据种种原因认为自己实施的行为不违法。在这种情况下,则需要考察违法性认识错误的可避免性。一般情况下,只要行为人已经怀疑其行为可能触犯法律,同前述情形一样,其就有义务查明自己行为的性质。否则便是对法律要求的漠视、是对违法行为的容任,如此可以同样肯定其具有违法性认识。[②] 除非行为人发生违法性认识错误是基于不可避免的理由。[③]

(二)主观不法的表现形式之二:社会危害性认识

通常情况下,行为人只要具备一般的规范违反意识,即可肯定其主观不法。而当行为人确实不知法时,还应当考察其是否认识到行为的社会危害性来推定其是否存在主观恶性。我国学者历来就行为人主观上应当具有社会危害性认识还是违法性认识存在争论。[④] 但事实上,

---

① 参见刘明祥:《刑法中违法性认识的内容及其判断》,载《法商研究》1995年第3期。

② 参见陈璇:《责任原则、预防政策与违法性认识》,载《清华法学》2018年第5期。

③ 在法律错误领域,大陆法系国家多选择通过总则性的立法来确立一般规则,普通法国家则更倾向于在个案层面上利用司法性的制度或技术来应对。具体参见劳东燕:《责任主义与违法性认识问题》,载《中国法学》2008年第3期。

④ 参见刘艳红、万桂荣:《论犯罪故意中的违法性认识》,载《江海学刊》2003年第5期。

违法性认识与社会危害性认识之间并不是非此即彼的关系。关于社会危害性,原则上正如学者所言,其是立法者从保护社会的角度而完成的认识,不能保证行为人与立法者的认识总是保持一致。① 但多数情况下,行为人的社会危害性认识与违法性认识具有一致性。也即,认识到社会危害性便能想到行为违法,认识到行为违法也可进一步推定其对社会有害。尽管当前法定犯日益增多,行为人的社会危害性认识与违法性认识可能会逐渐呈现割裂状态。也即虽然借助国家的普法宣传或者其他途径,行为人了解到某一行为属于违法行为,但却未真正认识到其社会危害性;抑或,行为人认识到某一行为具有社会危害性,但却并不知道其属于违法行为等。但无论是考察违法性认识还是社会危害性认识,其目的均是为了查明行为人的主观恶性。而行为人只要认识到了其中之一,便能够反映其主观恶性。在司法实践中认定主观不法时,在行为人对行为事实正确认识的情况下,应当首先考察行为人是否具有违法性认识,只要行为人认识到违法,则不论其是否认识到其行为具有社会危害性,均可认定其主观不法。而在行为人不具有违法性认识时,再考察其是否具有社会危害性认识。如此,可防范行为人以虽有违法性认识但不具有社会危害性认识来逃避惩罚。

总之,在行为人不具有违法性认识的情况下,可以通过考察其对行为的社会危害性是否有认知来判断主观不法。当行为人同时不具备违法性认识和社会危害性认识时,便可否定其主观不法,进而否定犯罪。

(三)宣扬恐怖主义案件的主观不法分析

在所收集到的案例中,典型具有违法性认识的案例如下:

案例4:在"宋某明宣扬恐怖主义罪"②一案中,行为人明确供述,"我在群里听说有人因为传播这样暴力、恐怖、血腥的视频被公安局拘留了,我知道这是违法行为,但群里那么多人在传播,我觉得无所谓就

① 参见贾宇:《犯罪故意概念的评析与重构》,载《法学研究》1996年第4期。

② 参见青海省西宁市中级人民法院(2017)青01刑初30号刑事判决书。

下载、传播了。”行为人这一供述表明其已经切实认识到行为具有违法性,但其主观上却显现出对行为的危害后果无所谓的一种态度,也即容任违法行为,放任危害后果发生。此举充分证明了其主观恶性,结合客观行为,认定其成立宣扬恐怖主义罪具有正当性。

案例5:在“马某龙宣扬恐怖主义罪”①一案中,行为人开设书店,专门出售伊斯兰宗教方面的书籍,因其通过网络出售涉恐书籍《路标》一书而被逮捕。其在供述中明确表示,“知道《路标》是非法宗教出版物,有顾客要就卖,就是想挣点钱。”但同时辩称,“不知道这本书的内容,不知道是宣传恐怖主义内容的。”本案中,行为人明确知道所售之书为非法出版物,但辩称不知道有宣扬恐怖主义内容的说法不可信。行为人为新疆籍人,其应当熟知国家开展的反恐斗争;且其专营伊斯兰宗教方面书籍,已经出售500本非法宗教出版物,这些书籍为非法出版物足以能够让行为人认识到书籍内容的违法性。其辩称不知书籍为宣扬恐怖主义内容,只是想证明自己不具有恐怖主义目的,但并不能据此否认其放任宣扬恐怖主义后果发生的主观故意。且本罪的认定并不要求行为人具备恐怖主义目的,因此认定其成立宣扬恐怖主义罪具有合理性。

类似还有买卖暴恐视频的案件②、“翻墙”至境外网站下载暴恐视频并于国内传播的案件③等,虽然行为人多以仅是基于获取利益、刺激以及好奇等动机,而没有恐怖主义目的进行辩护。首先,本罪的认定并不要求行为人具有恐怖主义目的。其次,行为人不具有恐怖主义目的并不能表明其同时没有违法性认识。行为人通过秘密买卖方式进行传播暴恐视频以及通过翻墙的方式获取暴恐视频,便能够证明行为人已经意识到了上述行为可能为国家所禁止。而在其认识到行为具有违法

① 参见北京市第一中级人民法院(2017)京01刑初58号刑事判决书。

② 参见浙江省宁波市中级人民法院(2018)浙02刑初44号刑事判决书;天津市第一中级人民法院(2018)津01刑初64号刑事判决书。

③ 参见广西壮族自治区柳州市鱼峰区人民法院(2017)桂0203刑初372号刑事判决书;陕西省延安市宝塔区人民法院(2017)陕0602刑初519号刑事判决书;内蒙古自治区赤峰市中级人民法院(2018)内04刑初10号刑事判决书。

可能性时便应该停止行为，否则便是对法律要求的漠视、是对违法行为的容任。

此外，典型的行为人具有社会危害性认识的案例如下：

案例6：在“贾某宣扬恐怖主义、极端主义、煽动实施恐怖活动罪”①一案，行为人通过用户名为穆斯林的QQ多次公开发布宣扬招募恐怖主义、极端主义者的信息广告，并创建“基地自由军”与“圣战组织群”两个招募群。之后在群里发布宣扬暴恐图片、视频以及制作炸药、包含杀人方法的文件。且将上述内容上传到QQ空间，供他人浏览下载。尽管贾某及其辩护人以其“没想过后果”“主观恶性较小”为由进行辩护，但事实上，贾某的种种行为显示，其完全有理由认识到自己行为的社会危害性。贾某在创建QQ群时，群介绍为“本群欢迎各位极端、恐怖主义者加入，反人类、反社会者可加入，不是诚心加入组织的别进来”。且其主动接触伊斯兰教员，从中获取暴恐资料，并进行广泛传播，资料中还包含有杀人方法的介绍。贾某作为一名智力正常的成年人，不可能认识不到其行为的社会危害性。本案中，即使行为人不知道传播暴恐资料的行为违法，但明显能够认识到自己行为的社会危害性，因而可以充分肯定其主观上的不法。

此外，行为人如果多次传播暴恐音视频，②主动接触、传播大量恐怖主义宣传材料③，这种情况一般很难排除其主观恶性。

但像前文所提及的案例1～3的情形，如果根据行为时情景、当时群聊内容记录能够证明行为人确实仅是出于偶然看到暴恐视频并随手转发，自身在此前从未主动接触、下载过此类材料，综合案件各种情形，则基本可以推定行为人当时可能确实没有认识到自己行为的社会危害性，可以排除犯罪。在行为人不构成犯罪时，基于其行为本身的危害性，可以对其适用《反恐怖主义法》相关规定予以行政处罚。

---

① 参见辽宁省大连市中级人民法院(2016)辽02刑初158号刑事判决书。

② 参见宁夏回族自治区银川市西夏区人民法院(2018)宁0105刑初49号刑事判决书。

③ 参见北京市第三中级人民法院(2017)京03刑初13号刑事判决书。

四、结　语

抽象危险犯作为刑法现代化的方式之一,其在控制社会风险方面确实至关重要。但也使刑法面临着“执行不足”的问题,使错误的人来到了刑法的明处,而正确的人却仍停留在暗处。① 体现在反恐抽象危险犯领域则是,刑法在无意中对不具有恐怖主义动机且主观恶性不足的行为人归罪,而真正应当受到打击的危险分子却难以得到有效遏制。目前,以抽象危险犯方式增设的宣扬恐怖主义罪,已经使一部分欠缺主观不法的行为人被定罪入刑。也正如哈塞默尔教授所言,这不仅仅意味着法律有所遗憾地未能如其所应为般有所作用,也更意味着,法律及其适用会导致不公不义的结果。法律从来不应是被机械适用的,否则任何人将都可以成为法官。本着罪刑法定的原则,每一条款也应被赋予其应有的含义。纵使当前恐怖主义形势严峻,法官也无须谈“恐”色变,因案件涉恐而丧失理智的分析。无论何时,责任主义原则均应得到应有的贯彻,因涉恐行为关系重大,此类案件的认定更应审慎缜密。

此外,尽管当前国家基于更广阔的视野已经认识到,在全球恐怖主义威胁加剧下,我国反恐形势也日益严峻,需要加强防范与打击。但多数普通民众很难切实感受到这种威胁。尤其是内地,民众的反恐意识并不强,而国家的反恐宣传、普法宣传工作又相当不足。这使反恐仅仅成为了国家单枪匹马式的作战,而未能引起民众的共情与重视。所谓“不教而诛”“公民对于法律的不知乃至误解均是国家不教之过”②这一说法在当前的反恐领域中具有一定的道理。对于行为人完全不知法,而纯属偶然观看暴恐视频并传播的行为,国家在一定程度上也具有不可推卸的责任。

---

① 参见[德]哈塞默尔:《现代刑法的特征与危机》,陈俊伟译,载《月旦法学杂志》2012 年第 8 期。

② 陈兴良:《违法性认识研究》,载《中国法学》2005 年第 4 期。

Legislative Legitimacy of Anti-terrorism Abstract Potential Damage Offense and Correction of Judicial Application

—From the Perspective of the Crime of Propagating Terrorism

Liu Xuedan

[**内容摘要**]《刑法修正案(九)》以抽象危险犯的方式增设反恐刑法规范,无论是从社会现实层面还是刑法理论层面都可为其找到相应的立法依据。但反恐抽象危险犯也确实存在不当扩张其可罚范围、侵犯公民个人自由的风险。在宣扬恐怖主义罪的司法适用中,便存在未能全面充分考察行为主体的主、客观不法,造成本罪实践认定泛化的问题。对于以抽象危险犯方式设立的宣扬恐怖主义罪,在实践中很容易因行为具有抽象危险而肯定其客观不法。因此,行为人最终是否成立犯罪,主要取决于其主观不法方面。在主观不法的认定中,应当首先考察行为人是否具有违法性认识,只要行为人认识到违法,则无论其是否认识到其行为具有社会危害性,均可认定其主观不法。而在行为人不具有违法性认识时,再考察其是否具有社会危害性认识。

[**关键词**]反恐刑法;抽象危险犯;宣扬恐怖主义;违法性认识;社会危害性

Abstract: Amendment (Ⅸ) to the Criminal Law of the People's Republic of China adds a standard of counter-terrorism criminal law in the form of abstract potential damage offense. Whether it is from the social reality level or the criminal law theory level, it can find reasonable legislative basis for it. However, the anti-terrorism abstract potential damage offense do have the risk of improperly expanding their punishable limits and infringing upon the individual freedom of citizens. In the judicial application of the crime of propagating terrorism, there is a problem that the main and objective lawlessness of the subject of the act cannot be fully investigated, resulting in the generalization of the practice of this crime. For the crime of propagating terrorism established by means of abstract dangerous crimes, it is easy to affirm the objective and illegal law in practice because of the abstract potential damage offense. Therefore, whether the perpetrator ultimately establishes a crime depends mainly on its subjective aspects. In the determination of subjective illegality, we should first examine whether the perpetrator has Illegality cognition. As long as the perpetrator recognizes the violation of the law, whether or not he recognizes that his or her conduct is socially harmful, he may be considered subjectively malicious. When the perpetrator does not have Illegality cognition, he or she will be examined whether it has social harmfulness cognition.

Keywords: Criminal legislation for anti-terrorism; Abstract potential damage offense; Propaganda of terrorism; Illegality cognition; Social harmfulness cognition

我国网络犯罪刑事立法扩张之反思

董璞玉*

目　　次

综观当今社会的发展,网络已经成为人类生活中须臾不可缺的重要组成部分,人们一方面享受着网络技术发展成果所带来的诸多便利,另一方面也承受着这一发展所带来的负面影响。例如,网络时代信息流动的加速拉近人与人之间的距离,但同时也导致侵犯公民个人信息类案件层出不穷。从刑法学者的角度出发,网络技术的发展对刑法规范和刑法学的未来发展也具有重大意义。一方面,刑法规范调整的对象是人的行为,网络时代的来临彻底颠覆了人们传统的行为模式,刑法的调整对象也就会随之作出改变;另一方面,网络社会背景之下新型法益接连出现,刑法的法益保护机能也面临挑战。而且,在我国法律体系中刑法规范是社会治理的最后一道防线,刑罚的发动要慎之又慎,然而

* 吉林大学法学院刑法学博士研究生。

身处网络时代风险无处不在,刑法如何保证在有效的治理犯罪的同时又不违背谦抑性的原则?怎样在防控风险的同时又不阻碍网络技术的发展?这些问题是网络时代刑事法律必须要面对的,而这些问题的解决与网络犯罪圈的划定有着直接的联系。犯罪圈过大将会阻碍社会的发展,违背刑法谦抑性原则;犯罪圈过窄又无法应对网络风险及不断蔓延的网络犯罪。因此,通过刑事立法合理的划定网络犯罪的犯罪圈,是目前应对网络犯罪的核心点。本文拟对我国目前的网络犯罪立法现状和司法现状进行梳理和总结,发现目前我国网络犯罪刑事立法所存在的问题。通过对比、分析我国理论界对网络犯罪刑事立法的态度,反思我国网络犯罪立法存在问题的原因,在此基础上思考我国网络犯罪刑事立法发展的应然途径。

一、网络犯罪立法扩张与司法适用脱轨

(一)网络犯罪的刑事立法呈现扩张趋势

回顾我国网络犯罪刑事立法的发展过程,从 1997 年《刑法》到《维护互联网安全决定》,再到《刑法修正案(七)》和《刑法修正案(九)》,我国网络犯罪刑事立法的发展进程就是网络犯罪刑事立法不断扩张的一个过程。这里刑事立法的扩张包含两层含义:其一,指的是与网络犯罪相关的刑法条文的数量不断增加;其二,指的是网络犯罪的刑事处罚范围不断扩大。具体来说,网络犯罪刑事立法扩张通过以下几种形式表现出来:

1. 犯罪主体范围扩大

《刑法修正案(九)》关于网络犯罪修改的一个亮点就是首次规定了网络服务提供者的刑事责任,将网络犯罪治理中"国家—行为人"的二元对立模式切换成"国家—网络服务提供者—行为人"共存的三元关系。[1] 从这一角度出发,网络犯罪的犯罪主体不仅限于真正实施网

① 参见李本灿:《拒不履行信息网络安全管理义务罪的两面性解读》,载《法学论坛》2017 年第 3 期。

络犯罪的实行行为人,还包括对网络信息安全有监督管理责任的网络平台。同时,此次修改还对多个网络犯罪的罪名增加了单位犯的规定,这也是扩大网络犯罪主体的一种表现。

2. 犯罪对象内容扩大

犯罪对象是犯罪行为所作用的客观存在的现象范畴,也称标的,是连接犯罪行为与犯罪客体之间的纽带。犯罪客体通过犯罪对象表现出来,但是犯罪对象并不是犯罪构成的必要要素,也就是说犯罪对象并非存在于所有犯罪中。① 当某一犯罪具有犯罪对象,且通过刑事立法将犯罪对象的范围扩充,就扩大了犯罪行为所作用的标的,进而也会扩大刑罚处罚的范围。例如侵害公民个人信息罪,根据《刑法修正案(七)》,此罪的犯罪对象仅限于六种特殊职业的人在履行职务或提供服务的过程中获得的公民个人信息;经过《刑法修正案(九)》的修改,此罪的犯罪对象不再局限于这六种职业的人执业过程中获得的公民个人信息,而是扩大到所有的公民个人信息,与此相关的网络犯罪的处罚范围也因犯罪对象的扩充而扩张。②

3. 犯罪行为处罚前置

网络犯罪与传统犯罪相比较,技术性更强,对客观现实环境的要求较低,且网络犯罪一旦进入实行阶段,法益侵害所波及的范围往往比较大,社会危害性比较严重,这些特征在侵害计算机信息系统相关的犯罪中表现得尤为明显。③ 考虑到网络犯罪一旦付诸于实行,很有可能造

① 参见李洁:《刑法学》,中国人民大学出版社2014年版,第48页。

② 虽然在刑法罪状描述中没有将“网络”这一概念明确的规定在侵犯公民个人信息罪中,但2013年最高人民法院、最高人民检察院和公安部联合发布的《关于依法惩处侵害公民个人信息犯罪活动的通知》明确指出,目前司法实践中大量的侵犯公民个人信息罪都是通过网络手段实施的,此罪的修改主要是为了打击通过网络侵犯公民个人信息的行为。

③ 2017年5月12日爆发了全球性的比特币勒索事件,全球有近74个国家受到这一计算机信息系统入侵犯罪的攻击,英国各地超过40家医院遭到大范围网络黑客攻击,国家医疗服务系统(NHS)陷入一片混乱,就连我国多个高校校园网也集体沦陷,造成了极为严重的后果。由于电脑及网络在社会生活中所起到的作用越来越大,这种对计算机信息系统及网络进行攻击的犯罪,将会导致大量的财产和其他利益的损失,甚至会威胁到生命、健康权。

成无法挽回的巨大损失,我国刑事立法者认为打击网络犯罪要防患于未然,对网络犯罪秉承“打早打小”的态度。《刑法修正案(七)》和《刑法修正案(九)》中都有相关规定,将网络犯罪的处罚时点提前,在处罚网络犯罪实行行为的同时,还将网络犯罪的预备行为规定在刑法分则中作为独立的罪名定罪量刑,如提供侵入、非法控制计算机信息系统的程序、工具罪和非法利用信息网络罪都是预备行为实行化的法律规定。

4. 网络犯罪帮助行为单独定罪处罚

我国传统的刑法理论认为构成共同犯罪应当具备三个条件:其一,主体必须是两人以上具有刑事责任能力的人。其二,要有共同的犯罪行为。不要求犯罪主体实施同一罪名的犯罪行为,但至少行为人所实施的必须都是犯罪行为。其三,要求犯罪主体之间主观上具有意思联络。网络犯罪的共犯之间联系较为松散,司法实践中有时会出现只能控制住网络犯罪的帮助犯,却找不到实行行为人的情况。按照传统理论的观点,倘若不能确定共同犯罪中的实行犯,一方面,不清楚实行犯的责任能力,就无法确定犯罪人之间是否存在共犯关系;另一方面,帮助犯与实行犯之间是否存在共同的故意也无法确认,最终导致的结果就是即使控制了网络犯罪的帮助犯,也无法追究其刑事责任。[①] 同时,与传统犯罪相比较,网络犯罪中的帮助犯往往对犯罪的最终现实化起到更为重要的作用。立法机关针对这种情况,为了更及时、有效的打击网络犯罪,保护公民的人身、财产安全,维护网络运行的秩序,将网络犯罪的帮助行为在刑法分则中以独立罪名的形式规定出来,以期能够有效的应对网络共同犯罪中帮助犯难以认定的困境。

进入21世纪以来,针对网络犯罪的立法成为世界各国都关注的一个重点,我国的刑事立法也开始多视角、全方位的充实网络犯罪的罪名体系。一方面,信息技术革新带来的犯罪对象的扩大化与犯罪手段的多样化,是以往时代所无法比拟的,刑事立法需要对这些犯罪构成要件

---

① 参见张明楷:《网络时代的刑事立法》,载《法律科学》(西北政法大学学报)2017年第3期。

要素的变化作出回应,就要进行立法上的扩张。① 另一方面,网络犯罪的发生频率在逐步升高,其杀伤力也较大,在此背景之下,网络安全以及被网络犯罪所侵害的个人法益、社会法益和国家法益都迫切的需要刑法保护,这就使预防性网络刑法的理念开始抬头,网络危险犯规定的数量明显增加。②

(二)新增网络犯罪罪名的司法适用欠缺实质效果

《刑法修正案(九)》新增了四个网络犯罪的罪名,包括"拒不履行信息网络安全管理义务罪""非法利用信息网络罪""帮助信息网络犯罪活动罪""编造、故意传播虚假信息罪"。这四个罪名的共同点在于犯罪行为的实施都离不开网络这一工具,所以有学者将其称为"纯正的网络犯罪"。③ 刑事立法者通过增设纯正网络犯罪罪名 构建我国的网络犯罪刑事治理体系,目的在于突破网络代际演进过程中网络犯罪行为的归责障碍,发挥刑法法益保护的机能。然而,根据现有数据的整理分析,却发现立法者的美好期待在网络犯罪的具体司法适用中落空,新增的网络犯罪规定并没有真正成为打击网络犯罪的有效武器。现实情况是这些新增罪名在司法适用过程中发挥的作用十分有限,理由是:

1. 适用新增网络犯罪罪名的案件数量较少

自 2015 年 11 月 1 日《刑法修正案(九)》开始实施到 2018 年 9 月,适用纯正网络犯罪罪名的案件共有 92 件,具体适用情况如下(见表 1):以非法利用信息网络罪定罪的案件共有 42 件,其中 2018 年截至 9 月为止有 12 件;2017 年有 22 件;2016 年有 7 件;2015 年有 1 件。以帮

① 参见于冲:《网络犯罪罪名体系的扩张思路与犯罪化根据——以〈刑法修正案(九)〉的罪名修正为视角》,载《重庆邮电大学学报》(社会科学版)2015 年第 6 期。

② 参见孙道萃:《网络刑法知识转型与立法回应》,载《现代法学》2017 年第 1 期。

③ 参见梁根林:《传统犯罪网络化:归责障碍、刑法应对与教义限缩》,载《法学》2017 年第 2 期。

助信息网络犯罪活动罪定罪的案件共有 35 件,2018 年 12 件;2017 年 16 件;2016 年 5 件;2015 年 2 件。罪名为编造、故意传播虚假信息罪的案件共有 15 件,其中 2018 年 4 件;2017 年 8 件;2016 年 3 件。而适用率最低的罪名非“拒不履行信息网络安全管理义务罪”莫属,从罪名设立之日起还未有任意一起案件以此罪论处。①

表 1　适用纯正网络犯罪罪名案件适用情况　　单位:件

年份	非法利用信息网络罪	帮助信息网络犯罪活动罪	编造、故意传播虚假信息罪	拒不履行信息网络安全管理义务罪
2018	12	12	4	0
2017	22	16	8	0
2016	7	5	3	0
2015	1	2	0	0
小计	42	35	15	0
总计		92		

从统计结果来看,纯正网络犯罪的案件审理总量较少。《刑法修正案(九)》实施至今已有 3 年的时间,适用纯正网络犯罪罪名定罪的案件尚不足 100 件,平均每年审理的案件数量仅 30 余件,平均每个罪名每年适用的案件数量仅有个位数。这组数字充分说明,从新增网络犯罪罪名整体的适用情况来看,司法实践中审理的相关案件数量并不多。另外,从未来发展趋势的角度来看,拒不履行信息网络安全管理义务罪在近三年没有任何增长,适用其他三个罪名的案件虽然略有增长的趋势,但是每年案件数量增长最多不超过 15 件,增长速度非常缓慢,这说明适用纯正网络犯罪罪名的案件增长趋势也不明显。

① 本文的数据来源是北大法宝,搜索的关键词分别是“具体罪名”“刑事”“一审”“判决书”。

2. 新增网络犯罪适用行为类型狭隘

根据刑法分则中新增网络犯罪规定的内容,纯正网络犯罪处罚的对象往往不是网络犯罪的实行行为人,而是具有网路监管义务的人、帮助罪犯实施网络犯罪的人和为网络犯罪做准备的人。从应然层面上,这些犯罪行为与网络犯罪的实行行为不同,其行为类型应该比较复杂。例如,帮助信息网络犯罪活动罪,因为网络犯罪的帮助行为没有固定的类型化特征,所以对网络诈骗、侵犯公民个人隐私、开设网上赌场等犯罪提供网络技术支持或结算业务的人都可以认定为此罪。这一罪名涵盖范围非常广泛,再加上帮助行为是网络犯罪流程中很重要的一个环节,从理论上应该可以通过对网络犯罪帮助行为的处罚来有效的抑制网络犯罪的再次发生。但从司法实践的实际情况来看,此罪处罚的最多的行为是诈骗罪的网络帮助行为(见图1),几乎没有其他类型的网络犯罪的帮助行为被认定为此罪,这意味着通过网络帮助他人实施犯罪活动的行为,其处罚范围具有一定的局限。

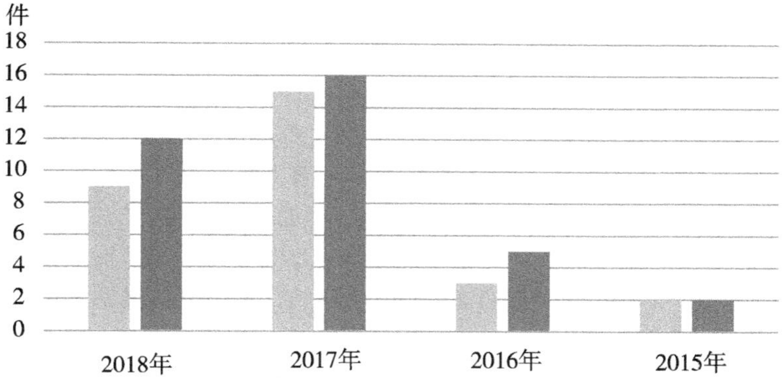

图1　帮助信息网络犯罪活动中涉及诈骗罪的案例

总体来说,虽然理论界对《刑法修正案(九)》中新增的网络犯罪适用的相关问题讨论得如火如荼,但是实践中对这些罪名的适用却寥寥可数。由点及面,通过对《刑法修正案(九)》中新增网络犯罪的罪名适用情况的总结,可以发现网络犯罪的刑事立法扩张在司法实践中呈现的效果不容乐观。

(三)网络犯罪刑事立法扩张与司法适用之间存在矛盾

通过对我国网络犯罪立法现状和司法现状的总结,可以发现两者之间明显呈现对接不良的状态。一方面,刑事立法在不遗余力地进行扩张。立法者认为针对网络犯罪设置的罪名越多,与网络犯罪相关的法律规范的内容越充实,网络犯罪的处罚范围也就越广,刑事法网编织的也就越严密,这样能够有效遏制网络犯罪的蔓延,同时也能起到一定的威慑作用,预防网络犯罪的发生。另一方面,刑事司法实践中新增网络犯罪的罪名适用情况却显得有些冷清。不可否认,网络犯罪的刑事立法扩张对于打击网络犯罪起到一定的作用效果,例如,《刑法修正案(九)》为了更好地保护公民个人信息的安全,扩大了侵犯公民个人信息罪的处罚范围。总结此罪的司法适用情况(见表2)可以发现,自从2015年修正案颁布以来,以侵犯公民个人信息罪审结的案件数量与法律修改前相比,发生了翻天覆地的变化,案件数量直线上升。而目前司法实践中打击侵害公民个人信息的行为主要是通过打击网络手段侵犯公民个人信息的行为,因此网络犯罪的刑事立法扩张在打击侵犯公民个人信息类犯罪中发挥了良好的功效。但是,这种立法扩张后被有效应用、充分发挥作用效果的罪名是少数。结合上文对于《刑法修正案(九)》中新增网络犯罪罪名适用情况的总结,大部分新增网络犯罪的罪名适用频率是较低的,所以从总体上来说,网络犯罪刑事立法扩张在司法实践中的适用效果收效甚微。

表2 适用侵犯公民个人信息罪案件数量总结 单位:件

年份	2015年	2016年	2017年	2018年
案件数量	22	310	1105	559

面对这种情况不禁要反思,既然新增加的网络犯罪罪名适用率极

低,那么目前刑事立法扩张在网络犯罪的治理中究竟能起到什么作用?面对网络技术风险不断提升的现实环境,刑事立法是否还要扩张下去?针对网络犯罪的治理,刑事立法应该扮演一个什么样的角色?针对这些问题,理论界也展开了激烈的讨论,学者们基于不同的立场对网络犯罪刑事立法的现状及未来发展方向提出了不同的观点。

二、网络犯罪刑事立法扩张的理论争议梳理

近期网络犯罪不仅是司法实务界关注的重点问题,也是刑法理论界讨论的热门话题,尤其是《刑法修正案(九)》在网络犯罪的规定上不吝笔墨,这更激起了理论界对网络犯罪刑事立法的研究热情。学者们对于《刑法修正案(九)》中网络犯罪规定的评价褒贬不一,对网络犯罪刑事立法的发展轨迹也有不同的思考。总结归纳学者们的理论观点,对网络犯罪的刑事立法的态度主要可以划分为三类:

(一)坚定的扩张派

坚定的扩张派认为目前我国网络刑事立法的扩张符合社会发展的要求,未来的网络犯罪立法应该继续秉承这种前瞻式的立法思路,以预防网络风险、维护网络安全为目的,继续通过多种形式扩充网络犯罪的相关规定,扩大与网络相关的犯罪行为的刑罚处罚范围。

持这种观点的学者中,最具代表性的学者是于志刚教授。他认为:首先,技术的革新带动了网络的发展。我国已经由网络1.0时代发展到网络3.0时代,网络已经渗透到我们社会生活的每一个角落,网络安全不再仅仅是个虚拟空间的安全问题,而是已经上升到国家安全的层面。其次,网络技术的发展引发了网络犯罪的升级。根据我国的刑事立法,计算机犯罪也被归纳到网络犯罪中成为一个分支。所以网络1.0时代网络犯罪是以计算机为犯罪对象的犯罪。网络2.0时代网络在犯罪中所起到的作用是犯罪工具,到了网络3.0时代网络犯罪指的是在网络空间内发生的犯罪。随着网络社会的代际演进,网络犯罪的

类型也呈现多样化的特征。[①] 最后他认为,近二十年来我国网络犯罪刑事立法最大的特征是由司法解释先行对新生网络犯罪行为进行规定,再由刑事立法加以确认,而刑事立法才是回应网络犯罪变化的终极武器。[②]

同时,于教授对我国未来网络犯罪刑事立法发展的应然轨迹进行了规划,认为在短期之内应该在刑法分则中设立独立章节规定计算机和网络犯罪。从长远的角度考虑,参考国际和国外的相关立法经验,针对网络犯罪应该制定一部单行刑法,即《反网络犯罪法》。这部刑法既对网络犯罪的实体问题进行规定,还要对网络犯罪的程序问题进行规定。[③]

无独有偶,梁根林教授也认为网络技术风险提升带动网络犯罪的升级,升级后的网络犯罪对传统刑法规定和刑法理论提出了挑战,导致这类犯罪出现归责困难。为了解决这一归责困境,刑事立法就不得不进行扩张。对于刑事立法的扩张可能引发犯罪圈过大而阻碍网络技术发展的问题,他认为这个问题应该在司法实践的过程中解决,即由司法机关将网络犯罪的处罚范围限定在合理的范畴之内。[④]

有的学者从宏观刑事立法思路的角度,认为网络犯罪刑事立法扩张是网络犯罪治理的应然选择。王肃之博士认为,《刑法修正案(九)》中的新规定体现了网络犯罪的刑事立法思路由"回应式"向"前瞻式"的转变。他认为,回应式的立法模式是指刑法为了应对新生犯罪而做出的片面的、碎片式的修改,这种"头疼医头,脚痛医脚"的立法模式在网络时代已经不合适。而前瞻式的立法模式,即在新生犯罪出现之前,立法基于犯罪的发展趋势和法益变迁的方向做出一种预判,提前在立

---

① 有国家和地区将"网络犯罪"与"计算机犯罪"相区分,例如我国台湾地区对"电脑犯罪"和"网络犯罪"在刑事立法上就有不同的规定。

② 参见于志刚、吴尚聪:《我国网络犯罪发展及其立法、司法理论应对的历史梳理》,载《政治与法律》2018年第1期。

③ 参见于志刚:《网络犯罪的代际演变与刑事立法、理论之回应》,载《青海社会科学》2014年第2期。

④ 参见梁根林:《传统犯罪网络化:归责障碍、刑法应对与教义限缩》,载《法学》2017年第2期。

法规定中体现出来。这样一方面能够及时的保护新型法益,另一方面能够解决刑事法律为了适应网络社会变化而频繁变动的问题。①

更极端一点的扩张派认为,随着网络刑法的不断扩充,传统刑法将会被网络刑法所取代。孙道萃博士认为,首先,从我国的社会发展现状来看,风险社会离我们越来越近,网络技术风险将会成为风险社会的头号风险来源。在这样的背景之下,网络安全秩序直接影响到国家安全、公共安全、公共秩序等重大国家法益,网络安全秩序难以保证,国家法益就会受到威胁,进而个人法益也很难保障。因此,防控网络风险,维护网络安全秩序,成为风险社会刑事立法所要面临的首要问题。其次,当社会发展到网络风险社会之下,由于传统刑法的立法缺乏一定的预见性,与网络相关的犯罪不断地对传统刑法提出挑战,传统刑法无法及时、有效的保护网络空间安全秩序。再加上网络空间安全秩序一旦遭受破坏,将会导致无法挽回的严重后果,所以对破坏网络空间安全秩序的犯罪行为,与其被动的发挥刑罚惩戒功能,不如防患于未然,从源头上遏制网络犯罪的发生。因此,从刑事立法的角度,预防性刑法理念将会占据主流,传统刑法将会被网络刑法所取代。②

(二)有保留的扩张派

有保留的扩张派认为基于对网络时代这一特殊环境背景的考量,从宏观上对扩充网络犯罪刑事法律规范和扩大网络犯罪刑事处罚范围的思路表示支持。但对于新增的网络犯罪刑事法律规定的具体内容,尤其是《刑法修正案(九)》中新增的网络犯罪规定,并不能完全认同。持这种观点的学者认为对于网络犯罪的刑事立法扩张在程序上和内容上都要进行限制。

持这种观点的学者中最具有代表性的是张明楷教授。首先,张教

① 参见王肃之:《从回应式到前瞻式:犯罪刑法立法思路的应然转向——兼评〈刑法修正案(九)〉相关立法规定》,载《河北法学》2016 年第 8 期。

② 参见孙道萃:《网络刑法知识转型与立法回应》,载《现代法学》2017 年第 1 期。

授认为目前我国对网络犯罪的重视程度还不够,对网络的认识还停留在网络空间是虚拟空间以及只有部分人使用网络这种过时的观念中,再加上我国传统的刑法理念强调谦抑性,要求尽量缩小刑罚的处罚范围,导致立法机关和司法机关对网络犯罪的严重程度没有一个清晰的认识。然而,现实情况是网络已经渗透到社会生活的各个角落,网络不再仅存于虚拟空间,也不是只有少数人在享用的科技。网络技术与金融犯罪、恐怖主义犯罪等其他犯罪相衔接,衍生出杀伤力更为强大的新型犯罪。而且因为网络资源获取方便,传播力强导致网络犯罪的数量也大大增加。在这种环境之下,国民期待刑事法律发挥其功效来保护个人法益、社会法益和国家法益。若在网络时代还坚持处罚范围越小越好的心态,那么国民的利益就难以得到保护。因此,在新时代要更强调刑事处罚的妥当性和合理性,而不是一味的缩小处罚范围,在网络时代对刑法的谦抑要做更合理的定义。换言之,为了应对网络风险,适当的刑事立法扩张是在所难免的。①

但是,张教授对目前我国网络犯罪的刑事立法扩张的方式和内容存在质疑。其一,目前网络犯罪刑事立法程序的启动存在一定的问题。他认为网络犯罪的刑事立法一定要以司法解释的失利为前提,即通过解释途径能够解决网络犯罪的归责问题,不应该再动用刑事立法程序。因为法律规范自身具有一定的延展性,司法解释起到的作用不是探究立法者的原意,而是为了实现刑事处罚的合理性。② 只要在不违背罪刑法定原则的条件下,通过解释的方法解决网络犯罪的归责困难是首选。毕竟从经济成本、功利主义的角度来看,解释的成本要远远低于刑事立法的成本。从应然的角度,我国网络犯罪刑事立法的范围应该是通过解释途径无法解决其归责的网络犯罪,实然的情况却是我国在应对新出现的网络犯罪时,更多的是依赖刑事立法的力量而忽视了司法解释的功能。其二,我国网络犯罪的新增内容也存在问题,形式的立法

① 参见张明楷:《网络时代的刑法理念——以刑法的谦抑性为中心》,载《人民检察》2014年第9期。

② 参见张明楷:《实质解释论的再提倡》,载《中国法学》2010年第4期。

扩张与实质的处罚范围扩大之间不统一。增加网络犯罪刑事立法规定的目的在于扩大网络犯罪的处罚范围,严密网络犯罪的刑事法网。然而若规定的不得当,这两者之间的因果关系链条将会断裂。例如,帮助信息网络犯罪活动罪这一罪名,立法设立此罪名是为了打击网络犯罪中的帮助行为,为了解决实行行为人没有归案时对帮助犯处罚困难的问题。因为网络帮助行为在网络犯罪中发挥着越来越重要的作用,而根据传统的共犯理论,实行犯不在很难单独处罚帮助犯,所以立法初衷显然是想在司法实践中能够实质的扩大帮助犯的处罚范围。但是根据新修改的刑法规定,仅有"情节严重的"网络犯罪的帮助行为才会受到刑法处罚,这与传统刑法理论帮助犯的处罚范围相比,实际从立法上限缩了帮助犯的处罚范围。① 这就出现了立法初衷与立法实际表达的意思不和的情况,新增的刑事立法规定虽然从形式上增加了网络犯罪的法律规范的数量,但在实际上可能并没有扩大处罚范围,那么这种网络犯罪的刑事立法规定是否必要就值得商榷。若刑事立法扩张的内容不能发挥其应有的作用效果,那么这种立法的扩张是毫无意义的,所以要在一定的限度内进行刑事立法的扩张。

另外,对于网络犯罪刑事立法的未来发展问题,张教授对多种路径进行了分析并作出了选择。首先,网络犯罪的单行刑法模式不适用于我国的立法环境,网络犯罪应该作为现行刑法规定内容的一部分。对于是否要设立单行刑法来规制网络犯罪,张教授给出的是否定的答案。他否定我国网络犯罪二元立法模式的理由是:其一,网络犯罪是个犯罪学意义上的概念,其涵盖的内容极其广泛,它无法被归纳为是某一类犯罪,而单行刑法往往规定的是某一类犯罪;其二,若要制定有关网络犯罪的单行刑法,它与传统刑法之间的关系也很难协调。例如,同样都是诈骗罪,有的是通过网络实施的电信诈骗有的是人和人面对面实施的诈骗,那么对于诈骗罪而言要规定在传统刑法中?还是要规定在网络刑法中?各自的法定刑又该如何设置?其三,制定网络犯罪的单行刑

① 参见张明楷:《网络时代的刑事立法》,载《法律科学》(西北政法大学学报)2017年第3期。

法还会面临很多立法技术的难题。其次,在一元立法模式之下,对网络犯罪的具体内容的修改应该采取一元和二元模式相结合。这里所谓的“二元模式”,即在原有法条规定的基础上增加新的法条规定网络犯罪,传统犯罪与网络犯罪认定依据的是不同法条的规定;所谓的“一元模式”,是指不需要增设条款,在原法律规定的基础上增加对行为类型或行为对象的规定,并进行适当调整即可,网络犯罪与传统犯罪的认定依据是相同的法条规定。鉴于网络犯罪与传统犯罪之间既有联系又有区别,在特定的情况下仅需进行微调即可解决网络犯罪的归责问题,但有些情况则需要对网络犯罪重新规定,一元与二元模式相结合才能全面的解决网络犯罪的刑事立法问题。最后,网络犯罪刑事立法扩张的内容与需要保护的法益的内容应该一致。

(三)批判扩张派

批判的扩张派认为目前我国的网络犯罪刑事立法扩张有象征性立法的嫌疑,这种象征性的立法更多的是为了回应国民的关切,而对网络犯罪治理并没有起到实质的作用。而且,刑事立法本身就应该具有滞后性,预防性刑法观的指导下网络犯罪刑事立法不断扩张,可能造成阻碍社会发展进步的负面效果。持这种观点的学者与前两派的学者相比,从人数上不占优势,但是有越来越多的学者表现出对网络犯罪刑事立法扩张的担忧。

持这种观点的具有代表性的学者是刘艳红教授。她认为,首先,近年来网络犯罪刑事立法表现得比较活跃,相关的刑法规范的变动也比较大,网络犯罪的罪名增加,入罪的门槛更低,处罚的范围更广。然而,这些新增的网络犯罪的规定在司法适用中使用的次数寥寥无几,并没有对网络犯罪的治理起到实际的作用。① 刘宪权教授也对目前我国网络犯罪刑事立法的扩张持有怀疑的态度,他认为,目前网络犯罪的扩张

① 参见刘艳红:《象征性立法对刑法功能的损害——二十年来中国刑事立法总评》,载《政治与法律》第3期。

规定往往带有一定的情绪化色彩,这种情绪化往往来源于非理性的民意或舆论,而刑法规范本身应该保持其应有的谦抑性姿态,应该严谨且理性。若网络犯罪的立法扩张仅是为了回应民意的需求,那么刑事立法是否应该扩张就值得推敲。①

对网络刑事立法扩张批判的最直接、最彻底的学者是徐剑锋教授。他反对目前网络犯罪的刑事立法扩张,对网络犯罪未来积极的扩张态度也进行了批判。他认为,首先,网络犯罪不是一个刑法学的概念而是一个犯罪学的概念,就如同暴力犯罪或者性犯罪一样,它指代的是某一类具有特殊性质的犯罪。② 其次,设置一部与现行刑法并行的网络刑法典或是设立一部现行刑法典之下的特别刑法都是不可取的。理由一,这两种设想在实际操作中不可能完成。因为网络犯罪与环境犯罪、经济犯罪这种类型化的犯罪不同,网络犯罪中可能存在经济犯罪也可能存在环境犯罪,所以事实上网络犯罪是这种类型化犯罪的上位概念。对网络犯罪的具体范围都无法确认,如何能针对此类犯罪设立独立刑法典或特别刑法？理由二,现行刑法规范和传统刑法学理论还有挖掘和扩展的空间。刑法学的基本理论是经过历史的洗礼,经过时间的积累沉淀而成的理论精华,其本身存在一定活力,没有必要为了应对网络犯罪而将这座理论的大厦全部推倒,重新洗牌。传统刑法规范存在一定的延展性,刑法理论存在解释和合理扩充的空间,因此刑事立法扩张不是应对网络犯罪的首选。③ 最后,徐教授认为网络犯罪不断扩张的背后原因是受到了积极刑法观念的影响,而这种积极的刑法观念本身就存在问题。积极的刑法观是指网络时代将网络风险防控作为刑法存在的首要任务,与传统刑法谦抑、被动性的特征不同,积极刑法观要求刑法在应对网络犯罪时主动出击,"打早、打小",防患于未然。但这种

① 参见刘宪权:《刑事立法应力戒情绪——以〈刑法修正案(九)〉为视角》,载《法学评论》2016 年第 1 期。

② 参见徐剑锋:《互联网时代刑法参与观的基本思考》,载《法律科学》(西北政法大学学报)2017 年第 3 期。

③ 同上。

刑法观念存在两方面的问题,其一,网络风险本身是未知、不可控的。网络风险只是一种可能性,至于是否会引发不良的后果是未知的,对于尚未确认的危害后果或者尚未确定因果关系的网络风险进行防控似乎有些用力过猛,毕竟刑罚处罚的严厉程度不可小觑。另外网络风险的特质之一就是不可知性,而刑法却要规定具体的法规来防控网络风险,这两者之间存在逻辑上的悖论。其二,削弱法益的批判机能。在刑事立法的过程中,法益具有批判功能,①能够限制刑事立法的范畴,将犯罪圈划定在合理的范畴之内。为了防控网络风险,就要扩大刑事处罚的范围,就要对网络空间安全、网络秩序这种抽象的法益进行保护,法益的抽象化削弱了法益批判机能的发挥,其规定的犯罪圈的界限也会模糊,容易使刑事立法处于失控的状态。②

三、网络犯罪刑事立法扩张理论依据的反思

理论界对网络犯罪刑事立法扩张的现状和未来发展轨迹各自有不同的观点,通过对这些观点的梳理可以发现矛盾的焦点主要集中在三个方面:其一,网络犯罪刑事立法的指导观念是应该坚持传统刑法的谦抑性还是要转化为预防性刑法观?其二,网络犯罪刑事立法的主要功能是回应民意要求还是社会保护、人权保障?其三,网络犯罪刑法体系的构建模式,是在现有刑法的基础上进行必要的改动还是要单独设立特别刑法?抑或是网络刑法典?对这些问题的反思是构建我国网络犯罪刑事治理体系的前提。

(一)预防刑法观念的反思

根据我国社会发展现状,网络时代已经全面来临,以计算机为犯罪

① 参见关哲夫、王充:《现代社会中的法益论客体》,载《刑法论丛》2007 年第 2 期。

② 参见徐剑锋:《互联网时代刑法参与观的基本思考》,载《法律科学》(西北政法大学学报)2017 年第 3 期。

对象、在网络空间内发生的犯罪，尤其是以网络为工具的犯罪都在大面积的增加。对于网络社会中风险无处不在的现象，学者们能够达成共识，承认这一现象的存在，但是对于是否要通过刑事手段防控风险这一问题存在争议。坚定的扩张派和有保留的扩张派都认为网络风险的存在是个不定时炸弹，而且这个风险一旦实现将会造成严重的后果，所以必须通过最严厉的社会治理方法即刑事手段来预防网络风险；而批判扩张派的学者则认为，网络风险确实存在，但刑法本身应具有谦抑性，刑法应该是随着社会的发展亦步亦趋，而不应冲破谦抑性的限制，积极的预防并不确定的虚无缥缈的网络风险。

刑事立法指导思想的确立将会奠定刑事立法的整个基调，若坚持积极预防性的刑法观念，则就会主张扩大网络犯罪的犯罪圈；相反，若坚持谦抑性的刑法观，则就会坚持限制网络犯罪的处罚范围。从目前的现实情况来看，网络社会独有的特征使得网络犯罪与传统犯罪之间存在一定的差异，且网络社会所保护的法益与传统社会相比更复杂，内容更多。针对这些情况，网络犯罪的刑事立法的确应该做出适当的扩张，但网络犯罪的刑事立法主要还应当坚持谦抑性的原则，不宜设立过多的预防性犯罪的规定。理由是：其一，网络风险被过度夸大，预防性刑法操之过急。一些学者将网络安全与国家安全和公共安全挂钩，认为网络风险的存在使这些重要法益受到威胁，所以要对其进行严密的防控。一方面，在网络出现之前刑法规定中就存在保护国家安全和公共安全这类重大法益的规定，网络因素的加入可能会扩大损害后果的程度，但这也是司法量刑所要考量的因素而不是刑事立法所干涉的范围。另一方面，网络技术的发展使得侵犯国家安全、公共安全的犯罪成本降低，但是是否能够把责任完全归结于网络风险？引发国家安全和社会安全的网络风险的具体内容是什么？这些问题的答案都尚未可知，在这样的情况下就毫无目的地提出用立法手段防控网络风险，实在是不理智的空谈。另外，根据我国网络犯罪刑事立法扩张的内容，目前新增网络犯罪的规定并不是为了预防国家安全、公共安全这类严重犯罪的发生。虽然学者们臆想网络风险会带来国家安全和公共安全的威胁，却也只是理论上的推测，并没有科学的证据和现实、具体的思路，这种想当然的思维方式夸大了网络风险,将这种被夸大的网络风险作为刑事立法扩张的理由并不合理。其二,刑事手段不是网络风险防控的唯一手段。综观人类发展的历史,法律是社会治理的手段之一,但是法律规范,特别是刑法规范所能起到的作用非常有限。我国对违法行为的治理模式是“违法”与“犯罪”相区分,对于社会危害性较为严重的行为才选择适用刑罚的手段,若用行政手段或者其他手段能够修复社会关系,不应该由刑罚来处置。刑罚本身就应该有一种被动的姿态,这种状态不应该被随意打破。而且,刑法对网络风险的防控往往流于表面,并不能实质的控制网络风险。网络风险的控制其实是一个技术性问题,通过网络监管技术的提升才是扼杀网络风险的实质有效方法。其三,预防性刑法将会阻碍网络技术的发展。刑法规定是一种禁止性的规范,往往是要求人们履行一定的义务,限制人们的行为。根据预防性刑法观的要求,对网络犯罪要“打早、打小”,一旦发现有行为将会引发网络风险就要通过刑罚予以规制,这就意味要赋予网络使用者、网络监督者、网络服务提供者等各个网络活动的参与者们大量的义务,大大地限制了人们的自由。网络时代是个需要创新精神的时代,网络技术的开发者若要花大量的时间研究如何规避法律的责任而不是努力研发更有利于社会的科技成果,那么将会严重阻碍网络的未来发展,进而直接影响到社会的发展。

网络社会跨时空互动性、去中心化等特征降低了网络犯罪的门槛,增加了网络犯罪的数量,这是不争的事实。但这是网络时代将会出现的一种常态现象,不能因为犯罪的成立条件中涵摄了网络的因素就将网络风险妖魔化,成为谈之色变的对象。事实上,网络风险的内涵和在网络犯罪中起到什么样的作用尚待考量,打着防控风险的幌子无限制的扩大网络犯罪的处罚范围,未免有些杞人忧天。

(二)网络犯罪刑事立法功能的反思

公安部发布的相关数据表明,从2011年至2015年,全国电信诈骗案件数量从10万件飙升至约60万件,最高人民法院信息中心和最高人民法院司法案例研究院联合发布的司法大数据专题报告显示,2017年全国法院已结一审电信网络诈骗案件量同比增长70.34%。[①] 这一组数据表明,目前我国网络犯罪的案件数量呈上升趋势,在网络自媒体时代信息传播速度快、传播范围广,网络犯罪的蔓延情况很快就被民众所知晓。人们痛恨犯罪人的可恶,惋惜被害人的可怜,但更多是对自己所处的社会环境和自身安全、利益的担忧。民众期待着法律能够及时作出回应,严厉地打击这些违法行为,维护社会秩序的稳定。坚定的扩张派和有保留的扩张派在这一点上不谋而合,认为网络犯罪刑事立法是立法机关回应国民要求,营造安全的生活氛围,进而维护社会稳定的有效手段。然而,批判的扩张派却认为,现今网络犯罪处于"兴起"的时期,人们出于对未知事物的恐慌感,急迫地需要严厉的法律规范来预防和打击犯罪。而这种一时性的、随意性的民意或者舆论不一定是经过深思熟虑后的反应,具有一定的随意性和情绪性。若网络犯罪的刑事立法要对这种民意积极地回应,很容易产生情绪性的立法,这种立法很可能起不到实质的作用效果,还破坏了刑法原有的严谨、理性的特质。[②] 本文认为,刑法存在的主要功能在于保护法益,通过及时、有效对国民的法益进行保护而给予国民一种安全感,并不是为了营造形式上安全生活环境的工具。这两者之间的关系应该是,通过刑事立法对网络犯罪的规定有效的打击网络犯罪,实现国民惩罚犯罪的愿望,而不是仅仅为了回应国民的需要而进行刑事立法,切不可本末倒置。

其一,情绪性的立法既不能起到打击犯罪的效果,也不能给予国民安全感。我国目前网络犯罪刑事立法的规定中,"拒不履行信息网络安全管理义务罪"就有情绪性立法的嫌疑。网络诈骗、通过网络侵犯

---

① 参见张昊:《去年电信网络诈骗案件增长70%》,载法制网:http://www.legaldaily.com.cn/index/content/2018-09/11/content_7642280.htm,最后访问日期:2018年10月3日。

② 参见刘宪权:《刑事立法应力戒情绪——以〈刑法修正案(九)〉为视角》,载《法学评论》2016年第1期。

公民个人信息类的网络犯罪案件层出不穷,社会反响非常恶劣,人们在痛恨犯罪行为人的同时,认为网络平台服务者从某种程度上也是造成这些案件发生的“帮凶”,要求网络平台服务者承担责任的呼声越来越高。于是在《刑法修正案(九)》中增设了拒不履行信息网络安全管理义务罪,规制网络平台的行为。虽然在形式上规定了网络平台服务者的责任,然而具体的分析此罪的规定,却发现要网络平台服务者承担刑事责任的条件非常苛刻。首先,根据刑法分则的规定,网络平台服务者要拒绝履行监管部门责令改正的义务才可能被认定为此罪,但具体的监管部门是哪些部门?监管部门依据哪些规定责令服务者采取改正措施?网络平台服务者怎样才算是拒绝了监管部门的责令改正要求?是没有全部采纳监管部门的意见才算是拒绝,还是说只要有部分内容没有按照监管机关的要求改正就算是拒绝?这些问题根据目前刑法和司法解释的规定都不能找到答案,这种模糊规定会导致犯罪成立的条件很难把握,进而导致此罪在司法实践中被搁置。据此可以合理地推测,立法者对此罪的设立更多的是为了满足国民的需要,而忽视了此罪在司法实践中的具体适用,而实践也证明这种形式上的立法规定在司法实践中寸步难行,并不能起到打击犯罪的效果。

另外,象征性的立法从短期来看,似乎满足了民众的心理需求,营造了一种虚假的安全氛围。然而,这种象征性立法的内容长期在司法实践中不能发挥治理犯罪的效果,虚假的安全氛围不再,反而会导致国民质疑刑事法律的功能和权威性,甚至会增加国民的不安感。

其二,刑法并不能消解国民的不安感。目前通过刑事立法回应国民关切的情况不仅在我国出现,在其他国家也很常见,例如日本就在 2000 年实施了《有组织犯罪处罚法》和《骚扰规制法》,立法的目的就是为了维护国民生活的平稳性。但事实上,国民内心的“安全感”是一种主观的因素,立法机关即使设立再严密的法律规范,也不一定就会给予国民心理上的安全感,这两者之间没有必然的因果关系。即使立法机关按照民意的需求一再扩大网络犯罪的处罚范围,设立细致、严密的网络犯罪刑事法网,一旦有任意一起网络犯罪的案件发生,媒体大肆报道、舆论热潮不断,引发社会的广泛关注度,民众还是会有强烈的代入感，并认为网络犯罪是非常严重，非常可怕的，自己生活的空间充满了风险。所以真正能够消除国民不安感的不是刑法的不断扩张，而是真实、公正、透明的社会舆论环境。①

（三）网络犯罪刑事立法模式的反思

从目前的情况来看，网络犯罪在短期之内不会消亡，而且很可能有愈演愈烈之势，所以针对网络犯罪的刑事立法是一个长期的任务。那么未来我国网络犯罪刑事立法将会如何扩张，又会扩张到什么程度？坚定的扩张派认为，针对网络犯罪的刑罚规范体系应该由刑法独立的章节过渡到设置一部集实体法与程序法为一身的《反网络犯罪法》；②甚至极端的扩张派认为，网络刑法最终将会取代现行刑法。保守的扩张派则认为，单行刑法的设立将会改变我国现有的立法模式，不适合我国目前的立法环境，应该继续坚持以刑法修正案的方式对原有的刑法规定进行修改，或是在原罪名之下增设新的条款规定。通过综合分析，本文认为，根据我国网络犯罪的发展现状，通过刑法修正案的方式对网络犯罪进行局部调整更符合我国的立法环境，理由是：

其一，网络犯罪不适合成为单行刑法的规制对象。首先，我国刑法分则各个章节的内容是根据同类客体的不同进行的划分，而网络犯罪是个犯罪学的概念而不是一个刑法学的概念，这一概念之下包含多种类型的犯罪，这些类型犯罪所侵犯的客体不符合同类客体的要求。例如，网络诈骗罪与编造、故意传播虚假信息罪之间，前者侵犯的是财产法益，后者侵犯的是公共秩序，将两者放在同一章节之下不符合我国刑事立法现状。其次，若单独设立一部网络刑法典，很可能与现行刑法典规定之间存在重合或冲突，不利于法律规范体系的一致性和简洁性，容

---

① 参见[日]松原芳博：《刑法总论重要问题》，王昭武译，中国政法大学出版社2014年版，第17页。

② 参见于志刚、郭旨龙：《网络刑法的逻辑与经验》，中国法制出版社2014年版，第43页。

易造成刑罚处罚上的不均衡。最后,德国、日本等国家存在二元立法模式的先例,在这样的国家对网络犯罪设置一部单行刑法,存在一定的可操作性。而我国的刑事立法是大统一的刑法典模式,除非社会环境和立法环境发生巨大变化,否则考虑到立法成本和实现可能性的问题,很难改变现有的立法模式,单独设立单行刑法典。

其二,网络犯罪侵犯的主要还是传统法益,没有必要大量增加网络犯罪的罪名。虽然我国网络犯罪呈现出多类型化并存的特征,既有以网络为犯罪对象的,也有在网络空间内发生的犯罪现象,但大部分的网络犯罪还是传统犯罪的网络异化,即以网络为犯罪工具对传统法益的侵害。这就意味着目前网络因素多数情况下是对犯罪的行为方式、行为对象、行为结果这些客观方面的内容产生影响,少数情况下是对犯罪主体和犯罪客体产生影响。当网络犯罪所侵害的法益已经在原刑法保护的范围之内,在原有法律规定之上通过刑法修正案的方式进行增补即可解决问题,没有必要对这些网络犯罪另设罪名重新进行规定。

总而言之,网络犯罪与传统犯罪之间存在着难以割舍的关联,不应该因网络因素渗入到犯罪领域中就全盘否定传统犯罪法律规定的地位,网络刑法全面替代传统刑法更是大胆且没有依据的想象而已。根据网络犯罪的发展现状及我国的立法现状,我国刑事法律一元的立法模式不应该因为网络犯罪的出现而被打破。

四、我国网络犯罪刑事立法发展的应然轨迹

(一)从内容上谨慎的扩大处罚范围

网络犯罪与传统犯罪之间既存在一定的联系也存在一定的区别,网络犯罪对传统刑法规定的内容提出了一些挑战,从这一角度来看,网络犯罪的刑事立法确实要做出一些调整以更好地应对网络犯罪。具体依照网络犯罪与传统犯罪之间的关系分为两种情况:

第一种情况,当网络犯罪与传统犯罪侵害的法益类型相同时,依照

现行刑法规定对网络犯罪进行定罪处罚。网络犯罪与传统犯罪侵害相同的法益具体又可以细分为两种情况:一是网络犯罪与传统犯罪侵害的法益完全没有差别。例如,通过面对面形式的盗窃罪和通过窃取支付密码实施的盗窃罪,其在社会危害程度上没有差别,对这类犯罪依照传统刑法规定的盗窃罪处理即可。二是两者造成的危害后果存在量的差异。当侵害相同类型的法益通过网络实施与传统方法实施,前者所造成的危害后果更为严重。例如,信息散布型犯罪,编造、故意传播虚假信息罪通过网络传播显然要比传统方法传播更容易造成社会秩序的紊乱。因为两者侵害的法益类型并没有发生变化,所以依照原有的刑法规定对这类行为进行定罪处罚就没有障碍,至于两者危害程度上的差异,可以作为量刑的参考因素。

第二种情况,当网络犯罪侵害新型法益时,应当增设新的刑法规定。当网络犯罪侵害值得刑法保护的重大法益,且现行刑法中并没有相关规定保护这类法益时,则应该设立新的法律规定对其进行保护。例如,《刑法修正案(七)》关于计算机信息系统数据的相关规定,就是当时对新型法益进行保护的法律规定。结合刑事立法所处的社会背景,在 1997 年《刑法》设立之初,社会生活中计算机的应用水平很低,也尚未存在有价值的计算机数据需要保护。但是随着计算机技术及网络应用技术水平的不断提升,计算机信息数据的价值越来越高,成为与我们日常生活息息相关的重要法益,对计算机信息数据的侵害将会直接导致个人权利受到损害。而刑事立法中又未曾有过对计算机信息数据保护的相关规定,只能通过设立新的罪名来保护这类新型法益。

总而言之,网络犯罪的刑事立法扩张应该以法益保护作为衡量的标准,现行刑法已经明确保护的法益,无论是采取传统方法还是网络方法实现,都不会出现因为立法原因无法归责的情况。至于网络犯罪与传统犯罪在追究刑事责任的程序和程度上的差异,都属于司法的问题。对于现行刑法没有保护的新型法益,属于网络犯罪刑事立法上的空缺,需要新增法律规定进行填充,才能更全面地保护法益。

(二)从程序上要以司法解释的失利为前提

刑事立法并非是应对网络犯罪蔓延的唯一方法,对于传统犯罪的网络异化来说,选择解释的途径予以规制要比刑事立法的途径更有优势。一是从经济性角度来考量,相对比来看,刑事立法的途径要比司法解释所耗费的成本更高。二是从刑法的稳定性与权威性的角度,刑法作为最严厉的法律,本身应该具有一定的稳定性,朝令夕改的法律规范很难培养国民对刑法的信赖感,法律规范的频繁变更将会影响刑法本身的权威性。所以,通过适当的扩大解释就可以应对网络犯罪时,就没有必要进行立法的扩张,要充分考虑到法律规范本身所具有的延展性,充分发挥法律解释的灵活性。例如,能否将"虚拟财产"解释为盗窃罪的对象"财物"这一问题,在当下"虚拟财产"已经成为能够满足人们物质生活和精神生活的价值载体的情况下,将其解释为刑法上的"财物"这种扩大解释并没有超出国民的一般预测可能性。在原法律规定的基础上,合理的解释就能够解决"虚拟财产"相关的网络犯罪,就没有必要再对盗窃"虚拟财产"这类行为作出新的规定。综合各种因素,当解释的途径将会造成违反罪刑法定原则的后果时,再适用刑事立法的手段规制网络犯罪是个理想的刑事立法程序。

(三)在网络犯罪立法扩张过程中要提高立法技术水平

确定必须要用通过刑事立法途径来应对网络犯罪行为时,立法机关在刑法立法过程中也应当充分考虑已有的刑事立法规定,通过立法技术的运用保证新增规定与原有法律规定之间的协调性,而目前我国网络犯罪在刑事立法技术方面还有待提高。例如,《刑法修正案(九)》中新增的非法利用信息网络罪,将网络犯罪的预备行为具体化,不再是抽象的"为犯罪行为准备工具、制造条件"的行为,而是明确的规定对"设立网站、通讯组"以及"发布违法信息"等这些特殊的预备行为进行处罚,这点是值得肯定的。① 但是在此罪的法律表述中,出现了“等违法犯罪活动”和“其他违法犯罪信息”这样的表述,这意味着从字面意思上理解,此罪处罚的对象不仅包括犯罪行为的预备行为,还包括违法行为的预备行为。

这一法律规定存在明显的缺陷:其一,我国的法律规范体系中“违法行为”与“犯罪行为”是两个不同的概念,刑法只对犯罪行为规定刑罚处罚,违法行为本身的严重程度尚未达到刑罚处罚的要求,为何其预备行为却要被刑法规定为实行犯处罚?这显然不合逻辑。其二,虽然根据总则规定预备行为原则上都应处罚,但我国《刑法》第 13 条“但书”规定“情节显著轻微,危害不大”的行为不认为是犯罪,同时预备犯的处罚也是司法实践中的难题。因此,在司法实践中处罚预备犯的现象鲜有发生。② 我国司法实践中处罚犯罪行为的预备犯都是例外,现在却要处罚违法行为的预备行为,这与司法实践的现状相悖。此罪处罚对象扩大至违法行为的预备行为存在的缺陷如此明显,应该不是刑事立法者刻意为之,很可能是因为语言表述不够严谨、不够规范而导致理解上存在偏差。所以,提高立法技术水平,科学化立法能够避免对网络犯罪刑事立法扩张范围的不当理解。

五、结　　语

从我国的立法沿革来看,运用刑事立法的扩张来应对网络犯罪的蔓延已经成为当下处理网络越轨行为的一种习惯,网络越轨行为的犯罪化越来越明显。诚然,刑法对网络犯罪的规制能够起到一定的作用,但其并不是唯一的治理手段。从刑法本身来看,作为法律体系中的保障法,基于刑法谦抑性的要求,其处罚的范围应当有所限制。从社会需

① 参见车浩:《刑事立法的法教义学反思——基于〈刑法修正案(九)〉的分析》,载《法学》2015 年第 10 期。

② 参见黎宏:《论“帮助信息网络犯罪活动罪”的性质及其适用》,载《法律适用》2017 年第 21 期。

求来看,网络时代新型法益的出现,网络风险的提高又需要刑事立法解决。慎重的平衡两者之间的利益,将网络犯罪的刑事立法扩张限定在一个合理的范围内,是网络刑犯罪刑事立法未来的发展方向。

Reflection on the Expansion of Criminal Legislation of Cybercrime in China

Dong Puyu

[**内容摘要**]网络技术的革新导致网络犯罪迅速蔓延,面对这种情况,我国网络犯罪刑事立法立即作出回应,通过增设网络犯罪的相关规定,意图加大处罚力度,有效地打击、预防网络犯罪。然而从我国刑事司法实践的现实情况来看,新增网络犯罪的罪名在司法实践中的适用率很低,并没有达到立法者所期待的效果。网络犯罪的刑事立法与刑事司法之间存在的这种衔接不畅,引发理论界对网络犯罪的刑事立法扩张是否合理这一问题的反思。针对我国网络犯罪刑事立法扩张的内容、形式、程序等问题,理论界存在一定的争议,本文拟对这些争议观点进行总结、梳理,剖析各种观点背后的理论依据,反思我国目前网络犯罪刑事立法扩张存在的问题,探寻我国网络犯罪刑事立法发展的应然轨迹。

[**关键词**]网络犯罪;刑事立法扩张;立法反思;立法发展

Abstract: The innovation of network technology has led to the rapid spread of cybercrime. In the face of this situation, China's cybercrime criminal legislation immediately responds. The state has increased its penalties through the establishment of relevant provisions on cybercrime, effectively combating and preventing cybercrime. However, judging from the reality of criminal justice practice in China, the application rate of new cybercrime in judicial practice is very low, and it does not achieve the effect expected by legislators. The connection between the criminal legislation of cybercrime and criminal justice is not smooth, which leads to the reflection of the question of whether the criminal legislation expansion of cybercrime is reasonable. There is a certain controversy in the theoretical field of the content, form and procedure of the criminal legislation expansion of cybercrime in China. This paper intends to summarize and sort out these controversial views and analyze the theoretical basis behind various viewpoints. Rethinking the problems existing in the current criminal legislation expansion of cybercrime in China, and exploring the trajectory of the development of criminal legislation of cybercrime in China.

Keywords: Cybercrime; Criminal legislation expansion; Legislative reflection; The development of criminal legislation

非法经营罪的认定研究

——以非法经营罪的法益为切入点

赵祖斌*

目　　次

非法经营罪是由具有"口袋罪"之称的投机倒把罪演变而来的，1997年《刑法》修订时将投机倒把罪分解为包括非法经营罪在内的数个个罪。1997年《刑法》给非法经营罪设置了一个高度抽象的空白罪状，于是非法经营罪逐渐沦为一个新的"口袋罪"，适用范围不断扩张和变异。这种扩张和变异不仅表现在立法和司法解释将其适用范围扩大化，而且表现为司法实践中适用的随意化。非法经营罪是《刑法》分则第三章"破坏社会主义市场经济秩序罪"这一类罪名中第八节"扰乱市场秩序罪"这一小类罪名之下的一个个罪名，其直观的危害结果是严重扰乱了市场秩序。故在司法实践中，凡是有"扰乱市场秩序"之嫌疑的或者是与市场秩序无关但须科以处罚的行为，

---

* 武汉大学诉讼制度与司法改革研究中心助理研究人员，博士研究生。

皆不由自主地生搬硬套非法经营罪,导致了刑事错判。非法经营罪的认定应该立足于法益,围绕行为人的行为是否严重扰乱市场主体准入秩序而展开。可以说,是否严重扰乱市场主体准入秩序是认定行为人行为是否构成非法经营罪的归宿,仅当行为人违反国家规定非法经营,严重扰乱市场主体准入秩序时方构成非法经营罪。如何认定行为人的经营行为扰乱了市场主体准入秩序,是否严重扰乱了市场主体准入秩序,严重程度如何衡量,这些问题因具有较强的主观性,立法及司法解释也不甚明确,使得司法实践中对非法经营罪的认定具有很强的差异化,同案不同判的现象时有发生。因此,从市场主体准入秩序入手,明确扰乱市场主体准入秩序的前提、表现形式及程度,进而根据市场失序达到的程度认定行为人的行为是否构成非法经营罪,不仅具有理论价值,而且具有实践意义。

一、非法经营罪法益的厘清

(一)非法经营罪的法益争议

目前,学界对于非法经营罪侵害的法益是什么尚未形成一致的认识,主要有市场秩序说、管理制度说、市场管理活动说。市场秩序说又分为市场经济秩序说、市场交易秩序说、市场管理秩序说三种。持市场经济秩序说的学者认为,非法经营罪侵犯的法益是由国家市场管理法规所确立的正常的社会主义市场经济秩序,具体而言,行为人犯非法经营罪是破坏了国家对专营、专卖物品及限制买卖物品,对进出口许可的管理制度。① 持市场交易秩序说的学者认为,非法经营罪侵犯的是市场交易的正常秩序。市场交易的正常秩序是由国家专卖制度和国家外贸制度规定形成的,非法经营罪通过形式上破坏这些制度来扰乱市场交易的正常秩序。② 持市场管理秩序说的学者认为,非法经营罪的法

---

① 参见吴大华等:《新刑法罪名通论》,中国方正出版社 1998 年版,第 215 页。

② 参见王作富主编:《刑法分则实务研究》,中国方正出版社 2001 年版,第 819 页。

益是由国家市场管理法规所确立的正常的社会主义的市场管理秩序。市场管理秩序是国家对市场进行管理而形成的稳定有序的经济状态。[①] 也有学者认为,非法经营罪的法益是市场经营管理秩序,即市场经营管理中的专营、专卖秩序,许可证、批准文件管理秩序以及其他经营管理秩序。市场经济管理秩序是国家对市场的经营活动进行管理而形成的稳定的、有序的经济状态[②]。持管理制度说的学者认为,非法经营罪的法益是国家对于经营活动的管理制度。[③] 持市场管理活动说的学者认为,非法经营罪侵犯的法益是国家对市场正常的管理活动,[④]更进一步而言,本罪侵犯的法益是国家对市场交易的管理活动。[⑤]

管理制度说、市场管理活动说、市场管理秩序说本质上并无不同,三者皆认为非法经营罪侵犯的法益是国家正常管理市场的秩序(制度)。"秩序""制度""规则"三者是密不可分的,"秩序"是一个由静态规则和动态的行为构成的体系,"制度"和"规则"亦密不可分,制度是由一系列规则所构建的体系,在某种程度上我们可以将制度和规则等而观之。制度和秩序之间具有密切的关系,制度是秩序存在的前提,没有制度就没有秩序;秩序是制度功能发挥的保障,良好秩序得以维持能够确保制度不被违反,制度的权威性、稳定性才能体现出来。[⑥] 市场秩序是一个以规则为主体的多维度概念。静态地讲,市场秩序是基于特定情景设计的旨在激励和约束市场主体行为的

---

① 参见马克昌主编:《经济犯罪新论:破坏社会主义经济秩序罪研究》,武汉大学出版社1998年版,第592页。

② 参见陈泽宪主编:《新刑法单位犯罪的认定与处罚:法人犯罪新论》,中国检察出版社1997年版,第379页。

③ 参见陈兴良主编:《罪名指南》,中国政法大学出版社2000年版,第594页。

④ 参见肖扬主编:《中国新刑法学》,中国人民公安大学出版社1997年版,第447页。

⑤ 参见但伟:《论非法经营罪》,载《法商研究》(中南政法学院学报)1999年第2期。

⑥ 参见曹坚:《论非法经营罪》,载《四川警官高等专科学校学报》2004年第1期。

权利与义务,[①]发挥市场自身竞争和价格机制的制度安排;动态地讲,市场秩序是指市场主体遵守特定的市场规则进行经营行为而呈现的一种有序的活动状态。认为非法经营罪侵犯的客体是国家正常管理市场的秩序(制度)值得商榷:一是国家为了维护市场秩序,充分发挥市场的资源配置作用,通过制定、颁布一系列相关的法律法规来规范市场运行,是故任何违反这些法律、法规所进行的经营行为势必都侵害了国家正常管理市场的秩序,因此不能准确指明非法经营罪侵犯的客体。二是市场管理制度只是破坏社会主义市场经济秩序罪的特定犯罪前提,而本罪的特定犯罪前提则是市场交易的管理法规及形成的管理制度,但犯罪前提并非其侵犯的客体,不能将两者混淆起来。[②]

至于市场经济秩序来说,有把破坏社会主义市场经济罪的同类客体作为非法经营罪直接客体之嫌。刑法分则第三章“破坏社会主义市场经济秩序”第八节“扰乱市场秩序罪”中具体规定了非法经营罪,而第三章涵盖生产、销售伪劣商品罪,走私罪,妨害对公司、企业的管理秩序罪,破坏金融管理秩序罪,金融诈骗罪,危害税收征管罪,侵犯知识产权罪,扰乱市场秩序罪,这八种“罪”侵犯的法益都是市场经济秩序。市场经济秩序是一个上位概念,在其下面还有子概念,不能说侵犯了其一个独立的子概念就侵犯了其全部概念。而非法经营罪只是扰乱市场秩序罪之一,认为非法经营罪侵犯的法益是市场经济秩序违背了整体和部分关系原理,无形之中扩大了非法经营罪的适用范围。

(二)非法经营罪的法益是市场主体准入秩序

笔者认为,非法经营罪的法益是市场主体准入秩序。所谓市场主体准入秩序,是指全国人大及其常委会以及国务院通过制定专门

① 参见王根蓓:《市场秩序论》,上海财经大学出版社1997年版,第37页。

② 参见但伟:《论非法经营罪》,载《法商研究》(中南政法学院学报)1999年第2期。

法律、行政法规,对进入某些特殊市场的资格条件进行限定,以限制市场主体进入该类市场,市场主体仅依法获得审批后方可从事经营行为,因此而形成的经营许可取得秩序。就《行政许可法》第12条而言,法律创设行政许可分为两大类:一是对主体资格条件的许可;二是对商品的许可。概言之,行政许可的种类就是对人和物的许可,而有关人的许可又分为经营类行为许可和非经营类行为许可。依据行政许可内容,又可将行政许可分为市场主体准入许可和商品准入许可。商品准入许可是有关商品种类、商品查验、商品进出等方面的许可,其主要是针对商品质量问题而创设的许可,并不是非法经营罪规制的范围。非法经营罪所指向的应该是有关市场主体准入行为,保护的客体是市场主体准入秩序。之所以强调非法经营罪侵犯的法益是市场主体准入秩序,不仅是依据《行政许可法》的规定,还在于对《刑法》第225条进行同类解释的结果。《刑法》第225条包含4个条款,构成非法经营罪的经营行为由明确的三项外加一个兜底条款组成。前三项所规定的非法经营行为具有同质性,所侵犯的法益应该具有同一性,所以对此三项行为进行分析,可以得出非法经营罪的客体应该是市场主体准入秩序。《刑法》第225条第1款规定"未经许可经营法律、行政法规规定的专营、专卖物品或者其他限制买卖的物品的"属于非法经营。专营、专卖物品或其他限制买卖的物品一般是关乎国家和广大人民群众生命健康的商品,如食盐、药品、烟草、种子等。国家依法从产品的市场准入和经营该类产品的市场主体准入两个方面对该类产品安全进行管控,力图切实保护公民的人身安全和市场秩序的井然有序。法律一般规定,经营此类产品须获得许可,未经许可经营此类商品即为非法经营,因此该款是对市场主体准入的限定。第2款规定"买卖进出口许可证、进出口原产地证明以及其他法律、行政法规规定的经营许可证或者批准文件的"为非法经营。严格意义上讲,该款表述并不是十分准确,买卖经营许可证或批准文件的行为与市场准入的确相关,但是不能说此种非法经营行为侵犯了市场主体准入秩序(亦有可能侵犯了商品准入秩序或者主体从事某些非市场经营活动的资格秩序)。[①] 立法从未创设允许经营这类证件或者批准文件的制度,法律就是禁止任何人买卖此类批准文书,所以也就不存在所谓的市场主体准入制度。因此,针对该款只能理解为买卖进出口许可证、进出口原产地证明以及其他法律、行政法规规定的经营许可证或者批准文件的行为可能导致未经批准进入相关市场的主体通过购买以上证件经营相关产品而扰乱市场秩序。第 3 款规定"未经国家有关主管部门批准非法经营证券、期货、保险业务的,或者非法从事资金支付结算业务的"为非法经营。根据我国相关法律规定,证券、期货、保险、银行等业务实行准入制度,任何个体或企业在没有取得证监会、银监会、保监会、中国人民银行等主管部门批

① 全国人大常委会法制工作委员会刑法室将进出口原产地证明解释为"是从事进出口经营活动中,由法律规定的,进出口产品时必须附带的由原产地有关主管机关出具的证明文件。"(参见全国人大常委会法制工作委员会刑法室:《中华人民共和国刑法条文说明、立法理由及相关规定》,北京大学出版社 2009 年版,第 458 页。)依据全国人大常委会法制工作委员会刑法室对进出口原产地证明的解释,该款规制的范围之一是有关商品质量的管控,而非对市场主体的准入控制。这种逻辑存在一定缺陷,似乎无论经营者是否获得经营许可,只要其通过购买进出口原产地证明"漂白"、经营某产品,情节严重的皆构成非法经营罪。笔者认为,对于非法经营罪的限缩一定要将该罪客体限制在市场主体准入秩序,而不能扩大至商品准入秩序。进出口原产地证明并非是主体进入市场的批准文件,其应被视为商品进入市场的批准文件。假设未获得市场准入批准的主体买卖进出口原产地证明,并利用该证明经营相关进出口产品,则认定为走私罪更为适宜;如果获得市场准入批准的主体买卖进出口原产地证明,并利用该证明经营相关进出口产品,则认定为销售伪劣产品罪更为妥当;如果单纯买卖进出口原产地证明,无论主体是否具有经营许可皆为非法经营,这一点是毋庸置疑的,但是能否构成非法经营罪有待商榷。与此同时,全国人大常委会法制工作委员会刑法室将"其他法律、行政法规规定的经营许可证或者批准文件"解释为法律、行政法规规定的所有的经营许可证或者批准文件,如林木采伐、矿产开采、野生动物狩猎等。严格意义上讲,林木采伐、矿产开采、野生动物狩猎等类似的证件或文件很难说得上是经营许可证或批准文件,这类许可证或批准文件是主体从事与市场经营无直接关系活动的准入证明,如同有关部门颁发给行政相对人驾驶证一般。如果将买卖此类证件视为构成非法经营罪有类推解释之嫌疑。因此,笔者认为,"其他法律、行政法规规定的经营许可证或者批准文件"只能限定在与市场主体准入相关的经营许可证或批准文件,不可放宽至有关商品准入和主体技术规范、资格类的许可证或文件。

准的情况下,不能进入上述行业,可见该款所规定的非法经营行为侵犯的法益是有关金融市场主体准入秩序。由此可见,《刑法》第225条的前三款中所规定的非法经营行为侵犯了市场主体准入秩序。因此,在适用非法经营罪时一定要坚守住非法经营罪侵犯的法益是市场主体准入秩序这一基本立场,只有如此才能区分罪与非罪,此罪与彼罪,以达到限缩非法经营罪之目的,从根本上防止非法经营罪的变异和扩张。

二、"国家规定"的界定

"违反国家规定"是构成非法经营罪的前提要件,也是严重扰乱市场秩序的前提。如何理解"违反国家规定"是判断经营行为是否非法,是否严重扰乱市场秩序构成非法经营罪的重要依据。笔者认为,对于《刑法》第225条中"违法国家规定"的理解,可从制定"国家规定"的主体、"国家规定"的种类、"国家规定"的内容等方面展开。

(一)制定"国家规定"的主体

有关市场主体准入的法律法规是由全国人大及其常委会和国务院制定的,对刑罚进行规定的主体必须具有最高位阶。依据《立法法》的规定,地方性法规和地方政府规章不得对有关犯罪和刑罚,剥夺公民政治权利和限制人身自由的强制措施和处罚及司法制度进行规定,这些规定只能由法律规定,在立法条件尚不成熟时可以授权国务院制定行政法规。《刑法》第225条规定,构成非法经营罪根据情节轻重,处以拘役至五年以上有期徒刑及违法所得一倍至五倍不等的罚金。非法经营罪及其刑罚涉及对人身自由的限制和财产的处罚,这就足以说明非法经营罪中的"国家规定"的主体只能是全国人大及其常委会和国务院,除此之外的国务院各部门、地方各级人大及其常委会、地方人员政府及其部门皆不是国家规定的主体。

(二)“国家规定”的种类

有关市场主体准入的国家规定应该限定在全国人民代表大会及其常务委员会制定的法律、决定和国务院制定的法律、行政法规中;地方性法规和地方政法规章不属于“国家规定”。全国人民代表大会及其常务委员会制定的法律和决定,因制定主体享有最高的立法权,制定程序也最为严格,所以其属于“国家规定”不存在任何疑惑。与此同时,依据上述对主体的限制,地方性法规、地方性政府规章及其他规范性文件都不能认定为“国家规定”,也不得作为认定是否构成非法经营罪的依据。地方性法规、地方性政府规章及其他规范性文件都不能认定为“国家规定”的原因在于:一是地方性法规和地方政府规章不属于非法经营罪中的“国家规定”,是保护公平交易的客观需要。非法经营罪设置于《刑法》第三章第八节,《刑法》第三章规定的是“破坏社会主义市场经济秩序罪”,从某种意义上而言,非法经营罪设立的目的就在于保护社会主义市场经济秩序不被破坏。社会主义市场经济秩序不被破坏不应仅仅狭隘地理解为禁止个体实施违法行为破坏市场经济和谐、有序的交易环境,还应从政府管理角度出发,禁止政府利用“有形的手”阻止个体依法自由地进入市场,公平地竞争。一段时间内,地方性法规和地方政府规章作为地方政府干涉市场经济秩序的有力武器,被用来当作实施地方保护的强力工具。因此将地方性法规和地方政府规章排除在“国家规定”之外,是为了防止地方政府利用非法经营罪限制竞争,实施地方保护主义,破坏社会主义市场秩序。二是最高人民法院已下发通知明确规定违反地方性法规和地方政府规章的行为不属于“违反国家规定”。最高人民法院《关于准确理解和适用刑法中“国家规定”的有关问题的通知》(法发〔2011〕155 号)指出:“各级人民法院在刑事审判工作中……对于违反地方性法规、部门规章的行为,不得认定为‘违反国家规定’。”

国务院部门规章是否是刑法意义上的“国家规定”尚存争议。有学者认为,有上位法规定需要部门规章作出具体规定的,部门规章应当视为“国家规定”。① 有学者持相反观点,认为国务院所属部门制定的规章不属于国家规定,从规范意义上来看,刑法中的“国家规定”有明确的要求,部门规章的制定者并非最高行政机关,因此部门规章并非“国家规定”。② 在司法实践中,司法部门认为国务院部门规章属于“国家规定”,如依据卫生部、公安部等九部门实施的《尸体出入境和尸体处理的管理规定》,将买卖人头骨认定为非法经营罪;将设立侦探公司的行为依据公安部发布的《关于禁止开设“私人侦探所”性质的民间机构的通知》认定构成为非法经营罪;与此类似的还有将设立讨债公司的行为依据公安部和国家工商行政管理总局联合发布的《关于禁止开办“讨债公司”的通知》认定为构成非法经营罪。笔者认为,将国务院制定的部门规章认定为刑法意义上的“国家规定”有待商榷。首先,国务院所属部门制定的规章与国务院制定的行政法规效力不同。国务院所属部门依法有权能够以自己的名义制定和发布相关的行政法规,但是部门规章不仅名称与行政法规不同,而且效力也低于国务院发布的决定、命令。其次,严格依据《刑法》第96条的规定,国务院所属部门也不是刑法意义上制定“国家规定”的主体。如果把规章也视为国家规定,那么就有违确立罪刑法定原则的旨趣。更为重要的一点是,《行政许可法》规定国务院部门制定的行政规章不得设定行政许可,而非法经营罪的构成以违反行政许可为前提条件。

与国务院所属部门规章有关的还有一个需要澄清的问题,即国务院授权所属部门制定的规章是否属于刑法意义上的“国家规定”。笔者认为,这个问题应以《立法法》的实施界限进行分析。在《立法法》实施以前,国务院授权所属部门制定的规章属于“国家规定”。但是《立法法》实施以后,国务院授权所属部门制定的规章则不属于“国家规定”。依据《立法法》的规定,国务院所属部门拥有独立的发布规章的

① 参见吴大勇、周天京:《论非法经营罪中的“国家规定”》,载《中国检察官》2016年第7期。

② 参见徐敏、尹口:《刑法上“国家规定”的判断标准》,载《中国检察官》2011年第8期。

权力，其发布规章并不需要国务院授权和委托，这是其一。其二，根据《立法发》第9条至第12条的规定，全国人大及其常委会授权给国务院行使的立法权限不包含有关犯罪和刑罚的事项，不得将被授予的权力转授给其他机关，在条件成熟后终止授权立法。[①] 这就否定了国务院授权其所属部门发布的规章为“国家规定”。其三，《刑法》第96条对“国家规定”进行限定的目的之一，就是防止部门保护主义和地方保护主义滋生，要维护刑法和刑罚的统一。

对于国务院批转的下属部门的规章是否是刑法意义上的“国家规定”也尚存争议。有学者认为，国务院以批转形式发布所属部门的规范性文件，不属于《刑法》第96条规定的国家规定。理由是根据《立法法》的规定，行政法规由总理签署国务院令发布，即所有的行政法规都必须以总理签署国务院令的形式发布，所以国务院批转的下属部门的规范性文件不属于刑法意义上的国家规定。[②] 笔者认为，国务院批转的下属部门规章在一定条件下可以视为《刑法》第96的国家规定。其一，国务院通知是国务院通过批转的形式颁布针对不特定的行政管理相对人的规范性文件，是在全国范围内加强有关方面管理的行政措施，因此属于刑法意义上的国家规定。[③] 其二，国务院批转的规章属于国务院发布的决定和命令，因此视为国家规定。[④] 其三，根据2011年4月最高人民法院发布的《关于准确理解和适用刑法中“国家规定”的有关问题的通知》（法发〔2011〕155号）的规定，以国务院办公厅名义制发的文件，符合下列条件的，视为刑法中的“国家规定”：（1）有明确的法律依据或者同相关行政法规不相抵触；（2）经国务院常务会议讨论通

① 参见王开军：《非法经营罪中“违反国家规定”的理解》，载《中国检察官》2016年第22期。

② 参见詹红星：《“违反国家规定”的宪法解释与司法适用》，载《湘潭大学学报》（哲学社会科学版）2016年第5期。

③ 参见秦新承：《非法经营罪中的“国家规定”及有关刑事罚则的理解》，载《法学》2008年第1期。

④ 参见武良军：《非法经营罪堵截条款异化之研究》，载《环球法律评论》2014年第5期。

过或者国务院批准;(3)在国务院公报上公开发布。

(三)"国家规定"的内容

依据《行政许可法》第 12 条的规定,①行政许可包括市场准入许可和职业资格认证、行业技术规范两个方面,而市场准入许可又包括了市场主体准入许可和商品准入许可。具体而言,该条第 1 款和第 2 款是有关市场主体准入许可的规定,市场主体进行直接涉及国家安全、公共安全、经济宏观调控、生态环境保护以及直接关系人身健康、生命财产安全等特定经营活动及进入有限自然资源开发利用、公共资源配置以及直接关系公共利益的特定行业必须获得行政批准。第 3 款和第 5 款规定的是职业资格认证、行业技术规范方面的行政许可规定,虽然是对市场主体的限制,但并非是政府对市场主体进入特定市场领域的限制。行为人未取得该类行政许可进行相关活动并不构成非法经营,如从事医生行业必须依法取得医师资格证,如果某人在未取得医师资格证的情况下行医则构成非法行医。第 4 款规定的是一种商品资格准入制度。经营直接关系公共安全、人身健康、生命财产安全的重要设备、设施、产品、物品,需要按照技术标准、技术规范,通过检验、检测、检疫等方式进行审定的事项而获得行政批准。非法经营是针对经营主体资格准入而言的,仅违反市场主体准入的行为方构成非法经营行为,②行为

① 《行政许可法》第 12 条规定,下列事项可以设定行政许可:(一)直接涉及国家安全、公共安全、经济宏观调控、生态环境保护以及直接关系人身健康、生命财产安全等特定活动,需要按照法定条件予以批准的事项;(二)有限自然资源开发利用、公共资源配置以及直接关系公共利益的特定行业的市场准入等,需要赋予特定权利的事项;(三)提供公众服务并且直接关系公共利益的职业、行业,需要确定具备特殊信誉、特殊条件或者特殊技能等资格、资质的事项;(四)直接关系公共安全、人身健康、生命财产安全的重要设备、设施、产品、物品,需要按照技术标准、技术规范,通过检验、检测、检疫等方式进行审定的事项;(五)企业或者其他组织的设立等,需要确定主体资格的事项;(六)法律、行政法规规定可以设定行政许可的其他事项。

② 参见陈超然:《非法经营行为的法律界限研究》,载《同济大学学报》(社会科学版)2014 年第 3 期。

人经营未经批准的商品不构成非法经营行为,可能构成销售伪劣产品行为;行为人不具备某种职业资格或者技术规范而从事某项行为也不是非法经营行为。将非法经营罪的法益限定在市场主体准入秩序,也就是将“违反国家规定”中“国家规定”的内容限定在全国人大及其常委会、国务院制定的有关市场主体准入的法律和法规。

三、“非法经营”的形式

“非法经营”是构成非法经营罪的核心要件,不构成“非法经营”就谈不上构成非法经营罪,但并不能说凡属于“非法经营”皆构成非法经营罪。“非法经营”中的“非法”是违反本文上述的“国家规定”这一点无须再做赘述,本处仅需考察“经营”。现代经营的内涵演变成一种法定商事权利,其包含两层含义:一是经营权的主体必须具有法定的资格;二是该经营活动范围必须受到法律的限制。[①] 因此,在非法经营罪中非法经营的表现形式可进一步从两个大的方面把握:一是行政机关授予经营权的主体不具备法定的资格;二是经营权的主体具备法定资格,但经营活动范围超过行政许可的界限。

(一)行政机关授予经营权的主体不具备法定的资格

经营权的主体不具备法定的资格包括两种情形:第一种情形是自始不具备法定的经营权资格;第二种情形是中途因为违法而不具备经营权的主体资格。第一种情形是指申请人无相应行为能力或者使用诸如行贿受贿、提供虚假材料等不当手段或违法方式获得行政机关授予的经营许可权后,自申请之时起该许可便不具有法律效力。在这种情况下,行政许可自始无效,被许可人因此未获得经营权,持有无效许可证进行经营行为的视自申请之日起便为非法经营。第二种情形是指申请人虽然取得了经营许可证,但是在经营过程中因违法经营而导致经

① 参见王继远:《经营权新探》,载《五邑大学学报》(社会科学版)2009 年第 2 期。

营许可证被吊销,此时便不具有经营权的主体资格,如果从事需行政机关授权的经营活动则构成非法经营。

法律法规授予相对人的是经营权而非经营行为,欲拥有经营权必须具有法定主体资格。设置非法经营罪的目的就是保护特定的行政主体进入市场,是国家为了克服特定市场的秩序失灵,对特定商品实行公共管理,对该领域的市场主体以及交易对象进入该市场领域进行直接控制和干预。未取得经营许可证的主体进入法律规定的需要经营许可证的特定领域而从事经营行为,不仅逃避了政府对该市场领域的控制和干预,而且打破了政府为特定市场设置的市场界限,扰乱了该市场主体准入秩序,并波及其他市场的有序状态,这种状况下经营行为当然为非法经营行为。①

(二)经营权的主体具备法定资格,但经营活动范围超过行政许可的界限

非法经营罪侵犯的法益是市场主体准入秩序,主体获得许可进入相关市场后超范围经营仍然构成非法经营罪。合法的市场主体超越许可范围的经营行为本质上是未获得批准而进入需要获得批准的经营领域,主体的合法并不能掩盖这种非法经营行为,情节严重的必然构成非法经营罪。具备经营权的法定主体是否合法经营还须考察经营权的范围(经营活动的范围),超过经营权的范围则当然为非法经营。经营权的范围是一个立体的维度,由诸多要素构成。经营权范围的第一个纬度是许可经营领域的限制,即拥有经营权的主体必须在核准的经营领域内经营。尽管民事主体依法享有根据市场情况和自己的规划自由选

---

① 须注意,在某些行业内,法律对行政许可设定了例外规定,行为人基于这些例外规定可以不获得行政许可经营某种商品而不构成非法经营,如在种子经营中就是如此。根据《种子法》的规定,种子经营实行许可制度,但在许可制度方面有例外,如下四种情况不需要办理种子经营许可证:第一种是农民出售自有种子的;第二种是分支机构经营种子的;第三种是专门经营不再分装的包装种子的;第四种是以书面委托代销种子的。

择依法申请经营的领域或者自然享有经营的领域的权利，但是一旦依法获得进入某种行业的许可后，其必须在特定的领域进行经营，或者自然享有某种经营领域的经营权，但不得未经法律许可进入其他需授权许可的领域。如民事主体依法取得烟草零售的许可，那么其仅从事烟草零售，不可零售药品。经营权范围的第二个纬度是经营方式的限制。经营方式是经营领域的延伸，即在统一经营领域内，行政许可授权民事主体经营某领域内的一类经营行为，如在烟草和药品经营许可中，民事主体可能获准零售烟草和药品，但并未获得批准批发该类商品。经营权范围的第三个纬度是许可经营地域的限制，即拥有经营权的主体须在核准的地域经营。经营权范围的第四个纬度是许可经营期限的限制。许可经营期限是指行政许可证的有效期限，其与营业期限不是同一个概念。企业的营业期限是该企业合法存续的期间，不应根据行政许可证的有效期限对其进行核定和设置。① 从行政许可的实质而言，授予给行政相对人的是经营权，考察经营权范围的不同纬度，可以明晰在经营权主体适格情况下哪些“越权”经营行为具有刑事违法可能性。

就经营权范围的第一个纬度——许可经营领域的限制而言，适格经营主体违反领域限制并不一定构成非法经营。在这种情况下，是否构成非法经营得考察超过经营领域的性质，如果超过的是一般领域及禁止经营领域则不构成非法经营，假设超过的是国家限制经营、特许经营的领域，那么就构成非法经营罪。② 一般经营领域主要是指私法领域及非行政许可法规定的经营范围，超过私法领域及非行政许可法规定的经营领域限制不构成非法经营是基于两方面考虑：一是在民商法中超过一般经营领域的行为已经合法化。《民法通则》第 42 条规定：“企业法人应当在核准登记的经营范围内从事经营。”第 49 条规定超

① 参见《国家工商行政管理局关于许可证有效期限问题的答复》，载《司法业务文选》2001 年第 8 期。

② 参见陈超然：《非法经营行为的法律界限研究》，载《同济大学学报》（社会科学版）2014 年第 3 期。

出登记机关核准登记的经营范围从事非法经营的,除法人承担责任外,法定代表人也要承担行政责任和刑事责任。原《公司法》第 11 条第 3 款也规定:"公司应当在登记的经营范围内从事经营活动。"由此可见,此前中国法律禁止法人超经营范围经营。然而,由于交易的频繁,不可能每个交易相对人都对公司的行为是否超越目的范围有所了解,而这种行为又一概无效的话,极不利于保护交易相对人的利益,限制了公司的活力,降低了交易效率。因此,最高人民法院《关于适用〈中华人民共和国合同法〉若干问题的解释》第 10 条明确规定,"当事人超越经营范围订立合同,人民法院不因此认定合同无效。但违反国家限制经营、特许经营以及法律、行政法规禁止经营的除外。"如今,为适应市场经济发展变化的需要,也为公司的自主经营创造弹性空间,新《公司法》删除了"公司应当在登记的经营范围内从事经营活动"的规定。二是公司超过一般经营领域的行为已经不具有行政违法性。在我国,有关商事主体一般经营领域(在法律和相关行政法规中称为经营范围,本文为了方便论述称为经营领域)的登记规定分散于《企业法人登记管理条例》和《公司登记条例中》。1988 年《企业法人登记管理条例》第 30 条规定,"擅自改变主要登记事项或者超出核准登记的经营范围从事经营活动的",可根据情况给予警告、罚款、没收非法所得、停业整顿、扣缴、吊销企业法人营业执照的处罚。经历三次修订后,2016 年的《企业法人登记管理条例》仍然在第 29 条保留了该规定。1994 年的《公司登记管理条例》第 71 条规定:"公司超出核准登记的经营范围从事经营活动的,由公司登记机关责令改正,并可处以 1 万元以上 10 万元以下的罚款;情节严重的,吊销营业执照。"2005 年修订的《公司登记管理条例》已经取消对超出一般经营范围行政处罚的规定。禁止经营则是法律明令禁止的经营事项,比如毒品买卖。行为人买卖毒品不属于非法经营罪的客观方面,因为法律就是禁止买卖毒品,亦未创设买卖毒品的行政许可制度,行为人买卖毒品并非侵犯了毒品市场的主体准入秩序,故无论如何都不会构成非法经营罪。

从经营权范围的第二个纬度——经营方式限制角度而言,适格经营主体违反经营方式限制并不一定构成非法经营。在司法实践中,各地对此行为的处理结果并不一致，有的地方认为此行为构成非法经营罪，有的地方认为不构成非法经营罪。比如广东韶关烟草商黄某拥有烟草零售许可证，在未取得烟草批发许可证的情况下通过网络向河北、江苏和浙江的三位淘宝买家一次性销售过50条以上的卷烟，金额总计487,601万元。一审法院认为黄某没有“批发企业许可证”却在网上一次性销售卷烟超过50条，认为黄某构成非法经营罪。黄某不服一审判决，后申诉再审，中级人民法院再审认为黄某等三人经营的商店已于2011年取得“烟草专卖零售许可证”，因此他们在通过互联网从事卷烟批发业务过程中是“持证”的，因而不构成非法经营罪。① 与此案例相似，王某在湖北省某县经营一家副杂店，并拥有当地烟草专卖部门颁发的烟草专卖零售许可证。2015年，王某先后分两次卖给张某两兄弟近3000条香烟，总价值255,055元。2015年11月4日，经湖北省烟草产品质量监督检验站检验，王某的红旗渠卷烟、哈德门卷烟系真品卷烟。2016年5月27日，王某因涉嫌非法经营罪被襄阳市公安局樊城区分局刑事拘留。② 但是最高人民法院认为，针对此种在一个经营领域内具有两种经营许可对象的情况，经营主体获得其中一个经营对象许可，但从事另一个相近的非经许可的经营行为，不构成非法经营罪。③ 最高人民法院此做法具有一定道理，类似零售和批发是一组具有类包含性质的行为（批发中包含零售），范围具有一定重合性，对这类行为要准确理解二者的内涵及关系。行为人如果取得烟草批发许可证，

---

① 参见卢义杰：《一烟草商开网店批发烟草获刑，入狱3年后再审改判无罪》，载http://district.ce.cn/newarea/roll/201709/04/t20170904_25705858.shtml，最后访问日期：2018年11月1日。

② 参见湖北省枣阳市人民检察院：《持有烟草专卖零售许可证批发香烟是否构成非法经营罪?》，载http://zy.xy.hbjc.gov.cn/jcyj/201709/t20170928_1183035.shtml，最后访问日期：2018年11月1日。

③ 最高人民法院在《关于被告人李明华非法经营请示一案的批复》中明确回复江苏省高级人民法院，“被告人李明华持有烟草专卖零售许可证，但多次实施批发业务，而且从非指定烟草专卖部门进货的行为，属于超范围和地域经营的情形，不宜按照非法经营罪处理，应由相关主管部门进行处理。”

在获准的经营区域零售烟草,那么就不能说其因没有获得零售许可证而属于非法经营;如果行为人取得烟草零售许可证而批发烟草,属于非法经营无疑,但是并不构成非法经营罪。背后的法理在于,在“类包含”许可经营(烟草买卖中包含零售和批发许可)中,行为人取得被包含许可行为权(零售),而从事包含许可行为(批发),尽管属于非法经营行为,但是违法性却明显小于纯粹的未取得经营许可证而经营需要获得批准的商品。因此,在实务中,应该对于行为人超过允许的范围进行违法性的判断,而对获准范围内的经营行为不予追究该罪的罪责。

至于经营权范围的第三个纬度——许可经营地域的限制,适格经营主体违反经营地域限制的行为也应分情况论之。如果该行政许可是依据法律和行政法规设定的,只要该行政许可没有地域限制,依据国务院法制办公室对《关于提请解释〈中华人民共和国行政许可法〉有关适用问题的函》的复函及《行政许可法》第41条的规定,就应该在全国范围内有效,各级人大及其常委会、地方各级政府及其部门不得搞地区封锁,以所取得的行政许可不是依据地方性法规、地方政府规章和文件为由拒绝承认行政许可的法律效力。[①] 但是由地方性法规和地方政府规章所设定的行政许可,因地方性法规和地方政府规章是地方立法,因此不适用《行政许可法》第41条的规定,其效力受限于地方制定机关管辖的区域,不具有全国性。概言之,行政许可的经营地域仅在如下两种情况下不具有全国效力:一是法律、行政法规设定的行政许可,其自身明确规定有地域限制;二是依据地方性法规和地方政府规章设定的行政许可,获得该行政许可的相对人仅可在本行政区域内从事经营行为。申言之,假设行政许可的范围在全国有效,那么行政相对人的经营权范围为全国,其可在全国范围内从事行政许可准许的经营业务;如果行政许可的有效范围限于某一行政区域,那么相对人经营权范围仅在该行政区域内有效,一旦相对人超出本行政区域从事经营业务,就构成非法

---

① 参见张武扬主编:《行政许可法释论》,合肥工业大学出版社2003年版,第146页。

经营。倘若相对人经营的某种对象不须取得全国性经营许可,无论是否取得“违法性”地方经营许可而经营特定对象的,都不构成非法经营。当然,这里还必须考虑依据地方性法规和地方政府规章设定的行政许可的合法性问题,如果地方性法规和地方政府规章违反市场经济规律,实施地方保护主义,此类由地方性法规和地方政府规章设定行政许可的行为明显违法。《行政许可法》第 41 条规定的目的就是为了防止某些地方政府和部门利用行政许可权力推行地方保护,行政许可的设定和实施必须有利于市场经济的建立和完善,①与市场经济相违背的行政许可皆可依法取缔。

从经营权范围的第四个纬度——许可经营期限的限制角度而言,违反经营期限的限制构成非法经营。这里所称的经营期限是指行政许可有效期而非营业期限。营业期限与行政许可期限具有本质上的区别,二者不具有一致性。② 营业期限是企业合法存续的期间,是市场主体的章程、协议或者合同所确定的并经登记机关依法登记的经营时限。③ 而行政许可有效期是指行政机关根据公民法人或者其他组织的申请,经依法审查,准予其从事特定活动的限定时间。④ 经营期限是对被许可人拥有经营权期限的限制,意味着被许可人必须在行政许可有

① 参见许安标等:《〈中华人民共和国行政许可法〉释义及实用指南》,中国民主法制出版社 2003 年版,第 201 页。

② 参见《无照经营查处取缔办法》第 7 条规定,许可审批部门在营业执照有效期内依法吊销、撤销许可证或者其他批准文件,或者许可证、其他批准文件有效期届满的,应当在吊销、撤销许可证、其他批准文件或者许可证、其他批准文件有效期届满后 5 个工作日内通知工商行政管理部门,由工商行政管理部门撤销注册登记或者吊销营业执照,或者责令当事人依法办理变更登记。从中可以看出许可证和其他批准文件的有效期限与营业执照的有效期限的不一致性。《国家工商行政管理局关于许可证有效期限问题的答复》进一步明确规定:依照法律、行政法规实施许可证、资质证管理的企业,其营业期限与其许可证、资质证的有效期限不是同一概念。

③ 参见石玉颖编:《工商登记管理实务指南》,中国工商出版社 2012 年版,第 229 页。

④ 参见江子浩:《行政许可有效期若干问题研究》,载《2008 年政府法制研究》2008 年第 1 期。

效期内进行经营活动,在行政许可有效期限外从事许可的经营活动,就构成非法经营。① 根据行政许可证效力状态,被许可人在两种情况下可能因为行政许可有效期中止(终止)而导致经营权丧失,经营行为违法。第一种情况是行政许可中止。行政许可中止是指因被许可人违法行为致使行政许可暂时丧失法律效力,中止期满后许可证效力恢复的情况。如机动车驾驶司机违章驾驶,有关部门依法吊扣驾照 3 ~ 9 个月。在行政许可暂时丧失法律效力期间,被许可人继续从事许可证许可的经营行为则构成非法经营。第二种情况是行政许可失效。行政许可失效是指行政许可期限届满或者许可活动业已完成,许可证不再具有法律效力。从失效之日起,被许可人继续从事许可证许可的经营行为,属于从失效之日起"未经许可"非法经营。

四、"情节严重"的评判

犯罪行为具有双重违法性,即刑事违法性和前提违法性。法定犯和自然犯皆不例外,法定犯的前提法是行政法,自然犯的前提法是民事法。非法经营罪作为法定犯,具有二次违法性特征,其以行政违法性作为前提,违法的"度"是其与行政不法的重要区别。即使市场主体违反国家规定,进行了扰乱市场秩序的行为,也不能直接认定其构成非法经营罪,必须在定性的基础上定量——考察行为人扰乱市场秩序的情节是否达到严重的程度,仅当扰乱市场秩序的情节达到严重的程度,方可构成非法经营罪。

笔者认为,非法经营罪作为情节犯,"情节严重"的认定应首先从整体上把握两点:一是"情节严重是犯罪构成要件,如果情节不严重,就不构成犯罪";二是"情节是否严重,要通过分析案件的全部情况进行综合判断"。② 具体而言,在认定"情节严重"时应该重点把握如下几

① 参见应松年主编:《行政法学新论》,中国方正出版社 1999 年版,第 282 页。

② 张明楷:《论刑法分则中作为构成要件的"情节严重"》,载《法商研究》(中南政法学院学报)1995 年第 1 期。

个方面。

首先,要严格把握"扰乱市场秩序"对"情节严重"的限定。[①] 从刑法教义学角度而言,在《刑法》第225条对非法经营罪的规定中,情节严重和情节特别严重所修饰的是扰乱市场秩序,也就是说只有当行为人的行为达到严重扰乱《刑法》第225条非法经营罪的客体——市场主体准入秩序时,方可认定行为人的非法经营行为构成非法经营罪。刑法的目的是保护法益,认定情节犯是否构成应该首先关注该行为是否侵犯了法益,如果没有侵犯法益,即使情节严重也不能认定构成情节犯。因此在认定非法经营罪时,除行为人的非法经营数额、违法所得额或者犯罪对象数量达到了情节严重的标准外,还应重点关注是否对市场主体准入秩序构成侵害。即使符合情节严重的标准,未对市场主体准入秩序造成侵害也不能认定构成非法经营罪。

其次,要根据案件具体情况全面分析,综合各种要素对情节是否严重或者特别严重进行综合认定。相关司法解释从非法经营数额、违法所得额、非法经营物品数量、责任刑要素、预防刑要素、非法经营造成的损失额、社会影响等诸多方面对"情节严重"的标准进行了规定。"情节严重"作为定罪情节,是非法经营罪的构成要件,因此其的认定可以将与非法经营行为相关的非法经营数额、违法所得额、非法经营物品数量、非法经营造成的损失额作为参考标准,但是不能唯数额论,更不能以人身危险性要素、主观要素以及恶劣社会影响为依据。除此之外,还要结合商品是否流入市场,市场主体准入秩序失序的规模,被害人受到侵害的程度,行为方式等因素认定情节是否严重。[②]

① 参见武良军:《非法经营罪堵截条款异化之研究》,载《环球法律评论》2014年第5期。

② 参见赵祖斌:《论非法经营罪"情节严重"认定标准的重构》,载《西北民族大学学报》(哲学社会科学版)2019年第2期。

Study on the Identification of the Crime of Illegal Business

—Taking the Legal Interest of the Crime of Illegal Business as the Entry Point

Zhao Zubin

[**内容摘要**]非法经营罪的认定应该立足于法益,围绕行为人的行为是否严重扰乱市场主体准入秩序而展开。“违反国家规定”是侵害非法经营罪法益的前提条件,“非法经营”是侵害非法经营罪法益的外在表现形式,“情节严重”则是侵犯非法经营罪法益的结果。只有在行为同时满足违反国家规定非法经营且造成严重后果时,方构成非法经营罪。因此,从市场主体准入秩序入手,明确扰乱市场主体准入秩序的前提、表现形式及程度,进而根据市场主体准入秩序被扰乱的程度认定行为人的行为是否构成非法经营罪。

[**关键词**]非法经营罪;认定;市场主体准入秩序;违反国家规定;非法经营;情节严重

Abstract: The determination of the crime of illegal business should be based on legal interests, and it should be carried out around whether the behavior of the perpetrator seriously disrupts the market access order. “Violation of state regulations” is a prerequisite for infringement of the legal benefits of illegal business operations. “Illegal business” is an external manifestation of the lawful interests of illegal business operations. “Serious circumstances” is the result of infringement of the legal benefits of illegal business operations. It is an offence of illegal business only if the behavior meets the illegal operation of the illegal state and causes serious consequences. Therefore, starting from the market entry order, clearly premise the premise, manifestation and degree of market access order, and then determine whether the behavior of the actor constitutes an illegal business operation according to the degree of disruption of the market entry order.

Keywords: Illegal business crime; Identification; Market entity access order; Violation of state regulations; Illegal business; Serious circumstances

非法经营罪兜底条款司法适用实证分析*

——以施某某等聚众斗殴案为例的商榷

史丰丽**

目　次

一、引　言

非法经营罪的历史可以追溯到1979年刑法规定的的流氓罪、投机倒把罪等。随着时代的发展变化，流氓罪、投机倒把罪等罪名一方面不利于社会主义市场经济建设，另一方面三大口袋罪①立法存在界定不

---

* 本文系国家社科基金一般项目“刑法适用公众参与机制研究”（项目编号：13BFX057）；重庆市研究生科研创新项目“非法经营罪兜底条款废除论——基于实证分析的研究”（CYB18140）。

** 西南政法大学刑法博士生，西南政法大学“特殊群体权利保护与犯罪预防研究中心”研究员。

① 1997年刑法修正之前理论界公认的三大口袋罪，分别是流氓罪、投机倒把罪和玩忽职守罪。参见于志刚：《口袋罪的时代变迁、当前乱象与消减思路》，载《法学家》2013年第3期。

清、司法适用混乱等情况，因此，为了更好地适应新的社会形势的变化，非法经营罪随着1997年修订《刑法》而产生。[①] 从1997年到现在，非法经营罪依然存在着妨碍中国法治化进程的方面，[②]特别是非法经营罪的兜底条款，一直被学者所关注，尤其是2016年引发热烈讨论的王力军收购玉米案。[③] 个案的终结并不代表非法经营罪兜底条款的问题的终结，截至2017年9月5日，在CNKI以主题"非法经营罪兜底条款"为搜索条件，搜索出2005年到2017年107篇文献，主要涉及：一是非法经营罪兜底条款有无必要的讨论。如图1所示，7%的人认为非法经营罪兜底条款应该取消，例如，徐松林在《我国刑法应取消"非法经营罪"》一文中就提到对非法经营罪立法废改。[④] 7%的学者认为非法经营罪兜底条款应该分离，将其中可以行政规制的行为剔除出刑法规定。86%的学者肯定非法经营罪兜底条款有其自身的功能。二是肯定非法经营罪兜底条款的作用，提出对"国家规定""严重情节""其他扰乱市场经济秩序行为"的理解以及解释原则、解释方法的研究。

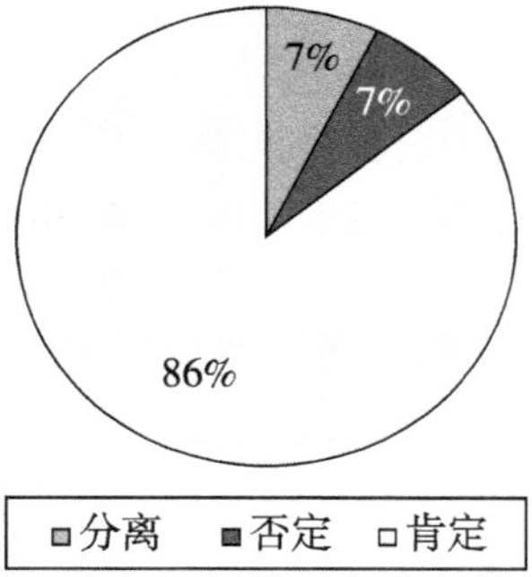

图1　非法经营罪废除与否理论观点归纳

① 参见于志刚：《口袋罪的时代变迁、当前乱象与消减思路》，载《法学家》2013年第3期。

② 同上。

③ 参见姜涛：《经济刑法之兜底条款应由司法解释予以明确》，载《净月学刊》2017年第4期。

④ 参见徐松林：《我国刑法应取消"非法经营罪"》，载《法学家》2003年第6期。

通过对非法经营罪兜底条款研究的必要性以及现有理论研究的情况分析,非法经营罪兜底条款的研究一直未曾间断,但是大多停留在相关理论研究,缺乏以司法实践中非法经营罪兜底条款具体适用情况为对象的实证分析。故而文章在Open Law以案由“非法经营罪”,关键词“《中华人民共和国刑法》第225条第4项”为搜索条件,截至2017年7月13日共得出441条结果。通过SPSS24.0版本软件,运用描述统计、交叉分析等方法,对司法实践中非法经营罪第4项这一兜底条款的实际应用情况进行分析,找出存在的问题,并尽可能地找到具有针对性的措施,为司法实践中非法经营罪兜底条款的合理适用,提出有用的建议。

二、非法经营罪兜底条款的司法适用现状

非法经营罪的兜底条款主要体现为《刑法》第225条第4项的规定,而第4项的具体适用,一方面坚持一个前提“违反国家规定”“情节严重”,另一方面应正确理解运用“其他严重扰乱市场秩序的非法经营行为”。因此,非法经营罪兜底条款的司法适用情况的分析,主要是从非法经营罪兜底条款整体适用情况、相关司法解释规定、实践中适用第4项规定来认定属于非法经营罪的具体行为类型,认定违法行为的主体、依据以及起诉罪名与判决罪名的依据以及起诉罪名与判决罪名的交叉分析等方面,以说明非法经营罪兜底条款的司法适用情况。

(一)《刑法》第225条第4项规定司法适用率高

2017年10月11日,在Open Law上以案由“非法经营罪”,关键词“《刑法》第225条第1项”“《刑法》第225条第2项”“《刑法》第225条第3项”“《刑法》第225条第4项”进行搜索,结果显示情况如表1所示:首先,从总计个数来看,依据第225条第4项最终认定非法经营罪的共447个,占据总数的17.6%。其次,依据审判程序进行分类,一审、

二审、再审中适用第 225 条第 4 项的，分别为 381 个、65 个和 1 个，占各自总数的 21.8%、8% 和 11.1%。

表 1　非法经营罪第 1～4 项在不同审判阶段的司法适用情况　单位：个

	第 1 项	第 2 项	第 3 项	第 4 项
一审	950	58	356	381
二审	347	231	150	65
再审	2	3	3	1
总计	1299	292	509	447

司法实践中《刑法》225 条第 1 款各项认定非法经营罪的适用数量说明：(1)《刑法》第 225 条第 4 项作为兜底条款适用率高，特别是一审判决中的适用率，仅次于《刑法》第 225 条第 1 项。(2)《刑法》第 225 条第 4 项作为兜底条款，本身适用应该持谨慎态度，但是其总体适用数量仅低于有明确具体规定的第 1 项、第 3 项，司法实践中的适用存在一定的扩张。

(二)认定主体和依据的多元性

1. 认定主体的多元

将 441 个案件，898 位被告人行为类型数据输入 SPSS24.0 版本，通过认定主体与判决罪名交叉分析，得出表 2 的结果。从表面上看到的是，认定主体除了法院依据《刑法》第 225 条以及相关司法解释认定之外，还存在着民政厅、[①]新闻出版局、[②]工商行政管理局、[③]药品监督管理局[④]等部门对案件中行为方式、对象等的认定。且除法院之外的

① (2016)皖 04 刑终第 208 号。

② (2006)丰刑初字第 1288 号；(2014)南刑初字第 90 号。

③ (2009)舞刑初字第 103 号。

④ (2014)大英刑初字第 107 号。

其他主体认定的行为或者是对象违法,最终均成为法院认定非法经营罪成立的依据。从深层次来看,非法经营罪第 4 项的规定本身具有兜底性,意味着第 4 项的适用中具有不确定性。正是这些不确定性的存在,使法院在认定行为或者对象违法的时候需要借助其他单位来判断。这些单位有的是依据国务院的相关规定,①例如,(2016)皖 04 刑终 208 号案件中,安徽省民政厅对非法建设经营的公墓的认定就是依据的国务院《殡葬管理条例》,②有的则是单位自己出具相关问题认定的函。③

表 2　认定主体与判决罪名交叉分析

认定主体	判决罪名
	非法经营罪
法院	861
安徽省民政厅证明非法建设经营公墓	1
北京市新闻出版局鉴定均为非法出版物	1
国务院 1998 年 4 月 19 日《关于禁止传销经营活动的通知》	1
河南省工商行政管理局界定为非法传销	1
柳州市新闻出版局鉴定非法出版物	1
四川省食品药品监督管理局对薏辛除湿止痛胶囊假药认定的函[川食药监管函(2013)36 号]	1
总计	867

① (2010)博刑初字第 119 号。
② (2016)皖 04 刑终 208 号 。
③ (2014)大英刑初字第 107 号。

2. 认定依据的多样

通过对441个案件的分析发现,认定行为以及对象是否符合《刑法》225条第4项的规定,除了从《刑法》第225条前3项的同质性角度来思考,随着社会发展不断出现新行为方式和新的对象物,最高人民法院、最高人民检察院出台了相应的司法解释,其他国家机关也出台了相应的规章制度。具体表现在以下方面:一方面,司法实践中依据最高人民法院、最高人民检察院的司法解释来认定,主要依据的有(按照频率高低排序):最高人民法院、最高人民检察院《关于办理赌博刑事案件具体应用法律若干问题的解释》(5.9%)、最高人民法院《关于审理非法出版物刑事案件具体应用法律若干问题的解释》(5.5%)、最高人民法院、最高人民检察院《关于办理危害食品安全刑事案件适用法律若干问题的解释》(1.7%)、最高人民法院《关于审理骗购外汇、非法买卖外汇刑事案件具体应用法律若干问题的解释》(1.4%)、《关于办理妨害信用卡管理刑事案件具体应用法律若干问题的解释》(1.1%)。另一方面,依据国务院《关于禁止传销经营活动的通知》、①《道路运输条例》、②《期货交易管理条例》③和《国务院关于清理整顿各类交易场所切实防范金融风险的决定》(国发〔2011〕39号)、④国务院《殡葬管理条例》、⑤《国家林业局森林公安局关于转发公安部法制局〈关于对非法收购出售非国家重点保护野生动物行为如何定性问题的意见的函〉的通知》及公安部《关于对非法收购出售非国家重点保护野生动物行为如何定性的意见的函》⑥来认定。由此可见,《刑法》225条第3项认定非法经营罪扩大了"国家规定"的内涵。

① (2010)博刑初字第119号。

② (2016)甘0503刑初字33号。

③ (2016)赣11刑终53号。

④ (2016)赣11刑终53号。

⑤ (2016)皖04刑终208号。

⑥ (2016)内0627刑初147号。

(三)“其他严重扰乱市场秩序的非法经营行为”认定的扩张性

《刑法》第 225 条第 4 项规定“其他严重扰乱市场秩序的非法经营行为”也应受到刑事处罚,到底司法实践中将哪些行为类型归为第四项,文章以 853 位被告人中被判处非法经营罪的行为方式为样本,使用 Windows64 版本的 SPSS24.0 软件,采用描述统计的方法,分析得出表 3 的结果。

表 3　判决罪名与案件事实交叉

判决罪名	行为类型	频率	百分比
非法经营罪	非法开采、运输稀土	1	1
	销售具有赌博功能的游戏机	1	1
	非法制造销售空气压缩机	1	1
	非法经营赌博场所	1	1
	传销或变相传销	41	4.8
	非法生产销售菠萝啤	1	1
	非法办理入台证	1	1
	非法提供互联网接入服务	1	1
	非法生产销售农药	1	1
	非法收购销售野生动物	2	2
	非法集资	1	1
	非法收购种子	4	5

续表

判决罪名	行为类型	频率	百分比
非法经营罪	非法预售墓地	5	6
	烟花爆竹	2	2
	非法民办高校、驾校	6	7
	超出经营范围从事经营活动	7	8
	在无真实商品交易和债权债务关系的情况下非法买卖、贴现银行承兑汇票	4	5
	非法从事对外劳务、留学中介业务	6	7
	超出经营范围从事经营活动	7	8
	非法经营股票、期货	7	8
	非法买卖电视接收设备	7	8
	非法制造销售“伪基站”设备	10	1. 2
	非法销售标识牌	11	1. 3
	非法销售音像制品	19	2. 2
	非法经营药品、保健品	19	2. 2
	非法经营出版物	27	3. 2
	非法经营石油、天然气	28	3. 3
	非法经营游戏外挂软件	31	3. 6
	POS 机套现	35	4. 1

续表

判决罪名	行为类型	频率	百分比
非法经营罪	非法买卖外汇	40	4.7
	非法销售家电下乡电器与标识卡	1	1
	无证屠宰销售生猪	54	6.3
	非法经营烟草	146	17.1
	非法销售彩票	263	30.8
	非法设立并经营旅客道路运输经营活动	30	3.5
	擅自设立互联网上网服务营业场所	32	3.8
	总　计	853	100.0
赌博罪	非法销售彩票	8	100.0
强迫交易罪	高利贷	1	100.0
销售伪劣产品罪	非法经营烟草	6	100.0
诈骗罪	非法开采、运输稀土	1	100.0
伪造公司印章罪	擅自进行房地产开发和商品房预售	1	100.0
生产销售不符合安全标准食品罪	无证屠宰销售生猪	3	100.0

续表

判决罪名	行为类型	频率	百分比
共同犯罪(非法经营罪与其他罪名数罪并罚)	非法经营药品、保健品	1	4.3
	非法收购、销售野生动物	1	4.3
	非法经营烟草	1	4.3
	非法经营游戏外挂软件	4	17.4
	高利贷	4	17.4
	非法设立停车场,收取停车费	12	52.2
	总　计	23	100.0

首先,从整体角度分析,适用《刑法》第225条第4项,判决罪名为非法经营罪的行为类型排名前十位(频率从高到低)依次为:非法销售彩票(30.8%)、非法经营烟草(17.1%)、无证屠宰销售生猪(6.3%)、传销或变相传销(4.8%)、非法买卖外汇(4.7%)、POS机套现(4.1%)、擅自设立互联网上网服务营业场所(3.8%)、非法经营游戏外挂软件(3.6%)、非法设立并经营旅客道路运输经营活动、非法经营石油(3.5%)、天然气(3.3%)。

其次,具体分析行为类型。从表3中判决罪名为非法经营罪的列项中分析"其他严重扰乱市场秩序的非法经营行为",类型划分就多达36种。进一步分类得出:第一种是非专营、专卖但是未经许可的行为,例如,擅自进行房地产开发和商品房预售、①非法创立民办高校、②挂靠他人许可证件开设驾校、③擅自设立互联网上网服务营业场所④等。第二种是未经许可经营法律、法规规定的专营、专卖或其他限制买卖的物

① (2014)万刑初字第32号。

② (2015)忻刑初字第170号。

③ (2015)麦刑初字第122号。

④ (2015)松刑初字第116号。

品,例如,非法经营彩票、[①]非法经营烟草、[②]非法买卖外汇[③]等。第三种是未经国家有关主管部门批准非法经营证券、期货、保险业务,或者非法从事资金支付结算业务,例如,在无真实商品交易和债权债务关系的情况下非法买卖、贴现银行承兑汇票、[④]POS机套现[⑤]等。第四种是买卖法律、法规规定的经营许可证或者批准文件,如非法办理入台证[⑥]等。第五种是与其他罪名的犯罪构成存在交叉、重合的行为类型,如虚构事实非法集资、[⑦]非法买卖假烟。第六种是刑法没有规制的行为,如高利贷。[⑧] 第七种是其他不应该是犯罪的行为,如非法收购种子。[⑨] 其中第二、三、四种行为类型均在《刑法》第225条前3项中有明确的规定。

最后,《刑法》第225条第4项规定的"其他严重扰乱市场秩序的非法经营行为",同样的行为方式会出现不同的判决结果。例如,同样是非法销售彩票的行为,在案件号为(2015)浦刑初字第358号的案件中,检察院起诉罪名是非法经营罪,但法院判处被告人犯赌博罪;同样是非法销售烟草,有的就被认定为销售伪劣产品罪;[⑩]无证屠宰销售生猪在(2015)新牧刑初字第211号判决中被认定为生产、销售不符合安全标准的食品罪。(2014)邵中法赔字第2号文件中,湖南省高级人民法院认为零号柴油并非"法律、法规规定的专营、专卖或其他限制买卖的物品",即使属于无证经营,也不应认定为非法经营罪。

---

① (2014)樟刑初字第88号。
② (2015)阳刑初字第185号。
③ (2015)新刑初字第00227号。
④ (2013)乌勃刑初字第360号。
⑤ (2014)揭东法刑初字第105号。
⑥ (2013)融刑初字第1462号。
⑦ (2000)武刑初字第179号。
⑧ (2016)川1002刑初170号。
⑨ (2014)克刑初字第53号。
⑩ (2014)泰中刑二终字第00114号。

三、非法经营罪兜底条款司法适用存在的问题

（一）司法权对立法权的越俎代庖

2017年9月27日，在北大法宝以非法经营罪为检索条件，得出法律2篇（1997年《刑法》和2015年修改后《刑法》），行政法规43篇，司法解释47篇，部门规章63篇，行业规定2篇，军事法规规章2篇。其中明确涉及非法经营罪第1款第4项规定的司法解释有9个。这9个明确规定适用《刑法》第225条第4项规定的行为类型可以划分为6类，分别是：骗购外汇、逃汇和非法买卖外汇（2个）；违反国家规定，采取租用国际专线、私设转接设备或者其他方法，擅自经营国际电信业务或者涉港澳台电信业务进行营利活动（3个）；违反国家规定，出版、印刷、复制、发行非法出版物；在生产、销售的饲料中添加盐酸克仑特罗等禁止在饲料和动物饮用水中使用的药品，或者销售明知是添加有该类药品的饲料，情节严重的；违反国家在预防、控制突发传染病疫情等灾害期间有关市场经营、价格管理等规定，哄抬物价、牟取暴利，严重扰乱市场秩序；未经国家批准擅自发行、销售彩票，构成犯罪的。

《立法法》第8条规定，犯罪和刑罚只能制定法律。从文意解释来看，“违法国家规定”是违反的全国人民代表大会及其常务委员会、国务院制定的规定。对于司法解释，《立法法》第104条第1款规定：“最高人民法院、最高人民检察院作出的属于审判、检察工作中具体应用法律的解释，应当主要针对具体的法律条文，并符合立法的目的、原则和原意。”第3款规定，“最高人民法院、最高人民检察院以外的审判机关和检察机关，不得作出具体应用法律的解释”。只能是最高人民法院、最高人民检察院对现有法律具体应用进行解释，如果在审判工作中遇有“法律的规定需要进一步明确具体含义的”或“法律制定后出现新的情况，需要明确适用法律依据的”，应由最高人民法院向全国人民代表大会常务委员会提出法律解释的要求，或者提出制定、修改有关法律的议案。

非法经营罪立法前三项的规定涉及的是非法经营特定物、文件，通

过类似《关于情节严重的传销或者变相传销行为如何定性问题的批复》《关于办理妨害预防、控制突发传染病疫情等灾害的刑事案件具体应用法律若干问题的解释》等司法解释，也将传销、哄抬物价等经营方式的违法纳入非法经营罪的适用范围；2004 年《关于依法开展打击淫秽色情网站专项行动有关工作的通知》中"违反国家规定，擅自设立互联网上网服务营业场所，或者擅自从事互联网上网服务经营活动，情节严重，构成犯罪的，以非法经营罪追究刑事责任。"的规定，将经营场所也包含在非法经营罪中。也就是说司法解释擅自将立法规定的特定物、特定文件扩大到经营方式、经营场所，违背了立法原意。在案件(2013)崇刑初字第 225 号中，被告人办理了互联网上网服务特许经营，只是在其经营许可证失效后没有及时重新办理，被认定为非法经营罪。法官将"擅自设立、擅自从事"扩大到了"没有及时变更新证件导致暂时性的无证经营行为"，明显与《刑法》第 225 条前 3 项规定不相符。

非法经营行为外延的不断扩张，行为类型的不断增多，各种行为类型在具体特征上相去甚远，从而使本罪构成要件的定型性越来越模糊，现在非法经营罪的行为结构与 1997 年本罪刚设立时《刑法》第 225 条所规定的行为结构已相去甚远。① 例如，2000 年 4 月 8 日《关于审理扰乱电信市场管理秩序案件具体应用法律若干问题的解释》(法释〔2000〕12 号)第 1 条规定，违反国家规定，采用租用国际专线，私设转接设备或者其他方法，擅自经营国际或者涉港澳台电信业务进行营利活动，扰乱电信市场管理秩序，情节严重的，依照《刑法》第 225 条第 4 项的规定，以非法经营罪定罪处罚。但 2000 年 9 月 25 日国务院颁布的《中华人民共和国电信条例》第 59 条才将上述行为规定为禁止性行为，且只对其中三种行为规定可以追究刑事责任，而并未涉及上述非法经营行为。

非法经营行为是否只有法律、法规明文规定应当追究刑事责任才能纳入"其他非法经营行为"的范围，这当然是可以讨论的，但仅就司

---

① 参见陈超然:《非法经营罪适用范围的扩张及其限制研究》，上海交通大学 2013 年博士学位论文。

法解释和《电信条例》出台的时间来看，司法解释颁布于2000年4月28日，生效于2000年5月24日，早于《电信条例》的2000年9月25日。对此，有学者指出：该解释制定之时尚没有明确的行政法规作为参照规定，该解释第1条中的违反国家规定，也就没有相关法规作依据，该解释第1条严格来说是无效条款。① 至少在2000年5月24日至2000年9月25日这一期间，上述司法解释属于内容超前的无效条款。因此，"违反国家规定"是其他非法经营行为构成犯罪的前置性条件。如果这个问题不解决，司法解释虽然试图解决刑法的明确性问题，但却与罪刑法定原则所派生的法律专属性原则相悖。②

（二）行政违法和刑事违法界限的模糊

行政违法与刑事违法，前者规定在行政法领域，后者规定在拥有最严厉制裁措施的刑事法领域，二者的社会危害性程度不同，且最终受到的制裁措施也不同。但是从《刑法》第225条第4项司法适用情况的分析来看，擅自设立互联网上网服务营业场所行为，非法从事对外劳务、留学中介业务，非法预售墓地，擅自进行房地产开发和商品房预售，非法收购种子（玉米、豆子），高利贷，非法民办高校、驾校等不具有刑法意义上的情节严重的违法行为，均被认定为犯罪行为。

在案件号为（2014）南宛刑初字第266号的判决书中，法院将原本属于违法行为的行为扩大为犯罪行为。③ 一方面，在司法解释中并没

---

① 参见刘树德、王冕：《非法经营罪罪状"口袋径"的权衡——对法释［2000］12号第1条的质疑》，载《法律适用》2002年第10期。

② 参见陈兴良：《刑法的明确性问题：以〈刑法〉第225条第4项为例的分析》，载《中国法学》2011年第4期。

③ （2014）南宛刑初字第266号的判决书："未办理土地使用权证、建设用地证、建设规划许可证等证照的情况下，在南阳市宛城区光武路开发建设汉城花园1号楼，边建边售，非法出售114套，共计金额2167.941万，依据《中华人民共和国刑法》第二百二十五条第四项、第二十五条第一款、第二十七条、第七十二条第一、三款、第七十三条第二、三款规定判处10年有期徒刑，500万罚金。"

有将房屋预售行为规定为犯罪,且在2010年《关于个人违法建房出售行为如何适用法律问题的答复》中明确说明"在农村宅基地、责任田上违法建房出售如何处理的问题,不宜以犯罪追究有关人员的刑事责任。"另一方面,被告人合法设立房地产开发公司,其项目也是经政府文件批准的,只是按照房地产市场的通行做法,边建边办手续,并为了解决资金压力同时实施了销售手段。法官没有考虑到案件具体的事实,仅仅因为行为违反了《土地管理法》第43条、《城市房地产管理法》第45条,在未办理土地规划、招投标、施工许可、房屋预售许可的情况下,擅自将新民居住宅楼以商品房的形式对外销售,就认定犯罪成立。

(2014)克刑初字第53号案件中被告人因为在无任何经营种子许可的情况下,长达十年从黑龙江购进无任何产品标志及合格证的散装菜豆(毛豆)豆种向附近农户销售,被法院认定为非法经营罪。同样是收购种子,王力军收购玉米案中,最高人民法院认为《刑法》第225条第4项是在前三项规定明确列举的三类非法经营行为具体情形的基础上,规定的一个兜底性条款,在司法实践中适用该项规定应当特别慎重,相关行为需有法律、司法解释的明确规定,且要具备与前三项规定行为相当的社会危害性和刑事处罚必要性,严格避免将一般的行政违法行为当作刑事犯罪来处理。就本案而言,王力军从粮农处收购玉米卖予粮库,在粮农与粮库之间起了桥梁纽带作用,没有破坏粮食流通的主渠道,没有严重扰乱市场秩序,且不具有与《刑法》第225条规定的非法经营罪前三项行为相当的社会危害性,不具有刑事处罚的必要性。①

(三)"违反国家规定"适用范围扩张

《刑法》第96条规定:"本法所称违反国家规定,是指违反全国人

① 参见刘懿德:《内蒙古农民王力军收购玉米被判非法经营罪一案进入再审程序》,载 http://news.sina.com.cn/o/2017-01-09/doc-ifxzkssy1535190.shtml,最后访问日期:2017年12月24日。

民代表大会及其常务委员会制定的法律和决定,国务院制定的行政法规、规定的行政措施、发布的决定和命令。”在441个案件中,“其他严重扰乱市场秩序的非法经营行为”的认定不仅依据刑法相关规定,还依据最高人民法院、最高人民检察院《关于办理赌博刑事案件具体应用法律若干问题的解释》、最高人民法院《关于审理非法出版物刑事案件具体应用法律若干问题的解释》、最高人民法院、最高人民检察院《关于办理危害食品安全刑事案件适用法律若干问题的解释》、最高人民法院《关于审理骗购外汇、非法买卖外汇刑事案件具体应用法律若干问题的解释》、《关于办理妨害信用卡管理刑事案件具体应用法律若干问题的解释》。这些司法解释将刑法已经规定在其他法条中或者同一法条的其他项中的行为规定为第四项的适用,不是对法律具体应用的解释。例如,烟草是国家专营物品,但是假烟并不是国家专营物品,非法经营假烟也就无所谓非法生产经营,而应该是生产销售伪劣产品罪的对象。

441个样本中的认定依据除了司法解释,还有国务院条例、通知,国务院直属机构的内设机构发布的通知,国务院各部委的通知、函等。首先,从制定主体来看,国务院制定的条例、决定、通知是行政法规,符合《刑法》第96条的规定。国家林业局森林公安局、公安部意见函是否属于行政法规要具体分析。国家林业局森林公安局属于林业局的内设机构,林业局属于国务院直属机构,因此国家林业局森林公安局的通知并不属于“国家规定”的范畴。公安部意见函、《关于禁止传销经营活动的通知》依据《党政机关公文处理工作条例》的规定属于党政机关公文文件,且国务院各部门虽然是中央国家机关,但是它们毕竟从属于国务院这个最高行政机关,不能取代国务院的地位,故将经国务院授权制定的部门规章认定为“国家规定”,不符合《立法法》本意,也有损法治的统一和权威。其次,从内容上来看,国务院《殡葬管理条例》并没有在“未经批准,不得擅自兴建殡葬设施”的条款中规定“构成犯罪的,依法追究刑事责任”,说明行政法规的惩治力度足够,不需要最为严厉的刑法的规制。司法实践中依据国务院《殡葬管理条例》认定行为人非法建设墓地并销售的行为构成非法经营罪,就是对“违反国家规定”的扩大适用。

(四)行为类型的任意解释

从对司法实践中非法经营罪兜底条款适用行为类型的分析来看,一些行为类型应该依据《刑法》第 225 条前 3 项规定认定非法经营罪,却依据不明确的第 4 项定罪。非法经营彩票、非法经营烟草行为是内含于第一项"未经许可经营法律、法规规定的专营、专卖或其他限制买卖的物品"的行为,司法实践中却存在依据第 4 项的规定认定非法经营罪的现象。在无真实商品交易和债权债务关系的情况下,非法买卖、贴现银行承兑汇票、POS 机套现等行为与第 3 项"未经国家有关主管部门批准,非法经营证券、期货、保险业务的,或者非法从事资金支付结算业务"是贴合的,司法实践依然用第 4 项认定非法经营罪。

立法、司法解释中没有明确规定行为类型的任意解释。《刑法》第 225 条第 4 项因其不明确性,需要依据相关的司法解释来明确。但是对于司法解释中没有规定的行为,实务部门违背罪刑法定原则,将行政违法行为扩大为刑事违法行为。司法实践解释具有任意性,导致出现违背罪刑法定原则的结果出现。结合表 3 中行为类型的认定来看,收购玉米种子、毛豆种子以及超出经营范围的行为,预售墓地的行为等都依据第 4 项规定被认定为非法经营罪。例如,在(2013)资刑初字第 10 号案件中,被告人办理了《江西省野生动物或其产品经营许可证》,被告人只是超出许可证规定的经营方式和经营范围,收购野猪、果子狸、猪獾、黄麂等野生动物并进行销售,被告人被认定为非法经营罪。此案中,法院任意解释,将超出经营范围的行政违法行为扩大刑事犯罪中,将没有许可文件扩大到超出许可经营范围。

四、非法经营罪兜底条款司法适用建议

通过对非法经营罪兜底条款在司法适用中具体行为类型认定现状的分析,笔者认为之所以出现如此之多的认定争议,不仅是司法解释本身规定的扩大化,而且是由于司法解释方法的不合理运用。针对非法

经营罪兜底条款司法适用混乱原因的分析，本文提出以基本原则为导向，审慎认定“违反国家规定”以及解释方法的有效运用等措施，来尽可能的合理有效适用相关法律法规的规定。

（一）以基本原则为导向

1. 谦抑性原则

刑法作为拥有最严厉刑事制裁措施的法律，只能够对具有严重社会危害性的行为进行制裁，不得随意运用其制裁措施。[①] 因此，有学者就提出，对于某种危害社会的行为，首先要考虑民事、行政等法律措施是否足够对其进行惩治与防范。如果可以，刑法就不要过多涉及；如果不足以达到治理效果，则考虑刑法。[②] 其中日本学者大谷实教授就从刑法的补充性、刑法的不完整性、刑法的宽容性三个方面来阐述谦抑性。[③] 由此可见，刑法的介入要有其必要性，考虑到刑法是一个最后的手段，需采取慎刑[④]态度。[⑤] 全国人大法工委刑法室在对非法经营罪兜底条款解释的时候就明确：“这是针对现实生活中非法经营犯罪活动

---

① 参见许泽天：《刑总要论》，台北，元照出版有限公司 2009 年版，第 39 页。参见黄茂荣：《法律解释》，载马汉宝教授八秩华诞祝寿论文集编辑委员会：《法律哲理与制度——基础法学》，台北，元照出版有限公司 2006 年版，第 380 页。

② 参见陈兴良：《刑法哲学》，中国政法大学出版社 1997 年版，第 519 页。

③ 参见［日］大谷实：《刑事政策学》（新版），黎宏译，中国人民大学出版社 2009 年版，第 94 ~ 95 页。

④ 林山田教授认为，慎刑原则也是刑法的重要原则。所谓慎刑原则是指使用刑罚作为犯罪行为的法律效果，必须审慎与限缩，不可迷信刑罚万能，而泛滥地使用刑罚，也不可高估重刑的威吓效果，从而轻易采行严刑重罚的刑事政策。刑法的法律效果是最为严厉的制裁手段，不但要耗费相当的社会成本（如兴建监狱，并且维持监狱营运的费用，以及将具有生产力的人监禁在无生产力或只具有部分生产力的看守所或监狱所形成的人力资源浪费等），而且对于受刑人本人与其家属，都具有相当的痛苦性与杀伤性；况且，刑事执行的后果也必然衍生其他的社会问题，所以必须采取慎刑原则。参见林山田：《刑法通论（上）》（增订九版），台北，台大法学院图书部 2006 年版，第 92 页。参见许泽天：《刑总要论》，台北，元照出版有限公司 2009 年版，第 39 页。

⑤ 参见许泽天：《刑总要论》，台北，元照出版有限公司 2009 年版，第 39 页。

的复杂性和多样性所作的概括性的规定，这里所说的其他非法经营行为应当具备以下条件：第一，这种行为发生在经营活动中，主要是生产、流通领域。第二，这种行为违反法律、法规的规定。第三，具有社会危害性，严重扰乱市场经济秩序”。[①] 可见，立法者也强调纳入兜底条款的行为必须以违反法律、法规的规定为前提。对于非法收购种子、民间高利贷等行为，因为没有相关法律法规将其规定为犯罪行为，司法实践中就不能为了认定非法经营罪而去创法。对非法经营罪兜底条款的运用，要做到有法可依、有法必依。

在我国整个法律体系中，刑法是制裁最严厉的法律，因此在法律体系中的位置是处于保障法的地位，是保障其他法律实施的最后力量。[②] 鉴于非法经营罪兜底条款本身的不明确性，司法实践中出现的扩大适用的情况，特别是把类似于目前没有明确规定的民间高利贷行为、非法收购玉米种子、超出经营范围的行政违法行为等不具有严重社会危害性的行为用刑法来治理，违背了谦抑性原则；故而司法实践中，运用非法经营罪兜底条款的时候要明确谦抑性原则：首先，从社会危害性严重程度来区分行政违法行为和犯罪，严格把控入罪标准。其次，明确非法经营罪与其他罪名的犯罪构成。非法经营罪本身具有兜底性，因此在其他明确罪名能够定罪量刑的时候，尽量回避使用非法经营罪。最后，在非法经营罪前三项规定无法涵盖行为的时候，才考虑使用非法经营罪第四项的规定。

2. 主客观相统一原则

主客观相统一原则由我国刑法继承并发展苏俄犯罪构成理论而来，不仅在价值论上要求主观要素和客观要素的统一，而且在方法论意义上也是对刑法客观主义与主观主义的折中。[③] 也就是说，认定行为

---

① 全国人大法工委刑法室：《中华人民共和国刑法条文说明、立法理由及相关规定》，北京大学出版社 2009 年版，第 6 页。

② 参见曲新久：《刑法的精神与范畴》，中国政法大学出版社 2000 年版，第 13 页。

③ 参见陈兴良：《主客观相统一原则：价值论与方法论的双重清理》，载《法学研究》2007 年第 5 期。

人成立非法经营罪,不仅要求行为人实施了法律所规定的行为,还要求行为人在实施这些行为的时候具有非法经营的目的。司法实践中,在适用第四项规定的时候,更应该严格依照主客观相统一原则。一方面,对于没有明确规定主观方面的行为,不应因法律、司法解释没有明确规定就忽略主观目的的认定。例如前文预售墓地的行为,行为人在办理相关许可文件的过程中,按照行业中的通常做法提前发布广告,销售墓地。若行为人在实施非法经营墓地的行为时并不具有非法经营的目的,此时就不能够依据第四项规定认定行为人构成非法经营罪。另一方面,对于相关司法解释中明确规定有主观方面内容的,要结合案件情况进行区分。例如,2013 年《关于进一步加强麻黄草管理严厉打击非法买卖麻黄草等违法犯罪活动的通知》中规定:“违反国家规定采挖、销售、收购麻黄草,没有证据证明以制造毒品或者走私、非法买卖制毒物品为目的,依照刑法第二百二十五条的规定构成犯罪的,以非法经营罪定罪处罚。”换句话说,行为人是为了制造或者非法买卖制毒物,即使实施了非法经营行为,也不能够按照非法经营罪论处。

(二)审慎认定“违反国家规定”

梳理现有关于非法经营罪兜底条款的文献,学者对“违法国家规定”的范围认识存在以下几种观点:首先,“违反全国人民代表大会及其常务委员会制定的法律和决定,国务院制定的行政法规”,认定上主张严格限制,将制定主体限定在全国人大代表及常务委员会和国务院。其次,对“国务院制定的行政法规、规定的行政措施、发布的决定和命令”的认定上,存在不同的认识:(1)国务院授权制定的部门规章、民商事法律排除在“国家规定”的范围内,且不对“国家规定”中的刑事追责条款作绝对要求。① (2)政策性文件虽然制定主体是国务院,但是也应该排除,并要求“国家规定”中必须包含违反经济

---

① 参见王开军:《非法经营罪中“违反国家规定”的理解》,载《中国检察官》2016 年第 22 期。

法律法规的附属刑法。[1] (3)不包括国务院部门规章、地方性法规以及行业规则,但是主张司法适用在不违背《刑法》第96条意旨的前提下,可以参照国务院制定、批准、批转和批量通知决定认可的部委或者中直部门的规章认定犯罪。[2] (4)国务院各部委制作、经国务院批准、以各部委名义发布的规定,单位的内部规定,不属于"国家规定"范围。[3] (5)发文主体一般应限定为国务院,在特殊情况下,国务院的认可也可以赋予某些部门规章、联合发文等国务院的行政措施效力,视为国家规定。部门规章不属于"国家规定"范围,刑事罚则不必须存在。[4] (6)国务院各部委制定的规定、经济特区所在地的省、市人民代表大会及其常务委员会通过授权立法制定的地方性法规和国务院批转的下属部门规章都不属于"国家规定"。[5] 观点(1)(3)(5)同样忽视了法律一体化,把全国人民代表大会及其常务委员会制定的民商事法律排除在外,且将国务院二次授权制定的规范也称为"国家规定"。(1)(5)要求不必然包括刑事罚则,没有从目的解释的角度理解"国家规定"。在行政法规普遍规定刑事罚则的情况下,出现没有规定的情况说明法律制定者认为行政手段的制裁已经足以达到治理的目的,不需要动用最严厉的刑罚,因此理解"国家规定"需要考虑刑事罚则的存在。

总之,结合《宪法》《立法法》规定,从法的统一性、目的解释的角度出发,"国家规定"一方面,将制定主体限定在全国人民代表大会及其常务委员会、国务院;另一方面,地方性法规、部门规章、二次授权制定

---

① 参见陈毅清:《论"违反国家规定"在非法经营罪中的限缩解释——以十八届四中全会的立法理念为视角》,载《河南司法警官职业学院学报》2015年第4期。

② 参见蒋铃:《刑法中"违反国家规定"的理解和适用》,载《中国刑事法杂志》2012年第7期。

③ 参见王恩海:《论我国刑法中的"违反国家规定"——兼论刑法条文的宪政意义》,载《东方法学》2010年第1期。

④ 参见秦新承:《非法经营罪中的"国家规定"及有关刑事罚则的理解》,载《法学》2008年第1期。

⑤ 参见詹红星:《违反"国家规定"的宪法解释与司法适用》,载《湘潭大学学报》(哲学社会科学版)2016年第5期。

的规范不属于"国家规定"的范围。最后,必须以刑事罚则的存在为前提。在司法适用中存在争议的,应依据最高人民法院《关于准确理解和适用刑法中"国家规定"的有关问题的通知》(法发〔2011〕155号)的规定:"对于规定不明确的,要按照本通知的要求审慎认定。对于违反地方性法规、部门规章的行为,不得认定为'违反国家规定'。对被告人的行为是否'违反国家规定'存在争议的,应当作为法律适用问题,逐级向最高人民法院请示。"

(三)类型化解释方法

刑法实施的过程即刑法解释的过程,刑法解释的方法多种多样,因此法官需要通过解释方法,对《刑法》第225条第4项解读,并依据案件事实情况,对行为人定罪量刑。理论界对兜底条款的解释方法,有体系性解释、限缩解释、立法解释、目的解释、实质解释、功能主义刑法解释、①严格解释、同类规则解释,②特别是对于同类规则解释特别明确要求行为的同质。③ 如此之多的讨论,司法实践中依然存在诸多认定问题,细细分析,并不是每一种解释方法错误,而是在具体适用中行为类型不同,采用的解释方法相同,不同加相同得出的结果只能是不同。

通过文义解释判断案件中的行为类型是否可以涵括在非法经营罪的前三项规定中。当答案是肯定的时候,毋庸置疑,行为依据有明确规定的法条认定。当得出否定答案的时候,考虑体系解释:在整个刑法规范中是否有其他罪名可以涵括此行为。例如,赌博行为与非法经营彩

---

① 参见王东东:《非法经营罪兜底条款研究》,新疆大学2017年硕士毕业论文。

② 实质相同说提出,以某罪之兜底条款进行归责的犯罪行为,应当与该罪明示列举的部分具有"同质性信息",这种"同质性信息理应从该罪的犯罪实质中予以探析。"参见刘宪权:《操纵证券、期货市场罪"兜底条款"解释规则的建构与应用》,载《中外法学》2013年第6期。

③ 参见孙万怀、邓忠:《非法经营保安业务实践定性的合理性质疑》,载《甘肃政法学院学报》2013年第1期;李腾:《论民间高利贷不应司法犯罪化》,载《法学杂志》2017年第1期。

票行为,可能涉及赌博罪与非法经营罪,此时要结合两者立法目的、涵盖等具体问题具体分析。当体系解释所得出的结论依然否定,此时需要考虑目的解释。从非法经营罪设立的目的角度出发,了解此行为是否需要刑法规制,是否需要采用不明确规定的第四项认定。以上依据行为类型采用不同的解释方法,并不是说完全依据行为类型采用某种方法,也并非完全排斥历史解释、立法解释、实质解释等,只是说依据行为性质还有犯罪情节,以及与其他法律法规的衔接,对于一个案件中的行为,依据文义解释来看是否符合法条或者司法解释的规定。如果行为明确符合法条规定,就可以认定非法经营罪成立;如果是不明确的,我们就要考虑体系解释、目的解释等解释方法的运用。

Empirical Study on Judicial Application of the Crime of Illegal Business Crimes

Shi Fengli

[**内容摘要**]非法经营罪自1997年设立以来,由于其不确定性、模糊性,在司法适用过程中,出现了背离罪刑法定原则、"刑罚权泛化"的现象。故而对于如何合理解释和适用非法经营罪兜底条款,文章通过对非法经营罪兜底条款司法适用的行为类型研究,从立法权司法权方面、解释方法方面对非法经营罪兜底条款司法适用中的问题进行分析。

[**关键词**]非法经营罪;兜底条款;刑法解释;司法适用

Abstract: Since the establishment of the crime of illegal business since its establishment in 1997, due to its uncertainty and ambiguity, in the process of judicial application, there has been a deviation from the principle of legality of crimes and the generalization of "penalty rights". Therefore, on how to rationally explain and apply the crimes of illegal business, the article analyzes the types of actions applicable to the crime of illegal business crimes, and discusses the judicial application of the crime of illegal business from the perspective of judicial power and interpretation methods. In the end, the paper puts forward corresponding suggestions on the principles of clear explanation, reasonable use of interpretation methods, and public participation in criminal law interpretation.

Keywords: Crime of illegal Business; Pocket rules; Interpretation of criminal law; Judicial application

暴力袭警问题的刑法学思考

王　展*

目　　次

一、引　　言

2015年8月全国人大常委会通过的《中华人民共和国刑法修正案(九)》(以下简称修九)第21条规定,在《刑法》第277条妨害公务罪中增加一款作为第5款,"暴力袭击正在依法执行职务的人民警察的,依照第1款的规定从重处罚。"①可见,修九将暴力袭警作为妨害公务罪的从重情节,以此回应了理论界长期以来存在的袭警是否应当入刑的争论。

根据修九的规定可以看出,刑法立法者既没有将袭警行为单独犯罪化,也没有对社会频发的暴力袭警事件置之不理,而是采取了一种折

---

* 北京市人民检察院公诉部检察官助理,法学硕士。

① 《刑法》第277条第1款为:以暴力、威胁方法阻碍国家机关工作人员依法执行职务的,处3年以下有期徒刑、拘役、管制或者罚金。

中的方法，将暴力袭警作为妨害公务罪的法定从重情节予以规定。即使修九已对这一问题作出立法规定，但学者们仍会见仁见智，观点不一。一些内容仍然存有较大争议，仍有将其阐释清晰之必要。因此，无论是从刑法立法论上，还是从刑法解释论上，研究这一问题均具有重要的理论和现实意义。

首先，从刑法立法论意义上进行考量：刑法立法的一项重要任务是对现实发生的具有严重社会危害性的行为犯罪化，然而任何一个刑法条文的增进都会面临不同价值取向之间的博弈。在刑法立法过程中，不同群体站在不同认知角度论述着刑法的应然之义；在立法完成后，刑法研析者则应当梳理立法中的争议并分析实然存在的刑法条文，而后对其进行价值评判。由此一来，才能增进对刑法规定的理解。其次，从刑法解释论意义上进行考量：只有对暴力袭警条款进行科学的刑法解释才能在司法实践中实现条文与案件的对接，才能填补纸面上的刑法与现实发生的鲜活案例之间的鸿沟。对暴力袭警条款进行精细的刑法解释既可以发挥立法意欲重惩暴力袭警的目的，也可以发挥刑法人权保障之机能。因此，从刑法解释学立场研究暴力袭警条款实属必要之举。

二、暴力袭警的现状及其刑法规制

（一）暴力袭警的现状考察

暴力袭警是我国目前日益突出的社会问题，已得到越来越多的关注。警察在社会治理过程中扮演着重要角色，承担着更多的责任，但也面临着更多的风险。曾有学者指出，警察是和平时期牺牲最多的职业。据统计，2010 年至 2014 年，民警因同犯罪分子作斗争（遭受暴力袭击）牺牲 111 人，因遭受暴力袭击负伤 8880 人，占因工负伤民警总数的 42.8%。①

① 参见赵秉志、袁彬：《刑法最新立法争议问题研究》，江苏人民出版社 2016 年版，第 123 页。

我国目前正处于社会转型期,各种矛盾长期积累,不同利益诉求缤纷复杂,警察更须承担巨大的职业压力。[①] 近年来,社会上发生了一连串暴力袭警事件,影响恶劣,对社会公众造成极大的心理恐慌并使得警察执法权威受到严重威胁。

以警察治理现代社会,必须平衡警察的权力与民众的权利。社会无法忍受警察随意限制、剥夺公民权利和自由,同样不能允许公民置警察执法权威于不顾,无视、抵抗、中伤甚至暴力袭击执法警察。[②] 现实发生的诸多暴力袭警事件或多或少表明我国法律在应对此类问题时的滞后,警察权益得不到有效的保护,甚至权益受损境况有愈演愈烈之态。警察机关为应对暴力袭警事件发生,自身不断尝试新的举措,试图维护自己的合法权益。例如,从2000年开始,全国各省市公安机关相继成立警察正当权益保护委员会,这些组织虽在实践中对于警察维权提供可供利用的平台,但由于缺乏明确的法律地位,导致其发挥的效果只是甚微。与此同时,学界对于暴力袭警的防范也在不断发声,例如,就有学者呼吁制定一部专门的警察权益保护法来加强对警察执法的保护。但是殊不知,一部法律的出台要平衡各方利益,权衡不同群体的需要。警察作为肩负保障国家安全,制止打击犯罪,维护社会秩序的武装力量当然要以公共利益为重,因此,不便将警察作为一个与妇女、儿童、老年人等并列的弱势群体而制定一部专门的保护法。笔者认为,针对目前频频发生的暴力袭警事件,可以通过现有的《中华人民共和国人民警察法》《治安管理处罚法》以及《刑法》等进行相关的法律制度建设。而在这其中,《刑法》具有巨大价值,对于暴力袭警的惩治和预防具有重大作用。

---

① 现实中,公安机关虽然拥有法定的强制性权力,诸如刑事侦查、治安处罚、采取强制措施以及可以使用武器警械等,警察个体在警务活动中处理警民关系时也完全可以依靠国家法律所赋予的各项权力和暴力手段作出符合自身目的的行为,满足公安机关的政务需求,然而公安机关和广大公安干警在民众当中并未树立起公信力,自身威望也没有相应的增长。

② 参见张立新:《警察执法中的权益保护》,载《中国人民公安大学学报》2005年第2期。

(二)暴力袭警行为刑法规制的纷争

由于暴力袭警事件发生频繁并且不断造成恶劣的社会影响,我国刑事法学者们很早以前便开始关注此问题,并将其上升到刑法学高度加以探讨,提出了一些鲜明的学术观点。直到修九出台,学者们一直在自己的理论智识上耕耘着自己的学说。在修九出台之前,理论界对于暴力袭警行为应如何进行合理的刑法规制曾存在着不同的意见,具体说来即是立法与解释之争。

所谓立法与解释之争,即对于社会上日渐增多的袭警行为,学界出现了两种观点:有一些学者(立法论者)认为这是由刑事立法的缺陷所造成的,并且主张将袭警行为入刑,通过修订现行刑法来增设袭警罪以实现对暴力袭警的刑法打击;而另有一些学者(解释论者)则认为通过现有的罪名完全可以将袭警行为定罪,在进行合理的刑法解释基础上,我国刑法上的故意杀人罪、故意伤害罪以及妨害公务罪等完全可以将袭警行为予以规制,没有必要设置袭警罪。

立法论者认为:设立袭警罪,以刑法条文的具体规定明确警察不能打,可以向公众强化国家权威不能亵渎的意识,从刑事立法上充分彰显出刑罚的一般预防职能,这样一来便有利于社会治安综合治理工作,加强我国社会治安保障。① 虽然我国《刑法》中规定的妨害公务罪的罪状表述已经囊括了妨害警察依法执行职务的行为,但是并不能就此否认单独设立袭警罪的意义,也不能成为将后者从前者中分解出来,独立设置罪名的障碍……无可否认的是,对某些具有特殊较大危险性的犯罪行为予以细致的规定,以凸显其社会危害性,并强调予以特别的预防和惩治,这样一来不仅不会损坏到刑法中罪刑关系的适当性、均衡性以及协调性,相反,将有利于罪刑关系设置的均衡性与协调性,有利于惩治

① 参见王世洲、栾莉:《论袭警罪的信条学基础》,载《中国刑事法杂志》2007 年第 4 期。

这种犯罪。[1] 具有包含关系的罪名设置在我国刑法上有诸多体现,如在诈骗罪之外还有合同诈骗罪,在包庇罪之外还有包庇黑社会性质组织罪,在生产、销售伪劣产品罪之外还有生产、销售有毒、有害食品罪……这种立法模式并未造成我国刑法典体系杂乱无章的现象,也并未造成司法实践的混乱。袭警现象日益增多正说明现行《刑法》在保护警察执法权方面力不从心,因为袭警现象日益增多而提出增设袭警罪的立法建议,无论在逻辑上还是在法理上都是完全站得住脚的。法律制度的内容只有随着社会制度发展的需要而不断地发展和完善,才具有更强的生命力,才能熠熠生辉。[2] 况且,一些发达国家和地区都将袭警行为规定为犯罪,更加警示我国应尽快增设袭警罪。[3]

与之相对,解释论者则认为:袭警罪的设置并不会产生立竿见影的效果,即使设置了袭警罪,也不能从根本上遏制现实中存在的袭警行为。因为普通老百姓面对警察在警务工作中的各项执法活动,虽然会和警察产生一定程度的冲突,出现语言上的争论,但不会因此按捺不住自身情绪而袭击警察,至多会与警察据理力争;而对于真正的犯罪分子,为了逃避法律的制裁,即使在有袭警罪的情况下,仍会出现暴力抗拒执法的情形。因此,单独设立袭警罪对警察权益的保护价值是微乎其微的;[4]此外,增设袭警罪容易不适当地扩大刑法打击面,不仅会使强制接近、拉扯、推搡警察等某些危害并不严重、不宜以犯罪论处的行为纳入刑法打击范围,也会使得在警察承担的非警务工作如强制拆迁、

---

① 参见杨忠民、张志国:《论袭警行为的刑法规制》,载《中国人民公安大学学报》(社会科学版)2006 年第 3 期。

② 参见程应需:《人民警察执法权保护问题的刑法学思考》,载《云南大学学报》(法学版)2006 年第 5 期。

③ 例如,英国 1996 年《警察法》明确规定,袭击、抗拒或者故意妨害正在执行职务的警察或者正在协助警察执行职务者,构成袭警罪;我国香港地区在《侵害人身罪条例》和《警队条例》规定了袭击、抗拒执行职责的警务人员的犯罪。参见赵秉志主编:《〈中华人民共和国刑法修正案(九)〉理解与适用》,中国法制出版社 2016 年版,第 252 页。

④ 参见陈世伟:《袭警的内涵及我国刑法的应有选择》,载《中国人民公安大学学报》(社会科学版)2007 年第 4 期。

强制征地等行动中发生的对抗警察的行为被刑法规制,从而错误地扩大刑法打击面,激化矛盾,更严重地破坏警民关系;①况且,我国警察队伍中普遍存在着特权思想,蛮横执法、不文明执法等现象,警民关系尚不和谐,在这种情况下不能过于突出对警察的特殊保护,不宜规定专门的袭警罪。我国刑法上已有妨害公务罪,毫无疑问的是,袭警只是妨害公务罪的一种具体表现形式,其已被妨害公务罪所包括,两者并未有本质上差异。如果仅仅因为袭警现象日益增多就设立袭警罪,那么以后也会有增设袭击检察官罪、袭击城管人员罪、袭击纪检监察人员罪的可能。这样发展下去,势必导致罪名设置的叠床架屋,破坏罪刑关系的均衡性和协调性,最终则有违法律的公正与正义。② 虽然英美法系一些国家设立袭警罪,但这并不能成为我国也设立袭警罪的理由。单独规定袭警罪的国家与其警察执法环境有关,这些国家往往对枪支、弹药、管制刀具等管控宽松,警察在执法过程中面临着较大的人身危险,这是其设置这一罪行的重要考虑因素。③ 而我国对枪支弹药等危险物品的管控力度远远大于其他国家,因此还未达到非设袭警罪不可的程度。

笔者认为,在立法论者与解释论者背后,是否应当将袭警行为单独规定为一项犯罪,即是否应当在现有刑法中增设袭警罪以对现实中的暴力袭警行为进行规制。针对社会上不断出现的问题和矛盾,刑法总会被首先推置于公众之前,公众对于刑法的诉求已造成一种"刑法依赖症"的社会现象。犯罪化一直是我国应对尖锐社会问题的突出做法,是我国刑法与社会热点关切之间互动的重要桥梁。④ 当下我国犯罪化现象的不断出现并不仅取决于立法者的价值观念,在很大程度上

① 参见左坚卫、李益明:《论增设袭警罪的隐患》,载《法学杂志》2008 年第 6 期。

② 参见田宏杰:《我国不应增设袭警罪》,载《瞭望新闻周刊》2005 年第 44 期。

③ 参见臧铁伟主编:《中华人民共和国刑法修正案(九)解读》,中国法制出版社 2015 年版,第 141 页。

④ 我国在 1997 年刑法典之后已颁布九个修正案,综观九部刑法修正案,一律以实现刑法保护社会与国家的利益为目标,不断地缩小公民之自由的范围,增设各种新的罪名,以扩大国家刑罚权对公民的制约。参见刘艳红:《〈刑法修正案(八)〉的三大特点——与前七部刑法修正案相比较》,载《法学论坛》2011 年第 3 期。

也是国人对刑法的高度期盼之反映与体现。① 刑法中很多新的罪名便是国人不断呼吁的结果,如拒不支付劳动报酬罪、组织出卖人体器官罪以及危险驾驶罪等。似乎只要刑法出动,一切社会问题即可迎刃而解。不断发生并且被报道出来的袭警事件在"刑法万能论"的社会呼吁中必定会被上升到刑法层面加以讨论,由此在我国学界形成了长期以来对于袭警行为该不该单独规定为犯罪的争论。

(三)修九规定暴力袭警条款的正当性分析

对于暴力袭警行为,修九既没有将其单独犯罪化,设立袭警罪,也没有选择对社会频发问题置之不理,该为而不为,而是采取了一种折中的立法方式,将暴力袭警作为了妨害公务罪的从重情节予以规定。②笔者认为,修九的规定是合理的、科学的,是符合刑法基本原理并且契合社会形势的。当前社会矛盾急剧膨胀,针对暴力袭警事件经常发生的现实情况,在妨害公务罪中将袭警行为明确列举出来予以从重处罚,可以更好地起到威慑和预防犯罪的作用。③

修九之所以会采用如此的立法模式,一方面是从警察职业特性方面考量,顾及到社会上袭警事件频发,造成了警察这一群体既流血又流泪,缺乏安全保护的现象,因此有必要从刑法角度对暴力袭警予以相应打击的现实需要;另一方面则是从刑法谦抑性方面考量,顾及到现行刑法的罪名设置以及治安处罚法等行政法规对此问题完全可以予以合理规制,不宜在现有罪名之外另设新的罪名。立法者认为,即使应当将暴力袭警上升到刑法层面,也不应对袭警行为单独犯罪化。修九在袭警是否犯罪化中做出了中和选择,既防止了立法扩张带来的立法资源浪费,又防止了刑法在面对社会突出问题时出现该为而不为的情况。笔

---

① 参见刘艳红:《我国应该停止犯罪化的刑事立法》,载《法学》2011年第11期。

② 修九第21条规定,在《刑法》第277条中增加一款作为第5款:暴力袭击正在依法执行职务的人民警察的,依照第1款的规定从重处罚。

③ 参见赵秉志:《中国刑法的最新修正》,载《法治研究》2015年第6期。

者拟从警察职业特性和刑法谦抑性两方面详细阐释修九关于暴力袭警条款规定的正当性。

1. 基于警察职业特性之考量

警察作为国家公权力的执行主体，在治安行政领域中拥有较大的决定权，并且与每个人的私人权利和自由的实现息息相关。政府通过授予警察以独特的警察权力来保证和规制社会的多个事项，比如健康、福利、安全以及道德准则。这样就可以为社会提供一种有效的秩序以满足大多数社会成员的需求，进而完成国家治理和管理的职能。① 我国的警察包括交警、治安警、刑警、户籍警以及特警等。他们的活动大体上围绕两部分展开：一是治安行政管理，从户籍管理到交通管制，警察都扮演着重要角色；另一则是刑事侦查活动，警察承担着侦查犯罪并且打击犯罪的职能。警察机关既是行政执法主体，又是刑事执法主体。② 他们与监狱、军队、法庭等具有相似的政治属性，都是国家暴力机器，具有强制性。③ 警察的政治属性决定了其职业风险系数远远高于其他职业，警察的职务权力、人身安全等更易受到侵害。④ 更何况在当下，警察承担大量非警务工作，如强制拆迁、强制征地等，在这些工作中，警察须承受巨大心理压力并时刻做好防卫袭击的准备。

正是因为警察特殊的职业身份中更具潜在危险性，《人民警察法》规定警察享有比其他公权力主体更为优厚的法律保护：其在依法执行公务时享有不受侮辱、不受伤害、不受阻碍的权利，自己的生命权、健康权以及人格权等不因其公务行为而受到侵犯；其因为职务行为的需要，享有使用警用装备和特定情况下采取必要强行措施以及必要时优先使用他人的交通工具、通信工具的权力；其享有在执行职务后不受打击报

① 参见刘洋：《警察执法的宪法维度》，载《中国人民公安大学学报》（社会科学版）2015 年第 2 期。

② 参见江宜怀：《和谐社会视野下的警察权》，载《政法学刊》2006 年第 4 期。

③ 《中共中央关于进一步加强和改进公安工作的决定》明确指出，公安机关是人民民主专政的重要工具，是武装性质的国家治安行政力量和刑事司法力量。

④ 参见安瑛：《我国警察职业保障制度初探》，载《中国人民公安大学学报》（社会科学版）2014 年第 3 期。

复、不受陷害诬陷的权利。相比其他职业,警察具有的上述权利或权力一旦遭受侵害,将更具深远的社会负效应:基于警察的特殊身份,袭警违法犯罪现象的出现会导致公众对于警察职业的不信任,进而对他们的行政能力产生怀疑,同时也会使公众丧失对建构起良好社会秩序的信心,更有甚者,会在一定程度上助长不良社会风气,使违警、扰警、袭警现象大肆横行,削弱警察的职业保障,降低警察正当执法的积极性,危害到公众权益和社会秩序,形成恶性循环。①

对警察权利的保障不能仅凭借学理的说教,而是应通过相应制度设计来进行,尤其是发挥刑法制度的功能和效用。修九在制定过程中,立法者关注到警察职业群体的现实需要,将暴力袭警作为妨害公务罪的法定从重情节予以规定,从而将暴力袭警条款写入《刑法》之中。一定程度上,警察象征着一国的社会秩序。刑法触及到日益蔓延的暴力袭警现象意在宣示其自身秩序保障的价值,为警察提供良好的执法环境。纵然会有论者认为,依靠刑法对暴力袭警现象进行惩治将有损刑法的权利保障之机能,是刑法又一次僭越公民自由的体现。但如果放任暴力袭警现象滋生滋长而不管不顾,使社会毫无秩序可言的话,公民的权利和自由便无从谈起。形象地说,秩序如同堤岸,保护自由形成有序的水流,而不是随意奔流,直至干涸。② 刑法选择在适当之时出击,对警察的职业保障作出巩固,在为警察创造更为干净的执法环境的同时,更是为了让公民更好地行使其权利,实现其自由。可以说,将对警察权益的保护上升到刑法规范层面实则既是受社会利益分化时期的警察群体自身需要所使然,也是刑法出于其社会秩序保障的本性必然会有的举动,是其与社会良性互动的表征。将暴力袭警写入《刑法》中并不意味警察享有优于其他公民的合法权益,并非警察的利益值得单独加以保护,而是为维护国家法律尊严,创造良好社会环境。

---

① 参见宫志刚、王占军:《警察执法权威的法律保障探微》,载《中国人民公安大学学报》(社会科学版)2012 年第 4 期。

② 参见黄晓亮:《论我国刑法修正的秩序价值优先性——以〈刑法修正案(九)〉为视角》,载《法学杂志》2016 年第 3 期。

2. 基于刑法谦抑性之考量

刑法谦抑性的要求是，刑法应当最大限度地尽少进入到公共生活中，即使现实对刑法有切实需要，后者也应以缓和的方式介入到社会生活中。它的核心意蕴是，刑法立法应当符合理性要求，不能过度、盲目立法，立法者将一个行为规定为犯罪并非是一时兴起、随心所欲或者内心冲动。如果立法的过程简单冒进，个人的自由就可能受到过度的限制。[①] 因此，刑法立法者在对行为是否进行单独犯罪化考量时需要理性客观并且慎重。如果说仅是因为刑法能够更快速地进入到社会生活，能够在更短的时间内对越轨行为产生规制效果，却不考虑由此可能带来的负面后果，则无异于扬汤止沸、剜肉补疮，从当下来看不仅会有损刑法的权威，从长期来看更可能会稀释刑法的社会功用。[②] 唯有在刑法规范中反映并践行谦抑性，才能在广泛的社会生活中为公民构筑一道抵御公权力侵袭的坚固堡垒。故此，必须对刑法谦抑性被搁浅的危险保持必要的警惕。[③] 在任何一个行为是否单独犯罪化的评判中，不可过于重视刑法的规制机能和宣教意义，纵然刑法在社会治理过程中扮演越来越重要的角色，公共政策也在逐步向刑法逻辑中渗透，但越是如此，越应该恪守刑法谦抑之要求。尽管从 2003 年一直到修九出台之前，每年全国人大开会期间都有代表呼吁设立袭警罪；在修九制定过程当中，中央政法委以及公安部等机关也一直在要求设立袭警罪，但是袭警罪最终并未出现在刑法典当中。由此可见，刑事立法者还是遵从着刑法谦抑性而对民意以及特殊群体的特殊需要予以一定程度的克制，也即刑事立法者虽然同意暴力袭警应被刑法明确规定，但并不认同单独设立袭警罪对警察执法进行保护的做法。

在现有刑法规范中，妨害公务罪、故意伤害罪、故意杀人罪等可以

---

① 参见徐洋洋：《从刑法立法泛化现象反思刑事立法的正当性根据》，载《湘江青年法学》2015 年第 1 期。

② 参见刘宪权：《刑事立法应力戒情绪——以〈刑法修正案（九）〉为视角》，载《法学评论》2016 年第 1 期。

③ 参见石聚航：《刑法谦抑性是如何被搁浅的？——基于定罪实践的反思性观察》，载《法制与社会发展》（双月刊）2014 年第 1 期。

不同程度地对暴力袭警行为进行规制,于此之外另设新的罪名难免有画蛇添足之嫌。在刑法典中每增设一个新的条文都会多一分与其他条文产生竞合的可能,而每多一分与其他条文竞合的可能,都会增加各地之间同案不同判的几率,从而有损于刑法的公正性和统一性。因此,如果在刑法现有规范对具有严重社会危害性的行为的规制不存在空缺的情况下,则应尽量不另行增补新的罪刑条文、产生新的罪名,以防止条文竞合适用之时产生的不同判现象发生。况且在现实中,除人民警察外,还有一些执法人员如法官、检察官以及工商管理、税收征管、城管等工作人员由于其在履行职责时直接面对群众甚至违法犯罪人员,在执法过程中遭到暴力抗拒甚至被袭击的情况时有发生,比较而言,警察的自我防卫手段、执法装备保障、对暴力抗法或袭警人的追究能力等相比其他执法主体更强。① 如果刑法仅为保护警察而规定袭警罪,显然未顾及存在有更需要保护的群体的事实,因此无法在不同职业群体之间做到妥善平衡;如果刑法不仅设立了袭警罪,而后又相继设立袭击法官罪、袭击检察官罪和袭击城管罪等,则明显是在架空现行刑法中的妨害公务罪,并有侵蚀刑法谦抑性之嫌。犯罪原因不是自由,而是感性的冲动。从而可罚性的标准也不是自由,应该是权利的侵害和它的危险性。② 对于警察权利不断受到侵害,暴力袭警行为造成严重社会危害性,其已达致可罚程度这一事实,《刑法》有责任作出回应,但并非必然选择将袭警行为犯罪化的路径,而是应该更平稳缓和。修九以将暴力袭警作为妨害公务罪的法定从重情节的方式作为我国刑法在此问题上的应对之策,即是受上述学理之影响。综上所述,依据谦抑性,在暴力袭警现象可以被现有刑法条文规制的前提下,不在刑法上单独设立袭警罪,而是将暴力袭警作为妨害公务罪的法定从重情节,是我国刑法立法进步的体现。

① 参见臧铁伟主编:《中华人民共和国刑法修正案(九)解读》,中国法制出版社2015年版,第139页。

② 参见马克昌主编:《近代西方刑法学史略》,中国检察出版社1996年版,第98页。

三、暴力袭警条款的刑法解释学分析

无论立法者多么充满理性和睿智,他们都不可能全知全觉地洞察立法所需要的一切问题,也不可能基于语言文字的确定性和形式逻辑的完备性而使法律文本的表述完美无缺、逻辑自足。[①] 简洁明了的刑法条文往往存有巨大的解释空间,在此空间中探索出一条连接纸面上的刑法与社会现实之间的桥梁,是刑法学研究的重要一环。暴力袭警作为新增加在妨害公务罪中的法定从重情节,被表述为"暴力袭击正在依法执行职务的人民警察的,依照第一款的规定从重处罚。"短短一句话,对其加以解释学分析是必要的。对于暴力袭警条款中存在的"暴力袭击""依法执行职务"以及"人民警察"等术语依照刑法解释学规律进行解释,一方面可以帮助司法实践发挥立法意欲重惩暴力袭警行为的目的,另一方面可以防止立法的扩张所可能带来的侵犯人权的后果。只有通过缜密的刑法解释学才能使刑法更具体化和明晰化;只有在精细的刑法解释之上,立法规定才能发挥出超然的实践价值。

(一)"暴力袭击"之辨析

"暴力袭击"作为《刑法》规定的袭警方式,有其严格的内涵和外延,只有对其进行妥当地解释才能使行为人入罪以惩治其不法行为,抑或使行为人出罪来保障其合法权益。在此,笔者拟将"暴力"与"袭击"分开讨论,以期释明"暴力袭击"的含义:

我国很多刑法罪名均将"暴力"作为犯罪客观方面的构成要件,即将"暴力"作为一项必要的构成要件要素加以规定。较为常见的几种刑事犯罪如强奸罪、抢劫罪等都对"暴力"做了规定。对于"暴力"的解

---

① 参见舒洪水、贾宇:《刑法解释论纲》,载《法律科学》(西北政法大学学报)2009年第5期。

释,学界目前存在几种不同意见。① 总体来讲,我国刑法上的暴力具有以下三个特征:一是强制性,即能够对行为对象产生现实冲击力而使其在心理上或者身体上受到伤害;二是有形性,即暴力是一种能够让人明显感知到的强制力而非让人感觉不到的无形力量;三是意志控制性,即能够使行为对象违背其本来意志而不得不改变其原有意图。上述三个特征为研究暴力袭警条款中的"暴力"提供了一条可供参考的路径。

笔者认为,结合上述三个特征,理解暴力袭警条款中的"暴力"应当注意以下内容:(1)暴力不仅应当包括针对行为对象人身进行的,还包括针对行为对象之外的,与行为对象有密切关系的物进行的。暴力袭警中的暴力不仅应当包括对警察人身行使的强制力,还应当包括对与执行职务相关的物(如警车、警用装备等)行使的强制力,只要后者对警察的职务行为产生现实的物理影响即可。通常认为妨害公务罪的犯罪客体为因国家机关工作人员履行职责而形成的社会秩序,以对与警务活动相关的物行使暴力的方式对警察构成的现实危险,亦是对社会秩序的侵犯。因此,将此类行为包括在暴力之中并不违反罪刑法定原则。(2)暴力应当是一种有形的强制力而非无形的暴力,即暴力通常表现为殴打、捆绑、拘禁、推搡以及性质与之相当的手段,而不应包括实行催眠术、用酒灌醉或用药麻醉等无形暴力方式。如果将暴力的外延扩张到无形暴力,会使暴力的含义远远超出其本来的字面含义,从而与罪刑法定原则相悖。② 况且,我国刑法对有关暴力以及与之相关的

① 第一种观点认为,它是指自然人非法实行的有形物理力。参见林亚刚:《暴力犯罪的内涵与外延》,载《现代法学》2001 年第 12 期。第二种观点认为,它是指以有形之体力或其他行为,造成被害人一种心理上或生理上的强制状态,而足以妨害被害人之意思决定自由与依其意思决定而行动之自由的行为。参见林山田:《刑法特论》(上),台北,三民书局 1978 年版,第 257 页。第三种观点认为,它是指对人身或物实施的,能阻碍人的意思自由且对定罪量刑有影响的不法强制力或武力。参见姚春燕:《论刑法中暴力的内涵》,载《理论界》2009 年第 3 期。第四种观点认为,它是指刑法分则规定的,行为人为了排除被害人的反抗,以便实现其犯罪目的,所采取的摧残、强制他人人身的犯罪手段。参见刑曼媛:《试论我国刑法中的暴力手段》,载《中国刑事法杂志》2003 年第 3 期。

② 参见董邦俊:《妨害公务罪中的"暴力"行为解读》,载《法学评论》2009 年第 4 期。

行为规定方式有两种,即"暴力、威胁或者其他方法"和"暴力、威胁方法"。前者中的"其他方法"意指催眠术、用药灌醉等,立法者意图通过"其他方法"的规定对这类行为方式定罪处罚,可见暴力本身的含义中并不包含有无形暴力。但暴力可以以软暴力方式表现,比如泼硫酸。(3)暴力还应当有一定程度的限制,即暴力应该对警察依法执行公务的行为造成具体的、现实的、紧迫的危险。倘若行为人没有采取暴力方式袭击警察,只是对警察造成抽象的危险,则达不到暴力袭警条款所规制的程度,属于情节显著轻微的袭警行为,根据我国《刑法》第 13 条"但书"的规定,不宜作为犯罪论处,此时通过行政法规予以相应处罚即可。但是这种具体的、现实的、紧迫的危险不应超过致人重伤、死亡的程度,一旦超过,则行为的性质将发生质的改变,即行为由妨害公务转变为故意伤害或者故意杀人。在此需注意,暴力不包含胁迫,如果行为人没有采用暴力袭击的方式,而是采用威胁的方式,如以杀害、伤害警察本人及其家人,毁坏警察私人财产等方式相威胁而致使警察不能执行其职务,则其行为明显不是暴力袭警,对其不能以妨害公务罪第 5 款的暴力袭警条款进行处罚。若其行为符合妨害公务罪的第 1 款规定,则可以依据第 1 款的规定处罚。

一般认为,"袭击"包含有出其不意的打击之意。因此,袭击警察通常表明行为人往往是出其不意地对警察进行打击,即行为人趁警察警惕性低下,未有防卫意识抑或是手无寸铁而自身防卫能力不足的情况下对其行使强制性武力。但是,对刑法语词的解释不应仅从词语的文理解释角度进行,而是应当根据刑法制定的理由和目的、刑法的基本原理以及形式逻辑原理等阐明相关含义。① 对"袭击"的解释,应当采用扩张解释的方法,将其含义扩大到较字面含义更广的范围内。换言之,这里的"袭击"不仅指出其不意的打击、突然打击,还应涵盖行为人所有有意识的攻击行为。

综上所述,暴力袭击是指行为人采取有形的强制性武力的方式,对警察或者与警察的职务行为紧密相关的警用设备进行攻击,对受袭警

---

① 参见赵秉志主编:《刑法总论》(第 2 版),中国人民大学出版社 2012 年版,第 80 页。

察造成现实的、紧迫的危险,使受袭警察的职务行为无法得到进行。

(二)"正在依法执行职务"之辨析

"正在依法执行职务"①是对受到暴力袭击的警察状态之限定,也即只有是"正在依法执行职务"的警察受到暴力袭击时,才能得到修九规定的暴力袭警条款之保护。过去有理论认为,妨害公务罪的成立不以职务适法性为要件,只要公务人员的公务行为依据"社会通念"可视为职务行为即可。② 该理论以强调和维护国家权威为主,着重于刑法的控制性。倘若刑法遵从这种理论,则容易造成国家权力膨胀,扩大刑法打击范围,违背现代刑法人权保障的理念,因此目前该理论在刑法学界已不占市场。修九坚持以职务行为正当性和合法性为职务行为保障之基础,在暴力袭警条款中凸显出"正在依法执行职务"之限定,这样的立法依据在于:刑法作为公法,本身已经有鲜明的国家本位主义思想,因此要在对国家利益的保护与对公民权益的保护之间寻求平衡点,自然应对国家权力加以必要的限制。故为了尊重公民的基本人权,就不应再通过刑法保护违法执行职务的行为。③ 那么何谓"依法执行职务"?"依法执行职务"的判断标准如何?目前学界对这一问题存在三种学说:一是实质说,该说认为职务行为只要有法律上的实质根据即为合法,至于形式上是否合法,在所不问;二是形式说,该说认为执行职务的活动只要具备形式上的合法性即为合法,而无论其是否具有法律上的实质根据;三是兼备说,该说认为职务行为一方面要符合法律内在要

① "正在依法执行职务"中的"法"应作广义解释,在内涵上应是指一切具有约束力的、有关警察职务执行和职责履行的规范。其外延包括宪法、法律、行政性法规、地方性法规、政府规章等规范性法律。参见赵秉志主编:《扰乱公共秩序罪》,中国人民公安大学出版社 2003 年版,第 29 页。

② 参见赵秉志主编:《疑难刑事问题司法对策》(第 9 集),吉林人民出版社 1999 年版,第 285 页。

③ 参见杨彩霞:《妨害公务罪客观方面若干疑难问题探讨》,载《山西警官高等专科学院学报》2002 年第 3 期。

求,另一方面要具备法律要求的必备形式,同时满足这两方面才可称职务行为合法。① 实质说只讲求职务的内在根据而忽略形式要件,是不可取的;形式说注重对职务行为形式合理性的把握,而没有深入到职务的内在机理,也是不可取的;而兼备说更为全面地把握"依法执行职务"的本质,在对职务行为进行实质考察基础上又顾及形式要件的要求,具有合理性,因此是可取的。

遵从兼备说的逻辑,笔者认为理解暴力袭警条款中的"依法执行职务"应当从以下几个方面进行:第一,该警察具有执行该职务的权限。依据"越权无效"原则,公务人员执行职务应当在其法定职权范围内,如果超出,则该职务行为不具有合法性。警察执行职务应该严格按照法律、法规之规定,在法律制度赋予的权限内活动,如果警察的行为明显超过其权限,则该行为丧失合法性的基础。这里的权限既可以是具体的职务权限也可以是抽象的职务权限,例如,刑警不仅侦查刑事案件算是依法执行职务,其参与治安管理的行为也算是依法执行职务;交警不仅指挥交通的行为算是依法执行职务,其参与户籍警务的行为也算是依法执行职务。如果警察行使一些其他行政机关的职权,如征收税款、注册商标或者查处垄断等,因为这些行为超过警察的职权范围,所以不能认定警察是在依法执行职务。第二,该警察执行职务的行为符合法律上规定的重要条件、方式与程序。质言之,警察执行职务应当满足程序正义,除极个别情况之外,警察的职务活动都应当在法定条件下进行。如果警察在执行职务时没有遵照相关法律、制度等,则不能要求法律对其职务行为提供保护。② 第三,该警察执行职务是出于正当目的,基于国家、集体或者公民个人合法权益的需要。如果警察假借执

---

① 参见钊作俊:《论妨害公务罪的行为客体》,载《河南师范大学学报》(哲学社会科学版)2003 年第 3 期。

② 例如,交警在道路上执勤时应该遵守《交通警察道路执勤执法工作规范》第 3 条的规定,按照规定着装,佩戴人民警察标志,随身携带人民警察证件和执勤执法装备。倘若交警在道路上执勤时身着便装,也未携带任何可以证明自己身份的证件,并且伴有酗酒、脏口等现象,则不能够认定其是在依法执行职务,此时便应否定该职务行为的合法性。

行职务的机会实施威胁报复、诬告陷害的行为,抑或其趁职务执行之机为自己谋取私利而不顾公益的要求,其明显是假借职务之名行违法之事,则应否定该执行职务行为的合法性,而且国家还需承认公民享有对这种不法行为依法抵制、斗争的权利。综上所述,只有在警察的职务行为同时满足以上三个条件的情况下,才能认定其在依法执行公务,其才能受到暴力袭警条款的保护。如果警察违法使用职权,其本身已经违反法律规定并且破坏社会秩序,因此行为人对这类警察进行暴力袭击便不构成妨害公务罪,更不能以妨害公务罪对其从重处罚。

学界对于在强制拆迁、强制征地过程中的警察是否应当被认定为正在依法执行职务存有争议。有学者指出,警察的职责并非拆迁或征地,其从事的此类活动不是依法进行,而是做本职工作之外的事,因此不应肯定此种活动中警察职务行为的适法性。笔者认为该观点有待商榷,应当认定在强制拆迁、强制征地过程中的警察是在依法执行职务。理由如下:大多数情况下,警察参与到强制拆迁、强制征地中并非行拆迁、征地之事,其本身并不必然与公众发生直接接触,而是受当地政府指派从事治安秩序维护工作,对现场可能出现的紧急情况进行防范。在此过程中,警察在现场进行指导和监督治安保卫的活动。根据《人民警察法》第6条的规定,其是在依法执行职务。因此应当认定强制拆迁、强制征地过程中履职的警察是在依法执行职务,对于此过程中的警察进行暴力袭击的,应依照修九的规定进行处罚。

笔者在此还需特别说明,暴力袭警条款中规定的依法执行职务不应限于工作时间。[①] 警察依法执行职务可能会在非工作时间内进行,在这种情况下,警察的职务行为应当得到与在工作时间内的职务行为同等的保障,否则对警察的职业保护会有不平衡之嫌,影响警察在紧急情况下执行职务的积极性,对于社会秩序的稳定是不利的。因此,即使在非工作世间,只要警察是正在依法执行职务,对于暴力袭

① 《人民警察法》第19条规定,人民警察在非工作时间,遇有其职责范围内的紧急情况,应当履行职责。

击警察的,就应当适用暴力袭警条款的规定。但对于人民警察在非工作时间,也未依法履行职务的情况下,袭击人民警察的,不适用该款规定。[①]

(三)"人民警察"之辨析

由于暴力袭警条款中只规定有人民警察,[②]根据刑法当然解释的原理,该条款的保护对象仅应当为人民警察。警察的亲属、亲友以及其他与警察关系密切的人则不能成为该条款的保护对象。如果行为人袭击的对象不是人民警察而是其他国家机关工作人员,则不构成本款犯罪。对于袭击其他依法执行职务的国家机关工作人员,构成妨害公务罪的,依照第一款(我国《刑法》第277条)的规定处罚。[③] 目前学界和司法实务界对于法律明文规定的警务人员成为暴力袭警条款的对象没有争议,而对于在现实中经常见到的受委托协助警察履行职务的人员能否成为暴力袭警条款保护的对象则存在不同意见。一些学者认为,暴力袭警条款意在保护警察的职务活动而不是警察的身份,正在执行职务期间的协警应当被纳入人民警察范围之内;另有学者认为依据刑法当然解释的原理,现有规定并不能将协警(即使是在执行公务期间)纳入人民警察范围之中。

暴力袭警作为妨害公务罪的法定从重情节,其当然须受到妨害公务罪的立法约束。妨害公务罪的犯罪对象是国家机关工作人员,因此暴力袭警条款中的犯罪对象也应当是国家机关工作人员。人民警察法规定的上述提到的几类人员当然属于国家机关工作人员,那么在此只须阐释清楚受委托协助警察履行职务的人员是否属于国家机关工作人

① 参见赵秉志主编:《〈中华人民共和国刑法修正案(九)〉理解与适用》,中国法制出版社2016年版,第255页。

② 根据《中华人民共和国人民警察法》的规定,人民警察包括公安机关、国家安全机关、监狱、劳动教养管理机关的人民警察和人民法院、人民检察院的司法警察。

③ 参见郎胜主编:《中华人民共和国刑法释义》(第6版),法律出版社2015年版,第468页。

员即可回答其是否可以被暴力袭警条款所保护的问题。笔者认为,"人民警察"应当包含有在日常警务活动中受委托协助执行职务的人员,即协警。换言之,协警应当在刑法上规定的"人民警察"外延之中,其属于国家机关工作人员的范围。理由如下:

首先,协警作为受委托从事警务活动的人员,其是在从事公务。实务界和学界普遍认为在对国家机关工作人员的认定中应当以是否从事公务作为认定的核心要素。① 关于对从事公务的理解,学界论述不一,但内容大体相同。普遍认为,公务应当包含两个特点:一是管理性,即对包括国家事务、社会事务以及集体事务等公共事务进行组织、领导、监督、管理;二是国家代表性,即所从事的活动是代表国家进行的,体现了国家公权力。② 协警在警务活动中往往并非以个人名义或单位名义而是以职务的名义在国家事务、公共事务或社会事务中对人、财、物、事履行组织、领导、监督、管理等职责。③ 他们作为执行主体,代表国家公权力参与到警务活动中。他们从事的活动包括协助交通管制、协助治安管理等,这类活动在现实生活中对公民的人身权、财产权等构成一定程度的约束和限制,因此应当认定他们是在从事公务。当然,在认定某类人员是否为国家机关工作人员时,他们除了需满足执行公务的要件,还需满足特定的先决条件,即必须具备从事公务的资格,亦即他们应当具有从事公务的基础。至于从事公务的资格是如何取得的,只要是合法的,无论是通过考试取得的,还是聘请、选举或者委托取得的,都不会改变其从事公务的性质。协警通常情况下是公安机关以合同形式聘用、委派的人员,因此对这类受委托从事公务的人不能不予以保护。否则,我国正常的管理活动就得不到保障,公共秩序将因此受到破坏,我

---

① 《全国人民代表大会常务委员会关于刑法第九章渎职罪主体适用问题的解释》即是例证。其指出:虽未列入国家机关人员编制但在国家机关中从事公务的人员,在代表国家机关行使职权时也可以作为国家机关工作人员对待。

② 参见宋蕾、谢望原:《刑法中国家工作人员的范围辨析》,载《人民检察》2013年第17期。

③ 参见李希慧、贾济东:《关于"国家机关工作人员"的本质论》,载《中南大学学报》(社会科学版)2003年第3期。

国刑法目的与任务也不能实现。[①] 在此须注意，对于警察队伍中存在的一些从事不具备职权内容的劳务活动和技术服务的人员，由于这类人员一般不会参与到具体警务活动中，并没有行使警察权，所以不能因这类人员被警察机关聘用而认定其所从事的便是公务，更不能将其认定为国家机关工作人员。

其次，现行的一些规定凸显了刑法上规定的国家机关工作人员范围的扩张性和包容性，[②]使协警有足够的依据能够成为国家机关工作人员的组成。解释刑法时，不可避免要根据普遍的正义观念，衡量行为的可罚性，合理运用各种解释方法。处罚的必要性越高，做出扩大解释的可能性与必要性就越大。[③] 在对国家机关工作人员进行刑法解释时，不可拘泥于现成的字面意思，而是应当分析其的实质内涵；不可将国家工作人员局限在国家机关工作人员的身份上，应从国家机关工作人员的公务属性着手。虽然现行法律没有对协警的法律地位做出明确规定，但不能以此推定其不属于国家机关工作人员，而是应当本着以往司法解释的解释路径，将协警纳入到国家机关工作人员的范围。

---

① 参见董邦俊、梁远：《妨害公务罪的犯罪对象研究》，载《江西公安专科学院学报》2002 年第 4 期。

② 在此笔者试举几例加以说明：最高人民检察院《关于以暴力，威胁方法阻碍事业编制人员依法执行行政执法职务是否可对侵害人以妨害公务罪论处的批复》指出，以暴力、威胁方法阻碍国家机关中受委托从事行政执法活动的事业编制人员执行行政执法职务的，可以对侵害人以妨害公务罪追究刑事责任。言外之意，即使是事业编制人员也可成为国家机关工作人员的外延；最高人民法院《关于未被公安机关正式录用的人员、狱医能否构成失职致使在押人员脱逃罪问题的批复》指出，对于未被公安机关正式录用，受委托履行监管职责的人员，由于严重不负责任，致使在押人员脱逃，造成严重后果的，应当依照《刑法》第 400 条第 2 款的规定（失职致使在押人员脱逃罪）定罪处罚；受委派承担了监管职责的狱医，由于严重不负责任，致使在押人员脱逃，造成严重后果的，应当依照《刑法》第 400 条第 2 款的规定（失职致使在押人员脱逃罪）定罪处罚。由此可见，受委托履行监管职责的人员可成为我国《刑法》第 400 条的犯罪主体，可将其作为国家机关工作人员对待。

③ 参见张明楷：《刑法理念与刑法解释》，载《法学杂志》2004 年第 4 期。

四、暴力袭警现象的社会规制

一连串袭警事件的背后并非只是打掉警帽、殴打警察那样简单，其出现也并非社会公众无理取闹、随意泄愤的结果，而是社会矛盾、利益关系、权力因素等错综交织的产物，其背后有着复杂的社会原因和敏感的利益关系。[①] 纵然刑法在暴力袭警的遏制方面发挥着举足轻重的作用，但仍不能期望通过刑法制度的建设而将暴力袭警现象彻底消除，毕其功于一役。即使刑法对于社会突出问题的解决可以快速有效，倘若养成为了解决问题就要动用刑法的逻辑思维，则会影响到刑法的权威性和谦抑性。刑法制度建设的精要在于对其他制度的补足而非引领。刑法作为社会最后一道防线，是统治者的强有力后盾，在回应社会热点问题时往往有着立竿见影的效果，危险驾驶罪入刑即是例证。但越是这样，越应该对刑法立法可以伸张于社会各个角落的危险保持警惕。刑法立法不应当带有强烈的功利色彩，而是应当以独立性和规范性为其宝贵品格。与此同时，社会大众应当意识到，在对尖锐社会问题进行刑法规制时，更应该具备挖掘导致该问题出现的深层次社会原因的勇气并拿出防范该问题再次出现的具体举措。任何社会尖锐问题的出现绝不是因为刑法没有对其规定，而是社会矛盾发展到一定程度演变而来。要想从根本上解决问题，做到防微杜渐、未雨绸缪，仅依靠代表强大公权力的刑法出击，寄希望以强权镇压社会越轨行为，必然会激化更深的社会矛盾，不但解决不了问题，反而会拖滞问题并且不断增进问题的严重性。因此，刑法之外的非刑事化制度更应得到关注，非犯罪化的思维更应得到重视，其对当下国人对于和谐社会的诉求会更有助益。

修九将暴力袭警明确增进刑法之后，会在短时期内缓和社会上频频发生的袭警现象。更为重要的是，刑法增进对暴力袭警的规定会让公众产生“袭警者，从重处罚”的认识，从而增强警察职业的威严感，在

---

① 参见李肖：《社会转型时期袭警事件的特征和防控》，载《中国人民公安大学学报》(社会科学版)2012年第2期。

社会上产生一种震慑力,使公众不敢再去轻易袭击警察。刑法对于暴力袭警的遏制作用不言而喻。但除此之外,在遏制暴力袭警现象蔓延过程中更应注意到刑法之外的其他制度之构建。其他制度应走在刑法制度前列,应被置于更重要的地位。唯有两者各司其职、各守其道,暴力袭警现象才可最大限度地减少。在刑法发挥作用的同时,其他有关于警察职业保障的制度也应当积极推进,方能彻底净化警察执法环境,保障警察合法权益:

首先,应当规范警察执法活动,对警察执法活动中存在的胡乱执法、偏私执法以及贪渎不法现象进行清理。如果国家对警察权这种极易被滥用的权力不加以必要的警惕,对部分警察个体在现实中非理性执法、不道德执法以及不依规执法的现象不加以适当的控制和惩治,警察权就有可能腐朽变质,从管理社会、服务民众的角色转变为侵蚀社会秩序、践踏公民自由的角色。① 由此会导致警民关系进一步紧张,并引发更为恶劣的社会现象产生。警察执法应当体现"立警为公、执法为民"的理念,真正做到"人民警察为人民"。在警务活动中,警察应当忠于宪法和法律,清正廉洁,纪律严明,维护人民的利益,全心全意为人民服务。警察执行职务不仅是为了完成各项硬性指标,而是在为人民谋福利,为社会谋公益,因此执法过程应当做到有理有据、理性执法并有节制地执法,即使是遇有轻微抗法行为,也应当对行为人积极劝导,多倾听、多解释。警察形象的构建不可有目的地依赖于媒体的渲染,更重要的是警察走进人民中去,贴近人民的生活。

其次,应当强化警务实力,加强警察队伍建设,为警察队伍引进高质量人才。世界发达国家警察人数与总人口数比例大约为万分之三十五,我国目前还未达到此水平。我国人口基数大并且正处于社会转型期,社会矛盾集聚,因此应当适当增加一线民警数量,增强警察队伍整体战斗力。同时,还应提高警察的自我防卫意识和防卫水平,在平时训练过程中培养警察防卫能力,加强警察格斗训练,打造警察能够在危机时刻制服袭击者的体魄,造就一支不怕战斗的警察队伍。当然,警务能

---

① 参见江宜怀:《和谐社会视野下的警察权》,载《政法学刊》2006 年第 4 期。

力的提高还依仗警察装备的提升,良好的警用装备是警察自我保护的坚强盾牌,加强对警察的武装客观上可以减少警察流血现象,加大对单警装备的投入力度是我国仍要面对的现实需要。

最后,应当完善社会管理体制建设,努力构建和谐社会。在制定各项政策、各项法律之前,应当加强信息公开,充分考虑人民的利益,尊重人民的意愿。对于人民的困难,要畅通解决的渠道,让人民可以表达出并且通过合法的、理性的方式表达出自己的诉求和主张。随着民主法治观念的普及,权利意识深入人心,人民表达自己声音的诉求应当得到尊重。如果政府没有及时地倾听人民的声音,他们便会以代表公权力的警察作为自己的宣泄窗口,从而引发暴力袭警事件。平时应当对公众加强法治观念的宣传教育,引导他们合理合法地表达意愿,告诫他们不以袭击国家机关或者国家机关工作人员作为表达不满的途径。努力构建良好的社会大环境,缓和社会各阶级之间的对立,摒除以往依靠强权解决社会矛盾的做法,才能从根本上为警察执法创造更为干净的空间。

The Criminal Analyses of the Violent Assault on Policemen

Wang Zhan

[**内容摘要**]频繁发生的暴力袭警事件对我国公安机关正常执法活动的开展造成巨大困扰,威胁到我国的法律尊严,在社会上形成不尊重法律、不尊重执法者的风气,从而使社会治安环境的长期稳定难以得到保障。为此,刑法典第277条妨害公务罪增加了有关暴力袭警的规定,以期通过刑法规制暴力袭警现象并严惩暴力袭警者,值得充分肯定。对条款中涉及的“暴力袭击”“正在依法执行职务”以及“人民警察”等语词进行清晰明确的刑法解释是适用该条款的前提。对于暴力袭警现象的规制不能仅寄希望于刑法,还应通过其他社会制度的构建更进一步实现。

[**关键词**]暴力袭警;刑法规制;刑法解释;社会规制

Abstract: These years, the violent assault on the policeman is one of the prominent problems. The recurrent cases of the violent assault on the policeman influence the construction of the police force and the regular law enforcement. More seriously, it threatens the legal sanctity and destroys the social order. Given this, the Crime of obstructing public affairs increases the stipulation of the violent assault on the policeman. The criminal law wants to crack down on the violent assault on the policeman and punish the people who attack the policeman violently. It's necessary to analyze the article of the violent assault on the policeman from the angel of the criminal law hermeneutics, and to distinctly explain "the violent assault", "perform the duty according to the law" and "the policeman", which are included in the article. The decrease of the violent assault on the police can not only be hoped for the criminal law, but should be further achieved through the construction of other social systems.

Keywords: The violent assault on the policeman; The criminal regulation; The interpretation of criminal law; Social regulation

〔外国刑法〕

美国贿赂罪"对价关系"研究
——以"麦克唐纳案"为例

蔡士林*

目　　次

从2009年到2012年,弗吉尼亚州州长罗伯特·麦克唐纳(Robert McDonnell)先后收受了本州一家营养添加剂公司首席执行官杰尼·威廉姆斯(Jonnie Williams)累积超过17,500美元的礼物和借款。① 而此时,威廉姆斯正在为新产品研发寻求政府支持。联邦检察官指控麦克唐纳构成犯罪,陪审团也认定其违反了诚实服务条款和"以职权为背景的"(under color of official right)《霍布斯法》。② 然而,2016年6月

* 中南财经政法大学法学博士,中国矿业大学公共管理学院讲师。

① See McDonnell v. United States, 136 S. Ct. 2355, 2361(2016).

② See Ibid., at 2364 - 67.

27日，美国联邦最高法院一致同意撤销对麦克唐纳的定罪判决，并且归还了由于陪审团基于“职务行为”(official act)含义的错误引导所扣押的财产。[①] 2016年9月8日，美国弗吉尼亚州东区检察院以影响实体权利(with prejudice)为由请求驳回起诉。通过分析联邦地区法院给予陪审团所做的有约束力的指示(jury instruction)，不难发现，法院在麦克唐纳案中认定《霍布斯法》和欺诈行为的构成要素是参照《联邦贿赂法》中对“职务行为”的定义。[②] 详言之，职务行为是公职人员明确的、具体的、正式的行使政府权力的特殊行为，而非一些不确定的未来利益。

长期以来，依法纳税的公民都期望为国家公务人员创设一个更高的道德标准去维护后者的廉洁性以及职业荣誉感。诚然，在国会成立后的第一批法令就是将贿赂海关官员和联邦法官的行为规定为犯罪，[③]但是联邦贿赂法规中存在大量重叠规制贿赂犯罪以及司法管辖权的条款，这会使法的实效性大打折扣。尽管形式上存在差异，但这些法规的终极目标是一致的，即将收受联邦基金的州、联邦政府或地方公务人员的非法利己行为予以犯罪化。然而，如何将不道德行为和犯罪行为之间区分开来，已经成为检察官、民众、立法者和法院不可回避的议题。

麦克唐纳案显然会为控诉州和地方公职人员腐败犯罪提供一个标准，而本文着力探究该标准可能产生的影响。根据联邦最高法院的解释，对价关系通常是指“一种特定的意图，即给予或接受某种价值，以换取职务行为”。[④] 本文通过对美国贿赂犯罪中对价关系的探究，希冀为我国受贿罪的相关理论改革提供新思维。首先，探讨敲诈罪和贿赂罪的立法背景；其次，就《霍布斯法》与《联邦贿赂法》中的对价关系进

---

① See Federal Corruption Statutes-Bribery-Definition of “Official Act”-McDonnell v. United States, Harvard Law Review, 2016, Vol. 130: 467.

② See McDonnell, 136 S. Ct at 2365.

③ See Peter J. Henning & Lee J. Radek, The Prosecution and Defense of Public Corruption: The Law and Legal Strategies 3 – 4 (2011).

④ United States v. Sun-Diamond Growers of Cal., 526 U. S. 398, 404 – 05(1999).

行分析;再次,以麦克唐纳案为例澄清《霍布斯法》中对价关系的含义;又次,对该案可能造成的司法影响做评估;最后,论证反思对于我国受贿罪治理的借鉴意义和参考价值。

一、敲诈罪和贿赂罪的立法背景[①]

为了更深层次理解麦克唐纳案对于控诉州和地方官员腐败犯罪的影响,有必要透析《霍布斯法》中以职权为背景的敲诈罪[②]和《联邦贿赂法》第 666 条[③]的立法背景。

(一)《霍布斯法》中敲诈罪的立法背景

美国国会于 1946 年制定了《霍布斯法》,[④]该法案明确将"敲诈"定义为"诉诸实力或以此相威胁,或者动用暴力,或以职务为背景强迫他人同意而取得他人财产的行为"。[⑤] 作为 1934 年《反敲诈勒索法》(Anti-Racketeering)的修正案,《霍布斯法》的立法目的在于惩治劳资纠纷中的敲诈与勒索行为。[⑥] 但到了 20 世纪 60 年代,联邦检察官开始尝试扩展《霍布斯法》对敲诈罪的定义,即不仅包括对人身威胁和暴力的敲诈勒索,还包括公职人员收取贿赂和接受贿赂的行为。在官员以职权为背景而实施敲诈的情形下,行为人一般会出于自愿而给予财物,

---

① 这里的敲诈罪是指《霍布斯法》第 1951 条(b)(2)中的"extortion",该种情形适用全文。

② 18 U. S. C. § 1951(a),(b)(2)(2012).

③ 18 USC § 666:Theft or bribery concerning programs receiving Federal funds.

④ 国会制定的美国法典第 1951 条,又称《霍布斯法》,主要是为了纪念它的拥护者——阿拉巴马州参议员萨姆 · 霍布斯(Sam · Hobbs)为控制不正当敛财所做的努力。

⑤ 18 U. S. C. § 1951(b)(2).

⑥ Charles N. Whitaker, Note, "Federal Prosecution of State and Local Bribery: Inappropriate Tools and the Need for for a Structured Approach",78VA. L. REV. 1617,1629 (1992).

显然这与传统的贿赂行为无异。因此,法院最初并不赞成《霍布斯法》介入贿赂犯罪的防控中。[①] 20 世纪 70 年代发生的“水门事件”(Watergate Scandal)彻底改变了这一点。由于公众对于官员腐败现象的强烈抗议,《霍布斯法》中所规定的以职权为背景的敲诈罪也从幕后走向了台前,成为联邦司法机关遏制地方公务员贿赂行为的中流砥柱。新泽西州的联邦检察官在“美利坚合众国诉肯尼案”(United States v. Kenny)[②]中第一次成功地运用《霍布斯法》中的敲诈罪来起诉公共部门腐败。第三巡回法院也接受了检察官以职权为背景的敲诈理论,即“不管公职人员通过武力、威胁抑或是使用恐吓而收受贿赂,都属于不正当行为”。检察官、地方法院以及第三巡回法院将对法条的选择性解释作为上诉根据,此时“以职务为背景”的含义为“暴力、武力以及恐吓”。《霍布斯法》所规定的敲诈罪在肯尼案初次适用,故而尚未及时明确对价关系要件。但由于其最高刑期高达 20 年,遂成为检察机关打击州和地方公职人员腐败的有力武器。[③]

(二)《联邦贿赂法》的立法背景

美国国会于 1984 年制定了《联邦贿赂法》,借此应对联邦最高法院待裁决案件。尽管第 666 条的立法史并不久远,但众所周知它是《1984 年包括性犯罪防治法》(The Comprehensive Crime Control Act 1984)的一部分。《联邦贿赂法》重点在于保护联邦基金的合规使用,防止腐败犯罪滋生其中。《霍布斯法》的联邦管辖权是从商业条款和宪法条文中推导出来的,而第 666 条的联邦管辖权根源于经费条款(Spending Clause)。《联邦贿赂法》将调整范围扩展至地方政府、接受

---

① See also United States v. Addonizio, 451 F. 2d 49, 72 (3d Cir. 1971); United States v. Kubacki, 237 F. Supp. 638, 641 (E. D. Pa. 1965).

② See United v. Kenny, 462F. 2d 1205(3d Cir. 1972).

③ James Lin-dgren, the Elusive Distinction between Bribery and Extortion: From the Common Law to The Hobbs Act, 35 UCLA L. Rev. 815(1988).

联邦资金的个人和组织。[①] 联邦最高法院认为,不需要证明腐败交易与联邦利益之间存在因果关系。法令的禁止性内容适用于"组织的代理人,州、地方、印第安人部落以及其他任何机构"。[②] 此外,第666条明确了提供和接受贿赂行为的犯罪化,但法条本身并不含有"对价关系"及"职务行为"要件。关于收受贿赂,其规定:"对于任何人而言不道德请求或要求,收受或者同意收受,任何人的有价值的财物,试图在政府或机构的任何业务、交易或一系列交易中被影响或奖励,数额超过五千美元;以上情形将被处以罚款,或十年以下拘禁,抑或者并处。"

二、《霍布斯法》和《联邦贿赂法》中的对价关系

由于构成贿赂犯罪需要证明贿赂与职务行为之间存在着对价关系、具有对价性,则有必要对《霍布斯法》和《联邦贿赂法》中的对价关系做系统的梳理。

(一)《霍布斯法》中的对价关系

1. 麦考米克上诉美利坚合众国案——对价关系的必要性考察

在奥格雷迪案[③]结束的七年之后,联邦最高法院在麦考米克上诉美利坚合众国(McCormick v. United States)案中签署调卷令(Certiorari)[④]以确定"以职权为背景"的含义。基于《霍布斯法》提出的"以职权为背景"的定罪原理,检察官必须证明明确对价关系的存在。

---

① 参见余高能:《比较法视野下中国反贿赂犯罪刑事立法之完善》,中国社会科学出版社2017年版,第34页。

② 18 U. S. C. §666(a)(1).

③ United States v. O,Grady,742F. 2d 682,688(2d Cir. 1984).

④ 调卷令在美国是上诉法院签发给下级法院要求其将某一案件诉讼记录移送给其审查的一种特别令状,联邦最高法院将调卷令作为选择复审案件的工具。

《布莱克法律词典》把"对价关系"解释为"某物对某物"(Something for Something)。[①] 在1991年的麦考米克案中,法官和检察官都回避了是否必须证明官员具有诱发行为(Inducement)的难题,但是法官解决了一个基本问题,即是否以及何时需要证明对价关系为《霍布斯法》的必备要件。

弗吉尼亚州议员罗伯特·麦考米克(Robert McCormick)积极推行《霍布斯》法案,主张允许持有国外执照的医生在本州执业。为了连任成功,他向医生游说,而后获得几千美元的赞助。但是,他并未按照弗吉尼亚州的法律予以披露。第四巡回法院依据《霍布斯法》最终裁定麦考米克的行为构成犯罪,但他们坦言在合法的"政治献金"(Campaign Contributions)与敲诈财物之间划清界限存在与生俱来的困难。[②] 尽管如此,巡回法院还是列出了判定政治献金合法性的七个指标。基于诸指标的考察,法院有足够的证据佐证财物源自敲诈行为。故而,"政治献金"语境下,《霍布斯法》中敲诈罪的构成无须明确对价关系的证成。联邦最高法院严厉谴责第四巡回法院的行径,并撤销了对麦考米克的定罪。[③] 它认为,对于竞选人员是否收受贿赂进行审查是必要的,但在没有证明明确对价关系存在的情形下,否定其合法性并不符合《霍布斯法》的宗旨。换言之,在"政治献金"的语境中,《霍布斯法》上以职权为背景的敲诈罪需要一个特定的对价关系。即作为回报,公职人员需要作出一个明确的承诺或保证,基于职务的作为抑或不作为。联邦最高法院所作出的裁决折射出选举在民主进程中的特殊地位,即对于选举公务员在"政治献金"之外接受金钱的行为不得适用《霍布斯法》,从而把犯有轻型贿赂罪的选举公务员从《霍布斯法》的适用对象中予以排除。[④] 大法官约翰·保罗·史蒂文斯

---

① [美]布赖恩加纳:《布莱克法律词典》(第9版),West出版社2009年版,第1367页。

② United States v. McCormick,896 F. 2d 61,65 (4th Cir. 1990).

③ McCormick v. United States,500U. S. 257(1991).

④ 参见王云海:《美国的贿赂罪——实体法与程序法》,中国政法大学出版社2002年版,第78页。

(John·Paul·Stevens)反对多数人倡导的"明确承诺",并认为精致的敲诈行为同样具有违法性。

最需注意的是,法院对于《霍布斯法》的理解在以下两个方面尚未达成共识:其一,是否以及如何在"政治献金"之外证明对价关系;其二,"诱发行为"是否为《霍布斯法》的必备要件。

2. 埃文斯上诉美利坚合众国案——对价关系标准摇摆不定

时隔一年后,联邦最高法院在埃文斯上诉美利坚合众国案(Evans v. United State)中签署调卷令去化解各巡回法院间的分歧。即检察官是否必须证明在麦考米克案件中尚未解决的"诱发行为"问题。

上诉人约翰·埃文斯(John Evans)是佐治亚州迪卡尔布地区的行政长官。① 调查公务腐败的联邦调查局与埃文斯进行磋商,希望在分区制方面得到其帮助。埃文斯收受了联邦调查局特工所给付的 7000 美元现金和 1000 美元的支票用于竞选。他在竞选财务清单中列举了支票,但却没有透露 7000 美元现金的事实。联邦最高法院赞成多数巡回法院的意见,认为以职权为背景的敲诈罪不需要公职人员的"诱发行为"。此种裁定不仅将《霍布斯法》中的敲诈罪与普通法中的敲诈罪交织在一起,而且将前者与贿赂犯罪勾连在一起。埃文斯案件的裁决并未对《霍布斯法》中的对价关系要件澄清,这无疑为上诉法院分歧的扩大化创造了条件。多数派认为,"当公职人员收受财物作为其承诺实施特定职务行为的回报时,敲诈罪得以成立,而对价关系的充足并不是本罪的犯罪构成要素"。② 但是后来法院改变了裁定,承认忽视了先前用于限制"职务行为"的形容词"特定的",公职人员只需明白他们无权收受财物,明知这些财物是他们职务行为的回报即可。

大法官肯尼迪(Kennedy)认为,由于贿赂犯罪中夹杂着借款事实,扰乱了对价关系的认定,故而致使大多数人对于职务行为并没有明确的立场。既然贿赂罪的关键是官员和付款人,肯尼迪则认为,"不需要

---

① Evans v. United States,504 U. S. 255,257 (1992).

② Evans,504 U. S. at 268.

明文规定对价关系,否则法律实效将会被明知嫌和所侵蚀殆尽。他认为大多数人并未意识到法庭所持的理由不仅适用于政治献金案件,同样适用于敲诈罪的控诉。如果多数人对夹杂个人利益与公众利益的政治献金案件存在分歧,那么这一阐述可谓恰逢其时。因为没有人正视过这种混合概念的含义,故而从某种程度上来说判例是否适用政治献金裁决是模糊不清的。[①] 肯尼迪的巧合意见(Concurring Opinions)[②]对于对价关系标准产生了持久的影响,但也引起了下级法院的争论。

在长达二十页的反对意见(Dissenting Opinions)中,托马斯、威廉·伦奎斯特和安东宁·斯卡利亚等三位法官发表了各自见解。他们认为,尽管《霍布斯法》1946 年予以颁行,但国会并不期望将普通法中“以职权为背景”的敲诈罪法典化。[③] 托马斯法官表达对于联邦制的担忧,并重申麦考米克案的裁决表现出明显的政治倾向性。多数派认为,同时兼顾“职务行为”和“特定职务行为”会造成适用上的混乱。肯尼迪法官认为,在所有适用《霍布斯法》的敲诈罪案件中,必须证明对价关系的存在,但是承诺履行并不需要明示。[④] 托马斯法官的异议表明多数法院扩展了麦考米克案中的特定对价关系适用范围,推广到涉及《霍布斯法》的所有敲诈罪中。

3.“职务行为”的真义——巡回法院关于对价关系的困惑

由于麦考米克案裁决适用范围的不确定性,加之埃文斯案件上的诸多争议,导致《霍布斯法》是否以及何时需要证明特定职务行为也就变得扑朔迷离。如此一来,就产生两个问题:其一,埃文斯案是否需要对价关系作为敲诈罪的构成要素;其二,假设前者成立,麦考米克案中特定对价关系要件是否仅适用于政治献金的情形。

---

① United States v. Giles,246 F. 3d 966,971 - 72 (7th Cir. 2001);United States v. Hairston,46 F. 3d 361,365 (4th Cir. 1995).

② 所谓“巧合意见”是指虽然赞同过半数意见的结论,但是不同意其理由的法官意见。参见余高能、代水平:《美国判例法的运作机制》,载《西安电子科技大学学报》(社会科学版)2007 年第 4 期。

③ Evans,504 U. S. at 281.

④ Evans,504 U. S. at 274.

(1)依据敲诈罪起诉都需要证明对价关系

在埃文斯案之后,部分上诉法院提出了质疑:政治献金之外的敲诈罪是否都有必要证明对价关系存在。例如,2001年第三巡回法院认为,联邦最高法院的判例已经表明政治献金情形之外的敲诈罪成立不需要证明对价关系存在。[①] 在美利坚合众国诉布兰德.福特案(United States v. Blandford)中,[②]第六巡回法院的法官大卫·纳尔逊(David Nelson)在巧合意见中尝试撇开特殊政治环境重新审视麦考米克案和埃文斯案,认为无论何种情形,只有公职人员接受旨在换取特定职务行为的酬劳时,对价关系才得以满足。纳尔逊法官指出,没有理由怀疑埃文斯最后判决中提到的"职务行为"是早先提到的"特定职务行为"。由此不难发现,在初始环节就迷失了解释的方向。

(2)大部分上诉法院采用两种路径评定对价关系

肯尼迪将公职人员暗示行为等同于行使职权,上诉法院据此认为虽然对价关系的证明是必要的,但埃文斯案意味着需要在政治献金情形外建立一个宽松的判定标准。[③] 在美利坚合众国诉加西亚案(United States v. Garcia)中,[④]第二巡回法院简要描述了这一观点:尽管麦考米克案已标示只有当付款是为了换取公务人员明确承诺实施或不实施职务行为时,政治献金才构成以职权为背景的敲诈罪。但埃文斯案在非政治献金案件中修正了此标准。这表明,大部分上诉法院采用对价关系的隐性判定标准。[⑤] 这种隐性标准称为"利益流"(stream of benefits)和"制造机会"(opportunities arise)理论,它不要求在合意时双方已经关于熟思的特定职务行为达成共识。显然,这是一种抽象的判定标准。有学者指责其本质上陷入了恶性循环论证

① United States v. Antico, 275 F. 3d 245, 258 (3d Cir. 2001).

② 33 F. 3d 685 (6th Cir. 1994).

③ United States v. Garcia, 992 F. 2d 409, 414 (2d Cir. 1993).

④ 992 F. 2d 409 (2d Cir. 1993).

⑤ See George D. Brown, *Applying Citizens United to Ordinary Corruption: With a Note on Blagojevich, McDonnell, and the Criminalization of Politics*, 91 Notre Dame L. Rev. 177, 218 – 19 (2015).

的怪圈之中。[①]

在美利坚合众国诉葛妮密(United States v. Ganim)案中,第二巡回法院详细介绍了这种方法。法官索托马约尔(Sotomayor)维持了对于康涅狄格州前市长布里奇波特(Bridgeport)的判决:被告收受贿赂以换取付款人和政府合同的签订,故而构成贿赂罪。[②] 陪审团指出,国家不需要证明公职人员在收受贿赂时承诺实施特定职务,而葛妮密提出质疑。与此相反,地方法院认为,唯有特定的影响力创设特定的机会,职务行为才可以转化为经济行为从而换取贿赂。巡回法院重申了这一标准:国家不需要证明在收受贿赂时存在确定的合意。毋庸讳言,法院难以接受被告将“职务行为”成立条件限定为收受贿赂之时彼此存在确定且直接的利益关联。需要注意的是,法院认为“职务行为”意味着以职权为背景的行动,没有必要像其在第201条或其他法律中规定的那样。[③] 在美利坚合众国诉杰斐逊案(us v. Jefferson)[④]中,依据葛妮密案第四巡回法院认为,贿赂罪以及敲诈罪,都“可以通过持续的行为过程来完成。”[⑤]在美利坚合众国诉阿比案(United States v. Abbey)[⑥]中,第六巡回法院指出,公务人员即便职权相同,其创设的对价关系形式也非千篇一律。故而,除了选举之外,借由无形且不确定的协议同样可以构成敲诈罪。

法院为隐性对价关系标准辩护,其指出:“没有理由额外添加法律上的构成要件,一味地强调熟思后的对价关系将使《霍布斯法》语境下给付公职人员贿赂进而向行为人施加有利影响行为变得合法。”[⑦]法院

---

① See Albert W. Alschuler, *Criminal Corruption: Why Broad Definitions of Bribery Make Things Worse*, 84 FORDHAM L. REV. 463, 481(2015).

② 510 F. 3d 134 (2d Cir. 2007).

③ See Jared W. Olen, *The Devil's in the Intent: Does* 18 *U. S. C.* § 666 *Require Proof of Quid-Pro-Quo Intent?*, 42 SW. L. REV. 229, 251 – 54(2012).

④ 674 F. 3d 332 (4th Cir. 2012).

⑤ United States v. McDonnell, 64 F. Supp. 3d 783, 793 (E. D. Va. 2014).

⑥ 560 F. 3d 513 (6th Cir. 2009).

⑦ 560 F. 3d 513 (6th Cir. 2009). at 518.

认为,如果政府官员明白,在机会出现时,他或她被期待向行为人施加一些影响,这就足够了。第九巡回法院认为,是否属于政治献金,需要通过证明对价关系予以判定。[①] 然而,在非政治献金的情形下不需要明确的对价关系,只要能从公务人员的言谈举止间推导出合意就视为要件的充足。正如上述案例所示,尽管埃文斯和麦考米克案的意义尚不清楚,但多数上诉法院已对对价关系判定的两种路径达成共识。按此逻辑,在政治献金场合外,对价关系中的职务行为的判定适用宽松的标准。

(二)《联邦贿赂法》第666条中的对价关系

与"以职权为背景"敲诈罪一样,检察官也热衷于将贿赂罪作为工具抗制公共部门腐败。《霍布斯法》中的敲诈罪和贿赂罪被视为硬币的正反两面。[②] 尽管联邦最高法院根据麦考米克案阐明了何为显性对价关系,但是法院对于其是否也适用于政治献金语境下的第666条仍然存在疑问。上述分析有助于理解法院如何认识贿赂犯罪以及与《霍布斯法》中的对价关系。在检视第666条判例法之前,本文认为应当简要回顾《联邦贿赂法》第201条的司法解释。

1.《联邦贿赂法》第201条的历史回顾

《美国法典》第18编第201条制定于1962年,是将在此之前几个零碎的《联邦贿赂法》以及联邦法院的判例解释汇编而成。[③] 虽然该法有过几次修改,但是至今并未有实质性变动。如前所述,敲诈罪的对价关系要件由联邦最高法院参照"职务行为"予以界定。因为第201条做了详细规定,故《联邦贿赂法》第666条对"职务行为"或对价关系只字不提。第201条将"基于美利坚合众国利益"之考量而收受贿赂的行为宣告为犯罪,相较之第666条,其不适用于州和地方官员。

① *See* United States v. Kincaid-Chauncey, 556 F. 3d 923, 937 (9th Cir. 2009).

② United States v. Allen, 10F. 3d 405, 411 (7th).

③ U. S. Code Congressional and Administrative News, 1962, Norm. 2, p. 3852.

《美国法典》第201条规定，任何公职官员就任何时候的任何问题、事项、事务、诉讼、程序或者争议做出的任何决定或者行动；并且根据法律，这些问题、事务、事项、诉讼、程序或者争议可以提交有关的公职人员，由其在公职权限内处理或者进行管理。①

鉴于对价关系标准的模糊性，20世纪末的部分法院对第201条进行了再解释。他们认为对价关系标准应该是宽松的，即只要有证据表明好处和礼物流向公务人员的目的在于换取利于他人的职务行为即可。② 联邦最高法院将这个标准引入到美利坚合众国诉加州金钻花种植商案（United States v. Sun-Diamond Growers of California）。③ 金钻花种植商案主要是解决第201条所涉及的贿赂和不法馈赠问题。一审法院认为，不法馈赠罪只需要证明馈赠人是基于对方的职务或身份而给予馈赠即可，不需要证明馈赠之物与具体职务行为之间的关联性与对价性。二审法院认为，对于贿赂必须有对价关系——在职务行为交易过程中给予或者收受有价值财物的特定意图。因此，第201条语境下"职务行为"的成立要求特定职务行为的存在和被证明。金钻花种植商案之后，被告在巡回审判区辩护成功标示着对价关系要件在第666条中也应该适用。

2. 需要对价关系用于控诉的巡回审判区

第二、四、九和十一巡回法院都认为，第666条包含一个隐性的"利益流"对价关系。在美利坚合众国诉詹宁斯（United States v. Jennings）④案中，第四巡回法院参照第201条内容，对第666条中的"贿赂意图"（corrupt intend）要件进行分析。法院将"贿赂意图"

---

① 18 U. S. C § 201(a)(3)(2012).

② United States v. Jennings, 160 F. 3d 1006, 1014(4th Cir. 1998).

③ Sun-Diamond是加州一个大型的农业种植协会（笔者称之为"金钻花"种植商协会），涉嫌赠送前农业部长Espy及其女友价值9100美元的礼金，包括网球公开赛的门票、水晶饰品和旅行费用等。Espy事实上从未提供过任何好处，后查明被告在送礼时确有两项希望得到Espy支持或给予优惠的事。最终被告被以不法馈赠罪起诉。See Sun-Diamond, 526 U. S. at 414.

④ 160 F. 3d 1006 (4th Cir. 1998).

定义为企图构建一个相对确定的对价关系。[①] 在詹宁斯案中,尽管被告不是公职人员,但被指控为贿赂城市公职人员。[②] 因此,法院在第666条的法律框架内运行。第四巡回法院之所以强调合理界定贿赂意图的重要性,缘于贿赂罪的控诉要点是付款不道德地影响或奖励职务上的作为(不作为)。它援用联邦最高法院在金钻花案中关于非法贿赂与不法馈赠的区别,认为第666条中的贿赂需要证明行贿者与职务行为之间的明确交易性。由此推导出"贿赂"要件需要国家证明"相对明确的对价关系"存在。但是同时强调,只要有证据表明恩惠和馈赠行为指向公务人员换取职务行为是旨趣所在,就可推定对价关系已经建立起来。在葛妮密案件中,第二巡回法院同样认为,第666条贿赂罪需要一个对价关系,但是发现像敲诈罪一样,其可以通过间接持续的行为实现。[③] 申言之,一旦有证据表明恩惠和馈赠是指向国家公务人员,且以此换取特定利于支付者的职务行为即可。

3. 尚未规定对价关系要件的巡回审判区

当前,有法院认为依据第666条裁决案件不需要证明对价关系存在。齐默尔曼(Zimmerman)[④]案中,被告是明尼阿波里斯市的议员,控诉机关认为他没有正当理由收受房地产开发商的财物,应当构成贿赂罪。而在上诉环节,被告认为由于不能证明其和房地产开发商之间存在显性对价关系,所以也就不存在所谓的职务行为。[⑤] 在阿比案中[⑥],第六巡回法院根据第666条裁定并无对价关系要求进而维持原判。在美利坚合众国诉加里多案(United States v. Garrido)中,[⑦]第九巡回法院认为需要附加限制性条件,这促使联邦最高法院将目光转向第201

① 160 F. 3d 1020. (4th Cir. 1998).

② Ibid. ,at 1010.

③ United States v. Ganim,510 F. 3d 134,151 －52(2d Cir. 2007).

④ 509F. 3d 920,922 －25(8th Cir. 2007).

⑤ Ibid. ,at 927.

⑥ 560 F. 3d 513 (6th Cir. 2009).

⑦ 713 F. 3d 985 (9th Cir. 2013).

条。相较之第201条,第666条本身并未提及"职务行为"抑或要求任何形式的职务行为的回报行为,故而容易造成刑法的泛化和滥用。在美利坚合众国诉麦克奈尔(United States v. McNair)案中,①第十一巡回法院也认为第666条并不要求特定给付的请求、诱惑、收受进而换取特定的职务行为。法院裁定第666条并不需要政府主张或者证明一个犯罪意图。换言之,国家仅需要证明受领人会受腐败影响,或者将来政府或者国家机构在有关商业或者贸易中受其影响即可。

巡回法院在第666条适用上是否要求检察官证明对价关系以及"职务行为"问题莫衷一是。是否以及何种程度上麦克唐纳案将会影响《霍布斯法》和第666条的起诉,这一切都需要分析上述案件的事实和诉讼历史。

三、麦克唐纳案:《霍布斯法》中对价关系的澄清

(一)刑事起诉

法庭对于麦克唐纳构成敲诈罪的证成聚焦在"职务行为"的理解上,即州长收受财物是否基于公共职责的履行。② 根据第四巡回法院的判例,联邦地区法院指示陪审团,"职务行为是必须以公务性为基准,因为它是施加一系列影响或达到目的的前提。"③初审法院开始在《霍布斯法》敲诈罪中界定"职务行为",而陪审团指示从第201条中选择适用。

麦克唐纳质疑陪审团的指示。④ 在驳回麦克唐纳无罪诉求后,地方法院发现"职务行为"的最基本定义是参考第201条。法院援用詹宁斯案认为,只要有证据表明流向公共官员的捐赠旨在换取利己行为,

① 605 F. 3d 1152 (11th Cir. 2010).

② See United States v. McDonnell, 64 F. Supp. 3d 783, 788 (E. D. Va. 2014).

③ McDonnell, 792 F. 3d at 506.

④ McDonnell, 64 F. Supp. 3d at 787.

则对价关系要件满足。[①] 故而,尽管初审法院接受当事人的协议,认为"职务行为"的理解和适用应该参照第201条,但是法院重申所有的一切都必须证明付款本义在于换取公务人员特定的职务行为或好感作为回报为前提。[②] 然而,地区法院也承认,"仅仅是'讨好'和'接近'可能并不足以达成交换协议,二者的区别在于被告主观意图。"[③]同时,法院指出了在"制造机会"上,麦克唐纳为星科技公司利益而实施的五项特定行为,具体如下:其一,安排威廉姆斯与弗吉尼亚州政府官员会面并讨论药物;其二,主持和邀请被告出席州长官邸的活动,以鼓励弗吉尼亚大学的研究人员开展对安纳托宾的研究,并向医生推广星科学的产品;其三,与州长办公室的其他政府官员联系,以推动弗吉尼亚州研究型大学开展安纳托宾研究;其四,允许威廉姆斯邀请重要人士在州长官邸举办独家活动,借此推广星科学公司的产品,密切其与弗吉尼亚州政府官员的关系;其五,建议高级政府官员与星科学公司的高管会面,讨论如何降低公司产品的医疗成本。[④]

(二)麦克唐纳向第四巡回法院上诉

在上诉过程中,第四巡回法院首先审查了由联邦最高法院审理的博德赛尔案(Birdsall)[⑤]和金钻花种植商案,用以对"职务行为"的界定。[⑥] 法院解释说,博德赛尔案表明"职务行为"的存在无须有联邦制定法的明确规定为前提,只要证明当该行为属于公务员所归属的并在其权限下活动的机关部门的法规性要求的范围即可。而且法规性要求的存在并非以必须有成文的规制或规范的规定为前提,在从事同一工作的公务员间已经确立了的共同义务中或者从已经与该机关部门有着

① United States v. Jennings, 160 F. 3d 1006, 1014 (4th Cir. 1998).

② McDonnell, 64 F. Supp. 3d at 789.

③ United v. FEC, 558 U. S. 310, 360(2010).

④ McDonnell, 136 S. Ct. at 2365.

⑤ 233 U. S. 223 (1914).

⑥ McDonnell, 792 F. 3d at 506 – 09.

同样效力的习惯中，也可推论出“法规性要求”的存在。[①] 本质上是礼仪性或者教育性的职务功能并不常见，如果存在，则属于第 201 条范围内的“职务行为”。它并没有规定召开记者招待会、公开露面和演讲排除构成第 201 条(a)款 3 项中“职务行为”的可能性，因此法院对第 201 条“职务行为”作广义的理解，其足以包含公务人员的习惯和风俗。当然，并非无条件的恣意解释，仅当这些做法的目的抑或效果影响到移送到政府面前的“问题、事项、主张、诉讼、活动、程序或争议。麦克唐纳认为地区法院和第四巡回法院是否忠实地适用了联邦最高法院的判例以及合理地分析了陪审团有关职务行为的指令问题上存在重大错误，故而向联邦最高法院上诉。

(三)联邦最高法院意见

20 世纪 70 年代，检察官劝说地方法院应认同《联邦敲诈勒索法》禁止剥夺公共部门“诚实服务的无形权利”。[②] 然而后来法院认为该法将剥夺他人财产犯罪化，实际上模糊了诚实服务的无形权利。[③] 联邦最高法院根据诚实服务条例以及敲诈罪原理认定麦克唐纳州长收受威廉姆斯的财物属于贿赂，但法院也承认陪审团指示的“职务行为”是参照第 201 条所得。[④] 因为在早期的诉讼中，当事人已经就此认识达成一致，故而法院热衷于对第 201 条的法律解释。

法院有教益的认为，第 201 条的“职务行为”包括两个部分：其一，国家必须确定一个“问题、事项、主张、诉讼、活动、程序或争议……”依法移送到公务人员面前；其二，证明公务人员作出的一个决定或行动是针对该问题、事项、主张、诉讼、活动、程序、争议或者同意这样做。[⑤] 按照文理

---

① United States v. Jefferson, 674 F. 3d 332, 356 (4th Cir. 2012)

② See McNally v. United States, 483 U. S. 350, 362 - 64(1987).

③ Ibid. , at 356.

④ McDonnell, 136 S. Ct. at 2365.

⑤ Ibid.

解释(noscitur a sociis)法条本身过于抽象。法院在金钻花种植商案的裁决中发现,虽然"组织一个会议、举办一个活动或召集其他官员"不属于严格意义上的"职务行为",但这种行动可以视为达成职务行为协议的证据。一般而言,行动必须具有明确性和针对性,但是职务的明确性并不需要公务人员说明他将用什么手段履行其承诺,只要其同意即可。最后法院认为,背职贿赂罪包括利用本人职务上的地位向其他公务人员施加压力迫使其履行职务行为。

法院通过分析"职务行为解释界限"所涉及的三个宪法问题,进而佐证自己的观点。其一,扩大解释可能会侵害竞选的公务人员与选民的关系;其二,扩大解释会产生合理通知与正当程序问题;其三,扩大解释还会造成联邦制上的问题,即联邦检察官应在多大程度上监督州和地方公务员的行为。[①] 这些宪法问题与国会的法定权力关系紧张,与此同时,联邦最高法院也承认切断贿赂犯罪的利益链是国家不可推卸的责任。[②] 法院在参考埃文斯案后显然选择了"明确职务行为"的理解路径,而不是其他巡回法院所采纳的广义的"职务行为"。[③] 法院也重申《霍布斯法》中的敲诈罪包括收受贿赂的情形。麦克唐纳案表明对价关系的充足并不要求公务行为是明确的,但其必须具备针对性和特定性。此外,控诉不需要证明公务人员将履行职务行为或者实际完成职务行为,只要许诺便可。这无疑产生一个新问题,即裁判中是否存在"利益流"或者"制造机会"等隐性对价关系标准?若存在,是否意味着麦克唐纳案完全终结了隐性对价关系标准在贿赂犯罪中的应用,抑或仅排除了在《霍布斯法》敲诈罪的运用。

四、下级法院对麦克唐纳案可能的解释及其影响

既存的法律框架在很长一段时间被认为是妥帖,彼此之间具

---

① McDonnell, 136 S. Ct. at 2373.

② See McCutcheon v. FEC, 134 S. Ct. 1434, 1445 (2014).

③ McDonnell, 136 S. Ct. at 2365.

有明显的逻辑层次。即《联邦贿赂法》第666条的适用不需证明对价关系存在;若非政治捐献,则《霍布斯法》中敲诈罪成立仅需要隐性的"利益流"对价关系;第201条的贿赂罪认定通常需要一个明确的对价关系。但是麦克唐纳案打破了这一规则,就该案而言有三种合理的司法解释,它们有助于澄清该先例将对既存法律框架产生的影响。

(一)扩大解释应用于所有的联邦反贿赂法律

为了避免麦克唐纳案产生宪法问题,地方法院可能在解释上出现了偏差。他们认为,就扩大解释立场而言,包括第666条和敲诈罪在内的所有反腐败法律都需要明确对价关系佐证。在波伦克(Pomrenke)①案中,弗吉尼亚西区地区法院驳回了被告根据麦克唐纳案法庭裁决(Holding)所作的无罪判决请求。虽然麦克唐纳案是根据第201条所作的无罪判决,但是法院却援用第666条作出了有罪判决。② 此判决的理论前提是第666条起诉需要证明对价关系的存在。事实上这种观点也仅限制在部分巡回审判区采用,例如,弗吉尼亚西部的第四巡回法院。③ 关联性的缺失,无疑使联邦最高法院对"职务行为"的理解蒙上神秘面纱。如果第666条起诉不需要证明对价关系存在,则之前的判例将会被推翻。持相同意见的上诉法院认为尽管第666条缺乏关联的要件,但该法条的本义要求证明对价关系的存在,包括职务行为。

这种解释或许可以消除分歧,统一判决要旨,但在联邦最高法院尚未确认的情形下,不可能大范围推广。

---

① United States v. Pomrenke, 198F. Supp. 3d 648(2016).

② McDonnell v. United States, 136 U. S. 2355, 2367(2016).

③ See United States v. Rosen, 716 F. 3d 691, 700 (2d Cir. 2013); United States v. Jennings, 160 F. 3d 1006, 1014 (4th Cir. 1998).

(二)依据《霍布斯法》中敲诈罪进行控诉

初审法院可能会将麦克唐纳案对于“职务行为”的界定,应用到《霍布斯法》敲诈罪的起诉,而非第 666 条。有学者认为:“将第 666 条与第 201 条(b)款等同,忽视了法条本身在文字上的差异。”[①]尽管第 201 条(b)款仅包括企图影响职务行为的交易,但第 666 条涵盖了“影响或奖励”的行为。鉴于文本表述冗长的情形,法院尝试将第 201 条的对价关系标准移植到第 666 条中难以得到文字上的支撑。[②]在葛妮密案件中基于敲诈罪和第 666 条将“职务行为”界定为一段时期收受的利益与另一种利益存在确定或直接关系。法官索托马约尔(Sotomayor)认为此举走得太远。[③] 赞成者认为,审理麦克唐纳案的法院不应根据第 666 条对第 201 条“职务行为”进行解释,后者两个法定替代要件才是重点。[④] 根据第 201 条判定贿赂犯罪,并不要求公务人员已经不道德地接受了用于换取职务行为的有价值财物。在另一种情况下,联邦官员可能会被认定为不道德地索要、寻求、接受或者同意接受或受领任何具有价值的物品,以作为被引诱违反其职责、从事或者未从事任何行为的回报。[⑤] 如果麦克唐纳案适用于所有《霍布斯法》敲诈罪和涉及第 666 条的案件,则法院应该考虑这些选择,但它们的出现显然削弱了麦克唐纳案推理的合理性。

鉴于法律文本上的差异,依据既存的先例对第 201 条和第 666 条做了区分,而法院意见在适用上的模糊性,这可能就是对麦克唐纳案的

① Mark S. Gaioni, *Federal Anticorruption Law in the State and Local Context: Defining the Scope of 18 U. S. C. §666*, 46 COLUM. J. L. & SOC. PROBS. 207, 235 (2012).

② See Stephanie G. VanHorn, *Taming the Beast: Why Courts Should NotInterpret 18 U. S. C. §666 to Criminalize Gratuities*, 119 PENN ST. L. REV. 301, 324 (2014).

③ United States v. Ganim, 510 F. 3d 134, 145 (2d Cir. 2007).

④ See 18 U. S. C. §201(b)(2)(B) - (C)(2012).

⑤ 18 U. S. C. §201(b)(2)(C).

解释。这在适用第666条但排除对价关系证明的巡回审判区表现的异常明显。

（三）拒绝将“职务行为”解释嫁接到敲诈罪或第666条上

初级法院可能拒绝将先例运用到《霍布斯法》中敲诈罪的指控，因为判决的事实和程序意见可以辨识。如前所述，当事人和法院都同意参照第201条进行“职务行为”判定，但是后者认为在未来的控诉中此种情形会逐渐消失。这种解释标志着部分上诉法院的立场将会持续，即拒绝在金钻花种植商案中将“职务行为”的澄清延伸到第666条。① 从这个角度来看，麦克唐纳案不过是演绎着过去的先例。

麦克唐纳案不久，前纽约州议会议长谢尔顿·西尔弗（Sheldon Silver）在上诉期间向法院申请保释。② 西尔弗被裁定犯有其他罪行，其中包括违反诚实服务条例的欺诈罪和以职权为背景的敲诈罪。虽然法院批准了西尔弗的请求，但是它指出在麦克唐纳案中没有认为第201条（a）款3项必然是“职务行为判定的滥觞”。法院进一步指出，在分析之初，联邦最高法院将《联邦贿赂法》中“职务行为”的界定并入到敲诈罪的构成要件中，但是并未解释如此做的原因。因此，尽管第201条的“职务行为”判定足以通过宪法检验，但最高法院并没有说明是否有不同的定义。如果第二上诉巡回法院接受这一基本原理，那么检察官可能继续行使特权进行控诉，而不需要参照目前第201条对“职务行为”的狭义界定。③ 第二巡回法院已经暗示，它可能将麦克唐纳案要求的对价关系明确性适用到所有的《霍布斯法》敲诈罪和违反诚实服务

① See United States v. Garrido, 713 F. 3d 985, 1001 (9th Cir. 2013).

② See United States v. Silver184 F. Supp. 3d 33.

③ See Eli J. Richardson, *Attorneys React to High Court's Political Bribery Ruling*, LAW360 (June 27, 2016), https://www.law360.com/articles/811259/attorneys-react-to-highcourt-s-political-bribery-ruling [https://perma.cc/XHA9-YJLT].

的欺诈罪之中,但谈及第666条时其保持缄默,因为被告没有被指控为犯罪。[①]

五、经验与启示

与美国贿赂犯罪不同,我国《刑法》及其理论一般将"利用职务上的便利"作为受贿罪的必备要件。之所以如此,是因为贿赂犯罪在中国一直被作为职务犯罪看待,这种规定无疑是现代刑法对于传统从严治吏精神的传承。遗憾的是,我国学界对于受贿罪"利用职务上的便利"的地位及其判定方法认识不深,甚至停留在理论的重复性建设上。经过麦克唐纳案及其前后其他案例的考察,美国贿赂罪的判定,即对价关系原理的演变脉络清晰地展现在我们面前。它应当为我国受贿罪的判定提供新的思考路径。

(一)用对价关系替代"利用职务上的便利"

我国将"利用职务上的便利"作为受贿罪的必备要件,立法和司法部门都尝试通过立法及司法解释为其判定寻找纾解之道。2003年最高人民法院颁行的《全国法院审理经济犯罪案件工作座谈会纪要》(以下简称《纪要》)规定,"利用职务上的便利"包括两种情形:一是利用本人职务上主管、负责、承办某项公共事务的职权;二是利用职务上有隶属、制约关系的其他国家工作人员的职权。但《纪要》却在实践中处处碰壁。本文认为,一方面,"利用职务上的便利"与索取、非法收受他人财物以及"为他人谋取利益"三者之间的关系并不明确。立法者到底是强调"利用职务上的便利"与索取、非法收受他人财物之间的关联,还是其与"为他人谋取利益"的关联,抑或是三者间的关联尚不可知。另一方面,司法实践公诉机关对于"利用职务便利"证明难度较大。正是基于此种原因,有学者建议剔除"利用职务上的便利"和"为他人谋

① See United States v. Halloran 821 F. 3d 321 (2th Cir. 2016).

取利益”的要件，以“因实施职务行为”代替。① 应当说，用对价关系替代“利用职务上的便利”具有理论基础。

第一，对价关系揭示了受贿罪权钱交易的本质。我国通说认为，受贿罪的本质就是权钱交易，也正是基于此展开了对于其构成要件、保护法益以及犯罪形态的研究。② 笔者并不否认在宏观上就受贿罪本质所达成的共识，但是如果没有对应的要件予以限制，则受贿罪与渎职罪的界限将被掩埋。根据我国《刑法》第385条关于受贿罪的素描不难发现，它在强调“利用职务便利”的同时还重视与其他要件的关系。而这种要件的关联性体现出行贿人与受贿人的互动和回溯性的犯罪意图。传统的“利用职务便利”仅描述了受贿罪的单向轨迹，对价关系恰好弥补了这一缺陷，勾勒出双向性的轮廓。

第二，对价关系具有更强的涵盖性。有学者认为，“利用职务上的便利”应该是利用本人现在职权所实施的职务行为，当然可以是作为也可以是不作为。③ 也有学者认为，事前的职务行为与事后收受财物同样属于“利用职务上的便利”，④这表明利用过去职务行为也属于其应有之义。但是“利用职务上的便利”的文义解释并不包含此种情况。笔者认为用对价关系置换“利用职务上的便利”，不仅能有效地解决这一难题，同时还可以对于利用将来职务行为的情形予以澄清。详言之，收受财物的行为人允诺将利用将来职务上的行为为他人谋取利益该如何定性，学界争论不休。按照受贿罪法益“职务行为不可收买性”（通说）来看，利用将来职务行为应予以入罪，但既存受贿罪主体要求为国家工作人员，显然存在冲突。若利用对价关系作为判定依据，此问题便可迎刃而解，因为其弱化了特殊主体行为的即时性，涵盖了过去职务行

① 参见储槐植：《完善贿赂罪立法——兼论“罪刑系列”的立法方法》，载《中国法学》1992年第5期。

② 参见魏昌东、周亦杨：《论交易性本质对受贿罪构成的影响》，载《南京大学学报》（哲学·人文科学·社会科学）2002年第6期。

③ 参见刘志娟：《唐律惩贪之赃罪立法研究——兼与现行贪污贿赂罪的比较》，载《广西大学学报》（哲学社会科学版）2017年第5期。

④ 参见张明楷：《刑法学》（第4版），法律出版社2011年版，第1071页。

为、现在职务行为以及将来职务行为，拉伸了时间的长度。

除此之外，何时适用对价关系以及适用具体对价关系抑或抽象对价关系，应该结合本国的实际情况。其一，对价关系适用范围问题。一方面，美国的贿赂犯罪习惯性被分为“重型贿赂罪”和“轻型贿赂罪”，其依据主要是“对价关系”的差异。① 另一方面，如上文中提及，除了贿赂犯罪，《霍布斯法》中的敲诈罪等都有对价关系的踪迹，且适用规则各异。相较之而言，由于我国对于受贿罪的规定比较单一，且并未作出上述细微的区别，所以对价关系可以在受贿罪中全部展开。其二，适用何种类型的对价关系问题。麦克唐纳案以及埃文斯案等都在竞选过程中产生，具有一定的特殊性。因为美国的民主选举制度是以“政治资金”为其经济财政基础，所以对其是否适用以及适用显性(明确)对价关系抑或隐性(抽象)对价关系存在分歧。而我国的选举制度不同于美国，所以不存在适用对象的纠结。在类型上，鉴于权力结构的复杂性和交叉性，笔者认为适用隐性对价关系较为妥当。这与我国学界主张的“实际职权说”不谋而合。

(二)受贿罪保护法益应为“职务行为的不可交易性”

在论证了对价关系可以进行本土化改造之后，其对于我国受贿罪保护法益也产生了直接的影响，故而有必要重新调整。

对于受贿罪保护的法益存在“廉洁说”②“信赖说”③“公正说”④

---

① 根据联邦贿赂法本身的规定，重型贿赂罪中的对价关系是指作为收受贿赂的代价或者交换(in return for)，行贿方确有一贿赂影响公务员实行职务行为的意图；受贿方则也确有实行职务行为时受到影响的意图。See Albert W. Alschuler. Criminal Corruption: Why Broad Definitions of Bribery Make Things Worse, Fordham Law Review, Vol. 84, 2015, p. 489。

② 参见卢建平：《贿赂犯罪十问》，载《人民检察》2005 年第 7 期。

③ 参见[德]克劳斯. 克罗辛：《德国刑法学总论》(第 1 卷)，王世洲译，法律出版社 2005 年版，第 29 页。

④ 参见黎宏：《刑法学》(第 2 版)，法律出版社 2016 年版，第 524 页。

"职务行为不可收买性说"[①],它们在不同时期占据不同的学术地位。当前理论界的焦点集中在"职务行为不可收买性"和"公正性"这两种学说。前者认为,由于公职人员已经获得了合法的报酬,所以不应收受其他职务行为报酬,否则就属于不正当报酬;[②]后者认为,当裁量在为贿赂所左右的时候,就有不当行使的危险,即使是合法的职务裁量也有侵害职务公正之虞。[③]本文认为在对价关系的语境中,无论是"职务行为不可收买性"抑或是"公正性"都无法准确定位受贿罪保护的法益,唯有"职务行为的不可交易性"才能圆满解决相关问题。理由如下。

1. 既存主流学说容易造成入罪上的宽严失当

第一,将国民对于职务行为不可收买性的信赖也作为"不可收买性"的应有之义,不仅会弱化受贿罪保护法益的功能,而且还会缩小行贿罪的处罚范围。持该观点的学者认为,其包含职务行为本身的不可收买性和国民对职务行为不可收买性的信赖。[④] 对于此种说法,只要我们将"不可收买性的信赖"与"职务行为的廉洁性"稍加对比,便可得知。与抢劫罪的保护法益是"财产的所有权",而不是国民对于财产受到刑法保护的安全感或者"抢劫者处以……"之类既存规范的信赖一样,受贿罪保护的法益是直接的"职务行为的不可收买性",而不包括扩展解释后的"不可收买性的信赖"。如果包括这种"信赖",便意味着行贿罪对象脱离受贿人的具体职务行为,而抽象为所有职务行为整体,这无疑会将社会观念中关于职务行为公正性的所有因素囊括其中。此种嬗变与职务行为"廉洁性"说异曲同工。除此之外,采用"不可收买性"的信赖会不当地缩小受贿罪的成立范围。职务上的"信赖",实质

---

① 参见张明楷:《刑法学》(第5版),法律出版社2016年版,第1203页。

② 参见刘艳红:《刑法学》(下)(第2版),北京大学出版社2016年版,第449页。

③ 参见[日]山口厚:《刑法各论》(第2版),王昭武译,中国人民大学出版社2011年版,第719页。

④ 参见孙国祥:《受贿罪的保护法益及其实践意义》,载《法律科学》(西北政法大学学报)2018年第2期。

上是国民直观上对于政府官员公正办事的印象。① 按此思路,国家工作人员如果秘密收受贿赂,由于不具备公开性,所以不会损害国民的信赖,则不构成受贿罪。显然,这一结论是荒谬的。

第二,“公正性说”难以体现法益的不同犯罪界分功能,甚至将模糊罪与非罪的界限。首先,除了受贿罪之外,渎职犯罪也可以视为对“公正性”的破坏,所以任何滥用职权的犯罪皆是该说的展开,受贿罪保护法益应有的犯罪界分功能“失灵”。其次,司法实践中存在行贿人为了谋取正当利益,且不要求国家工作人员提供违法帮助的情况,例如“通融费”,②该说无法对此种行为进行回应。最后,该说本质上是类推思维在证据链中的运用,其思维逻辑表现为“收受财物→职务行为不公正性→构成受贿罪”,按此逻辑无法诠释收受财物,合法行使职权但却定罪处罚的法理基础。

2. 对价关系的语境内受贿罪法益应为构成要件的解释提供原动力

受贿罪的法益应该具有一定的张力,即不仅涵盖该罪所有的构成要件,并且能为构成要件要素的解释提供原动力。否则,说明凝练的法益并非该罪保护的法益。一方面,上文中已经论及受贿罪的直观印象便是“权钱交易”,而这背后正是“职务行为不可收买性”的真实写照。另一方面,对价关系语境下,注重兼顾对双方当事人的行为考究,这无疑提升了刑法关于受贿罪规范的评价能力。从表面上看,我国《刑法》对于受贿罪的规定似乎只需要关注国家工作人员的举动,然而实际上并非如此。应当说,受贿罪实际上需要同时考虑双方,因为除了主体的特殊性,“收受财物”和“谋取利益”均是对行贿人的特写。“职务行为不可收买性”和“公正性”都将国家工作人员作为逻辑和事实判断的仅有区间,缺乏对行贿人的必要关切,所以致使提炼的法益公式总是在真

① 参见堀内捷三:贿赂罪における职务行为の意义——とくに「职务と密接な关系のある行为」について,载《平野龙一先生古稀祝贺论文集》(上卷),有斐阁1990年版,第103页。

② 所谓“通融费”又称“加速费”(Facilitating Payments),是指为了加速或者确保官员的某一日常政府行为的履行而支付该官员的费用。参见孙国祥:《“加速费”“通融费”与行贿罪的认定》,载《政治与法律》2017年第3期。

相的边缘游弋。"职务行为不可交易性"将贿赂双方当事人之间的"合意性"清晰地反映出来,而这正是对价关系的核心思维。

The Research of Quid Pro Quo of American Bribery

—An Analysis Taking the Issue of McDonnell as an Example

Cai Shilin

[**内容摘要**]由于规制贿赂犯罪法律的多元化,美国联邦检察官可以采用不同的方式应对州和地方官员的腐败行为。2016年美国联邦最高法院对于麦克唐纳案的判决认为,即便在"政治献金"的语境下也应该遵循职务行为的显性对价关系结构。这可能会加快《霍布斯法》的消亡,进一步巩固《联邦贿赂法》第666条的地位。究其原因,前者将显性对价关系推广至竞选领域中的贿赂犯罪判断,而后者挤压对价关系的生存空间,有刑法泛化的危险。在此之前的埃文斯案、麦考米克案以及麦克奈尔案等基于不同的法条就对价关系的适用展开了讨论,但却未能达成共识。此种局面直接激发了联邦最高法院统一对价关系适用规则的斗志,但下级法院对于麦克唐纳案的解释也是利弊共存。有鉴于此并结合我国实际,为了有效抗制受贿罪,可以考虑用"对价关系"置换"利用职务上的便利",同时将"职务行为不可交易性"作为该罪保护的法益。

[**关键词**]《霍布斯法》;职务行为;对价关系;利用职务上的便利

Abstract: Federal prosecutors have several tools at their disposal to bring criminal charges against state and local officials for their engagement in corrupt activity. In 2016, the U. S. Supreme Court decided McDonnell v. United States—a decision that in the context of Campaign Contributions, we should apply the construction of explicit Quid Pro Quo of official act. That threatens to quicken the demise of Hobbs Act extortion in favor of § 666. The reason is that the former extends the explicit Quid Pro Quo to the judgment of bribery in the field of election, while the latter squeezes the living space of the Quid Pro Quo, which is in danger of extensive criminal law. The previous cases, such as Evans, McCormick, Mc Nair, and so on, which discussed the application of Quid Pro Quo based on different laws, but failed to reach consensus. This situation directly inspired the Supreme Court to unify the rules governing the application of Quid Pro Quo. But the lower court's interpretation of the McDonnell is mixed with advantages and drawbacks. In view of this, in order to effectively fight against bribery, especially bribery, China may consider replacing "the convenience of the position" with the Quid Pro Quo, and take "the unpayment of the official act" as the legal benefit of the crime .

Keywords: Hobbs act; Official act; Quid pro quo; Taking the convenience of the position

〔比较刑法〕

刑法变通的教义学立场:法益侵害说或结果无价值论之提倡*

胡选洪**

目　　次

一、问题与立场

在民族地区的刑法适用过程中,通常存在一些特殊情形或难题。例如,其一,犯罪人会以自己系少数民族为由,要求法院从轻处罚或免除处罚。其二,被告人系少数民族,有携带刀具的习惯,在犯抢夺罪时,能否将其评价为属于"携带凶器抢夺"而成立抢劫罪(《刑法》第267条第2款)？相似的问题也涉及能否将其评价为"携带凶器盗

* 本文系笔者主持的教育部人文社会科学青年基金项目"刑事习惯、刑事政策与藏区刑法适用互动关系研究"(项目编号:14YJC820022)的阶段性成果。

** 四川民族学院法学院副教授,法学博士,清华大学法学院访问学者。

窃”而成立盗窃罪(《刑法》第 264 条)? 其三,在一些民族地区仍然存在一定数量的一妻多夫或一夫多妻现象,这就涉及能否将其评价为《刑法》第 258 条规定的重婚罪。其四,一些民族地区的故意杀人或过失致人死亡等案件,如果被告人或其家人没有按照某种民族传统习俗对被害人的家人(族)“赔命价”,则即便被告人被判处死刑,但仍然难以真正案结事了,甚至可能带来血亲复仇而至冤冤相报的恶性循环。其五,一些民族地区存在早婚(未满 14 周岁)、抢婚习俗,有无可能将其中的一些行为作为强奸罪、暴力干涉婚姻自由罪等进行评价。其六,针对目前我国许多地区存在的闹婚习俗(对新娘、伴娘等进行亲吻、抚摸、强制剥光衣裤等),能否将其中的部分行为评价为强制猥亵侮辱罪。

对于上述问题的解决,研究民族地区刑法适用问题的学者通常是将其置于刑法变通的视域中来讨论的。所谓刑法变通,根据我国《刑法》第 90 条的规定,是指自治区或者省的人民代表大会依据《宪法》《民族区域自治法》《立法法》《刑法》的相关规定,根据民族自治地方当地民族的政治、经济、文化的特点和刑法规定的基本原则,对刑法不能全部适用于民族自治地方的相关规定,可以对其制定变通规定或者补充规定,并报请全国人民代表大会常务委员会批准施行的权力或程序(后文简称刑法变通)。刑法变通意在解决国家制定的《刑法》与民族习惯法之间存在的某种冲突与紧张关系,刑法变通既属于法律授予民族自治地方的一项权力(与公民个人的权利相区分),也属于变通规定制定主体应当遵循的一项程序。对于民族自治地方司法实务关于前述刑法适用难题的抱怨,①以及学界对民族地区刑法适用同质化(不考虑民族地区的风俗习惯、宗教信仰、经济发展水平等)的批评(刑法理论对刑法变通的相关研究基本上都是从这种批评的视角出发),原本可以根据刑法变通来解决《刑法》与诸如民族习惯法之间存在的冲突与紧张关系。但现实的尴尬是,自中华人民共和国成立以来至今将近

① 笔者对四川藏区的相关司法人员进行访谈时,听到较多的说法之一即是国家制定的《刑法》在藏区难以真正适用。

70 年,从没有任何一个民族自治区域的人大对刑法做出过变通或补充规定。[①] 问题究竟出在哪里?是相关法律的规定有问题,还是理论研究方向有误?是民族自治地方对刑法的相关规定进行变通并不必要,还是变通的条件不具备?抑或是各种情形兼而有之?

目前学界对刑法变通问题的研究通常在诸如变通规定是否违宪、[②]变通规定与自治条例和单行条例是何关系、[③]刑法变通的效力范围如何[④]以及刑法的哪些规定需要进行变通[⑤]等问题上展开。面对自中华人民共和国成立以来至今刑法变通规定缺失的现实,学界开出的解困之方主要包括诸如修改或解释法条、[⑥]加强对相关问题的研究、[⑦]通过个案正义实现刑法变通[⑧]以及通过刑事和解实现刑法变通[⑨]等,最终的期许是希望相关研究将"时间和精力转移到以省级人大为核心的

---

① 参见李健、邵栋豪:《我国民族自治地区刑事立法权的追问、批判与重构——兼与竹怀军先生商榷》,载《法学杂志》2005 年第 5 期。

② 参见田钒平:《〈刑法〉授权省级自治区人大制定变通规定的法律内涵及合宪性辨析》,载《民族研究》2014 年第 1 期。

③ 参见邓建民:《论变通或补充规定与单行条例的区别》,载《西南民族学院学报》(哲学社会科学版)2002 年第 7 期;韩美秀、王楠高:《民族自治地方刑法变通或补充立法探究》,载《法学评论》2001 年第 5 期。

④ 参见韩美秀、王楠高:《民族自治地方刑法变通或补充立法探究》,载《法学评论》2001 年第 5 期。

⑤ 参见梁华仁、石玉春:《论刑法在少数民族地区的变通》,载《政法论坛》2001 年第 2 期;苏永生:《刑法与民族习惯法的互动关系研究》,科学出版社 2012 年版,第 117 页。

⑥ 参见李健、邵栋豪:《我国民族自治地区刑事立法权的追问、批判与重构——兼与竹怀军先生商榷》,载《法学杂志》2005 年第 5 期;张殿军:《我国民族自治地方刑法变通的反思与重构》,载《民族研究》2009 年第 1 期。

⑦ 参见田钒平:《民族自治地方刑法变通的理论困境与应对策略》,载《甘肃理论学刊》2014 年第 1 期。

⑧ 参见张殿军:《刑法变通缺失语境的民族自治地方刑事司法路径》,载《贵州民族研究》2009 年第 1 期。

⑨ 参见刘之雄:《我国民族自治地方变通施行刑法之机制研究——以刑事和解为视角的考察》,载《法商研究》2012 年第 3 期。

刑法变通体制的实效性这一更为根本的问题上来”,[①]以制定出真正的刑法变通规定或补充规定。

笔者认为,加强对刑法变通的相关研究虽然有助于澄清若干问题,但基于如下缘由,继续把研究的重心或归宿置于希望从规范上制定出具体的刑法变通规定或者补充规定的目标预设,既不必要,也不可能成为现实。在已有的刑事实体法、刑事程序法和刑事政策等提供的教义学解释空间中,刑法变通的价值目标和立法目的完全能够实现。因此,对刑法变通问题的研究方向应当回归教义学思路。其一,自 1979 年《刑法》制定以来,尚没有一个自治区或省的人大能够制定出刑法变通规定或补充规定的事实已经证明,这种目标设定基本上不可能变成现实。其二,变通规定虽然可以在一定程度上解决刑法适用中的不确定性或任意性问题,但法律规范本身的僵硬性也会固化案件处理的灵活性,法律规范不可能跟得上千变万化的社会生活。其三,随着民族自治地方经济、社会、文化和教育等各项社会事业的不断发展,民族地区的传统习俗、宗教信仰等也会随之进行演化与变迁,并带来法律的变迁,[②]但其演化与变迁的方向如何难以预料。而刑法变通规定或补充规定的规范化特点,反而有固化甚至强化某种风俗习惯或传统之弊。其四,无论是现有的刑事实体法还是刑事程序法抑或刑事政策,都为解决民族自治地方司法实践中的特定案件提供了广阔的教义学解释空间或向度,完全能够满足司法实践的需要。[③]

在刑法教义学的视野下,缘于对刑法教义学立场之规范违反说基本理念的接受,有学者认为应当把规范违反说作为解决国家刑法与民族习惯法之间冲突与紧张的良性互动机制,也即一种刑法变通的机制。[④] 本文的基本立场是,把规范违反说作为实现刑法规范与民族习

---

① 参见田钒平:《〈刑法〉授权省级自治区人大制定变通规定的法律内涵及合宪性辨析》,载《民族研究》2014 年第 1 期。

② 参见尹伊君:《社会变迁的法律解释》,商务印书馆 2003 年版,第 227 页。

③ 参见胡选洪:《刑法适用与刑法教义学的向度》,载《刑法论丛》2016 年第 3 卷。

④ 参见苏永生:《犯罪本质理论的困境与出路——以我国民族地区的刑事法治发展为中心》,载《北方法学》2010 年第 2 期。

惯法规范之间的"良性互动机制"恰恰是不合适的,这种主张不但实现不了二者之间的良性互动,反而可能带来意外的不良后果。欲实现刑法规范与民族习惯法规范之间的"良性互动"或刑法变通,应当坚持的刑法教义学基本立场恰恰只能是法益侵害说或结果无价值论。

二、刑法变通教义学立场的理论根据与分析视角

由于刑罚权的国家独占性特点,刑法的适用就应当达到"法的解释和适用具有'同样的事情作同样的处理'这种意义上的普遍性和客观性"要求,①民族地区自然也不应例外,这就需要为刑法变通寻找理论根据。笔者认为,我国法理学界关于"区域法治"的概念或"区域法治观"的论述可以为刑法变通的正当性提供理论基础。基于要"认真对待区域法治发展的文化向度",进而对"区域法治文化"的肯定,法理学界对"区域法治"发展的可能性、正当性和有效性等问题从宏观视角进行了较为详细的分析和讨论,并认为"区域法治是法治中国建设的有机组成部分"。② 依此"区域法治"的基本理念逻辑,苏永生教授提出了"区域刑事法治"的概念,在对英美法系国家和大陆法系国家的"区域刑事法治经验"进行分析研究的基础上,提出了基于我国《刑法》第90条关于刑法变通的规定,并最终以刑事和解为司法模式选择的民族自治地方区域刑事法治的建构方案。③ 苏永生教授还具体以民族法文

---

① [日]松宫孝明:《刑法总论讲义》(第4版补正版),钱叶六译,中国人民大学出版社2013年版,第1版前言。

② 关于"区域法治"或"区域法治观"的相关文献,可参见夏锦文、陈小洁:《区域法治文化:意义阐释、运行机理与发展路径》,载《法律科学》(西北政法大学学报)2015年第1期;公丕祥:《区域法治发展与文化传统》,载《法律科学》(西北政法大学学报)2014年第5期;文正邦:《法治中国视阈下的区域法治研究论要》,载《东方法学》2014年第5期;张文显:《区域法治文化问题的棱镜》,载《扬州大学学报》(人文社会科学版)2014年第5期;何勤华、杨安舒、郑欣沂:《区域法治文化初探》,载《扬州大学学报》(人文社会科学版)2014年第5期;蔡宝刚:《法律是从"土地"中长出来的规则——区域法治发展的文化解码》,载《法制与社会发展》2014年第4期。

③ 参见苏永生:《区域刑事法治的经验与逻辑》,人民出版社2013年版,第289页。

化和民族习惯法为分析视域,对民族法文化和民族习惯法视域下的犯罪本质理论、罪刑法定原则、变通与补充规定、刑法司法模式、刑法解释、刑事立法以及刑法惩罚机制等问题进行了深入分析。① 不可否认的是,虽然对"区域法治文化""区域法治""区域刑事法治"等概念的内涵及其正当性仍有必要继续深入研究,但这些概念内涵及其反映的思维方式,仍然可以为思考刑法变通问题提供更为广阔的理论空间和视野。

以习惯法(笔者主张使用刑事习惯的概念)作为分析问题的视角焦点,并从刑法教义学的基本框架出发,杜宇教授对习惯法的功能进行了挖掘和梳理。针对罪刑法定原则的要求,杜宇教授对习惯法作为一种间接法源进入立法的必要性和可能性,并通过刑事和解制度来具体实现进行了分析;针对构成要件,通过解释策略、解释方法以及类型化解释进行应对;针对违法性判断,通过收缩实质违法性、扩展社会相当性以及超法规违法阻却事由进行解释;针对有责性判断,从违法性意识、期待可能性和超法规责任阻却事由进行解释。在刑法教义学分析框架的基础上,杜宇教授最终把习惯法作为酌定量刑情节之量刑参照处理。②

杜宇教授依循德日"三阶层"的犯罪论体系框架对习惯法功能的挖掘和梳理,是我国刑法学界第一次集中从刑法教义学视角对习惯法功能的系统性研究尝试。我国刑法学界十多年前对德日刑法教义学的研究和吸纳并不如当今那样深入和浓厚,当今我国刑法学反映出的学派之争及其问题立场在杜宇教授的习惯法研究中也未有论及。因此,本文仅以当今我国刑法学的基本立场之争为视角,分析刑法变通与刑法教义学基本立场之关系,并认为在民族自治地方的刑法变通问题上,

① 参见苏永生:《正义的妥协:民族法文化视域的刑法思考》,法律出版社2009年版,第95页;苏永生:《刑法与民族习惯法的互动关系研究》,科学出版社2012年版,第62页。

② 参见杜宇:《重拾一种被放逐的知识传统——刑法视域中"习惯法"的初步考查》,北京大学出版社2005年版,第175~228页。

刑法教义学应当坚持的基本立场或分析视角只能是法益侵害说或结果无价值论。或者说,刑法教义学基本立场之法益侵害说或结果无价值论,也正是刑法变通之刑法教义学思路的基本立场。

需要说明的是,虽然法益侵害说与规范违反说,结果无价值论与行为无价值论,这两组概念存在讨论问题点之差异,但本文是在相同意义上使用法益侵害说与结果无价值论以及规范违反说与行为无价值论这两组概念的,即法益侵害说就是结果无价值论,规范违反说也就是行为无价值论。

三、法益侵害说与规范违反说视野下的刑法变通

(一)法益侵害说与规范违反说的基本对立

刑法教义学基本立场之法益侵害说与规范违反说的对立反映的是关于犯罪本质问题的争论:法益侵害说认为犯罪的本质在于犯罪行为侵害了刑法所保护的法益,而规范违反说则认为犯罪的本质在于通过犯罪人的行为体现出的对规范有效性的否认。① 法益侵害说基本上是德日刑法学关于犯罪本质问题的通说。我国刑法学关于犯罪本质的一般学说是社会危害性说,但缘于"社会危害性理论所显现的实质的价值理念与罪刑法定主义所倡导的形式的价值理念之间,存在着基本立场上的冲突",社会危害性说受到以陈兴良教授为代表的一批学者的激烈批判,甚至应称"将社会危害性的概念逐出注释刑法学领域"。② 虽然社会危害理论的维护者对这种批判进行了一定程度的积极回应,③但

① 参见周光权:《规范违反说的新展开》,载《北大法律评论》2003年第5卷第2辑。

② 参见陈兴良:《社会危害性理论——一个反思性检讨》,载《法学研究》2000年第1期;陈兴良:《社会危害性理论:进一步的批判性清理》,载《中国法学》2006年第4期。

③ 参见刘艳红:《社会危害性理论之辨正》,载《中国法学》2002年第2期;储槐植、张永红:《善待社会危害性观念——从我国刑法第13条但书说起》,载《法学研究》2002年第3期;赵秉志、陈志军:《社会危害性理论之当代中国命运》,载《法学家》2011年第6期。

当今非常明显的趋势是,在学术话语的使用和对刑法学相关问题的分析方法和思路上,社会危害性理论已基本上被借鉴于德日刑法学的法益侵害说与规范违反说所取代。

当然,笔者在本文中以法益侵害说与规范违反说的二维话语作为分析问题的基本视角,并不代表笔者本人对传统的社会危害性说的彻底否定。笔者认为,传统的社会危害性说也并非一无是处,与法益侵害说或规范违反说相比,二者仅属话语视角差异而已。缘于本文之写作目的,在此不赘述。亦如黎宏教授所言,对于我国传统"四要件"体系及其体现的社会危害性理论而言,就目前我国刑法学通说的立场来看,应当说,在社会危害性的认定上,是接近于规范违反说或行为无价值论中的"二元论"立场的。[①]

在三阶层体系下,法益侵害说与规范违反说之争,反映了在违法性阶层对违法性的实质或社会危害性的实质或犯罪的本质之争。由于"法益侵害说以认为违法性的本质在于侵害或者威胁法益的观念为基础,以'结果'为中心,来考虑违法性问题",而"规范违反说以认为违法性的本质在于违反法秩序的观念为基础,以'行为'为中心,来考虑违法性问题";[②]或者由于法益侵害说注重对"行为现实引起的法益侵害或者危险所作的否定评价",而规范违反说注重对"与结果切断的行为本身的样态所作的否定评价"。[③] 因此,在一定程度上,法益侵害说也可称为结果无价值论,而规范违反说也可称为行为无价值论,当今中国刑法学的基本立场之争基本上即体现为结果无价值论与行为无价值论之争。

行为无价值论与结果无价值论之争,虽然其原本是在三阶层体系下之违法性领域的争论,但现在的争论已经遍及犯罪论、刑罚论以及许

---

① 参见黎宏:《行为无价值论批判》,载《中国法学》2006年第2期。

② 黎宏:《行为无价值论与结果无价值论:现状和展望》,载《法学评论》2005年第6期。

③ 张明楷:《行为无价值论的疑问——兼与周光权教授商榷》,载《中国社会科学》2009年第1期。

多具体犯罪的各个方面。① 甚至可以说,结果无价值论与行为无价值论现在一定程度上已演变为一种犯罪认定的基本理念或基本方法。如陈兴良教授指出,定罪的四个基本原则是:客观判断先于主观判断、形式判断先于实质判断、类型判断先于个别判断以及事实判断先于价值判断。② 从根本理念上分析可以认为,陈兴良教授关于定罪的四个基本原则与结果无价值论的基本逻辑是更为密切的。又如黎宏教授指出:"结果无价值论并不仅是一种社会危害性的认定方法,而是代表了一种犯罪认定理念""法益侵害说的基本立场是,只要有法益,原则上就有犯罪,只有在例外的情况下,才可以不构成犯罪。"因此,在法益侵害说之下,犯罪的认定程序,应当是这样的:"首先是看有没有产生法益侵害结果,这是大前提。行为是否对刑法分则所保护的法益造成了具体损害或者现实危险,必须从客观事实的角度来观察,不得将行为人的主观意思内容考虑在内。其次是看行为人有没有责任。行为即便引起了法益侵害结果,但该结果和行为人的主观意思无关的话,也不能追究行为人的刑事责任。最后是看该行为在刑法上有无明文规定。即便行为引起了法益侵害结果,而且也和行为人主观状态有关,但是,如果该行为在刑法上没有被明文规定的话,最终也不得作为犯罪处理。"③ 再如周光权教授指出:"行为无价值论思考问题的路径是:从对行为的考察出发,结合考虑行为的相关样态,沿着行为发展的轨迹进一步分析结果的存否、大小。这和结果无价值论思考问题的方法是恰好相反的。"④

已基本上达成共识的是,结果无价值论和行为无价值论的对立,集中体现在以下几点上:一是在违法性的判断对象上,是否要考虑行为人

① 参见张明楷:《行为无价值论与结果无价值论》,北京大学出版社 2012 年版,序言第 1 页。

② 参见陈兴良:《定罪的四个基本原则》,载《检察日报》2009 年 11 月 5 日,第 3 版。

③ 黎宏:《结果本位刑法观的展开》,法律出版社 2015 年版,第 27 页。

④ 周光权:《公众认同、诱导观念与确立忠诚——现代法治国家刑法基础观念的批判性重塑》,载《法学研究》1998 年第 3 期。

的主观要素;二是在违法性的判断标准上,是仅考虑结果还是也要考虑其他要素;三是在违法性的判断时间上,是事前判断还是事后判断;四是关于刑法的任务,是保护法益还是维持社会伦理秩序。自20世纪90年代以后,行为无价值论和结果无价值论虽然呈现出相互融合的趋势,但在有关刑法规范的性质、违法性的判断基础和刑法的适用理念方面,仍然难以调和。①

(二)规范违反说与刑法变通

对于行为无价值论与结果无价值论二者在具体问题上的详细对立,本文无意进行更多深究,而仅在与刑法变通密切相关的问题上具体展开。笔者认为,行为无价值论与结果无价值论在有关刑法规范的性质和刑法的适用理念方面的对立,与刑法的变通问题是密切关联的,同时,刑法规范的性质和刑法的适用理念也是彼此相融的。至于行为无价值论与结果无价值论在违法性判断是否需要考虑主观要素、是仅考虑结果还是也要考虑其他要素以及是事前判断还是事后判断等方面的对立,在笔者看来,其实都仅仅是一个单纯的在具体个罪认定上的技术差异问题,其并不关涉结果无价值论与行为无价值论在基本理念或目的上的根本差异。②

在笔者看来,行为无价值论之所以把刑法规范视为一般人的行为规范即行动指南看待而主张规范违反说,其根本理念或目的是在于:一方面,希望国民理解并把握刑法这种行为规范,从而实现事前(犯罪之前)积极的一般预防并确认规范的有效性(刑罚目的);另一方面,希望据此培养人们的规范意识并最终形成对规范的认同和忠

① 参见黎宏:《结果本位刑法观的展开》,法律出版社2015年版,第6~9页。

② 当然,犯罪认定的技术性差异对司法实践的作用而言或许也是具有根本性的,其事关司法实践的犯罪证明模式问题(如印证理论模式),而犯罪的证明模式又反向可以印证刑法教义学立场选择之法益侵害说或结果无价值论之合理性。对此问题,笔者将另文详论。

诚,从而预防犯罪并保护法益(刑法目的)。这从周光权教授的论述中也完全可以得到印证:“行为无价值二元论认为犯罪的本质是违反行为规范进而造成法益侵害,刑法的目的就是维护社会基本行为准则的存在并最终保护法益,相应地,对刑罚的目的就不应当定位于通过威慑来阻止现实或者潜在的犯罪人和社会一般人今后不犯罪,而是要凸显规范的意义,引导公众按照行为规范行事,因而主张积极的、规范的一般预防。”①

周光权教授主张的规范违反说或二元的行为无价值论(或“新行为无价值论”②)就是以上述两个方面为根本出发点和最终归宿的。周光权教授认为:“积极一般预防论的主旨是通过指导公众的行为,确立公众对于规范的认同、尊重进而预防犯罪”“行为无价值二元论认为犯罪的本质是违反行为规范进而造成法益侵害,刑法的目的就是维护社会基本行为准则的存在并最终保护法益,相应地,对刑罚的目的就不应当定位于通过威慑来阻止现实或者潜在的犯罪人和社会一般人今后不犯罪,而是要凸显规范的意义,引导公众按照行为规范行事”③“为了实现一般预防的刑罚目的,要求公众遵守规范,在行为时点就提前告知公众行为适法、违法的界限究竟在哪里”“通过规范来确保人不实施违法行为,以最终通过规范效力的确证来控制人的行为,从而实现法益保护的刑法任务”“法治国家刑法的宗旨就是培植社会公众对刑法的情感,使刑法为公众所接受。它不是制度强加的而是自己生活需要的。以公

① 周光权:《行为无价值论与积极一般预防》,载《南京师大学报》(社会科学版)2015年第1期。

② 笔者认为,周光权教授的“新行为无价值论”实际上最终归宿也在于保护法益,其与结果无价值论的差异仅在于通过严守规范或通过刑罚确认规范的有效性来最终保护法益。正如周光权教授指出:“应当坚持犯罪的本质是违反行为规范和法益侵害并存的观点,肯定犯罪是违反规范进而侵害法益的行为”“将行为的法益侵害导向性置于优先考虑的地位”“这一意义上的行为无价值论,其实与结果无价值论相比,除了方法论上的差异以外,其他方面的差异已经很小。”参见周光权:《新行为无价值论的中国展开》,载《中国法学》2012年第1期。

③ 周光权:《行为无价值论与积极一般预防》,载《南京师大学报》(社会科学版)2015年第1期。

众认同修正刑法有效性、以诱导观念软化刑法强制性、以忠诚理论代替报应性、威慑论从而阐明刑法正当性的一系列刑法观念。”①周光权教授的结论是:“(二元的)行为无价值论充分考虑特定时期的社会现实、规范期待,注重刑法的行为引导功能,是合理的理论。”②因为,“这样的理论是最容易考虑常识主义的一种理论,回归常识的基本刑法原理意味着在立场上是行为无价值论的”“犯罪是对规范的违反,违反的本质在于行为的无价值,以此为立足点的刑法学,才是最接近于常识主义、接近于公众认同的理论。”③

也正是缘于对上述规范违反说基本理念和目的的接受,苏永生教授把规范违反说作为解决国家刑事制定法(刑法)与民族习惯法之间冲突与紧张的良性互动机制,也即一种刑法变通的机制。苏永生教授认为:“我国民族地区普遍缺乏刑法规范意识,还处于刑事法治的‘贫困’状态。因而,在我国民族地区刑事法治发展中寻求刑法与民族习惯法之间的良性互动机制,着力培养民众对刑法规范的认同感,是该地区刑事法治发展的关键。反映在犯罪本质理论上,就必须把‘对刑法规范的违反’作为犯罪本质理论的基本内涵”“按照法益侵害说,仅仅依据刑法规范来判断某种行为是否构成犯罪(这是法益侵害说的基本观点),显然无法实现刑法与民族习惯法之间的有效沟通,而规范违反说恰恰能够满足这一要求”“只有确立形式违法性与实质违法性相统一的规范违反说,才能在刑法的规范性、功能性和文化性之间实现有效沟通,才有利于刑法规范与民族习惯法规范之间的良性互动。”④

① 周光权:《公众认同、诱导观念与确立忠诚——现代法治国家刑法基础观念的批判性重塑》,载《法学研究》1998年第3期。

② 周光权:《违法性判断的基准与行为无价值论——兼论当代中国刑法学的立场问题》,载《中国社会科学》2008年第4期。

③ 周光权:《论常识主义刑法观》,载《法制与社会发展》2011年第1期。

④ 苏永生:《犯罪本质理论的困境与出路——以我国民族地区的刑事法治发展为中心》,载《北方法学》2010年第2期。

(三)法益侵害说与刑法变通

笔者的基本看法是:规范违反说或行为无价值论的根本理念或目的当然是具有现实意义的,即通过“公众认同、诱导观念与确立忠诚”来实现刑罚积极的一般预防,从而实现刑法的法益保护目的,但这其实仅属一种美好的愿望而已。同时,把规范违反说作为实现刑法规范与民族习惯法规范之间的“良性互动机制”(刑法变通)恰恰是不合适的,这种主张不但实现不了二者之间的良性互动,反而可能带来意外的不良后果。因此,基于规范违反说自身存在的缺陷,欲实现刑法规范与民族习惯法规范之间的“良性互动”或刑法变通,应当坚持的刑法教义学基本立场恰恰只能是法益侵害说或结果无价值论。以法益侵害说为基本立场,本文权且对刑法变通的规范违反说立场提出如下商榷意见:

第一,法益侵害说立场更加符合民族地区民众的“常识、常理、常情”“才是最接近于常识主义、接近于公众认同的理论”。规范违反说的基本理念是,只要事先告知人们“适法、违法的界限究竟在哪里”,人们即可理解并遵守刑法规范,进而就可能不实施犯罪行为,从而达到法益保护目的。但这种基本理念却是违背人们的日常生活事实的。因为“普通民众可能以法律的具体规定来规范自己行为”,是“我们法学家们编造出的一个最大的神话:普通民众是可能先了解法律,然后根据法律的具体规定来行动的”。但日常生活的事实是,我们“基本上是不可能在先了解法律的具体规定之后,然后再按照法律的要求去行为的。就算是专门学法的人,也几乎不可能根据法律的具体规定来规范自己的日常行为。”普通民众(包括民族地区民众)奉为日常基本行动规则的是“常识”“常理”“常情”。① 这种“常识、常理、常情”是一个特定社会所共同认可的最基本的价值观念、最基本的是非标准、最基本的伦理

① 陈忠林:《“恶法”非法——对传统法学理论的反思》,载《社会科学家》2009 年第 2 期。

要求的反映。[①] 对于民族地区的民众而言,特定的生活方式、风俗习惯、宗教信仰等,即是其“常识”“常理”与“常情”,才是其真正的“常识主义”。

另外,如何让普通民众(包括民族地区民众)能够理解并遵守刑法规范进而确立对刑法的忠诚呢,实践中的常见做法大概就是通过各种形式的普法活动或“送法下乡”[②]来实现。但问题在于,普法的正当性在哪里?专业的刑法学研究者对某些具体刑法规范的理解都存在巨大争议,又如何让普通民众通过简单的普法就能够理解刑法规范并确立对刑法规范的忠诚?正如有学者指出,普法其实是“通过微观的规训,使法盲的身体成为法治逻辑展开的场域”。“普法的核心,根本不是个知识问题,而是个权力问题”。[③] 因此,普法本身即是需要进一步深入研究的问题。

第二,法益侵害说与不完全理性人观念具有一致性。规范违反说视刑法规范为行为规范并有助于实现一般预防的主张,实际上是以刑事古典学派的完全理性人假设为前提的。但完全理性人假设一方面早已为刑法学新派以及行为经济学等所批判而崩塌;另一方面,面对我国每年不断上升的犯罪数量(从每年最高法院的工作报告即可知)事实,也说明完全理性人假设是不成立的。正如张明楷教授所言:“诚然,刑法规范是公之于众的,任何人都可以知道其内容,如果一般人都知道刑法规范的内容,当然有利于实现一般预防。然而,这基本上只是一种假设。社会的真实现状是,一般人不可能阅读和熟记刑法规范,大多数一辈子从未犯罪的人,也可能不知道刑法规范的内容。”[④]对于民族地区的民众而言,基于其生活方式、经济社会发展程度、受教育程度等特点,

① 陈忠林:《“常识、常理、常情”:一种法治观与法学教育观》,载《太平洋学报》2007 年第 6 期。

② 参见苏力:《法治及其本土资源》,中国政法大学出版社 1996 年版,第 3 页;苏力:《送法下乡——中国基层司法制度研究》,中国政法大学出版社 2000 年版,第 27 页。

③ 凌斌:《普法、法盲与法治》,载《法制与社会发展》2004 年第 2 期。

④ 张明楷:《也论刑法教义学的立场——与冯军教授商榷》,载《中外法学》2014 年第 2 期。

就更是如此。

第三,法益侵害说视犯罪为一种正常的社会现象。规范违反说希望通过积极的一般预防,培养人们的规范意识并最终形成对规范的认同和忠诚,从而预防犯罪并保护法益的主张,实际上是建立在不把犯罪视为一种正常的社会现象,并以消灭犯罪为最终目标的基础上,但这种理念早已为犯罪学所批判并遭淘汰。王牧教授指出:"为了追求犯罪的减少和消灭,犯罪学家们由对犯罪现象价值的否定而最终导致对犯罪现象客观存在的否定,把犯罪'不该存在'演绎成为犯罪'不存在',并在事实和逻辑上把犯罪不存在作为犯罪学的理论前提,从而放弃了犯罪现象存在、发展和变化过程的研究""当这种目的性表现为一种非理性的片面追求时,就错误地为犯罪学预设了一个否定犯罪客观存在的逻辑和事实前提,导致犯罪学忽视犯罪现象的研究,忽视犯罪规律的探讨。犯罪学必须重新考虑它的理论前提,这种理论前提的预设不是情感的、人为的,而是理智的、客观的,这就是:承认犯罪的客观存在""在接受犯罪是客观存在的结论时,还必须接受以下的结论:犯罪表面看来是一种异常行动,但它却是'正常的'社会病理的投影。这是因为,在犯罪是客观存在的命题中就包含着犯罪是正常社会现象的含义。"①既然犯罪是一种正常的社会现象,刑法的任务就不应当是"规训国民使其彬彬有礼,而是及时发现并依法打击犯罪,强化刑法的裁判规范功能"。② 这对刑法变通之教义学立场的选择同样具有启发意义。

第四,法益侵害说是一种相对保守的刑法观。规范违反说对积极的一般预防理念的强调,令其成为一种相对激进的刑法观,也是导致"风险社会"中"安全刑法"不断扩张的重要原因。在"风险社会"背景和"安全刑法观"的助推下,刑法的扩张已成为不争的事实。因为"政治已经发现刑法是一种打击犯罪的廉价和非常具有象征性的手段。现

① 王牧:《根基性的错误:对犯罪学理论前提的质疑》,载《中国法学》2002 年第 5 期。

② 杜文俊、陈洪兵:《二元的行为无价值论不应是中国刑法的基本立场》,载《东方法学》2009 年第 4 期。

在,刑法不仅是立法者最后的手段,而且是首要的,甚至在不少情况下是唯一的手段。通过刑法措施,政治可以营造一种积极性的印象,而不必承认它找不到解决问题的有效方法”。[①] 随着当今社会“以不可遏制的态势加速地滑向风险社会”,[②]政治的这种特性已为不断进行的刑法修改和通过“处罚的早期化与法益概念的稀薄化”、[③]预备行为的实行化、中立帮助行为的正犯化[④]等修法技术予以典型呈现。“刑法在控制风险的过程中反过来也为风险所控制”[⑤]“刑法逐渐蜕变成一项规制性的管理事务”[⑥]“从而跻身范围广大、以预防为导向的安全法之列”。[⑦] 对当今刑法制度的这种演变趋势及可能存在的风险,从事刑法学的研究者更应当保持清醒头脑,尤其应当避免盲目追随风险的脚步而致刑法理论蜕变成刑法制度合理性的注脚。

第五,规范违反说论者个人的主张之间也并非逻辑一致,其目的和手段之间不具有关联性。实际上,苏永生教授关于民族习惯法研究的根本初衷和出发点都是在于解决“民族习惯法与刑法之间的冲突”。即民族习惯法认为属于犯罪的行为,刑法并未将其规定为犯罪,如通奸、亵渎神灵等;而民族习惯法认为不属于犯罪的行为,刑法即将其规定为犯罪,如重婚(相对于民族地区的一夫多妻或一妻多夫)、奸淫幼女(相对于民族地区的早婚)、强制猥亵妇女(相对于民族地区抢婚习

---

① [德]埃里克 · 希尔根多夫(Eric · Hilgendorf):《德国刑法学:从传统到现代》,江溯、黄笑岩等译,北京大学出版社 2015 年版,第 39 页。

② 劳东燕:《风险社会中的刑法:社会转型与刑法理论的变迁》,北京大学出版社 2015 年版,第 1 页。

③ [日]松原芳博:《刑法总论重要问题》,王昭武译,中国政法大学出版社 2014 年版,第 16 页。

④ 参见车浩:《刑事立法的法教义学反思——基于〈刑法修正案(九)〉的分析》,载《法学》2015 年第 10 期。

⑤ 劳东燕:《风险社会中的刑法:社会转型与刑法理论的变迁》,北京大学出版社 2015 年版,第 3 页。

⑥ 同上书,第 34 页。

⑦ [德]埃里克 · 希尔根多夫(Eric Hilgendorf):《德国刑法学:从传统到现代》,江溯、黄笑岩等译,北京大学出版社 2015 年版,第 220 页。

俗中的行为)以及“杀人者死”(相对于民族地区的“杀人者赎”或“赔命价”习惯)的观念。“这反映出:一方面,刑法的相关规定还不完全适应我国民族地区的社会实践;另一方面,我国民族地区普遍缺乏刑法规范意识,还处于刑事法治的‘贫困’状态。因而,在我国民族地区刑事法治发展中寻求刑法与民族习惯法之间的良性互动机制,着力培养民众对刑法规范的认同感,是该地区刑事法治发展的关键。反映在犯罪本质理论上,就必须把‘对刑法规范的违反’作为犯罪本质理论的基本内涵”。①

但是,苏永生教授的这种初衷或出发点与其解决问题的立场是明显矛盾的。例如,苏永生教授主张:“对于‘赔命价’案件,依据‘杀人者赎’这一基本的社会伦理规范,在被告人承担赔偿被害人‘命价’的基础上可以不判处死刑。”依据这种“赔命价”或“杀人者赎”的观念与逻辑②解决上述民族习惯法与刑法之间的冲突,可以说正是苏永生教授的初衷和出发点。但其初衷或出发点与结论的矛盾之处在于:苏永生教授实际上是从对特定民族习惯法的高度认同出发,但结论却是通过提倡规范违反说,来着力培养民众(特定民族地区的民众)对刑法规范的认同感。再如,苏永生教授认为:“刑法之规范意识的缺乏,在我国民族地区显得更为突出,民族地区的习惯法社会实践就为此提供了充分的说明。民族习惯法不仅是一个习惯法的问题,它往往与民族地区的社会伦理及宗教信仰勾连在一起,而对信教徒来说,宗教的力量往往大于法律。在这种情况下,还不能说少数民族社会缺乏规范意识,相反,在社会伦理以及宗教信仰的影响下,其规范意识在有些情况下表现得极为强烈。但这种规范意识只能说是一种习惯法规范意识,而不是刑法所要求的规范意识。”③这已经充分说明,苏永生教授对于民族地

① 参见苏永生:《犯罪本质理论的困境与出路——以我国民族地区的刑事法治发展为中心》,载《北方法学》2010年第2期。

② 即依据民族地区的习惯法,对于一夫多妻或一妻多夫、早婚、抢婚等行为,不定重婚罪、强奸罪(奸淫幼女)、强制猥亵妇女罪或暴力干涉婚姻自由罪。

③ 参见苏永生:《犯罪本质理论的困境与出路——以我国民族地区的刑事法治发展为中心》,载《北方法学》2010年第2期。

区基于社会伦理以及宗教信仰形成的习惯法规范意识是高度认同的。因此,其所谓民族地区还处于“刑事法治的贫困”状态,就只能是依据国家制定的刑法规范进行案件处理之于民族地区的“贫困”,“民族地区普遍缺乏刑法规范意识”之“刑法规范”,也只能是指国家正式制定的刑法规范。因此,苏永生教授的初衷和出发点与其结论之间的矛盾性已完全呈现出来:初衷和出发点是认同习惯法,但结论实际上又是否定习惯法。

当然,苏永生教授会反驳说:“本文所谓的规范违反说并非传统意义上的规范违反说,即犯罪是对社会伦理秩序的违反,而只能是形式违法性和实质违法性有机统一的规范违反说,换言之,犯罪不仅是对社会伦理规范的违反,同时也是对刑法规范的违反。”①但是,其一,说犯罪“是对刑法规范的违反”,这仅属常识。同时,如果认为规范违反说之“规范”是指刑法规范,则对习惯法的研究已无任何意义,因为严格依据刑法规范的规定处理案件正是国家所希望的。其二,说犯罪“是对社会伦理规范的违反”,则既不符合司法实际,也不符合罪刑法定原则。通奸行为属于违反社会伦理规范,但在我国不可能作犯罪处理(有通奸罪的地区除外,如我国台湾地区)。另外,基于罪刑法定原则,法院在定罪量刑(入罪裁判)时也不可能直接以某种社会伦理规范为依据。其三,说犯罪“不仅是对社会伦理规范的违反,同时也是对刑法规范的违反”,则更是从这种结论的终点又返回到了问题的原点:民族习惯法与刑法之间的冲突——不违反特定地域社会伦理规范的行为(如早婚),但却违反了刑法规范(如奸淫幼女);而违反了刑法规范的行为(如重婚),但却又不违反特定地域的社会伦理规范(如一妻多夫)。

四、对刑法变通法益侵害说立场的必要补充

问题的症结恰恰在于,在刑法的变通问题上,刑法教义学的基本立

① 参见苏永生:《犯罪本质理论的困境与出路——以我国民族地区的刑事法治发展为中心》,载《北方法学》2010年第2期。

场不能坚持规范违反说或行为无价值论,而应坚持法益侵害说或结果无价值论。对于民族自治地方的刑法变通或解决“民族习惯法与刑法之间的冲突”,也只有持如此立场,才能对相关问题作出合理解释。前文对刑法变通规范违反说立场的商榷实际上也是对刑法变通法益侵害说立场的证成,下文再对刑法变通的法益侵害说立场作两点必要补充或说明。

第一,法益侵害说立场下的刑法变通,主客观相统一仍然不可偏废。主客观相统一原则一直是我国刑法理论坚持的基本原则之一,并通过传统的四要件体系集中体现出来。但源于对“刑法知识的去苏俄化”的追求,陈兴良教授认为,我国传统的四要件体系存在事实与价值相混淆、犯罪构成平面化和规范判断缺失的根本缺陷,因此,我国刑法知识的转型应当摒弃以主客观相统一原则为特色之一的苏俄式犯罪构成理论。① 陈兴良教授进一步认为,“目前大陆法系犯罪论体系的发展早已超越了存在论,进入到规范论与价值论的知识领域,主客观相统一原则仍然局囿于存在论的知识范围内,并且其本身具有抽象性与含糊性,应以法益原则和责任原则予以取代。”②但问题在于,何谓“存在论的知识范围”?传统的四要件体系是否就没有体现“规范论与价值论”?替代方案之“法益原则和责任原则”是否就与主客观相统一原则完全无涉而变成了某种纯粹的客观主义或主观主义?“法益原则和责任原则”二者之间是何关系?这些问题仍然存在某种“抽象性与含糊性”。

对于主客观相统一原则与主观主义、客观主义、主观归罪和客观归罪等的关系,齐文远教授等进行了深入分析:主客观相统一的思想不只是我国所独有的思想,而是近现代世界各国刑法的内在精神,因此不存在要么坚持主客观相统一原则,要么坚持主观主义或客观主义的命题。主观主义与客观主义是主客观相统一的下位概念:主观主义和客观主

---

① 参见陈兴良:《刑法知识的去苏俄化》,载《政法论坛》2006 年第 5 期。

② 陈兴良:《主客观相统一原则:价值论与方法论的双重清理》,载《法学研究》2007 年第 5 期。

义实际上是一种“偏一主义”,即“偏一主义”是主客观相统一的具体表现形式。[①] 因此,“刑法中主客观相统一实质上是刑法主观主义与刑法客观主义这一矛盾体得以存在的场所与前提,在刑法主观主义与刑法客观主义的对立中达到一种相对的动态的主客观相统一”,也即“刑法上主客观相统一原则的常态体现并不一定是不偏不倚、不愠不火的中间状态,而应当是有一定偏向的刑法主、客观主义的矛盾的统一状态”“一国立法可能吸收刑法主观主义思想多些,而他国可能借鉴刑法客观主义思想多些”,这是因为“不同的国家、不同的历史时期有着不同的亟待解决的现实课题,当面临着复杂的特定社会情势时,我们只能把各种问题和事情放在具体的背景下来具体问题具体分析”。[②]

笔者认为,就三阶层体系或行为无价值论与结果无价值论而言,无论是法益原则还是责任原则,在定罪的判断上也并非否定了主客观相统一原则的基本理念,实质上仍然仅在于对犯罪的客观面和主观面各有所侧重(“偏一主义”)。即在定罪的判断上或违法性的判断上是先从纯粹的客观面出发(不承认主观的违法要素)再考虑责任要素(主观面),还是既考虑客观面同时也考虑主观面(承认主观的违法要素),结果无价值论倾向于前者,而行为无价值论倾向于后者。正如黎宏教授所言:“结果无价值论原则上不允许将故意、过失、目的、动机等主观要素作为违法性的判断基础,而行为无价值论则认为,主观要素也是违法性的判断材料”。[③] 结果无价值论之所以这样考虑问题,是因为对主观要素的判断“并不一定要在社会危害性的判断阶段进行,完全可以在责任判断阶段进行。即在客观地判断行为是否具有可罚程度的社会危害性之后,再判断行为人对该行为是不是要承担刑事责任”。这样做的优点在于,不会“导致行为社会危害性判断上的主观化,出现行为人

① 参见齐文远、周详:《对刑法中“主客观相统一”原则的反思——兼评主观主义与客观主义》,载《法学研究》2002 年第 3 期。

② 郭泽强:《主观主义与中国刑法关系论纲——认真对待刑法主观主义》,载《环球法律评论》2005 年第 4 期。

③ 黎宏:《结果本位刑法观的展开》,法律出版社 2015 年版,第 8 页。

本身并不具有值得刑罚处罚程度的社会危害性,仅仅因为行为人主观恶劣而认定其构成犯罪,或者行为本身已经造成了值得刑罚处罚程度的危害结果,仅仅因为行为人主观动机良好,所以不认定该行为构成犯罪的结局”。① 亦如张明楷教授所言:“故意、过失也是刑法规定的主观要素,根据结果无价值论的观点将它们作为责任要素时,罪刑法定主义无疑在责任领域也发挥着重大作用。”②因此,对故意、过失等主观要素,法益侵害说与规范违反说一样都是要考虑的,只是二者考虑的阶段不同而已。因为除故意杀人、故意伤害、过失致人死亡以及需要犯罪目的的目的犯等可以从客观上判断构成要件外,对于通常所称需要内心倾向的倾向犯,如强制猥亵侮辱妇女罪,也能够根据行为的外在表现形式认定其与性是否存在关联。③ 也即,在责任阶段考虑主观要素,也能够实现犯罪的类型化。对于民族地区的刑法变通适用而言,主客观相统一仍然不可偏废。

第二,我国刑法的特殊立法模式,是刑法教义学在刑法变通问题上应当坚持法益侵害说或结果无价值论的根本原因。进行刑法变通的目的,实际上就在于恰当处理“民族习惯法与刑法之间的冲突”问题。法益侵害说以犯罪行为对法益的实际侵害或者现实威胁作为关注的重点和起点,这与民族习惯法的相关情形正好相符。例如,符合民族习惯或伦理的早婚、一夫多妻或一妻多夫、抢婚中的“猥亵妇女”、持有管制刀具、一般的从事金银饰品买卖、盗伐林木等行为,按照刑法的相关条文,这些行为可能构成奸淫幼女型强奸罪、重婚罪、强制猥亵罪、危害公共安全罪、非法经营罪、盗伐林木罪等。但根据法益侵害说“比较单一意义的标准,即法益侵害与法益衡量”,④完全可能认为这些行为并未造

① 黎宏:《结果无价值论之展开》,载《法学研究》2008 年第 5 期。

② 张明楷:《行为无价值论的疑问——兼与周光权教授商榷》,载《中国社会科学》2009 年第 1 期。

③ 参见陈璇:《德国刑法学中结果无价值与行为无价值的流变、现状与趋势》,载《中外法学》2011 年第 2 期。

④ 张明楷:《行为无价值论与结果无价值论》,北京大学出版社 2012 年版,第 122 页。

成法益损害的严重后果或特别严重后果等,在犯罪认定的大前提上即停止下来。当然,对这些行为不作刑法意义上的犯罪认定或处理,并不意味着司法实践中对这些行为就应当听之任之或认为这些行为属于完全合法(整体法律秩序意义上),而仅意味着民事、行政、教育、经济等综合手段才是解决此类案件的治本之策。正如黎宏教授所言:"从理论上看,在社会危害性的判断和犯罪论体系的建构上,无论是采用行为无价值论还是采用结果无价值论,都有其充分的理由。在这种情况下,判断孰是孰非的主要标准,恐怕就只有各国的刑事立法体系了""过去的30年中,我国比较刑法学研究的一个重要成果就是,发现了中外刑法在犯罪行为的规定模式上存在重大差别。即国外刑法采用了'单纯的定性分析规定方式',而我国刑法采用了'定性+定量'分析的规定方式。"①我国刑法的这种立法模式,正是刑法教义学在刑法变通问题上应当坚持法益侵害说或结果无价值论的根本原因。例如,刑法总则第13条关于犯罪概念的"但书"规定,第37条关于非刑罚处罚方法的规定,第61条关于量刑的规定,第63条第2款关于在法定刑以下判处刑罚的规定。再如,我国《刑法》分则在相关罪名的规定中大量存在关于造成严重后果、情节恶劣、情节严重、情节特别严重、数额较大、数额巨大、数额特别巨大、多次等量的规定。我国刑法的这种立法模式为刑法变通问题的处理留下了足够的法益侵害说解释与适用空间。当然,除刑事实体法(刑法)本身外,刑事程序法、刑事政策等的相关规定也可以为刑法变通的法益侵害说立场提供有效的规范根据。②

在当今社会,毫无疑问也应当"对社会习俗给予足够的重视,在刑法与社会习俗之间建立有效的对话与沟通机制,并从社会习俗的历史渊源中挖掘有利于支撑刑法规范意蕴的成分"。但是,既然"刑法的认同在本质上首先应当是一种文化认同,其次才是以公正为核心的价值

① 黎宏:《结果本位刑法观的展开》,法律出版社2015年版,第52~53页。

② 参见胡选洪:《刑法适用与刑法教义学的向度》,载《刑法论丛》2016年第3卷。

认同。”①那么,结论当然是,刑法变通的教义学立场(“在刑法与社会习俗之间建立的对话与沟通机制”)就不应当是规范违反说或行为无价值论,而只能是法益侵害说或结果无价值论。因为,只有法益侵害说或结果无价值论立场,才能保证“刑法的认同在本质上首先应当是一种文化认同”的实现。

The Doctrinal Position of the Criminal Law Changes: A Standpoint of Theory of Legal Interests Violation or the Theory of Erfolgsunwert

Hu Xuanhong

[**内容摘要**]刑法变通意在解决国家制定的刑法与民族习惯法之间的冲突与紧张关系。根据已有的研究现状与立法现实,对刑法变通问题的研究方向应当回归教义学思路。刑法变通的规范违反说立场存在相应缺陷。法益侵害说具有更符合民族地区民众的常识、常理、常情、与不完全理性人观念具有一致性、视犯罪为一种正常的社会现象和是一种相对保守的刑法观的优点。同时,法益侵害说也并不违背责任主义原则,我国刑法的特殊立法模式特点也决定了刑法变通的教义学立场不应当采取规范违反说,而应当提倡法益侵害说或结果无价值论。

[**关键词**]刑法变通;规范违反说;法益侵害说

Abstract: The criminal law changes intend to solve the conflicts and tensions between the criminal law enacted by the state and the national customary law. According to the existing research status and legislative status, the research direction of the criminal law changes problem should return to the cogitation of doctrine. There is a corresponding defect in the Violation of normative theory of the criminal law changes. The law of

---

① 苏永生:《刑法的认同:问题、方法及机制——由一个重婚习俗引发的思考》,载《北方法学》2015 年第 6 期。

infringement of legal interests has the advantages of being more consistent with the common sense and common feelings of the people in the ethnic areas, the consistency with the concept of incomplete rationality, the view that crime is a normal social phenomenon and a relatively conservative concept of criminal law. At the same time, the theory of legal interests violation does not violate the principle of responsibility. The characteristics of the special legislative model of criminal law in China also determine that the doctrine of the criminal law changes should not adopt the theory of law violation but should advocate the theory of legal interests violation or the theory of erfolgsunwert.

Keywords: Criminal law changes; Theory of legal interest violation; Theory of law violation

“制造法所不容许风险的行为”的构造与定位

——以故意的作为犯罪为视域

崔志伟*

目　次

一、“风险”与“主观要素”的现实热点聚讼

当前我国刑法学的研究路径主要有两个方面，一是关注对外国刑法理论成果的移植和借鉴，为我国刑法学提供纵深发展的方法论的支持，二是对社会发展整体现实进行更为密切的关注并从体系角度进行思考。其中对于刑法的归责问题随着国外各种学说的不断推介，“制造法所不容许的风险”已经逐步融为我国刑法话语体系中的一个重要内容，也是一个对现实司法实践可以直接产生有效影响的范畴。但是对于归责理论中的“风险”以及“主观要素”的认定还存在着聚讼，这既是范畴透视现实的必然，也是渴望理论自我转化的必然步骤。

---

* 上海师范大学哲学与法政学院讲师，法学博士，德国奥斯纳布吕克大学访问学者。

案例一　2016年1月7日至8日,快播涉嫌传播淫秽物品案①在北京市海淀区人民法院开庭审理,被告人的核心辩点便是"技术中立""技术无罪"。而法院最终审理认为,凡是恶意使用技术危害社会或他人的行为,就应该受到法律的制裁,②判决认定快播公司成立传播淫秽物品牟利罪。这也正如有人总结的,"技术固然无罪,但是利用技术危害社会就有罪"。③ 抛开事实认定,单从刑法规范本身进行分析,客观上快播公司提供的缓存、加速服务确实属于所谓的中立技术,而中立的行为"具有'日常'的属性"。④ 如果按照"客观不法主观有责""客观归责先于主观归责"的逻辑进路,客观上的技术服务行为因其"日常"性而没有制造法所不容许的风险,构成要件该当层面的评价便到此为止,客观归责阻却,后继的违法、有责阶层则无继续评价的必要。也就是说无论中立行为人的主观上如何确知或明知,均无入罪的可能。《刑法修正案(九)》新设立的帮助信息网络犯罪活动罪规定,"明知他人利用信息网络实施犯罪,为其犯罪提供互联网接入、服务器托管、网络存储、通讯传输等技术支持,或者提供广告推广、支付结算等帮助,情节严重的"便可构成犯罪。除却主观上的"明知",客观上的"技术支持""广告推广""支付结算"都可以说是中立的,刑法之所以将此行为犯罪化,可罚性的基点正在于其主观不法。因此,如果将制造法不容许的风险视为与行为人主观要素无关,将客观归责与主观归责对立,现实生活中一切有意利用中立技术侵害他人法益的行为便均可逃避刑法的制裁,

---

① 快播,顾名思义,是利用"快速播放"的P2P技术,为用户提供边看边下载服务,同时,该视频还作为"种子"供更多用户分享。然而,这种提供网络存储空间、播放传输渠道、供他人上传下载视频的模式很快成为盗版电影与淫秽视频滋生蔓延的温床。据警方调查,快播公司利用快播软件传播淫秽视频,以收取广告费和会员费牟利。《快播涉黄案调查:一个"超牛"网站何以走向覆灭?》,载http://news.xinhuanet.com/legal/2014-09/24/c_1112613465.htm,最后访问日期:2019年1月4日。

② 参见《快播案一审宣判 CEO王欣获刑三年半　法院认定"技术中立"责任豁免不成立》,载《法制日报》2016年9月14日,第8版。

③ 孟粉:《"菜刀理论"适用于快播案吗?》,载《北京日报》2016年1月20日,第14版。

④ 孙万怀、郑梦凌:《中立的帮助行为》,载《法学》2016年第1期。

《刑法修正案(九)》这一正犯化的中立技术行为便失去了存在的意义,其不合理性可谓一目了然。

这种不合理性不仅体现在所谓的中立行为当中,而且如果行为人对他人的某种“缺陷”存在特别认知而“乘人之危”,对此恐怕也会作出不同的评价,例如现实生活中会不时出现的被害人特殊体质的案件。

案例二 “刘旭被控过失致人死亡无罪案”①中,被告人刘旭在道路行驶中与被害人张某发发生争执,后被告人刘旭动手推了张某发的肩部并踢了张某发腿部,张某发报警后双方被民警带至派出所,在派出所解决纠纷时,被害人张某发感到胸闷不适,立即送医就诊,经抢救无效死亡。经法医鉴定:张某发因患冠状动脉粥样硬化性心脏病,致急性心力衰竭死亡。如果在客观归责理论体系下进行分析,我们会基于客观上单纯的推搡、踢腿并不会产生致人伤亡的风险,不是类型化的致人死亡行为,而否定法不容许风险的制造,进而否定客观归责。但试想,如果行为人对被害人的特殊体质存在特别认知仍施加侵害,甚至有意利用其身体“缺陷”实现加害目的,是否仍旧不予归责。如果仍然坚持“风险”是客观的,这种特别认知的情形便失去了归责的根据。

同样的问题在名噪一时的虚拟“借虎杀妻案”②中也暴露无遗。有的学者会基于客观优先于主观的惯性思维主张,认为行为人的行为并未制造或增加法不容许的风险,不能评价为刑法意义上的杀人行为,即便主观上有故意,故意杀人罪也难以成立。③ 如果借以这种逻辑,利用

① 参见北京市宣武区人民法院(2005)刑字第244号刑事附带民事判决书。

② 王某对妻子怀恨在心并打算杀掉她。王某想到不久前某野生动物园老虎伤人致死的事件,再想到此前其与妻子数次在车上吵架,其妻子都有不愿与其继续同乘而下车步行的习惯。于是,王某经过深思熟虑,好言相邀其妻子共同去野生动物园游玩。当车子在野生动物园行进过程中,王某看到“禁止下车”的标牌时,停下车故意用语言刺激其妻子,其妻大怒,欲下车步行,同时也看到了“禁止下车”的标牌。但是王某的妻子认为“禁止下车”和原来读书时教室写着“禁止玩手机”和商场里写着“禁止吸烟”以及社会上标语“禁止乱扔垃圾”一样,没有放在心上,于是下车步行,刚走两步,就被正在散步的一对雌雄老虎叼走了。

③ 参见《最牛刑法案例题“借虎杀妻案”出答案了,你对了吗?》,载 http://mt.sohu.com/20160820/n465141260.shtml,最后访问日期:2017年1月2日。

表面上的"日常"行为以及被害人对风险的"无知"而实现自己不法目的的行为便均可非罪化,这种结论于情理上也经不起推敲。由此观之,是否属于"法所不容许的风险"似乎不应一概排斥行为人的主观因素。

其实,所谓的归责问题看起来是一个责任的确定问题,但现实中更多的时候表达为责任确定与主观要素的关系问题。譬如,黑格尔早在确立归责与归罪不同特征的时候就提及了主观要素的地位。他认为,"行动只有作为意志的过错才能归责于我……仅仅以摆在我面前的定在为我所认知者为限,我才负真实的责任……在我的面前有一个他物,它仅仅是偶然的东西,单纯外在的必然的东西,它可能与我一致也可能与我不同。毕竟我只是与我的自由相关,而我的意志仅以我知道自己所做的事为限,才对所为负责。欧狄普斯不知道他所杀死的是他的父亲,那就不能对他以杀父罪提起控诉。不过古代立法不像今天那样注重主观的方面和归责问题"。① 非常明显,黑格尔强调人的自主性和意志自由性,强调意志为归责的核心。但是归责理论经过拉伦茨客观化的意志论、Honig 的客观目的性理论的过度,罗克辛成为纯粹的客观归罪论者。说其纯粹,是因为"这种归属对主观方面是全然不予考虑的",②将客观归责与主观归责二分所致。亦即,客观归责"所要确定的是某个事实是否客观上是某个人的作品,而不问是否该个人主观上可归责"。③

该理论体系的头条细则便是制造法所不容许的风险,即对实行行为的实质审查。在这种主客观二分思维导向下,"风险"被视为一个纯客观的实质概念,即"行为是否侵害法益仅是一种客观事实"。④ 于是,现实中问题的争议外化为两个方面的关系:其一,归责与风险的表达路径,其二,"风险"制造与行为人主观要素是否可以割裂。问题的核心

---

① [德]黑格尔:《法哲学原理》,范扬、张企泰译,商务印书馆1961年版,第118~119页。

② [德]乌尔斯·金德霍伊泽尔:《刑法总论教科书》,蔡桂生译,北京大学出版社2015年版,第92页。

③ 许玉秀:《当代刑法思潮》,中国民主法制出版社2005年版,第381页。

④ 张明楷:《刑法学》(第5版),法律出版社2016年版,第127页。

表达为后者。

二、"法不容许的风险"何以应当参照行为人主观要素

通过上述问题的引申可以发现,传统的"违法是客观的、责任是主观的",在犯罪与否的价值评价上,先穷尽客观后进入主观,这种人为区分主观客观的思维方式以及犯罪构造虽然以"阶层"上的清晰性而备受宠幸,但在回答某些故意的作为犯罪的相关问题时,其欠合理性便得以彰显。经过新古典犯罪论体系的过度、目的论犯罪体系的兴起,客观与主观要件的结合日益密切,甚至出现了犯罪阶层无用的论调。目的论犯罪体系的缔造者 Welzel 便认为,主观构成要件和客观构成要件是不可能完全拆开的。① Schmidhäuser 甚至认为区分"客观的"构成要件和"主观的"构成要件是完全错误的。②

与此相对应的是,将内在于犯罪实行行为的"风险"视为纯粹客观审查的结果是否当然合理?实行行为(制造法不容许风险的行为)是否应包括主观的意思内容?既然"将客观的侧面与主观的侧面分离开来予以考察是不恰当的",并且"作为评价对象,应该将行为作为主观、客观的统一体来予以把握""意思内容也不得不作为行为概念的标志",③则具体意思内容便应是实行行为考察的范畴。近年来,国内也渐有学者主张实行行为的主客观构造,认为故意、过失属于实行行为主观构造的基本要素,目的等属于主观构造的特殊要素。④ 较为遗憾的是,在过分注重阶层分析的氛围中,这些观点并未得到足够重视并予以深入分析,其根源就在于对于行为的"风险"缺乏深入的解读。

---

① 参见许玉秀:《当代刑法思潮》,中国民主法制出版社 2005 年版,第 75 页。

② 参见[德]汉斯·海因里希·耶塞克、托马斯·魏根特:《德国刑法教科书》,中国法制出版社 2001 年版,第 334 页。

③ [日]野村稔:《刑法总论》,全理其、何力译,法律出版社 2001 年版,第 123~124 页。

④ 何荣功:《实行行为研究》,武汉大学出版社 2007 年版,第 73 页。

(一)刑法用语、"风险"有无、程度与性质:"主观要素"必要性之初步证成

作为一种借鉴融通的结果,"制造法不容许的风险"可以算作"实行行为"实质之面的另一种表达。承接日本刑法理论的研究话语,我国刑法理论非常重视实行行为在犯罪论体系中的作用。从定型性的角度,这种"风险"并非不区分程度,而是行为的根本性质完全显现出来并且对法益侵害的风险已经定型。如果将实行行为"作为客观构成要件要素"对待,[①]对于"风险"的判定势必会刨除行为人的主观要素。实际上,行为人主观方面的要素对"风险"与否及其程度鉴别是不可缺的。

首先,这种将"风险"判断排他的立足于客观要素、主客观二分的立场并不符合刑法规范的现实语义。在刑法规范用语形式的表述上,有些"在语言上把客观和主观的因素无法区分地加以紧密结合的情况"。[②] 许多故意犯罪构成要件的行为描述,如欺骗、猎捕野生动物、占为己有、侵占等,要想"行为不失去其作为应受处罚的不法的本来的意义内容,行为人的想法和意图就不可能不考虑"。[③] 对于这些"目的动词","对行为的描述与行为人意志是如此完全的溶合,以至于客观的构成要件要素由行为人心理中的主观要素共同决定之",[④]如果仅从客观上认定,不可能得出恰当的结论。就此而言,将实行行为视为客观的构成要件要素、人为地切割客观与主观都不合适,因此,正视实行行为的主观构造才是明智的。

其次,主观要素可能决定着"风险"的有无,这在目的(意图)犯中

---

① 参见周光权:《刑法总论》(第3版),中国人民大学出版社2016年版,第105页。

② [德]克劳斯·罗克辛:《德国刑法学总论》(第1卷),王世洲译,法律出版社2005年版,第183~184页。

③ [德]汉斯·海因里希·耶塞克、托马斯·魏根特:《德国刑法教科书》,徐久生译,中国法制出版社2001年版,第298~299页。

④ 同上书,第334页。

格外明显。譬如,如果仅从某人“偷拿”他人财物的、形式的、外在的行为来看,并不能判定这属于盗窃罪的实行行为,行为人很可能是基于与财物所有人非常要好的关系而开的某个玩笑。再如,行为人下班后骑上停在楼下的自行车便自行离开,也不能当然得出属于“盗窃”行为的结论,有可能是基于自行车与自己的外形相同产生的错误认识。就此而言,“一个纯客观的从占有目的中抽象出来的盗窃概念是没有意义的”。[①] 同样,仅从某人抱着他人小孩过火车站安检的外在行为,并不能判定属于拐骗、拐卖。在我国刑法学研究中,坚持纯粹客观不法的学说仍很有市场。有学者认为:“只能根据客观事实,客观地判断行为是否侵害法益及其侵害程度;将目的与动机作为影响责任的有无及责任的轻重的要素。”[②]这种极端化的认识,将客观与主观断然决裂,设想虽好,逻辑上却势必会到处碰壁。

再次,主观要素可能影响着“风险”的程度。从理论上讲,“行为人违反法规范中包含的侵害禁止的意志越强烈,一般而言对法益的危险也就越大”。[③] 如在他人毫无提防的情况下持刀向他人头部砍去(直接故意)和在与他人扭打中不计后果、持刀乱舞(间接故意)以及在挥刀砍柴时不小心砍向他人(过失甚至意外事件),从行为时(事先)来看,三种不同的实行行为对他人的生命造成的危险是不同的。再如,驾驶汽车故意朝他人身上开去,危险转为实害几乎是必然的;而仅仅是违反道路交通法规(如开车打电话、发微信),能够发生交通事故的概率毕竟仍是很低的。就此而言,“对具体特定的受害法益而言,故意犯的危险性定然高于过失犯”。[④]

复次,主观要素还可能影响着“风险”的种类,即行为的性质。在客观归责理论看来,“行为人的预见可能性在客观归责上的决定作用,

---

① [德]汉斯·海因里希·耶塞克、托马斯·魏根特:《德国刑法教科书》,徐久生译,中国法制出版社2001年版,第254页。

② 张明楷:《刑法学》(第5版),法律出版社2016年版,第249页。

③ [德]汉斯·海因里希·耶塞克、托马斯·魏根特:《德国刑法教科书》,徐久生译,中国法制出版社2001年版,第293页。

④ 许玉秀:《当代刑法思潮》,中国民主法制出版社2005年版,第202页。

只是一个假象,它不是决定于人类意志的支配可能性,而是决定于行为人的行为是否制造了足以引起构成要件上法益侵害结果的法律上重要的风险”。[①] 即行为在客观上对法益造成的风险或实害,是考虑归责与否的决定因素,从而忽视主观认知在刑法归责上的意义。这明显忽视了主观要素在影响不法上的重要性,属于纯粹的客观不法思维。但这种客观不法的立场运用到故意的作为犯罪中会产生一些内部矛盾。例如,行为人持枪射中被害人腿部这一客观事实,却可能存在两种主观状态,一是行为人主观上就是想教训下被害人而让其受到伤害;二是行为人主观上是想击毙被害人,只是由于被害人躲闪未击中。如果是遵循客观与主观二分、客观优先于主观的逻辑思维,就会形成以下“悖论”:究竟制造了何种法所不容许的风险(伤害还是死亡),不经过主观面的审查就不得而知,只有经过主观审查才能得出第一种情形是制造了一种致人伤害的风险,第二种情形是制造了一种致人死亡的风险,仅是风险未实现。就此看来,“故意所认识的对象,也就是用作判断标准的客观构成要件可能有两个:一个是判断者从行为外观所认定的(对于本案就是致人腿部伤害的外在结果——引者注),另一个是行为人自己所认定的(行为人主观追求实现的目标——引者注)。”[②]如果坚持纯粹的客观归责,“客观面的判断在经过主观的判断后,可能被推翻”(如B情形),从而变得没有多大意义。“有效的判断是从主观面开始判断,才知道要选择哪一个客观的构成要件作为判断的依据”,亦即,实行行为性质必须从行为人的故意着手才能得以探知。故此,“供作判断依据的客观构成要件,必定是行为人主观上所认定的客观构成要件,这是规范逻辑上的必然。这种规范逻辑,便是客观归责理论者想要推翻、不愿承认的不法关联:行为人的主观面有不法的定向作用,甚至是决定行为不法色彩的主要因素”。[③] 这一点在目的犯中也是如此,如客观上同样是“偷盗婴幼儿”,主观上是

① 许玉秀:《当代刑法思潮》,中国民主法制出版社2005年版,第390页。

② 同上书,第465页。

③ 同上书,第465~467页。

出卖、勒索钱财、索债还是抚养,会得出拐卖儿童、绑架、非法拘禁抑或拐骗儿童的不同行为性质的结论。

最后,结合主观要素才能实现实行行为的定型性机能。所谓定型,是指事物的基本要素逐步形成并相对固定下来。"实行行为是基于法律规定建构的一种行为模型"。[①] 即实行行为是将前法律的具有普遍性、类型性的事实性行为抽象、固定为一种法律定型,进而成为罪状描述的重要组成部分。既然实行行为是无数现实事实性行为的评价模型,必然会强调其规范性,如果将实行行为限定为构成要件的一客观要素,其能否恰当评价行为的法律性质是有疑问的。如果人为的进行分割会导致实行行为内在构造的残缺,进而导致行为的定型发生偏离。对此,获得较高认同的看法认为:"杀人、伤害、毁坏财物等罪的实行行为缺乏定型性,以及条件说的无限溯及,是形成客观归责理论的基本原因"。[②] 但在笔者看来,过失犯及不作为犯的实行行为确实缺乏定型性,需要法官的价值补充并进行客观实质化的规范判断,但故意的作为犯罪中的实行行为完全可以做到定型性判断。

在客观归责理论看来,一个比较具有支撑性的假设是:甲在完全可以致乙死亡的情况下,将乙仅伤害至需要住院治疗的程度。但乙住院期间,丙对医院放火,导致乙死亡。不管是否采取客观归责理论,人们都会认为甲的行为仅是伤害行为,而非杀人行为,甲的行为与乙的死亡之间没有因果关系;在客观行为完全相同的情况下,增加一个情节,甲偶然得知与自己不相识的丙要对医院放火而故意伤害乙,并利用丙的放火行为导致乙死亡,人们会认为甲的行为是杀人行为,甲的行为与乙的死亡之间具有因果关系。

有学者据此认为,客观行为完全相同,却对实行行为的性质得出不同结论,即客观的伤害行为也可能被评价为杀人行为,因而杀人罪、伤害罪的实行行为缺乏定型性,客观归责理论的引入则可以避免这种判

① 陈兴良:《教义刑法学》(第2版),中国人民大学出版社2014年版,第204页。

② 张明楷:《也谈客观归责理论——兼与周光权、刘艳红教授商榷》,载《中外法学》2013年第2期。

断困境。[①] 本人并不认同这种看法。

其一,这明显是站在"违法是客观的、责任是主观的"立场上的质疑,但这种前提难以成立。如果顺承违法与责任主客观二分的逻辑,将实行行为定性为一个客观的构成要件要素,而一概排斥行为人主观的意思内容,当然会陷入实行行为判断窘境而难以实现定型性。如在以上假设性案例中,客观上的伤害行为却可能得出杀人与伤害两种不同行为性质的结论,这种实行行为的判断便显得不十分可靠。但上文已述,将作为违法性重要标志的"风险"视为纯客观的并不合理。其实,此例明显属于"特别认知"与主观故意的问题(下文详述),如果将这些主观因素作为实行行为的主观构造,便能够做到定型性,也能说明行为本身的性质。在此案例中,增加考虑行为人的主观计划,自然会得出前者属于伤害行为,后者属于杀人行为,两种情形明显具有不同的行为性质的结论。因此,所谓的实行行为是否缺乏定型性与其坚持的不法构造以及对实行行为本身的理解直接相关。其二,认为客观归责理论能够很好解释特别认知的问题,恐怕是种误解,对于主观上的"特知",连正统的客观归责理论者也不得不修正自身的客观化立场,承认"人之行为始终是由主观与客观交织而成,而客观归责亦具主观要素"。[②] 因此,在故意的作为犯罪中,纯粹的客观归责根本无法实现。该学者在"暴风雨案"[③]转变了立场,认为如果对实行行为进行定型性分析,即使不用客观归责理论也会得出不构成犯罪的结论。[④] 但在笔者看来,如果坚持将实行行为定位为构成要件的一客观要素,不承认其主观构造,其内在构造便不完整,难免陷入判断困境,定型性便难以实现。

总之,在故意犯罪中,行为人的主观要素具有影响不法上的重要意义,客观归责理论以行为的客观面作为归责的基础和重心,却忽视了一

① 参见张明楷:《也谈客观归责理论——兼与周光权、刘艳红教授商榷》,载《中外法学》2013 年第 2 期。

② 林钰雄:《新刑法总则》,中国人民大学出版社 2009 年版,第 136 页。

③ 有人在暴风雨就要到来的时候,把别人派到森林里去,希望他会被雷劈死,结果遂其所愿,他人果真被雷劈死。

④ 参见张明楷:《刑法的私塾》,北京大学出版社 2014 年版,第 70 页。

点:是否制造了法所不容许的风险及何种风险,即实行行为的性质,"在根本上只能通过考虑行为人的主观意志性才能得到查明",[①]纯粹的客观归责不可能做到。

(二)主观故意、特别认知在"风险"评估中的作用

以上论述初步说明了主观故意及其内容在"风险"程度与性质认定中的作用。罗克辛在其构建的目的理性犯罪论体系中虽将故意纳入构成要件阶层而使之成为典型的主观不法要素,但这种主观故意在客观归责中的地位明显受到冷落,这与他背后的哲学立场有关。目的论犯罪体系改变故意的定位以及构成要件的内部构造后,非常重视人的目的和主观,认为行为人主观上的意志支配可能性决定行为的取向,同时决定不法的取向。罗克辛则反其道而行,认为客观上对法益侵害有法律上重要性的,才可能是人的意志能支配的,从此扭转了主观不法与客观不法的地位。[②] 因此,客观归责论者和目的行为论者的争执,"根本上是客观不法和主观不法的争执,其中还夹杂着价值二元论与一元论以及规范论与存在论的争执"。[③] 目的行为论者所关注的行为人的主观意志或目的性是一种存在论意义上的事实性要素,基于方法一元论的立场,这种事实性存在完全可以也应当成为刑法规范评价的对象,并且这种主观意志应当作为归责的核心,是谓意志归责。而罗克辛认为从纯粹的外在事实推导不出对规范评价有用的东西。对于罗克辛而言,归责判断中的着眼点不是行为人的作为事实性存在的主观意志,也不是 Honig 所说的客观化的意志,即不是所谓的存在论意义上的目的性,而是法秩序追求的规范论意义上的客观目的,因此规范保护目的便

---

① [德]乌尔斯·金德霍伊泽尔:《犯罪构造中的主观构成要件——及对客观归属学说的批判》,蔡桂生译,载《刑事法评论》第 30 卷。

② 参见许玉秀:《当代刑法思潮》,中国民主法制出版社 2005 年版,第 443 ~ 444 页。

③ 同上书,第 367 页。

取代主观意志成为归责的核心。而规范保护目的,又无外乎是法益保护,行为在客观上对法益造成的危险或实害,自然便成为"考虑归责成立与否的决定性因素"。[①] 坚持客观归责,反对主观归责的初衷之一便是为了限制故意的范围,以客观构成要件限制故意的成立。其理由在于故意即是对实现构成要件的知与欲,并且不仅需对构成要件的外在形式存在认识,亦需对构成要件实现的实质,即侵害法益的风险存在认知。如果客观上没有法律所不容许的风险便否定客观构成要件,便否定了认知的前提,也就否定了故意。如客观归责论者在"暴风雨案"中认为,不能把一个纯粹偶然造成的死亡在客观上评价为法律意义上的杀人,所以,一个以此为目的的故意就不是杀人故意。[②] 由此,故意成为客观构成要件的问题,而不再是一个主观性的事实性要素,出现了故意的客观实质化倾向。

首先,这"屈尊"了主观故意在归责中的地位。基于定型性的特征,实行行为是对前法律的具有普遍性、类型性的行为的抽象规范化,在适用这一规范时,势必要进行类型性的分析,即并非客观上每一个致人死亡的行为都可评价为"杀人"行为。暴雨天被雷劈死具有偶然性,客观上不存在所谓的"杀人"行为,因此,无论行为人主观上如何设想,根据实行行为的主客观构造,都不存在故意(或过失)杀人。但不能就此否认主观故意的存在,因为毕竟行为人当初有积极追求他人死亡的心理。试想,如果行为人的主观故意非常明确(如事先多次告知他人欲想方设法除掉某人或在个人日记中有明确的表达),明显不宜因客观上对法益侵害的状态来否认这种主观事实。

其次,一些技术性风险虽非偶然,但却是伴随着科技进步难以避免的内在风险,如交通工具、计算机网络等,立法者会给予此类风险行为一定的容许度,即客观归责论所谓的"容许的风险"。但是否"容许"不

① 劳东燕:《刑法中的客观不法与主观不法——由故意的体系地位说起》,载《比较法研究》2014年第4期。

② 参见[德]克劳斯·罗克辛:《德国刑法学总论》(第1卷),王世洲译,法律出版社2005年版,第245页。

应作纯客观的一般性分析，而应考虑具体个案中行为人的主观内容。上文已经提及，在案例一快播案中，快播提供技术服务的对象显然并非仅限于淫秽物品上传者，如果一般性分析“风险”有无，快播的所谓“中立”技术是无辜的，被非法利用的“风险”也是内在于技术本身而无法根本祛除的。按照客观归责论的逻辑，这种行为应定位为“虽然制造了法律上有重大意义的风险，但属于法可容许的”，既然客观构成要件阻却，主观的故意便应否定或者根本没有列入评价的必要。但是，如果能够认定快播公司责任者的主观明知，恐怕客观归责论者自身也不会赞同不予归责的结论。因此，“风险”是否容许并非仅基于客观事实的一般性分析，而是结合行为人主观内容具体得出的结论。就此，泛泛而谈所谓的“中立”也无甚意义，表面上的“中立”行为完全可以因主观不法而成为制造法不容许风险的行为，在此“风险”评估中，主观认知便成为不可忽视的因素。

最后，“将故意危险认作客观构成要件的一要素，可能是种误解。故意危险乃是个依行为人认识而（可能）存在的事实情状的一风险征兆。故意危险的（可能）存在，可以和客观相符，但不是必定如此，不能犯未遂就是其例”。[①] 据德国刑法对未遂犯的规定，[②]在能犯未遂中仅仅是制造了法所不容许的“风险”，但这种“风险”并未实现。其之所以可罚是因为存在着处罚故意犯罪实行行为的实体根据，即实行行为内在的“风险”。对于这种“风险”，故意起了相当程度的决定作用，如果没有这种主观故意，仅仅是制造“风险”的行为根本不具可罚性（一般均认为过失犯不存在未遂问题），正因此，德国刑法通说将未遂犯的故意作为主观不法要素对待。也就是说，主观故意在未遂犯的“风险”评估中扮演着不可或缺的地位，在不能犯未遂中更是如此。按照客观归

① ［德］乌尔斯·金德霍伊泽尔：《犯罪构造中的主观构成要件——及对客观归属学说的批判》，蔡桂生译，载《刑事法评论》第30卷。

② 《德国刑法典》第22条规定，行为人已直接着手实现构成要件，而未发生行为人所预期的结果的，是犯罪未遂。第23条第3款规定，行为人由于对行为对象和手段的认识错误，其行为根本不能实行终了的，法院可免除其刑罚，或酌情减轻其刑罚。

责理论学说,既然客观上不可能制造法所不容许的“风险”,更不可能实现构成要件,理应否定主观故意的存在,但这与立法规定明显相悖。故意的不能犯未遂之所以可罚,同样是因为具备了相应的实行行为,即制造了法所不容许的“风险”。但此种情况下,纯客观来看“风险”是不存在的或不可能实现的,因此,此情境下“风险”存在与否主要在于主观故意的存在与否。在我国,虽然不存在不能犯未遂的法律规定,但理论上一般将未遂分为能犯未遂与不能犯未遂,除了迷信犯,并未否定不能犯未遂的可罚性。就此看来,在对待未遂犯处罚根据的“风险”判断问题上,我们同德国一样是更接近于主观说的,即充分重视主观因素在“风险”认定上的重要性。客观归责理论以主观迁就客观,强求两者一致,实际是泯灭了主观要素的应有地位。在解释未遂犯问题上捉襟见肘,这便再次证明了,“什么样的风险对于结果归责是决定性的风险,不考虑行为人的预想就不可能予以回答。行为人之行为和结果的产生之间是否存在风险联系,可能就不属于客观构成要件的检验,而只属于主观的归责”。① 也就是说,所谓的客观归责不可能纯客观化,“客观”归责之中也需“主观”归责,两者无法在逻辑上作出明确的界分。

为了强行表达其客观性,客观归责理论还拟制(虚构)了一个客观的观察者角色。也就是说,该理论认为,在归责判断中,并不存在个别的个体,而是想象中一般化了的主体,即所谓的“客观的主体”。由于省去了行为人的个别因素,自然是“客观的”归责。由此,行为人主观上的特别认知在逻辑上就被忽略掉了。但这种“特知”对于归责与否的判断并非是一个可有可无的因素。例如,客观上同样是医生 A 向患有严重糖尿病的 B 注射了葡萄糖水而导致了 B 的死亡,假设一种情况是 A 对 B 的患病事实是知情的,另一种情况是 A 对此毫不知情。对于后者,客观归责论者会认为,注射行为虽然实际上升高了风险从而造成了他人死亡,但由于这种行为通常是正当的且为日常所需的,便会被评价为一种“日常风险”(allgemeine Lebensrisiken),从而认定没有制造法

① [德]沃斯·金德霍伊泽尔:《故意犯的客观和主观归责》,樊文译,载《清华法律评论》(第 3 卷第 1 辑)。

所不容许的风险。但对于前者,既然对此明知,依然纯客观地认定没有制造法所不容许的风险从而阻却归责,则并非没有疑问。因为"对于故意犯,义务只能是,知道特定行为导致特定结果的人不应该去实施这种行为,除此之外的其他结论完全不符合刑法法益保护的意义和目的"。[①] 案例二"刘旭被控过失致人死亡无罪案"就是这个道理。客观地一般性分析,简单的推搡、轻微踢打当然不会产生致人死亡的风险,但如果行为人事先存在主观认知,[②]仍旧实施这种行为,就不能认为这种"风险"是法所允许的。由此,"特别认知"便成为客观归责理论"在背的芒刺"。[③] 对此,即便是客观归责理论的集大成者罗克辛教授也坦然承认,对风险的认知是判断客观归责的一个不可少的因素。如罗克辛教授认为,劝人在大城市中散步,在这种情形下,因为促使一种正常的并且一般没有风险的社会性举止行为的产生,是不能加以禁止的,因此,当这样一种做法例外地成为一种法益损害的原因时,也就缺乏了一种符合犯罪类型的杀人行为。但如果有人建议他人去散步并且知道在路上有谋杀者埋伏着,就当然应当肯定一种风险的创设,并且当散步者被杀时,就出现了由于谋杀或杀人而产生的刑事可罚性。[④] 就此来看,即

---

① [德]沃斯·金德霍伊泽尔:《故意犯的客观和主观归责》,樊文译,载《清华法律评论》(第3卷第1辑)。

② 至于认知的程度则是另一个问题。快播涉嫌传播淫秽物品一案中,法院认为快播公司虽然明知自己的网络平台上存在淫秽视频,但没有证据表明快播公司事先明确知道其中不特定的任一视频是否为淫秽视频。另外,现有证据也不能证明快播公司"希望"淫秽视频通过快播网络平台大量传播。由此可见,快播公司责任人主观上并未达到"确知"的程度,仅是基于现有证据推定其主观上"明知"。笔者认为,对于这种面向不特定对象的技术服务行为,与单笔面向特定对象的交易行为(如售卖菜刀、出租车司机载客等)相比,入罪要求的认知程度不应完全相同,一般来说,后者应高于前者。对于前者,不必要求其明确知道每一服务对象的具体行为性质,只要明知"有人"在利用其技术从事犯罪行为即可,但对于后者,则必须认识到具体特定服务对象的行为性质。这是由两种不同服务行为的性质决定的。

③ 许玉秀:《当代刑法思潮》,中国民主法制出版社2005年版,第458页。

④ 参见[德]克劳斯·罗克辛:《德国刑法学总论》(第1卷),王世洲译,法律出版社2005年版,第248~249页。

便是持客观归责理论者也会认为,如果"个案中存有可得认知的根据……那些对这种明显升高之风险有所认知的人,若还是让他人遭遇这类风险,便制造了一个受非难的风险"。[①] 也就是说,对于特别认知在"风险"认定上的地位是无法质疑和否定的。既然作为一种主观事实要素的"特别认知"一定程度上决定着归责与否,这种归责便难言是客观的。这再次证明,客观归责与主观归责无法截然区分。特别认知往往对应着故意中的明知(当然根据特别认知的事实在风险创设、实现中作用的力度,个别情形下也不排除过失的情形),其在归责中的作用也往往是通过故意加以体现的。

综合上述,在判断是否制造了法所不容许的风险,即实行行为实质侧面的认定上,不可忽略行为人主观因素。故意既是一般的主观构成要件要素,也应是实行行为的一般主观要素;不法意图或目的,既是特殊的主观构成要素,也应是实行行为的特殊主观要素。[②] 目的犯的目的无疑会决定着"风险"的有无或"风险"的性质,但所有的主观目的均以故意为前提,很难想象有了目的却无故意。所以,归结下来,在故意的作为犯罪中,主观故意是判断"风险"与否不可少的因素,实行行为不能简单定义为一个客观构成要件要素,而应是在主观故意或特定犯罪的主观目的作用下的、对法益产生法所不容许的紧迫风险的行为。

故意的作为犯罪的"风险"认定与归责思路是如此,但这种意志归责并不适用于过失犯罪与不作为犯罪。于过失犯罪而言,不存在事实上的目的支配,对不作为犯而言,不存在事实上的外在显性的身体活

---

① [德]沃尔夫冈·弗里希:《客观之结果归责——结果归责理论的发展、基本路线与未决之问题》,蔡圣伟译,载《刑事法评论》(第30卷)。

② 对于特殊的主观构成要件要素,通说认为除了上文交代的目的犯的目的,还包括倾向犯的内心倾向以及表现犯的内心过程。其中内心倾向在我国刑法中最为典型的就是强制猥亵、侮辱妇女罪中的追求性刺激的目的,但本人认为这种目的并非构成此罪的必备要件,出于报复等其他目的也可成立该罪,因此倾向犯理论在我国没有多大的借鉴意义。至于表现犯,最为典型的是伪证罪,如果行为人外在客观的"虚假"表述与真实的内心经过一致,完全可以借助没有该罪的故意而排除犯罪的成立,因此所谓的表现犯完全可以还原为主观故意的问题。

动,两者在存在论意义上均是一种"无",所以由事实指向规范的方法一元论思维便无发挥的余地。但两者对法益造成的风险或实害却是无可置疑的,因此有通过"风险"概念加以客观实质化改造的必要。过失犯的归责基础在于违反客观的结果规避义务,而这种义务只能进行一种一般化的客观考量,法规范不可能做到对每个个体量身打造自身的注意义务,因此客观的第三观察者角色就有存在的必要,这种客观观察者也正是拉伦茨客观归责论中客观的意志论的运用。并且这种一般人标准的设立有利于过失犯判断的客观化,避免唯结果主义的定罪思维以及判断的肆意。正如耶赛克教授所认为的,"构成要件该当的过失行为的不法,不能仅因造成结果而最终决定,如果结果是基于违反法秩序向行为人的交往领域里认真的和有理智的成员在行为状态下提出的注意要求,而且,如果结果的发生能被此等普通人预见的,才存在过失行为""过失行为的不法构成要件由三个要素决定:实现构成要件危险的认识可能性、基于该危险认识而客观要求的注意的行为和因违反注意而发生该当构成要件的结果"。① 作为第一要素的认识可能并非行为人个体的主观心理,而是相对于理性第三人的规范构建。并且,过失犯的实行行为相较故意犯,并不具有自足的独立性,而是受制于结果的发生与否。只有严重危害结果发生,才会回溯性考虑哪种行为制造并实现了这种风险,即结果的客观归责。如最近的"两兄弟醉倒草丛被当作猎物击毙案"②中,如果没有伤亡的事实,我们根本不可能去理会狩猎队员的行为是否制造了法所不容许的风险。只有死亡结果出现,我们才会去审视其行为性质。而判断是否制造了法所不容许的风险,只能在相似的处境中以行为人所属的一般人为标准来判定其是否违背了客观注意义务。这种不法构成要件的客观化正与客观归责理论相契合。

因此,客观归责理论解释过失犯罪游刃有余,却难以应对故意犯中

---

① [德]汉斯·海因里希·耶塞克、托马斯·魏根特:《德国刑法教科书》,徐久生译,中国法制出版社2001年版,第677~678页。

② 参见《湖北蕲春两兄弟醉倒草丛 被狩猎队员当成猎物击毙》,载 http://news.21cn.com/caiji/roll1/a/2017/0118/16/31901109.shtml,最后访问日期:2019年1月22日。

的主观故意、目的以及特别认知问题。该理论学说试图将故意和过失结果犯纳入统一的理论体系中,认为其本质同样是制造和实现不被容许的风险,却没有充分意识到这种“风险”在主客观上有着不同的内涵。因此,“主张故意犯和过失犯的归责规则完全一样就太过分了”。[①]其问题的根源在于故意犯与过失犯有着主观不法与客观不法的不同构造,这就进一步决定了“风险”创设上前者不能不考虑主观,而后者只能认定为客观。这便正如弗里希教授批评的那样,“客观归责理论的意义在司法实务上就特别落在过失犯的范畴中,在故意犯的部分,对客观归责理论来说,大体上就只剩下那些著名的教科书案例”,[②]而不具有司法实务上的意义。其实罗克辛教授自身也承认,客观归责理论的实际意义,主要存在于过失犯罪中。[③]

在不作为犯罪中,单纯从主观上的对因果流程的意志操控无法认定犯罪成立与否,因为作为义务者与其他普通人主观上都可以存在这种主观意志,只能求诸于客观上的保证人地位。因此,不作为犯与过失犯在客观不法上是一致的,能够真正做到所谓的客观归责。

以上所述仅是针对于“风险”判定上的主客观事实基础(或要素),至于判断的方法,则应结合“风险”本身的性质来作出界定。于判断标准而言,“风险”并非科学性事实,而是一种规范性实质要素,科学的因果法则标准并不可取。刑法并非将现实生活中的一切风险行为均纳入规制之列,而是将具有普遍性、类型性的对法益具有现实风险或实害的行为抽象化、类型化,提升为刑法规范中的实行行为,即实行行为具有规范性。即便是科学的风险,如果对于一般国民来说是未知的,便也不是这里所说的侵害法益的风险。只有根据社会一般观念界定“风险”,才有可能规制一般国民的行动。因此,判断上的一般人标准是更加合

① 许道曼:《关于客观归责》,陈志辉译,载许玉秀、陈志辉主编:《不移不惑献身法与正义——许道曼教授刑事法论文选辑》,新学林出版股份有限公司1980年版,第556页。

② [德]沃尔夫冈·弗里希:《客观之结果归责——结果归责理论的发展、基本路线与未决之问题》,蔡圣伟译,载《刑事法评论》第30卷。

③ 参见[德]克劳斯·罗克辛:《德国刑法学总论》(第1卷),王世洲译,法律出版社2005年版,第246页。

理的。于判断节点而言，“风险”并非作为法益侵害的结果，而是实行行为本身内在的属性，因此不应从事后（裁判时）进行认定，否则只要结果没有发生就会得出没有“风险”的结论，进而使未遂犯失去了存在的必要。“风险”或“危险”的本意是一种“可能性”或“盖然性”，是对不确定结果的一种预测，只有坚持行为时立场才更加符合这种本意。于判断基础而言，“风险”既然并非一种纯客观存在，因此，在结合不能犯与未遂犯的区分标准界定“风险”的内涵时，笔者不会接受完全排斥行为人主观因素的客观危险说。但如果过于推崇主观要素的地位，坚持纯粹的主观不法论立场而将结果仅作为客观处罚条件，也是一个极端。为了在主客观之间取得某种平衡、合理限制未遂犯的处罚范围，笔者提倡“修正的具体危险说”，即在具体进行“风险”认定时，应以“一般人可能认识到的事实和行为人特别认识到的事实”作为判断基础，将事后查明的事实作为参考因素，以社会一般性（通常性）作为规范性的判断标准，从行为时认定侵害法益的可能性。当行为人特别认识到的主观事实与事后认定的客观事实吻合时，应直接认定为具备法益侵害的“风险”；而当客观事实不存在时，则需行为人在主观上有认识并且一般人也会如此认识（都陷入认识错误），才能认定为“风险”的存在。也就是说，并非任何时候，只要行为人主观上有“恶意”就认定法所不容许的“风险”成立。① 当然，这并不改变本文所主张的重视主观要素在判定行为性质上具有不可或缺的作用的立场。

三、将制造法不容许风险的行为还原为结果归属的对象

对于刑事责任认定经过了从归因到归责的理论嬗变，人们已认识到构成要件的满足并不单独取决于因果性，还必须另外补充其他的归责标准。客观归责论便“自告奋勇”地承担起这一职责，其自诞生的那一刻起，就与因果关系划清了界限，自命为“归责理论”。这一理论对

① 具体观点可参见崔志伟：《实行行为的危险与处罚未遂的实质根据——“修正的具体危险说”之提倡》，载《河南财经政法大学学报》2016 年第 6 期。

于厘清归因与归责的关系、实现犯罪论体系的规范化无疑具有不可磨灭的作用。但严格区分归因与归责、先归因再归责,这一设想虽好,能否真正做到却不容乐观。客观归责理论为了强行证明自身的“归责”定位、与“归因”划清关系,也带来了一定的体系性混乱。

(一)混淆了作为评价基底的行为与作为评价规范的实行行为

客观归责理论以条件说为前提,而后讨论不允许性风险的创设、不允许性风险的实现和行为构成的作用范围,也就是在因果关系之后再进行实行行为的实质判断。而既然先考察了因果关系,也就必然已经考察了行为与结果。也就是说,客观归责理论坚持的是如下逻辑思路:

构成要件
- Ⅰ行为→结果→因果关系(条件说)
- ⇓
- Ⅱ不允许性风险的创设→不允许风险的实现→构成要件的作用范围

不允许风险的创设既然是对实行行为的实质判断,那么对于条件说中的“行为”该作怎样的理解?笔者认为仅有两种可能:第一,将其视为未经规范性审核限定的、事实性的“裸”行为;第二,将其视为经过限定的实行行为。从逻辑上讲,既然客观归责论将规范性归责的重任独揽一身,与事实性归因严加区分,那么条件说中的“行为”便不会存在规范评价的媒介和可能性。实际上,客观归责论者便是基于“归因”的事实性,在自身之前对行为做无限定的、简单事实性处理的。如罗克辛将“暴风雨案”中劝他人外出散步的行为先视为符合条件关系的“原因”,经过符合条件性因果关系的考量后,再基于“缺乏风险创设”的规范、实质化处理,不将其视为符合犯罪类型的杀人行为;①促使他人从

① 参见[德]克劳斯·罗克辛:《德国刑法学总论》(第1卷),王世洲译,法律出版社2005年版,第248页。

事充满危险的职业或者体育运动,先肯定条件性因果关系存在,但即使他追求的是那些邪恶的目的,由于没有超越法所允许的风险,不能理解为犯罪;①两个骑自行车的人,在晚上骑着没有灯的车前后相随,前面的人由于缺乏照明撞上了迎面而来的行人,只要后面骑车人安装上车灯,事故便不会发生,先肯定后面骑车人未安装车灯而驾驶的行为与事故的因果关系,再通过"不符合谨慎规范保护目的"②而排除归责。非常明显,客观归责理论对处于第Ⅰ部分的"行为"是仅形式的、事实的对待的,不加任何限制或实质评价,直待到了第Ⅱ部分,才发挥客观归责对构成要件的实质限定机能。这样便带来一种后果:将行为论带入构成要件论中,两者的层次区分便失去了必要;并且将事实性的"裸"的行为与规范性的实行行为相混淆,模糊了实行行为的概念,使实行行为限定因果关系起点的机能无法发挥。

对于前构成要件的行为与实行行为有"区分不要论"与"区分必要论"两种观点,其争执根源于哲学中的事实与价值的二元论。事实与价值二分的哲学思维直接影响到对行为论单独存在必要性的理解。如罗克辛针对 Welzel 的目的行为概念的物本逻辑批判道,"从存在论上先在的行为概念导不出任何对刑法有意义的东西""一个价值中立的'目的支配因果流程'不可能直接成为刑法评价的对象,因此不可能成为建立刑法体系的基础概念,这种存在论上先于法律的行为概念是一个无用的概念"。由此,"罗克辛反对独立的行为阶层以及存在论上的行为概念",③只认可构成要件行为。Welzel 则秉持不同的哲学立场,认为所有的秩序和意义原本就存在于客观现实之中,即价值原本隐藏在存在之中;在法律概念架构之前,有一个已经成形、有意义内涵的真实世界,所谓概念形成不过是对现实存在的"描述"。因此,评价的概念体系便不是和被评价的生活秩序不相干的体系,法秩序本身等于生

① 参见[德]克劳斯·罗克辛:《德国刑法学总论》(第1卷),王世洲译,法律出版社2005年版,第252~253页。

② 同上书,第256页。

③ 许玉秀:《当代刑法思潮》,中国民主法制出版社2005年版,第140~142页。

活秩序。[①] 对于这种事实与价值一元论而言,将未经刑法法规范评价的、存在论意义上的、事实性的“裸”行为前置于构成要件,将之作为一个规范评价的载体和对象,显然没有多大障碍。直至后期,罗克辛本人不再像20世纪60年代初期那样否认行为阶层的功能,而是在三阶层之外承认独立的行为阶层,认为犯罪阶层评价体系必须建立在一个先于法律存在的、就法律而言属于存在论上的行为事实上面。[②] 由此创设出独到的人格行为概念,其方法二元的新康德主义路线俨然已经修正。单纯就此看来,绝对的事实与价值二分的逻辑思维便存在一定缺陷。

从行为论的机能来看,行为论的功用是为犯罪构成提供一切评断的资料,也是犯罪构成得以发挥评价功能的平台。这种不涉规范、唯事实论的行为便是“裸的行为”,属于评价的对象,而实行行为才是真正的规范性尺度。现实生活中,当某一危害后果发生后,我们先认定造成此结果的原因是否属于“行为”,剔除之后的或拿捏不定的,便进入刑法规范的评价之列。只有那些符合罪状特定描述的行为才属于实行行为,刑法应予重点规制。如果把“行为”比作原料,行为论的作用便是筛选一切不宜做原料的成分,而实行行为则对此进行法规范的审视与加工,从而成为刑法的规制对象。因此,从逻辑上讲,行为论与犯罪论的区分是有意义的,行为论中的“行为”是未涉规范评价的、事实性行为,构成要件中的“行为”则指制造法不容许风险的实行行为。这有利于犯罪论体系化、细致化的构建,也有助于厘清“行为”的事实性与“实行行为”的规范性的根本区别所在,从而对实行行为作出合乎规范性特征的界定。而如果对此不予区分,首先,实行行为作为因果关系之“因”的限定功能可能难以发挥;并且容易忽略实行行为不同于“行为”的规范性特征,从而对实行行为的内涵界定出现偏差,对实行行为内在的“风险”的判断标准采取科

---

① 参见许玉秀:《当代刑法思潮》,中国民主法制出版社2005年版,第134~136页。

② 同上书,第144页。

学的因果法则就是适例。①

(二)刻意放大了条件说自身的缺陷

客观归责论者对条件说的一般批评是其可能使因果关系的范围过宽,形成无止境的关联,②这会导致不断扩大的刑事风险。小野清一郎便清晰得认识到,若将条件说贯彻到伦理行为③中去,就会陷入"恶无限"的境地,亦即生育杀人犯的父母亲也是杀人的原因;制造和贩卖切菜刀的,也成了伤害致死的原因;或者打人并使其受点非常轻微的伤害,被害人去医院途中,恰逢交通事故死亡,打人者也要负伤害致死的责任了。所以,在对具体行为做伦理的或法律的考察时,无论如何有必要加以某种限定。④ 在此,小野不仅指出了条件说自身的不足,更明确了对此弥补的路径,即对作为原因的行为加以规范化限定,这是与客观归责论不同的路径。

其实条件说作为一种因果关系判断规则本身并没有问题,任何的归责理论必须以此为前提,所谓的"恶无限"原可以通过限定"因"予以解决。通过以上所示客观归责理论的逻辑思路是,先对此"因"不加任何限定,由此使条件说的"弊端"极端放大,而后再通过自身的一系列

① 因为若对制造法所不容许的风险与否采取科学因果法则的判断标准,便是偏重于"风险"的事实性而忽略了其规范性。而实行行为不同于先构成要件的"行为"之处,正在于其规范性。

② 参见周光权:《客观归责理论的方法论意义——兼与刘艳红教授商榷》,载《中外法学》2012 年第 2 期。

③ 小野清一郎所说的伦理行为便是他所指的构成要件行为,亦即实行行为,他认为,行为是人类存在中的伦理实践过程,它不单纯是主观方面的,同时也不单纯是客观的,而是包含主客观两方面的伦理整体。参见[日]小野清一郎:《犯罪构成要件理论》,王泰译,中国人民公安大学出版社 2004 年版,第 100 ~ 101 页。这种"伦理"便是小野基于道义责任论的立场而主张构成要件行为是违法、有责行为类型的体现,在笔者看来这种"伦理"行为便类似于本文所主张的主客观相结合的定型性的实行行为。

④ 参见[日]小野清一郎:《犯罪构成要件理论》,王泰译,中国人民公安大学出版社 2004 年版,第 105 页。

评价规则将不可归责的事项逐件排除。这种先纳入后排除的路径当然会显得自身的审核规则无比重要,但多少有点"以邻为壑""自我造势"的嫌疑。由此,客观归责论所批评的条件说缺陷其实是其特意创造的自我言说的某种前提。并且,如果按照客观归责论的逻辑,对Ⅰ部分的"行为"不加任何限定,杀人犯的父母、向他人炫富而引起此人抢劫意念、穿着比较性感而引起男性淫念等非常正当的、在刑法规范评价面前"不值一提"的行为,也因符合条件关系,而进入Ⅰ部分的构成要件符合性判断,及至到了"归因"后的"归责"(Ⅱ部分)阶段,才能结合"制造法不容许风险"排除实行行为性。如此一来,便使构成要件承载过多,一些无关紧要的行为也争相涌入其中,构成要件的规范评价机能也无法发挥,而完全让位于客观归责。亦即贬压了构成要件,抬高了客观归责,客观归责理论便顺理成章地将构成要件的规范评价作用"洗劫一空"。而且Ⅰ部分形式上的构成要件与Ⅱ部分实质限定之后的构成要件,在内涵与外延上相差过大,简直是挑战构成要件的"弹性"极限。因此,正确的解决条件说"恶无限"的路径应该是从"因"着手,将这种"因"限定解释为对于法益侵害具有现实、紧迫风险的(实行)行为。

当然,以上仅是就故意犯罪而言,在过失犯罪中,实行行为缺乏定型性,无法对其进行独立的评价。这是因为,过失犯罪实行行为对结果具有依附性,其归责逻辑不同于故意犯中的由行为到结果,而是"结果反制行为",即只有发生了严重的危害结果,才会追溯审查其对应的实行行为,与客观归责理论的归责思路正好契合。

(三)客观归责论的无所不包淹没了实行行为

在德国,对客观归责理论有着"出没的幽灵"、未决问题的"杂物间"、①

---

① [德]托马斯·魏根特:《客观归责——不只是口号?》,王静译,载梁根林、[德]埃里克·希尔根多夫主编:《刑法体系与客观归责》,北京大学出版社 2015 年版,第 95 页。

"无数触角的巨大章鱼"①等类的批评,其共同指向一个问题,即客观归责理论的无所不包,不仅将整个构成要件纳入麾下,甚至开始觊觎违法性的领地。体现在构成要件领域,客观归责理论受到的批评就是"把所有限缩客观构成要件的问题都当作结果归责的问题来处理""许多被客观归责理论解释成结果归责的问题,实际上并非涉及结果归责,而是涉及'是否存有构成要件该当、受禁止的行为'这个问题"。"如果行为人根本没有从事构成要件该当行为,那么所发生的结果当然也就不能归责到他身上,但不能归责的原因是欠缺构成要件该当的行为"。② 也就是说,是否制造法所不容许的风险,是对实行行为的实质审核,尚不属于真正的结果归责,"客观归责理论的第二个下位规则即不允许危险的实现,才是真正的结果归属理论"。③ 但在客观归责的理论框架下,将实行行为的判断作为下位的规则之一,"冲击了实行行为的定型性思考"。④ 因为实行行为是一个法规范禁止的命题,客观归责是有了受禁止行为且发生了特定结果从而决定是否为结果负责的命题,两者分属不同层次,如果一概用不可归责加以总结,并不能进一步说明不可归责的理由。例如,行为人交付毒品给他人,并且容忍了他人可能因滥用而死亡的结果,如果结果真的发生,虽借助客观归责理论的一系列规则也可排除归责,"但是还没有办法立刻说明为何这类案件中不成立杀人未遂"。⑤ 只有保持实行行为判断的相对独立性,才能很好说明不归责的理由是因为根本不存在结果归责的对象和前提,即无实行行为。

---

① [德]许遒曼:《关于客观归责》,陈志辉等译,载许玉秀、陈志辉主编:《不移不惑献身法与正义——许遒曼教授刑事法论文选辑》,新学林出版1980年版,第542页。

② [德]沃尔夫冈·弗里希:《客观之结果归责——结果归责理论的发展、基本路线与未决之问题》,蔡圣伟译,载《刑事法评论》第30卷。

③ 张明楷:《客观归责——响亮口号》,载梁根林、[德]埃里克·希尔根多夫主编:《刑法体系与客观归责》,北京大学出版社2015年版,第114页。

④ 刘艳红:《客观归责理论:质疑与反思》,载《中外法学》2011年第6期。

⑤ [德]沃尔夫冈·弗里希:《客观之结果归责——结果归责理论的发展、基本路线与未决之问题》,蔡圣伟译,载《刑事法评论》第30卷。

因此,“制造风险”应该“作为客观归责的前提与客观归责本身分别开来”,①将实行行为本身作为归责的对象,风险是否实现作为判定实行行为存在之后考量具体结果是否可归属于该特定行为的规则。没有制造法所不容许的风险便缺乏定型性的实行行为,完全不必开启结果归属判断的流程;制造了法所不容许的风险但未实现就是未遂犯;所制造的风险在构成要件结果中实现就是既遂犯。

通过以上系统论述可以总结出,归责与否并非是客观与主观割裂开来、分别考察的判断结果,所谓的“客观归责”“主观归责”本身接近于一个假命题,实际运作中并不真正存在。在故意的作为犯罪中,正确的归责判断是,先结合主客观要素审视是否制造了法所不容许的对法益造成的紧迫风险,即先规范地实质地限定实行行为的成立范围,即限定条件说的“因”,如果正面确认了实行行为的存在,也就具备了结果归属的对象和前提。接下来才考虑真正的结果归属本身的问题。在这种结果归属的判断中,也是先以事实性因果关系(条件说)为前提,再规范性判断结果与行为之间的常态关联。其逻辑顺序是:(定型性)实行行为→结果→条件因果关系→风险实现(结果归属)。由此,在事实性因果判断之前,于实行行为层面已经进行了一定程度的规范性归责判断,事实与规范的割裂仅是一种设想,实际上却难以做到。因此,我们必须承认因果判断与归责判断两者难以截然区分,②相反,两者实际上是你中有我、我中有你、交叉进行的。

四、余论——“归属”的其他规则补充

本文只是从主客观的体系性角度分析了对“制造法不容许风险的行为”客观化理解以及客观归责理论在解释故意的作为犯罪的归责问

① [德]托马斯·魏根特:《客观归责——不只是口号?》,王静译,载梁根林、[德]埃里克·希尔根多夫主编:《刑法体系与客观归责》,北京大学出版社2015年版,第101页。

② 参见许玉秀:《当代刑法思潮》,中国民主法制出版社2005年版,第406页。

题上的不足,并非一概排斥客观归责理论体系中的所有细则,如法规范的保护目的、结果的规避可能、同意他人造成的危险等,这些细则有助于在法益保护目的指导下实现实质出罪,应该是合理的,但需要进一步审度这些细则的定位。如在客观归责理论框架下,将法规范的保护目的作为"实现不法风险"的下位细则。笔者认为,如果一个行为虽然初步判断实现了风险,但在法规范的保护目的之外,完全可以基于实质解释,不将此行为作为实行行为对待,从而不具备归责的前提,连未遂的可能性也不具备。相反,如果放在"实现不法风险"中考虑,则不无成立未遂的可能。因此,"注意规范的保护目的,完全可以作为实行行为的应有内容来把握"。①

"实现不法风险"的结果归属判断完全可以在"条件说兼合法则条件理论"基础上用相当性理论予以解决。社会相当具有"历史形成的社会共同生活秩序范围内的行为"的基本含义,而这种"社会共同生活秩序"又必然以"一般人"作为其实体内容。客观归责理论的"实现不法风险"实际考虑的便是结果与行为之间的常态关联,排除重大偏离之因果关系。而是否属于"常态",何为"重大偏离"离不开于一般人角度相当与否的判断。相当性原则是一种很重要的归责理论内部的结构性要素。但是,客观归责论者对相当理论的批评是,与客观归责理论相比,其缺乏判断实行行为的具体规则,规范判断程度不高,对部分案件没有考虑刑事政策的要求。② 笔者并不赞同这种批评意见。在判断实行行为时,如风险是否系法不容许,固然需要相当性的判断,然而相当与否并非判断实行行为的唯一标准。如上所述,法规范的保护目的也应成为判断实行行为的理据,因此,判断实行行为的具体规则绝非"相当"理论独揽。并且,批评相当理论规范判断程度不高,缺乏判断实行行为的具体规则,并没有多少实际意义。客观归责理论由于它自身的

① 张明楷:《也谈客观归责理论——兼与周光权、刘艳红教授商榷》,载《中外法学》2013 年第 2 期。

② 参见周光权:《客观归责理论的方法论意义——兼与刘艳红教授商榷》,载《中外法学》2012 年第 2 期。

无所不包,其能够发挥的功用当然非相当理论能够媲比,后者充其量仅是前者的一个重要细则。以客观归责理论的全备性批评"相当"学说理论单薄,犹如说白菜不如鸡蛋、虾营养丰富一样没有道理。但传统相当理论的弊端在于其与因果关系纠结在一起,命名为"相当因果关系",以相当与否肯定或否定因果关系的存在,忽视了因果关系自身的客观性。正确的做法是,将相当理论作为一项归责判断要素,以"条件说兼合法则条件理论"作为判定因果关系的依据。并且,相当与否固然不能理解为客观的可以量化的概率性概念,却可将偶然性或不相当的情形予以排除。即便运用客观归责理论也不可能做到归责判断上的绝对精确,这是由社会科学的特性决定的。

此外,相当与否作为一项结果归属的判断标准,也需要参照行为人主观的特别认知,并需要进行事后的考量。社会相当理论在判断结果能否归属实行行为时,固然以社会一般人作为评判标准,主要争议在于判断基础或曰判断事实。对此,客观说主张以行为时的一切客观事实作为基础进行判断;主观说主张以行为人认识到或可能认识到的事实为基础进行判断;折中说主张以一般人能认识到的以及行为人特别认识到的事实为基础进行判断。客观说完全排斥行为人的主观因素并不合理。例如,A为了杀死B向B开枪,子弹打中了B的胳膊,在B送医手术期间,恐怖分子袭击医院致B死亡,主观上有A对恐怖袭击毫不知情和存在事先认知从而借他人之手以逃避更重罪责两种可能。对于前者,我们虽然认定其制造了法不容许的风险,但介入因素具有异常性,结果与行为没有常态关联从而阻却结果归属,只能成立故意杀人未遂;但对于后者,仍认定为风险未实现显然不合理,有必要将A主观的认知作为判断基础,在医院治疗受到恐怖袭击固然是异常的,但利用恐怖袭击能够致人死亡却是常态的。因此,在判断相当与否时,如果有行为人存在特别认知的根据,则必须以此"特知"作为判断基础,如确无证据证明其"特知",则宜以一般人的可能认知作为依据。并且,结果归属判断系为已然发生的结果寻找相对应的行为,是在结果发生之后从事后的角度加以分析的,坚持的是"裁判时"立场;而实行行为的"风险"系对结果造成侵害的可能性,是对未然之事的预测,因此"风险"判断是从事前的角度做出的,坚持的是"行为时"立场。

总而言之,主观与客观并不能够彼此分离,构建一个不考虑行为人的人格与认知的"客观的"归责面也无法实现。① 在故意的作为犯罪中,所谓的"客观归责"与"主观归责"的划分并没有多少实际意义,客观归责中也可能存在主观归责。作为结果归属对象的实行行为不应像客观主义所主张的那样仅限于行为的客观侧面,而是"既包含行为的客观侧面又包括行为的主观侧面"的"作为整体的行为"。② 客观归责理论将故意、过失犯罪一概纳入麾下,忽视了两种犯罪有着不同的不法乃至犯罪构造,表面上的强求一致注定使其处处遭遇"滑铁卢"。将故意、目的等主观因素纳为实行行为的主观构造,并非说只注重行为人的主观心理,重回意思刑法。纯粹的客观不法与纯粹的主观不法都应杜绝,前者是因为逻辑、规则使然,后者是可行性所限。由于行为人主观世界的神秘莫测,主观因素的存在当然以有外在可查的客观事实为前提,但这绝不等同于客观归责理论坚持的以客观上法益侵害可能与否来肯定或否定主观故意。所谓的主客观相统一在具体问题的立场上固然是模糊而不可取的,但在主客观要素的组合或规范判断上却是难以打破的,在刑法归责上更是如此。

The Structure and Location of "The Act Making the Risk the Law not Permitted"

—From the Perspective of Intentional Act Crime

Cui Zhiwei

[内容摘要]"制造法所不容许的风险"是对实行行为的实质判断,

① 参见[德]托马斯·魏根特:《客观归责——不只是口号?》,王静译,载梁根林、[德]埃里克·希尔根多夫主编:《刑法体系与客观归责》,北京大学出版社 2015 年版,第 97 ~98 页。

② 参见劳东燕:《刑法中的客观不法与主观不法——由故意的体系地位说起》,载《比较法研究》2014 年第 4 期。

"风险"并非纯客观的事实性存在,刑法规范中的"目的动词"将主客观要素紧密结合在一起;主观要素可能决定着"风险"的有无以及"风险"的程度,也可能影响着"风险"的种类,即行为的性质。客观归责理论无法逻辑性一以贯之地解释"中立"技术服务行为以及存在主观故意、目的、特别认知的行为的归责问题。因此,实行行为应是在主观故意或特定犯罪的主观目的作用下对法益制造法不容许的紧迫风险的行为。在故意作为犯罪的刑事责任认定中,绝对的先归因再归责、先客观归责再主观归责并不现实,"客观"归责中也可能存在"主观"归责。在故意的作为犯罪中,正确的归责路径是,先将制造法不容许风险的行为(包含客观要素和主观要素的整体性的实行行为)作为归责的对象和前提,再以"条件说兼合法则条件理论"作为判定事实性因果关系的依据,最后通过相当性理论考虑"风险实现"的结果归属,实现归属对象与结果归属的分离。

[关键词]法不容许的风险;故意的作为犯罪;实行行为;客观归责

Abstract: "Making the risk the law not permitted" is a substantive judgment of the perpetrating act, "risk" is not purely objective and factual existence, the "purpose verb" in criminal law norms closely combines subjective and objective elements; subjective factors may determine the existence of "risk" and the degree of "risk", and may also affect the types of "risk", that is, the nature of behavior. The objective attribution theory can not logically and consistently explain the attribution of "neutral" technical service behavior and behavior with subjective intention, purpose and special cognition. Therefore, the perpetrating act should be the act making risk which is not permitted by the law to the legal interest under the action of subjective intent or the subjective purpose of a specific crime. In the criminal liability determination for intentional act crime, absolute first ascribing and then attribution, first objective attribution and then subjective attribution are unrealistic, subjective attribution may also exist in objective attribution. In the intentional act crime, the correct attribution way is to regard the act making the risk the law not permitted (i. e. the perpetrating act that contain objective and subjective elements) as the object and premise of attribution, then take the conditional theory and the rule-compliant condition principle as the basis for determining factual causality. Finally, considering the result attribution of "risk realization" through the theory of equivalence, realize the separation of attribution object and result attribution.

Keywords: The risk the law not permitted; The intentional act crime; The perpetrating act; Objective attribution

〔国际刑法〕

论国际刑事法院的执行限制及其影响
——以逮捕令执行为例

于　南*

目　　次

国际刑事法院是审判最严重刑事犯罪的唯一的常设性国际司法机构，也是国际上第一个以结束有罪不罚现象为宗旨的普遍性永久机制。《国际刑事法院罗马规约》(以下简称《规约》)的序言明确表达了其终止有罪不罚的决心："……认识到这种严重犯罪危及世界的和平、安全与福祉，申明对于整个国际社会关注的最严重犯罪，绝不能听之任之不予处罚，为有效惩治犯罪，必须通过国家一级采取措施并加强国际合作，决心使上述犯罪的罪犯不再逍遥法外……从而有助于预防这种犯罪。"国际刑事法院采取的是间接执行模式，法院依

---

* 北京师范大学刑事法律科学研究院副教授、法学博士，博士生导师，二十国集团(G20)反腐败追逃追赃研究中心副主任。

赖于国家逮捕并向其移交被指控的行为人，向它提供法律协助，执行其刑事判决。

法院自《规约》生效以来已经运行了十五年有余，随着受理案件数量的增加，案件执行受阻问题日益显现。考虑到《规约》不允许缺席审理的规定，逮捕令的执行无疑是全部执行问题中最为重要的一个。因为，如果无法执行逮捕令，那么法院的诉讼程序就只能到“发布逮捕令”为止，客观上阻断了诉讼进程；而如果逮捕令得到了执行，那么后续的协助调查和资料传递等就大多只涉及时间问题。尽管法院无诉讼时效限制，理论上不会阻断诉讼进程。但正如检察官奥坎波在国际刑事法院第九次缔约国大会所作的报告中所指出的，“逮捕犯罪嫌疑人是提高《规约》运作效率和实现预防犯罪功能最关键的因素之一”。[①] 法官科什也指出，“没有逮捕，就无法审判，无法使被害人获得被救济的司法正义，进而使潜在犯罪人基于有罪不罚的侥幸心理而实施新的犯罪”。[②] 然而，随着肯尼亚退出国际刑事法院使检察官因无法获得据以起诉的足够证据而无奈撤诉事件的发生，再次将法院的执行限制问题推上国际舆论的“风口浪尖”。考虑到国际刑事法院缔约国大会作出的关于《加强国际刑事法院与缔约国大会关系》的决议中所指出的“不执行法院请求对于法院执行其授权的能力所造成的负面影响”以及《规约》序言所言“国家一级采取措施并加强国际合作对于法院有效惩治犯罪”具有的实质性影响，[③]有必要对法院逮捕令执行现状及其过程中遇到的问题予以梳理，探索限制法院有效执行的因素，并对执行限制对法院

① The Office of the Prosecutor, Mr. Luis Moreno-Ocampo, Speech, *Address to the Address to the Assembly of States Parties*, Ninth Session of the Assembly of States Parties, 6 December 2010, p. 5.

② Judge Philippe Kirsch, *Address to the United Nations General Assembly*, 1 November 2007, p. 5.

③ See respectively ICC-ASP/9/Res. 3, para. 12, ICC-ASP/10/Res. 5, para. 9, ICC-ASP/11/Res. 8, para. 10, ICC-ASP/12/Res. 8, para. 10, ICC-ASP/12/Res. 8, annex I, para. 2 (a), ICC-ASP/13/Res. 5, paras. 14, 15.

功能发挥的影响予以评析。

一、实践中法院逮捕令的执行限制情况

(一)间接执行模式中的逮捕和移交

国际刑事法院采取的是“间接执行模式”,与理想的“直接执行制度”相比,它不包含诸如国家刑事审判制度直接融合或综合国际刑事审判制度建立的所有要素,即调查、起诉、审判、处罚与执行。间接执行制度依赖于国家法律制度,期待国家或起诉或引渡义务的履行。《规约》第九编是关于 ICC“国际合作和司法协助”方面的规定,我们将其内容分为请求合作事项以及不合作时的应对两方面内容。

针对合作内容来讲,主要包含了缔约国在法院调查和起诉犯罪方面同法院充分合作的一般义务(《规约》第 86 条)和具体义务。其中,具体义务中首先就规定了“向法院移交有关的人”,即《规约》第 89 条的合作逮捕并向法院移交罪犯的规定,这凸显了法院诉讼流程中“嫌疑人移交”环节的重大作用。其他的具体义务,如第 93 条的在调查和起诉方面提供的协助(查明某人身份和下落或物品所在地;取证;讯问任何被调查或被起诉的人;送达文书;为证人或鉴定人出庭提供便利;临时移送人员;勘验;执行搜查和扣押;保全证据;查明、追寻和冻结或扣押犯罪收益、财产和资产及犯罪工具;被请求国法律不禁止的其他形式的协助等),以及第 94 条、第 95 条、第 97 条关于推迟执行请求和发现可能妨碍或阻止请求的执行而应立即与法院磋商的情况,第 98 条的第三国在放弃豁免权和同意移交方面的合作等,都是以“嫌疑人的逮捕和移交”为合作基础和起点的。可以说,逮捕令的执行与否直接决定了法院能否展开其具体的诉讼进程。

而当有关国家不合作时的处理规定主要是第 87 条第 5 款和第 7 款,其分别指出非缔约国在与法院达成特别安排或协议时和缔约国没有对请求给予合作的情况下,法院可以通知缔约国大会,或在有关情势

系由安理会提交时，通知安理会。

（二）逮捕令的执行统计

截至2019年1月25日，法院共有11个犯罪情势进入调查阶段，其中的9个情势发布了逮捕令。共计28起案件，涉及犯罪嫌疑人（或被告人）42名。法院对其中的35人签发了逮捕令（其余人员因其自愿到庭而发布了传票），目前，有17名犯罪嫌疑人未被执行逮捕。[①] 未执行的17人涉及5个情势：其中，3人来自肯尼亚情势，3人来自民主刚果共和国情势，7人来自苏丹达尔富尔情势，3人来自利比亚情势，1人来自科特迪瓦情势。《规约》规定法院管辖权的启动方式有三种：有权国家（缔约国以及接受法院管辖的非缔约国）自行提交、安理会提交以及检察官自行调查。[②] 法院进入调查阶段的9个情势包括5个自行提交情势、2个安理会提交情势以及2个检察官自行调查情势，各自情况下发布的逮捕令数量分别为16个、11个和8个。逮捕令未得到执行的17人中，有3人来自自行提交的情势（民主刚果共和国情势），其余14人中，有10人来自安理会提交的情势（苏丹达尔富尔情势和利比亚情势），4人来自检察官自行调查的情势（肯尼亚情势和科特迪瓦情势），分别约占各类管辖权启动方式下发布逮捕令总数的18.8%、90.9%以及50%。逮捕令的不执行率总体达到48.6%，详见表1。

---

① 本文中所称“未被执行逮捕令”包含两种情况：一是犯罪嫌疑人（被告人）在逃（at large）；二是犯罪嫌疑人（被告人）虽被羁押，但羁押国并未根据国际刑事法院的要求向国际刑事法院移交犯罪嫌疑人（被告人）。“未被执行逮捕令”的17人中，有13人是第一种情况，其余4人是第二种情况（其中3人来自利比亚情势，1人来自科特迪瓦情势）。

② 《规约》第12条、第13条、第14条、第15条。

表1　三种管辖权启动方式下的逮捕令不执行率对比

管辖权启动方式	逮捕令发布数量	未执行数量	未执行的逮捕令数/该种启动方式下发布的逮捕令数	未执行的逮捕令数/逮捕令总数
有权国家自行提交	16	3	18.8%	8.6%
安理会提交	11	10	90.9%	28.6%
检察官自行调查	8	4	50%	11.4%
总数	35	17		48.6%

从三种管辖权启动方式下未执行逮捕令的情势占比分析来看,不执行案件所涉情势占到总情势的55.5%。而从未执行的逮捕令所涉情势数占比该种启动方式下总情势数的情况来分析,在安理会提交和检察官自行调查这两种情势下,所有情势均出现不执行逮捕令的情况,占比100%;与此相对,有权国家自行提交情势占比相对较低,为20%(详见表2)。而就未执行的逮捕令数占比该种启动方式下发布的逮捕令数的情况来看,安理会提交和检察官自行调查这两种情势的占比分别为90.9%和50%,而有权国家自行提交情势的占比仅为18.8%。

表2　三种管辖权启动方式下未执行逮捕令情势占比

管辖权启动方式	情势数量	未执行逮捕令涉及情势数量	未执行的逮捕令所涉情势数/该种启动方式下总情势数	未执行的逮捕令所涉情势数/情势总数
有权国家自行提交	5	1	20%	11.1%
安理会提交	2	2	100%	22.2%
检察官自行调查	2	2	100%	22.2%
总计	9	6		约55.5%

(三)《规约》不执行的处理机制

国际刑事法院没有警察和军队,其自身不设强制执行机构,国家和安理会的协助执行是其"间接执行模式"运转的关键。考虑到出现国家不执行的情况,《规约》第87条第5款和第7款规定了法院可以将不执行情况提交缔约国大会,或者当情势由安理会提交时提交给安理会。

针对前一种情况,《规约》第112条第2款第(f)项规定缔约国大会应当审议任何不合作问题。据此,第十届缔约国大会通过了《与不合作有关的大会措施》,规定了不合作时的具体应对措施,包括正式的以及非正式的回应措施。

正式的回应措施包括:①召开紧急主席团会议,对可采取的进一步措施予以讨论。大会主席出示代表紧急主席团会议决定的公开信,提示有关国家的合作义务,并要求两周内做出回应。公开信的复印件同时提供给其他缔约国,鼓励其以双边洽谈的适当方式与被请求国进行协商。若超过两周的回应期限,主席团会召集大使级会议邀请有关国家代表出席,就该国未来将采取的与法院合作的方式进行陈述。主席团会就上述沟通内容以及建议大会采取的措施的建议制作报告,提交给缔约国大会下一届会议审议。报告会在下一届或者正在召开的大会会议的合作议程方面予以讨论。在主席团认为必要的情况下,可以聘请专业人士就这一问题具体提出建议草案。

非正式的回应措施包括:②主席团在平衡地域代表性之后选取4名(在大会主席要求下可选取5名)联络人以协助大会主席的调停工作,大会主席应主动判断是否存在不合作的情况并且通知主席团,当调停措施被启动,大会主席适当的以非正式方式与被要求国家官方以及其他机构取得联系以促进合作。将97条项下的合作可能性提示给有关国家。同时也可以要求其他国家提供帮助。大会主席应向主席团即

① ICC-ASP/10/Res. 5 as amended by ICC-ASP/11/Res. 8, annex. 1, paras. 14(a) -(e).

② Ibid., paras. 16 -20.

时汇报调停事宜及进展。一旦向主席团会议做出报告,大会主席将持续关注部长会议就此作出的决定。

尽管相比于《规约 》的规定,《与不合作有关的大会措施》对于不执行确实规定了一系列的措施。但从性质上来看,这些措施仍然是大会主席或者主席团进一步推动执行的沟通和调停措施,基本上不具有惩罚性,因此该措施对于负有执行义务但不愿意执行的国家来讲无法起到约束甚至是激励其执行的作用。这一点从法院作出的诸多不执行裁定及通知遭到拒绝或者未有回应的实际案例中就可以窥见。① 由此可见,这些针对不执行行为的具体措施本身的法律威慑力并不强。

而针对后一种情况,由于安理会是基于《宪章》第七章断定该情势对于国际和平与安全构成威胁而提交情势的,考虑到安理会的职能及其授权,可以推断安理会对于不遵守决议的会员国是否采取制裁以及采取何种制裁,都将根据不执行行为对"维持国际和平与安全"所造成的影响和存在的威胁等政治因素加以判断,在协调各方利益之后才会做出。即"安理会拥有制裁权的目的,是维护和保持国际和平与安全"②,"安理会的权力不是严格意义上的执行权,即不是执行法庭裁决的权力。相反,它是在国家不遵行的情况下的制裁权和强制权"。③ 考虑到现实情况的复杂性,安理会对于该决定是否作出与如何做出都有着极大的自由裁量权,因而其法律威慑力也处于不确定的状态。在苏丹情势中,法院自2010年5月至2015年3月共向安理会提交了8个关于不予合作执行巴希尔逮捕令的裁决,分别涉及苏丹当局、乍得、民主刚果共和国、肯尼亚、马拉维、吉布提的不执行事件。然而安理会却并未采取任何强制措施促使上述国家具体推动逮捕巴希尔。

---

① *See International Criminal Court Assembly of States Parties*, Report of the Bureau on non-cooperation, ICC-ASP/15/31, Fifteenth session, The Hague, 16 – 24 November 2016, paras. 11 – 31.

② [美]M. 谢里夫·巴西奥尼:《国际刑法导论》,赵秉志、王文华等译,法律出版社2006年版,第11页。

③ 同上书,第17页。

二、逮捕令执行限制的表象

（一）安理会提交和检察官自行调查时执行形势更加严峻

从上述数据中可以看出，目前，国际刑事法院发布逮捕令的嫌疑人（被告人）到案情况不容乐观。总体的不执行率占比 48.6%，不执行的情势占比达到 55.5%。截止笔者撰文结束之日，法院实施管辖的所有案件中，由安理会提交和由检察官自行调查所启动的所有情势均出现不执行逮捕令的案件。并且，具体情势发布的所有逮捕令中的绝大部分都得不到执行（安理会提交时不执行占 90.9%，检察官自行调查时不执行占 50%）。相比之下，有权国家自行提交的情势中只有 20% 的情势出现不执行案件，并且仅有 18.8% 的逮捕令没有获得执行。由此可见，与有权国家自行提交的情况相比，安理会提交和检察官自行调查两类启动方式下所涉情势中的逮捕令不执行问题是更加严重的。

（二）是否执行逮捕令与是否负有执行义务关系不大

尽管检察官自行调查和安理会提交两种启动方式中国家拒绝执行逮捕令的情况同样严重，但检察官自行调查的情势中嫌疑人（被告人）所涉及的两个有权国家（科特迪瓦和肯尼亚）都是《规约》的缔约国，①这一点和自行提交的国家全部都是缔约国具有共同点，但与安理会提

① 科特迪瓦分别于 1998 年 11 月 30 日和 2013 年 2 月 5 日签署和批准《规约》。肯尼亚分别于 1999 年 8 月 11 日和 2005 年 3 月 15 日签署和批准《规约》。肯尼亚当地时间 2013 年 9 月 5 日，肯尼亚国民议会以压倒性票数通过了退出《规约》的提议，肯尼亚最晚于 2013 年 10 月 5 日以书面方式通知联合国秘书长退出《规约》。退约在通知收到之日起一年后生效。

交情势所涉国家的非缔约国身份不同。尽管是缔约国,但科特迪瓦和肯尼亚在逮捕令执行问题上却选择不履行《规约》项下的合作义务。并且,肯尼亚因不满法院管辖而做出退约行为。肯尼亚当地时间 2013 年 9 月 5 日,肯尼亚国民议会以压倒性票数通过了退出《规约》的提议,肯尼亚最晚于 2013 年 10 月 5 日以书面方式通知联合国秘书长退出《规约》。肯尼亚成为首个退出国际刑事法院的国家。尽管根据《规约》第 127 条第 2 款,肯尼亚的退约行为并不影响其原有的就退约生效之日以前开始的刑事调查和诉讼与法院合作的义务,也不妨碍法院继续审理退约生效之日以前法院已在审理中的任何事项。但肯尼亚的退约行为客观上对逮捕令的执行和诉讼进程产生实质的影响。① 因此,执行与否与是否负有执行义务关系不大。

(三)对法院管辖的意愿与逮捕令的执行意愿保持一致

从上述数据可以看出,有权国家自行提交时的逮捕令执行状况明显好于安理会提交以及检察官自行调查这两种情况,结合"法

① 笔者于 2015 年 9 月 9 日在华东政法大学召开的一次研讨会上与国际刑事法院前院长宋相宪(Sang-Hyun Song)先生就肯尼亚情势可受理性及撤诉案件相关问题进行交流时,宋先生指出,在检察官最终撤诉的涉及肯尼亚现任总统肯雅塔(Uhuru Muigai Kenyatta)的案件中,一开始,肯尼亚对于法院就案件的管辖是十分欢迎和配合的,但自肯雅塔当选总统时起,肯尼亚的态度就发生了 180 度转变,并采取了一系列措施。比如,尽管法院认定肯尼亚国内司法系统对于审判现任总统属于《规约》规定的"不愿意",但其仍然向法院提起可受理性质疑;再如,肯尼亚当局通过措施使得国际刑事法院的检察官已经确定并联系好出庭的众多证人一夜之间全部消失,至于证人最终是被害还是被转移我们不得而知。Pre-Trial Chamber II, Decision on the Application by the Government of Kenya Challenging the Admissibility of the Case Pursuant to Article 19(2)(b) of the Statute, ICC-01/09-02/11, 30 May 2011. Judgment on the appeal of the Republic of Kenya against the decision of Pre-Trial Chamber II of 30 May 2011 entitled "Decision on the Application by the Government of Kenya Challenging the Admissibility of the Case Pursuant to Article 19(2)(b) of the Statute", ICC-01/09-02/11 OA, 20 September 2011.

院逮捕令的执行依赖有权国家的合作进行"这一事实,可以合理推断:在有权国家自行提交时,负有执行义务的国家更倾向于或者说更愿意履行其执行义务;而在安理会提交以及检察官自行调查时,负有执行义务的国家更倾向于不履行或者更加不愿意履行其执行义务。

管辖权是法院一切司法活动的法律基础。而国际刑事法院的补充性管辖权是其成立至今最重要也是争议最大的问题,争议主要集中在法院管辖权对传统国家主权理论的冲击、法院的公正性及独立性等问题。

在有权国家自行提交时,可以合理推断国家当局向法院提交的情势应该是其"愿意"惩治的犯罪行径,尽管在自行提交的同时,法院检察官会向做出提交情势的国家当局强调"提交的行为并不排除对提交方的犯罪嫌疑人实施管辖的可能性",即法院针对情势所调查起诉的对象理论上是及于政府军和反叛军双方的。但考虑到法院管辖犯罪——战争罪、反人类罪、侵略罪和危害人类罪与国家的和平稳定及政治问题的密切关联,我们有理由相信与情势一并提交的证据及有关案件材料是对与政府作对的一方(如反叛军首领、下台的前总统等)更加不利的。

针对检察官自行调查的情势,尽管被调查国家本身是《规约》缔约国而负有执行义务,但基于政治上的原因,负有执行义务的国家仍然不愿意接受法院管辖。因为法院的补充性管辖的前提是有权国家出现"不愿意"或者"不能够"。实践中,法院自行提交情势时本身就已经属于"愿意"管辖,因此,只有国家客观上出现"不能够"惩罚犯罪时才会向法院自行提交情势。而检察官自行调查的情况下,被调查的情势所指向的嫌疑人的犯罪行为既可能属于反叛军一方的行为也可能属于执行政府当局命令的行为,若是后者的情况,则当局自然"不愿意"法院进行管辖。实践中,为了排除法院的管辖,被调查国会以当局"能够"对嫌疑人开展调查与起诉为由向法院提出可受理性质疑。例如,肯尼亚案件中肯尼亚国家提出可受理性质疑正是这种情况。①

而安理会提交的情况下所涉国家出现的这种“不愿意”法院审判的做法却分为两种情况。一种是“愿意”在国内审判当事人,但不愿意在国际刑事法院审判。例如,利比亚情势中对卡扎菲的儿子赛义夫的移交问题。尽管早在2011年11月19日赛义夫即被过渡委员会在利比亚南部的赛卜哈地区逮捕,并在当月26日国际刑事法院就与利比亚执政当局就国际刑事法院法官在利比亚对赛义夫进行审判达成共识。但此后,利比亚过渡委员会向法院提出可受理性质疑,表示利比亚“愿意”和“能够”审判赛义夫。2013年5月31日预审分庭一裁决拒绝该质疑,2014年5月21日,上诉分庭对预审分庭一的裁决予以确认。此后,利比亚过渡委员会仍然没有移交赛义夫。2014年12月10日预审分庭一裁定利比亚不执行法院移交嫌疑人等两项合作要求并且将这一情况提交给联合国安理会。② 尽管如此,赛义夫仍然未被移交给国际刑事法院,而是于2015年7月28日在利比亚首都黎波里被当地法院判处死刑。另一种是无论国内还是国际刑事法院都“不愿意”追究嫌疑人的责任。而这种情况恰恰满足了法院补充性管辖权实施的条件之一,即“不愿意”的情况。再加上安理会提交的涉案国家均不是《规约》缔约国,其原本就对接受法院管辖这一事件基于“条约相对性理论”持反对态度。苏丹现任总统巴希尔的逮捕令不执行问题就属于这种情况。

在安理会提交的苏丹达尔富尔情势中,苏丹不是国际刑事法院的

---

① Pre-Trial Chamber II, Decision on the Application by the Government of Kenya Challenging the Admissibility of the Case Pursuant to Article 19(2)(b) of the Statute, ICC - 01/09 - 02/11, 30 May 2011. Judgment on the appeal of the Republic of Kenya against the decision of Pre-Trial Chamber II of 30 May 2011 entitled "Decision on the Application by the Government of Kenya Challenging the Admissibility of the Case Pursuant to Article 19(2)(b) of the Statute", ICC - 01/09 - 02/11 OA, 20 September 2011.

② Pre-Trial Chamber I, Decision on the non-compliance by Libya with requests for cooperation by the Court and referring the matter to the United Nations Security Council, ICC - 01/11 - 01/11 - 577, 12 December 2014.

缔约国。法院于2009年3月4日和2010年7月12日向苏丹现任总统巴希尔(Omar Hassan Ahmad Al Bashir)陆续发布了两个逮捕令。在管辖权以安理会提交决议的方式启动时,被提交国尽管作为非缔约国在与法院合作方面无"规约义务",但其却承担着"宪章义务",因为安理会的提交决议是根据《联合国宪章》第七章"威胁国际和平与安全"做出的。因此,除了被提交国,其他有可能对巴希尔实施逮捕的缔约国就负有"规约义务"和"宪章义务"的双重义务。在此意义上,基于其联合国会员国的身份,在安理会作出决议明确要求协助执行的情况下,非缔约国也同样负有与法院合作的"宪章义务"。然而时至今日,巴希尔仍然逍遥法外,原因是对这位苏丹现任总统的调查起诉并非"众望所归"。不仅当事国苏丹,还包括国际刑事法院其他缔约国甚至安理会,都表现出"不愿意"执行逮捕的态度。比如,在检察官刚刚作出起诉决定时,苏丹驻非洲国家联盟(以下简称非盟)大使布纳·马勒瓦勒说,对苏丹总统巴希尔的指控将会威胁到本已脆弱的达尔富尔和平进程。[①] 苏丹驻埃及大使兼驻阿拉伯国家联盟(以下简称阿盟)常驻代表马布鲁克说,国际刑事法院检察官对巴希尔的指控不利于达尔富尔地区的稳定与和平,当地尚未纳入和平进程的反政府武装有可能因此采取更加强硬和不妥协的立场。苏丹总统顾问马萨尔认为,法院此举有"明显的政治动机"。[②] 联合国秘书长在专访中对指控也感到"非常担忧",称指控将对维和行动带来非常严重的后果。[③] 由此,苏丹政府包括其他一切可能执行逮捕令的国家(包括非缔约国和缔约国),甚至是作为情势

① 参见《苏丹驻非盟大使说指控将威胁达尔富尔和平进程》,载新华网:http://news.xinhuanet.com/newscenter/2008-07/22/content_8744831.htm,最后访问日期:2019年1月15日。

② 参见《苏丹外交官说指控总统将使达尔富尔局势复杂化》,载新华网:http://news.xinhuanet.com/newscenter/2008-07/18/content_8567858.htm,最后访问日期:2019年1月15日。

③ 参见《新华国际时评:国际舆论为达尔富尔和平进程担忧》,载新华网:http://news.xinhuanet.com/newscenter/2008-07/23/content_8756769.htm,最后访问日期:2019年1月16日。

提交方的安理会,至今都未针对逮捕巴希尔采取任何的有效措施。①

基于这种"有司法正义可能没有和平"的困扰,非盟早在检察官请求法院向巴希尔发布第一份逮捕令之前就呼吁安理会适用《规约》第16条推迟法院启动诉讼进程。② 但该要求并未得到安理会的任何回应。因此,非盟在2009年7月作出决议称"非盟成员国在逮捕和移交巴希尔总统方面不会与法院进行合作"。③ 此后,法院预审分庭于2010年8月27日向安理会和《规约》缔约国发布了两项有关巴希尔出访肯尼亚共和国与乍得共和国的裁定,要求其采取任何其认为适当的措施逮捕巴希尔。并且于2010年10月25日巴希尔访问肯尼亚时,预审分庭也要求肯尼亚共和国密切观察对巴希尔逮捕之情势。2010年12月1日,预审分庭又要求中非民主共和国在巴希尔访问其领土时,采取一切可能措施逮捕并移交巴希尔。④ 但时至今日,非盟和阿盟的法院缔约国对"推迟调查和起诉巴希尔"态度坚决,安理会也未就是否逮捕巴希尔作出任何明确回应,只是于2008年发表了一项主席声明,敦促苏丹政府与法院合作,2010年年底,安理会又发表了第24号主席声明,在该声明中,安理会"忆及了它对消除有罪不罚现象和使发生在达尔富尔的犯罪行为受到法律制裁的高度重视",但未表示预采取其他任何措施。⑤

---

① *See International Criminal Court Assembly of States Parties*, Report of the Bureau on non-cooperation, ICC-ASP/15/31, Fifteenth session, the Hague, 16 – 24 November 2016, paras. 27 – 31.

② See African Union Peace and Security Council Decision (PSC/MIN/Comm (CXLII)), 21 July 2008, paras. 3, 5, 9, 11(i).

③ Decision on the Meeting of the African States Parties to the Rome Statute of the International Criminal Court, Doc. Assembly/AU/13(XIII), para. 10.

④ Pre-Trial Chamber I requests the cooperation of the Central African Republic to execute the warrants of arrest of Omar Al Bashir, ICC-CPI – 20101201 – PR605, 1 December 2010.

⑤ 检察官办公室,国际刑事法院检察官路易斯·莫雷诺·奥坎波先生,"根据联合国安全理事会第1593(2005)号决议在联合国安全理事会上关于苏丹达尔富尔情势的讲话",2010年12月9日。

由此可见,起诉巴希尔之于苏丹和平进程破坏的政治顾虑使有权各方“无意”执行逮捕令。有权及有义务执行的各方对巴希尔案本身就不具有审判意愿,更不必说对国际刑事法院的管辖和协助要求的执行了。

三、逮捕令执行限制的本质

上述国际刑事法治中的执行限制本质上是由国际社会与国内社会在主体结构、服从文化、社会契约的阶段性等方面的差异性决定的。

(一)国际社会的主体结构对国际刑事执行制度的制约

国际社会与国内社会是有区别的。国家是国际社会的基本单位,因而是国际法的主要主体。而国际刑法的主体是个人。因此,国际法律制度必然并不完全适用于国际刑事法律制度。一个典型的例子,就是国际法调整的是国家和国际组织的行为,对缺乏可以诉诸直接执行制度的个人,国际法难以对其执行机制进行调整。这也是绝大多数国际刑事机构的执行机制都是不具有全面有效直接执行能力的综合体系,而是依赖于“间接执行模式”的原因。而由于“间接执行制度处罚国际犯罪义务的潜在前提,是国际社会存在着共同的价值观,并通过执行体现这些价值的规则来支持这些价值观,从而使国际社会拥有共同的利益”,①考虑到国际刑事机构“间接执行模式”运作的不畅现实,我们似乎可以合理地逆向质疑:国际社会是否存在共同的价值观。

国际法哲学家亨金曾经指出,“国家行为理论提示我们,在每个国家的背后都是特定的利益和狭隘的体制”;②“我要强调指出:国家以

---

① [美]M.谢里夫·巴西奥尼:《国际刑法导论》,赵秉志、王文华等译,法律出版社2006年版,第28页。

② [美]路易斯·亨金:《国际法:政治与价值》,张乃根等译,中国政法大学出版社2005年版,第109页。

自我为中心,自私自利是国际上的国家体系的标志……自私自利——为国家利益行事——可能有时不得不与相竞争的他国利益进行妥协,但是,即使是为了某些共同利益,也不会轻易地牺牲其国家利益。国家有时候认识到其国家利益存在于共同利益中,但是,即使在共有物中(如同在海洋法中),重点也是放在相竞争的他国利益上,几乎没有国家支持共有物本身。偶尔地提及人类,也仅具有修辞意义,没有什么重要的规范性暗示。在国际体系中很少存在社会,而且肯定不存在共同体,也不存在对一项任何形式的功利主义的支持——最大多数人的最大利益,人类的最大利益甚至最大多数人的最大幸福。这一体系中不存在对民主、对多数国家(或全人类)的意志(以及)利益的崇尚"。[①] 即使是那些主张用国际刑事法治来约束和限制国家对人权进行损害和蹂躏的暴行,从而保障基本人权的国际刑法学家,也坦然承认:在不同的人们所共同认可的价值和期望与国家政治利益之间,存在紧张的关系,而国际刑法规则却要在这种紧张关系之下发展。不朽的人类价值虽为许多人所认可,但他远不够强劲有力,因为它无法战胜国家。这一理论在国际刑法的执行机制的特征中表现得最为明显。[②]

有主张认为,国际合作的增加已经在国家之间结成了一张互相依赖的网,而这又增加了国家之间的互信。它使国家相信或至少接受这样一个事实:实行多边主义比实行单边主义收获更大。[③] 对此,回应性的判断是,新的合作性法律代表了一种巨变,但它并未明显地减损——反倒是实质上反映了——该体系根本的国家特点及其对国家价值的支持。各国间合作主要是为了其各自的利益,而非为了共同体的利益或单个人的利益。国际组织促进国家在技术、社会和文化上的合作,

---

① [美]路易斯·亨金:《国际法:政治与价值》,张乃根等译,中国政法大学出版社2005年版,第157~158页。

② 参见[美]M.谢里夫·巴西奥尼:《国际刑法导论》,赵秉志、王文华等译,法律出版社2006年版,第26页。

③ 同上书,第38页。

它们在任何地方都不会为各国的利益或全人类的利益作出"超国家"的决定。① 针对这种情况,有学者得出如下结论:对于人类而言,地球不是太小,而可能是太大了,无法统一管理。距离导致陌生和差异,所以种族、民族和国家才是真正的主人。地球本是一个整体,民族国家使其支离破碎。目前,国家利益至高无上,国际共同利益只能受到国家"兼顾"。②

由此,国际社会的现实状态是:国际社会的共同利益是建立在尊重国家利益的基础之上的。国家主权原则仍然是国际法的基本原则,人权原则是重要原则,人权原则并不高于主权原则。③ 而另一个事实却可能是,"一般而言,国际刑法学者视主权为敌人。主权被视为'政治'的孪生兄妹,在每一个转折关头都会阻碍国际刑事司法",④更有甚者指出,"你要么支持国际法治,要么支持国家主权。在我看来,两者……势不两立"。⑤

可见,国际刑事司法所涉案件的特殊性决定了国家在是否审判该类犯罪和处罚嫌疑人时所关注的国家利益,即对于国内和平安全及政治局势的稳定和走向的影响。国际刑事法院的主要目标是:预防和惩罚犯罪,践行责任机制,减少免于处罚,建立国际刑事司法制度。⑥ 从抽象的意义来讲,将这一目标视为国际社会的共同价值之一也可能不会存在较大争议。但是,当审判的对象及于一国政府官员甚至是现任总统时,基于行为主体身份的特殊性及其行为的代表性,起诉或审判的

---

① 参见[美]路易斯·亨金:《国际法:政治与价值》,张乃根等译,中国政法大学出版社2005年版,第158~159页。

② 宋健强:《"国际刑法哲学":形态、命题与立场》,载陈兴良主编:《刑事法评论》(第20卷),北京大学出版社2007年版,第590页。

③ 参见邵沙平:《国际刑法学》,武汉大学出版社2005年版,第106~108页。

④ See Robert Cryer. 2005, *International Criminal Law vs. State Sovereignty: Another Round?*. European Journal of International Law 5:980.

⑤ See Bruce Broomhall. 2003, International Justice and the International Criminal Court: Between Sovereignty and the Rule of Law, Oxford University Press, 56.

⑥ 参见[美]M. 谢里夫·巴西奥尼:《国际刑法导论》,赵秉志、王文华等译,法律出版社2006年版,第38页。

"罪行"原本可能就很大程度上反映了其所属国家的主权意志。即虽然预防和惩治最严重的国家犯罪是重要的,但这一价值目标无法超越民族国家对于国家安全和稳定的政治喜好。并且,国家根据其自身的政治喜好调整与法院的合作行为。以安理会提交的苏丹情势和利比亚情势为例,虽然都是由安理会提交并且两国均属于非缔约国,但两国在对待法院的执行要求时的思路和做法是截然不同的。在苏丹情势中,苏丹当局始终不承认法院的管辖权,拒绝执行对巴希尔的逮捕令。与此相对,利比亚过渡委员会承认法院的管辖权并很早就对赛义夫实施了抓捕,但在提出可受理性质疑力求排除法院管辖权的举动失败之后,强行在国内审判赛义夫而不将其移交给法院。因此,当"国家主权观念"跳将出来,与法院司法展开"对攻"之时,在"国家组成的国际社会"中,显然前者是更加占据优势的。

(二)国际社会国家间的服从文化对接受司法管辖的影响

国家社会中实行的代议制,已经名正言顺地代表了所有公民的意志,即使大部分公民并没有参与决策的制定。然而在国际社会中,法律对国家起作用的前提,除了强行法与国际习惯法等之外,必须有每一个国家作出的同意表示,国际社会是不存在"代议制"的。① 这也是非缔约国主张法院没有管辖权的制度原因。

同时,在国际体系中,服从的力量并不总是有效的。有时,所有的力量加起来显然还不能遏止违法,否则就没有任何国际上的违法了。外部与内部的动机有时屈服于在从事某特定违法时维护的"国家利益"。国家间的服从文化还没有像在稳定的国内社会中那样强有力。它不是由依靠那种文化支持和培育下的警察来维持的,它一般也不是由认定违法发生的权威司法判决来支持的,而这种判决是要求对这种

---

① 参见[美]路易斯·亨金:《国际法:政治与价值》,张乃根等译,中国政法大学出版社2005年版,第69页。

文化予以尊重的。[①] 正如国际刑事法院对巴希尔发出逮捕令时遭到了非盟、阿盟成员国的强烈反对,甚至在安理会内部对于是否应该对其进行审判也存在严重分歧。这些因素都严重威胁着集体行动的有效采取,以及对法院逮捕令等的协助执行。

约翰·奥斯丁(John Austin)发明了一个迄今已有两百年历史的,建立在大众和学者思想之上的法律理论。他把法律假定为是一个政治上级对政治下级的命令,并对“邪恶”即违背命令的行为加以处罚。他认为,“由人制定并对人实施的法律和规范,有些是由政治上的上级、主权和主体所确立的,即由在独立国家或独立政体中行使自上而下政府治理的人所确立的。如此建立的规范的总称……就是法律上的正确的内涵……法律这一简单且严格使用的术语,对如此建立的规范的总称……是排他性地适用”。[②] 奥斯丁的公式经常被称为法律的“命令理论”,但其实是“被命令者的法学理论”或“法律下级的理论”。这种理论已经决定了法学的“重要”问题是什么。一旦违背上级就会被当成是邪恶的下级知道,他们不得不正确解读命令。该理论的力量在于指明做出选择的这些运用者把自己当成是政治下级,但同时又假装(甚至说服他们自己)他们不是在做选择,他们只是在领会和服从上级的意愿。学会什么时候和怎样去服从,是运作一个组织的不可或缺的工作。事实上,如果一些扮演者没有学会和扮演好其下级的角色,无论是军事或非军事组织都不可能存在。[③]

国际调查委员会和检察官细如牛毛的调查材料显然是为了证明巴希尔政府对平民人口实施了肆虐攻击,对无家可归者和难民施加了非人道待遇,对达尔富尔人民进行经济与政治上的边缘化。但苏丹政府的说辞却与此大相径庭。苏丹一味声称自己“非正式批准国”的地位

---

① 参见[美]路易斯·亨金:《国际法:政治与价值》,张乃根等译,中国政法大学出版社2005年版,第69页。

② [美]W. 迈克尔·赖斯曼:《从“政治上级”角度解读法律》,张仪译,载万鄂湘、王贵国、冯华健主编:《国际法:领域与构建——W. 迈克尔·赖斯曼论文集》,法律出版社2007年版,第66页。

③ 同上书,第67~68页。

以拒绝法院的管辖,而针对法院基于安理会提交情势一事又专注于强调大国的“双重标准”而质疑安理会决议的有效性,但却对自身的《宪章》义务闭口不提。问题的症结在于,安理会是世界各国在维持国际和平与安全问题上的“政治上级”,但国际刑事法院却不是。安理会是基于“断定情势对国际和平与安全构成威胁”而提交的,按此逻辑,国际刑事法院对此案的审理也是基于对维持国际和平与安全的考虑,在协助执行安理会的政治任务。但事实上,国际刑事法院是独立的司法机构,《规约》第 40 条第 2 款规定“法官不得从事任何可能妨碍其司法职责或者使其独立性受到怀疑的活动”。其独立性意味着它只能从事与司法审判职能有关的活动。根据《规约》规定,如果安理会不对情势进行提交,基于苏丹非正式签署国和未主动提交的情况,法院对该情势是无法实施管辖的。由此,对巴希尔的管辖权来自安理会的提交,而安理会是基于维持国际和平与安全而并非考虑司法审判的正义性的,但法院却借此旨在追求司法正义的实现,和平与安全却并不在法院考虑之内,这是基于安理会和法院被授权的机构不同职能而必然存在的异象。对于法院而言,维持国际和平与安全至多是司法审判的客观效应。按此逻辑,苏丹当然没有义务,也不情愿作为独立司法机构的国际刑事法院的政治下级,因而,主观上就会不断产生抵触情绪。中国在安理会 1593 号决议作出之后的解释性发言中也表达了类似的观点,认为安理会不应当授权。原因有二:一是国际刑事法院本来没有法定管辖权力;二是只要安理会做出“授权”决议,法院就获得了管辖权力。换言之,这种权力本身的存在没有问题,但是这种权力的使用效果可能存在问题。①

(三)“国际契约论”的阶段性对法院惩罚权实现的客观阻力

就“国家契约”与“国际契约”而论,巴西奥尼认为,尽管存在差别,

① 参见宋健强:《国际刑事司法制度通论》,哈尔滨工业大学出版社 2006 年版,第 393 页。

但历史线索是共同的，即3500年前所适用的“社会契约”具有历史相似性——个人放弃私人报复的权利，换得国家保护其成员的责任。若有人违反约定，就需罪有应得地遭受惩罚。无论是基于社会契约抑或是社会秩序管制，有组织的社会都剥夺了个人进行单方复仇或救济的权利——刑事救济归于国家、民事救济归于个人。他进而指出，国际刑事司法制度的发展也与此类似。社会契约论假定，基于补充性概念，惩罚的权利被让渡给“一个合作体系”，后者负责提供司法并最终确保和平。在这个过程中，个人向“一个合作体系”让渡了惩罚权。国际刑事司法确立了个人遵守国际规范的责任，作为报答，通过惩罚违法者，国际社会负有为世界人民提供安全的责任。① 因此，国际社会接管了实施个人惩罚或获得私人报复的个人权利。有学者将巴西奥尼的理论称作“国际契约论”。② 巴西奥尼指出，在个人让渡惩罚权的过程中，国家以社会名义行动，保留了宽恕的权利。结果，通过适用不公正的赦免，这项保留长期阻碍了正义诉求。③

有学者认为，“国际契约论”想要表达的意思是：个人是惩罚权的唯一“让渡”主体，国家目前只是“名义”代表，不能截获、篡改和滥用这一权利。如此，国家就不是国际刑罚权的让渡主体，它也就没有再“保留”些什么（如恩赦等）的主体资格了。④

针对上述两种对“国际契约论”截然不同的解释，笔者赞同巴西奥尼先生运用“国际契约论”解释法院执行受限的理论，却对后者不以为然。但笔者认为巴西奥尼先生的“国际契约论”忽视了惩罚权与宽恕权让渡的阶段性及通过阶段性让渡之后权利的“保有”状态，因此并没

---

① 参见［美］M. 谢里夫·巴西奥尼：《国际刑法导论》，赵秉志、王文华等译，法律出版社2006年版，第599～608、630页。

② 参见宋健强：《国际刑事司法制度通论》，哈尔滨工业大学出版社2006年版，第412页。

③ 参见［美］M. 谢里夫·巴西奥尼：《国际刑法导论》，赵秉志、王文华等译，法律出版社2006年版，第598页。

④ 参见宋健强：《国际刑事司法制度通论》，哈尔滨工业大学出版社2006年版，第412页注释①。

有确切地为法院行使惩罚权受阻提供有力的理论支持。换言之,"国际契约论"中的个人向国家和国际刑事法院就最严重犯罪的惩罚权与宽恕权让渡时是存在阶段性的,并且通过分析阶段性让渡之后权利的"保有"状态,能够更清晰透彻地解释法院为何执行受限。

根据人类历史上私人报复权利存在的事实,笔者认为,虽然宽恕权通常与赦免权通用,但二者含义却并不同。宽恕权应当是指被害人或国家赦免或减轻犯罪人刑罚的权利,即宽恕权包括赦免权,也包括减轻刑罚权。所以,若我们承认个体作为惩罚权和宽恕权的所有者,通过"国家契约"将惩罚权让渡给国家,而将赦免权保留给自己的话,那么可以通过举例来分析此种赦免权保留的程度和行使的范围。

以《中华人民共和国刑事诉讼法》第170条的规定为例。该条规定,自诉案件包括下列案件:(1)告诉才处理的案件;(2)被害人有证据证明的轻微刑事案件;(3)被害人有证据证明对被告人侵犯自己人身、财产权利的行为应当依法追究刑事责任,而公安机关或者人民检察院不予追究被告人刑事责任的案件。而根据《最高人民法院关于执行〈中华人民共和国刑事诉讼法〉若干问题的解释》中对上述三类自诉案件具体罪行的说明,我们不难发现,这些犯罪都是犯罪情节轻微,或者社会危害比较小的罪名。因此,可以说国家只是将这一类对于轻微犯罪的犯罪人进行宽恕的权利留给了被害人,而对于除了这类罪行之外的其他较严重刑事犯罪的宽恕权以法律的形式固定下来,由国家公诉或者审判机关行使,如关于三类不起诉、减轻或者免除刑罚等的判定权。换言之,在国家社会中,对较严重犯罪的宽恕权从被害人开始让渡给国家、而国家通过法律的形式固定下来之后,其权利的行使就不以被害人的意志为转移了。[①] 在对严重犯罪的审判中,公诉方是国家检察机

---

① 笔者所称的"对较严重犯罪的宽恕权从让渡开始,其行使就不以被害人的意志为转移",是指经报案、立案等过程之后,起诉和审判权利的行使不以被害人的意志为转移。因为在很多情况下,报案者都是被害人,如果被害人不报案,公检法机关也没有发现罪行的情况下,也可以说被害人用自己的宽恕权阻碍了检察机关与审判机关宽恕权的行使。但考虑到现实状况,受到较严重刑事侵犯却采取"宽恕"的态度而不报案的情况几乎是不存在的。即使有,可能也并不是基于"宽恕犯罪"的心态,而是被恐吓才不敢报案。

关,而非被害人。即使被害人内心已经宽恕了罪犯的罪行,也仅仅作为法官定罪量刑的参考因素,最终的决定权在国家法院。个人向国家让渡惩罚权和严重犯罪的宽恕权,这是惩罚权与宽恕权让渡的第一阶段。

国际刑事法院是对最严重国际犯罪的罪犯行使惩罚权,追究最严重国际犯罪的个人的刑事责任,其惩罚权同样属于广大的受害人所有。然而,个人却无法直接将所属的惩罚权赋予国际刑事法院,必须通过国家行为签署并批准《规约》。考虑到法院的补充性管辖原则,国家在代表人民让渡惩罚权的同时,是保留了自己对于《规约》管辖案件进行优先管辖和宽恕的权利的。由此,在让渡的第二阶段,参与让渡的"主体"只有国家和国际刑事法院两个,而惩罚权与宽恕权的原始所有者——被害人,却显然没有发挥任何作用。由于法院管辖的是最严重的刑事犯罪,并且被害人的宽恕权仅仅及于轻微案件,而国家对于较严重犯罪以上的犯罪的惩罚权与宽恕权却早已通过国内法律固定下来。可以说,在经过了第一阶段的让渡之后,个人对于较严重犯罪的宽恕权仅剩下名义上的"所有权",而"支配权"是由其所在的国家支配的。因此,与国内法中个人直接向国家让渡惩罚权和宽恕权不同的是,在国际刑事司法过程中,个人必须通过国家向国际刑事法院进行权利让渡,并且在这一过程中国家并不是"二传手",而是类似于国内法中的"个人"的对即将让渡的权利拥有"支配权"的角色。

四、执行限制对法院职能发挥的影响及启示

(一)逮捕令未执行不影响法院的授权(mandate)

事实上,《规约》从未授权法院逮捕犯罪嫌疑人。逮捕犯罪嫌疑人对于法院推进法院诉讼进程的关键作用并不等同于未能执行逮捕令是法院的未尽职责。国际刑事法院是罗马外交会议上缔约国通过缔结《规约》建立起来的国际刑事司法机构,其职权范围严格受《规约》限制。事实上,《规约》只赋予法院逮捕并移交某人的请求书递交权和逮捕请求权,缔约国从未赋予法院以逮捕的执行权,而是将该权力保留于

其自身。[①] 尽管诸多支持者对法院惩罚犯罪和消除有罪不罚的宗旨寄予厚望,但法院也从未被缔约国设想或者设计成一个万能的司法机构。缔约国通过审慎起草《规约》达成限制法院职权与权力的合意。[②] 可以说,逮捕令的执行限制是法院在当今国际社会总的政治结构框架下寻求自身发展的主动安排和有效方式。

除了上述将逮捕令执行权保留给国家或者安理会的规定之外,《规约》还设置了第 16 条的由安理会主动推迟调查与起诉的机制,以解决司法正义与国家的政治考量的冲突问题。当有人因担心对圣灵抵抗军首领发布逮捕令会对和平进程构成阻碍,而建议法院自行停止调查或撤回逮捕令时,反对者对此提出批评,并认为此种情况正是《规约》第 16 条应当适用的情形。[③] 该条能够使在武力冲突情况下同时实现惩罚犯罪和追求和平成为可能。法院的司法正义与政治和解彼此并非不可协调。检察官的工作是尽职尽责地起诉犯罪嫌疑人,当特殊情况下需要做出政治决定以发挥政治和解对和平之更大作用时(如决定推迟调查与起诉等——笔者注),应当由被赋予政治决定权的安理会采取行动,而非由享有司法裁判权的法院为之。这正是《规约》第 16 条被赋予的使命。[④]

(二)法院可以通过“意愿迎合”的方式推动国际刑事法治发展

法院所辖案件的性质与被起诉人显赫的政治地位,使我们有充分

---

① 参见《规约》第 89 条。

② Christine H. Chung. 2007 – 2008, *The Punishment and Prevention of Genocide: The International Criminal Court as a Benchmark of Progress and Need*. Case W. Res. J. INT'L L 40:235.

③ William Schabas. 2010, *The International Criminal Court: A Commentary on the Rome Statute*, Oxford University Press, 333.

④ Gareth Evans, the head of the International Crisis Group, remarked at a symposium organized by the Office of the Prosecutor. See International Criminal Court Newsletter, No. 9, October 2006, p. 5.

理由相信，法院的司法活动与政治和谈之间存在着复杂而微妙的联系——威胁抑或帮助，“大棒”抑或“胡萝卜”。正如前文所述，国家或者国际局势的和平稳定等政治问题才是国家及安理会愿意法院管辖的关键。这一点适用于法院目前管辖及未来有可能进入管辖视界的全部国家或有权机关，无论该国家属于哪种方式所启动的情势。显然，法院“惩治和预防犯罪”的目标无法仅仅依靠其自身审判功能的发挥来实现，而应当通过领会有权当局及安理会的“政治意图”和“审判意愿”，严守《规约》授权，以不同诉讼阶段能够作出的裁决，在客观上“协助”有权国家或安理会达成政治和解状态的同时，努力在国际刑法和国际刑事法治的发展方面有所作为。

具体来讲，针对有权国家或者安理会基于政治考虑愿意法院管辖的情况，比如国家自行提交时，法院可以充分运用裁量权，扩大对案件的管辖权和犯罪罪名的认定，增强自身实现审判职能的各种权力。在对可受理性、证据可采性、犯罪构成和刑事责任等重要问题的解释过程中，逐渐形成法院的“先例”，逐步发展完善国际犯罪论体系，推动国际刑法的发展。这也是法院作为常设性国际刑事审判机构对于实现“惩罚和预防犯罪”在“国际立法”方面促进“法治化”和“系统化”应尽的基本职责。

应当说，在目前国际社会总体政治框架下，法院的这种借助迎合有权国家及安理会的政治意愿从而实现法院目前的审判功能和丰富未来的审判工具的做法是符合现实情况的有效方式。作者曾在文章中指出，与未设立国际刑事法院相比，法院的实践将其自身装扮成为实现“选择性正义”的常设国际刑庭在目前国际体系下是有积极意义和生命力的，应被看做是取得了《规约》序言“尊重并执行国际正义，消灭有罪不罚和预防犯罪”这一目标所要求的阶段性成果，也会为法院未来惩罚国际社会最严重的犯罪奠定重要的基础。① 正如巴西奥尼教授在1998 年 7 月 18 日《规约》开放签字仪式上所说的那样：“国际刑事法院不是包治人间百病的灵丹妙药。它不能消除冲突，不能使死者复活，不

① 参见于南：《国际刑事法院法官裁量权研究》，法律出版社 2014 年版，第 191 页。

能使幸存者恢复从前的健康状态,也不能将所有主要罪犯绳之以法,但是,它可以帮助避免某些冲突的发生,防止某些人成为受害者,并将某些罪犯绳之以法。国际刑事法院通过其工作,有助于强化世界秩序,并贡献于世界和平与安全。"①

On the Executive Limitation of the International Criminal Court and Its Influence
—In Case of Executing the Warrants of Arrest

Yu Nan

[**内容摘要**]以逮捕令执行为代表的国际刑事法院的间接执行模式在实践中受到很多限制。从逮捕令未执行案件的表象来看,安理会提交和检察官自行调查所启动情势中的不执行形势更加严峻,是否执行逮捕令与是否负有执行义务关系不大,被请求执行国或者安理会对国际刑事法院的管辖意愿与逮捕令的执行意愿基本一致。从案件逮捕令未执行的本质分析,国际刑事法治中的执行限制是由国际社会与国内社会不同的主体结构、服从文化以及社会契约的阶段性决定的。执行限制是法院在当今国际社会总的政治结构框架下寻求自身发展的主动安排和有效方式。根据《国际刑事法院罗马规约》的规定,执行逮捕令的权力不属于法院。法院可以通过"意愿迎合"的方式推动国际刑事法治的发展。

[**关键词**]国际刑事法院;间接执行模式;执行限制;逮捕令

Abstract: The indirect executive mode, represented by executing the warrants of arrest, was largely limited in the practice of the International Criminal Court. From the appearance of cases during which warrants of arrest were not executed, the rate of not executing is higher in situations

① M. Cherif, Bassiouni, 2003, *Introduction to International Criminal Law*. Transnational Publishers Inc. 493.

triggered by the Security Council's referral and the prosecutor's investigation initiated proprio motu, the execution of the warrants of arrest is not so much related with states' executive obligation and the executive attitude from states requested to cooperate with the Court and the Secutity Council was consistent to their attitude to the Court's jurisdiction of the relating cases. From the nature of the problem not executing the warrants of arrest, the executive limitation of international criminal rule of law is decided by differences from the subject structure, obedience culture and stage of social contract between international society and domestic society. The executive limitation is an active arrangement and effective way by the Court to seek of its own development within the general political framework of the international society. According to the Rome Statute of the International Criminal Court, the power to execute the warrants of arrest does not belong to the Court. The Court could promote the development of international criminal rule of law by catering to the willingness of states concerned and the Security Council.

Keywords: International criminal court; Indirect executive mode; Executive limitation; Warrant of arrest

〔犯罪学与刑事政策〕

刑事司法的威慑效应:西方犯罪学的论证与实证*

杨学锋**

目　　次

一、引　　言

美国当代经济学家列维特(Levitt)在畅销书《魔鬼经济学》中语带

* 本文系中国刑事警察学院2017年度中央高校基本科研业务费项目“犯罪学主流理论的成长”(项目编号:D2017027)的系列成果之一。
** 中国刑事警察学院犯罪学教授,博士,硕士生导师。

揶揄地引述道:“只有犯罪学博士才会怀疑将危险的罪犯囚禁起来是否能够减少犯罪”。① 然而,实际上,包括监禁刑在内的各种刑事司法措施是否真的如同“传统智慧”所预期的那样不言自明地具有降低犯罪率的功效?或者,更加深入地,刑事司法体系通过何种具体的过程或机制得以实现其减少犯罪②的预期目标?诸如此类的问题在犯罪学领域内是一个历久弥新的经验研究③议题,而非自然成立的“常识”。

需要特别指出的是,任何犯罪对策不仅具有抑制犯罪的某些机制,而且可能具有促进犯罪的潜在机制。因而,“任何一个犯罪预防项目的成效取决于项目运行的具体环境可以激活犯罪预防措施的哪些机制,并且是抑制机制与促进机制综合作用后的结果”。④ 具体而言,刑事司法措施可以通过多种直接的、间接的抑制机制以实现其减少犯罪的预期目标;其中的直接机制包括剥夺犯罪能力、特殊威慑、一般威慑、⑤教育与改造等。

本文的目的是系统地梳理有关刑事司法威慑效应的理论发展脉络以及犯罪社会学、犯罪经济学、犯罪心理学等分支学科对于其中的核心假设的实证检验历程,以期改变既往非此即彼的话语方式,⑥从而促进

---

① Levitt S, Dubner S, *Freakonomics: A Rogue Economist Explores the Hidden Side of Everything*, New York: HarperCollins Publishers, 2005, p. 123. 简体中文译本参见[美]列维特、都伯纳:《魔鬼经济学》,刘祥亚译,广东经济出版社 2006 年版。然而,本文并未采用该译本的译文,而是直译了原文。

② 实际上,当代犯罪学所关注的结果变量不仅是犯罪数量,还包括犯罪危害性以及犯罪恐惧感等。然而,威慑理论的既往研究更倾向于关注犯罪数量的降低。

③ 经验研究是当代西方犯罪学界对于“实证研究”的扬弃概念。二者通用于中国大陆地区的犯罪学界,而且偏向于使用后者,因而本文并不刻意加以区分。参见刘建宏:《“经验”方法与法学研究》,载《西南政法大学学报》2007 年第 3 期。

④ 杨学锋主编:《犯罪学基础教程》,中国人民公安大学出版社 2018 年版,第 198 页。

⑤ 关于特殊威慑、一般威慑、绝对威慑、边际威慑等常用概念的定义和解释可参见杨学锋:《威慑刑论的犯罪学证明》,载《中国人民公安大学学报》(社会科学版)2017 年第 5 期。

⑥ 简言之,刑事司法的威慑效应不应局限于有或无的问题,而是更深层次的关于程度和机制的问题。

未来的研究去深入探索威慑效应的方向或程度差异的原因和机制,进而促进我国刑事司法政策的科学化、理性化。

二、当然的根基:古典犯罪学派的思辨论证

有关刑事司法威慑效应的首次系统阐述可以追溯到诞生于18世纪中后期的古典犯罪学派。其中最为著名的代表人物及著作分别为贝卡里亚(Beccaria)在1764年匿名出版的《论犯罪与刑罚》、边沁(Bentham)在1789年出版的《道德与立法原理导论》。尽管贝卡里亚通常被认为是古典犯罪学派的创始人,然而,他的《论犯罪与刑罚》更像是刑法基本原则的一个汇总——其中只是概括性地提出了作为威慑理论基础的各种刑罚特征,而没有充分地加以展开论述;相比之下,边沁的《道德与立法原理导论》不但为威慑理论奠定了功利主义哲学基础,而且亦相对深入地阐释了古典犯罪学派对于犯罪行为发生机制的见解。①

(一)贝卡里亚的论证

在贝卡里亚看来,"刑罚的目的既不是要摧残折磨一个感知者,也不是要消除业已犯下的罪行……刑罚的目的仅仅在于:阻止罪犯再重新侵害公民,并规诫其他人不要重蹈覆辙"。② 也就是说,贝卡里亚认为刑罚的目的并不是报应,而是预防,并且是双面预防,即针对已然犯罪人的特殊预防以及针对潜在犯罪人的一般预防。那么,刑罚怎么样

① 总体而言,古典犯罪学派的思想属于政治科学的范畴,而不是行为科学和社会科学的先驱。古典犯罪学派对于作为犯罪学核心内容的犯罪原因的探索是非常表浅的,因而主流犯罪学界通常并不以古典犯罪学派作为犯罪学的起源,而是将百余年之后诞生的意大利犯罪学派(亦称作"实证犯罪学派")作为犯罪学的起源,并将其中的代表人物之一龙勃罗梭称为"犯罪学之父"。参见吴宗宪:《西方犯罪学》(第2版),法律出版社2006年版,第99页。

② [意]贝卡里亚:《论犯罪与刑罚》,黄风译,中国方正出版社2004年版,第28页。

才能实现它的犯罪预防目的呢?

实际上,贝卡里亚并没有提出有关犯罪行为的理论,而是想当然地假定了普遍存在着的利己动机驱使人们自然地倾向于犯罪行为。用他的话来说,“促使我们追求安乐的力量类似重心力,它仅仅受限于它所遇到的阻力”,①因此,“只要刑罚的恶果大于犯罪所带来的好处,刑罚就可以收到它的效果”。②

具体而言,贝卡里亚认为,刑事司法措施要想有效地达到预防犯罪的效果,必须具备以下三个特征:严厉性、③确定性、及时性。这些性质被后来的犯罪学概括为“有效刑罚三原则”。首先,“犯罪对于公共利益的危害越大,促使人们犯罪的力量越强,制止人们犯罪的手段就应该越强有力。这就需要刑罚与犯罪相对称”;④其次,“对于犯罪最强有力的约束力量不是刑罚的严酷性,而是刑罚的必定性……即使刑罚是有节制的,它的确定性也比联系着一线不受处罚希望的可怕刑罚所造成的恐惧更令人印象深刻”;⑤最后,“惩罚犯罪的刑罚越是迅速和及时,就越是公正和有益”。⑥

(二)边沁的论证

相比之下,边沁更加明晰地阐述了功利主义原理,并用以解释犯罪行为乃至其他所有行为的选择机制,即所谓的“幸福计算”过程。

---

① [意]贝卡里亚:《论犯罪与刑罚》,黄风译,中国方正出版社2004年版,第17页。

② 同上书,第57页。

③ 实际上,尽管贝卡里亚认为在某些迫不得已的情况下,死刑似乎也是必要的,但是,总体而言,贝卡里亚坚定地反对一味地提高刑罚的严厉性。正如他所引述的孟德斯鸠的名言——“任何超越绝对必要性的刑罚都是暴虐的。”因此,贝卡里亚倡导的是“罪刑相称原则”,而非“严厉性”原则。但是,在具体的经验研究中,检验的假设通常是刑事司法措施的严厉性对于犯罪率或犯罪行为(倾向)的影响。

④ [意]贝卡里亚:《论犯罪与刑罚》,黄风译,中国方正出版社2004年版,第17页。

⑤ 同上书,第57页。

⑥ 同上书,第44页。

边沁在《道德与立法原理导论》的开篇就明确地写道:“自然把人类置于两位主公——快乐和痛苦——的主宰之下。只有它们才指示我们应当干什么,决定我们将要干什么”。[①] 也就是说,基于功利主义原理,行为人会在备选的行为集合里选择效用最大化的那种行为。换言之,对于行为人本身来说,这一行为会使其快乐与痛苦的净差达到最大值。

边沁阐述了快乐和痛苦的四种一般来源:身体的、政治的、道德的、宗教的。[②] 举例来说,注射毒品既可以增加身体上的快乐,也提高了感染甚至死亡的可能性;犯罪引起的某些人对行为人的尊重和敬畏以及传统群体对行为人的责难分别属于道德上的快乐或痛苦;来世获得善报或者死后被打入地狱则分别属于宗教上的快乐或痛苦;受到刑事司法机关的处罚则是典型的政治上的痛苦。

可以看到,边沁在讨论各种各样的快乐与痛苦以及最终决定着某项行为的效用的过程中,提出了比贝卡里亚更加宽泛的行为理论。除了刑事司法处罚带来的痛苦之外,边沁还提到了各种非正式处罚;此外,边沁亦广泛地讨论了由犯罪行为引起的、并不受刑罚直接控制的许多快乐。实际上,在这一过程中,边沁为后来的理性选择理论奠定了思想基础。

除了详细地讨论了快乐和痛苦的来源和各种琐碎的类型之外,边沁还认为快乐和痛苦在许多特征上都会有所变化,其中包括强度、持续时间、确定性、时间上的邻近性、纯度、丰度、广度。[③]

(三)威慑理论的基本假设

现代犯罪学通常重点关注刑事司法措施的三个特征,即贝卡里亚和边沁均已提到的确定性、严厉性、及时性;相较之下,边沁论及的其他

---

① [英]边沁:《道德与立法原理导论》,时殷宏译,商务印书馆2000年版,第57页。

② 同上书,第81页。

③ 同上书,第86~88页。

一些特征“对于社会政策和犯罪理论是用处不大的,并且也不再有人加以关注”。①

实际上,上述三个特征已经演变为威慑理论的基本假设:刑事司法措施的严厉性、确定性、及时性越高,犯罪率将变得越低。具体而言,上述假设可以进一步细分为三个层次:即刑事司法措施的三种客观性质与犯罪率之间的负向共变关系、刑事司法措施的三种认知性质与个体的犯罪行为(或犯罪行为倾向)之间的负向共变关系、个体的犯罪(或刑罚)经历与其对刑事司法措施性质的认知之间的负向(或正向)共变关系。②

古典犯罪学派想当然地接受了上述假设,并在此基础上进行思辨式的演绎推理;然而,对于总体上定位为社会科学的现代西方犯罪学,特别是对于当前的主流方向——犯罪社会学而言,这些假设还应当经受严格的实证检验。

三、动摇的根基:菲利的实证批判

以贝卡里亚、边沁为代表人物的古典犯罪学派通过雄辩的演绎方式推断出了刑事司法的威慑机制——符合“有效刑罚三原则”的刑事司法体系会产生特殊威慑和一般威慑的效应,从而可以有效地实现其特殊预防和一般预防的目标。然而,尽管古典犯罪学派为现代刑事司法制度的建立奠定了坚实的思想基础,而且,它提出的许多许多法律原则亦已成为现代刑事司法体系乃至一般民众深信不疑的“公共理念”,但是,犯罪学的诞生并不是建立在承认上述演绎推理和基本结论的基础之上;相反地,作为犯罪学诞生标志的意大利犯罪学派强烈地质疑了古典犯罪学派的基本思想,其中尤以菲利(Ferri)

① [美]戈特弗里德森、赫希:《犯罪的一般理论》,吴宗宪、苏明月译,中国人民公安大学出版社2009年版,第6页。

② 参见杨学锋:《威慑刑论的犯罪学证明》,载《中国人民公安大学学报》(社会科学版)2017年第5期。

的批判最为直接。

在古典犯罪学在欧洲社会得到极大发展的百余年之后,菲利观察到:"在意大利,当古典犯罪学理论发展到顶峰时,这个国家却存在着从未有过的数量极大的犯罪行为的不光彩状况,这确实是一种令人惊异的对比"。[①] 基于意大利犯罪学派对于犯罪原因论的基本认识,[②]菲利继续论述到:"对犯罪原因的深入研究表明,人不犯某一罪行,是因为有完全不同的原因,而不是畏惧刑罚,这些强有力的基本原因并非立法者的威吓所具备的"。[③]

菲利严厉地批判了作为古典犯罪学派思想根基的自由意志论:"自由意志的幻想来自我们的内在意识,它的产生完全是由于我们不认识在做出决定时反映在我们心理上的各种动机以及各种内部和外部的条件";[④]"当用现代实证方法武装起来的近代心理学否认了自由意志的存在,并证明人的任何行为均系人格与人所处的环境相互作用的结果时,你还怎么相信自由意志的存在呢?"[⑤]

菲利深刻地揭示了意大利犯罪学派与古典犯罪学派的根本区别——"古典犯罪学派认为犯罪含有道德上的罪过,因为犯罪人背弃道德正轨而走上犯罪歧途均为个人自由意志所选择,因此,应该以相应的刑罚对其进行制裁,这是迄今为止最流行的犯罪观念……但是,实证派犯罪学认为,犯罪人进行犯罪并非出于自愿,一个人要成为罪犯,就必须使自己永久地或暂时地置身于这样一种人的物质和精神状态,并生活在从内部和外部促使他走向犯罪的那种因果关系链条

---

① [意]菲利:《实证派犯罪学》,郭建安译,中国政法大学出版社 1987 年版,第 3 页。

② 其中最具代表性的思想包括龙勃罗梭的犯罪人类学观点、菲利的犯罪原因三元论、加罗法洛的"怜悯与正直"等两种基本的利他情感。

③ [意]菲利:《实证派犯罪学》,郭建安译,中国政法大学出版社 1987 年版,第 26 页。

④ 同上书,第 16 页。

⑤ 同上书,第 9 页。

的环境中”。①

基于当时欧洲各国的犯罪率与刑罚状况的鲜明对比,菲利概括道:“刑罚,并不像在古典派犯罪学者和立法者的主张影响之下而产生的公众舆论所想象的那样,是简单的犯罪万灵药。它对犯罪的威慑作用是很有限的”。②

四、表面上的加固:贝克尔的形式推演

自意大利犯罪学派之后,从历史角度上来说,犯罪学作为一个独立的学科渐次以生物学、心理学、社会学解释作为其犯罪原因论的主流方向;相比之下,威慑理论的基本假设逐渐失去了关注度。直到 20 世纪 60 年代后期,随着经济学帝国主义侵入犯罪学领域,这一状况才出现了彻底的改观。

1968 年,诺贝尔经济学奖获得者贝克尔(Becker)创造性地借助经济学上常用的形式函数来推演了威慑理论模型。③ 在贝克尔看来,“最大化行为、市场均衡和偏好稳定的综合假定及其不折不扣地运用便构成了经济分析的核心”。④ 基于上述基本原理,贝克尔认为惩罚罪犯实际上相当于对犯罪征税,因此将自然而然地减少犯罪。

首先,贝克尔指出犯罪是一种严重的外部不经济的活动,它对社会造成的损害、为行为人带来的收益都可以被视为犯罪数量的增函数。用形式函数的语言来说,H、G 分别表示损害函数和收益函数,O 表示犯罪数量,那么 H、G 对 O 的一阶导函数都应该大于

---

① [意]菲利:《实证派犯罪学》,郭建安译,中国政法大学出版社 1987 年版,第 9 ~ 10 页。

② [意]菲利:《犯罪社会学》,郭建安译,中国政法大学出版社 2004 年版,第 191 ~ 192 页。

③ See Becker G, “*Crime and Punishment: An Economic Approach*”, Journal of Political Economics, 1968, 76(2), pp. 169 - 217.

④ [美]贝克尔:《人类行为的经济分析》,王业宇、陈琪译,上海人民出版社 1995 年版,第 8 页。

零,即:

$$H'(O)>0;G'(O)>0$$

进一步地,贝克尔假定收益函数的边际效益递减,而边际损害则是递增的,即两个函数的二阶导函数分别满足以下条件:

$$G''(O)<0;H''(O)>0$$

进而,对于社会的净损害函数 $D(O)=H(O)-G(O)$来说,它的二阶导函数显然大于0,即:

$$D''(O)=H''(O)-G''(O)>0$$

此外,社会之所以要努力减少犯罪,一个基本的理由就是犯罪的数量越多,它给社会造成的净损害就会越大。因而,D 对 O 的一阶导函数应该大于零,即:

$$D'(O)>0$$

可以说,贝克尔的后续推演都是在上述约束条件下展开的。

对于"人为什么会犯罪"这一基本问题,贝克尔认为这仅仅是选择的结果,"一种行之有效的犯罪行为理论只是经济学常用的选择理论的扩展,用不着以道德的颓废、心理机能的欠缺和遗传特征等因素来解释犯罪行为";①随后,贝克尔继续论证到,"犯罪人之所以选择犯罪行为,是因为它的预期效用超过了行为人使用同样的时间和资源从事其他行为时能够产生的预期效用。因此,某些人之所以成为'犯罪人',并不是由于他们的基本动机有什么不同,而在于他们的收益和成本有所差异"。②

也就是说,如果将某人实施犯罪行为的预期效用函数写作:

$$EU=pU(y-f)+(1-p)U(y)$$

其中,U 为效用函数、EU 为实施犯罪行为的预期效用函数、y 与 f 分别为犯罪行为给行为人带来的收益及成本、p 为受到刑事司法处罚的概率,那么预期效用函数的两个偏导函数均应该小于0,即:

① [美]贝克尔:《人类行为的经济分析》,王业宇、陈琪译,上海人民出版社1995年版,第56页。

② Becker G,"*Crime and Punishment: An Economic Approach*",Journal of Political Economics,1968,76(2),p.176.

$$\frac{\partial EU}{\partial p}=U(y-f)-U(y)<0$$

$$\frac{\partial EU}{\partial f}=-pU'(y-f)<0$$

概括而言,贝克尔的形式推演过程就是在经济学视角下使用抽象的函数表达式重新表述了古典犯罪学派的基本结论:要想减少犯罪,就必须降低犯罪行为的预期效用;进言之,就是要提高处罚概率、提高犯罪成本、降低犯罪收益。

五、实证之一:总量分析的证据

20 世纪五六十年代之后,西方犯罪学界逐渐重新关注刑事司法的威慑效应问题。[①] 其中的促进因素包括三个方面:一是技术层面的,如计算机技术和统计软件的出现与发展使研究者可以更加容易地分析复杂的犯罪数据集;二是社会层面的,如美国社会在 20 世纪 60 年代的犯罪率一直处于急剧上升的趋势之中;三是知识方面的,其中贡献最多的是社会学和经济学。相比于古典犯罪学派的思辨论证与经济学家贝克尔的形式推演,后来的犯罪社会学家或犯罪经济学家通常采用更为标准的经验研究范式为刑事司法的威慑效应假设提供正反两方面的证据。[②]

Gibbs(1968)开创了犯罪社会学对威慑理论的基本研究路径,他所提出的操作化方法为众多的后续研究提供了方向性的启示。[③] Gibbs

---

① 美国犯罪学家加兰德(Garland)在《控制的文化》一书中将其概括为“犯罪学思想的转变”。从更加宏观的层面来说,加兰德认为英美两国的刑事政策自 20 世纪 60 年代之后从基于社会剥夺理论的刑罚—福利主义模式转变为基于各式控制理论的“控制的文化”,其中的表现之一就是重新强调刑事司法的犯罪控制和社会防卫功能。参见 Garland D, *The Culture of Control: Crime and Social Order in Contemporary Society*, Chicago: University of Chicago Press, 2001, pp. 15 – 16。

② 对于西方犯罪经济学在此问题上的经验研究的综述可参见陈屹立、陈刚:《威慑效应的理论与实证研究:过去、现在与未来》,载《制度经济学研究》2009 年第 3 期。

③ See Gibbs J, “*Crime, Punishment, and Deterrence*”, Southwestern Social Science Quarterly, 1968, 48(4), pp. 515 – 530.

利用美国各州有关杀人罪数量及刑罚的官方统计数据,首次构建了刑罚的客观确定性及严厉性的测量指标。具体来说,Gibbs 使用美国各州监狱在 1960 年收监的杀人犯数量与过去最近的一年内各州警方获知的杀人犯罪案件平均数量之比例来测量杀人罪的刑罚确定性;用截至 1960 年年底的收监杀人犯被判处监禁刑按月计的中位数来测量杀人罪的刑罚严厉性。统计分析的结果表明,在刑罚确定性和严厉性都较高的州,杀人犯罪率则相对更低。这一结果为刑事司法的威慑效应假设提供了初步的证明。

以现在的标准来说,Gibbs(1968)在威慑效应核心概念的操作化以及统计分析方法上均存在着较多的瑕疵,但是,他所开创的操作化路径为之后的经验研究指明了方向。自此以后,西方犯罪学界对威慑理论预期的刑事司法措施的客观性质与犯罪率之间的负向共变关系进行了大量的实证检验。此类研究在本文中被概括地称作"总量分析"①。

进言之,在总量分析中,研究设计可以分为横截面分析、间断时间序列分析、面板数据分析等;从关注的具体刑事司法措施来说,它则包括立法和司法两个层面上的死刑、监禁刑、警务措施等等。以死刑威慑研究为例,横截面分析方法通常是比较保留死刑立法与取消死刑立法的不同国家或地区的犯罪率,特别是杀人犯罪率;间断时间序列方法则是比较同一国家或地区在取消或恢复

① 综观以美国为代表的西方犯罪社会学的发展史,在 20 世纪后期逐渐出现了在分析单位上的从宏观的社会结构转向微观的社会过程以及个体因素的趋势。就刑事司法的威慑效应而言,经验研究的结果变量逐渐从宏观层面的犯罪率转变为个体层面的犯罪行为或倾向,后者以认知威慑作为核心的中介机制。如果以 Lp 表示刑事司法措施的客观性质,以 Pp 表示行为人对刑事司法措施性质的主观认知,以 Cr 表示犯罪水平,那么刑事司法的威慑效应可以被概括为以下三个假设(括号内的符号表示两个变量的共变方向):Lp→Cr(-);Pp→Cr(-);Lp→Pp(+),进而形成威慑效应的全模型 Lp→Pp→Cr。其中,Lp→Cr(-)被称作"第一层次的假设",对此类假设的经验研究在本文中被称作"总量分析";对于后两个假设的经验研究在本文中被概括为"认知的中介效应"。参见杨学锋:《威慑刑论的犯罪学证明》,载《中国人民公安大学学报》(社会科学版)2017 年第 5 期。

死刑立法、或者是某项死刑执行之前后一段时期之内的犯罪趋势,特别是杀人犯罪率的趋势;面板数据分析则是综合使用横截面设计与间断时间序列分析设计,因而其具体的统计分析方法常会更为复杂一些。

(一)死刑与犯罪率的关系

人们很早就开始关注死刑的威慑效应问题。其中,美国犯罪学家塞林(Sellin)在20世纪50年代利用粗浅的统计分析方法对死刑立法的威慑问题进行了初步的经验检验。塞林使用匹配设计以及描述统计方法发现在立法层面上取消和保留死刑的各州之间的平均杀人犯罪率并未显示出显著差异;此外,那些原本保留了死刑的州在取消了死刑之后,杀人犯罪率亦未表现出显著的增长。据此,塞林总结道:“死刑对杀人犯罪率没有显著影响。”①

在死刑执行层面上的威慑效应研究中,广为引用的一篇文献是由经济学家 Ehrlich 在 1975 年发表的。② 其基本结论是每一起死刑执行可以减少七至八起杀人犯罪。许多研究质疑了该文的研究方法和结论。五年之后,一篇综述文章总结道:“经验研究大多并不支持死刑的威慑效应假设,零星的支持性研究通常过度地依赖计量经济学的分析方法”。③

在随后的几十年间,犯罪社会学家以及某些经济学家使用横截面数据、间断时间序列数据、面板数据等类型的数据集对死刑的威慑效应问题进行了大量的经验研究,得到了不尽一致的结果。期间不时地有

① Sellin T, *The Death Penalty*, Saint Paul: American Law Institute, 1959, p. 34.

② Ehrlich I, "*The Deterrent Effect of Capital Punishment: A Question of Life and Death*", American Economic Review, 1975, 65(3), pp. 397-417.

③ Mcgahey R, "*Dr. Ehrlich's Magic Bullet: Economic Theory, Econometrics, and the Death Penalty*", Crime and Delinquency, 1980, 26(4), pp. 485-502.

生文献面世,①其中,Nagin & Pepper(2012)的结论颇具代表性:有的研究无法证明死刑立法或死刑执行的威慑效应,因而不能作死刑存废、死刑判决或执行的经验证据,亦不应该影响有关死刑的政策决策"。② 该文指出在既往的死刑威慑研究中普遍性地存在着两种问题:第一,尽管这些经验研究关注了死刑立法或执行能否通过威慑机制而降低犯罪率,但是,更加恰当的研究问题应该是死刑相比于长期监禁、不得假释的终身监禁等其他刑罚是否具有更大的威慑效应;第二,既往研究通常假定行为人在谋划杀人行为之前会考虑自己受到刑事司法处罚的风险,即某种主观概率,但是,由于无法获得主观概率的相关数据,因此既往研究通常根据被抓捕、被定罪、被执行的频率等数据来代替主观概率。

(二)监禁率与犯罪率的关系

刑期不等的监禁刑是当代刑事司法系统最为倚重的刑罚。有关监禁率与犯罪率之间的关系,出现了区隔较为明显的两波总量分析,分别发生在 20 世纪 70 年代末之前与 90 年代初之后。

第一波总量分析使用横截面分析方法,焦点问题是不同地区的犯罪率与该时空范围内的监禁刑的确定性或严厉性之间的关联,Tittle

① 近年来,在英语社会的犯罪学界较有影响的综述包括:(1)Donohue J,Wolfers J,"*Uses and Abuses of Empirical Evidence in the Death Penalty Debate*",Stanford Law Review,2005,58,pp. 791 – 846;(2)Donohue J,Wolfers J,"*Estimating the Impact of the Death Penalty on Murder*",American Law and Economic Review,2009,11(2),pp. 249 – 309;(3)Chalfin A,Haviland A,Raphael S,"*What do Panel Studies Tell us About a Deterrent Effect of Capital Punishment? A Critique of the Literature*",Journal of Quantitative Criminology,2013,29(1),pp. 5 – 43;(4)Charles K,Durlauf S,"*Pitfalls in the Use of Time Series Methods to Study Deterrence and Capital Punishment*",Journal of Quantitative Criminology,2013,29(1),pp. 45 – 66。国内学者也对死刑的威慑效应问题进行了一定程度的综述,参见张远煌:《死刑威慑力的犯罪学分析》,载《中国法学》2008 年第 1 期。

② Nagin D,Pepper J,*Deterrence and the Death Penalty*,Washington,DC:National Academies Press,2012,p. 217.

(1969)是其中的典范之作。① 这类研究通常将监禁刑的确定性操作化为监狱人口数量除以报案数量；将监禁刑的严厉性操作化为监禁刑期的中位数；它们所使用的基本统计方法无外乎相关分析和回归分析。典型的做法是纳入一些与犯罪率有关的其他变量，如年龄结构、种族结构、城市化水平等，之后将犯罪率数据对这些控制变量以及刑罚确定性、严厉性等核心自变量进行相关或回归分析。此类研究通常发现监禁刑的确定性与犯罪率之间的标准回归系数为负值，而且具有统计显著性；相比之下，监禁刑的严厉性与犯罪率之间的标准回归系数通常不具有统计显著性。

第二波总量分析更多地使用面板数据，并且通常不再单独地检验监禁刑的确定性或严厉性的威慑效应，而是整体性地检验监禁率与犯罪率之间的关系。此类研究得到了不尽相同的结论，例如，Levitt (1996)对美国各州在1971年至1993年的面板数据进行了工具变量下的回归分析之后发现，按年度平均而言，多收监一名囚犯可以减少15起指标犯罪；②对照之下，Defina & Arvanites(2002)基于美国各州1971年至1998年的面板数据发现监禁率的增长仅仅显著地降低了抢劫和机动车盗窃两种类型的犯罪率，而对其他类型犯罪率的影响则表现出方向和程度上的巨大差异。③

以如今的评判标准来说，上述两波研究均不同程度地存在着两种缺陷：第一，没有区分威慑机制与剥夺能力机制。例如，监禁刑剥夺了那些具有人身危险性的行为人继续实施犯罪行为的能力，但是这种机

---

① See Tittle C, "*Crime Rates and Legal Sanctions*", Social Problems, 1969, 16(4), pp. 409–423.

② See Levitt S, "*The Effect of Prison Population Size on Crime Rates: Evidence from Prison Overcrowding Litigation*", Quarterly Journal of Economics, 1996, 111(2), pp. 319–351. 此外，"指标犯罪"是美国联邦调查局主持的"统一犯罪报告"项目中曾经使用的犯罪类别，其中包括杀人、抢劫、伤害、强奸、一般盗窃、入室盗窃、机动车盗窃、纵火等。自2004年起，该项目将其改称为"第一部分犯罪"。

③ See Defina R, Arvanites T, "*The Weak Effect of Imprisonment on Crime*: 1971–1998", Social Science Quarterly, 2002, 83(3), pp. 635–653.

不属于威慑效应的范畴。第二，难以明确区分原因和结果，因而无确认因果关系的非虚假性。有关研究通常关注的是监禁率的高低是否影响着犯罪率，但实际上，较高的监禁率也可能是较高犯罪率的结果。换而言之，监禁率和犯罪率之间可能存在互为因果的关系，而这种关系是传统的回归分析等统计方法难以处理的。

深入研究监禁率与犯罪率之间的关联机制具有非常重要的刑事政策意义。如果监禁刑只能通过剥夺犯罪能力的机制来实现减少犯罪的目标，那么这就意味着只能不断地提高监禁率。但是，如果犯罪控制对策可以通过威慑效应的机制而达到减少犯罪的目标，那么就有可能同时降低犯罪率和监禁率。① 如果能够通过威慑效应或其他机制来实现犯罪预防的话，就不但可以减少犯罪，还可以减少对行为人实际施加的刑罚。因此，有必要区分那些只能提高监禁率而不能有效降低犯罪率的犯罪对策。

（三）警务与犯罪率的关系

警察机关可以通过包括威慑效应在内的多种不同机制来减少犯罪。通常而言，警察是刑事司法体系的"看门人"，抓获犯罪行为人是其他刑事司法处罚的必要条件。此外，警察即使没有真正地抓获犯罪行为人，也可能产生一定的威慑效应——警察的实际或潜在出现可能会吓阻某些犯罪行为。

相比之下，在研究警务措施的威慑效应时，研究者大多采用了间断时间序列分析或面板数据分析的方法；而且，实验或准实验方法也得到了相对更多的应用。

在为数不多的使用横截面数据的相关研究中，Sampson & Cohen (1988)值得特别关注。该文分析了美国171座城市在1980年的犯罪率数据以及警方针对卖淫嫖娼、酗酒闹事、扰乱公共秩序等"软犯罪"

---

① See Durlauf S, Nagin D, "*Imprisonment and Crime: Can Both Be Reduced?*", Criminology & Public Policy, 2011, 10(1), pp. 13 – 54.

所采取的破窗警务措施。[1] 结果表明逮捕率对于抢劫犯罪具著的威慑效应；而且对于抢劫犯罪来说，成年人比青少年、黑人成年白人成年人更容易受到破窗警务的威慑。

很多间断时间序列研究关注了警力突然的、大幅度变化对于率的影响。千禧年以来，恐怖主义活动的威胁为此类研究提供了适宏观背景。Klick & Tabarrok (2005)研究了美国国土安全部在“9·11’件之后推出的预警机制对于犯罪率的影响。[2] 研究发现，当预警级从黄色提高到橙色时，街面上的见警率将提高 50%；在此期间，平均而言，见警率提高 1 个百分点可以导致整体犯罪率下降 0.3 个百分点。此外，毫不奇怪的是，此类研究通常发现不同类型的犯罪率有着较大差异的消长律，例如街头的抢劫犯罪将大幅减少，而非接触性的诈骗犯罪则没有显著变化。

在检验警察数量的增长或警民比与犯罪率关系的研究中，研究者大多采用面板数据并使用类似于前文所述的有关监禁率与犯罪率之间关系的研究设计和统计方法，因而也面临着类似的研究缺陷。Eck & Maguire(2005)在综述美国的相关文献后总结到：第一，此类研究的质量普遍不高。例如，在该文评述的 41 项研究中，只有 9 项满足方法论上的质量要求。第二，总体而言，招募更多的警察并没有独立地或一致性地降低美国的暴力犯罪。[3]

显而易见的是，警察数量的单纯增减并不能自然而然地影响到犯罪率，相比之下，如何有效地调配警力资源更有可能显著地影响着犯罪

---

① Sampson R, Cohen J, “*Deterrent Effects of the Police on Crime: A Replication and Theoretical Extension*”, Law and Society Review, 1988, 22(1), pp. 163 – 189. 对破窗警务的简要评述可参见杨学锋：《犯罪学视角下社区警务的理论基础及效果评估》，载《江苏警官学院学报》2018 年第 2 期。

② Klick J, Tabarrok A, “*Using Terror Alert Levels to Estimate the Effect of Police on Crime*”, Journal of Law & Economics, 2005, 48(1), pp. 267 – 279.

③ Eck J, Maguire E, “*Have Changes in Policing Reduced Violent Crime? An Assessment of the Evidence*”, in Blumstein A, Wallman J, eds., The crime drop in America, Cambridge: Cambridge University Press, 2005, pp. 207 – 265.

人欣喜的是,在后一方面的研究中,实验或准实验方法获得了前有的应用,并以更加坚实的经验证据质疑了传统警务模式中的随逻、快速响应、反应侦查等措施的效果,进而逐渐催生了循证警务式。[①] 仅以方兴未艾的热点警务研究为例,尽管在伦理、法律和方法论等方面仍然存在着一定的争议,[②]但是,Braga(2001)发现绝大多数实验和准实验研究在整体上提供了支持性证据。[③] 可以说,随着实验犯罪学的兴起,在包括、但不局限于警务措施的威慑效应研究中更加倚重实验或准实验方法将会为此议题提供效度更高的、更加确凿的结论。

综合上述各种总量分析的实证研究,可以看到,它们所关注的结果变量只是宏观层面上的官方犯罪率数据,而刑事司法措施的客观性质与这一结果变量的关联机制并非必然地指向威慑机制。但是,就其学术价值而言,这一层面的研究为继续深入探究其中的中介机制奠定了逻辑基础。

六、实证之二:认知的中介效应

从 20 世纪 70 年代末之后,作为中介机制的认知威慑得到了经验研究的广泛关注,“从根本上来说,威慑是一种心理机制,其中最为重要的中间变量是行为人对于刑事司法措施性质的主观认知”。[④] 具体来说,认知威慑的经验研究所关注的问题主要包括两个方面:一是行为人对于刑事司法措施的严厉性、确定性、及时性等性质的主观认知对其犯罪行为(意图)的影响;二是上述主观认知与刑事司法措施的客观性

① Sherman L, “*The Rise of Evidence-Based Policing: Targeting, Testing, and Tracking*”, Crime &Justice, 2013, 42(1), pp. 377 – 451.

② 参见杨学锋:《热点警务的犯罪学理论基础及实践评估》,载《中国人民公安大学学报》(社会科学版)2018 年第 3 期。

③ Braga A, “*The Effects of Hot Spots Policing on Crime*”, Annals of the American Academy of Political & Social Science, 2001, 578, pp. 104 – 125.

④ 杨学锋:《威慑刑论的犯罪学证明》,载《中国人民公安大学学报》(社会科学版) 2017 年第 5 期。

质之间的对应关系及其修正过程。

相比于前文所述的总量分析，认知威慑研究在方法论上出现个重要变化：第一，观察单位由地理单元转变为受访者个体；第二，数源从官方犯罪统计转变为基于抽样技术的自述调查。① 具体而言，认知威慑研究获取数据的方法包括以下三类：横截面抽样调查、小样本多轮调查、②虚拟场景法调查。

（一）认知对行为（意图）的影响

在研究风险认知与犯罪行为之间的关系时，横截面设计无法明确地区分两者之间的时间顺序；相比之下，在小样本多轮调查方法中，前测的风险认知数据被用来解释后测的犯罪行为（意图）数据，因而更加清晰地区分了两者之间的时间顺序。

Matsueda 等（2006）利用小样本多轮访问数据检验了被捕确定性的认知与之后的犯罪行为之间的关系。③ 与威慑理论的预期相一致，该研究发现在控制了其他解释变量之后，认为自己被捕风险较高的青少年一般会自我报告在之后的一年时间内出现了较少的犯罪行为。这种显著的认知威慑效应同时适用于受访者自述的暴力行为和盗窃行为。然而，值得注意的是，尽管该研究发现了支持威慑效应的证据，但是研究者警告说由于威慑因素对于犯罪行为仅具有中等程度的影响，也不是决定犯罪行为的最重要因素，因此，不应该将刑事司法措施当做

① 关于官方犯罪统计与包括自述调查在内的非官方犯罪统计之间的互补关系的评述参见杨学锋、商小平、姜兰昱：《犯罪黑数的构成与估计方法》，载《江西公安专科学校学报》2007 年第 4 期。该文被人大复印资料《刑事法学》2007 年第 11 期全文转载。

② 与前文提到的面板数据的英文表达是相同的，即 panel data，但是，一般而言，在总量分析中，特别是在计量经济学中，常见的译名为“面板数据”；而在社会学研究中，特别是采用了抽样调查法时，通常译为“小样本多轮调查”。有时也被译作“专题群体调查”，参见[美]巴比，《社会研究方法》，邱泽奇译，华夏出版社 2009 年版，第 106 页。

③ Matsueda R, Kreager D, Huizinga D, “*Deterring Delinquents: A Rational Choice Model of Theft and Violence*”, American Sociological Review, 2006, 71(1), pp. 95 – 122.

控制犯罪的根本性措施。

小样本多轮调查方法并非无懈可击,它依赖于个体在处罚风险认以及犯罪行为(意图)两个方面的稳定性假设。正如有的犯罪学家评论的:"如果人们对于风险的认知是不稳定的,如果即时的风险认知对于犯罪行为的影响是最大的,那么较长时间之前测量到的风险认知对于解释当前的犯罪行为就没有多大意义了"。①

这一批判观点催生了一种新的测量方法——虚拟场景法。此时,受访者将会在问卷中阅读到若干个犯罪场景描述,并据此回答相应的风险认知及行为倾向等问题。例如,Klepper & Nagin(1989)基于 163 名在职攻读公共管理硕士学位的中层管理者样本,设计了是否如实报税退税的两个虚拟场景,进而发现被税务部门察觉的确定性以及是否可能面临刑事指控均显著地影响着受访者的如实报税行为。②类似地,Bachman & Ward(1992)则针对男性大学生样本设计了约会强奸的虚拟场景。③

概括而言,基于横截面抽样调查以及虚拟场景法调查数据的经验研究,通常会发现在刑事司法处罚风险认知与自述的犯罪行为(意图)之间存在着符合威慑刑论预期的负向关系;对照之下,使用小样本多轮调查方法的经验研究则提供相对较弱的支持性证据。

(二)认知的来源与修正

在认知的来源与修正这一议题上,许多研究发现民众通常并不确

---

① Piliavin I, Gartner R, Thornton C, Matsueda R, "*Crime, Deterrence, and Rational Choice*", American Sociological Review, 1986, 51(1), pp. 101 - 119.

② Klepper S, Nagin D, "*The Deterrent Effect of Perceived Certainty and Severity of Punishment Revisited*", Criminology, 1989, 27(4), pp. 721 - 746. 相比于既往的研究,这一研究不但继续印证了确定性效应,而且也在很大程度上支持了严厉性效应。

③ Bachman R, Ward S, "*The Rationality of Sexual Offending: Testing a Deterrence/Rational Choice Conception of Sexual Assault*", Law & Society Review, 1992, 26(2), pp. 343 - 372.

切地了解刑事司法措施的客观性质，因而在主观认知上出现了
差。在此问题上，Kleck 等人（2005）基于横截面调查数据的研究
关注。① 他们调查了 1500 名美国民众对于刑罚的确定性、严厉性
时性的认知。用于测量刑罚认知性质的具体问题包括：在您居住的区域内，在过去的十年间，在被警方获知的 100 起抢劫案件中，你认为大约有多少起会被警方破案？在您居住的区域内，在被定罪的 100 起抢劫案件中，你认为大约有多少起会判处监禁刑？对于每个被定罪的抢劫犯，你认为从被捕到法庭审判大约需要多长时间？此外，研究者基于官方犯罪统计数据建构了刑罚客观性质的测量。研究表明，刑罚的认知水平与客观水平之间的相关系数总是处于较低的水平，平均值仅为 0.02。回归分析则显示刑罚认知水平的方差中只有不足 2% 的比例可以由刑罚的客观水平加以解释。

综合而言，此类研究不仅发现受访者对于刑罚性质的主观认知通常显著地差异于刑罚性质的客观水平；而且，有过犯罪经历的人通常要比那些没有过此类经历的人低估刑事司法措施的确定性、严厉性或及时性等性质，即所谓的“经历效应”。这一发现既可以被视为一般威慑效应的证据，亦对认知威慑的来源与修正问题具有启发意义。例如，犯罪学家 Tittle（1980）将上述现象称为“幻觉壳”，即那些没有犯罪经历的人幻想了过多的刑事司法后果；对照而言，那些有过犯罪经历的人会发现被处罚的概率并没有想象中的那么高，因而向下修正了对于刑罚性质的主观认知，进而可能继续实施犯罪行为。这被 Tittle（1980）称为“冲破了幻觉壳”。②

相比之下，与威慑理论的预期更加吻合的是，刑罚经历与犯罪经历之间的相对指标可以更加有效地预测受访者的认知威慑水平。③ 也就

① Kleck G, Sever B, Li S, Gertz M, “*The Missing Link in General Deterrence Research*”, Criminology, 2010, 43(3), pp. 623 – 660.

② Tittle C. *Sanctions and Social Deviance: the Question of Deterrence*, New York: Praeger. 1980, pp. 67 – 69.

③ Horney J, Marshall I, “*Risk Perceptions Among Serious Offenders: the Role of Crime and Punishment*”, Criminology, 1992, 30(4), pp. 575 – 594.

为人通常会根据亲身或代偿的刑罚与犯罪经历的相对指标来地向上或向下修正自己对于刑罚风险的认知,但是修正的幅度可许不大。①

另一项有趣的发现是,相比于以他人为参照,受访者在以自我为参照时普遍地会低估自己受到刑事司法处罚的可能性。② 申言之,这一结果表明,在认知威慑研究中,问卷题目的细微差别可能是引起不一致的研究结论的原因之一,因此,量具标准化的问题需要引起研究者的充分关注。

七、威慑理论的扩展与整合

(一)完全理性到有限理性

自 20 世纪 80 年代以来,广泛应用于经济学领域的理性选择理论逐渐被引入到犯罪学之中。与基于古典犯罪学派的原始威慑理论相比,理性选择理论秉持“有限理性”而不是“完全理性”假设,③因而更加具有弹性。在最早将有限理性概念引入到犯罪学领域的两位犯罪学家 Cornish 与 Clarke 看来,犯罪人的理性程度“会受到时间、能力以及

① Anwar S, Loughran T, “*Testing a Bayesian Learning Theory of Deterrence Among Serious Juvenile Offenders*”, Criminology, 2011, 49(3), pp. 667–698.

② Paternoster R, Saltzman L, Chiricos T, Waldo G, “*Perceived Risk and Deterrence: Methodological Artifacts in Perceptual Deterrence Research*”, Journal of Criminal Law & Criminology, 1982, 73(3), pp. 1238–1258.

③ “有限理性”概念的创制者、诺贝尔经济学奖获得者赫伯特・西蒙(Simon, H. A.)概括了完全理性(global rationality)与有限理性(bounded rationality)的基本假定:完全理性假定决策者的效用函数是全面的、一贯的,决策者了解可供选择的所有可能办法,能够算出与每一个可能办法相联系的期望效用,进而选择其中能够使期望效用最大化的那个办法。有限理性假定决策者必须通过搜寻才能获得可供选择的一些可能办法,对各个行动所能产生的结果的知识很不完备且不准确,并采取期望中满意的行动,即在约束的条件下达到目标。参见[美]西蒙:《基于实践的微观经济学》,孙涤译,格致出版社 2009 年版,第 17~18 页。

相关信息的可得性等因素的限制"。[①] 然而，理性的有限程度是一个连续体，于是，犯罪行为在多大程度上是行为人的理性选择，这一富有弹性的问题将显得更加扑朔迷离。

例如，Tunnell(1990)指出："在实施盗窃之前，这些惯犯以及他所认识的几乎所有的盗窃犯都没有认真地考虑过自己的犯罪行为可引起的法律后果。他们通常不考虑自己行为的负面后果，相反，他们主要考虑的是犯罪行为可能带来的收益。他们简单地认为自己不会被抓获，除此之外不愿多想。决策过程并不是一个对于成本收益的理性计算或评估过程。行为人很少考虑风险，或者认为风险很小因而不予重视"。[②] 首先，这些盗窃惯犯通常认为自己能够不被抓获；即便被抓获，受到的处罚也不会很严厉；更为严重的是，他们并不害怕坐牢，因为对他们来说，牢狱生活并没有带来多大的损失。由于行为人在决定实施犯罪之前的确认为犯罪的预期收益会大于预期成本，这乍看上去似乎符合理性选择理论；然而，深究起来，可以看到这些犯罪人的决策过程并不符合成本收益的理性计算模型。尽管行为人也会想方设法地逃避刑事处罚，但是他们对于处罚风险的主观估计是严重脱离实际水平的，也可以说是不符合理性的。通常而言，这些犯罪人没有对被抓获的风险作出合理的估计，对犯罪过程也几乎没有什么周密的规划，对相应的刑事处罚规定也一知半解。

（二）正式威慑到非正式威慑

在更为宽广的理性选择视角下，刑事司法处罚只是犯罪人在决策过程中加以考量的众多成本之一，而诸如社会责难、良心不安、亲友排斥、失去工作等法律之外的成本可能更加有效地影响着行为人的决策过程。

---

① Cornish D, Clarke R, *The Reasoning Criminal*: *Rational Choice Perspectives in Offending*, New York: Springer-Verlag, 1986, p. 1.

② Tunnell K, "*Choosing Crime*: *Close Your Eyes and Take Your Chances*", Justice Quarterly, 1990, 7(4), pp. 680 – 681.

于某些犯罪学家来说,这意味着威慑效应应被更加精细地区分为正式威慑和非正式威慑;然而,对于另外一些犯罪学家来说,这种区分实际上淆了威慑理论与其他犯罪学理论,因此应该将威慑理论限定在刑事司法措施之内,而那些证实了“非正式威慑”的研究实际上恰恰印证了刑事司法措施的局限性。在此,非常具有启发意义的一个问题是尽管基于“法律面前人人平等”的基本原则,同样的犯罪行为所引起的法律后果具有很大程度的可比性;但是,对于不同的行为人来说,类似程度的法律后果所引起的非正式成本却可能有着天壤之别。① 因此,刑事司法的威慑效应之所以在不同群体中存在着显著差异,一个很可能的原因是在既往研究中没有考虑到行为人在法律之外所要承担的非正式成本。

Nagin & Pogarsky(2001)使用虚拟场景法提出了极具广度的威慑效应模型,它同时整合了刑罚确定性、严厉性和及时性等三个性质。② 该研究之所以引人关注,不仅是因为他们将及时性因素引入到了威慑模型之中,而且还引导威慑理论的研究者们关注到个体的某些特征的影响,如行为人的时间折扣率或时间取向等因素。

具体来说,Nagin & Pogarsky 首先提出了一个形式模型,即犯罪行为预期收益的效用大于其预期成本时,犯罪就会发生。用形式函数的语言可以表述为:

$$U(\text{收益}) > p \times U(\text{法律成本} + \text{法律外成本})$$

其中,U 是效用函数,法律成本包括了各种可能的刑事司法处罚,法律外成本包括诸如社会谴责、自我负罪感等,p 是指被处罚风险的认知。

---

① 非正式成本就是指那些刑事司法处罚之外的各种负面后果,包括但不局限于社会污名、依恋成本(如某种社会关系的破裂)、投入成本(如事业上的间断)等。例如,在2016年引起极大争议的“雷洋案”,行为人的逃跑与激烈反抗与其他一般嫖娼人员形成了鲜明反差,其中一个显见的原因是家庭关系稳定、事业稳步上升的公职人员更加难以承受治安处罚之外的非正式成本。

② Nagin D, Pogarsky G, “*Integrating Celerity, Impulsivity, and Extralegal Sanction Threats Into a Model of General Deterrence: Theory and Evidence*”, Criminology, 2001, 39(4), pp. 865 – 891.

为了将刑事司法处罚的及时性考虑进来,Nagin & Pogarsky 在模型中添加了参数 δ_t,它表示未来发生的成本在时间上的折扣因子——折扣因子越小,意味着行为人赋予延迟处罚的权重越低。①

用形式函数的语言来说,上述模型被进一步改写为:

$$U(\text{收益}) > \delta_t \times p \times U(\text{法律成本} + \text{法律外成本})$$

根据这一改进的威慑模型,当法律及法律外成本增加时,抑或刑罚的确定性增加时,犯罪的效用将降低;此外,包括刑事司法处罚在内的各项成本对于预期效用的影响还取决于每个行为人的折扣因子 δ_t 的大小。

Nagin & Pogarsky 针对大学生样本设计了虚拟的醉驾场景。研究发现对于刑罚确定性和严厉性的认知对于受访者醉驾意图具有显著效应,但是刑罚及时性认知的效应则不具统计显著性。与迄今为止进行的绝大多数威慑研究类似,刑罚确定性认知的效应要大于刑罚严厉性的认知。对于法律之外成本的认知(如雇用律师的费用)至少与法律成本的认知(醉驾可能导致的罚金数额)一样可以有效地解释醉驾意图。相比于更加注重长远利益的人,刑罚严厉性认知的效应在更加注重眼前利益的人群之中的效应更小。

(三)与其他理论的整合

如今,犯罪学家在认知威慑研究中更多地借鉴着行为经济学、认知心理学的最新成果,特别是在不确定条件下的决策机制。例如,行为经济学家 Kahneman 与 Trersky 共同提出的"前景理论"认为人们到底是倾向于风险规避还是倾向于风险偏好,实际上取决于心理上的参照点——行为人的决策依据并不是效用的最终绝对量,而是相对的改变量。通常而言,面对"获得",人们倾向于风险规避;面对"损失",人们

① 有观点认为犯罪行为人并不一定总是希望处罚来得越晚越好,因为处罚可能会让行为人摆脱心理上的煎熬。如果是这样,那么及时性指标应该被赋予负向的权重,从而将延迟的刑罚看做是更大的成本。当然,这一假设仍需进一步检验。

则倾向于风险偏好。①

随着多元犯罪原因论越来越深入人心,犯罪学家通常不再单独关注刑事司法措施的确定性、严厉性或及时性等指标对于犯罪行为(倾向)或犯罪率的影响,而是将其中的基本假定和研究结论整合到其他犯罪学理论之中,进而成为理论整合趋势下的一个重要支流。

例如,在社会学习理论的代表人物Akers看来,理性选择理论作为威慑理论的扩展,"仅仅假定了很低程度的理性,这与其他犯罪学理论中的理性水平假设并没有什么大的差异";②无论是正式或非正式的威慑,还是犯罪经济学家惯用的"效用函数",都可以纳入社会学习理论中"差别强化"这个一般的概念之下。简言之,理性选择理论与威慑理论都只是社会学习理论的特例。

相比之下,自我控制理论则试图补强威慑理论:"古典理论是一种社会控制理论或者外部控制理论,这种理论的基础是这样一种观点:犯罪的代价因个人在社会中的地位或者与社会的联系的不同而有差别。古典理论所缺乏的,是有关自我控制的一种明确的观点,这种观点认为,人们在当时易受诱惑的程度也有差异。因此,只要把这两种观点结合起来,就可以发现同时存在着对行为的社会约束因素和个人约束因素"。③

类似地,情境行动理论预测到行为人的犯罪倾向与刑事司法措施的威慑效应存在着显著的交互作用。④ 犯罪倾向极低的人在其日常生

① 参见黄祖辉、胡豹:《经济学的新分支:行为经济学研究综述》,载《浙江社会科学》2003年第2期。

② Akers R, "*Rational Choice, Deterrence, and Social Learning Theory in Criminology: The Path Not Taken*", Journal of Criminal Law & Criminology, 1990, 81(3), pp. 653 – 676.

③ [美]戈特弗里德森、赫希:《犯罪的一般理论》,吴宗宪、苏明月译,中国人民公安大学出版社2009年版,第83页。

④ Wikström P, Tseloni A, Karlis D, "*Do People Comply With the Law Because They Fear Getting Caught?*", European Journal of Criminology, 2011, 8(5), pp. 401 – 420.

活中通常没有将犯罪行为认知为备择行动,进而自然地无从选择犯罪行为。此时,刑事司法的威慑效应是无关紧要的;然而,对于那些犯罪倾向较高的人来说,在什么情境下将犯罪倾向外显为犯罪行为则更多地取决于潜在行为人对刑事司法措施性质(特别是确定性)的情境性认知。也就是说,高犯罪倾向的行为人更有可能将犯罪行为认知为备择行动,而在选择是否犯罪的过程中才会基于认知威慑而做出情境性决策。

另外,在20世纪60年代出现的标签理论曾经深刻地批判了威慑理论,并且提出了相反的假设,即刑事司法处罚不但无助于减少犯罪,甚至可能是重新犯罪的重要原因。值得关注的是,恢复性司法之父布雷思韦特(Braithwaite)在1989年的著作中区分了"整合性羞耻"与"排斥性羞耻",进而论证了基于标签理论或威慑理论的两个相反假设可能同时具有合理性。简言之,如果刑事司法处罚具有整合性羞耻的属性,那么它除了表达社会责难之外,还能够"通过宽恕的言语、动作或者消除犯罪人之越轨身份的仪式来努力将犯罪人重新整合到守法公民或体面公民的社群中去",①并且唤起行为人的良知建设,从而保证社会的犯罪率处于较低水平;相反,排斥性羞耻则几乎没有对将犯罪人重新整合到传统群体中来做出任何努力,阻塞了触法者在未来追求成功的道路上的合法机会,推动了犯罪亚文化群体的形成,促进了触法者利用非法机会以满足自身需求,而所有这些负面后果都会导致较高的犯罪率水平。

相比于Braithwaite更加关注包括刑事司法措施在内的社会反应所具有的整合或排斥性质对犯罪率的影响,Sherman(1993)提出的抗争理论更加关注行为人本身对于这些社会反应的评价对其后续行为的影响。② 具体来说,Sherman认为刑事司法措施可能引起三种不同的结

---

① [澳]布雷思韦特:《犯罪、羞耻与重整》,王平、林乐鸣译,中国人民公安大学出版社2014年版,第126页。

② Sherman L., "*Defiance, Deterrence, and Irrelevance: A Theory of the Criminal Sanction*", Journal of Research in Crime & Delinquency, 1993, 30(4), pp. 445 – 473.

果——抗争、威慑、零效果。在以下四种情况中,就会出现抗争效应:受刑人认为刑事司法措施不公平、受刑人感受自己受到刑事司法措施的羞辱、受刑人没有感觉到自己的行为是可耻的、受刑人与传统社会没有紧密的纽带;当上述四种情况均不出现时,受刑人的犯罪行为将有所减少,此时可以认为是威慑效应占据上风;如果上述四种情况相互抵消,那么刑事司法措施对于受刑人未来的犯罪行为就不会产生显著的方向性影响。

八、结　　语

"西方理论本身所提供的知识与智慧值得我们学习,西方犯罪学的研究历程与发展经验更值得我们重视和借鉴。"①纵观西方犯罪学对威慑效应这一议题的论证与实证历程,可以清晰地看到定位为社会科学的当代犯罪学没有简单地基于思辨论证而轻易地接受由来已久的、符合"常识"与"民意"的威慑刑论,而是坚持不懈地使用实证检验方法以寻求更加切实的、正反两方面的经验证据。在此过程中,研究假设愈加细化、研究设计愈加切合,这充分地说明:"大多数当代犯罪学在方法上、在基本的表述方面,都是实证主义的。"②

然而,一些议题尚待厘清。第一,初步的研究表明,不同的行为人对于刑事措施的及时性具有不同的反应,但是由于经验研究数量明显不足,因而无法得出较为确切的结论;第二,尽管得到了初步印证,但是尚无法确定刑事司法措施的确定性、严厉性、及时性等性质之间的交互效应;第三,尽管认知对行为的影响得到了较为充分的印证,但是现有研究大多发现犯罪人、潜在犯罪人以及一般民众对于刑事司法措施的认知较少地受到刑事法律规定及其执行层面的影响,这一极具政策意义的问题尚需深入探索;第四,尽管很多研究证实了

---

① 张旭:《犯罪学的西方理论与中国现实》,载《吉林大学社会科学学报》2008 年第 6 期。

② 转引自吴宗宪:《西方犯罪学史》,警官教育出版社 1997 年版,第 311 页。

刑事司法措施在较短时期内的威慑效果,但是其长期效果如何尚待进一步观察和检验;[①]第五,初步证据表明刑事司法措施对于具有不同特征的社会成员可能有着差异化的威慑效应,因此,在未来的威慑效应研究中有必要引入某些调节变量,如性别、社会阶层、人格特质等等。

对照之下,相对确凿的结论则包括:第一,刑事司法措施的确定性,特别是被警方抓获的确定性,[②]对于犯罪行为的威慑效应最为显著而稳健;第二,在无法保证确定性的情况下,单纯地提高刑事司法措施的严厉性通常无法实现威慑效应,相反,更有可能产生事与愿违的结果;第三,相比于非正式成本,刑事司法措施的威慑效应通常处于中等偏低的水平,有时甚至可以忽略不计。

上述结论具有重要的刑事政策与社会政策意义。首先,为了更加有效地预防和减少犯罪,在刑事司法体系内应该更加注重对警察部门的资源投入与警力调配。例如,见警率的提高,特别是在犯罪热点区域提高见警率,[③]可以表现出显著的威慑效应;相比之下,单纯地加大警方的处罚力度或提高监禁刑的刑期则无法达到预期效果;而且,长期的监禁刑往往伴随着刑罚成本的大幅增加以及再犯率的

---

① 美国犯罪学家 Sherman 在研究警方的集中打击行动的威慑效应时曾经提出了两种类型的效果衰减现象:第一,初期效果衰减,即尽管在项目运行初期有显著效果,但是在项目尚未结束之时,效果就已经呈现出显著的递减趋势;第二,残余效果衰减,即不但在项目运行期间有显著效果,而且在项目结束之后的一段时期内,依然呈现较为显著的残余效果。然而,随着时间的进一步推移,这种残余效果将迅速衰减直至归零。参见 Sherman L,"*Police Crackdowns: Initial and Residual Deterrence*",Crime & Justice,1990,12(1),pp. 1 - 48。

② 美国犯罪学家 Nagin 认为以往有关刑罚确定性的威慑效应研究实际上几乎都是在关注被警方抓获的客观概率或主观概率以及随后而产生的一系列条件概率。因此,有关确定性效应的结论应该被更加准确地表述为:被警方抓获的确定性要比随后而产生的法律后果具有更加一致的、更加显著的威慑效应。参见 Nagin D,"*Deterrence in the Twenty-First Century*",Crime & Justice,2013,42(1),pp. 199 - 263。

③ 参见杨学锋,《热点警务的犯罪学理论及实践评估》,载《中国人民公安大学学报》(社会科学版)2018 年第 3 期。

居高不下。① 其次,非正式威慑的效果通常高于正式威慑,这印证了意大利犯罪学派在一百余年前的批判意见:“不在于绝对否认,而特别在于反对认为刑罚是最好和最有效的犯罪预防手段的传统偏见”。② 实际上,在两百余年前,威慑理论的创始人也深刻地指出:“预防犯罪的最可靠也是最艰难的措施是:完善教育……命令得来的只是虚假的和暂时的服从”;③更早地,在两千余年前,孔夫子谆谆告诫道:“道之以政,齐之以刑,民免而无耻;道之以德,齐之以礼,有耻且格。”

Deterrence Effect of Criminal Justice: Theoretical Reasoning and Empirical Evidence from Western Criminological Community

Yang Xuefeng

[内容摘要]刑事司法的威慑效应既是历久弥新的论证议题,也是犯罪学经验研究所关注的实证热点。在追溯了古典犯罪学派的思辨论证以及以菲利为代表的意大利犯罪学派对其初步的实证批判之后,本文详尽地评述了犯罪社会学、犯罪经济学、犯罪心理学对于威慑效应的实证检验方法和基本发展历程。总体而言,无论是总量分析还是认知威慑研究,均发现刑事司法措施的确定性具有相对更加显著而稳健的威慑效应;而单纯地提高严厉性则很有可能走向威慑效应的反面;扩展研究通常更加支持非正式威慑模型。西方犯罪学对于威慑效应的论证与实证既为本土学术界提供了充分的借鉴,也有助于本土犯罪学的社会科学化。

[关键词]威慑效应;总量分析;认知威慑;刑事司法

---

① 不能简单地将再犯率较高归结为监狱系统效率的低下。再犯的原因往往更为复杂,其中一种显而易见的原因就是被释放的囚犯更容易受到社会排斥,难以真正地回归传统社会。另外,再犯率的居高不下至多只能说明监狱系统在特殊威慑方面的效果不足,而没有涉及一般威慑的效果。

② [意]菲利:《犯罪社会学》,郭建安译,中国政法大学出版社 2004 年版,第 190 页。

③ [意]贝卡里亚:《论犯罪与刑罚》,黄风译,中国方正出版社 2004 年版,第 98 页。

Abstract: Deterrence doctrine is not only one of the most long-standing focus of theoretical criminology, but also garners enduringly western empirical researches. After tracing its origin back to the Classical School and objections of Positivism School, it then reviews the developmental lines of empirical evidences from the perspectives of sociological, economic, and psychological criminology. Overall, both aggregate analysis and perceptual deterrence researches affirmed the certainty effect, denied the severity effect, and extended more support for informal deterrence. Native criminologists could learn much from western counterparts about effectiveness of criminal justice, and should nudge native criminology further in social science category.

Keywords: Deterrent effect; Aggregate analysis; Perceptual deterrence; Criminal justice

少年案件的风险评估实证研究*

苏明月**　王威智***

目　次

传统刑法遵循着罪责刑相适应的原则，强调犯罪人自身的责任。然而学界通过对少年犯罪的研究发现，除传统刑法所强调的自身因素外，个体成长所处的外部环境是导致少年犯罪的重要因素。① 如何分

* 基金项目：法治建设与法学理论研究项目（项目号：15SFB2017）；四川省教育厅人文社会科学重点研究基地项目（项目号：SQjz2018－01）。

** 北京师范大学刑事法律科学研究院副教授，法学博士。

*** 中国政法大学法理学硕士研究生。

① 在我国，已有诸多对于犯罪少年包括人格、心理特征、家庭等相关因素的调查研究，但对于社会环境的调查研究相对匮乏。相关研究可参见王玲：《狱中犯罪青少年的应付方式与心理健康初探》，载《中国心理卫生杂志》1995 年第 6 期；苏月桐、傅以容：《犯罪少年行为习惯及人格特征的调查》，载《中国临床心理学杂志》1998 年第 2 期；邓芸菁、窦刚、张锋：《少年犯人格的基本特征及其相关因素的研究》，载《中国临床心理学杂志》2000 年第 3 期；徐昀：《未成年人社会调查制度的完善与运用——两种心理学的视角》，载《当代法学》2011 年第 4 期；陈秀丽：《我国青少年犯罪与家庭环境研究综述》，载《中国青年研究》2004 年第 3 期；张亚伶、杨红英、刘学惠：《未成年人犯罪与父母教养方式的相

清个体责任与环境责任，如何将这种社会考量因素转化为法定的定罪量刑依据，就成为了重要且值得深入研究的问题。[①]

少年案件的社会调查，是指具有专业资质的司法社会调查主体围绕涉嫌犯罪少年的生活背景、成长经历、主观恶性程度、犯罪前后的表现、回归社会的社会支持条件等一系列要件展开专业调查活动。"少年司法的特殊性决定了社会调查报告制度的重大价值所在。少年司法的社会性的主导价值目标，即教育、保护为主的社会福利性的基本政策理念，决定了社会调查报告作为少年案件的基本事实与证据的根本地位，以及其作为少年司法区别于传统普通刑事司法的基本特征和贯穿少年司法始终的必然要求"。[②]与此同时，科学系统的社会调查制度有助于"研究未成年犯的重新犯罪规律，分析其问题症结，为防范未成年人重新犯罪提供合理化建议，对于有效预防和减少青少年犯罪具有重要的理论和现实意义"。[③]

通过制定和优化少年风险评估量表，进而规范和完善少年案件社会调查制度是本文的目的所在。笔者以司法社会调查报告为样本，结合少年风险评估量表的制定与优化这一核心环节，试图探讨并推动发挥少年案件社会调查制度的功用。

关研究》，载《首都师范大学学报》（社会科学版）2005 年第 4 期；蒋索、何姗姗、邹泓：《家庭因素与青少年犯罪的关系研究述评》，载《心理科学进展》2006 年第 3 期；关颖：《家庭对未成年人犯罪的影响因素分析——基于全国未成年犯调查》，载《预防青少年犯罪研究》2012 年第 2 期；程玉敏：《家庭成长环境与青少年犯罪关系实证研究》，载《犯罪与改造研究》2018 年第 8 期。

① 法国在 1958 年《刑事诉讼法典》中规定，在预审阶段对轻罪罪犯可以、对重罪罪犯必须进行"社会、医学和心理学"调查。自此，几乎所有的西方国家都对少年罪犯确立了类似原则，相关研究也开始得到法学、社会学和心理学界的重视。参见马克昌：《近代西方刑法学说史略》，中国检察出版社 2004 年版，第 365 页。

② 高维俭：《少年司法之社会人格调查报告制度论要》，载《环球法律评论》2010 第 3 期。

③ 上海市第一中级人民法院少年审判庭课题组，秦明华、陆文奕：《未成年人重新犯罪的实证分析及对策研究——以上海市未成年犯管教所在押少年犯为研究样本》，载《青少年犯罪问题》2011 年第 3 期。

一、研究样本说明

研究样本为少年案件的司法社会调查报告443份,分两期获取。这些报告以H区检察院所受理的案件为主,其他检察院所受理的案件为辅,涉及北京地区2011年至2014年5月的大部分少年案件。笔者以"委托时间"为标准进行了分类,其中2011年65份,2012年158份,2013年184份,2014年(截至5月)36份;并根据少年所涉及的罪名进行了归纳工作。

(一)初版整理与变量提取

司法社会调查报告主要包含案件信息为涉案少年的个体、家庭、社会状况,司法社工帮扶记录与评估意见等内容。结合司法社会调查报告的内容,笔者进行了录入表格的制定。表格栏目主要包括报告基本信息(委托单位、调查单位、委托编号、委托时间)、案情状况(涉案罪名、案件时间、罪行分类)、成长经历(出生地、案发地、是否属于留守儿童、双亲是否健在、是否有家庭暴力)、个体状况(个体综合特质、个体行为习惯、法律法规认知状况)、家庭状况(户籍属类、家庭成员、经济状况、与家庭成员关系状况)、社会关系状况(社交群体归属感程度、受信任程度、是否有打架斗殴行为、交往群体的偏差行为)、回归状况(个体、家庭、社会支持回归程度)、综合评估(违法行为因素、回归社会不利因素、有利因素)、帮教状况(帮教问题、帮教复杂程度、帮教效果、跟进工作)以及再犯风险等级评估共10类34项信息。

基于上述变量提取,第一期的293份报告中,获得159份有效报告。

(二)第二版的整理与变量提取

在完成第一期报告录入的基础上,笔者得到一些经验和启示;与此同时,在引入、翻译、整理美国的少年评估量表YLS/CMI、YASI、OYAS

过程中发现了第一版表格的不足,进行了修改。报告基本信息、案情状况、成长经历、回归状况、综合评估、帮教状况以及再犯风险等级评估 7 类信息没有变动。个体状况、家庭状况、社会关系状况 3 类信息有所变动。改动后的个体状况包含生理状况、个体倾向、认知与沟通表达能力、受教育与学习状况、不良行为习惯、工作状况、犯前法律法规认知状况、后期悔罪态度 8 项内容;变动目的在于细化个体在成长过程中的影响因素,尽量涉及全方面,深入个体因素的分析。家庭状况增加了家庭对其犯罪的影响,并单独强调了与父母的关系;变动原因是因为考虑到大量少年犯罪中家庭失责占很大比例,尤其是父母,对少年的成长甚至起到主导作用。社会关系状况改为社会交往群体的行为习惯、与社会成员的亲密程度、交往群体的偏差行为、社交群体对其犯罪的影响;同样是考虑到少年自身的不成熟性导致极易受同伴与群体的影响,伙同犯罪数量很大。

二、少年风险评估量表的制定

通常认为,美国是少年司法制度的发源地,其少年司法改革起步较早,相对成熟和完善。中国少年检察的许多经验都来自美国各个时期的实践,尤其是风险评估方面;少年风险评估制度在美国的理论和实践中都展现出了非常大的价值。研究以美国主流的三个少年评估量表 YLS/CMI(Youth level of service/Case management inventory,青少年服务等级与个案管理量表)、YASI(Youth Assessment and Screening Instrument,未成年人评估与筛选工具)、OYAS(Ohio Youth Assessment System,俄亥俄州未成年人评估系统)为参考。① 其中 YLS/CMI 和 OYAS 量表包含题目和问题两部分:问题是在少年评估中所回答的问题,题目是相对应的指标或分值;根据问题得出指标或分值,据此分级,

① 在这三种量表中,尤以 YLS / CMI 成熟度最高,适用最广泛,并且在我国得到了引入、适用和研究;相关介绍及其在我国的应用研究可参见崔海英:《以 YLS/CMI 为工具的未成年人危险评估实证研究》,载《中国刑事法杂志》2016 年第 3 期。

归纳风险等级,提出风险评估意见。

本研究在上述三个量表的基础上,主要从违法行为历史、家庭教养、教育就业状况、同龄人关系、物质滥用、休闲与娱乐及时间安排、性格与行为、对社会态度与取向8个方面进行了归纳整理,结合我国少年司法案件实际,以YSL/CMI和OYAS为主要参照对象制定了一套少年风险评估量表,包含题目和问题,中英双语。制定的少年风险评估量表主要包含违法行为记录、家庭教养、教育与就业、同龄人关系、物质滥用、休闲娱乐与时间安排、性格与行为、态度及观念等8个方面53项信息。

制定的量表需要进行验证分析,主要通过两个方面来进行。一是对量表内容进行评估、讨论等定性分析;二是建立数据模型,探讨各维度间的交互关系,将量表进行定量分析。

必须说明的是,形成的量表初版,具有以下局限与不足:

序号	问题要点	局限与不足
1	涉案少年年龄和刑事责任问题	无法从司法社会调查报告中获取到年龄信息;在风险评估量表中考虑到此点,有对涉案年龄的涉及
2	数据来源	司法社会调查报告
3	司法社工询问与记录信息的一致性	缺乏科学化根据和手段,主要依靠司法社工的主观技术;这也是制定科学化量表的重要原因
4	对少年事实从正反两方面认定	力求客观全面
5	帮教阶段认定	司法社会调查报告并未对少年所处司法阶段进行明确认定,一些取保候审,一些在监,一些即将进入法院审判
6	风险等级如何评判,各因素权重是否一致	缺乏科学化根据和手段,主要依靠司法社工的主观技术;这也是制定科学化量表并进行因素模型分析的重要原因

续表

序号	问题要点	局限与不足
7	过往犯罪因素的影响	较为复杂和深入的问题,需要理论和实际上的进一步研究
8	违法触法的认知	对法律的漠视通常是犯罪的先兆,但不了解具体的法律法规尤其是细小的问题可能是不可避免的,应在风险评估中有所体现
9	家庭关系	家庭关系对少年非常重要,一方面体现在前期对少年的教育和监管中,另一方面体现在少年罪后重返社会之时。对少年具体的家庭环境的考察和对少年影响程度的确定确实还有待进一步深入
10	受信任程度	司法社会调查报告中的受信任程度考查的是少年在家庭、工作和朋友圈子的关系;体现的是少年表现得好便受信任,表现不好受信任程度差;至于可信度,主要是信息采集的技术问题,只要询问人群足够多元,足够深入,要做出客观的评价并不难
11	社会支持关系	司法社会调查报告中所指的社会关系是指除家庭、司法社工外的支持关系,包括亲属、朋友、学校、工作单位等。良好的社会接纳有助于少年重返社会

"少年风险评估量表"(项目和对应问题),展示如下:

少年风险评估量表(项目)

*本表结合司法社工所做的社会调查报告,基于我国少年案件的现实状况,参考 YSL/CMI 和 OYAS 制定而成。

题目索引:(Y = YSL/CMI,O = OYAS,L = LOCAL,B = BOTH Y AND O)

1——O　　　　2——O

3——Y
4——L
5——Y
6——Y
7——Y
8——Y
9——L
10——O
11——O
12——L
13——Y
14——O
15——Y
16——O
17——Y
18——B
19——L
20——Y
21——L
22——O
23——Y
24——O
25——O
26——O
27——O
28——Y
29——L
30——L
31——B
32——Y
33——Y
34——Y
35——Y
36——Y
37——B
38——L
39——O
40——L
41——B
42——O
43——L
44——B
45——Y
46——B
47——O

(一)违法行为记录

1.有犯罪记录的时间

0 = 14岁及其以上　　1 = 13岁及以下

2.是否与执法人员有过冲突

0 = 没有　　1 = 有

3. 之前是否被逮捕过

0 = 没有　　1 = 有

4. 目前进入审判程序的次数

0 = 1 次及以下　　1 = 超过 1 次

(二)家庭教养

5. 家庭监督情况

0 = 合理的监管　　1 = 不合理的监管

6. 行为控制方面的情况

0 = 没有控制的困难　　1 = 有控制的困难

7. 是否存在自相矛盾的家庭教养

0 = 不存在　　1 = 存在

8. 父母与孩子间关系的情况

0 = 关系不冷淡　　1 = 关系冷淡

9. 父母是否有虐待倾向

0 = 没有　　1 = 有

10. 家庭重要性

0 = 认为家庭非常重要　　1 = 家庭并不重要

11. 亲近的家人中有被逮捕过的

0 = 没有　　1 = 有

12. 犯罪之后是否受到家人的支持,帮助返回社会

0 = 有　　1 = 没有

(三)教育与就业状况

13. 在教室的扰乱行为

0 = 没有　　1 = 有过

14. 在学校努力程度

0 = 努力　　1 = 基本没有努力

15. 低成就感

0 = 没有　　1 = 有

16. 曾被学校开除过

0 = 从没有被开除过　　1 = 被开除过

17. 和学校的同学相处情况

0 = 相处的好　　1 = 关系不够积极

18. 和学校的职员老师相处状况

0 = 相处的好　　1 = 关系不够积极

19. 和上司、同事相处状况

0 = 相处的好　　1 = 关系不够积极

20. 工作中存在问题

0 = 不存在或不明显　　1 = 存在

21. 长时间坚持某一份工作

0 = 能坚持　　1 = 不能坚持

(四)同龄与社会支持关系

22. 能与人积极相处

0 = 是　　1 = 否

23. 是否受到所认识的人的犯罪影响

0 = 否　　1 = 是

24. 朋友使用毒品或酒精的情况

0 = 没有或极少数的朋友使用毒品或酒精

1 = 很多朋友使用毒品或酒精

25. 朋友被逮捕的情况

0 = 没有或极少数的朋友被逮捕过　　1 = 很多朋友被逮捕过

26. 和公职人员的关系

0 = 相处的好　　1 = 相处得不好

27. 社区里的成年人对你的支持态度

0 = 支持　　1 = 不支持

(五)物质滥用

28. 是否吸食过毒品
0 = 没有接触　　1 = 偶尔吸食　　2 = 吸食成瘾
29. 对于饮酒的态度
0 = 不饮酒　　1 = 饮酒,但较少醉酒　　2 = 经常性地醉酒
30. 是否试图通过醉酒、吸烟、吸毒来排解苦闷
0 = 没有　　1 = 是的
31. 酒精和毒品对生活的影响影响程度
0 = 没有影响　　1 = 有影响
32. 犯罪时受到了酒精或毒品的影响
0 = 没有　　1 = 是的

(六)休闲娱乐与时间安排

33. 缺乏合理的活动
0 = 有合理的活动　　1 = 没有
34. 时间安排缺少规划
0 = 时间安排合理　　1 = 缺少规划
35. 没有个人爱好
0 = 有个人兴趣和爱好　　1 = 没有

(七)性格和行为

36. 自我设定
0 = 设定合理　　1 = 预期过高或偏低
37. 抗挫折与解决问题能力
0 = 冷静处理　　1 = 易怒易躁

38. 情绪低落

0 = 不是　　1 = 是的

39. 自尊感比较弱或过度膨胀

0 = 不是　　1 = 是的

40. 社会技能匮乏

0 = 不是　　1 = 是的

(八)态度及观念

41. 反社会/亲犯罪的态度

0 = 不存在　　1 = 存在

42. 悔罪态度

0 = 态度良好　　1 = 悔罪态度一般　　2 = 悔罪态度差

43. 犯罪之后,是否有很好的打算融入新的环境

0 = 有　　1 = 没有

44. 拒绝帮助

0 = 不是　　1 = 是的

45. 违抗权威

0 = 不存在　　1 = 是的

46. 冷漠的,对他人缺少关心

0 = 不是　　1 = 是的

47. 支持帮派活动

0 = 不支持　　1 = 支持

少年风险评估量表(问题)

* 本表结合司法社工所做的社会调查报告,基于我国少年案件的现实状况,参考 YSL/CMI 和 OYAS 制定而成。

(一)违法行为记录

1. 第一次犯法的情况:你多大? 你做了什么? 发生了什么?

2. 告诉我最近一次犯罪时的情况。

3. 你是否与警察发生过矛盾? 当时你多大了? 你能告诉我一些当时的情况吗?

4. 你是否曾经被判处监禁刑(包括缓刑)或被限制在任何其他场所?

5. 你被指控过多少项不同的罪名? 这些指控是什么?

(二)家庭教养

6. 你和谁住在一起?

7. 你的父母有工作吗?

8. 你的父母对你有很多规定吗? 有过体罚吗? 能举例子吗?

9. 当你出现问题时,你的家人用什么样的纪律来约束你? 对你做了什么?

10. 你和你父母的关系怎样? 经常一起做事情吗? 彼此经常交流吗? 你愿意在出现问题时向父母求助吗?

11. 你多久和他们交谈一次? 通过电话还是面谈?

12. 你的家人对你最近一次的违法行为有何感想? 当你触犯法律时,他们最通常的反应是什么?

13. 你家庭里亲近的人中有被指控过、有过违法犯罪行为吗?

(三)教育与就业状况

14. 给我讲讲你在学校的情况,在过去的时间里你感觉过得如何?

15. 上学期间,你有没有在学校闯过祸? 当时是怎样发生的? 老师曾经把你叫到过办公室接受批评教育吗？

16. 你曾经是否被迫停课、作检讨？为什么？多久以前的事？

17. 你在学校里上什么课？你最喜欢哪些课？你的成绩如何？你经常取得这样的分数吗？学习感觉有困难吗？你感觉自己能做得更好吗？

18. 在同学中是否有一种低成就感、自卑感？如果有，是什么原因呢？

19. 有过翘课的行为吗？翘课的频率是多少？第一次翘课是什么时候？是什么原因呢？

20. 你跟一块上学的同学相处得如何？是否和他们中的某些人发生过冲突？

21. 你喜欢你的老师吗？讨厌哪个老师？为什么？在你出现问题的时候你会求助老师吗？是否跟其他老师发生过矛盾？当时是怎样的情况呢？

22. 你从事过哪些工作啊？感觉如何？

23. 你和你的同事相处的好吗？和你的老板相处的好吗？

24. 你在工作中遇到过哪些问题？这个问题是怎么解决的？

25. 你做过时间最长的工作是什么？时间最短的工作是什么？

(四)同龄与社会支持关系

26. 你有很多朋友吗？你认为你有多少真正亲近的朋友？你的交际圈子多大？他们都是做什么的？举个例子吧。

27. 你认识的人大概有多少？其中有人触犯过法律吗？因为什么而犯法？你对此受到影响了吗？如果有，你觉得是什么？

28. 你的朋友有没有特别正直善良的？他从来不饮酒、吸烟，更不会吸毒犯法之类的。

29. 你的好朋友有没有参加打架斗殴的？有没有喜欢喝酒的？吸毒的有没有？

30. 你的好朋友有没有学习成绩优秀或者工作业绩突出的，举个例子？

31. 你和你的朋友一起触犯过法律吗？当时情况是什么样的？

32. 你怎么和公职人员相处？比如说警察、检察官。

33. 你们小区（村子）的大人经常跟你交流吗？他们了解你现在的状况吗？如果知道了，你感觉他们会有什么反应？

34. 当你离开拘留所后，你要怎么和新的环境里的人相处？你觉得哪些人会支持你和他们共同生活？

（五）物 质 滥 用

35. 你在社会上看到过哪些种类的毒品？你看到过有人吸食毒品吗？你曾经接触过毒品吗？那你有没有尝试过吸食毒品？

36. 你喝过酒吗？你通常多久喝一次？喝什么酒？喝醉过吗？你醉酒时是什么样的？

37. 你平时遇到麻烦时，你会通过吸烟或喝酒或吸毒来排解吗？

38. 你觉得使用酒精或毒品干扰了你的正常生活吗？比如说与你父母、朋友的关系或者你的学业。为什么你有这样的感觉？你是否与你的父母或朋友因你的喝酒/吸毒行为而吵架？

39. 你触犯法律跟饮酒、吸毒有关系吗？

（六）休闲娱乐与时间安排

40. 你在学校参加过哪些俱乐部或社团组织啊？喜欢吗？学到了什么？你交到了几个朋友？

41. 从你早上起床到睡觉，你的一天通常是如何度过的？可以给我描述一下吗？

42. 你的周末也是这样吗？假期你是如何度过的？

43. 你有什么爱好吗？比如说喜欢什么体育项目，看书之类的。

(七)性格和行为

44. 向我描述一下你自己,尤其是你的性格。

45. 从 1 到 10 十个层级,其中 10 为你可以想象到的最酷的人,你会把自己放在哪个序号?为什么?

46. 你最好的朋友通常如何向不认识你的人介绍你?他们会说什么?如果是你介绍,你会如何介绍呢?

47. 你有同学或朋友受到其他人的欺负吗?作为朋友你会怎样做?

48. 什么事情会让你生气?生气的频率?你会做什么事情来让别人知道你是生气的?

49. 你和别人打过架吗?当时为什么选择打架?事后多久你才冷静下来?现在后悔当初的决定吗?

50. 你遇到过什么大的困难吗?你现在处理好了吗?

51. 你遇到哪些事情会感到伤心?那你如何排解情绪呢?

52. 当意见不一致时,你会如何处理与他人的矛盾?你会始终认为自己的观点比对方正确吗?那你会不会没有信心说出自己的想法,一直追随别人?

53. 如果把你放在完全陌生的环境里,你感觉自己有什么技能使自己生存下来吗?

(八)态度及观念

54. 对于这次违法行为,你有什么感想吗?你认为是能够避免发生的吗?

55. 你认为你可以通过哪些方法来挽回现在的局面?你对将来有什么打算吗?

56. 当别人帮助你时,他会不会别有企图?尤其是他提出很多意见和批评时,你不反感吗?

57. 你认为我能对你有所帮助吗?你有什么是需要我去做的吗?

58. 那如果你是我，你会帮助跟你一样处境的人吗？为什么？

59. 你的同学或者朋友有没有拉帮结伙或者加入黑社会组织的？你如何看待这些行为？

三、数据的处理与分析

（一）研 究 目 的

在现阶段，我国少年司法制度尚处在起步阶段，与之配套的少年社会调查制度还在探索与试行之中；现阶段对少年再犯风险程度的评级，主要是司法社工依据其描述和记录少年心理和外部环境的社会调查报告做出的，缺乏科学规范的评分设计，具有较大的主观性和不确定性。研究试图利用现有的少年司法调查报告，通过数据检测的方式，进一步量化和修改少年风险评估量表，进而以科学的方式计量出少年的再犯风险程度。

（二）研 究 设 计

1. 数据来源与样本设计

样本数据来自以北京市 H 区人民检察院未成年人检察处为主、北京市其他检察院为补充的委托司法社工进行的少年司法社会调查报告，调查报告总计有 443 份，时间跨度为 2011 年到 2014 年 5 月。

首先对报告作了如下的筛选：

剔除了信息不全的报告；

剔除了时间不明确的报告；

剔除了缺少再犯风险评级的报告。

经过上述的数据剔除，得到 364 份有效数据；然后本着第三方的客观态度，首先根据报告的有效信息，将报告分成若干部分，并将其转化为表格的简要形式；然后采用招募被试者进行模拟的方式，研究人员作为检察官，被试者作为犯罪嫌疑人，根据 364 份报告所呈现的信息,填制少年风险评估量表,最终得到了 364 份有效的量表数据。

本文基于 364 份有效量表数据,探究量表的科学性和有效性,并且进一步优化和改善少年风险评估量表。

2. 定义变量和模型设计

(1)被解释变量

少年再犯风险程度(risk):根据相关研究以及现有的司法社会调查报告,将少年再犯风险等级定为:低度危险、中度危险、高度危险三个层级。

(2)解释变量

采用虚拟变量的方式,"0"表示不符合情况,"1"表示符合情况。同时,从八个方面来量化少年的再犯风险程度。

变量名称	变量解释
违法行为记录	少年犯以前违法行为的评估
家庭教养	少年犯所处家庭环境的评估
教育与就业	少年犯所受教育和就业情况的评估
同龄与社会支持关系	少年犯与同龄人和社会支持关系的评估
物质滥用	少年犯对酒精、毒品等的使用和依赖情况的评估
休闲娱乐与时间安排	少年犯活动合理性与时间规划的评估
性格和行为	少年犯情绪和性格的评估
态度及观念	少年犯对社会的态度和观念的评估

(3)量表设计

量表采用的是二元量表,即只有"0"和"1"两个选项;量表总共有 47 道题,从违法行为记录、家庭教养、教育与就业、同龄与社会支持关系、物质滥用、休闲娱乐与时间安排、性格和行为、态度及观念八个维度来全面量化考核少年再犯风险等级。

(4)模型设计

对量表进行修改与科学化,并且量化得出少年再犯风险等级,采用的模型是因子分析法:

$$F_1 = a_{11}x_{11} + a_{12}x_{12} + \cdots + a_{1m}x_{1m}$$
$$F_2 = a_{21}x_{21} + a_{22}x_{22} + \cdots + a_{2m}x_{2m}$$
$$\vdots$$
$$F_n = a_{n1}x_{n1} + a_{n2}x_{n2} + \cdots + a_{nm}x_{nm}$$

综合因子:

$$P = a1F_1 + a2F_2 + \cdots + a_nF_n$$

利用如上因子分析模型,确定违法行为记录、家庭教养、教育与就业、同龄与社会支持关系、物质滥用、休闲娱乐与时间安排、性格和行为、态度及观念与少年再犯风险等级的关系,并且进一步优化量表的选项设计,量化少年再犯风险等级的评定标准。

(三)实证结果与分析

少年风险评估量表因子分析

(1)相关性检验

首先对364份数据进行了相关性检验,初步探究各问题的相关性程度。得出如下的结果:

	x1	x2	x3	x4
x1	1			
x2	0.2149	1		
x3	0.1452	0.3283	1	
x4	-0.0068	-0.0153	0.3781	1

	x5	x6	x7	x8	x9	x10	x11	x12
x5	1							
x6	0.2454	1						
x7	0.0419	0.116	1					
x8	0.1912	0.1519	0.1859	1				
x9	0.0081	0.0316	0.2186	0.2395	1			
x10	0.1941	0.1085	0.0341	0.5159	0.0571	1		
x11	-0.1303	-0.0672	0.0613	-0.0141	-0.0363	-0.029	1	
x12	0.0987	0.1114	0.0722	0.1827	-0.0279	0.2239	0.073	1

	x13	x14	x15	x16	x17	x18	x19	x20	x21
x13	1								
x14	0.378	1							
x15	0.1289	0.4221	1						
x16	0.3456	0.2685	0.1777	1					
x17	0.235	0.2173	0.1346	0.263	1				
x18	0.2278	0.1917	0.2255	0.2608	0.4419	1			
x19	0.0385	0.0626	-0.014	0.1215	0.104	0.1393	1		
x20	-0.1002	0.0788	0.0903	0.0236	0.0161	0.0227	0.3667	1	
x21	-0.0728	0.0988	0.1309	0.0621	-0.1179	-0.0171	0.3021	0.4746	1

	x22	x23	x24	x25	x26	x27
x22	1					
x23	0.0891	1				
x24	0.1026	0.2949	1			
x25	0.1931	0.4566	0.351	1		
x26	0.0631	0.1254	0.076	0.1153	1	
x27	0.1631	0.0606	0.0602	0.0179	0.4402	1

	x28	x29	x30	x31	x32
x28	1				
x29	-0.0141	1			
x30	0.2498	0.5815	1		
x31	0.2821	0.7008	0.6656	1	
x32	0.2988	0.5238	0.3832	0.5612	1

	x33	x34	x35
x33	1		
x34	0.652	1	
x35	0.4295	0.4859	1

	x36	x37	x38	x39	x40
x36	1				
x37	0.1128	1			
x38	0.1745	0.047	1		
x39	0.2986	0.0554	0.2965	1	
x40	0.1137	-0.0201	0.1217	0.2134	1

	x41	x42	x43	x44	x45	x46	x47
x41	1						
x42	0.4608	1					
x43	0.2092	0.3358	1				
x44	0.3716	0.4034	0.4154	1			
x45	0.1298	0.2117	0.1375	0.3115	1		
x46	0.1869	0.1883	0.2206	0.3463	0.2276	1	
x47	0.2409	0.2316	0.0746	0.2256	0.1721	0.1058	1

从以上可以看出,在初步问卷中,八个方面所对应的题目组合,在其组合之类相关度较高,适合进行下一步数据分析。

(2)kmo检验

首先,对364个样本数据,进行了kmo半球检验,得出如下结果:

- -	
Variable	kmo
- - - - - - - - - - - - - - - - + - - - - - - - - - - - -	
x1	0. 6438
x2	0. 7075
x3	0. 6445
x4	0. 4915
x5	0. 7862
x6	0. 7579
x7	0. 6416
x8	0. 7371
x9	0. 4740
x10	0. 7322
x11	0. 3948
x12	0. 6859
x13	0. 7208
x14	0. 6761
x15	0. 6364
x16	0. 6868
x17	0. 7600

续表

x18	0. 7439
x19	0. 6010
x20	0. 5690
x21	0. 4904
x22	0. 8130
x23	0. 6259
x24	0. 7639
x25	0. 5551
x26	0. 6671
x27	0. 6064
x28	0. 4766
x29	0. 6929
x30	0. 7901
x31	0. 7856
x32	0. 6590
x33	0. 7791
x34	0. 7944
x35	0. 7843
x36	0. 7614
x37	0. 6300
x38	0. 5987
x39	0. 6228
x40	0. 7875

续表

x41	0. 7285
x42	0. 8348
x43	0. 6797
x44	0. 7036
x45	0. 7503
x46	0. 6876
x47	0. 7850
- - - - - - - - - - - - - - + - - - - - - - - - - -	
Overall	0. 7009
- -	

其中,研究发现总体的解释度达到了 0. 7009,并且各个指标的 kmo 值都超过了 50% 达到了 60% ~70%(除了 x4、x11、x21 没有达到 50%,后续考虑量表修正时,对其进行剔除)。总体来说,各个部分对因子的解释度较强,适合进行因子分析。

(3)因子分析

首先通过主因子分析,确定量表题目是否能够解释八个方面以及综合解释程度,其回归结果如下:

Factor analysis/correlation	Number of obs =	364
Method:principal factors	Retained factors =	9
Rotation:(unrotated)	Number of params =	387
- -		

Factor	Eigenvalue	Difference	Proportion	Cumulative
- - - - - - - - - - - - - - + - - - - - - - - - - -				
Factor1	5. 05327	2. 20094	0. 2701	0. 2701

续表

Factor	Eigenvalue	Difference	Proportion	Cumulative
Factor2	2. 85233	1. 12133	0. 1525	0. 4226
Factor3	1. 73100	0. 04230	0. 0925	0. 5151
Factor4	1. 68870	0. 27992	0. 0903	0. 6054
Factor5	1. 40878	0. 14373	0. 0753	0. 6807
Factor6	1. 26505	0. 12090	0. 0676	0. 7483
Factor7	1. 14415	0. 07867	0. 0612	0. 8094
Factor8	1. 06548	0. 16315	0. 0570	0. 8664
Factor9	0. 90234	0. 12635	0. 0482	0. 9146
Factor10	0. 77599	0. 06408	0. 0415	0. 9561
Factor11	0. 71190	0. 12313	0. 0381	0. 9942
Factor12	0. 58877	0. 09546	0. 0315	1. 0256
Factor13	0. 49331	0. 04803	0. 0264	1. 0520
Factor14	0. 44528	0. 02711	0. 0238	1. 0758
Factor15	0. 41817	0. 06305	0. 0224	1. 0981
Factor16	0. 35512	0. 08009	0. 0190	1. 1171
Factor17	0. 27503	0. 01636	0. 0147	1. 1318
Factor18	0. 25868	0. 02865	0. 0138	1. 1457
Factor19	0. 23003	0. 04037	0. 0123	1. 1580
Factor20	0. 18965	0. 01806	0. 0101	1. 1681
Factor21	0. 17159	0. 04754	0. 0092	1. 1773
Factor22	0. 12404	0. 00679	0. 0066	1. 1839
Factor23	0. 11726	0. 02922	0. 0063	1. 1902

续表

Factor	Eigenvalue	Difference	Proportion	Cumulative
Factor24	0. 08804	0. 02588	0. 0047	1. 1949
Factor25	0. 06215	0. 02699	0. 0033	1. 1982
Factor26	0. 03517	0. 02001	0. 0019	1. 2001
Factor27	0. 01516	0. 00952	0. 0008	1. 2009
Factor28	0. 00564	0. 04155	0. 0003	1. 2012
Factor29	-0. 03591	0. 01589	-0. 0019	1. 1993
Factor30	-0. 05180	0. 04228	-0. 0028	1. 1965
Factor31	-0. 09408	0. 01963	-0. 0050	1. 1915
Factor32	-0. 11371	0. 02041	-0. 0061	1. 1854
Factor33	-0. 13412	0. 00869	-0. 0072	1. 1782
Factor34	-0. 14281	0. 02091	-0. 0076	1. 1706
Factor35	-0. 16373	0. 00915	-0. 0088	1. 1618
Factor36	-0. 17288	0. 01725	-0. 0092	1. 1526
Factor37	-0. 19013	0. 01442	-0. 0102	1. 1424
Factor38	-0. 20455	0. 00721	-0. 0109	1. 1315
Factor39	-0. 21176	0. 01488	-0. 0113	1. 1202
Factor40	-0. 22664	0. 00708	-0. 0121	1. 1081
Factor41	-0. 23372	0. 02411	-0. 0125	1. 0956
Factor42	-0. 25783	0. 00646	-0. 0138	1. 0818
Factor43	-0. 26429	0. 01717	-0. 0141	1. 0677
Factor44	-0. 28146	0. 01001	-0. 0150	1. 0526
Factor45	-0. 29147	0. 03732	-0. 0156	1. 0370

续表

Factor	Eigenvalue	Difference	Proportion	Cumulative
Factor46	-0. 32879	0. 03526	-0. 0176	1. 0195
Factor47	-0. 36405	—	-0. 0195	1. 0000
- -				
LR test: independent vs. saturated: chi2(1081) = 4932. 56 Prob > chi2 = 0. 0000				

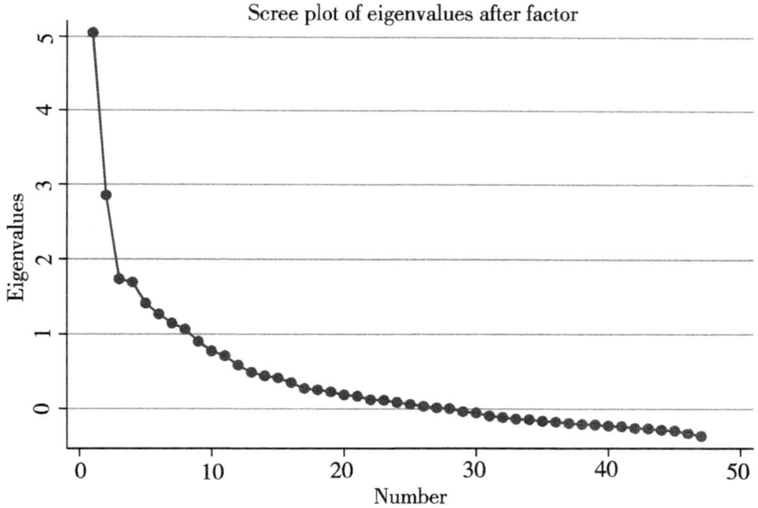

从上面的结果研究发现特征值大于或接近1的有9个factor,因此说明量表是包含了8个主成分因子和1个综合因子。并且研究发现前9个factor累计基本解释程度达到了1,结合因子碎石图,取大于或十分接近1的factor作为主成分因子。综上所述,可以确定现有的主成分因子为9个。

接下来,对各个题目在主成分因子上的负荷度进行探究,确定解释程度高的量,剔除解释程度低的量,并且进一步估算出各个主成分因子得分。

未旋转前的因子载荷矩阵:

Variable	Factor1	Factor2	Factor3	Factor4	Factor5	Factor6	Factor7	Factor8	Factor9	Uniqueness
x1	0. 2505	0. 0433	0. 2524	0. 0410	0. 0702	−0. 0234	0. 2605	−0. 0762	−0. 2203	0. 7423
x2	0. 2836	−0. 0619	0. 0748	−0. 0023	0. 2125	0. 0455	0. 2607	−0. 0202	−0. 1539	0. 7708
x3	0. 2524	−0. 1821	−0. 2292	−0. 0144	0. 3107	0. 1419	0. 3128	−0. 0283	−0. 0927	0. 6265
x4	0. 0740	−0. 0034	−0. 2638	−0. 1125	0. 1864	0. 1257	0. 0952	−0. 0137	−0. 1382	0. 8334
x5	0. 3360	−0. 0590	−0. 1026	0. 0184	0. 0030	0. 1965	−0. 0597	0. 0305	0. 1153	0. 8164
x6	0. 3340	0. 1232	−0. 0438	−0. 0112	−0. 1406	0. 1401	0. 0540	0. 0644	0. 0634	0. 8208
x7	0. 1641	−0. 0719	0. 2068	−0. 0941	0. 0358	0. 2225	0. 2344	−0. 0254	−0. 0222	0. 8094
x8	0. 3670	−0. 2783	−0. 0296	−0. 0245	−0. 2479	0. 0917	0. 2795	0. 0952	0. 1847	0. 5952
x9	0. 1212	−0. 0962	0. 1657	−0. 1006	−0. 0366	0. 0593	0. 1802	0. 0369	−0. 0467	0. 8976
x10	0. 3805	−0. 3072	−0. 1681	0. 1496	−0. 1625	0. 0540	0. 1497	0. 0588	0. 1697	0. 6262
x11	−0. 0146	0. 1304	−0. 1090	0. 0632	0. 0430	0. 0681	0. 0390	0. 0689	−0. 0037	0. 9541
x12	0. 1433	−0. 1822	−0. 0664	0. 3004	0. 0707	0. 1896	0. 0529	0. 1205	0. 2057	0. 7511

续表

Variable	Factor1	Factor2	Factor3	Factor4	Factor5	Factor6	Factor7	Factor8	Factor9	Uniqueness
x13	0. 3196	0. 0030	0. 0646	−0. 3322	0. 3162	0. 0391	0. 0821	−0. 1542	0. 0844	0. 6442
x14	0. 2716	−0. 0417	0. 2053	−0. 2635	0. 4144	0. 1193	−0. 1672	0. 0331	0. 1999	0. 5579
x15	0. 1842	−0. 1212	0. 3834	−0. 1491	0. 2065	0. 0565	−0. 1569	0. 0299	0. 2723	0. 6366
x16	0. 3886	0. 0042	−0. 0496	−0. 2158	0. 2346	−0. 2772	−0. 0609	0. 0288	0. 1799	0. 6312
x17	0. 3935	−0. 0079	0. 1567	−0. 3741	0. 0809	−0. 2110	0. 1385	0. 0832	−0. 0378	0. 6020
x18	0. 3729	−0. 0525	0. 3209	−0. 2685	0. 0345	−0. 2754	0. 1194	−0. 0070	0. 0644	0. 5876
x19	0. 1321	−0. 1467	0. 1741	0. 2220	0. 2409	−0. 2653	0. 0294	0. 1950	−0. 2575	0. 6478
x20	0. 1673	−0. 0911	0. 1474	0. 4355	0. 3125	−0. 0805	−0. 1588	0. 3257	−0. 1450	0. 4958
x21	0. 0982	−0. 1425	0. 1568	0. 4125	0. 2325	−0. 0865	−0. 2886	0. 1889	0. 0338	0. 5937
x22	0. 4095	−0. 0153	−0. 1285	0. 0132	−0. 0001	0. 0584	−0. 1269	−0. 0930	−0. 0433	0. 7854
x23	0. 3113	0. 1766	−0. 3010	−0. 1543	0. 1391	−0. 0413	0. 0999	−0. 0047	0. 0763	0. 7207

续表

Variable	Factor1	Factor2	Factor3	Factor4	Factor5	Factor6	Factor7	Factor8	Factor9	Uniqueness
x24	0. 2786	0. 4376	−0. 1082	−0. 1757	−0. 0965	−0. 1064	0. 0284	0. 1840	0. 0218	0. 6325
x25	0. 2614	0. 2460	−0. 6190	−0. 0312	0. 1558	−0. 2300	0. 1095	0. 1922	−0. 0074	0. 3608
x26	0. 3664	0. 1303	0. 0344	0. 0383	−0. 0752	−0. 4063	−0. 0617	−0. 2621	0. 0316	0. 6019
x27	0. 2815	0. 0987	−0. 0103	0. 0466	−0. 0815	−0. 2623	−0. 3044	−0. 3783	0. 1192	0. 5833
x28	0. 0972	0. 2684	0. 0791	−0. 0879	−0. 1241	−0. 2318	0. 0797	0. 3012	0. 1728	0. 7085
x29	0. 3554	0. 6576	0. 0611	0. 1742	−0. 0472	0. 2529	−0. 0542	−0. 1042	−0. 0683	0. 3226
x30	0. 3655	0. 5793	0. 2191	0. 0674	−0. 0313	0. 0909	−0. 0447	0. 0839	−0. 0920	0. 4515
x31	0. 4484	0. 7273	0. 1388	0. 1524	−0. 0833	0. 0365	0. 0031	0. 0080	−0. 0082	0. 2191
x32	0. 1024	0. 6184	0. 1055	0. 1630	−0. 0055	0. 1514	0. 1303	0. 1913	0. 1983	0. 4535
x33	0. 5230	−0. 1043	−0. 0734	−0. 1654	0. 0051	0. 2732	−0. 3396	0. 0190	−0. 1187	0. 4784
x34	0. 5685	−0. 1889	−0. 1725	−0. 1654	−0. 0364	0. 2489	−0. 2759	0. 0480	−0. 2049	0. 4004
x35	0. 4897	−0. 2145	0. 0654	−0. 1460	−0. 0685	0. 1206	−0. 2532	0. 0531	−0. 0536	0. 5995

续表

Variable	Factor1	Factor2	Factor3	Factor4	Factor5	Factor6	Factor7	Factor8	Factor9	Uniqueness
x36	0. 2798	-0. 1895	0. 2449	-0. 1939	-0. 2779	0. 0578	0. 0052	0. 0155	-0. 0564	0. 7042
x37	0. 1511	-0. 0328	0. 2374	0. 0249	0. 0549	0. 1705	0. 0563	-0. 0062	0. 0515	0. 8812
x38	-0. 0068	-0. 2088	0. 1307	-0. 0242	-0. 2546	-0. 0605	-0. 0116	0. 3140	0. 0837	0. 7645
x39	0. 1988	-0. 2168	0. 1822	-0. 0865	-0. 3998	-0. 0802	-0. 0090	0. 1473	-0. 1287	0. 6682
x40	0. 4228	-0. 1886	-0. 2285	-0. 0002	-0. 0933	-0. 1442	-0. 1179	0. 3030	-0. 0428	0. 5964
x41	0. 4961	-0. 1413	-0. 2860	0. 1073	-0. 0745	0. 0485	0. 0274	-0. 0671	-0. 0096	0. 6274
x42	0. 5895	-0. 1773	-0. 0919	0. 1856	-0. 0652	-0. 1483	0. 0769	0. 0349	0. 0583	0. 5414
x43	0. 2863	-0. 2080	0. 0724	0. 3915	0. 1023	0. 1266	0. 1103	-0. 1323	0. 3526	0. 5357
x44	0. 5130	-0. 1600	-0. 0237	0. 3682	-0. 0934	-0. 2093	0. 0481	-0. 3253	0. 0461	0. 4123
x45	0. 3312	-0. 0366	0. 1825	0. 1851	0. 1418	-0. 0847	0. 1260	-0. 1003	-0. 2939	0. 6818
x46	0. 2657	-0. 1818	0. 1762	0. 1556	-0. 1991	0. 0471	0. 1474	-0. 0331	-0. 0789	0. 7701
x47	0. 4299	0. 1304	-0. 0321	-0. 0137	-0. 1558	0. 0379	-0. 0386	-0. 1067	-0. 1049	0. 7473

根据未旋转的因子载荷情况,可以发现 47 个题目在 9 个因子上的载荷度,并且根据所提供的因子载荷矩阵,可以发现因子 1 在多数原始指标上有较大的载荷,因子 2 在 x28 - x32 上有较大载荷,因子 3 在 x36 - x40 上有较大载荷,因子 4 在 x41 - x47 上有较大载荷,因子 5 在 x13 - x21 上有较大载荷,因子 6 在 x5 - x12 上有较大载荷,因子 7 在 x36 - x40 上有较大载荷,因子 8 在 x22 - x27 上有较大载荷,因子 9 在 x1 - x4 上有较大载荷。综上,可以初步得出因子 1 为综合因子,其他因子意义还有待进一步验证。

旋转后的因子载荷:

<table>
<tr><td colspan="2">Factor analysis/correlation</td><td colspan="2">Number of obs =</td><td>364</td></tr>
<tr><td colspan="2">Method:principal factors</td><td colspan="2">Retained factors =</td><td>9</td></tr>
<tr><td colspan="2">Rotation:(unrotated)</td><td colspan="2">Number of params =</td><td>387</td></tr>
<tr><td colspan="5">- -</td></tr>
<tr><td>Factor</td><td>Variance</td><td>Difference</td><td>Proportion</td><td>Cumulative</td></tr>
<tr><td colspan="5">- - - - - - - - - - - - - - - - + - - - - - - - - - - - -</td></tr>
<tr><td>Factor1</td><td>3. 00923</td><td>0. 35720</td><td>0. 1608</td><td>0. 1608</td></tr>
<tr><td>Factor2</td><td>2. 65203</td><td>0. 64061</td><td>0. 1418</td><td>0. 3026</td></tr>
<tr><td>Factor3</td><td>2. 01141</td><td>0. 23804</td><td>0. 1075</td><td>0. 4101</td></tr>
<tr><td>Factor4</td><td>1. 77338</td><td>0. 05503</td><td>0. 0948</td><td>0. 5049</td></tr>
<tr><td>Factor5</td><td>1. 71835</td><td>0. 12522</td><td>0. 0918</td><td>0. 5968</td></tr>
<tr><td>Factor6</td><td>1. 59313</td><td>0. 03555</td><td>0. 0852</td><td>0. 6819</td></tr>
<tr><td>Factor7</td><td>1. 55758</td><td>0. 09085</td><td>0. 0833</td><td>0. 7652</td></tr>
<tr><td>Factor8</td><td>1. 46672</td><td>0. 13745</td><td>0. 0784</td><td>0. 8436</td></tr>
<tr><td>Factor9</td><td>1. 32927</td><td>—</td><td>0. 0711</td><td>0. 9146</td></tr>
</table>

旋转以后,仍然发现 9 个主成分因子的解释度均有提高,并且每个因子的特征值都大于 1。综上,再一次确定了量表设计具有科学性,能够包括社会调查报告的八个方面。

Variable	Factor1	Factor2	Factor3	Factor4	Factor5	Factor6	Factor7	Factor8	Factor9	Uniqueness
x1	0. 1780	−0. 0017	0. 0535	−0. 0913	0. 0750	0. 0751	0. 1144	0. 0616	0. 4321	0. 7423
x2	0. 0607	0. 0837	0. 1339	0. 0647	0. 1513	−0. 0196	0. 0100	0. 0707	0. 4099	0. 7708
x3	−0. 1064	0. 1437	0. 2507	0. 2695	0. 1166	−0. 1147	−0. 1639	−0. 0033	0. 3904	0. 6265
x4	−0. 0409	0. 1472	−0. 0214	0. 2427	0. 0157	−0. 1210	−0. 1753	−0. 0792	0. 1790	0. 8334
x5	0. 1002	0. 3016	0. 2579	0. 0693	0. 0916	−0. 0137	−0. 0321	−0. 0048	−0. 0413	0. 8164
x6	0. 2673	0. 2044	0. 1946	0. 0780	0. 0167	−0. 0154	0. 1139	−0. 0924	0. 0037	0. 8208
x7	0. 0675	0. 0747	0. 1603	−0. 1637	0. 1544	−0. 1446	0. 0636	−0. 0969	0. 2642	0. 8094
x8	−0. 0564	0. 1797	0. 4853	0. 0424	0. 0343	−0. 0280	0. 3181	−0. 1464	0. 0861	0. 5952
x9	−0. 0018	0. 0444	0. 0826	−0. 0967	0. 0933	−0. 0741	0. 1718	−0. 0541	0. 1939	0. 8976
x10	−0. 0910	0. 2232	0. 5159	0. 1266	−0. 0474	0. 0697	0. 1606	0. 0010	0. 0246	0. 6262
x11	0. 1093	−0. 0276	0. 0134	0. 1129	−0. 0615	−0. 0990	−0. 0789	0. 0149	−0. 0128	0. 9541
x12	−0. 0204	0. 0627	0. 4280	0. 0120	−0. 0133	−0. 1147	−0. 0888	0. 1903	−0. 0617	0. 7511

续表

Variable	Factor1	Factor2	Factor3	Factor4	Factor5	Factor6	Factor7	Factor8	Factor9	Uniqueness
x13	0. 0474	0. 1557	0. 0255	0. 0892	0. 4947	0. 0584	-0. 0767	-0. 1415	0. 2160	0. 6442
x14	0. 0445	0. 2088	0. 0083	-0. 0418	0. 6096	-0. 0616	-0. 1002	0. 0958	-0. 0091	0. 5579
x15	0. 0076	0. 0891	0. 0856	-0. 2512	0. 5097	0. 0024	0. 0565	0. 1170	-0. 0908	0. 6366
x16	0. 0271	0. 1213	0. 0345	0. 3015	0. 4406	0. 2298	0. 1063	0. 0547	-0. 0078	0. 6312
x17	0. 0632	0. 1406	-0. 0570	0. 1459	0. 3971	0. 1008	0. 3473	-0. 0636	0. 2391	0. 6020
x18	0. 0565	0. 0373	0. 0214	-0. 0219	0. 4228	0. 2250	0. 3732	-0. 0185	0. 1948	0. 5876
x19	-0. 0647	-0. 0299	-0. 0387	0. 0481	0. 0367	0. 0801	0. 1348	0. 4957	0. 2676	0. 6478
x20	0. 0641	0. 0603	0. 0785	0. 0200	0. 0133	-0. 0333	-0. 0153	0. 6955	0. 0677	0. 4958
x21	-0. 0105	0. 0447	0. 1129	-0. 0864	0. 0484	0. 0780	-0. 0702	0. 5959	-0. 1249	0. 5937
x22	0. 1243	0. 3591	0. 1306	0. 1112	0. 0460	0. 1858	-0. 0421	0. 0110	0. 0478	0. 7854
x23	0. 1617	0. 1260	0. 0761	0. 4184	0. 1677	0. 0552	-0. 0524	-0. 1366	0. 0622	0. 7207

续表

Variable	Factor1	Factor2	Factor3	Factor4	Factor5	Factor6	Factor7	Factor8	Factor9	Uniqueness
x24	0. 4252	0. 0648	−0. 1045	0. 3225	0. 0796	0. 0121	0. 2119	−0. 1119	−0. 0608	0. 6325
x25	0. 1330	0. 0655	0. 0218	0. 7826	−0. 0372	0. 0418	−0. 0348	0. 0019	0. 0016	0. 3608
x26	0. 1777	0. 0177	0. 0222	0. 1134	0. 0995	0. 5693	0. 1280	−0. 0001	0. 0499	0. 6019
x27	0. 1302	0. 1258	−0. 0004	−0. 0069	0. 0894	0. 5882	−0. 0690	−0. 0398	−0. 1536	0. 5833
x28	0. 2506	−0. 1663	−0. 0289	0. 1801	0. 1138	−0. 0283	0. 3603	0. 0167	−0. 1546	0. 7085
x29	0. 7891	0. 1322	0. 0111	−0. 0047	−0. 0541	0. 0630	−0. 1634	−0. 0405	0. 0439	0. 3226
x30	0. 7148	0. 0956	−0. 0794	−0. 0117	0. 0715	0. 0293	0. 0801	0. 0754	0. 0632	0. 4515
x31	0. 8638	0. 0340	0. 0079	0. 0837	0. 0300	0. 1468	0. 0528	0. 0192	0. 0310	0. 2191
x32	0. 6620	−0. 2138	0. 0896	0. 0712	0. 0391	−0. 1877	−0. 0032	0. 0130	−0. 1119	0. 4535
x33	0. 1137	0. 6937	0. 0462	0. 0112	0. 1507	0. 0397	−0. 0156	0. 0254	−0. 0073	0. 4784
x34	0. 0403	0. 7546	0. 0779	0. 0986	0. 0673	0. 0396	0. 0371	0. 0181	0. 0712	0. 4004
x35	0. 0185	0. 5590	0. 1027	−0. 0633	0. 1788	0. 1000	0. 1652	0. 0623	0. 0019	0. 5995

续表

Variable	Factor1	Factor2	Factor3	Factor4	Factor5	Factor6	Factor7	Factor8	Factor9	Uniqueness
x36	-0. 0036	0. 2798	0. 0800	-0. 2276	0. 0792	0. 0554	0. 3572	-0. 1175	0. 0923	0. 7042
x37	0. 1105	0. 0639	0. 1477	-0. 1988	0. 1559	-0. 0662	0. 0170	0. 0426	0. 1021	0. 8812
x38	-0. 1300	0. 0296	0. 0873	-0. 0894	-0. 0427	-0. 1206	0. 3923	0. 0842	-0. 1574	0. 7645
x39	-0. 0596	0. 2211	0. 0419	-0. 1593	-0. 1109	0. 0692	0. 4836	-0. 0128	0. 0331	0. 6682
x40	-0. 0506	0. 3779	0. 1474	0. 3255	-0. 0136	0. 0771	0. 2897	0. 1923	-0. 0596	0. 5964
x41	0. 0446	0. 3750	0. 3473	0. 2399	-0. 0631	0. 1926	0. 0091	-0. 0125	0. 1028	0. 6274
x42	0. 0697	0. 2629	0. 4160	0. 2060	0. 0439	0. 2858	0. 2112	0. 1595	0. 1243	0. 5414
x43	0. 0292	-0. 0074	0. 6113	-0. 1095	0. 1187	0. 1323	-0. 1434	0. 1598	0. 0051	0. 5357
x44	0. 0733	0. 1391	0. 4374	0. 0252	-0. 0611	0. 5677	0. 0196	0. 1223	0. 1724	0. 4123
x45	0. 1305	0. 1004	0. 0698	-0. 0459	0. 0215	0. 2000	0. 0325	0. 2387	0. 4309	0. 6818
x46	0. 0380	0. 1279	0. 2712	-0. 1799	-0. 0937	0. 0989	0. 2094	0. 0462	0. 2039	0. 7701
x47	0. 2820	0. 3055	0. 0828	0. 0537	-0. 0227	0. 2081	0. 0884	-0. 0842	0. 1065	0. 7473

上表是旋转以后因子载荷,通过最大方差正交旋转以后,得到了47个指标在9个因子上新的载荷,根据0.5原则和相互对比原则,依然发现因子1在多数原始指标上有较大的载荷,因子2在x28－x32上有较大载荷,因子3在x36－x40上有较大载荷,因子4在x41－x47上有较大载荷,因子5在x13－x21上有较大载荷,因子6在x5－x12上有较大载荷,因子7在x36－x40上有较大载荷,因子8在x22－x27上有较大载荷,因子9在x1－x4上有较大载荷。因此,根据量表和社会调查报告的内容,研究得出,因子1为“综合因子”,因子2为“物质滥用”,因子3为“性格和行为”,因子4为“态度及观念”,因子5为“教育与就业情况”,因子6为“家庭教养”,因子7为“休闲娱乐与时间安排”,因子8为“同龄与社会支持关系”,因子9为“违法行为记录”。

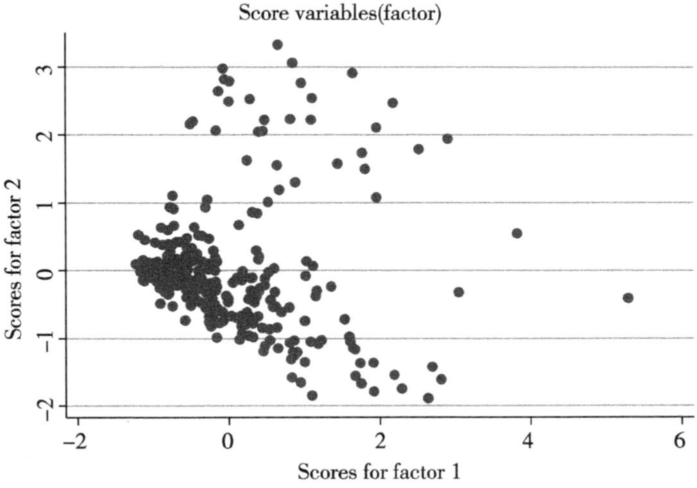

上图是各个指标在因子上的得分情况,同时在后台利用excel、stata等软件得出了各个因子的得分,从而得出综合因子得分的模型方程为:

$$P = 2.65F_2 + 2.01F_3 + 1.77F_4 + 1.71F_5 + 1.59F_6 + 1.55F_7 + 1.46F_8 + 1.32F_9$$

因此可以知道再犯风险等级受f2－f9的因素影响,并且量化了各个因素对再犯风险等级的影响程度。

(4)量表修正

根据以上实证部分,因子分析中各个指标在因子上的载荷情况,根据有效性等原则,将进一步剔除x4、x11、x21等题目。

(四)结　论

根据数据结果,得出了量表在各个因素上有较强的负荷度,并且能够较为客观地反映出少年犯的情况,有利于对少年犯的再犯风险程度进行量化的评级。可以根据量表中对应因子的每部分得分,然后将其带入量化方程,得出再犯风险得分。根据现有的364份样本数据,通过反复验证和剔除异常值之后,得出了如下的风险得分等级:

再犯风险等级	数值p范围
低度危险	0～15
中度危险	15～30
高度危险	30以上

(五)研究不足与改进设想

1. 总结研究过程和结果,发现主要存在以下几点不足:

(1)样本容量仅有364,样本容量尚不够大,数据显著性不够强;

(2)样本是以北京市H区人民检察院未成年人检察处所受理的案件为主、北京市其他检察院所受理的案件为辅,取样具有一定的局限性,代表性需要加强;

(3)由于数据信息并不是直接取自于犯罪嫌疑人,而是采用招募被试者角色扮演的方式,根据犯罪嫌疑人的调查报告填写的,具有一定的主观误差,特别在某些填制标准上,出现了异常值问卷。

2. 本研究改进设想：

(1)与检察院、司法社工组织合作，根据现有的量表，将其进行小范围的试点投放，然后根据真实的犯罪嫌疑人的数据，再进一步优化数据。

(2)扩充数据样本容量，对数据处理也采用风险等级区分处理。

数据的分析结果反馈出少年风险评估量表(项目)第4题、第11题、第21题存在问题。对于第4题，样本案件中少年多为初犯，可能使该题可信度下降；而从刑事司法实际来看，累犯和惯犯是着重规制对象，所以第4题保留。对于第11题，在样本案件中，亲属犯罪确实比较少，对少年犯罪产生直接影响的更是非常之少，而且考虑到该题与第23题(设计初衷是第11题考查亲属犯罪，第23题考查朋友等社交群体犯罪)可以合并修改，故予以删除。对于第21题，样本案件中所涉及的并不在少数，但其数据分析存在问题，说明此题可能存在重复(如说与第20题、第36题、第37题)或者与犯罪因果关系性特别差，故予以删除。虽然少年风险评估量表(问题)是与少年风险评估量表(项目)相对应的，但考虑到问题量表的问题间本身有逻辑关系，而且问题量表是以更全面了解少年心理和成长环境为目的，保留并不影响项目的评分，故第4题、第11题、第21题所对应的问题可以予以保留。

四、结　　语

少年风险评估系统需要在司法实践中不断改进，由于自身条件和研究精力限制，笔者尚未将所制定的少年风险评估量表带入到司法一线进行实际检验；虽然有既往少年犯罪报告的支撑，但考虑到社会调查方法、刑事政策运用、具体评估人员等多方面的不确定因素，少年风险评估量表仍有很大的完善空间。

少年风险评估作为社会调查制度的重要环节，对于推动社会调查的科学性与客观性、破解社会调查在实践中的应用难题具有直接意义。社会调查制度在少年犯罪审判中试行，以风险评估等重要环节的完善为契机,通过不断地总结经验与完善,可以推行到所有刑事案件。若成效积极,可在刑法与刑事诉讼法中加以规定,使判决前的社会调查成为我国正式的法律制度,从而将对罪错少年再社会化的关注升格为对整个刑罚理念和制度实践的关怀。①

The Empirical Study on Risk Assessment Scale of Juvenile Cases

Su Mingyue & Wang Weizhi

[**内容摘要**]少年案件的社会调查程序在未成年人刑事诉讼程序中有特殊地位和意义,通过实证化的研究方法对其进行定性定量分析有助于更好地改进社会调查制度,推动少年司法改革进程。笔者以司法社会调查报告为样本,提取影响少年犯罪与越轨的个体因素与社会因素,评价其再犯风险性,掌握少年犯罪的规律;引鉴美国相对成熟的 YLS/CMI、YASI、OYAS 少年风险评估量表,并结合司法社会调查报告制定了适合我国司法实际的少年风险评估量表;通过利用因子分析的方式得出了再犯风险评价的指标,进一步优化了量表设计,为少年犯罪的社会调查提供工具和数据支持。

[**关键词**]少年案件;社会调查制度;风险评估量表;实证分析

Abstract: The social investigation procedure of juvenile cases has special status and significance in the Juvenile Criminal Procedure, the qualitative and quantitative analysis of which by the empirical research method is helpful to improve the social investigation system and promote the reform process of juvenile justice. Taking the judicial social investigation reports as the sample, the author extracts the individual factors and social factors affecting juvenile delinquency and deviance, evaluates the risk of juvenile delinquency and masters the law of juvenile delinquency. Based on YLS/CMI, YASI, OYAS in the United States and

① 参见陈兴良:《人格调查制度的法理考察》,载《法制日报》2003 年 6 月 3 日,第 8 版。

the judicial social investigation reports, a juvenile risk assessment scale suitable for Chinese judicial practice is developed. The index of reoffending risk is obtained by factor analysis, and then the scale is further optimized to provide tools and data support for the social investigation of juvenile delinquency.

Keywords: Juvenile cases; Social investigation system; Risk assessment scale; Empirical analysis

稿　约

《刑法论丛》系赵秉志教授（北京师范大学刑事法律科学研究院教授、法学博士、博士生导师，中国刑法学研究会会长）主编的 CSSCI 来源集刊，由我国著名刑法学家高铭暄教授（北京师范大学京师首席专家暨刑事法律科学研究院名誉院长、特聘教授、博士生导师，中国人民大学荣誉一级教授，中国刑法学研究会名誉会长，国际刑法学协会名誉副主席暨中国分会名誉主席）担任学术顾问，并由法律出版社出版。

本论丛的宗旨是，密切关注古今中外刑事实体法的理论与实践，既重视刑法理论的哲学与人文根基，对其进行本源性、思辨性的深层次研究，又注意牢牢抓住刑法学作为一门应用法学之务实性特点，对那些在司法实践中具有重大意义的实务问题进行开拓性探索，以使我国刑法学在社会不断发展变革的今天，仍能以盎然之生命力，发挥其维护与促进现代文明之功能。

本论丛为每季一卷（每季度末出版），每卷约 50 万字，内容涵括中国刑法学、外国刑法学、比较刑法学、国际刑法学、区际刑法学、刑事执行法学、犯罪学与刑事政策等诸多领域，并酌设学术综述、书评、刑法名家、学术信息等栏目。本论丛既注重选载具有重要分量的长篇大论，也十分欢迎那些具有真知灼见的精辟短文。本论丛将始终坚持高品位、深层次、新视野的精品研究风格，以质取文，扶持新人，从而努力使之真正成为刑法理论与实务工作者以及一切关爱刑法学的朋友们的一方乐土，成为刑法研习者、爱好者学术交流的重要园地！为保障并不断提高出版质量，本论丛特别聘请了数位专家组成编委会，以组织对稿件的匿名评审；同时，本论丛还专门成立了编辑部，负责日常的编务工作。

本论丛热烈欢迎海内外学人踊跃赐予观点新颖、思想深刻的优秀稿件。稿件要求如下：

1. 须是作者原创，杜绝抄袭。

2. 论文注释一律采用页下脚注，每页重新编号，注释序号用带圆圈的阿拉伯数字表示。

3. 注释须注明：著者（如系外国人，应注明国别）、书名、出版社、出版时间、页码；或者著者、论文名（加引号，而非书名号）、刊物名称、卷（期）号、页码。如引用外文书刊，请按国际标准注释。

4. 文前应提炼目次（一级标题），文尾须附英文题目、中英文摘要（合计 400 字以内）、中英文关键词（限 3 ~ 5 个）。

另外，请作者在稿件第一页下方注明自己的学位、单位、职称、职务、通信地址、联系电话。请勿一稿多投。如果作者在三个月内没有收到采用稿件通知，则可将稿件另投他处。本论丛已入选知网、万方、超星等，并由其对外提供信息服务，如有异议，请在来稿时注明，本论丛将作适当处理。

最后，有必要声明：本论丛所载文章实行文责自负，其观点均属作者本人而并不代表主编与出版者的思想倾向。至于本论丛以及所载论文之版权，应依国家著作权法有关规定解决。

来稿请一律以电子邮件形式发至以下电子信箱：xingfaluncong@163.com，请勿向专业编辑个人邮箱投稿。

感谢读者诸君长期以来对本论丛的支持与关注！

《刑法论丛》编辑部

2019 年 5 月

图书在版编目(CIP)数据

刑法论丛. 2019年. 第2卷 : 总第58卷 / 赵秉志主编. -- 北京 : 法律出版社, 2019
ISBN 978-7-5197-3797-9

Ⅰ. ①刑… Ⅱ. ①赵… Ⅲ. ①刑法-文集 Ⅳ. ①D914.04-53

中国版本图书馆CIP数据核字(2019)第200830号

刑法论丛(2019年第2卷·总第58卷) **XINGFA LUNCONG (2019 NIAN DI-2 JUAN·ZONG DI-58 JUAN)**	赵秉志 主编	责任编辑 屈 瑶 装帧设计 李 瞻

出版 法律出版社
总发行 中国法律图书有限公司
经销 新华书店
印刷 北京虎彩文化传播有限公司
责任校对 王晓萍
责任印制 陶 松

编辑统筹 学术·对外出版分社
开本 A5
印张 18.25
字数 515千
版本 2019年11月第1版
印次 2019年11月第1次印刷

法律出版社/北京市丰台区莲花池西里7号(100073)
网址/www.lawpress.com.cn
投稿邮箱/info@lawpress.com.cn
举报维权邮箱/jbwq@lawpress.com.cn
销售热线/400-660-8393
咨询电话/010-63939796

中国法律图书有限公司/北京市丰台区莲花池西里7号(100073)
全国各地中法图分、子公司销售电话:
统一销售客服/400-660-8393/6393
第一法律书店/010-83938432/8433
西安分公司/029-85330678
重庆分公司/023-67453036
上海分公司/021-62071639/1636
深圳分公司/0755-83072995

书号:ISBN 978-7-5197-3797-9
定价:89.00元